高等学校应用型特色规划教材　经管系列

管理信息系统理论与实务
On Theory and Practice of Management Information System
(第二版)

主　编　姜方桃　郑庆华

副主编　王思武　张　瑜　何　宽　吴远征

清华大学出版社
北　京

内容简介

本书全面介绍了管理信息系统的基本概念、理论体系和开发方法，并在此基础上，详细阐述了管理信息系统的规划、分析、设计、实施和评价的方法，内容包括管理、信息、系统理论，管理信息系统概述，管理信息系统的技术基础，管理信息系统的战略规划和开发方法，管理信息系统调查与可行性研究，管理信息系统的系统分析，管理信息系统的系统设计，管理信息系统的系统实施，管理信息系统的管理与评价，信息系统安全与防范，系统管理应用等。本书结合了近几年管理信息系统的新发展，反映了信息技术的发展和信息管理思想、方法与实践。结合开发管理信息系统的实践，使学生深刻领会在系统开发全过程中的理论实质，并增强信息资源的开发意识，同时培养学生分析、设计、研制信息系统的能力。全书附有复习思考题、参考答案和大量案例，便于读者学习与应用管理信息系统。

本书适合作为本科的信息管理与信息系统专业及管理类各专业的教材，也可以作为其他专业学生的选修课程或必修课程教材，以及作为企事业单位管理人员和信息系统开发管理人员职业技能培训教材与参考用书。

本书封面贴有清华大学出版社防伪标签，无标签者不得销售。
版权所有，侵权必究。举报：010-62782989，beiqinquan@tup.tsinghua.edu.cn。

图书在版编目(CIP)数据

管理信息系统理论与实务/姜方桃，郑庆华主编. —2版. —北京：清华大学出版社，2017（2025.7重印）
（高等学校应用型特色规划教材 经管系列）
ISBN 978-7-302-47325-1

Ⅰ. ①管⋯ Ⅱ. ①姜⋯ ②郑⋯ Ⅲ. ①管理信息系统—高等学校—教材 Ⅳ. ①C931.6

中国版本图书馆 CIP 数据核字(2017)第 124481 号

责任编辑：温　洁
封面设计：杨玉兰
责任校对：周剑云
责任印制：曹婉颖

出版发行：清华大学出版社
　　　　网　　址：https://www.tup.com.cn, https://www.wqxuetang.com
　　　　地　　址：北京清华大学学研大厦 A 座　　邮　编：100084
　　　　社 总 机：010-83470000　　　　　　　　邮　购：010-62786544
　　　　投稿与读者服务：010-62776969, c-service@tup.tsinghua.edu.cn
　　　　质量反馈：010-62772015, zhiliang@tup.tsinghua.edu.cn
　　　　课件下载：https://www.tup.com.cn, 010-62791865
印 装 者：三河市龙大印装有限公司
经　　销：全国新华书店
开　　本：185mm×230mm　　　印　张：29　　　字　数：606 千字
版　　次：2009 年 3 月第 1 版　2017 年 7 月第 2 版　　印　次：2025 年 7 月第 6 次印刷
定　　价：49.00 元

产品编号：064250-01

出版说明

应用型人才是指能够将专业知识和技能应用于所从事的专业岗位的一种专门人才。应用型人才的本质特征是具有专业基本知识和基本技能，即具有明确的职业性、实用性、实践性和高层次性。进一步加强应用型人才的培养，是"十三五"时期我国经济转型升级、迫切需要教育为社会培养输送各类人才和高素质劳动者的关键时期，也是协调高等教育规模速度与培养各类人才服务国家和区域经济社会发展的重要途径。

教育部要求今后需要有相当数量的高校致力于培养应用型人才，以满足市场对应用型人才需求量的不断增加。为了培养高素质应用型人才，必须建立完善的教学计划和高水平的课程体系。在教育部有关精神的指导下，我们组织全国高校的专家教授，努力探求更为合理有效的应用型人才培养方案，并结合当前高等教育的实际情况，编写了这套《高等学校应用型特色规划教材》丛书。

为使教材的编写真正切合应用型人才的培养目标，我社编辑在全国范围内走访了大量高等学校，拜访了众多院校主管教学的领导，以及教学一线的系主任和教师，掌握了各地区各学校所设专业的培养目标和办学特色，并广泛、深入地与用人单位进行交流，明确了用人单位的真正需求。这些工作为本套丛书的准确定位、合理选材、突出特色奠定了坚实的基础。

❖ 教材定位

- 以就业为导向。在应用型人才培养过程中，充分考虑市场需求，因此本套丛书充分体现"就业导向"的基本思路。
- 符合本学科的课程设置要求。以高等教育的培养目标为依据，注重教材的科学性、实用性和通用性。
- 定位明确。准确定位教材在人才培养过程中的地位和作用，正确处理教材的读者层次关系，面向就业，突出应用。
- 合理选材、编排得当。妥善处理传统内容与现代内容的关系，大力补充新知识、新技术、新工艺和新成果。根据本学科的教学基本要求和教学大纲的要求，制订编写大纲(编写原则、编写特色、编写内容、编写体例等)，突出重点、难点。
- 建设"立体化"的精品教材体系。提倡教材与电子教案、学习指导、习题解答、课程设计、毕业设计等辅助教学资料配套出版。

❖ 丛书特色

- 围绕应用讲理论，突出实践教学环节及特点，包含丰富的案例，并对案例作详细解析，强调实用性和可操作性。
- ➢ 涉及最新的理论成果和实务案例，充分反映岗位要求，真正体现以就业为导向的培养目标。
- ➢ 国际化与中国特色相结合，符合高等教育日趋国际化的发展趋势，部分教材采用双语形式。
- ➢ 在结构的布局、内容重点的选取、案例习题的设计等方面符合教改目标和教学大纲的要求，把教师的备课、授课、辅导答疑等教学环节有机地结合起来。

✧ 读者定位

本系列教材主要面向普通高等院校和高等职业技术院校，适合应用型、复合型及技术技能型人才培养的高等院校的教学需要。

✧ 关于作者

丛书编委特聘请执教多年且有较高学术造诣和实践经验的教授参与各册教材的编写，其中有相当一部分教材的主要执笔者是精品课程的负责人，本丛书凝聚了他们多年的教学经验和心血。

✧ 互动交流

本丛书的编写及出版过程，贯穿了清华大学出版社一贯严谨、务实、科学的作风。伴随我国教育改革的不断深入，要编写出满足新形势下教学需求的教材，还需要我们不断地努力、探索和实践。我们真诚希望使用本丛书的教师、学生和其他读者提出宝贵的意见和建议，使之更臻成熟。

清华大学出版社

第二版前言

本书第一版出版后，已先后重印 10 次，受到广大读者的欢迎，销量很好。由于近年来信息技术的快速发展，原书中的一些内容已无法满足客观形势发展的需要。为了进一步深化管理信息系统课程的教学改革，提高管理人才的培养质量，在听取专家和读者意见的基础上，我们对本书内容进行了修订。

全书分为 5 篇：第 I 篇为基础篇，对管理信息系统(MIS)学科领域的相关概念、基本管理理论与相关信息技术等进行简单但不失系统地归纳与阐释；第 II 篇为技术与方法篇，详细介绍管理信息系统的技术基础，管理信息系统的战略规划和开发方法等内容；第 III 篇为系统开发篇，内容包括管理信息系统调查与可行性研究及管理信息系统的系统分析、设计与实施等内容；第 IV 篇为系统管理篇，内容包括管理信息系统的管理与评价及信息系统安全与防范；第 V 篇为应用系统篇，介绍 MIS 在实践应用领域的典型样态，内容包括图书销售管理系统、生产制造管理信息系统、办公自动化管理系统、物流管理信息系统等。

本书再版保留了原书的特色和风格，增加了新内容，以适应时代要求。全面吸收了近几年管理信息系统的最新发展理论和实践，反映了最新信息技术的发展和最新的信息管理思想、方法与实践，结合开发管理信息系统的实践深刻领会在系统开发全过程中的理论实质，增强信息资源的开发意识，同时培养学生分析、设计、研制信息系统的能力。引导学生转变思想，提高信息意识和信息觉悟，学习新技术，提高学生分析问题、解决问题的能力。实践性强是本课程的一个重要特点，也是在校学生学习本课程的难点之一。全书附有复习思考题、参考答案和大量案例，便于读者学习与应用管理信息系统。

本书由姜方桃、郑庆华担任主编，王思武、张瑜、何宽、吴远征担任副主编。参加编写的人员有：王思武、姜方桃(第 1 章、第 2 章和第 10 章)；吴远征(第 3 章和第 4 章)；张瑜(第 5 章、第 8 章和第 7 章)；郑庆华(第 6 章和第 7 章)；何宽(第 9 章和第 11 章)。全书由姜方桃修改、统稿。

由于作者水平有限，成稿时间仓促，书中不妥之处在所难免，敬请各位专家、读者提出批评意见并能及时反馈，以便在再版时完善。电子邮箱地址是 jiangfangtao@sina.com。另外，编者还制作了本书教学使用的 PowerPoint 幻灯片，可通过清华大学出版社网站下载，也可通过发送电子邮件索取。

编　者

第一版前言

管理信息系统作为一门新兴的交叉分支学科，继承了其他众多学科的理论、方法和应用技术，与信息科学、系统科学、控制理论、运筹学、会计学、统计学、经济学、管理科学和计算机科学有着十分密切的联系。同时，管理信息系统作为一种应用工具，又广泛地应用于工业、农业、交通、卫生、体育以及各种社会经济活动的信息管理之中，并起着日益重要的作用，显示出强大的生命力。

《管理信息系统》是管理类专业的一门专业主干课程。本课程在介绍管理信息系统有关概念、结构和功能的基础上，主要讲授管理信息系统的规划、分析、设计、实施和评价的原理，系统论述结构化系统开发方法，面向对象开发方法、决策支持系统、信息系统管理和信息系统发展等内容。

本书以管理为基础，以技术为主线，从内容与要求上分为基本概念、开发方法、开发技术和开发实践培养四个层次，课程教学应该根据不同内容层次的特点和要求，采用概念、实例分析和实践教学相结合的方法，并且引导学生转变思想，提高信息意识和信息觉悟，学习新技术，提高学生分析问题、解决问题的能力。实践性强是本课程的一个重要特点，也是在校学生学习本课程的难点之一。因为绝大多数学生既无管理工作的实践，又无工程实践的经验，所以在学习中不易掌握管理信息系统的概念、理论、内容、技术和方法的实质，为此，本书将采用大量的案例，以增强学生的理解能力，通过案例及思考题，可以使学生做到理论联系实际，培养和提高学生分析问题、解决问题的能力。

本书共分10章。第1章讨论了管理信息系统有关的基本概念；第2章介绍了管理信息系统的战略规划和开发方法；第3章讲述了管理信息系统运行所需要的技术基础；第4章讨论了管理信息系统调查与可行性研究；第5～第7章介绍了管理信息系统的系统分析、设计和实施的全过程；第8章介绍了管理信息系统的管理与评价；第9章阐述了管理信息系统安全与维护；第10章讨论了管理信息系统的发展趋势。

另外，本书配有电子课件，以适应多媒体教学的需要。下载地址为www.tup.tsinghua.edu.cn。

本书由姜方桃担任主编，张晓峰、李广水、王思武担任副主编。参加编写人员的具体分工如下：姜方桃(第1章和第10章)；孙瑜、李广水(第3章)；李广水(第8章)；张瑜(第4章和第7章)；张晓峰(第5章和第6章)；王思武(第9章)。全书由姜方桃修改、统稿。

由于作者水平有限，成稿时间仓促，书中不妥之处在所难免，敬请各位专家、读者提出批评意见并能及时反馈，以便在再版时完善。电子邮箱地址为jiangfangtao@sina.com。

编　者

目 录

第Ⅰ篇 基 础 篇

第1章 管理、信息、系统理论 1
- 1.1 信息的基本知识 3
  - 1.1.1 信息的概念 4
  - 1.1.2 信息的分类和性质 6
- 1.2 管理与管理信息 7
- 1.3 系统与信息系统 9
- 本章小结 11
- 复习思考题 12
- 案例分析 13

第2章 管理信息系统概述 15
- 2.1 管理信息系统的概念 17
  - 2.1.1 管理信息系统的产生与发展 17
  - 2.1.2 管理信息系统的定义 19
  - 2.1.3 管理信息系统的功能 21
  - 2.1.4 管理信息系统的特点 22
- 2.2 管理信息系统的结构及分类 23
  - 2.2.1 管理信息系统的结构 23
  - 2.2.2 管理信息系统的分类 28
- 2.3 制造企业的资源管理 30
  - 2.3.1 MRP 阶段 30
  - 2.3.2 MRP Ⅱ 阶段 33
  - 2.3.3 ERP 阶段 35
- 2.4 电子商务系统 38
  - 2.4.1 电子商务的含义 38
  - 2.4.2 电子商务系统的组成 39
- 本章小结 42
- 复习思考题 43
- 案例分析 44

第Ⅱ篇 技术与方法篇

第3章 管理信息系统的技术基础 47
- 3.1 计算机系统概述 49
  - 3.1.1 计算机的发展历史 49
  - 3.1.2 计算机的组成及工作原理 51
  - 3.1.3 嵌入式计算机 54
  - 3.1.4 未来计算机的发展趋势 55
- 3.2 数据处理 58
  - 3.2.1 常用数据处理的概念 58
  - 3.2.2 常用的数据编码 59
  - 3.2.3 计算机中数的表示 63
  - 3.2.4 声音的表示 64
  - 3.2.5 图形与图像的表示 66
- 3.3 计算机网络 68
  - 3.3.1 计算机组网的目的 69
  - 3.3.2 计算机网络的分类 69
  - 3.3.3 网络工作模式 70
  - 3.3.4 网络操作系统 71
  - 3.3.5 网络协议 73
  - 3.3.6 网络上的数据传输 74
  - 3.3.7 网络互联设备 76
  - 3.3.8 Internet 网络 78
- 3.4 数据库和数据仓库技术 82
  - 3.4.1 数据库的发展 82
  - 3.4.2 数据库系统的组成 83

3.4.3 数据模型 83
3.4.4 SQL 语言 85
3.4.5 数据库在 Web 中的应用 91
3.4.6 数据仓库 93
本章小结 97
复习思考题 97

第 4 章 管理信息系统的战略规划和开发方法 100

4.1 管理信息系统的战略规划及常用方法 103
    4.1.1 管理信息系统的战略规划的概念 103
    4.1.2 制定管理信息系统的战略规划的常用方法 107
4.2 基于企业流程重组的信息系统规划 117
    4.2.1 企业流程重组概述 117
    4.2.2 企业流程重组的目标 119
    4.2.3 企业流程重组的业务流程 120
    4.2.4 企业流程重组的基本原则 120
    4.2.5 基于 BPR 的信息系统规划步骤 122
4.3 系统的结构化开发方法 122
    4.3.1 系统结构化开发方法的基本思想 122
    4.3.2 系统结构化开发方法的过程 123
    4.3.3 系统结构化开发方法的特点 123
    4.3.4 系统结构化开发方法的优缺点 124
4.4 系统开发的原型法 124
    4.4.1 原型法的基本思想 124
    4.4.2 原型定义的策略 125
    4.4.3 原型法的特点 126
    4.4.4 原型法的开发环境 126
    4.4.5 原型法的优缺点和适用范围 128
4.5 面向对象方法 130
    4.5.1 面向对象方法的基本思想 130
    4.5.2 面向对象方法的基本概念 131
    4.5.3 面向对象方法的特性 132
    4.5.4 面向对象方法的开发过程 133
    4.5.5 面向对象方法的优缺点 137
4.6 计算机辅助软件工程 138
    4.6.1 CASE 的基本思路 138
    4.6.2 CASE 的特点 138
    4.6.3 CASE 的开发环境 139
    4.6.4 CASE 的优缺点 140
4.7 各种开发方式的比较 140
本章小结 141
复习思考题 141
案例分析 143

第 Ⅲ 篇 系统开发篇

第 5 章 管理信息系统调查与可行性研究 147

5.1 系统调查的原则、方法及步骤 149
    5.1.1 系统调查的原则 149
    5.1.2 系统调查的方法 151
    5.1.3 系统调查的步骤 152
5.2 管理信息系统的可行性研究 156
    5.2.1 可行性研究的内容 157
    5.2.2 可行性分析报告 165

5.3 某图书管理信息系统的可行性
研究案例 167
5.3.1 引言 167
5.3.2 可行性研究的前提 168
5.3.3 对现有系统的分析 169
5.3.4 所建议的系统方案 170
5.3.5 技术条件方面的可行性 ... 171
5.3.6 经济可行性分析 172
5.3.7 社会因素可行性分析 173
5.3.8 结论 174
本章小结 185
复习思考题 185
案例分析 186

第6章 管理信息系统的系统分析 188
6.1 管理信息系统的系统分析概述 190
6.1.1 系统分析的思想 190
6.1.2 系统分析的任务 191
6.1.3 系统分析的特点 192
6.2 管理信息系统的组织结构与
功能分析 193
6.2.1 组织结构图 194
6.2.2 组织/业务关系分析 195
6.3 管理信息系统的业务流程分析 197
6.3.1 业务流程分析的内容 197
6.3.2 业务流程分析的方法 198
6.4 管理信息系统的数据流程分析 200
6.4.1 数据流程分析的基础 200
6.4.2 数据流动过程的分析 203
6.4.3 数据逻辑结构的分析 207
6.4.4 数据处理功能的分析 210
6.5 管理信息系统分析的主要工具 212
6.5.1 数据库设计及建模工具
——ERwin简介 212

6.5.2 Rose与PowerDesigner：
两款建模工具的比较 213
6.6 新系统逻辑模型的建立 216
6.7 系统分析说明书 220
本章小结 231
复习思考题 232
案例分析 233

第7章 管理信息系统的系统设计 235
7.1 系统设计概述 237
7.1.1 系统设计的任务 237
7.1.2 系统设计的原则和目的 ... 238
7.1.3 系统划分 239
7.2 系统总体设计 240
7.2.1 系统总体功能结构设计 ... 240
7.2.2 系统平台设计 241
7.3 代码设计 243
7.3.1 代码的种类 243
7.3.2 代码的校验 245
7.4 系统数据库设计 246
7.4.1 数据库设计概述 246
7.4.2 概念结构设计 246
7.4.3 初步E-R图设计 249
7.4.4 基本E-R图设计 251
7.4.5 逻辑结构设计 252
7.4.6 物理结构设计 253
7.5 界面及输入/输出设计 255
7.5.1 界面设计 255
7.5.2 输入/输出设计 257
7.6 模块设计 260
7.6.1 模块分解的原则和依据 ... 260
7.6.2 模块结构的标准形式 261
7.7 系统设计说明书 265
本章小结 277
复习思考题 278

案例分析 279

第8章 管理信息系统的系统实施 281

8.1 系统实施 285
 8.1.1 系统实施的主要任务 285
 8.1.2 系统实施的特点 289
8.2 程序设计 289
 8.2.1 程序设计的原则 289
 8.2.2 程序设计的方法 290
 8.2.3 软件开发工具 294
8.3 程序与系统测试 296
 8.3.1 系统测试 297
 8.3.2 白盒测试的测试用例设计 299
 8.3.3 黑盒测试的测试用例设计 302
 8.3.4 排错的方法 305
8.4 系统转换 306
8.5 系统运行与维护 307
 8.5.1 系统维护的内容 307
 8.5.2 系统维护的类型 308
 8.5.3 系统维护的管理 308
 8.5.4 与维护有关的问题 309
本章小结 314
复习思考题 315
案例分析 318

第Ⅳ篇 系统管理篇

第9章 管理信息系统的管理与评价 319

9.1 管理信息系统开发的项目管理 322
 9.1.1 管理信息系统的开发过程、风险与方法论 322
 9.1.2 项目管理理论与实践 325
9.2 管理信息系统的运行管理 332
 9.2.1 管理信息系统运行的组织机构 332
 9.2.2 管理信息系统的基础数据管理 334
 9.2.3 管理信息系统的运行管理制度 335
 9.2.4 管理信息系统的文档管理 336
 9.2.5 系统运行的结果分析 337
9.3 管理信息系统的评价 337
 9.3.1 综合评价方法概述 338
 9.3.2 常用的综合评价方法的比较 339
 9.3.3 初建系统综合评价指标体系的方法 341
 9.3.4 系统综合评价的指标体系筛选方法 343
 9.3.5 系统综合评价的指标体系结构优化方法 345
本章小结 355
复习思考题 355
案例分析 356

第10章 信息系统安全与防范 359

10.1 信息系统安全概述 361
 10.1.1 信息系统安全面临的威胁 361
 10.1.2 信息系统安全的含义 363
 10.1.3 信息系统的脆弱性 364
 10.1.4 影响信息系统安全的因素 365
 10.1.5 信息系统安全等级划分 366
10.2 信息系统安全的防护 368
 10.2.1 信息系统安全的组成 368
 10.2.2 法律制度与道德规范 368
 10.2.3 信息系统中的实体安全 370
 10.2.4 信息系统中的软件安全 372

10.3 计算机犯罪与预防 376
  10.3.1 计算机犯罪的含义 376
  10.3.2 计算机犯罪的现状 376
  10.3.3 计算机犯罪的特点 377
  10.3.4 计算机犯罪的技术与手段 378
  10.3.5 防止计算机犯罪的
      安全措施 379

10.4 计算机病毒与防治 382
  10.4.1 计算机病毒的含义及特征 382
  10.4.2 计算机病毒的分类 384
  10.4.3 计算机病毒的预防 386
本章小结 389
复习思考题 390
案例分析 391

第 V 篇　应用系统篇

第 11 章　系统管理应用 393
  应用一　图书销售管理系统 395
  应用二　生产制造管理信息系统 404
  应用三　办公自动化管理系统 416

  应用四　物流管理信息系统 423
本章小结 432
复习思考题 432

参考答案 433

参考文献 448

第 I 篇 基 础 篇

第 1 章

管理、信息、系统理论

学习目标

知识目标	技能目标
1. 了解信息的内涵、分类与特性	1. 识别信息与数据的关系，掌握信息的组成
2. 了解管理的内涵与发展历程	2. 识别信息的种类与特性
3. 了解管理信息的内涵及特点	3. 理解管理的组成与职能，运用管理思想解决实践问题
4. 了解系统的内涵及特性	4. 理解系统的内涵与组成，运用系统理论分析实践问题
5. 了解信息系统的内涵及功能	5. 理解信息系统的功能

知识结构

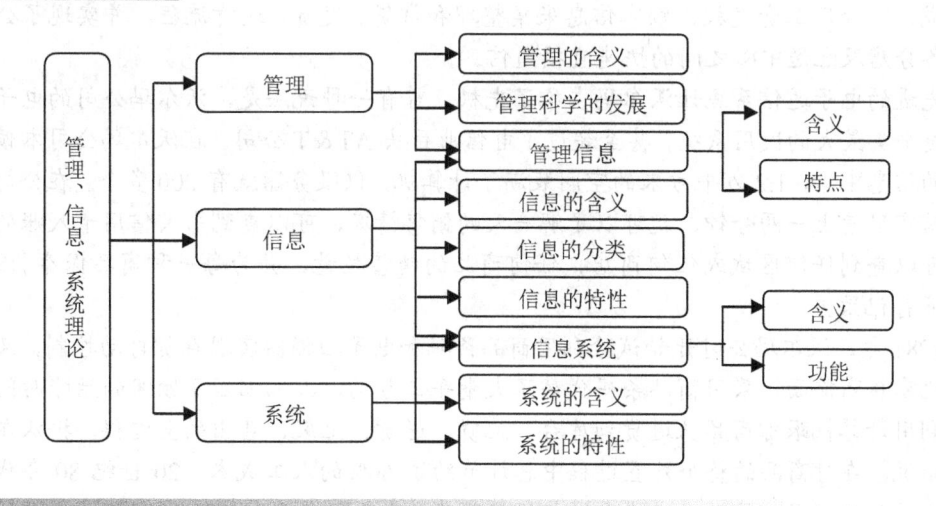

管理、信息、系统理论
- 管理
  - 管理的含义
  - 管理科学的发展
  - 管理信息
    - 含义
    - 特点
- 信息
  - 信息的含义
  - 信息的分类
  - 信息的特性
  - 信息系统
    - 含义
    - 功能
- 系统
  - 系统的含义
  - 系统的特性

导入案例

【案例 1-1】　　　　美国沃尔玛超市的信息化建设

沃尔玛公司的信息化策略在业界一直受到好评，它是怎么一步一步完善自己的信息系统的呢？现在一起来看一看。

2002—2005 年，沃尔玛公司连续 4 年蝉联全球财富 500 强的首位，与先进信息系统的采用是分不开的。沃尔玛公司创始人山姆·沃尔顿曾经说过，他主张不惜代价建立先进信息系统的理念其实很简单，"我如果看不到每一件商品进出的财务记录和分析数据，这就不是做零售"。沃尔玛公司的神话无疑印证了信息化对现代零售企业的重要性，尤其是在信息技术大行其道的环境下，企业一旦落后，就会步步出错，直至被淘汰。

经营之初相对于其他大的连锁零售企业，沃尔玛公司开始发展时只是一个不起眼的竞争者，但这种态势在 20 世纪末却发生了大的扭转。就在其他连锁零售仍旧以传统方式经营时，沃尔玛公司开始重金投入各种信息系统建设。沃尔玛公司在信息系统方面投入的热情在全球的企业当中都可以说是首屈一指的。该公司早在 1983 年就同休斯公司合作，将一颗耗资 2400 万美元的人造卫星发射升空，成为全球第一个发射物流通信卫星的企业。至 20 世纪 90 年代初，沃尔玛公司在计算机和卫星通信系统上就已经投资了 7 亿美元，而它自身不过是一家纯利润只有营业额 2%～3% 的折扣百货零售公司。此外，沃尔玛公司还制定了"企业核心竞争力，降低总体成本"的新经营策略和理念，把电子商务和企业信息资源管理提升到企业核心竞争力的战略高度。通过新型的信息应用，沃尔玛公司的经营效率得到了革命性的提升。在沃尔玛公司全球的 4 000 多家门店中，通过该公司的网络在 1 小时之内就可对每种商品的库存、上架、销售量全部盘点一遍。整个公司的计算机网络配置在 1977 年完成，可处理工资发放、顾客信息采集整理和订货、发货、送货流程，并实现了公司总部与各分店及配送中心之间的快速直接通信。

先进的电子通信系统让沃尔玛占尽了先机。曾有一种说法是，沃尔玛公司的电子信息系统是全美最大的民用系统，甚至超过了电信业巨头 AT&T 公司。在沃尔玛公司本顿威尔总部的信息中心，1.2 万平方米的空间装满了计算机，仅服务器就有 200 多个。在公司的卫星通信室里看上一两分钟，就可以了解一天的销售情况，可以查到当天信用卡入账的总金额，可以查到任何区域或任何商店、任何商品的销售数量，并为每一种商品保存长达 65 周的库存记录。

1981 年，沃尔玛公司开始试验利用商品条码和电子扫描器实现存货自动控制，又走在了其他零售商前面。采用商品条码代替了大量手工劳动，大幅缩短了顾客的结账时间，更便于利用计算机跟踪商品从进货到库存、配货、送货、上架、售出的全过程。据沃尔玛公司方面说，在对商品的整个处置过程中总计节约了 60% 的人工成本。20 世纪 80 年代，沃尔玛公司开始利用电子数据交换系统与供应商建立自动订货系统。到 1990 年，沃尔玛公司已与它的 5 000 余家供应商中的 1 800 家实现了电子数据交换，成为电子数据交换技术的全美最大用户。到 20 世纪 80 年代末，沃尔玛公司配送中心的运行已完全实现了自动化。每个配送中心约 10 万平方米面积。每种商品都有条码，由十几千米长的传送带传送商品，由激光扫描器和计算机追踪每件商品的储存位置及运送情况。到 20 世纪 90 年代，整个公司销售的 8 万种商品中，85%由这些配送中心供应，而竞争对手只有 50%~65%的商品集中配送。信息化装备先进的沃尔玛公司还不断开拓新的技术应用，该公司此前对 100 家最大的供货商提出，要求他们在 2005 年 1 月之前向其配送中心发送货盘和包装箱时使用无线射频技术，2006 年 1 月前在单件商品中使用这项技术。

回头来看，信息化正是沃尔玛公司迈向成功的重要原因之一。一方面，沃尔玛公司通过供应链信息化系统实现了全球统一采购及供货商自己管理上架商品，使得产品进价比竞争对手降低了 10%以上；另一方面，沃尔玛公司还通过卫星监控全国各地的销售网络，对商品进行及时的进货管理和库存分配。当凯玛特公司也意识到信息化的重要性并效仿前者开始起步时，沃尔玛公司早已在全球 4 000 个零售店配备了包括卫星监测系统、客户信息管理系统、配送中心管理系统、财务管理系统、人事管理系统等多种技术手段在内的信息化系统。分析人士指出，当时最强的连锁零售企业的信息化水平至少已落后于沃尔玛公司 5 年，也正是这 5 年的差距使得它们的步伐越来越缓慢，以致被沃尔玛公司远远甩下。

中国的连锁企业在以很快的速度递增，通过兼并、重组等措施，连锁企业已经形成了几种业态相并存的局面，这使得连锁业的竞争也变得空前的激烈。要想在激烈的竞争中胜出就必须建立更加完备的信息系统，通过信息化系统的建立来强化规模经济的优势。伴随企业信息化系统的应用，连锁信息化策略这一概念也开始普及，毫不夸张地说，谁掌握了及时、一流的信息，谁就会在竞争中胜出。

案例思考

1. 沃尔玛公司为何花费巨资投入各种信息系统的建设？
2. 试列举沃尔玛公司为零售店配备了哪些信息系统。你认为信息化管理又是如何促进沃尔玛经济效益的提高的。

1.1 信息的基本知识

20 世纪中期，从计算机技术引发并催生了举世瞩目的"3C"革命——Computer(计算机)、Control(自动控制)、Communication(通信)，使人类社会进入一个前所未有但激动人心的时代，短短几十年就创造了极大超过在此之前人类社会创造的物质文明的总和。而在这些惊人之举的背后，人们已清楚地意识到有一只无形的巨手正操纵着这个时代的脉搏，也正是它彻底地改变了人类的头脑意识及思维方式，这只无形的巨手被称为信息，当今的社会被称为信息社会。

1.1.1 信息的概念

从哲学意义上来看，信息是自然界、人类社会和人类思维活动中普遍存在的一切物质和事物的属性。信息理论的创始人申农说："信息是用以消除不确定性的东西。"

数据和信息这两个词在实际应用中经常容易混淆。信息是经过加工后的数据，它会对接收者的行为和决策产生影响，它能增加决策者的知识，具有现实的或潜在的价值。信息是经过加工以后的数据，这一概念可用图 1-1 说明。数据并不只是数字，所有用来描述客观事实的语言、文字、图画和模型都是数据。

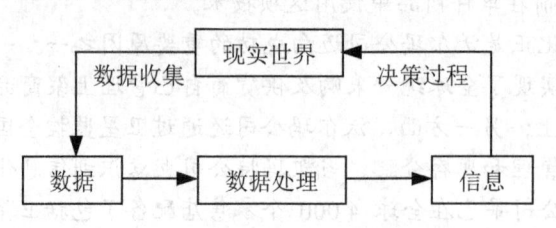

图 1-1 数据与信息的转换过程

阅 读 资 料

申农于 1916 年 4 月 30 日出生于美国密歇根州，1936 年毕业于密歇根大学并获得数学和电子工程学士学位，1940 年获得麻省理工学院(MIT)数学博士学位和电子工程硕士学位。在普林斯顿高级研究所(The Institute for Advanced Study at Princeton)期间开始思考信息论与有效通信系统的问题。经过 8 年的努力，申农于 1948 年 6 月和 10 月在《贝尔系统技术杂志》(Bell System Technical Journal)上连载发表了具有深远影响的论文《通信的数学原理》。1949 年，申农又在该杂志上发表了另一著名论文《噪声下的通信》。在这两篇论文中，申农阐明了通信的基本问题，给出了通信系统的模型，提出了信息量的数学表达式，并解决了信道容量、信源统计特性、信源编码、信道编码等一系列基本技术问题。这两篇论文成为信息论的奠基性著作。

申农明确地把信息量定义为随机不定性程度的减少。这表明了他对信息的理解：信息是用来减少随机不定性的东西，或者说，信息是确定性的增加。

显然，数据和信息的概念是相对的，对于第一次加工所产生的信息，可能成为第二次加工的数据；同样，第二次加工得到的信息，可能成为第三次加工的数据。这也与物质生产中的原料和产品的关系相似，初级加工得到的产品，可能成为进一步加工的原料。

综上所述，用语言、文字和图形等表达的资料经过解释就是信息。也就是说，信息是我们对数据的解释，或者说是数据的内在含义。根据这个定义，那些能表达某种含义的信号、密码、情报和消息都可概括为信息。信息概念包括以下五个方面。

(1) 信源：即信息的发布者，也就是传者。

(2) 信宿：即接收并利用信息的人，也就是受者。

(3) 媒介：原意指中间物，可用以记录和保存信息并随后由其重现信息的载体。媒介与信息密不可分，离开了媒介，信息就不复存在，更谈不上信息的交流和传播。

(4) 信道：指信息传递的途径和渠道。信道的性质和特点将决定对媒介的选择，比如，在谈话中，传者如果是以声波为交流信道的，那么声波信道的特性便决定了所选取的交流媒介只能是具有"发声"功能的物体、材料和技术手段；同样，如果以频道为信息传递渠道的，其媒介选择只能是电子类的载体。

(5) 反馈：指受者对传者发出信息的反应，在传播过程中，这是一种信息的回流。传者可以根据反馈经验检验传播的效果，并根据此调整、充实和改进下一步的行动。

◆ **知识拓展**

12%是一项数据，但这一数据除了数字上的意义外，并不表示任何内容。而"A企业本年的利润增长率为 12%"对接收者是有意义的，接收者知道"12%"是表示客观实体 A 企业本年的利润增长率这一属性值。因此，"A 企业本年的利润增长率为12%"，不仅仅有数据，更重要的是给数据以解释，从而使接收者得到了客观实体 A 企业本年的利润增长为12%的信息。若再加一条信息"年增长率大于10%即可视为先进企业"，则综合以上两条信息，可以得出一条抽象程度更高的信息，即"A 企业被评为先进企业"。

由该案例可见，数据和信息是密不可分的，而信息之间的联系又可以得到抽象层次更高的信息。从中可以看出，如果将数据看作原料，那么信息就是通过信息系统加工数据得到的产品。而且在信息系统的帮助下，还可利用信息技术对信息进行进一步加工处理，得到不同抽象层次的信息来辅助完成不同层次的决策。同时，在信息系统中以数据形式描述信息的各个属性，通过一些标准化的编码方式大大方便了信息的交流。在现代社会中信息充斥于社会经济生活的各个方面，大至国家和社会，小至家庭和个人。人们随时随地，不可避免地接收、使用，并且提供各种各样的信息。信息可以说是无处不在、无时没有。现代科学研究揭示，信息、物质与能量共同构成了自然界三个基本的组成部分，为人类在自然界从事各种各样的活动和发明创造提供了必要的条件。

1.1.2　信息的分类和性质

1. 信息的分类

信息可以从不同的角度分类，常见的信息分类主要有以下九种。

(1) 以信息的性质为依据，信息可分为语法信息、语义信息和语用信息。

(2) 以认识的主体为依据，信息可分为客观信息(关于认识对象的信息)和主观信息(经过认识主体思维加工的信息)。

(3) 以主体的认知能力和观察过程为依据，信息可分为实在信息、先验信息和实得信息。

(4) 以信息的逻辑意义为依据，信息可分为真实信息、虚假信息和不定信息。

(5) 以信息的生成领域为依据，信息可分为自然信息、社会信息和思维信息。

(6) 以信息的应用部门为依据，信息可分为工业信息、农业信息、军事信息、政治信息、科技信息、文化信息和经济信息等。

(7) 以信息的记录符号为依据，信息可分为语声信息、图像信息、文字信息和数据信息等。

(8) 以信息的载体性质为依据，信息可分为文献信息、光电信息和生物信息等。

(9) 以信息的运动状态为依据，信息可分为连续信息、离散信息和半连续信息等。

2. 信息的性质

信息主要具有以下一些性质。

(1) 真伪性：信息有真信息与假信息，即真实信息和谎言信息。真实而准确的信息可以帮助人们作出正确的决策，从而实现信息的价值。而谎言信息，即不真实、有错误的信息，不但不能帮助人们作出正确的决策，反而可能会带来严重的错误，其价值可能为负。

(2) 层次性：由于信息大多数是为管理服务的，在现实世界中管理是分层的，不同的管理层需要不同的信息，因而信息也具有层次性。一般可以和管理层一样，人为地将信息分为战略级、策略级和执行级三个层次。

(3) 可压缩性：信息的可压缩性是指人们可以对信息进行概括、归纳和综合，使其变得精练、浓缩，并且保留信息的本质与内涵。信息可以进行浓缩、集中、概括以及综合，而不至于丢失信息的本质，就像物质中的液化气、压缩饼干一样。当然，在压缩的过程中会丢失一些信息，但丢失的应当是无用的或不重要的信息。

(4) 扩散性：信息的扩散性是指信息可以通过各种渠道和手段向四面八方自然扩散传播的特性。信息好像热源，它总是力图向温度低的地方扩散。信息的扩散是其本性，它力图冲破保密的非自然约束，通过各种渠道和手段向四面八方传播。信息的浓度越大，信息源和接收者之间的梯度越大，信息的扩散力度就越强。

(5) 传输性：信息的传输性使人们可以利用各种各样的手段向外传输信息。信息是可以传输的，它的传输成本远远低于传输物质和能源。它可以利用电话和电报进行国际、国内通信，也可以通过光缆卫星传遍全球。传输的形式也越来越完善，包括数字、文字、图形和图像以及声音等。它的传输既快又便宜，远远优于物质的运输，因此我们应当尽可能用信息的传输代替物质的传输，利用信息流减少物流，宁可用多传输十倍的信息来换取少传输一倍的物质。

(6) 共享性：信息的共享性表现为同一则信息可以为众人所利用，这是信息区别于物质的一个显著特点。按信息的固有性质来说，信息只能共享，不能交换。也就是说，某人告诉另外一个人一条消息，并没失去什么，不能把这则消息的记忆从某人的大脑中抹去。消息的分享没有直接的损失，但是可能会造成间接的损失。信息分享的非零和性造成信息分享的复杂性。

(7) 增殖性(再生性)：用于某种目的的信息，随着时间的推移可能价值耗尽，但对于另一种目的来说可能又显示出其用途。信息的增殖在量变的基础上可能产生质变，在积累的基础上可能产生飞跃。

(8) 转化性：信息的转化性主要是指信息可以转化为价值。信息、物质、能源三位一体，又是可以互相转化的。有能源、有物质就能换取信息，这是不言而喻的。那么有信息是否可以转化为物质和能源呢？现在大量的事实已经说明是可以转化的。许多企业利用信息技术大大节约了能源，并且有人提出了"信息就是金钱"的口号。

1.2 管理与管理信息

管理信息系统是服务于管理的，管理是信息系统服务的对象。对对象了解得越清楚，就能服务得越好，因此懂得基本管理知识是很重要的。

1. 管理的概念

管理是运用组织、计划、指挥、控制和协调等基本行动，来有效地利用人力、材料、资金、设备和方法等各种资源，发挥最高的效率，以实现一个组织机构所预定的目标和任务的。管理工作的六个要素是目标、信息、人员、资金、设备和物资，它们构成了物流、人流和信息流。管理的基本职能是计划、组织、领导、控制、激励、协调和通信。

2. 管理科学的发展阶段

管理科学的发展大致经历了以下六个阶段。

第一阶段：泰勒制。20世纪20年代，出现了以泰勒制为代表的科学管理。泰勒在1911年写的《科学管理原理》一书中论述了改直线制为职能制、动作和时耗研究、分工、劳动定额和计件工资制。泰勒首次把科学原理引入经济管理之中。

第二阶段：行为科学学派。该学派产生于 20 世纪 30 年代，其代表作是 1933 年美国迈约的著作《工业文明中人的问题》。他主张激励人的积极性，主张工人参加管理。

第三阶段：数学管理学派。该学派产生于 20 世纪 40 年代，其代表作是 1940 年苏联康托拉维奇所著的《生产组织与计划中的数学方法》。他把数学引入管理，并提出生产指挥的问题主要是数学问题。

第四阶段：计算机管理学派。该学派产生于 20 世纪 50 年代，在这一时期虽没有明显的代表作，但计算机已被广泛地应用于管理。继 1954 年计算机用于工资管理后，在 20 世纪 50 年代末至 20 世纪 60 年代初形成了计算机用于管理的第一次热潮。

第五阶段：系统工程学派。该学派产生于 20 世纪 70 年代，其代表作是 1970 年华盛顿大学教授卡斯所著的《组织与管理——从系统出发的研究》。他提出用系统的理论和方法研究管理。

第六阶段：信息学派和管理信息系统学派。该学派产生于 20 世纪 80 年代，这一时期出现了信息革命，信息被视为重要的无形资源用于管理。同一时期又产生了控制论，于是信息论和控制论、系统论在管理中有机结合，产生了管理信息系统学科，它的出现极大地推动了管理科学的发展，而且成为一门完整的科学学科。

后一种学派的产生，一般不是对前一种学派的否定，而是对前一种学派的弱点加以改进，使前者的愿望更能得以实现。例如，行为科学能激励工人更好地完成定额，更便于科学管理的实现，计算机的出现使数学方法的应用成为可能，促进了应用数学的发展；而系统工程则是集过去之大成，更加综合、更加全面，它主张分析环境，确定系统目标，什么方法合适就用什么方法。

3. 管理信息

通常，人们把反映企业各种生产经营活动并对企业管理产生影响的各种消息、情报和资料统称为管理信息。管理信息通过数字、文字和图表等形式来反映企业生产经营活动中的运行情况，并通过它来沟通和协调各个环节之间的联系，以便实现对整个企业的有效控制和管理。除了具有以上的一般特性之外，管理信息还具有以下一些特点。

(1) 时效性：管理信息会随着时间的推移而老化，失去它原有的价值。信息的时效性就是指信息从信息源发出，经过接收、加工和传递等过程，直到用于决策的这段时间间隔及其使用的效率。时间间隔越短，信息的使用越及时，使用效率越高，就说明信息的时效性越好。

(2) 系统性：在管理过程中，任何零散的、个别的信息都不足以帮助人们认识整个生产经营活动的发展变化情况，只有能够全面地、完整地反映经济活动中的变化和特征的信息，才可称为管理信息。

(3) 目的性：任何管理信息的收集和整理，都是为了某项具体的管理工作服务的，所以管理信息具有明确的目的性。

(4) 层次性：管理信息的层次性是与管理系统的层次性相对应的。众所周知，管理决策活动可以分为高、中、低三个不同的层次。其中，高层管理又称为战略计划，主要工作是对组织内外的全面情况进行分析，制定组织或企业的长远目标、发展战略和方针政策等；中层管理又称为管理控制，主要工作是制订资源分配计划及实施进度表，并组织基层单位来实现总目标；低层管理又称为运行控制，主要工作是具体组织人力、物力去完成上级指定的任务。不同管理层次的信息，在来源、内容、准确度、使用频率、使用寿命和保密程度上都是不同的。

1.3 系统与信息系统

1. 系统的定义及特性

1) 系统的定义

系统是由相互联系和相互制约的若干组成部分结合成的、具有特定功能的有机整体。系统的定义可以从以下三个方面来理解。

(1) 系统是由若干要素(部分)组成的。这些要素可能是一些个体、元件和零件，也可能本身就是一个系统(称为子系统)。

(2) 系统有一定的结构。一个系统是其构成要素的集合，这些要素既相互联系又相互制约。系统内部各要素之间相对稳定的联系方式、组织秩序及时空关系的内在表现形式，就是系统的结构。

(3) 系统有一定的功能。功能是指系统与外部环境相互联系和相互作用中表现出来的性质、能力和功效。信息系统的功能是进行信息收集、传递、储存、加工、维护和使用，以及辅助决策和帮助企业实现目标。

2) 系统的组成

系统一般由五个基本部分组成，分别是输入、输出、处理、反馈和控制。

(1) 输入：是指我们交给系统处理的东西。

(2) 输出：是指由系统处理之后得到的结果。

(3) 处理：是指对输入按照一定的方式进行操作后产生输出的过程。

(4) 反馈：是对系统的一种控制方法，它把输出与预定的标准相比较，查看这个输出是否符合标准。若有任何差异，就采取纠正措施来进行控制。

(5) 控制：是指由外部决定系统如何运行的过程，它是外界与系统进行交互的一个很重要的环节。

3) 系统的特性

(1) 整体性：系统是由若干要素组成的、具有一定新功能的有机整体，各个要素一旦组成系统整体，就表现出独立要素所不具备的性质和功能，形成新的系统的质的规定性，从而表现出整体的性质和功能不等于各个要素性质和功能的简单相加。

(2) 层次性：由于组成系统的诸要素的种种差异，使系统组织在地位和作用、结构和功能上表现出等级秩序性，形成具有质的差异的系统等级。

(3) 目的性(目标性)：它是系统发展变化时表现出来的特点。系统在与环境的相互作用中，在一定的范围内，其发展变化表现出坚持倾向某种预先确定的状态。

(4) 稳定性：是指在外界作用下的开放系统有一定的自我稳定能力，能够在一定范围内自我调节，从而保持和恢复原来的有序状态、原有的结构和功能。

(5) 突变性：是指系统从一种状态进入另一种状态的一种剧烈变化过程。它是系统质变的一种基本形式。

(6) 自组织性：是指开放系统在系统内外因素的相互作用下，自发组织起来，使系统从无序到有序、从低级有序到高级有序。

(7) 相似性：相似性是系统的基本特征。系统相似性是指系统具有同构和同态的性质，体现在系统结构、存在方式和演化过程具有共同性。

(8) 适应性：当环境发生变化时，系统也要做相应的调整以适应环境的变化，这称为系统的适应性。

阅读资料

系统论是加拿大籍奥地利裔的路德维希·冯·贝塔朗菲(Ludwig von Bertalanffy，1901—1972 年)于 1937 年创立的。1968 年，贝塔朗菲发表的著作《一般系统理论：基础、发展和应用》(General System Theory: Foundations, Development, Applications)影响极为深远。

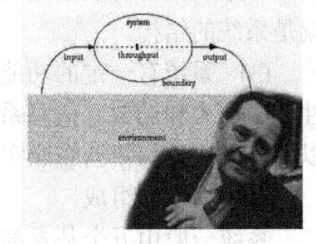

贝塔朗菲有着深厚的人文主义情结。最近几百年来，随着科学技术尤其是技术的迅猛进步，人性日益贬值，对此贝塔朗菲深感忧虑。他站在开放系统的立场上，认为人类有一种自我实现的需要，它超越了简单的生存需要。所以他认为设计更好的环境而非更好的人，才是改良社会的根本途径。贝塔朗菲将人文性引入对自然科学的研究之中，是他对科学研究的最大贡献。

4) 系统性能的评价

判断一个系统的好坏可以由以下四点来检测。

(1) 目标明确：每个系统均为某个目标而运动，这个目标可能由一组子目标组成。系统的好坏要看它运行后对目标的贡献。

(2) 结构合理：一个系统由若干子系统组成，子系统又可由各种功能组成。系统依靠清晰的结构实现系统的有效运转和相互配合。

(3) 接口清楚：子系统之间有接口，系统和外部的连接也有接口，好的接口其定义应十分清楚。例如，世界各国组成的系统，各国之间发生交往均要通过海关进行，海关有明确的人员和货物的出入境规定；再如，工厂和原料供应单位、工厂和运输部门之间的接口都有明确规定。

(4) 能观能控：通过接口，外界可以输入信息，控制系统的行为，可以通过输出观测系统的行为。系统只有能观能控，才会有用，才会对目标做出贡献。

2. 信息系统

1) 信息系统的定义

信息系统是一个人造系统，它由人、硬件、软件和数据资源组成，目的是及时、正确地收集、加工、存储、传递和提供信息，实现组织中各项活动的管理、调节和控制。

信息系统包括信息处理系统和信息传输系统两个方面。信息处理系统对数据进行处理，使它获得新的结构与形态或者产生新的数据。比如，计算机系统就是一种信息处理系统，通过它对输入数据的处理可获得不同形态的新的数据。信息传输系统不改变信息本身的内容，其作用是把信息从一处传到另一处。由于信息的作用只有在广泛交流中才能充分发挥出来，因此，通信技术的进步极大地促进了信息系统的发展。

2) 信息系统的功能

信息系统通常具有以下功能。

(1) 数据收集和输入。将分散在各地的数据进行收集并记录下来，整理成信息系统要求的格式或形式。

(2) 数据传输。它主要有两种方式：一种是计算机网络形式；另一种是盘片传输。

(3) 数据存储。管理中的大量数据被保存在磁盘、磁带等存储设备上。

(4) 数据加工处理。对数据进行核对、变换、分类、合并、更新、检索、抽出、分配、生成和计算等处理。

(5) 数据输出。根据不同的需要，将加工处理后的数据以不同的方式进行输出。

本 章 小 结

现实世界中能表达某种含义的信号、密码、情报和消息都可概括为信息，信息是管理工作中至关重要的组成部分。系统是由相互联系和相互制约的若干组成部分结合成的、具有特定功能的有机整体。信息系统是一个人造系统，它由人、硬件、软件和数据资源组成，目的是及时地向相关信息使用者提供真实、可靠的信息，实现对各项经营活动的管理、调节和控制。管理信息系统是服务于管理的，管理是信息系统服务的对象。对对象了解得越清楚，就能服务得越好。

复习思考题

一、名词解释

1. 信息　　　　2. 管理　　　　3. 信息管理
4. 系统　　　　5. 信息系统

二、单项选择题

1. 信息是(　　)。
   A. 数据的基础　　　　　　　B. 经过加工后的数据
   C. 具有完整性　　　　　　　D. 与数据有明确的界线
2. 泰勒制是属于(　　)。
   A. 科学管理学派　　　　　　B. 行为管理学派
   C. 数学管理学派　　　　　　D. 计算机管理学派
3. 管理的职能主要包括(　　)。
   A. 计划、控制、监督、协调　　B. 计划、组织、领导、控制
   C. 组织、领导、监督、控制　　D. 组织、领导、分析、控制

三、多项选择题

1. 下列属于信息所包含的内容有(　　)。
   A. 信源　　　　B. 信宿　　　　C. 媒介
   D. 信道　　　　E. 反馈
2. 管理的基本职能包括(　　)。
   A. 计划　　　　B. 组织　　　　C. 控制
   D. 激励　　　　E. 通信
3. 系统一般由(　　)组成。
   A. 输入　　　　B. 输出　　　　C. 处理
   D. 反馈　　　　E. 控制

四、简答题

1. 什么是信息？信息和数据有何联系与区别？
2. 什么是管理？管理信息有何特点？
3. 什么是系统？系统包括哪些组成部分？
4. 什么是信息系统？信息系统的组成包括哪些部分？

案例分析

案例背景

海尔集团成立于1984年，30年的发展历程使海尔集团由一个亏损147万元的集体企业成长为国家特大型企业集团，成为中国家电行业销售额最大、生产的产品品种和规格最多、出口量最大的企业集团，是名副其实的中国家电行业的排头兵。海尔集团在发展的过程中之所以能够一年一个新台阶，是和海尔集团高度重视、运用、推广、发展信息化工作分不开的。

海尔的信息化建设从最初起步到现在，大致经历了基础应用、总体构架和优化调整三个发展阶段，其中每个阶段都会根据当时企业的实际需求而有不同的侧重点。

第一个阶段是基础应用阶段：企业自发地提出了信息化应用的需求，搭建海尔集团的骨干网络和基础的办公应用，主要代表是构建的基础网络和OA应用。从1997年至今，海尔集团已经构建了千兆为骨干的企业内部网，覆盖40多个销售公司和30个电话中心，实现数据、视频、IP电话三网合一。

第二个阶段是总体构架阶段：进入WTO之后，由于在中国市场上国际化竞争对手的大量进入，中国的制造业面临着越来越多的挑战。为了应对激烈的市场竞争和企业内外部的各种挑战，海尔开始实施以市场链为纽带的业务流程再造，同时改造海尔集团的信息化应用系统，提高企业的整体管理水平。1998—2003年，海尔内部进行了40多次结构调整，企业在发展过程中不断探索业务流程再造的最佳模式。为了适合集团的战略发展需求，突出了流程再造成果，加速企业管理的现代化，海尔集团系统地设计和建立了信息化应用框架与系统，配合业务管理的需求，主要实施了以下几个方面的应用。

(1) 建成电子商务平台，形成以信息流带动物流和资金流的业务应用平台，使海尔的供应链运行在信息化高速公路上。

(2) 建立全球领先的网上协同交易平台(B2B)：2000—2001年，建立了海尔集团的电子协同商务平台，2005年1~4月实现网上交易250亿元。

(3) 集成的同步供应链管理平台：2000年，在集团范围内实施了销售、生产、采购、仓储、财务与成本等应用。

(4) 生产的跟踪与控制：2000—2004年，在集团各产品事业部实施了MES全程跟踪生产质量。

(5) 一站到位的顾客服务系统：从1998—2005年分四期，构建了集中的海尔顾客服务管理系统，主要包括覆盖全国超过500个座席的呼叫中心、超过10 000个服务网点和全国42个大中城市的备品备件管理。

(6) 先进的第三方物流管理系统：2001—2003年，海尔集团构建了第三方物流管理系统,为海尔及其他知名品牌提供服务。

第三个阶段是优化调整阶段:2003年以后,海尔集团进入了业务流程再造的第二个阶段,目标是对人的再造,是定义每个战略业务单元亦称策略事业单位(Strategic Business Unit,SBU)的买入、卖出、成本、费用、增值和损失。为了满足企业的流程再造、市场链和SBU的需求,必须以采用信息化的手段来实现,也就是企业如何应用电子商务手段来体现出SBU的经营效果。信息化的目标是推进SBU的电子损益表,是搭建一个集团化业务绩效平台。

总而言之,海尔集团通过采用信息化的手段,不仅提高了生产效率,更重要的是提高了管理流程化、业务标准化的水平,最终提高了企业的竞争力水平。

案例思考

1. 海尔信息化建设经历了哪几个阶段?你认为海尔的成功对一般企业的信息化建设有哪些借鉴之处?
2. 你认为企业的信息化建设应包括哪些内容?对员工的素质有何要求?

第 2 章

管理信息系统概述

学习目标

知识目标	技能目标
1. 了解管理信息系统的含义	1. 全面掌握管理信息系统的发展历程、功能及特点
2. 了解管理信息系统的结构与分类	2. 多角度识别管理信息系统的结构与分类
3. 了解企业资源管理的演变与内涵	3. 识别 MRP、MRPⅡ 与 ERP 的内涵及原理
4. 了解电子商务系统	4. 掌握电子商务系统特点
5. 了解管理信息系统与其他学科的关系	5. 体会管理信息系统的发展受多门学科的影响

知识结构

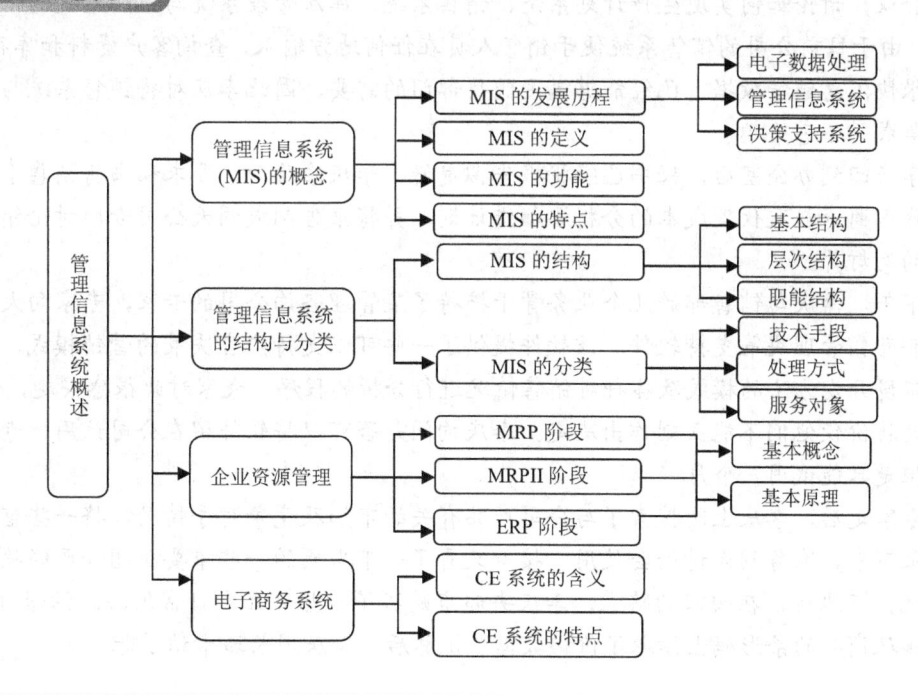

```
                                          ┌─ MIS 的发展历程 ─┬─ 电子数据处理
                                          │                  ├─ 管理信息系统
                          ┌─ 管理信息系统   │                  └─ 决策支持系统
                          │   (MIS)的概念  ├─ MIS 的定义
                          │                ├─ MIS 的功能
                          │                ├─ MIS 的特点
                          │                │                  ┌─ 基本结构
          管理            │                ├─ MIS 的结构 ─────┼─ 层次结构
          信息            │                │                  └─ 职能结构
          系统 ───────────┤                │                  ┌─ 技术手段
          概述            │                └─ MIS 的分类 ─────┼─ 处理方式
                          │  管理信息系统                      └─ 服务对象
                          ├─ 的结构与分类
                          │
                          │                ┌─ MRP 阶段
                          ├─ 企业资源管理 ─┼─ MRPII 阶段 ─────┬─ 基本概念
                          │                └─ ERP 阶段         └─ 基本原理
                          │
                          └─ 电子商务系统 ─┬─ CE 系统的含义
                                          └─ CE 系统的特点
```

导入案例

【案例2-1】 　　　　　　　　一名销售主管的一天

某公司销售主管李庆，经过两天的休息后，周一精神抖擞地准备去上班。他的住所与公司只有20分钟的步行路程，他喜欢步行上班，临出门前，他打开手机，立刻出现了定制的天气预报，说今天中午以后可能会下雨，于是他决定开车去公司。

进入公司大门时，李庆习惯性地将自己的公司身份卡在门禁的打卡机上刷了一下。他进入公司的时间立刻被人力资源管理系统记录在案。

进入办公室后，李庆立刻打开办公桌上的电脑。由于是周一，上午要召开公司业务汇报会，李庆首先进入销售管理系统，要求系统立刻将上一周的销售报表打印出来，然后查看电脑桌面上待处理的电子邮件，其中两份是外地代理商要求增加发货的信函。李庆立刻将它们转发给成品库主管，同时利用系统的短信发送功能通知成品库主管有邮件给他。此时上周的销售报表已经打印出来了，从中李庆立刻发现销售量比上一周下降了10%，于是他让系统列出了上周销售下降的代理商名单，看到销售量下降最多的就是要求增加发货的两个代理商，因此在去开会之前要求秘书拟定一份应对销售下降的报告。

公司业务汇报会议后，公司生产经营副总经理召集了生产部、销售部和信息部等部门主管会议，讨论如何实现生产计划系统、销售系统、库房管理系统与采购系统的信息沟通问题。由于目前公司的销售系统便于销售人员在任何地方输入、查询客户资料和库存资料，可以很快汇总销售数据，已经能够满足销售部门的需要，因此李庆对将销售系统与其他系统的集成并不感兴趣。

李庆回到办公室后，秘书已经将报告拟定好。李庆修改后，要求秘书将销售系统中的一些代理商资料及代理成本的分析添加进计划，并将报告制成明天公司专门讨论销售情况会议的幻灯片。

下午，李庆与销售部的几个业务骨干接待了某管理咨询公司的专家，专家向大家演示了一套营销管理决策支持软件。该软件提供了一些可以支持广告决策的营销模式，选择新产品市场开发方法的模式及各种对销售情况进行分析的程序。大家对此很感兴趣，但是10万元的售价使他们不能立刻作出决定。李庆询问是否可以将软件留在公司试用，专家说可以，但是只能试用三个月。

专家走后，李庆上网搜索了与公司产品有关的市场及竞争对手情况，将一些重要的信息摘录下来，准备明天讨论会使用，接着又看了一下当天的一些重要新闻和已经收盘的股市情况。下班后，在回家的路上，李庆去超市购买了一些食品和日常用品。结账时，POS机直接从商品的条形码上读取了价格数据，汇总后，李庆用长城卡结了账。

案例思考

1. 在李庆一天的工作、生活中，他遇到、使用了哪些管理信息系统？你能从这些系统的信息处理方式中分析出它们有哪些特点吗？请设想，如何对其中的一些系统进行改进，增加它们的功能。

2. 你能否再举一些在日常生活和工作中所遇到的管理信息系统？

2.1 管理信息系统的概念

2.1.1 管理信息系统的产生与发展

管理信息系统(Management Information System，MIS)是一门综合性、系统性的边缘学科，它是依赖于管理和技术科学的发展而形成的，依赖于计算机的发展而发展的。管理信息系统的概念最早起源于 20 世纪 30 年代，到了 20 世纪 50 年代，有人提出了管理依赖于信息和决策的概念。计算机应用于管理信息系统最早是从会计工作开始的。可以根据管理信息系统所使用的计算机的速度、存储容量和功能等指标来对其进行划分，这种划分方法就是通常人们所说的计算机的分代，在这里就不详细讨论了。有的研究者将管理信息系统的发展分为单数据处理阶段、数据综合处理阶段和网络系统阶段。本书将从系统功能(也就是数据库的性质、产生的信息种类以及作用的决策模型等)的角度来分，将管理信息系统的发展分为三个阶段。

1. 电子数据处理系统阶段

1954 年，美国的通用电气公司安装了第一台计算机，主要用于商业数据的处理。这一事件标志最原始的电子数据处理系统的诞生，因此我们将其称为初级电子数据处理系统(Electronic Data Processing System，EDPS)阶段，此阶段大约经历了 10 年的时间。在这个阶段中，企业所运用的管理信息系统大部分是一些处理单项事务的子系统，系统中的计算机代替了人工，承担起某一个方面的、完备的数据处理任务，如核算工资、管理库存和编制报表等。这个时期公用的数据库技术还没有出现，所以计算机的处理对象都是相应的、具有单一内容的文件。初级管理信息系统的重点在于数据、数据流的存储和处理。

随着系统中的计算机功能逐渐增强，开始将数据处理的任务综合集成起来。计算机所处理的对象已不仅像原先那样单一了，它们大多数可以处理两个以上的数据文件，当然这些文件的内容仍是一些业务数据。这时的系统已经涉及一些决策模型，但是经计算机处理所产生的报表还是主要提供给基层使用。我们称这个阶段为高级电子数据处理阶段。

2. 管理信息系统阶段

在 20 世纪 60 年代中期，由于计算机数据处理系统的广泛应用，工资计算、应收账款统计和库存控制等过程都已经实现了自动化。因此，人们已经不满足于只把计算机用于数据处理的工作，企业试图依靠计算机的强大功能对运作过程中的大量信息进行管理，管理信息系统应运而生。管理信息系统仍是以计算机为中心，采用分散管理和集中服务的形式，它与电子数据处理系统最大的不同之处就在于，其具有系统的功能和数据库技术，从以事务处理为主逐渐转向以管理控制为主。系统中普遍采用了决策模型，但是一般只作为程序的一部分，并没有完全分离出来成为一个独立的部分。管理信息系统可以向企业的中、高层定期提供经过处理的报表，也可以为某一个专题提供报表结果。从20世纪60年代中期到20世纪70年代中期大约10年的时间内，管理信息系统在商业和企业事务管理中大行其道，应用十分广泛。然而，由于人们对MIS寄予了过高的期望，无形中夸大了它的实际功能，大家甚至单纯地认为，只要通过简单的键盘操作，就能够了解企业运营情况、制订生产计划以及指挥当天工作等。实际上，虽然管理者从MIS中得到了许多数据，但却没有办法将其转变为管理者直接应用的信息，更谈不上用于指导决策。

3. 决策支持系统(Decision Support System，DSS)阶段

进入20世纪80年代以后，人们开始清醒地认识到之前的管理信息系统不能用于辅助决策的弊端。为了弥补这方面的不足，人们充分地利用信息来提高人的管理能力，开发出决策支持系统。与传统的MIS相比，它主要有以下一些特点。

(1) 决策支持系统综合利用内部数据和外部数据，能够全面地提供符合各种要求、各种细度的信息。

(2) 它应用数学方法和各种模型来辅助决策。

(3) 它能够将计算机所提供的信息和主管人员的判断有机地结合在一起，便于人们做出有效的决定。

(4) 它具有一定的预测能力，可以帮助管理人员掌握事物发展的未来动态。

(5) 它具有实时性，能够根据条件的变化迅速做出反应，及时地为组织的决策提供信息支持。同时，DSS本身还具有学习进化的能力，随着管理人员对工作认识的不断加深，系统本身也会做出相应的调整以适应管理者的需要。

◇知识拓展

传统的管理信息系统(MIS)并没有给企业带来巨大的效益，让人在管理中的积极性得以发挥。随着人们对信息处理规律认识的提高，面对不断变化的环境需求，要求更高层次的系统来直接支持决策。20世纪70年代中期由美国麻省理工学院米切尔·S.斯科特(Michael S. Scott)和彼德·G. W.基恩(Peter G. W. Keen)首次提出了"决策支持系统"一词，标志着利用计算机和信息支持决策的研究与应用进入了一个新的阶段，并形成了决策支持系统新学科。

决策支持系统是辅助决策者通过数据、模型和知识，以人机交互方式进行半结构

化或非结构化决策的计算机应用系统。它是管理信息系统(MIS)向更高一级发展而产生的先进管理信息系统。它为决策者提供分析问题、建立模型、模拟决策过程和方案的环境，调用各种信息资源和分析工具，帮助决策者提高决策水平和质量。

决策支持系统基本结构主要由四个部分组成，即数据部分、模型部分、方法部分和人机交互部分，如图 2-1 所示。

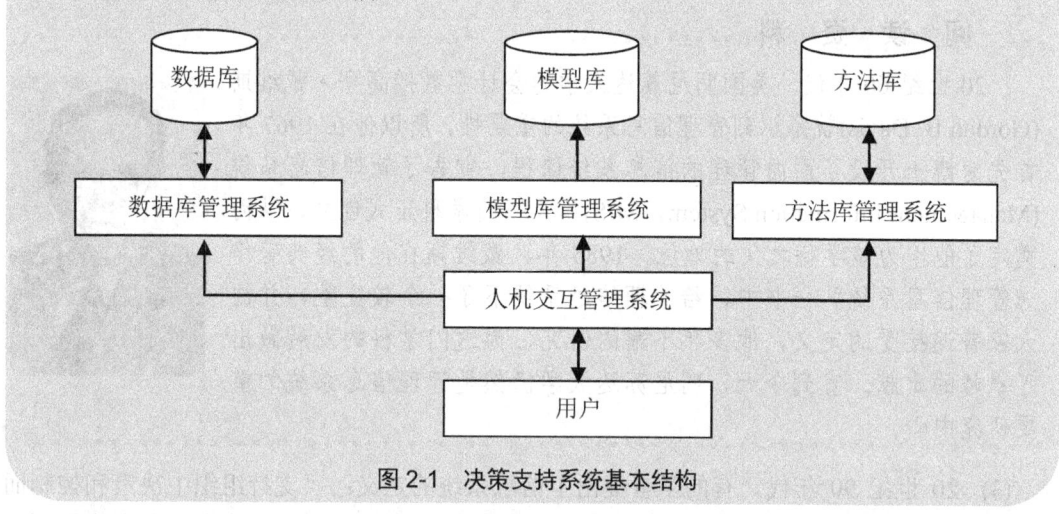

图 2-1 决策支持系统基本结构

当然，管理信息系统的前进脚步并未停止，随着计算机技术的发展和实际运用经验的丰富，人们对管理信息系统又有了新的认识。一个比较新的提法就是信息资源管理(Information Resources Management，IRM)。这一观点将信息视为一种战略性的资源并对其加以管理。信息资源管理主要包括信息系统的研制与实现、质量控制与保证以及信息系统的功能管理三个方面内容。它的出现标志着管理信息系统已经进入一个新的发展阶段。

2.1.2 管理信息系统的定义

管理信息系统涉及管理科学、系统科学、信息科学、计算机科学和现代通信技术等多个领域，是一门新兴的边缘学科。作为企业现代化管理的标志和主要手段，管理信息系统已经成为管理活动中必不可少的一个组成部分。不同的年代，人们对管理信息系统的认识程度有所不同，下面将介绍几个比较有代表性的定义。

(1) "管理信息系统"一词最早出现在 1970 年，由瓦尔特·肯尼万(Walter T.Kennevan)为其定义："以书面或口头的形式，在合适的时间向经理、职员以及外界人员提供过去的、现在的、预测未来的有关企业内部及其环境的信息，以帮助他们进行决策。"很明显，这个定义是出自管理的，而不是出自计算机的。它没有强调一定要用计算机和数学模型，但是强调用信息支持决策。

(2) 1985 年，管理信息系统创始人——明尼苏达大学卡尔森管理学院的著名教授高

19

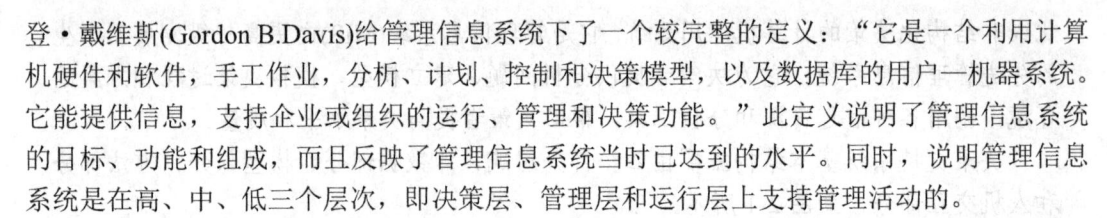

登·戴维斯(Gordon B.Davis)给管理信息系统下了一个较完整的定义："它是一个利用计算机硬件和软件，手工作业，分析、计划、控制和决策模型，以及数据库的用户—机器系统。它能提供信息，支持企业或组织的运行、管理和决策功能。"此定义说明了管理信息系统的目标、功能和组成，而且反映了管理信息系统当时已达到的水平。同时，说明管理信息系统是在高、中、低三个层次，即决策层、管理层和运行层上支持管理活动的。

阅 读 资 料

20世纪60年代，美国明尼苏达大学的会计学教授高登·戴维斯(Gordon B. Davis)就意识到管理信息系统的重要性，所以他在1967年首先为博士开设了面向管理的信息系统课程，宣告了管理信息系统(Management Information System，MIS)作为一门学科正式创立，从而奠定了他作为该学科之父的地位。1985年，戴维斯在他的经典著作《管理信息系统》一书中，给管理信息系统下了一个较完整、并被大家普遍接受的定义，他多年不懈的研究，为这门学科的发展做出了卓越的贡献。直到今天，明尼苏达大学仍然是管理信息系统的重要研究中心。

(3) 20世纪90年代，有的学者提出了信息系统的定义："支持组织中决策和控制而进行信息收集、处理、存储和分配的相互关联部件的一个集合。"从这个定义中我们可以很明显地看出，这里所说的信息系统其实指的就是管理信息系统，它更倾向于强调管理信息系统在管理方面的作用。

(4) "管理信息系统是人、数据处理装置、输入/输出设备以及通信设施的组合。它向一个企业的计划和营运部门的管理人员与非管理人员及时地提供信息。"

(5) "管理信息系统是为了向经理们提供针对管理过程的智能性辅助而设计的系统，是一种有组织的研究。它越来越多地利用近代工具(如电子数据处理、数据通信、缩微系统和字处理等)和近代技术(如运筹学和系统分析)。"

(6) "管理信息系统"一词在中国出现于20世纪70年代末80年代初，根据中国的特点，许多最早从事管理信息系统工作的学者对管理信息系统也给出了一个定义并登载于《中国企业管理百科全书》上。该定义认为：管理信息系统是"一个由人、计算机等组成的能进行信息的收集、传递、储存、加工、维护和使用的系统。管理信息系统能实测企业的各种运行情况，利用过去的数据预测未来，从企业全局出发辅助企业进行决策，利用信息控制企业的行为，帮助企业实现其规划目标"。

本书给出的管理信息系统的定义为：管理信息系统是一个以人为主导的，以计算机硬件、软件、通信网络以及其他办公设备为基本信息处理手段和传输工具，进行信息的收集、传递、加工、储存、使用、更新和维护，为企业高层决策、中层控制、基层运作提供信息服务的人-机系统。

这个定义说明，管理信息系统充分地结合了人与机器，通过对信息的处理来支持管理决策活动。此定义较全面地覆盖了管理信息系统所涉及的学科范围。管理信息系统的总体概念，如图 2-2 所示。

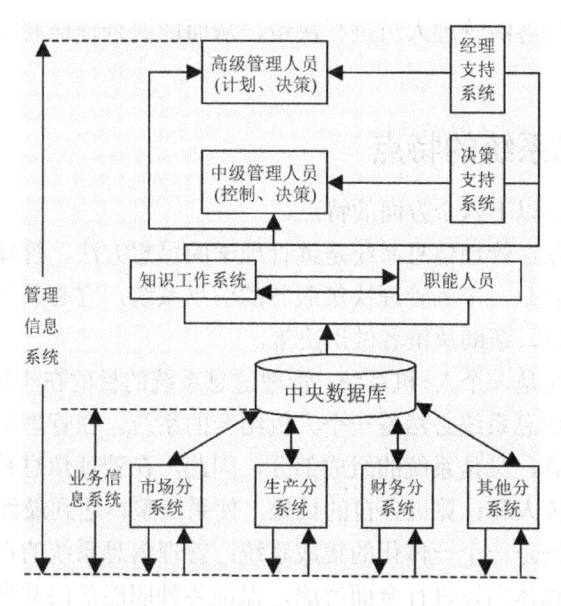

图 2-2　管理信息系统的总体概念

由图 2-2 可知，管理信息系统是一个人-机系统，机器包括计算机硬件及软件(软件包括业务信息系统、知识工作系统、决策支持系统和经理支持系统)、各种办公机械及通信设备；人员包括高层决策人员、中层职能人员和基层业务人员，由这些人和机器组成一个和谐的、配合默契的人-机系统。所以，有人说管理信息系统是一个技术系统，也有人说管理信息系统是一个社会系统，这两种看法都比较偏颇。我们认为管理信息系统主要是一个社会系统，然后是一个社会和技术综合系统。系统设计者应当先分析什么工作交给计算机做比较合适，什么工作交给人做比较合适，人和机器如何联系，从而充分发挥人和机器各自的特长。为了设计好人-机系统，系统设计者不仅要懂得计算机，还要能够对系统中人的因素进行分析。

2.1.3　管理信息系统的功能

根据以上给出的管理信息系统的定义，可以总结出管理信息系统主要有以下一些基本的功能。

(1) 数据处理功能：即数据的收集、输入、传输、存储、加工处理和输出。
(2) 预测功能：运用数学、统计或模拟等方法，根据过去的数据预测未来的情况。
(3) 计划功能：合理安排各职能部门计划，并按照不同的管理层提供相应的计划报告。

(4) 控制功能：对计划的执行情况进行监测、检查，比较执行与计划的差异，并分析其原因，辅助管理人员及时用各种方法加以控制。

(5) 辅助决策功能：运用数学模型，广泛地采用运筹学的方法和技术，及时推导出有关问题的最优解，辅助各级管理人员进行决策，从而能够合理地利用企业的各项资源，提高企业的经济效益。

2.1.4 管理信息系统的特点

管理信息系统具有以下六个方面的特点。

(1) 面向管理决策：管理信息系统是继管理学的思想方法、管理与决策的行为理论之后的一个重要发展，它是一个为管理决策服务的信息系统，它必须能够根据管理的需要，及时提供所需要的信息，帮助决策者做出决策。

(2) 管理信息系统是一个人-机系统：管理信息系统的目的在于辅助决策，而决策只能由人来做，因而管理信息系统必然是一个人机结合的系统。在管理信息系统中，各级管理人员既是系统的使用者，又是系统的组成部分，因此，在管理信息系统开发过程中，要根据这一特点，充分发挥人和计算机各自的长处，使系统整体达到最优。

(3) 管理信息系统是一个一体化的集成系统：管理信息系统的设计和建立是以系统思想为指导，从企业的总体出发进行全面考虑，保证各种职能部门共享数据，减少数据的冗余度，实现整个系统各个组成部分之间的相互协调，使系统中的数据具有一致性和兼容性。

(4) 数据库的应用：具有集中统一规划的数据库是管理信息系统的一个重要特点。数据库中分门别类地存储了各种各样的信息，同时它还具有功能完善的数据库管理系统，对数据的组织、数据的输入和数据的存取等操作进行管理，使数据更好地为多种用户服务。数据库的应用象征着管理信息系统是经过周密设计的，系统中的信息能够真正成为各种用户共享的资源。

(5) 数学模型的应用：通过数学模型来分析数据，进行预测和辅助决策，是管理信息系统的另一个显著特点。对于不同的职能，系统提供了不同的模型，比如用于分析资源消耗的投资决策模型、帮助进行生产调度的调度模型以及用于分析销售策略的销售模型等。将这些数学模型配合运筹学的相关知识，就可以对问题进行全面的分析，从中找出可行解、一般解和最优解。在实际应用中，管理者根据和系统对话的结果，组合不同的模型进行分析，为各种决策提供辅助信息。

(6) 多学科交叉的边缘科学：管理信息系统作为一门新的学科，产生较晚，其理论体系尚处于发展和完善的过程中。早期的研究者从计算机科学与技术、应用数学、管理理论、决策理论和运筹学等相关学科中抽取相应的理论，构成管理信息系统的理论基础，从而形成一个有着鲜明特色的边缘科学。

管理信息系统的三大要素是系统的观点、数学的方法和计算机的支撑。

2.2 管理信息系统的结构及分类

2.2.1 管理信息系统的结构

管理信息系统的结构是指系统中各个组成部分之间相互关系的总和。由于人们对管理信息系统的部件存在着不同的理解，所以就构成了管理信息系统不同的结构方式，其中最重要的结构方式是基本结构、层次结构和职能结构。

1. 管理信息系统的基本结构

从概念上来看，管理信息系统的基本组成部件有四个，即信息源、信息处理器、信息使用者和信息管理者，如图 2-3 所示。信息源是指原始数据的产生地。信息处理器的功能是对原始数据进行收集、加工、整理和存储，把它转化为有用的信息，再将信息传输给信息使用者。信息使用者是信息的用户，不同层次的信息使用者依据收到的信息进行决策。信息管理者负责管理信息系统的设计和维护工作，在管理信息系统实现以后，他还要负责协调信息系统的各个组成部分，保证信息系统的正常运行和使用。信息系统越复杂，信息管理者的作用就越重要。

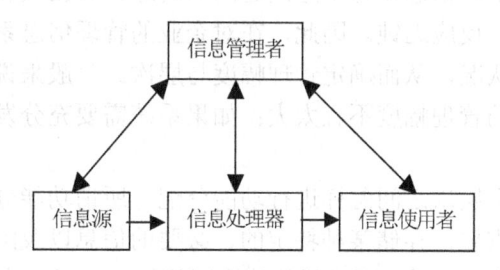

图 2-3 管理信息系统的基本组成部件

我们还可以将这些部件进一步细化。比如，根据原始数据的产生地不同，可以把信息源分为内信息源和外信息源。内信息源主要是指企业内部生产经营活动所产生的数据，包括生产、财务、销售和人事等方面；而外信息源则是指来自企业外部环境的数据，如国家的政策、经济形势等。信息处理器也可以细分为数据采集、数据变换、数据传输、数据存储等装置。在实际的管理信息系统中，由于各个企业具有不同的组织形式和信息处理规律，因此结构也不尽相同，但是最终都可以归并为图 2-4 所示的基本结构模型。

2. 管理信息系统的层次结构

有些管理信息系统的规模比较大，必然会显现出某种层次结构，每个层次具备一种信息处理的功能。层次结构的出现给管理信息系统带来了两个新的问题。

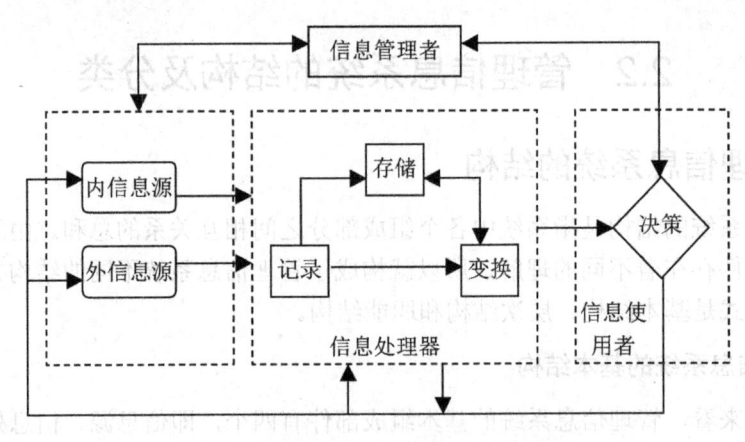

图 2-4　管理信息系统的基本结构模型

　　首先，要解决的问题就是应该怎样合理划分层次。由管理学中的相关内容可知，有两种极端的层次结构都不利于组织的管理工作：一种是层次结构过于"扁平"，即管理幅度过宽，这种情况势必会给高层的管理工作带来极大的不便，高层管理者无法对下层进行有效的控制，导致各下层机构各自为政；另一种是层次结构过于"陡峭"，即管理幅度过窄，层次过多，在这种情况下，信息在各个层次之间的传递往往比较缓慢，大大降低了管理的效率，结果使机构僵化，反应迟钝。因此，在对企业的管理信息系统进行层次划分时，需要分析系统的实际业务状况，从而确定管理幅度与层次。一般来说，如果系统强调的是严格的控制，则每一层次的管理幅度不宜太大；如果系统需要充分发挥下层自主性，则可适当放宽管理幅度。

　　其次，还要考虑各个层次之间怎样进行功能分配。所谓功能分配，主要是指在各层次上，按照其服务对象的需要，存储某种特定的、必要的信息以及配备加工和显示这种信息的功能。在分配各层次的功能时，要遵循的总原则就是"一事一地"。所谓"一事一地"，是指系统的哪个层次需要用哪种信息，就把这种信息存放在这个层次里。另外还要注意的是，如果系统需要的是汇总的信息或加工的结果，就不要传递原始信息。加工信息时，能在一个地方一次加工好的，就不要分散到多处去重复同样的加工。

　　在实际应用中，我们一般根据处理的内容及决策的层次把企业管理活动分为三个不同的层次：战略计划层、管理控制层和运行控制层。一般来说，下层系统的处理量比较大，上层系统的处理量相对较小，所以就形成了一个金字塔式的结构，如图 2-5 所示。

　　不同的管理层次需要不同的信息服务，为它们提供服务的管理信息系统就可以按这些管理层次来相应地进行划分。为不同管理层次所设计的管理信息系统在数据来源和所提供的信息方面都是完全不同的。

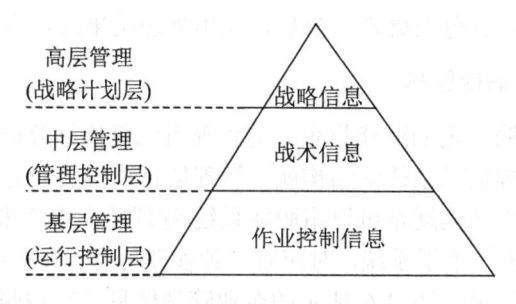

```
        高层管理
       (战略计划层) ----- 战略信息
        中层管理
       (管理控制层) ----- 战术信息
        基层管理
       (运行控制层)      作业控制信息
```

图 2-5 管理信息系统的金字塔结构

1) 战略计划级管理信息系统

战略计划级的管理活动所涉及的是企业的总体目标和长远发展规划，如企业长期开发战略的制定、组织机构和人事政策的确定等。因此，为战略计划级管理活动服务的信息系统需要比较广泛的数据来源，其中，除了内部数据外，还包括相当数量的外部数据。例如，当前社会的政治形势、经济发展趋势和国家的政策，企业自身在国内外市场上所处的位置和竞争能力，以及新的投资机会和投资方案等。此外，由于战略计划级管理信息系统所提供的信息是为企业制订战略计划服务的，所以要有高度的概括性和综合性，例如，对企业当前能力的评价和对未来能力的预测、对市场需求和竞争对手的分析等。这些信息对企业制订战略计划都有很大的参考价值。

2) 管理控制级管理信息系统

管理控制级的管理活动属于企业的中层管理，它的主要工作是根据高层管理所确定的总目标，对组织内所拥有的各种资源，制订出资源分配计划及实施进度表，并组织基层单位来实现总目标。这个层次的管理活动包括各个部门工作计划的制订、监控和各项计划完成情况的评价等。因此，可以说管理控制级管理信息系统主要是面向各个部门的负责人，为他们提供所需要的信息服务，以支持他们在管理控制活动中能正确地制订各项计划和了解计划的完成情况。它所需要的数据来源可以有三个渠道：一是控制企业活动的预算、标准和计划等；二是作业处理所提供的数据；三是其他数据。管理控制级管理信息系统所提供的信息主要包括决策所需要的模型，对各部门的工作计划和预测，以及对计划执行情况的定期和不定期的偏差报告，对问题的分析评价，对各项查询的响应等。

3) 运行控制级管理信息系统

运行控制级的管理活动是为有效利用现有资源和设备所展开的各项活动，属于企业的基层管理，基层管理活动包括作业控制和业务处理。它按照中层管理活动所制订的计划与进度表，具体组织人力、物力去完成上级指定的任务。因此，运行控制级管理信息系统处理过程都是比较稳定的，可以按预先设计好的程序和规则进行相应的信息处理。在这一级别上的管理信息系统一般由三种处理方式组成：事务处理、报告处理和查询处理。这三种处理方式的工作过程十分相似。首先，将处理请求输入处理系统中；其次，系统自动从文件中搜寻相关的信息，进行分析处理；最后，输出处理结果或报告。

3. 管理信息系统的职能结构

通常，我们可以按照一定的职能将企业的管理组织机构划分成若干个部门，按这些部门的不同职能建立的管理信息系统的结构就是管理信息系统的职能结构。

管理信息系统的职能结构通常可以用职能系统/管理层次矩阵来表示，如图2-6所示。

图2-6中每一列代表一个子系统，对应着一种管理功能。其实这种功能没有划分标准，因组织不同而异。显而易见，图2-6所示的企业管理信息系统按照职能的不同分成七个子系统，而每一行就代表着战略计划、管理控制、运行控制和业务处理等不同的管理层次。因此，图2-6中行与列相交的地方就代表适用于不同管理层次的职能子系统。各个职能子系统的主要职能分别如下。

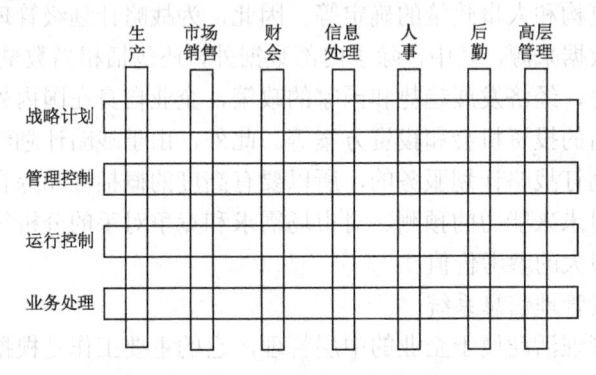

图 2-6 职能系统/管理层次矩阵

1) 生产子系统

生产子系统的功能主要包括产品设计、工艺改进、生产计划安排、生产设备的调度和运行、生产人员的雇用和训练以及质量控制和检查等。战略计划方面主要是对改进工艺过程的各种方案进行评价，选定最优的加工和自动化生产的方法。管理控制要求对生产过程的总进度、单位成本、单位工时消耗以及各类物资的消耗情况进行分析比较。运行控制要求把实际生产进度与计划相比较，及时发现生产的瓶颈环节，并且予以解决。生产子系统的典型业务处理是对生产订货(即订购生产成品时所需要的部件)单、装配订货单、成品票、废品票和工时票等原始数据的处理。

2) 市场销售子系统

市场销售子系统包括企业进行销售和推销的全部管理活动。战略计划的功能是根据人口、购买力和技术发展等因素，使用顾客分析、竞争者分析、顾客评价、收入预测、人口预测和技术预测等方法获取信息，从而对开发新市场和新市场销售的战略进行分析与研究。在管理控制方面，根据顾客、竞争者、竞争产品和销售能力要求等信息，对总的销售成果、销售市场和竞争对手等方面的情况进行分析和评价，确保销售计划的完成。在运行控制方面，包括雇用和训练销售人员、日常销售和推销活动的调度与安排，还要按区域、产品、顾客对销售数量情况进行定期分析。业务处理则主要是指对销售订单的处理。

  3) 财会子系统

  从原理上来说，财务和会计有着本质的区别，二者的目标不同。财务的目标是保证企业在资金使用方面的财务要求，并尽可能地减少其花费；会计的目标则是把财务方面的业务进行分类、总结，然后填入标准的财务报告，并制定预算，对成本数据进行核算分析与分类等。在战略计划方面，人们关心的是财务保证的长远计划、资金筹措计划、减少税收影响的长期计划以及成本会计和预算系统的计划，并且还要制定财会政策。管理控制主要是对预算和成本数据的计划执行情况进行分析与比较，处理会计数据的成本和差错率等。运行控制和业务处理主要是分类、汇总每天的单据，提出差错和异常情况的报告，以及延迟处理的报告和未处理业务的报告等。

  4) 信息处理子系统

  信息处理子系统主要负责与其他子系统的沟通联系，保证企业对各种信息的需求。它的战略计划关心的是组织功能的集散度、信息系统的总体规划、硬件软件系统的总体结构等内容。管理控制主要将计划和实际执行情况进行分析比较，如设备成本、开发人员水平、新项目的进度和计划的对比等。运行控制的内容包括日常工作任务的调度、分析差错率、设备利用率和设备故障以及控制新项目的开发进度和调试时间。业务处理是处理请求、收集整理数据、对数据和程序的修改变动提出申请、对硬件和软件的故障提出报告以及规划建议等。当前的办公室自动化系统主要支持字符处理、电子信件、电子文件和数据与声音通信等知识与文书工作，可以把它视为与信息处理相分离的一个子系统，也可以将它们合二为一。

  5) 人事子系统

  人事子系统的主要工作包括对人员的雇用、培训、考核记录、工资和解雇等方面的管理。战略计划方面主要包括对招聘、工资、培训、福利以及留用人员的战略和方案的评价分析。管理控制关心的是人员的录用和解雇、招募费用、技术库存成本、培训费用以及工资率的变动等情况。运行控制主要涉及对录用人员数量、应支付的工资和培训费用等情况的分析处理。典型的业务处理有雇用标准说明、工作岗位责任说明、培训考核记录、人员情况档案处理、工资变化情况处理以及工作时间和离职说明等。

  6) 后勤子系统

  后勤子系统主要负责对采购、收货、发货和库存控制等方面进行管理。战略计划主要涉及制定采购战略、制定对卖主的新政策以及评价物资分配方案等内容。管理控制的工作主要是将库存水平、采购成本、供应计划执行和库存营业额等各种后勤工作的实际情况与计划进行比较。运行控制包括对多余和短缺物资的项目、数量和原因等情况进行分析。具体的业务处理包括采购订货、收货报告、各种进出库单据、脱库和超库项目、库营业额以及购货申请单等数据的分析。

7) 高层管理子系统

高层管理子系统主要是为每个组织的最高领导层(如公司总经理和各职能区域的副总经理等)提供服务。它的战略计划层主要关心的是公司的发展方向和长远规划，并且为其他职能部门的战略计划制定总的目标。因此，高层战略计划的决策必须依靠来源广泛的、综合性高的内部和外部信息的支持。管理控制层主要是将各功能子系统的执行情况和计划进行比较，并做出分析和评价。运行控制层的内容主要包括提供会议时间表、控制会议进展以及管理各类文件等。典型的业务处理是为决策提供信息咨询、编写文件以及向公司其他部门的子系统发送指令等。

此外，有些书上还提到管理信息系统的软件结构和硬件结构，这里不再详述。

2.2.2 管理信息系统的分类

管理信息系统可以从系统使用的技术手段、信息处理方式和信息服务对象三个方面进行分类。

1. 按管理信息系统所使用的技术手段分类

按所使用的技术手段分类，可以将管理信息系统分为手工系统、机械系统和电子系统三种类型。手工系统是指系统中的所有信息处理工作全部由人工完成，不仅工作量大、效率低下，而且难以保证准确率。机械系统对手工系统进行了改进，系统中由一些机械装置(如打字机、收款机和自动记账机等)来代替手工进行信息处理工作。而在电子系统中，计算机理所当然地成为主要的信息处理工具。计算机具有极高的运算速度、海量的存储能力以及准确的计算和逻辑判断能力，极大地提高了工作效率和工作质量，能够快速而又准确地为各级管理人员提供决策所需要的信息，产生了巨大的经济效益和社会效益。

2. 按信息处理方式分类

按信息处理方式分类，可以将管理信息系统分为脱机系统、联机系统和实时系统三种类型。脱机系统是最简单的，它的处理方式是按照一定的时间间隔，将收集到的数据成批送入中央处理机进行处理，因此脱机系统中的机器在工作时效率比较高。但是由于在进行数据处理之前，还要有数据收集延时，故系统中的数据不一定是最新的。系统对设备要求不高，普通的计算机即可胜任。联机系统和实时系统比较相似，它们进行信息处理时共同的特点是把各个终端和中央处理机相连接，一旦外界产生了一个新的数据，马上将其输入终端，交由中央处理机进行处理，减少了数据收集所带来的时延。这样，系统中的信息始终保持在最新状态，并时刻准备接收外界的数据。这类系统的实时性强，然而对设备的要求较高，设计和建立过程都比较复杂。

3. 按信息服务对象分类

按信息服务对象分类，可以将管理信息系统分为国家经济管理信息系统、企业管理信息系统、事务型管理信息系统、行政机关办公型管理信息系统和专业型管理信息系统等。根据我国管理信息系统应用的实际情况和管理信息系统服务对象的不同，下面将分别进行介绍。

(1) 国家经济管理信息系统：国家经济管理信息系统是一个包含各综合统计部门(如国家发展与改革委员会和国家统计局)在内的国家级信息系统。这个系统纵向联系各省市、地市、各县直至各重点企业的经济管理信息系统，横向联系外贸、能源和交通等各行各业的信息系统，形成一个纵横交错、覆盖全国的经济管理信息系统。国家经济管理信息系统由国家经济信息中心主持，在"统一领导、统一规划、统一信息标准"的原则下，按"审慎论证、积极试点、分批实施、逐步完善"的十六字方针边建设、边发挥效益。它的主要功能是收集、处理、存储和分析与国民经济有关的各类经济信息，及时、准确地掌握国民经济运行状况，为国家经济部门、各级决策部门及企业提供经济信息；为统计工作现代化服务，完成社会经济统计和重大国情国力调查的数据处理任务，进行各种统计分析和经济预测；为中央和地方各级政府部门制订社会、经济发展计划提供辅助决策手段；为中央和地方各级的经济管理部门进行生产调度、控制经济运行提供信息依据和先进手段；为各级政府部门的办公事务处理提供现代化的技术。

(2) 企业管理信息系统：企业管理信息系统面向工厂、企业，主要进行管理信息的加工处理，这是一类最复杂的管理信息系统，一般应具备对工厂生产监控、预测和决策支持的功能。企业复杂的管理活动给管理信息系统提供了典型的应用环境和广阔的应用舞台，大型企业的管理信息系统都很大，"人、财、物""产、供、销"以及质量、技术应有尽有，同时技术要求也很复杂，因而常被作为典型的管理信息系统进行研究，从而有力地促进了管理信息系统的发展。

(3) 事务型管理信息系统：事务型管理信息系统面向事业单位，主要进行日常事务的处理，如医院管理信息系统、饭店管理信息系统和学校管理信息系统等。由于不同应用单位处理的事务不同，这些管理信息系统逻辑模型也不尽相同，但基本处理对象都是管理事务信息，决策工作相对较少，因而要求系统具有很高的实时性和数据处理能力，数学模型使用较少。

(4) 行政机关办公型管理信息系统：国家各级行政机关办公管理自动化，对提高领导机关的办公质量和效率、改进服务水平具有重要意义。办公管理系统的特点是办公自动化和无纸化，其特点与其他各类管理信息系统有很大不同。在行政机关办公服务系统中，主要应用局域网、打印、传真、印刷和缩微等办公自动化技术，以提高办公事务效率。行政机关办公型管理信息系统对下要与各部门下级行政机关信息系统互联，对上要与行政首脑决策服务系统整合，为行政首脑提供决策支持信息。

(5) 专业型管理信息系统：专业型管理信息系统是指从事特定行业或领域的管理信息系统，如人口管理信息系统、材料管理信息系统、科技人才管理信息系统和房地产管理信息系统等。这类信息系统专业性很强，信息相对专业，主要功能是收集、存储、加工和预测等，技术相对简单，规模一般较大。

另一类专业型很强的管理信息系统，如铁路运输管理信息系统、电力建设管理信息系统、银行信息系统、民航信息系统和邮电信息系统等，其特点是综合性很强，包含了上述各种管理信息系统的特点，也称为"综合型"信息系统。

我们还可以按照信息系统的职能不同，把它分成综合职能信息系统与专业职能信息系统两大类。政府各部门的信息系统和城市信息系统都属于综合职能信息系统，国家的经济、教育、资源和安全等信息系统属于专业职能信息系统。当然，管理信息系统的分类还有许多其他的形式，这里不再详述。

2.3 制造企业的资源管理

20 世纪 60 年代开始，制造业企业逐步广泛地采用制造资源计划进行库存、采购和财务的管理，编制和控制生产进度计划等繁重工作都依赖于 MRP-MRPⅡ-ERP 的集成和精确的处理能力。由于 ERP 软件与管理人员丰富经验的结合，所以在 20 世纪 90 年代中后期创造了 ERP 实践的辉煌时期。

2.3.1 MRP 阶段

MRP 的发展经历了基本 MRP 阶段和闭环 MRP 阶段。

1. 基本 MRP 阶段

20 世纪 60 年代中期，美国博士约瑟夫·奥得佛提出了独立需求和相关需求的概念，将企业内的物料分成独立需求物料和相关需求物料两类。独立需求是指需求量和需求时间由企业外部的需求来决定，如客户订购的产品；相关需求是指根据物料之间的结构组成关系由独立需求的物料所产生的需求，如半成品、零部件和原材料等。同时，在此基础上，约瑟夫·奥得佛总结出了一种新的管理理论——物料需求计划(Material Requirements Planning，MRP)理论，也称作基本 MRP。其理论和方法与传统库存理论有明显不同，主要是引入了时间分段和反映产品结构的物料清单(Bill Of Materials，BOM)，较好地解决了库存管理和生产控制中的难题，即按时按量得到所需要的物料。

任何产品最终都由原材料构成，原材料经过一定的生产加工，发生物理和化学变化，然后经过组装和配制形成产品的组件，即中间件，再经过一定的加工(组装等)形成最终产品。产品的结构与产品的复杂程度有关，有的产品由成千上万个零部件组成，如飞机、火箭、轮船和汽车等；有的比较简单，如镜子、文具盒和圆珠笔等。

圆珠笔的产品结构如图 2-7 所示。顶层的是最终产品(是指生产的最终产品，但不一定是市场销售的最终产品)，最下层的是采购件(原材料)，笔芯是中间件。这样就形成了一定的结构层次。将上层的物料称为母件(有时称为父件)，下层的都称为该母件的子件。处于中间层的物料，既是其上层的子件，又是其下层的母件。

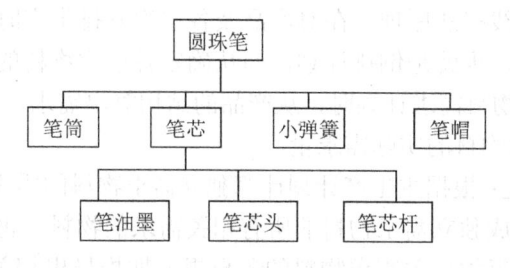

图 2-7 圆珠笔的产品结构

由于产品构成的层次性，其生产和组装就存在一定的顺序。以圆珠笔为例，假设零部件的制造时间周期如表 2-1 所示，圆珠笔加工时间顺序用时间坐标表示，如图 2-8 所示。

表 2-1 零部件的制造时间周期

物料名称	产品结构层次	构成数量	采购提前期/h	单件加工周期/h	总加工周期/h	总提前期/h
笔油墨	2	5 克	6	—	—	—
笔芯头	2	1 个	6	—	—	—
笔芯杆	2	1 支	8	—	—	—
笔芯	1	1 支	—	3	3	11
小弹簧	1	1 个	6	—	—	—
笔筒	1	1 个	8	—	—	—
笔帽	1	1 个	8	—	—	—
圆珠笔	0	1 支	—	5	8	16

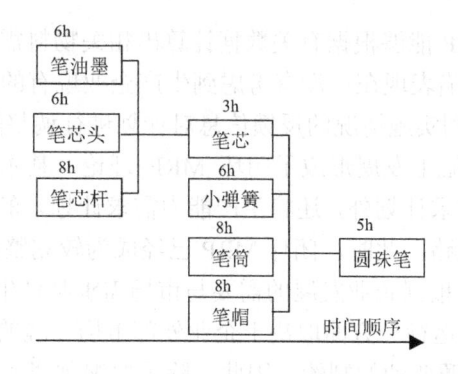

图 2-8 圆珠笔加工时间顺序

可见，采购计划必须提前 16 个小时，即产品的累计提前期为 16 个小时(不是产品的工时)。产品结构是多层次和树状结构的，其最长的一条加工路线决定了产品的加工周期。这就是网络计划中的关键线路法原理。在对产品及各层次安排生产时，应按照产品需求的日期和时间往低层次安排，也就是倒排计划，即从确定各层次物料的最迟完工与最迟开工时间开始。因此，在制订物料需求计划时，从产品的结构算出需求，考虑物料的库存(含在制品)数量，再得出各层次物料的实际需求量。

基本 MRP 的原理是：根据主生产计划计算独立需求物料的需求数量和需求日期，再根据 BOM 自动推导出构成独立需求物料的所有相关需求的物料，再由毛需求减去现有库存量和计划接收量；根据每种相关需求物料的各自提前期推导出相关需求的开始采购(生产)时间。基本 MRP 的内容是编制零件的生产计划和采购计划。然而，要正确编制零件计划，首先必须落实产品的出产进度计划，即主生产计划。MRP 还需要知道产品的零件结构，即物料清单，才能把主生产计划展开成零件计划；同时，必须知道库存数量才能准确计算出零件的采购数量。因此，基本 MRP 的依据是：主生产计划(Master Production Schedule，MPS)、物料清单和库存信息。它们之间的逻辑流程关系如图 2-9 所示，可以看出 MRP 系统是由主生产计划、物料清单和库存信息三个输入和生产作业计划、采购计划两个输出构成。

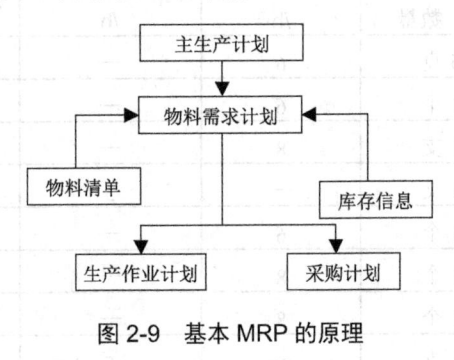

图 2-9 基本 MRP 的原理

2. 闭环 MRP 阶段

20 世纪 60 年代，MRP 能够根据有关数据计算出相关物料需求的准确时间与数量，但是还不够完善，其主要缺陷表现在：没有考虑到生产企业现有的生产能力和采购的有关条件的约束，又缺乏根据计划实施情况的反馈信息对计划进行调整的功能。于是，20 世纪 80 年代初在基本 MRP 的基础上发展形成了闭环 MRP 理论，基本上解决了以上问题。闭环 MRP 系统除了包括物料需求计划外，还将生产能力需求计划、车间作业计划和采购作业计划纳入 MRP，形成环形回路。此时，闭环 MRP 已经成为较完整的生产计划和控制系统。

闭环 MRP 的原理是：根据企业发展的需要与市场需求制订生产规划，根据生产规划制订生产计划。MRP 的正常运行一方面取决于企业外部市场环境的适应能力；另一方面受企业内部生产能力和各种资源变动的制约。因此，除了要编制资源需求计划外，我们还要制订能力需求计划(Capacity Requirements Planning，CRP)，同各个工作中心的能力进行平衡，做到能力与资源均满足负荷需求。而要保证实现计划就要控制计划，执行 MRP 时要用派工单来控制加工的优先级，用采购单来控制采购的优先级。这样，基本 MRP 系统将能力需求计划和执行及控制计划的功能也包括进来，形成一个环形回路，称为闭环 MRP，如图 2-10 所示。

闭环 MRP 的特点：主生产计划来源于企业的生产经营规划与市场需求(如合同、订单等)；主生产计划与物料需求计划的运行(或执行)伴随着能力与负荷的运行，从而保证计划是可靠的；采购和生产加工的作业计划与执行是物流的加工变化过程，同时又是控制能力的投入与产出过程；能力的执行情况最终反馈到计划制订层，整个过程是能力的不断执行与调整的过程。

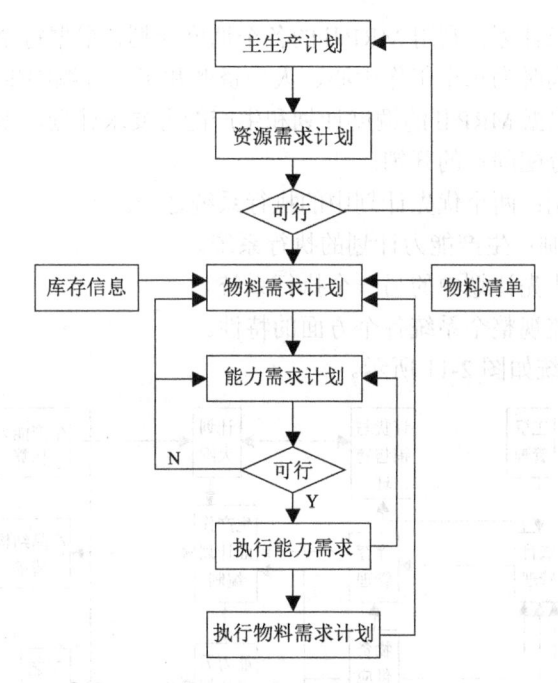

图 2-10 闭环 MRP 的原理

2.3.2 MRP II 阶段

1. MRP II 的基本概念

MRP II (Manufacturing Resource Planning)，即制造资源计划。MRP II 是计算机用于制造业管理应用的一个实用系统，近年来被广泛地应用于工业企业的生产计划、物资供应以及资源分配等方面。它的功能覆盖了市场预测、生产计划、物料需求、能力需求、库存控制、现场管理直至产品销售的整个生产经营过程及与之密切相关的所有的财务活动，从而为制造业的经营管理活动提供了完整的知识体系和有效的工具。

2. MRP II 的组成和原理

MRP II 产生于 20 世纪 70 年代初，它帮助制造厂经理管理一些重要的任务，如生产调度、资金流通、劳动力安排、能力计划、库存量和销售等。

一个功能完整的 MRP II 软件包含下列几部分。

(1) 业务计划：它定义公司的业务范围、市场、利润目标与资源。

(2) 生产计划：粗略地勾画出如何实现业务计划，它表明公司主要产品的计划产量。

(3) 生产总调度计划：具体说明一个系列产品中最终成品的生产过程。

(4) 材料需求计划：将生产总调度计划细分成所有零部件的采购、制造与装配调度计划。

(5) 生产能力要求计划：利用 MRP II 的各个调度计划，根据每个项目的流程路线，进一步充实调度计划，同时为每个工作中心、人力资源和工具等编制生产能力要求计划。

(6) 财务计划：根据 MRP II 的调度计划和生产能力要求计划，预测现金流动和库存水平，以及按工作中心分配固定的开销。

(7) 车间作业控制：两个优先计划中的执行系统之一。

(8) 输入/输出控制：生产能力计划的执行系统。

(9) 采购：两个优先计划中的另一个执行系统。

(10) 性能测量：监视整个系统各个方面的特性。

典型的 MRP II 系统如图 2-11 所示。

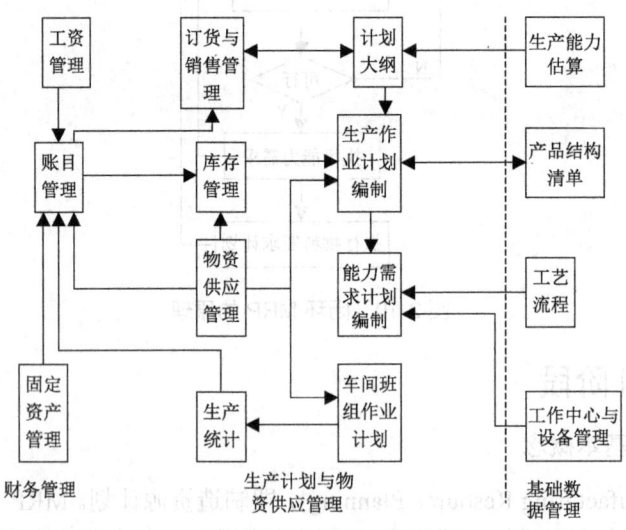

图 2-11 MRP II 系统

MRP II 系统是站在整个企业的高度进行生产、计划及一系列管理活动的，它通过对企业的生产经营活动做出有效的计划安排，把分散的工作中心联系起来进行统一管理。因此，

MRP Ⅱ是将企业的生产、财务、销售、采购和技术管理等子系统综合起来的一体化系统,各部分相互联系,相互提供数据。

2.3.3 ERP 阶段

20 世纪 80 年代,MRP Ⅱ主要面向企业内部资源全面计划的管理思想,到 20 世纪 90 年代逐步发展为怎样有效地利用和管理整体资源的管理思想。ERP(Enterprise Resource Planning)——企业资源计划也随之产生。ERP 在 MRP Ⅱ的基础上扩展了管理范围,并给出了新的结构。

1. ERP 同 MRP Ⅱ的主要区别

1) 在资源管理范围方面的差别

MRP Ⅱ主要侧重对企业内部人、财、物等资源的管理;而 ERP 系统是将客户需求和企业内部的制造活动以及供应商的制造资源整合在一起,形成一个完整的企业供应链并对供应链上所有环节(如订单、采购、库存、计划、生产制造、质量控制、运输、分销、服务与维护、财务管理、人事管理和项目管理等)进行有效管理。

2) 在生产方式管理方面的差别

MRP Ⅱ系统将企业归类为几种典型的生产方式进行管理,如重复制造、批量生产、按订单生产、按订单装配以及按库存生产等,对每一种类型都有一套管理标准;而 ERP 则能很好地支持和管理混合型制造环境,满足了企业多角化经营的需求。

3) 在管理功能方面的差别

ERP 除了 MRP Ⅱ系统的制造、分销和财务管理功能外,还增加了支持整个供应链上物料流通体系中供、产、需各个环节之间的运输管理和仓库管理;支持生产保障体系的质量管理、实验室管理、设备维修和备品备件管理;支持对工作流(业务处理流程)的管理。

4) 在事务处理控制方面的差别

MRP Ⅱ是通过计划的及时滚动来控制整个生产过程的,实时性较差,一般只能实现事中控制;而 ERP 系统支持在线分析处理、售后服务即质量反馈,强调企业的事前控制能力,它可以将设计、制造、销售和运输等通过集成来并行地进行各种相关的作业,为企业提供了对质量、适应变化、客户满意和绩效等关键问题的实时分析能力。

5) 在跨国(或地区)事务处理方面的差别

现在企业的发展,使企业内部各个组织单元之间、企业与外部的业务单元之间的协调变得越来越多和越来越重要,ERP 系统应用完整的组织架构可以支持跨国经营的多国家地区、多工厂、多语种和多币制应用需求。

6) 在计算机信息处理技术方面的差别

随着 IT 技术飞速发展与网络通信技术的应用,使 ERP 系统得以采用客户/服务器(C/S)体系结构和分布式数据处理技术,支持 Internet/Intranet/Extranet、电子商务和电子数据交换,以及能够实现在不同平台上的互操作。

2. ERP 系统的管理思想

1) 加强了对整个供应链资源进行管理及协调的思想

现代企业的竞争已经不是单一企业与单一企业之间的竞争了，而是一个企业供应链与另一个企业供应链之间的竞争，即企业不但要依靠自己的资源，还需将供应商、制造工厂、分销网络和客户等纳入一个紧密的供应链中，才能在市场上获得竞争优势。ERP 系统正是为了适应这一市场竞争的需要，加强了对企业供应链资源的管理和协调。

2) 体现精益生产和敏捷制造的思想

ERP 系统支持混合型生产方式的管理，其管理思想表现在两个方面：其一是"精益生产(Lean Production)"的思想，即企业把客户、销售代理商、供应商和协作单位纳入生产体系，同他们建立起利益共享的合作伙伴关系，进而组成一个企业的供应链；其二是"敏捷制造(Agile Manufacturing)"的思想，即企业组织一个由特定的供应商和销售渠道组成的短期或一次性供应链，形成"虚拟工厂"，把供应和协作单位看成是企业的一个组成部分，运用"并行工程(Simultaneous Engineering，SE)"组织生产，用最短的时间将新产品打入市场，时刻保持产品的高质量、多样化和灵活性，这就是"敏捷制造"的核心思想。

3) 体现事先计划与事中控制的思想

一方面，主生产计划、物料需求计划、能力计划、采购计划、销售执行计划、利润计划、财务预算和人力资源计划构成了 ERP 系统中的计划体系，而且这些计划功能与价值控制功能已经反映到整个供应链系统中。另一方面，ERP 系统通过定义与事务处理(Transaction)相关的会计核算科目与核算方式，在事务处理发生的同时自动生成会计核算分录，保证资金流与物流的同步记录和数据的一致性，从而根据财务资金现状实现事中控制和实时做出决策。

ERP 作为一种先进的企业管理方法和理论已被人们逐渐了解，ERP 超越了传统 MRP II 的概念，吸收了准时生产(JIT)、全面质量管理(TQC)等新的管理思想，扩展了管理信息系统的范围，除财务、分销、生产制造和人力资源外，还集成了质量管理、决策支持等多个系统，是企业管理的整体解决方案。ERP 软件也广泛应用于国内外众多企业中，部分企业的成功实施起到了提高企业生产效率、降低运营成本及优化生产能力的作用。

【案例 2-2】　　　　　　　　美的集团 MRP II 实施案例

中国广东省美的集团风扇厂年产量将近 1100 万台，如此大的产量，所需物料多达上万种，同时，生产和经营机构也非常庞大。MRP II 实施前，美的集团一直采用手工方式制订生产计划，由生产科做生产作业三级计划，即生产计划、车间生产计划和产品销售计划。以这种方式面对迅速变化的市场显然已经不能胜任，极易造成产品积压或供不应求。

美的集团的领导清楚地意识到若想保持企业的可持续发展的能力，管理思想和手段必须上一个新的台阶。于是他们决定投资上千万元,全面实施MRP Ⅱ工程。实践证明,通过MRP Ⅱ工程不仅在企业内部实施了一级计划,即以市场为导向,以销售计划为龙头的控制生产计划,而且解决了传统生产制造系统与分销系统的供求矛盾,确立了现代企业管理理念。MRP Ⅱ项目在刚开始实施时,遇到的第一个阻力就是人们的传统理念和不良习惯。针对这一情况,集团总裁和电扇厂总经理确立了"以科学为本,以实用为主"的实施策略,将MRP Ⅱ基础上的贯彻实施纳入了中高层领导的考核,并表示了"宁可停产也要把不良习惯扭转过来"的决心。在美的集团领导的充分重视和大力支持下,美的内部迅速打破了传统观念,统一思想,这对项目的成功实施起到了关键作用。

(1) 保证生产销售的快速反应能力。与Oracle公司合作实施的MRP Ⅱ项目,从根本上解决了美的集团在销售方面的难题。系统的供应链管理模块拥有多种灵活的计划和执行能力,能对企业的生产进行配套的供求管理。Oracle系统中的供应链计划(Supply Chain Plan)则利用分销清单和来源准则同步计划整个生产流程,使生产和采购随时响应市场的需求,避免了生产采购的盲目性,解决了新订单不能及时交货、库存产品积压和库存资金占用太多等一系列问题,令企业能应对市场的迅速反应,从而及时调整产品结构,缩短了生产周期,提高了企业的生产率。Oracle公司的销售订单管理功能还能为每个销售渠道建立相应的服务策略,使各销售点能通过查询存货、调拨可能等信息确认订单的可行性,确保一些复杂订单的可行性和正确性。

(2) 完善的物料消耗控制。由于美的集团生产所需物料品种达上万种之多,项目实施之前,物料和账物管理十分烦琐,容易出现错误,原材料采购随意性较大,从而造成计划不能贯彻执行、物料短缺或不配套等,给采购、生产及销售环节都造成了损失。Oracle公司的物料管理系统支持用户按自己的需要定义仓库结构并进行控制,还可通过ABC分析和严格的周期性盘点使库存保持准确无误。企业还可以随时运用系统提供的自动数据采集功能来捕获所有的物料处理信息,为企业提供精确度更高的物料管理信息。项目实施后,美的能通过市场所提供的信息来确定物料的需求时间和需求量,并结合国内外市场的物料供应情况和企业自身的生产经营信息,来最终确定物料的采购提前期、最佳订货批量和制品定额,使企业的物流、资金流和信息流得到统一的管理。

(3) 建立科学的生产作业流程。灵活的生产方式是减少成本、缩短生产周期和可持续发展的关键。Oracle公司的生产制造管理系统采用新方法优化了企业的生产过程。它不仅同时支持高度混合式生产制造的流程处理,还能将设计、生产、市场和用户多方面协调统一,通过先进的模拟能力,使企业得以先行评测整个业务流程,再根据预测结果配置灵活的生产计划。它的供给管理、生产管理、成本管理与质量管理的协调配合工作,不仅保障了产品的质量、控制了成本,还极大缩短了产品开发周期和制造周期,令企业生产流程的管理具备高度的灵活性和可靠性。

(4) 取得阶段性成果。项目的实施工作主要分为原始数据的整理、财务与制造连接及生产作业计划切实指导生产这三个阶段。实施中的主要问题和难点是基础数据的准确采集和整理、生产业务流程的合理化，以及软件思想与管理模式的适应和匹配。由于项目实施前许多基础数据(如产品工艺要求等)没有规范的原始资料，而且将这些资料搜集整理并转入继续应用，系统的准确数据需要专业人士的支持，美的集团管理人员同Oracle公司的专业顾问通过不懈的努力，将完整、准确的基础数据移至应用系统，顺利完成了整个项目实施过程中的第一座里程碑，为系统成功实施提供了必要条件，并在此后又成功地完成了该项目的第二座里程碑——财务系统与制造系统的连接。这两座里程碑的顺利完成奠定了美的集团ERP的运用基础，随后Oracle公司的专业顾问全力投入攻克项目中的最后一道难关——生产作业计划切实指导生产，并保证在数月后全面通过验收。

Oracle公司的MRPⅡ系统的实施使美的集团企业管理的效率得到了显著改善，通过Oracle应用产品建立起来的融生产、销售、供应、项目以及财务为一体的综合企业资源管理系统，对企业的人、财、物、产、供、销实行了全面、准确、实时的动态信息管理，不仅杜绝了管理过程中人为主观意识对企业决策造成的风险，还极大提高了企业对市场的灵敏度，显著增加了企业的竞争力，取得了明显的效益。

案例思考

1. 试简述美的集团实施MRPⅡ的基本步骤。
2. 美的集团为何选择了Oracle公司的产品？
3. 美的集团选择了哪些模块？实施后对企业的管理产生了哪些影响？

2.4 电子商务系统

2.4.1 电子商务的含义

随着信息技术的发展、互联网的普及、网络应用的深入，电子商务迅速成为世界经济新的增长模式。电子商务的快速发展和普遍应用，不但改变了人们的生活方式，甚至改变了企业的生产和经营方式，越来越多的企业和个人加入电子商务研究、开发和应用中。电子商务成为一种新的商业模式，与传统商务并驾齐驱，推动着社会经济的发展。

电子商务是在20世纪90年代兴起于美国、欧洲等发达国家的一个新概念。1997年IBM公司第一次使用了电子商务一词，而后电子商务开始慢慢普及。简单来说，电子商务就是人们利用现代信息技术进行商务活动，是商务活动的电子化。电子商务所指的商务活动不仅包含交易，而且涵盖了企业运营、管理、服务和消费等各个领域，其主题是多元化的，功能是全方位的，涉及社会经济活动的各个层面。因此，我们可以将电子商务分为狭义的电子商务和广义的电子商务：狭义的电子商务(E-commerce)也称电子交易，主要是指利用现代信息技术在网上进行的交易活动。这里的交易活动主要是指商品买卖和提供各种服务，其中，商品可以是实体化的商品(如图书、服装、日用百货等)，也可以是数字化的商品(如新闻、视频、音乐、软件等)，服务包括旅游安排、远程教育、法律咨询等。广义的电子商务(E-business)主要是指企业利用现代信息技术，在各种不同形式的网络环境下，从事的包括市场分析、原材料采购、产品设计与研发、产品生产与营销、客户关系维护、物流配送等各种经济事务的总称，这些活动几乎覆盖了企业的所有经济活动。由此可见，电子商务不仅仅包含电子交易，还包括企业内部的整个运作体系的全面信息化，以及企业整体经营流程的优化和重组。

在电子商务中，商务是核心，管理是本质，信息是基础，电子是手段，效益是目标。我们认为，电子商务的本质是企业乃至社会的信息化，是企业管理的变革与创新。电子只是为这种革新提供了手段和可能性，目的是要改善、整合商业信息流，以信息流驱动资金流和物流，提升企业的效益和竞争力。

2.4.2 电子商务系统的组成

电子商务系统是保证以电子商务为基础的、实现网上交易的体系。在网上进行交易，交易双方在空间上是分离的，为保证交易双方进行等价交换，必须提供相应货物配送手段和支付结算手段。货物配送仍然依赖传统的物流渠道，对于支付结算既可以利用传统支付手段，也可以利用先进的网上支付手段。一个完整的基础电子商务系统是在 Internet 信息系统的基础上，由参与交易主体的信息化企业、信息化组织和使用 Internet 的消费者主体，提供实物配送服务和支付服务的机构，以及提供网上商务服务的电子商务服务商组成。由上述几部分组成的基础电子商务系统，将受到市场环境的影响，这些市场环境包括经济环境、政策环境、法律环境和技术环境等几个方面，如图 2-12 所示。

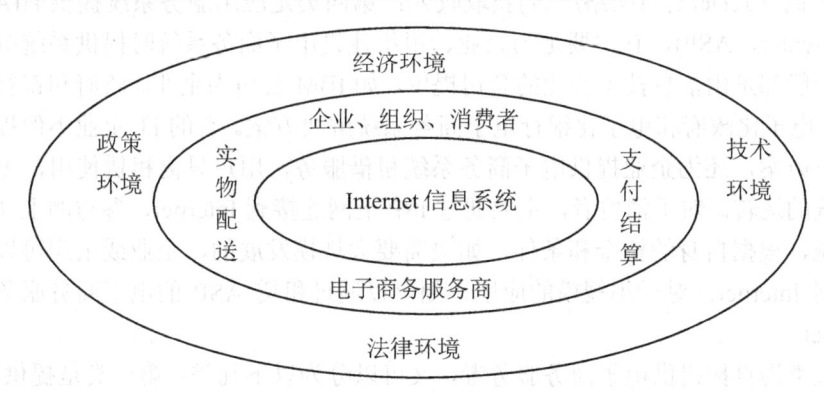

图 2-12 电子商务系统示意图

1. Internet 信息系统

电子商务系统的基础是 Internet 信息系统，它是进行交易的平台，交易中所涉及的信息流、物流和资金流都与信息系统紧密相关。Internet 信息系统是指企业、组织和电子商务服务商在 Internet 网络的基础上开发设计的信息系统，它可以成为企业、组织和个人消费者之间跨越时空进行信息交换的平台。在信息系统的安全和控制措施保证下，通过基于 Internet 的支付系统进行网上支付，通过基于 Internet 物流信息系统控制物流的顺利进行，最终保证企业、组织和个人消费者之间网上交易的实现。因此，Internet 信息系统的主要作用是提供一个开放的、安全的和可控制的信息交换平台，它是电子商务系统的核心和基石。

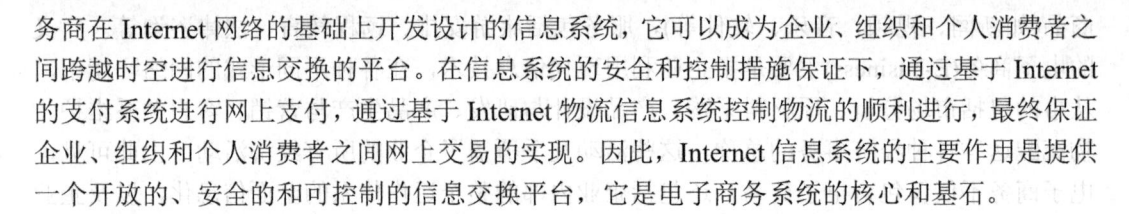

2. 电子商务服务商

Internet 作为一个蕴藏巨大商机的平台，需要有一大批专业化分工者进行相互协作，为企业、组织与消费者在 Internet 上进行交易提供支持。电子商务服务商就起着这种作用。根据服务层次和内容的不同，可以将电子商务服务商分为两大类：一类为电子商务系统提供系统支持服务，主要为企业、组织和消费者在网上交易提供技术和物质基础；另一类为直接提供电子商务服务者，它为企业、组织与消费者之间的交易提供沟通渠道和商务活动服务。

第一大类为电子商务系统提供系统支付服务，可以根据技术与应用层次的不同，将提供系统支持服务的电子商务服务商分为四类：第一类是接入服务商(Internet Access Provider，IAP)，它主要提供 Internet 通信和线路租借服务，如我国电信企业(中国电信、中国联通)提供的线路租借服务；第二类是服务提供商(Internet Service Provider，ISP)，它主要为企业建立电子商务系统提供全面支持，一般企业、组织与消费者上网时只通过 ISP 接入 Internet，由 ISP 向 IAP 租借线路；第三类是内容服务提供商(Internet Content Provider，ICP)，它主要为企业提供信息内容服务，如财经信息、搜索引擎，这类服务一般都是免费的，ICP 主要通过其他方式(如发布网络广告)获取收入；第四类是应用服务系统提供商(Application Service Provider，ASP)，它主要是为企业、组织建设电子商务系统时提供系统解决方案，这些服务一般都是由信息技术行业的公司提供，如 IBM 公司为企业、政府和银行提供的电子化企业、电子化政府和电子化银行电子商务系统解决方案。有的 IT 企业不但提供电子商务系统解决方案，还为企业提供电子商务系统租借服务，用户只需租赁使用，无须维护电子商务系统的运转。对于消费者，主要通过 ISP 上网连接到 Internet，参与网上交易。对于企业与组织，根据自身的资金和条件，如果需要大规模发展的，企业或组织可以通过 ISP 直接连接到 Internet；对于小规模的应用，则可以通过租赁 ASP 的电子商务服务系统来连接到 Internet。

第二大类为直接提供电子商务服务者，又可以分为以下几类：第一类是提供 B2C 型交易服务的电子商务服务商，典型的是网上商厦，它通过出租空间给一些网上零售商，网上商厦负责客户管理、支付管理和物流管理等后勤服务，如我国著名的 ICP 新浪网为拓展电子商务，在网上提供页面空间给一些传统的零售商在网上销售产品；第二类是提供 B2B 型交易服务的电子商务服务商，典型的是 B2B 型交易市场，它通过收集和整理企业的供求信息，为供求双方提供一个开放的、自由的交易平台，如 B2B 型电子商务服务公司阿里巴巴，它通过建立网上供求信息网为全球商人提供供求信息发布和管理工作;第三类是提供网上拍卖服务的电子商务服务公司,有提供消费者之间拍卖中介服务的、提供消费者拍卖商家产品中介服务的,以及提供商家之间拍卖服务的,如拍卖电子商务服务公司淘宝,它提供消费者之间的个人竞价服务及从消费者到商家的集体竞价服务。

电子商务服务商起着中介的作用,它不直接参与网上的交易。一方面,它为网上交易的实现提供信息系统支持和配套的资源管理等服务,是企业、组织和消费者之间交易的技术物质基础;另一方面,它为网上交易提供商务平台,是企业、组织与消费者之间交易的商务活动基础。

3. 企业、组织与消费者

企业、组织与消费者是Internet网上市场交易主体。一般来说,组织与消费者上网比较简单,因为他们主要使用电子商务服务商提供的Internet服务来参与交易。网络对企业非常重要而且很复杂。一方面,企业作为市场交易一方,只有上网才能参与网上交易;另一方面,企业作为交易主体地位,必须为其他参与交易方提供服务和支持,如提供产品信息查询服务、商品配送服务、支付结算服务。因此,企业开展网上交易,必须建设好自己的电子商务系统。

4. 实物配送

进行网上交易时,如果用户与消费者通过 Internet 订货、付款后,不能及时送货上门,便不能实现满足消费者的需求。因此,一个完整的电子商务系统,如果没有高效的实物配送物流系统支撑,是难以维系交易顺利进行的。

5. 支付结算

支付结算是网上交易完整实现的很重要的一环,关系到购买者是否讲信用、能否按时支付,卖者能否按时回收资金、促进企业经营良性循环的问题。一个完整的网上交易,它的支付应是在网上进行的。但由于目前电子虚拟市场尚处在演变过程中,网上交易还处于初级阶段,诸多问题尚未解决,如信用问题及网上安全问题,导致许多电子虚拟市场交易并不是完全在网上完成交易的,许多交易只是在网上通过了解信息撮合交易,然后利用传统支付手段进行支付结算。在传统的交易中,个人购物时支付手段主要是现金,即一手交钱一手交货的交易方式,双方在交易过程中可以面对面地进行沟通和完成交易。网上交易是在网上完成的,交易时交货和付款在空间和时间上是分割的,消费者购买时一般必须先付款后送货。因此,网上交易可以采用传统支付方式,亦可以采用网上支付方式。

上述五个方面构成了电子虚拟市场交易系统的基础,是有机结合的整体,缺少任何一个部分都可能影响网上交易的顺利进行。Internet 信息系统保证了电子虚拟市场交易系统中信息流的畅通,它是电子虚拟市场交易顺利进行的核心。企业、组织与消费者是网上市场交易的主体,实现其信息化和上网是网上交易顺利进行的前提,缺乏这些主体,电子商务将失去存在意义，也就谈不上网上交易。电子商务服务商是网上交易顺利进行的手段，它可以推动企业、组织和消费者上网和更加方便地利用 Internet 进行网上交易。实物配送和网上支付是网上交易顺利进行的保障，缺乏完善的实物配送及网上支付系统，将阻碍网上交易业务的完成。

【案例2-3】　　　　　　　　"双十一"购物狂欢节

2014年11月12日凌晨，阿里巴巴公布：天猫"双十一"全天成交金额为571亿元，其中在移动端的交易额达到243亿元，是去年移动端交易额的4.54倍，占到今年总成交额的42.6%，创下全球移动电商平台单日交易的历史新高。

从2009年开始，阿里集团都会在每年的11月11日举行大规模的消费者感恩回馈活动。6年间，这一天从一个普通的日子逐渐成为中国电子商务行业乃至全社会关注的年度盛事。回顾历年的"双十一"，其成交额呈几何级数增长。2009年，淘宝在11月11日发起"品牌商品五折"活动，当天销售额1亿元人民币；2010年同一天，销售额翻了8倍多，增至9.36亿元人民币；2011年，成交额飙升至52亿元人民币；2012年，天猫"双十一"购物狂欢节实现191亿元人民币的成交额；2013年，天猫"双十一"交易额达350.19亿元人民币，比上年增长83%。

对于如潮水般涌入的消费者和疯狂增长的交易额，不但天猫有些"始料不及"，也对电子商务领域的参与方产生了巨大的影响：从11月11日凌晨开始，大量的交易数据和支付记录曾一度造成支付系统出现短暂的瘫痪；为了防止"爆仓"，国内各家快递公司从两个月前就开始招聘快递员、扩充运输车辆，不少快递公司更是直接驻守在热门的商品企业附近。

在电子商务新经济的引领下，中国零售过去6年间涨了1.8倍，网络零售过去6年间涨了近20倍。由此看出，电商所产生的消费品交易，对拉动内需产生了巨大的作用。中国电子商务爆发出来的力量是非常庞大的，而且未来还有非常大的潜力。

（资料来源：http://tech.sina.com.cn/i/2014-11-12/doc-icczmvum9787727.shtml 整理）

案例思考

1. 结合本案例思考，"双十一"购物狂欢节给我们带来了哪些影响。
2. 你还知道哪些电子商务模式？请简单描述一下。

本　章　小　结

管理信息系统是一个以人为主导，以计算机硬件、软件、通信网络及其他办公设备为基本信息处理手段和传输工具，进行管理信息的收集、传递、加工、储存、使用、更新和维护，为企业高层决策、中层控制和基层运作提供信息服务的人-机系统。管理信息系统对管理的支持体现在对管理职能中的计划、组织、领导和控制等方面的支持，同时，在客户关系管理、组织战略管理等方面日益发挥着重要的作用。制造企业资源管理从 MRP 开始，经过 MRP II 发展到 ERP。这些不同的系统均需要在以文件和数据库为基础的信息资源处理技术支持才能正常运转。

复习思考题

一、名词解释

1. 管理信息系统　　2. 决策支持系统　　3. MRP
4. MRP II　　　　　5. ERP　　　　　　6. 电子商务

二、单项选择题

1. 现代管理信息系统是(　　)。
   A. 计算机系统　　　　　　　　B. 手工管理系统
   C. 人和计算机等组成的系统　　D. 通信网络系统
2. 战略管理层所需信息的特性是(　　)。
   A. 精度高、使用频率低、主要来自外部
   B. 精度低、使用频率低、主要来自内部
   C. 精度低、使用频率低、主要来自外部
   D. 精度低、使用频率高、主要来自内部
3. 管理控制属于(　　)。
   A. 中期计划范围　　　　B. 长远计划范围
   C. 战略计划范围　　　　D. 作业计划范围
4. 从管理决策问题的性质来看，在运行控制层上的决策大多属于(　　)的问题。
   A. 结构化　　B. 半结构化　　C. 非结构化　　D. 以上都有
5. 从管理决策问题的性质来看，在战略管理层上的决策大多属于(　　)的问题。
   A. 结构化　　B. 半结构化　　C. 非结构化　　D. 以上都有
6. MRP II 的进一步发展是(　　)。
   A. ERP　　　B. MRP　　　C. EDP　　　D. MIS

三、多项选择题

1. 从系统的功能角度来看，管理信息系统的发展经历了(　　)阶段。
   A. 电子数据处理系统　　　　B. 会计信息系统
   C. 管理信息系统　　　　　　D. 决策支持系统
2. 管理信息系统有(　　)功能。

A. 数据处理 B. 计划
C. 控制 D. 决策
3. 管理信息系统的结构，按其层次可分为( )。
A. 战略计划层 B. 管理控制层
C. 运行控制层 D. 资金管理层
4. 管理信息系统是一门综合性边缘学科，融入了( )等学科。
A. 管理学 B. 信息学
C. 数学 D. 物理学

四、简答题

1. 如何理解管理信息系统的概念？其主要特征是什么？
2. 管理信息系统有哪些基本要素？有何功能？
3. 什么是管理信息系统的结构？管理信息系统结构的构成原则是什么？如何在应用系统的开发中运用这些原则？
4. 什么是MRP II？分别与MRP与ERP相比，功能上有何不同？
5. 你认为哪些主要学科有助于理解管理信息系统？
6. 简述电子商务系统的基本内容。

案 例 分 析

案例背景

上海益民百货实施ERP案例

1. 项目背景

上海益民百货股份有限公司成立于1993年12月，由原来的国营大中型企业改制而成，是淮海路商业街第一家建立股份制的综合性百货零售批发企业，其主要专业商店(如上海钟表商店、古今内衣公司、红星眼镜公司、上海床上用品公司、龙凤珠宝商店)的经营业绩名列全国同行业的前茅。

上海益民百货股份有限公司是上海市最早采用计算机进行财务信息管理的公司之一，更是淮海路上最大的商业上市公司。十几家子公司的地理位置比较分散，而且子公司性质复杂，包括酒店、超市、房地产等行业，业务复杂、业务量大、跨地区经营是公司面临的最大问题。

公司所需要的ERP系统是一种能更好地满足企业多行业、跨地区、多供应商销售渠道经营管理模式的信息管理系统，这种系统应该充分利用先进的计算机技术，为用户提供灵活性和可配置功能。

2. 实施原则

ERP 在企业中的应用涉及企业的生产经营机制、传统管理方法和管理基础等一系列实际问题，因此引进 ERP 系统的企业普遍出现了实施难度大、周期长、反复多、见效慢等现象。益民百货公司在管理系统的建设中，将整个实施过程划分成"提议—调研—考察—开发—实施—验收—成效"几个阶段，走出了一条稳步前进的路子。

益民管理信息系统始建于 1995 年下半年。当时国内管理软件市场还处在财务软件阶段，并且当时的财务软件主要为核算型。如何选择、建立管理信息系统，益民百货公司经过反复研究、权衡，最终决定采用"商品化软件+二次开发"的方式进行建设，即购买符合要求的商品化财务软件，再与专业软件公司合作，根据实际需求进行二次开发。根据当时的计算机技术、行业特点等进行了可行性论证，最后达成一致意见，确定了"技术要顺应潮流，投资要受到保护，管理软件要强壮，专业公司要有实力"四项基本原则，保证个性化管理系统的顺利应用。

3. 系统结构

益民管理信息系统主要由公司总部、分公司、财务管理三大部分组成。

(1) 公司总部采用流行的 Client/Server 体系结构，依靠大型关系型数据库的优越性能，保证财务数据的安全性、可靠性、完整性和一致性，大大提高了数据处理能力和系统运行效率。其基本配置如下：采用 DATA GENERAL 的小型机 DGAviion 为服务器，操作系统为 DGUNIX，采用 SYBASE 10 FOR UNIX 数据库系统。

(2) 各分公司、子公司通过 MODEM 与总部连接。这样可以使数据传输方便、及时、费用少，能够保证总部随时查询和统计各分公司、子公司的数据。

(3) 财务管理软件要涵盖多种行业的业务，且各模块之间要互留接口，以保持系统的整体性；各子系统要可以单独实施，有相对的独立性以满足各子公司的需求。

基于以上需求，益民百货与浪潮集团通用软件公司建立了联系，了解到浪潮通用软件公司分行业 ERP 管理软件采用 Client/Server 体系结构设计，用大型数据库 SYBASE 为后台数据库管理软件，可运行于小型机和以 UNIX 工作站为主的网络系统，并且该公司还涉足商业、酒店等其他行业领域，具有较强的生命力和竞争力。

4. 实施分析

随着市场经济的不断发展，商业企业需要提高资源(资金、人力、信息、物料、设备、技术、交易等)的综合利用能力，通过对信息流的有效处理达到对商流、物流、资金流的有效控制和管理。传统财务软件主要针对财务部门的财务核算，偏重于资金流，不能满足目前企业的需求。益民百货公司针对下属公司性质不同、规模不等的特点，以财务管理为核心建立企业全面信息管理系统，按"效益驱动，总体规划，重点突破，分步实施，推广应用"的原则同浪潮通软公司展开了全面合作。对上海床上用品公司实施了商业 MIS 系统，实现了商业的前后台管理、库存控制和资金流向控制等；对淮海路上的金辰大酒店实施了浪潮通软酒店管理系统，对酒店的前台预订、结银、接待、客房、电话计费、商务、餐饮康乐、仓库等进行了全面的管理；整个公司的信息集成与管理、控制、分析达到了一定的水平。

5. 益民管理信息系统的特点

(1) 以事务处理为起点，扩大管理的广度与深度。益民管理信息系统对经济业务的处理从财务部门扩展到各个业务部门，对事务的处理严格按照财务制度的规定，加入独到的合理化处理方式，从而较完整地实现了财务业务一体化以及资金流和物流相统一。

(2) 功能齐全，财务与商业、酒店等紧密结合。益民管理信息系统的财务部分包括账务处理、报表、工资管理、固定资产管理、存货管理、销售管理、采购管理、内部银行、辅助管理、数据中心、汇总/合并报表、综合分析、远程查询等十几个子系统；财务系统与商业管理系统、酒店管理系统及其他业务处理系统之间留有接口，使财务系统与商业、酒店等系统紧密地结合在一起。

(3) 较好的适用性和灵活性。益民管理信息系统的建设走的是"通过软件+二次开发"的路线，根据企业的实际情况对商品化的软件进行了调整和修改，从而在企业中得到了更好的推广和应用。

6. 成功秘诀

ERP 的成功"三分靠技术，七分靠实施"，益民管理信息系统实施的几个主要阶段，如实施财务管理系统、实施商业 MIS 管理系统、实施酒店管理系统等，都进行了有效的试点工作。试点是益民百货实施 ERP 管理软件应用成功的关键之一。试点运行可以检验各管理环节制定的标准是否符合各单位的实际要求，提出对标准的改进意见或对实际业务流程进行重组；检验软件的设计思想是否符合系统要求，找出系统分析中存在的问题及相应的解决方法；检验各项软件功能是否正确，找出系统中存在的编码错误，提高软件的运行效率，努力通过试运行使软件更成熟、更实用、更易操作；为下一步全面推广、应用信息管理系统，积累经验、找出问题，做好各方面的准备工作。

"深入的分析、长远的眼光、领导的重视、各方的配合"是益民实施信息管理系统的原则；另外，找到一个可靠的合作伙伴也是系统实施成功的关键环节之一。而 ERP 作为一个概念系统，管理到了企业的方方面面，这不只是一个管理软件系统所能解决的，它与企业的整个意识、理念、管理水平都有着密切的联系，需要一个循序渐进的过程。

(资料来源：新浪网)

案例思考

1. 从上海益民百货成功实施 ERP 这一案例中，你认为实施 ERP 系统应做好哪些基础工作。
2. 你是如何理解"三分靠技术，七分靠实施"的？
3. 你认为 ERP 系统应具备哪些具体的功能。

第Ⅱ篇 技术与方法篇

第3章 管理信息系统的技术基础

学习目标

知识目标	技能目标
1. 了解计算机的基本构造和工作原理、计算机的发展历史和趋势	1. 掌握常用计算机软、硬件设备的安装、调试,熟悉常见的嵌入式计算机设备及应用
2. 了解不同信息在计算机中的存储形式和表示方法	2. 掌握常用的数字信息(文本、图形与图像等)的数字化方法与数据计量
3. 了解计算机网络的分类与工作模式,熟悉常见的网络操作系统、TCP/IP 协议、网络数据传输与网络设备、Internet	3. 掌握常用的网络协议体系、数据传输技术、网络互联设备工作原理、IP 地址及域名系统
4. 了解数据库系统的组成、数据模型、SQL 语言、数据仓库的特点与体系结构	4. 掌握数据库模型的构建方法、SQL 语言对数据库的操作语句、Web 数据库的体系结构及数据仓库的体系结构

知识结构

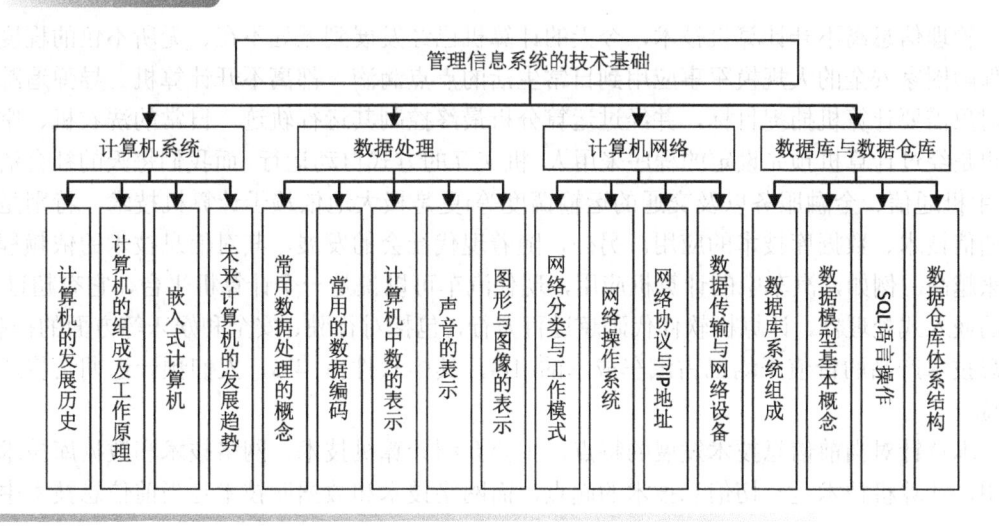

管理信息系统的技术基础

- 计算机系统
  - 计算机的发展历史
  - 计算机的组成及工作原理
  - 嵌入式计算机
  - 未来计算机的发展趋势
- 数据处理
  - 常用数据处理的概念
  - 常用的数据编码
  - 计算机中数的表示
  - 声音的表示
  - 图形与图像的表示
- 计算机网络
  - 网络分类与工作模式
  - 网络操作系统
  - 网络协议与IP地址
  - 数据传输与网络设备
- 数据库与数据仓库
  - 数据库系统组成
  - 数据模型基本概念
  - SQL语言操作
  - 数据仓库体系结构

导入案例

【案例 3-1】 我国互联网网民规模达 6.18 亿，普及率达 45.8%

2014 年 1 月 16 日，中国互联网络信息中心 CNNIC 公布了第 33 次《中国互联网络发展状况统计报告》。该报告指出，中国网民规模达 6.18 亿，互联网普及率为 45.8%。

根据统计，截至 2013 年 12 月，中国网民规模达 6.18 亿，全年共计新增网民 5358 万人。互联网普及率为 45.8%，较 2012 年年底提升 3.7 个百分点，普及率增长幅度与 2012 年情况基本一致，整体网民规模增速持续放缓。

该报告指出，中国政府在信息化领域的一系列政策、运营商和各大厂商积极推动互联网应用发展、传统媒体和新媒体的联动加强，以及网络应用的社交性和即时沟通的便捷性四个方面，共同推动了互联网用户规模的增长。

2013 年 8 月 1 日，国务院印发了《"宽带中国"战略及实施方案》，强调加强战略引导和系统部署，推动我国宽带基础设施快速健康发展。该报告认为，未来基础网络设施建设还将继续加强，网络基础设施服务能力也将进一步提升，将推动中国网民规模的持续增长和网络应用的普及深化。

(资料来源：http://it.people.com.cn/n/2014/0116/c1009-24139695.html)

案例思考

1. 互联网快速发展下的中国信息化程度迅速提升，请根据案例并结合自身对所处生活和学习环境的观察体会，具体谈谈当前我国信息化发展过程中呈现出的趋势和特点。
2. 查找资料深入了解"宽带中国"战略的具体内容、目标、实施方案和发展前景。

管理信息离不开计算机技术，今天的计算机已经发展到无处不在、无所不包的程度，从保障国家安全的大规模军事应用到日常生活的点点滴滴，都离不开计算机。导弹追踪移动对象需要计算机捕捉目标，并经过运算分析最终控制其运行轨迹，日常的洗衣机、空调等也是经过计算机预先设定的程序采用人-机交互的方式自动运行。而我们每天的社会活动(如手机通信、金融服务以及交通的运输调度等)更是极大地依赖于计算机技术，特别是网络通信技术、数据库技术的应用。另外，随着现代社会的发展，其对信息技术的依赖程度越来越高。例如，汽车中的计算机应用，现代汽车可以说是一个计算机平台，它有超过 50 个的嵌入式处理器，计算机软件代码超过百万行，包括对行驶、安全和娱乐等方面的控制，信息技术产品的价值平均已占汽车成本的 1/3，其中软件占 4%，人们预计近期它将达到 10%。

本章针对当前信息技术发展的特点，主要介绍计算机技术、网络技术和数据库技术。其中，计算机技术是一切信息技术的起点，而网络技术和数据库技术是当前信息技术中应用最广泛、发展最迅速的热点之一,并且计算机在现代管理信息中的应用最终体现在快捷的网络技术以及具有强大数据处理能力的数据库技术。

3.1 计算机系统概述

3.1.1 计算机的发展历史

计算机诞生于 20 世纪 40 年代,是人类最伟大的发明之一,经过半个多世纪的发展,计算机已成为信息系统中最重要的工具,它不仅承担着信息加工、存储等任务,同时也承担着信息传递、感测、识别、控制和显示等任务。在推动计算机发展的众多因素中,电子元器件的发展起着决定性的作用。另外,计算机系统结构和计算机软件技术的发展也起了重大作用。从生产计算机的主要技术来看,计算机的发展过程可以划分为以下四个阶段。

(1) 从 1946 年到 1958 年是计算机发展的第一个阶段。其特征是计算机的逻辑元件采用电子管,内存储器采用水银延迟线,外存储器采用磁鼓、纸带和卡片等;运算速度只有每秒几千次到几万次的基本运算;内存容量只有几千个字节;采用二进制表示的机器语言或汇编语言编写程序。由于体积大、功耗大、造价高以及使用不便,此时的计算机主要用于军事和科研部门进行数值计算。代表性的计算机是于 1946 年由美籍匈牙利数学家冯·诺依曼(Von Neumann)与他的同事们在普林斯顿研究所设计的存储程序计算机 IAS,该设计体现了"存储程序原理"和"二进制"的思想,产生了冯·诺依曼型计算机结构体系,对后来计算机的发展有着深远影响。

(2) 从 1958 年到 1964 年是计算机发展的第二个阶段。其特征是用晶体管代替了电子管,大量采用磁芯做内存储器,采用磁盘、磁带等做外存储器;体积缩小、功耗降低,运算速度提高到每秒几十万次的基本运算,内存容量扩大到几十万字节。同时,计算机软件技术也有了很大发展,出现了 FORTRAN、ALGOL-60、COBOL 等高级程序设计语言,大大地方便了计算机的使用。因此,它的应用从数值计算扩大到数据处理、工业过程控制等领域,并开始进入商业市场。代表性的计算机是 IBM 公司生产的 IBM-7094 机和 CDC 公司生产的 CDC 1604 机。

(3) 从 1964 年到 1975 年是计算机发展的第三个阶段。其特征是用集成电路(Intergrated Circuit, IC)代替了分立元件,集成电路是把多个电子元器件集中在几平方毫米的基片上形成的逻辑电路。第三代计算机的基本电子元件是每个基片上集成几个到十几个电子元件(逻辑门)的小规模集成电路和每片上几十个元件的中等规模集成电路。第三代计算机已开始采用性能优良的半导体存储器取代磁芯存储器;运算速度提高到每秒几十万次到几百万次基本运算,在存储器容量和可靠性等方面都有了较大的提高。同时,计算机软件技术的进一步发展,尤其是操作系统的逐步成熟是第三代计算机的显著特点。多处理机、虚拟存储器系统以及面向用户的应用软件的发展,极大地丰富了计算机软件资源。为了充分利用已有的软件，解决软件兼容问题，出现了系列化的计算机。最有影响的是 IBM 公司研制的 IBM-360 计算机系列。这个时期的另一个特点是小型计算机的应用。DEC 公司研制的 PDP-8 系列机、PDP-11 系列机以及后来的 VAX-11 系列机等，都曾对计算机的推广起了极大的作用。

(4) 从 1975 年到现在是计算机发展的第四个阶段。其特征是以大规模 LSI (Large-Scale Integration)或者超大规模集成电路(每片上集成几百个到几千个逻辑门)、VLSI(Very Large-Scale Integration)来构成计算机的主要功能部件；主存储器采用集成度很高的半导体存储器。运算速度可达每秒几百万次甚至上亿次基本运算。在软件方面，出现了数据库系统和分布式操作系统等软件。同时，应用软件的开发已逐步成为一个庞大的现代产业。

阅 读 资 料

"天河"重夺世界超级计算机头名

2013 年 6 月在德国莱比锡的"2013 国际超级计算大会"上，由国防科技大学研制的天河二号超级计算机，跃居第 41 届世界超级计算机 500 强排名榜首，这是继 2010 年天河一号首次夺冠之后，中国超级计算机再次夺冠，成绩令人艳羡。

在大数据时代，作为一般个人电脑无法处理的大资料量与高速运算的计算机，超级计算机无疑是计算机大家族里的"高富帅"。超级计算机的功能最强、运算速度最快、存储容量最大。它对一国的安全、经济和社会发展所做的贡献不容小觑。正因为它如此重要，所以许多有远见的国家不惜"砸锅卖铁"，也要下大力气研究超级计算机。

当今的超级计算机"状元"天河二号不仅干活多，而且"饭量"还很大。它每日运行所消耗的电费超 30 万元人民币。天河二号运算 1 小时，相当于 13 亿人同时用计算器计算一千年，其存储总容量相当于存储每册 10 万字的图书 600 亿册。较之上届"状元"美国"泰坦"，天河二号更是有过之而无不及，计算速度是"泰坦"的两倍，计算密度是"泰坦"的 2.5 倍，能效比相当。

作为亿亿次级超级计算机，天河二号自主创新了新型异构多态体系结构，可高效支持大数据处理、高吞吐率和高安全信息服务等多类应用需求。此外，它的微异构计算阵列和新型并行编程模型及框架，提升了应用软件的兼容性、适用性和易用性。天河二号服务阵列采用了该校研制的新一代"飞腾-1500"CPU，这是当前国内主频最高的自主高性能通用 CPU。

(资料来源：中国科技网)

3.1.2 计算机的组成及工作原理

现代计算机系统由硬件和软件两部分组成。计算机硬件是计算机系统中所有实际物理装置的总称，如计算机存储器芯片、底板、各类扩充卡、键盘和鼠标等；计算机软件是指在计算机中运行的各种程序及其处理的数据和相关的文档。

1. 计算机硬件

从功能上来讲，计算机硬件主要包括中央处理器(Central Processing Unit，CPU)、内存储器(以下简称"内存")、外存储器(以下简称"外存")、输入设备和输出设备等，它们通过总线相互连接，如图3-1所示。

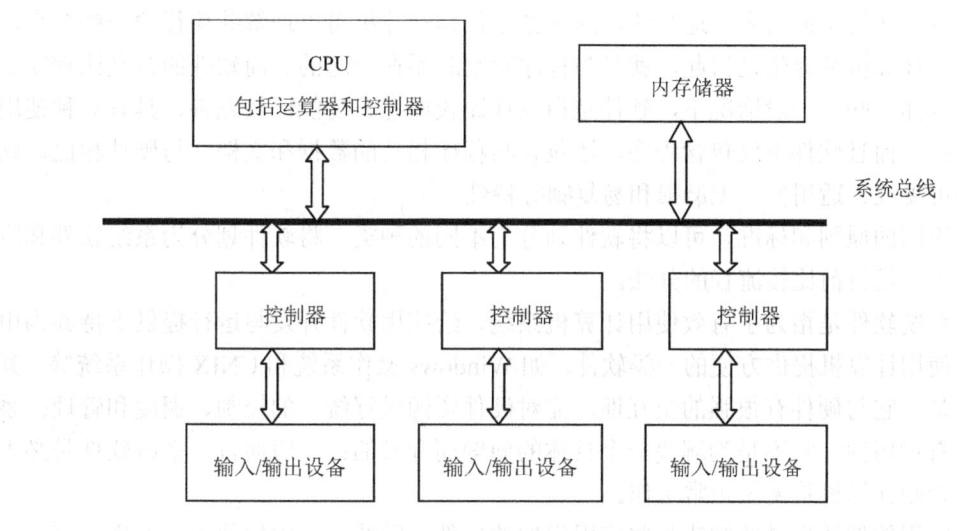

图 3-1 计算机原理

典型的外存储器有硬盘、软盘和U盘等，输入设备有键盘、鼠标和输入笔等，输出设备有显示器和打印机等。虽然计算机发展日新月异，但现在的计算机其工作原理还是基于第一代由冯·诺依曼与他的同事们在普林斯顿研究所设计的基于程序存储和程序控制的计算机。其主要是由五个部分组成，即运算器、存储器、控制器、输入设备和输出设备，所以现代计算机也称为冯·诺依曼计算机。

到目前为止，虽然计算机一般都包括键盘、鼠标和显示器等设备，但是，从计算机原理的角度来讲，"计算机"事实上并不一定要包含这些设备，它可以仅包含主机部分。换句话说，没有这些设备，一个"计算机"也能运行。因为现在的CPU已经包含了运算器和控制器等部件，我们通常也将图3-1中的CPU、系统总线和内存称为主机，而输入/输出设备和外存储器统称为外设。外设和主机相连需要相应的控制设备，称为控制器。现代计算机为了方便用户对通用计算机性能的扩展，在主板上留有固定的扩展槽，以便用户插入特定外设的控制卡。控制显示器与主机相连的设备称为显卡，对图形有特定要求的计算机常常需要专用的显卡，而专用显卡常常占用主板上的一个 PCI 插槽。

另外，为了方便计算机的功能扩展，现代计算机一般自带有相应的标准扩展接口，如并口、串口和 USB 接口，其控制卡已集成在计算机主板上。这样，某些外部设备只要在设计过程中遵循标准接口的相关要求(包括物理形状的匹配和通信规则的约束等)，在与主机相连的过程中，就不需要特定的控制卡，可以直接借用计算机本身的标准接口，大大方便了外设与主机的相连。例如，打印机常常连接在并行端口上，键盘连接在 PS/2 接口上，U 盘直接连接在 USB 接口上。随着主板集成度的提高，这种模式已经越来越被广泛采用。

2. 计算机软件

计算机是在特定的指令下运行的，这些指令都是计算机可以理解并执行的一些命令，也就是说，计算机从诞生之日起，就是与程序紧紧联系在一起的。而软件的含义比程序更宏观、更具体一些。一般情况下，软件是指设计比较成熟、功能比较完善、具有某种使用价值的程序，而且软件不仅包含程序，还包含与程序相关的数据和文档。与硬件相比，软件具有不可见性、适用性、无磨损和易复制等特性。

依据不同的原则和标准，可以将软件划分为不同的种类，将软件划分为系统软件和应用软件两大类是目前比较流行的分法。

(1) 系统软件是指为了有效使用计算机系统，给应用软件开发与运行提供支持并为用户管理和使用计算机提供方便的一类软件，如 Windows 操作系统和 UNIX 操作系统等。其主要特征是：它与硬件有很强的交互性，需对硬件资源进行统一的控制、调度和管理；系统软件具有通用性，它不是为解决一个具体的问题而开发的；一般而言，系统软件是必不可少的，否则计算机将无法正常工作。

(2) 应用软件泛指具体解决某些应用问题的软件，因此，应用软件丰富多样，有广泛使用的通用应用软件，如 Word、Excel 等应用软件；也有就某一问题由某一部门具体开发的专门应用软件，如机场售票系统、税务管理系统等。

3. 计算机的工作原理

依据冯·诺依曼计算机的工作原理，计算机是基于程序存储和控制来正常运行的，程序是告诉计算机做什么和如何做的一些指令。所谓指令，就是 CPU 可以执行的、仅由二进制组成的代码，包括数据及操作，所以指令实际上包括操作数和操作码。例如，有一个指令是运算"3+2"，则"3"和"2"是操作数，而"+"则是操作码。一个 CPU 可以识别的所有指令构成该 CPU 的指令集。

指令在执行前是存放在内存中的，计算机对内存的管理是将其每一个字节分配一个代号，称为地址。其中，指令传给 CPU 的操作数并不是实际的数据，而是该数据在内存中的位置，因此，指令包含的两个部分通常称为操作数地址和操作码。

计算机发展的一个核心部分就是CPU集成度的提高，支持的指令变得更为丰富。例如，假设原先的CPU只能执行加法指令，当需要进行乘法运算时，计算机首先将乘法分解为加法，再进行运算，一步运算可能换算成几步运算；而当新的CPU含有乘法指令时，就可以用一条指令完成一个乘法运算，极大地提高了运算速度。

一方面，不同的CPU可以识别的机器语言不一定相同，所以，不同的机器存在着兼容问题。一般而言，同一品牌的CPU总是与过去的CPU相兼容，例如可以在Intel公司486CPU上运行的软件肯定也可以在Pentium或更高级的CPU上运行。另一方面，如果人们编写计算机程序总是使用机器语言显然是一个困难、烦琐的工作，为此，出现了可以翻译成机器语言的高级语言(如C. BASIC等语言)。用户使用高级语言按照一定的语法格式编写相应的计算机程序，再由对应的高级语言编译器将其翻译成机器语言，使程序正常执行。

所谓的某程序正在运行，是指该程序已经转化成对应的指令，并且完全调入内存中，这样，由CPU执行一条条指令(可能产生数据，因而出现内存与CPU不停地交换数据的情况)，从而使程序一直处在运行状态，如图3-2所示。需要注意的是，程序的运行可能是永久的，即所谓的"死循环"。例如，操作系统程序，当启动(运行)该程序后，如果不人为地关闭它，它将一直运行下去。

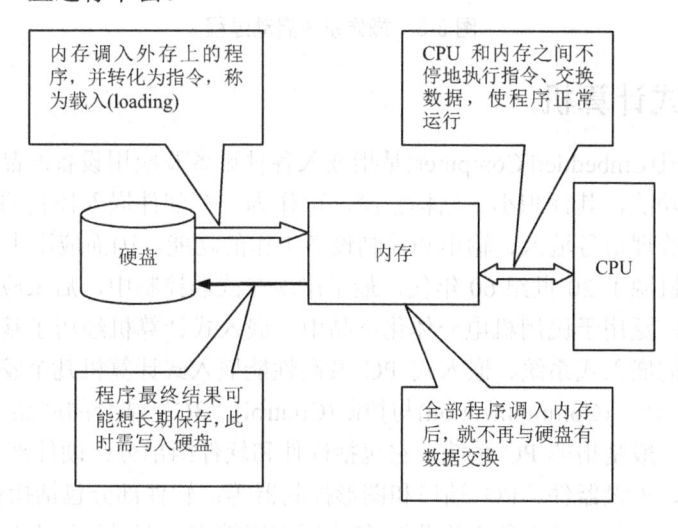

图 3-2　程序载入及运行

对操作系统在计算机启动过程的了解可以帮助我们对计算机的工作原理有一个较好的理解。就一般的计算机而言，操作系统总是保存在计算机的硬盘上，其中操作系统的引导程序(可以理解为整个操作系统的程序入口，最先执行的部分)存放在硬盘的固定位置。当启动计算机时，CPU首先执行固化在主板上的ROM BIOS中的自检程序，测试计算机中相关的部件是否正常；其次继续执行BIOS中的自举程序，从硬盘固定位置读取操作系统的引导程序并装入内存，同时将控制权交给引导程序；引导程序继续将操作系统装入内存中，当操作系统完全驻留在内存之后，计算机启动成功。实际上，计算机的所有资源都由操作系统控制，并等待用户的操作，如图 3-3 所示。

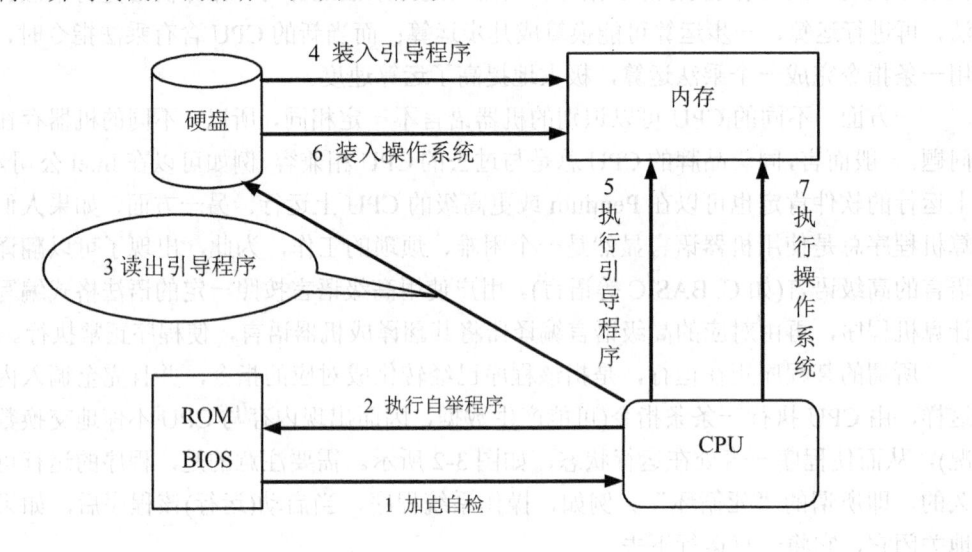

图 3-3　操作系统启动过程

3.1.3　嵌入式计算机

嵌入式计算机(Embedded Computer)是指嵌入各种设备及应用设备产品内部的计算机。它主要完成测控功能，其体积小、结构紧凑，可作为一个部件嵌入控制的装置中，并为用户提供接口，有管理信号输入、输出和控制设备工作的功能，因而应用十分广泛。

嵌入式计算机源于 20 世纪 60 年代，最早出现在武器控制中，后来应用于军事指挥和通信系统，现在广泛用于民用机电一体化产品中。嵌入式计算机经历了基于芯片的嵌入式系统、标准总线的嵌入式系统、嵌入式 PC 及高性能嵌入式计算机几个发展阶段，它是计算机(Computer)、通信(Communication)与控制(Control)"3C"结合的产品。

嵌入式系统一般是指非 PC 系统，它包括硬件和软件两部分：硬件部分包括处理器/微处理器、存储器、外设器件、I/O 端口和图形控制器等；软件部分包括操作系统(Operating System, OS)软件(要求实时和多任务操作)和应用程序编程，有时设计人员把这两种软件组合在一起。应用程序控制系统的运作和行为，而操作系统控制应用程序编程与硬件的交互作用。

1. 嵌入式计算机系统的特点

嵌入式计算机系统与通用型计算机系统相比具有以下特点。

(1) 嵌入式计算机系统通常是面向特定应用的嵌入式 CPU。它与通用型的最大不同就是：嵌入式 CPU 大多工作在为特定用户群设计的系统中，它通常具有低功耗、体积小、集成度高等特点，能够把通用 CPU 中许多由板卡完成的任务集成在芯片内部，从而有利于嵌入式系统设计趋于小型化，移动能力大大增强，与网络的耦合也越来越紧密。

(2) 嵌入式系统是将先进的计算机技术、半导体技术和电子技术与各个行业的具体应用相结合的产物，这一点就决定了它必然是一个技术密集、资金密集、高度分散、不断创新的知识集成系统。

(3) 嵌入式系统的硬件和软件都必须高效率地设计，量体裁衣、去除冗余，力争在同样的硅片面积上实现更高的性能，这样才能在具体应用中对处理器的选择更具有竞争力。

(4) 嵌入式系统与具体应用有机地结合在一起，它的升级换代也是与具体产品同步进行的，因此嵌入式系统产品一旦进入市场，均具有较长的生命周期。

(5) 为了提高执行速度和系统可靠性，嵌入式系统中的软件一般都固化在存储器芯片或单片机本身中，而不是存储在磁盘等载体中。

(6) 嵌入式系统本身不具备自举开发能力，即使设计完成以后，用户通常也是不能对其中的程序功能进行修改的，必须有一套开发工具和环境才能进行开发。

2. 嵌入式计算机的应用领域

嵌入式计算机主要用于信号处理与控制，其应用领域十分广泛，主要有以下三个方面。

(1) 军事国防领域。在武器控制方面，如高炮指挥仪、导弹控制(弹上计算机)、坦克、轰炸机、舰艇雷达、电子对抗、军事通信和军事指挥系统等。

(2) 民用电子装备及机电一体化设备。例如，各种测量仪器、数控装置、工业控制机和机器人等工业电子装备，机电一体化工程机械及农业机械，汽车、民航和船舶电子设备，办公自动化设备，通信设备，医疗电子设备等。

(3) 家用电器及消费类电子设备。例如，数字电视机机顶盒、录像机、VCD、DVD、手机、可视电话、掌上电脑、个人数字助理(Personal Digital Assistant，PDA)、家庭网络系统、洗衣机、电冰箱、智能玩具以及防火、防盗设备等。

事实上，如果根据计算机原理，即仅包含冯·诺依曼原理中的五个部分，那么就可以将我们一般所见的 PC 和嵌入式计算机都理解成为为了适应不同用途而带有不同外设的嵌入式计算机，只是日常所见的 PC 应用极为广泛，慢慢地独占了"计算机"这一名词。

3.1.4　未来计算机的发展趋势

计算机技术的发展主要受到物理极限的约束，采用硅芯片的计算机技术将继续向超高速、超小型、平行处理和智能化的方向发展。Intel 公司预计在 2010 年推出集成十亿个晶体管的微处理器，其性能为十万 MIPS。超高速计算机将采用平行处理技术，使计算机系统同时执行多条指令或同时对多个数据进行处理，这是改进计算机结构、提高计算机运行速度的关键技术。但是，硅芯片的物理特征将阻碍计算机的革命性飞跃。

当前正在开发的新型计算机包括新型的生物计算机、光子计算机、量子计算机和纳米计算机等。新一代计算机代表了未来计算机的研制和发展方向，它在性能及运算速度上都有较大的改善，其功能更加强大、形式更加多样、体积更加小巧，并向着量子化、纳米化、情感化、智能化和超级化的方向发展。

1. 生物计算机

生物计算机的运算过程就是蛋白质分子与周围物理化学介质的相互作用过程。计算机的转换开关由酶来充当，而程序则在酶合成系统本身和蛋白质的结构中极其明显地表示出来。与传统计算机相比，生物计算机真正的优势在于它可以同时对整个分子库里的所有分子进行处理，而不必按照次序一个一个地分析所有可能的答案。也就是说，它具有很强的并行计算能力；同时生物计算机消耗的能量非常小，只有电子计算机的十亿分之一。与传统计算机相比，对生物计算机的研究还处于刚刚起步的阶段，要使生物计算机投入实际应用当中，甚至取代目前电子计算机的位置，尚有很多理论和技术方面的问题需要解决。

然而，从目前有限的生物计算机模型的研究中可以看出，生物计算机有着电子计算机所无法比拟的优势。一方面，生物计算机可以按照电子计算机的发展模式逐步改进，并且发挥高并行性、存储能力强、节能和抗电磁干扰的优势，在通用计算机的技术指标上与电子计算机一争高低；另一方面，生物计算机也可以独辟蹊径，为解决目前电子计算机所无法解决或者很难解决的一类问题提供全新的方案。例如，充分利用其高并行性解决那些随着问题维数的增加计算量也大大增加以至于超过常规计算机的计算能力的 NP 问题。相信在不远的将来，会看到生物计算机给人类的生活带来的巨大变化。预计 10~20 年后，DNA 计算机将进入实用阶段。

2. 光子计算机

光子计算机即全光数字计算机，以光子代替电子，光互连代替导线互连，光硬件代替计算机中的电子硬件，光运算代替电运算。与电子计算机相比，光子计算机的"无导线计算机"信息传递平行通道密度极大。光的并行和高速的特点决定了光子计算机的并行处理能力很强且具有超高速运算速度。超高速电子计算机只能在低温下工作，而光子计算机在室温下即可开展工作。光子计算机还具有与人脑相似的容错性，系统中某一元件损坏或出错时并不影响最终的计算结果。目前，世界上第一台光子计算机已由欧共体的 70 多名科学家研制成功，其运算速度比电子计算机快 1000 倍。

3. 量子计算机

量子计算机是在量子效应的基础上开发的，它利用一种链状分子聚合物的特性来表示开与关的状态，利用激光脉冲来改变分子的状态，使信息沿着聚合物移动，从而进行运算。

量子计算机中数据用量子位存储，由于量子叠加效应，一个量子位可以是 0 或 1，也可以既存储 0 又存储 1。因此，一个量子位可以存储两个数据，同样数量的存储位，量子计算机的存储量比传统计算机大很多。同时，量子计算机能够实行量子并行计算，其运算速度可能比目前 PC 的 Pentium III 芯片快 10 亿倍。

量子计算机的问世还可解决一个一直困扰传统计算机的难题，那就是微型化、集成化。因为每个量子元件尺寸都在原子尺度，由它们构成的量子计算机不仅运算速度快、存储量大、功耗低，体积还会大大缩小，并且它还能解决传统计算机的发热问题。量子计算机在 20 多年的研究发展过程中，取得了较大的进展。尤其是最近几年，实验室一级的科研成果不断涌现，量子计算机也越来越受到重视。西欧、美国和日本在量子科学的研究上具有世界领先水平，计划严密，投入很大，发展速度加快，研究成果越来越具有实际意义。随着量子计算机研究的日益深入，它的解决方案也日益明朗。

4. 纳米计算机

纳米技术是从 20 世纪 80 年代初迅速发展起来的新的前沿科研领域，应用纳米技术研制的计算机内存芯片，其体积不过数百个原子大小，相当于人的头发丝直径的千分之一。纳米计算机不仅几乎不需要耗费任何能源，而且其性能要比现在的计算机强大许多倍。

科学家们一直在研究以不同的原理实现纳米级计算，目前提出了四种不同的工作机制，它们有可能发展成为未来纳米计算机技术的基础。这四种工作机制分别是：电子式纳米计算技术、基于生物化学物质与基于 DNA 的纳米计算技术、机械式纳米计算技术和量子波相干计算技术。目前，纳米计算机的研制已有一些鼓舞人心的消息，惠普实验室的科研人员已开始应用纳米技术研制芯片，一旦他们的研究获得成功，将为其他缩微计算机元件的研制和生产铺平道路。

【案例 3-2】　英特尔称 14 纳米工艺将于 2013 年年底之前投产

据报道，美国英特尔公司(Intel)已经宣布，计划到 2013 年年底将其 CPU 和 SoC 的生产过渡至 14 nm 制作工艺中，并从 2015 年开始按计划展开 10 nm 及以下制作工艺的研发工作。

在旧金山举行的英特尔开发者论坛(IDF)上，英特尔高级研究员马克·玻尔(Mark Bohr)展示了一项研发蓝图，表明英特尔在半导体制造工艺技术方面将继续占有领导地位。

英特尔透露，即将推出的 14 nm 工艺(代号为 P1272 和 P1273)将于 2013 年年底做好投产准备。该芯片供应商还表示将继续投资位于美国俄勒冈州的 D1X 晶圆厂、在亚利桑那州的 Feb42 晶圆厂和在爱尔兰的 Feb24 晶圆厂。

英特尔此前证实，这三个晶圆厂将采用 14 nm 及以下的工艺技术。

此外，该公司表示，10 nm、7 nm 和 5 nm 制造工艺的研发将如期于 2015 年启动。

2011 年 5 月，英特尔公司宣布了三维三栅极晶体管，可使芯片以更低电压、更少漏电流工作，同时提供比前代更高的性能和能源效率，可谓是一大突破。新晶体管中已被用于基于 Ivy Bridge 的英特尔酷睿系列处理器，并已于 2011 年年底左右开始批量生产。

(资料来源：http://it.sohu.com/20120915/n353216043.shtml)

案例思考

1. 查阅资料了解关于集成电路摩尔定律的相关内容，并结合生活中的案例进行说明。
2. 你认为摩尔定律会一直起作用吗？查阅相关资料论述你的想法。

3.2 数 据 处 理

3.2.1 常用数据处理的概念

1. 位

计算机采用二进制，运算器运算的是二进制数，控制器发出的各种指令也表示成二进制数，存储器中存放的数据和程序也是二进制数，在网络上进行数据通信时发送和接收的还是二进制数。显然，在计算机内部到处都是由 0 和 1 组成的数据流。

计算机中最小的数据单位是二进制的一个数位，简称为位(bit)。计算机中最直接、最基本的操作就是对二进制位的操作。

计算机中二进制位的运算包括逻辑加(也称或)、逻辑乘(也称与)和取反三种运算。逻辑加规则为 0+0=0，0+1=1，1+1=1；逻辑乘规则为 0×0=0，0×1=0，1×1=1；逻辑反规则很简单，1 的反为 0，0 的反为 1。

2. 字节

字节(byte)简写为 B，1 个字节由 8 个二进制位组成。

字节是在计算机中用来表示存储空间大小的基本容量单位。例如，计算机内存的存储容量、磁盘的存储容量等都是以字节为单位表示的。除用字节表示存储容量外，还可以用千字节(KB)、兆字节(MB)和吉字节(GB)等表示存储容量，它们之间的级差为 1024。位是计算机中最小的数据单位，字节是计算机中基本的信息单位。

3. 字

在计算机中作为一个整体被存取、传送、处理的二进制数字符串叫作一个字(word)或单元，每个字中二进制位数的长度称为字长。一个字由若干个字节组成，不同的计算机系统的字长是不同的，常见的有 8 位、16 位、32 位和 64 位等，字长越长，计算机一次处理的信息位就越多，精度就越高，字长是计算机性能的一个重要指标。目前主流计算机的字长都是 32 位机。

◇ **知识拓展**

存储容量是存储器的一项重要的性能指标。计算机的内存储器容量通常使用 2 的幂次作为单位，经常使用的单位如下。

千字节(kilobyte，简写为 KB)， 　1KB=2^{10} 字节=1024B。
兆字节(megabyte，简写为 MB)， 　1MB=2^{20} 字节=1024KB。
吉字节(gigabyte，简写为 GB)， 　1GB=2^{30} 字节=1024MB。
太字节(terabyte，简写为 TB)， 　1TB=2^{40} 字节=1024GB。

然而，由于 kilo、mega、giga 等单位在其他领域(如距离、速率、频率的度量)中是以 10 的幂次来计算的，因此磁盘、U 盘、光盘等外存储器制造商也采用 1 MB=1000 KB、1 GB=1 000 000 KB 来计算其外存储器容量。

需要注意的是，在数据通信和计算机网络中传输二进制位信息时，由于是一位一位串行传输的，传输速率的度量单位是每秒多少比特，且 kilo、mega、giga 等也使用 10 的幂次进行计算。经常使用的传输速率单位如下。

比特/秒(b/s)，也称 "bps"，如 2400bps(2400b/s)、9600bps(9600b/s)等。
千比特/秒(kb/s)， 1kb/s=10^3 比特/秒=1000b/s(小写 k 表示 1000*)。
兆比特/秒(Mb/s)， 1Mb/s=10^6 比特/秒=1000kb/s。
吉比特/秒(Gb/s)， 1Gb/s=10^9 比特/秒=1000Mb/s。
太比特/秒(Tb/s)， 1Tb/s=10^{12} 比特/秒=1000Gb/s。

注：*小写字母 k 表示 1000，大写字母 K 表示 1024；M、G、T 的含义由上下文决定。

3.2.2 常用的数据编码

信息是包含在数据里面的。数据要以规定的二进制形式表示才能被计算机加以处理，这些规定的形式就是数据的编码。数据的类型有很多，数字和文字是最简单的类型，表格、声音、图形和图像则是复杂的类型。编码时要考虑数据的特性以及便于计算机的存储和处理，所以它也是一项非常重要的工作。下面将介绍几种常用的数据编码。

1. BCD 码

因为二进制数不直观，所以在计算机的输入和输出时通常还是用十进制数。但是计算机只能使用二进制数编码，所以另外规定了一种用二进制数编码表示十进制数的方式，即每 1 位十进制数数字对应 4 位二进制编码，称二进制编码的十进制数(Binary Coded Decimal，BCD 码)，又称 8421 码。表 3-1 是十进制数 0~9 与其 BCD 码的对应关系。

表 3-1 BCD 码表

十进制数	BCD 码	十进制数	BCD 码
0	0000	5	0101
1	0001	6	0110
2	0010	7	0111
3	0011	8	1000
4	0100	9	1001

2. ASCII 编码

字符是计算机中最多的信息形式之一，是人与计算机进行通信、交互的重要媒介。在计算机中，要为每个字符指定一个确定的编码，作为识别与使用这些字符的依据。

各种字母和符号也必须按规定的二进制码表示，计算机才能处理。在西文领域，目前普遍采用的是美国标准信息交换码（American Standard Code for Information Interchange，ASCII 码）。ASCII 码虽然是美国国家标准，但它已被国际标准化组织(ISO)认定为国际标准。ASCII 码已被世界所公认，并在世界范围内通用。

标准的 ASCII 码是用一个字节表示，最高位总是 0，可以表示 128 个字符。前 32 个码和最后一个码通常是计算机系统专用的，代表一个不可见的控制字符。数字字符 0 到 9 的 ASCII 码是连续的，从 30H 到 39H(H 表示是十六进制数)；大写字母 A 到 Z 和小写英文字母 a 到 z 的 ASCII 码也是连续的，分别从 41H 到 5AH 和从 61H 到 7AH。因此，在知道一个字母或数字的编码后，很容易推算出其他字母和数字的编码。ASCII 码如表 3-2 所示。

表 3-2 ASCII 码

ASCII 值	控制字符	ASCII 值	控制字符	ASCII 值	控制字符	ASCII 值	控制字符
0	NUT	32	(space)	64	@	96	`
1	SOH	33	!	65	A	97	a
2	STX	34	"	66	B	98	b
3	ETX	35	#	67	C	99	c
4	EOT	36	$	68	D	100	d
5	ENQ	37	%	69	E	101	e
6	ACK	38	&	70	F	102	f
7	BEL	39	,	71	G	103	g
8	BS	40	(	72	H	104	h
9	HT	41	)	73	I	105	i
10	LF	42	*	74	J	106	j

ASCII 值	控制字符	ASCII 值	控制字符	ASCII 值	控制字符	ASCII 值	控制字符
11	VT	43	+	75	K	107	k
12	FF	44	,	76	L	108	l
13	CR	45	-	77	M	109	m
14	SO	46	.	78	N	110	n
15	SI	47	/	79	O	111	o
16	DLE	48	0	80	P	112	p
17	DCI	49	1	81	Q	113	q
18	DC2	50	2	82	R	114	r
19	DC3	51	3	83	X	115	s
20	DC4	52	4	84	T	116	t
21	NAK	53	5	85	U	117	u
22	SYN	54	6	86	V	118	v
23	TB	55	7	87	W	119	w
24	CAN	56	8	88	X	120	x
25	EM	57	9	89	Y	121	y
26	SUB	58	:	90	Z	122	z
27	ESC	59	;	91	[	123	{
28	FS	60	<	92	/	124	|
29	GS	61	=	93	]	125	}
30	RS	62	>	94	^	126	~
31	US	63	?	95	—	127	DEL

32 个控制字符，不可打印　　　　**96 个可打印字符**

扩展的 ASCII 码也是用一个字节表示，最高位赋 1，以保证与 ASCII 码区分，所有非英语符号表示的信息在计算机系统中统一使用扩展 ASCII 码编码，以保证不同语言的信息共存。

3. 汉字编码

汉字采用扩展 ASCII 码编码规则。计算机处理汉字信息时，由于汉字具有特殊性，因此汉字的输入、存储、处理和输出过程中所使用的汉字代码不相同，其中有用于汉字输入的汉字输入码、用于机内存储和处理的汉字机内码、用于输出显示和打印的字模点阵码(或称汉字字形码)。

1) 汉字排序码(区位码)

汉字排序码是将所有(常用)汉字依据某一规律组织成一个方阵，这样每一个汉字对应一个行列坐标，称为该汉字的区位码。

《信息交换用汉字编码字符集·基本集》是我国于 1980 年制定的国家标准(标准号为 GB 2312—1980)，代号为国标码，是国家规定的用于汉字信息处理使用的代码的依据。GB 2312—1980 中规定了信息交换用的 6763 个汉字和 682 个非汉字图形符号(包括几种外文字母、数字和符号)的代码。6763 个汉字又按其使用频度、组词能力和用途大小分成一级常用汉字 3755 个，二级常用汉字 3008 个。此标准的汉字编码表有 94 行、94 列，其行号称为区号，列号称为位号。双字节中，用高字节表示区号，低字节表示位号。非汉字图形符号置于第 1~11 区，一级汉字 3755 个置于第 16~55 区，二级汉字 3008 个置于第 56~87 区。

在此标准中，每个汉字(包括汉字图形符号)需要采用两个字节表示，每个字节只用低 7 位表示。由于 ASCII 码的前 32 位为控制字符，汉字系统同样需要这些控制字符，故表示一个汉字的每一个字节不能占用前 0~31 共 32 个控制字符的编码，所谓国标码交换码，就是在区位码基础上分别加上 32 得到的。

2) 汉字机内码

汉字机内码是供计算机系统内部进行存储、加工处理和传输统一使用的代码，又称为汉字内部码或汉字内码。不同的系统使用的汉字机内码有可能不同。目前使用最广泛的为两个字节的机内码，俗称变形的国标码。这种格式的机内码是将国标 GB 2312—1980 交换码的两个字节的最高位分别置为 1(即内码=交换码+128)而得到的。其最大优点是：机内码表示简单，且与交换码之间有明显的对应关系，同时也解决了中西文机内码存在二义性的问题。例如，"中"的国标码为十六进制 5650(01010110 01010000)，其对应的机内码为十六进制 D6D0(11010110 11010000)；同样，"国"字的国标码为 397A，其对应的机内码为 B9FA。

3) 汉字输入码(外码)

汉字输入码是为了利用现有的计算机键盘，将形态各异的汉字输入计算机而编制的代码。目前，在我国推出的汉字输入编码方案很多，其表示形式大多用字母、数字或符号。编码方案大致可以分为：以汉字发音进行编码的音码，如全拼码、简拼码和双拼码等；按汉字书写的形式进行编码的形码，如五笔字形码；也有音形结合的编码，如自然码。

4) 汉字字形

汉字字形码是汉字字库中存储的汉字字形的数字化信息，用于汉字的显示和打印。目前汉字字形的产生方式大多是数字式，即以点阵方式形成汉字。因此，汉字字形码主要是指汉字字形点阵的代码。

汉字字形点阵有 16×16 点阵、24×24 点阵、32×32 点阵、64×64 点阵、96×96 点阵、128×128 点阵和 256×256 点阵等。一个汉字方块中行数、列数分得越多，描绘的汉字也就越细微,但占用的存储空间也就越多。汉字字形点阵中每个点的信息要用一位二进制码来表示。对 16×16 点阵的字形码,需要用 32 个字节(16×16÷8=32)表示;对 24×24 点阵的字形码,需要 72 个字节(24×24÷8=72)表示。

汉字字库是汉字字形数字化后,以二进制文件形式存储在存储器中而形成的汉字字模库。汉字字模库也称为汉字字形库,简称汉字字库。

3.2.3 计算机中数的表示

1. 计算机中数据的表示

在计算机中只能用数字化信息来表示数的正、负,人们规定用"0"表示正号,用"1"表示负号。例如,在计算机中用 8 位二进制码表示数+90,其格式为

| 0 | 1 | 0 | 1 | 1 | 0 | 1 | 0 |

而用 8 位二进制码表示数-89,其格式为

| 1 | 1 | 0 | 1 | 1 | 0 | 0 | 1 |

在计算机内部,数字和符号都用二进制码表示,两者合在一起构成数的机内表示形式,称为机器数,而它真正表示的数值称为这个机器数的真值。

2. 定点数和浮点数

在计算机中,一般用若干个二进制位表示一个数或一条指令,把它们作为一个整体来处理、存储和传送。这种作为一个整体来处理的二进制位串称为计算机字。表示数据的字称为数据字,表示指令的字称为指令字。

计算机是以字为单位进行处理、存储和传送的,所以运算器中的加法器、累加器和其他一些寄存器都选择与字长相同的位数。字长一定时,计算机数据字所能表示的数的范围也就确定了。

例如,使用 8 位字长的计算机可表示无符号整数的最大值是(255)D=(11111111)B(其中 D 代表十进制,B 代表二进制)。运算时,若数值超出机器数所能表示的范围,就会停止运算和处理,这种现象称为溢出。

计算机中运算的数有整数,也有小数,如何确定小数点的位置呢?通常有两种约定:一种是规定小数点的位置固定不变,这时机器数称为定点数;另一种是小数点的位置可以浮动,这时的机器数称为浮点数。微型机多选用定点数。

(1) 数的定点表示是指数据字中的小数点的位置是固定不变的。小数点位置可以固定在符号位之后,这时数据字就表示一个纯小数。假定机器字长为 16 位,符号位占 1 位,数值部分占 15 位,故下面机器数其等效的十进制数为:-2^{-15},即-1/32 768。

1	000000000000001

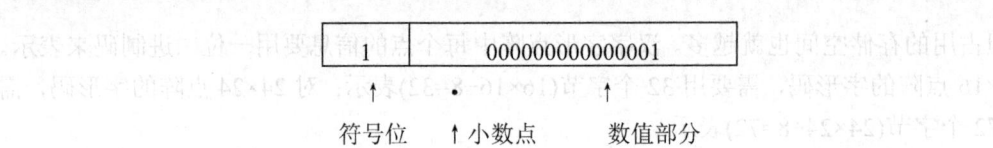

↑ 符号位　　↑ 小数点　　　　数值部分

如果将小数点位置固定在数据字的最后，这时数据字就表示一个纯整数。假设机器字长为16位，符号占1位，数值部分占15位，故下面机器数其等效的十进制数为+32767($2^{15}-1$)。

0	111111111111111

↑ 符号位　　　数值部分　　　↑ 小数点

(2) 浮点表示法就是小数点在数中的位置是浮动的。在以数值计算为主要任务的计算机中，由于定点表示法所能表示的数的范围太窄，不能满足计算问题的需要，因此就需要采用浮点表示法。在同样字长的情况下，浮点表示法能表示的数的范围被扩大了。

计算机中的浮点表示法包括两个部分：一部分是阶码(表示指数，记作E)；另一部分是尾数(表示有效数字，记作M)。例如，任意数 N 可以表示为：N=2^EM。其中 2 为基数，E 为阶码，M 为尾数。浮点数在机器中的表示方法如下：

阶符	E	数符	M

由尾数部分隐含的小数点位置可知，尾数总是小于 1 的数字，它给出该浮点数的有效数字。尾数部分的符号位确定该浮点数的正负。阶码给出的总是整数，它确定小数点浮动的位数，若阶符为正，则向右移动；若阶符为负，则向左移动。

假设机器字长为 32 位，阶码 8 位，尾数 24 位，其中各式为

阶符	E	数符	M
1位	7位	1位	23位

其中，左边 1 位表示阶码的符号，符号位后的 7 位表示阶码的大小；后 24 位中，有 1 位表示尾数的符号，其余 23 位表示尾数的大小。

3.2.4 声音的表示

声音信号是一种模拟信号，计算机要对它进行处理就必须将它转换成数字声音信号，即用二进制数字的编码形式来表示声音。最基本的声音信号数字化方法是取样——量化法，它分成以下三个步骤。

1. 采样

采样是把时间连续的模拟信号转换成时间离散、幅度连续的信号。在某些特定时刻获取的声音信号幅值叫作采样，由这些特定时刻采样得到的信号称为离散时间信号。一般都

是每隔相等的一小段时间采样一次，其时间间隔称为取样周期，它的倒数称为采样频率。采样定理是选择采样频率的理论依据，为了不产生失真，采样频率不应低于声音信号最高频率的两倍。因此，语音信号的采样频率一般为 8kHz，音乐信号的采样频率则应在 40kHz 以上。采样频率越高，可恢复的声音信号分量越丰富，其声音的保真度越好。

2. 量化

量化是把在幅度上连续取值(模拟量)的每一个样本转换为离散值(数字量)表示，因此量化过程有时也称为 A/D 转换(模数转换)。量化后的样本是用二进制数来表示的，位数的多少反映了度量声音波形幅度的精度，称为量化精度，也称为量化分辨率。例如，每个声音样本若用 16 b(两个字节)表示，则声音样本的取值范围是 0～65536，精度是 1/65536；若只用 8 b (1 字节)表示，则样本的取值范围是 0～255，精度是 1/255。量化精度越高，声音的质量越好，需要的存储空间也越多；量化精度越低，声音的质量越差，而需要的存储空间也越少。

3. 编码

经过采样和量化处理后的声音信号已经是数字形式，但为了便于计算机的存储、处理和传输，还必须按照一定的要求进行数据压缩和编码，即选择某一种或者某几种方法对它进行数据压缩，以减少数据量，再按照某种规定的格式将数据组织成文件。

计算机中的数字声音有两种表示方法：波形声音和合成声音。波形声音也称为自然声音，通过对实际声音的波形信号进行数字化(取样和量化)而获得，它能高保真地表示现实世界中任何客观存在的真实声音。例如，44.1 kHz×16 b 的 CD 质量的声音以及 8 kHz×8 b 的数字语音等。波形声音的数据量比较大。波形声音信息是表示声音振幅的数据序列，它是通过对模拟声音按一定间隔采样获得的幅度值，再经过量化和编码后得到的便于计算机存储和处理的数据格式。声音信号数字化后，其数据传输率(每秒比特数)与信号在计算机中的实时传输有直接关系，而其总数据量又与计算机的存储空间有直接关系。未经压缩的数字音频数据传输率可按式(3-1)计算：

$$数据传输率(b/s)=采样频率(Hz)×量化位数(b)×声道数 \quad (3-1)$$

式中，数据传输率以每秒比特(b/s)为单位；采样频率以 Hz 为单位；量化以 b 为单位。

波形声音经过数字化后所需占用的存储空间可用式(3-2)计算：

$$声音信号数据量=数据传输率×持续时间/8(b) \quad (3-2)$$

"合成声音"使用符号(参数)对声音进行描述，然后通过合成(Synthesize)的方法生成声音。例如，MIDI 音乐(用符号描述的乐器演奏的音乐声音)和合成语音(用声母、韵母或清音、基音频率等参数描述的语音)等。符号化的声音表示方法所产生的声音虽然没有自然声那么真实、逼真，但数据量要比波形声音小得多(2～3 个数量级)，而且能产生自然界中不存在的声音，其编辑处理也比波形声音更加方便。

◇ 知 识 拓 展

MP3 与数字音频编码

现在几乎没有人不知道 MP3，现在 Internet 上有大量的 MP3 音乐或其他声音可供下载，以 MP3 格式制作的光盘也不少，MP3 已经成为最普遍的大众音乐媒体。MP3 播放器其实就是一个功能特定的小型电脑。其逻辑上由图 3-4 所示的若干部分组成：嵌入式微处理器、数字信号处理器、程序存储器、MP3 数据存储器、与主机的 USB 接口、音频信号的数模转换器(D/A)和功率放大器、LCD 显示界面和控制按键等。其中，微处理器和 DSP 是播放器的核心，前者运行播放器的整个控制程序，控制各个部件协调地工作：它接收控制按键的操作命令，从闪烁存储器读取 MP3 音乐数据送到 DSP 去解码；显示播放器的工作状态；负责与主机连接并交换数据等。DSP 可以是微处理器芯片中的一个模块，也可以是一个独立的处理器，它负责完成 MP3 数据流的解码操作，并输出波形格式的数字音频信号，经数码转换和功率放大后，即可听到声音。

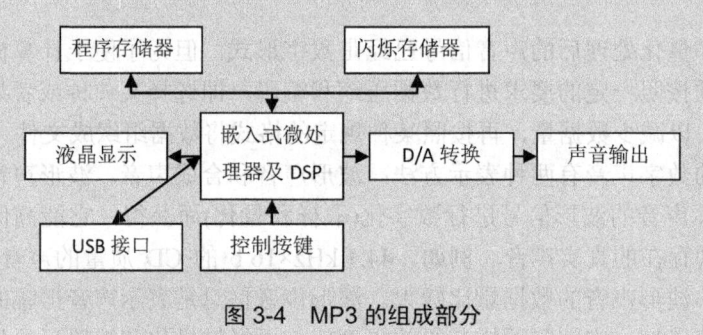

图 3-4　MP3 的组成部分

3.2.5　图形与图像的表示

计算机中的数字图依据其生成方式可以分为两类：一类是从现实世界中通过数码设备(扫描仪、数码相机等)获取的图，称为图像(Bitmap)；另一类是使用计算机合成的图像，称为矢量图(Vector Graphic)或图形(Graphic)。图形是使用计算机描述现实图形的结构、形状与外貌，再根据其描述和用户的观察位置及光线的设定，生成该景物的图像，其实现过程通常基于不同的行业应用采用不同的图形工具，如机械、建筑方面采用 CAD 软件。下面将介绍图像的生成与表示。

图像的数字化过程包括扫描、分色、取样和量化四个步骤。扫描过程首先将现实世界的某一幅图分为 M×N 个网格；分色过程将图像取样点的颜色分解成基色，通常采用 RGB 三种基色(当然如果采用黑白或灰度表示图像，则不需要进行分色)；取样过程是测量每个取样点每个分量的度量值；量化过程是确定取样点每个分量的值，采用模/数转换的方式进行。例如，将一幅图像分为 100×100 个网格，采用 8 位灰度表示，则这一幅图像在计算机中的存储容量为 100×100×1 个字节(B)。同样一幅图像，如果希望保存得更为精细，可以将网格划分得更细，则这一幅图像在计算机中的存储容量为 800×800×1 个字节(B)；如果希望保存的彩色更为丰富，可将每一个点采用三个字节表示(24 位)，那么这一幅图像在计算机中的存储容量为 800×800×3 个字节(B)。显然，视觉效果的提高是以数据存储容量为代价的。

现实中图像的使用是非常广泛的，但由于其数据量巨大，并且其数据相关性很强或者说其数据冗余度较高，因此对数字图像的压缩是必然的。数据压缩分为有损压缩和无损压缩两种类型。无损压缩是指压缩后的图像在还原重建之后没有任何误差，有损压缩虽然还原之后有所误差，但不影响人们对图像正确意义的理解。

【案例 3-3】　　图像压缩——减少表示数字图像时需要的数据量

1. 基本原理

基本原理：去除多余数据。以数学的观点看，这一过程实际上就是将二维像素阵列变换为一个在统计上无关联的数据集合。

图像数据之所以能被压缩，就是因为数据中存在着冗余。图像数据的冗余主要表现为：图像中相邻像素间的相关性引起的空间冗余；图像序列中不同帧之间存在相关性引起的时间冗余；不同彩色平面或频谱带的相关性引起的频谱冗余。数据压缩的目的就是通过去除这些数据冗余来减少表示数据所需的比特数。由于图像数据量非常庞大，在存储、传输和处理时都非常困难，因此图像数据的压缩就显得非常重要。

2. 数据压缩

信息时代带来了"信息爆炸"，使数据量大增，因此，无论传输还是存储都需要对数据进行有效的压缩。在遥感技术中，各种航天探测器均采用压缩编码技术，将获取的巨大信息送回地面。

图像压缩可以是有损数据压缩，也可以是无损数据压缩。对于绘制的技术图、图表或漫画优先使用无损压缩，这是因为有损压缩方法，尤其是在低的位速条件下将会带来压缩失真；同时，对于医疗图像或用于存档的扫描图像等这些有价值的内容的压缩应尽量选择无损压缩方法。有损压缩方法适用于自然的图像，如一些应用中图像的微小损失是可以接受的(有时是无法感知的)，这样就可以大幅度地减小位速。

无损图像压缩方法有三种，分别为行程长度编码法、熵编码法及如 LZW 这样的自适应字典算法。

有损图像压缩方法有四种，具体如下。

(1) 将色彩空间化简到图像中常用的颜色。所选择的颜色定义在压缩图像头的调色板中，图像中的每个像素都用调色板中的颜色索引表示。这种方法可以与抖动(Dithering)一起使用以模糊颜色边界。

(2) 色度抽样，利用人眼对亮度变化的敏感性远大于对颜色变化的敏感性的特点，这样就可以将图像中的颜色信息减少一半甚至更多。

(3) 变换编码,这是最常用的方法。首先使用离散余弦变换(DCT)或小波变换这样的傅里叶相关变换,然后进行量化和用熵编码法压缩。

(4) 分形压缩(Fractal Compression)。

图像压缩的主要目标就是在给定位速(Bit-rate)或压缩比下实现最好的图像质量。

但是,还有一些其他的图像压缩机制的重要特性。

可扩展编码(Scalability)通常表示操作位流和文件产生的质量下降(没有解压缩和再压缩),也可以称其为渐进编码(Progressive Coding)或者嵌入式位流(Embedded Bitstreams)。尽管具有不同的特性,在无损编码中也有可扩展编码,它通常是使用粗糙到精细像素扫描的格式。尤其是在下载时预览图像(如浏览器中)或者提供不同的图像质量访问时(如在数据库中)可扩展编码非常有用。有几种不同类型的可扩展性:①质量渐进(Quality Progressive)或者层渐进(Layer Progressive)、位流渐进更新重建的图像;②分辨率渐进(Resolution Progressive),首先编码低分辨率编码图像,然后编码与高分辨率之间的差别;③成分渐进(Component Progressive),首先编码灰度数据,然后编码彩色数据。

感兴趣区域编码,图像某些部分的编码质量要高于其他部分,这种方法可以与可扩展编码组合在一起(首先编码这些部分,然后编码其他部分)。

元数据信息,压缩数据可以包含关于图像的信息用来分类、查询或浏览图像。这些信息可以包括颜色、纹理统计信息、小预览图像以及作者和版权信息等。

压缩方法的质量经常使用峰值信噪比来衡量,峰值信噪比用来表示图像有损压缩带来的噪声。但是,观察者的主观判断也被认为是一个重要的或许是最重要的衡量标准。

3.3 计算机网络

通信事业的发展极大地推动了工业革命,而通信与计算机技术的结合又极大地推动了人类从工业社会向信息社会的过渡。从根本上来讲,计算机网络是通信技术与计算机技术相结合的产物,它将成为信息社会最重要的基础设施。

计算机网络的发展历史虽然不长,但发展速度却非常快。其具有里程碑意义的当数20世纪60年代末,由美国国防部高级研究计划署研制的ARPA。经过40多年的发展,计算机网络已经成为当今社会一个重要的组成部分,一个流行的说法是:Network is computer。

一般来讲,计算机网络就是由多台计算机(或其他计算机网络设备)通过传输介质和软件物理(或逻辑)连接在一起共同组成的。总的来说,计算机网络基本包括:计算机、网络操作系统、传输介质(可以是有形的,也可以是无形的,如无线网络的传输介质就是空气)以及相应的应用软件四部分。

3.3.1 计算机组网的目的

一般而言，计算机组网的目的主要考虑以下几个方面。

(1) 数据通信：计算机网络使分散在不同部门、不同单位的计算机之间实现通信，能够进行数据交换，如收发电子邮件、网上聊天等。

(2) 资源共享：可以实现异地计算机软、硬件资源的共享。例如，通过 Internet 访问远程网站上的数据，下载喜欢的影视、音乐等。

(3) 实现分布式信息处理：对于一些大型、复杂的处理，如果单个计算机无法运行或耗时太多，可以借助于分散在网络中的多台计算机协同完成。分布式信息处理也是指实现分散在不同地域的不同部门之间通过网络完成一项共同的任务。例如，大型体育赛事的报道统计，考虑到不同的比赛项目可能分散在不同的场馆、地区，甚至在不同的城市、国家，对每天比赛数据的及时统计就是基于计算机网络来实现的。

(4) 提高计算机系统的可靠性和可用性：网络中的计算机可能是另一台计算机(常常是网络服务器)的后备，一旦某台重要的计算机出现故障，后备计算机立即取而代之；同时，当网络中的某台计算机(常常是网络服务器)负荷太重时，后备计算机也可以帮助处理一些任务。

3.3.2 计算机网络的分类

网络类型的划分标准各种各样，例如，依据网络的拓扑结构可以分为环型网、总线型网和星型网(分别见图 3-5～图 3-7)；依据传输介质可以分为有线网和无线网；依据使用范围和对象可以分为校园网和企业网等。但是，从地理范围划分是一种常见的通用网络划分标准。按这种标准可以将各种网络类型划分为局域网、城域网和广域网三种。

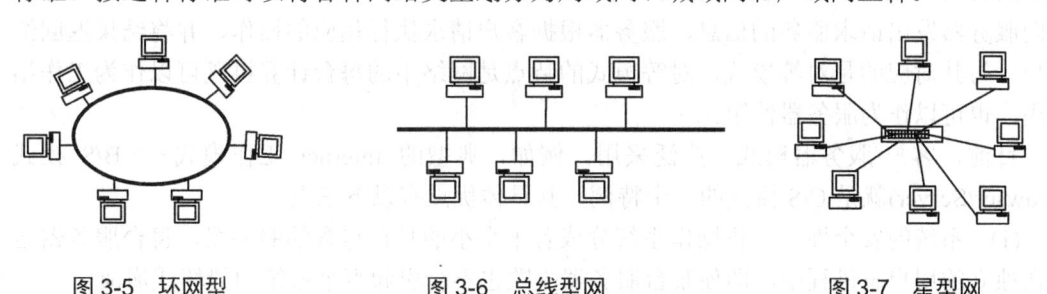

图 3-5　环网型　　　　图 3-6　总线型网　　　　图 3-7　星型网

1. 局域网

局域网(Local Area Network，LAN)，使用一种高速的通信线路将不同的计算机相互连接成网，其所覆盖的地区范围较小。其在计算机数量配置上没有太多的限制，少的可以只有两台，多的可达几百台。一般来说，该网络所涉及的地理距离可以在几米至 10 千米以内。

它一般位于一个建筑物或一个单位内。局域网的主要特点是：为一个单位所拥有，使用专用的、多台计算机共享的传输介质，传输速率高(10Mbps～1Gbps)，通信延迟低，可靠性高，采用广播式的通信方式。

2. 城域网

一般来说，城域网(Metropolitan Area Network，MAN)是在一个城市但不在同一地理区域范围内的计算机互联。这种网络的连接距离为 10～100km。MAN 与 LAN 相比，扩展的距离更长，连接的计算机数量更多，在地理范围上可以说是 LAN 的延伸。在一个大型城市或都市地区，一个 MAN 通常连接着多个 LAN。例如，连接政府机构的 LAN、医院的 LAN 以及电信的 LAN、公司企业的 LAN 等。由于光纤连接的引入，使 MAN 中高速的 LAN 互连成为可能。

3. 广域网

广域网(Wide Area Network，WAN)也称为远程网，所覆盖的范围比 MAN 更广，它一般是在不同城市之间的 LAN 或者 MAN 网络互联，地理范围可从几百千米到几千千米。典型的如 Internet 网。相比于 LAN，WAN 的主要特点是：一般不用专用通信线路而是借用已有的通信线路，如电话线、有线电视电缆等；传输速率不高；可靠性差；采用点对点的通信方式。

3.3.3 网络工作模式

网络工作模式主要分为客户/服务器(Client/Server，C/S)模式和对等模式(Peer-to-Peer)两种。所谓客户/服务器模式，是指服务器检查是否有客户要求服务的请求，在满足客户的请求后将结果返回；客户机(可以为一个应用程序或另一台服务器)如果需要系统的服务，就向服务器发出请求服务的信息，服务器根据客户请求执行相应的操作，并将结果返回给客户。与其对应的是对等模式，对等模式的特点是网络中的每台计算机既可以作为工作站使用，也可以作为服务器使用。

目前，客户/服务器模式被广泛采用。例如，典型的 Internet 工作模式——B/S 模式 (Browser/Server)就是 C/S 模式的一个特例，其具体优点有以下三点。

(1) 系统的安全性。它将操作系统分成若干个小的且自包含的服务器，每台服务器运行在独立的用户态进程中，即使某台服务器失败也不会引起整个系统的毁坏或崩溃。

(2) 分布式处理。不同的服务器可以运行在不同的处理器或计算机上，从而使操作系统具有分布处理的能力。

(3) 易扩充性。它简化了基本操作系统，从而使在操作系统中增加新的服务器变得更加容易。

3.3.4 网络操作系统

网络操作系统(Network Operating System，NOS)是使网络中的每台计算机能方便而有效地共享网络资源，为网络用户提供所需的各种服务的软件和有关规则的集合。目前市场上用得比较广泛的网络操作系统主要有 Windows NT 系统、NetWare 系统、UNIX 系统和 Linux 系统。

1. Windows NT 系统

Windows NT 是 20 世纪 90 年代推出的网络操作系统，属于 C/S 模式。Windows NT 是真正的 32 位网络操作系统，它之所以被越来越广泛地应用到各个领域，主要是因为该网络操作系统具有以下功能。

(1) 它摒弃了传统的命令行用户界面，采用全新的 Windows 图形用户界面，增加了与用户的友好交流，极大地方便了用户。

(2) 支持多种文件系统。Windows NT 支持 FAT、NTFS 和 HPFS 等多种文件系统，可以实现多种应用程序的运行。

(3) 可实现与其他网络操作系统的互操作。Windows NT 作为客户不仅可以访问其他厂商(如 Novell NetWare、Banyan VINES 和 SUNNFS 等)的服务器，而且 Windows NT 上的应用程序可以直接访问网络中的其他文件系统，如 UNIX、VMS 和 Apple Macintosh 等。

(4) 提供可方便地建立分布式应用程序的机制。Windows NT 提供了可方便地建立和运行 C/S 模式应用程序机制，主要包括远程过程调用(Remote Procedure Call，RPC)、命名管道(Named Pipe)以及多种应用程序接口。

(5) 提供企业建立 Internet/Intranet 时的完整解决方案。Windows NT 内置了 Internet 信息服务器(Internet Information Server，IIS)，因此只需安装 IIS 就可直接建立 WWW、Gopher 和 FTP 服务器，而不再需要其他的相关软件，为建立一个企业级网络提供了极大的方便。

2. NetWare 系统

NetWare 是美国 NOVELL 公司推出的网络操作系统。NetWare 最重要的特征是基于基本模块设计思想的开放式系统结构。NetWare 是一个开放的网络服务器平台，可以方便地对其进行扩充。NetWare 系统对不同的工作平台(如 DOS、OS/2、Macintosh 等)、不同的网络协议环境(如 TCP/IP)以及各种工作站操作系统提供了一致的服务。该系统内可以增加自选的扩充服务(如替补备份、数据库、电子邮件以及记账等)，这些服务可以取自 NetWare 本身，也可取自第三方开发者。

NetWare 操作系统是以文件服务器为中心，主要由三个部分组成：文件服务器内核、工作站外壳和低层通信协议。

文件服务器内核实现了 NetWare 的核心协议(NetWare Core Protocol，NCP)，并提供了 NetWare 的核心服务。文件服务器内核负责对网络工作站服务请求的处理，完成以下几种网络服务与管理任务：内核进程服务、文件系统管理、安全保密管理、硬盘管理、系统容错管理、服务器与工作站的连接管理、网络监控等。

3. UNIX 系统

UNIX 系统是美国 AT&T 公司于 1971 年在 PDP-11 上运行的操作系统，具有多用户、多任务的特点，支持多种处理器架构，最早由肯·汤普逊(Kenneth Lane Thompson)、丹尼斯·里奇(Dennis MacAlistair Ritchie)于 1969 年在 AT&T 的贝尔实验室开发。其商标权由国际开放标准组织(The Open Group)所拥有。目前常用的 UNIX 系统版本主要有：UNIXSUR4.0、HP-UX11.0、SUN 的 Solaris8.0 等。这种网络操作系统的稳定性能和安全性能非常好，但由于它多数是以命令方式来进行操作的，不容易掌握，特别是初级用户。正因为如此，小型局域网基本不使用 UNIX 作为网络操作系统，UNIX 一般用于大型的网站或大型的企事业局域网。UNIX 操作系统的特点主要包括以下几方面。

(1) UNIX 系统是一个多用户、多任务的分时操作系统。

(2) UNIX 的系统结构可分为两部分：操作系统内核(由文件子系统和进程控制子系统构成，最贴近硬件)和系统的外壳(贴近用户)。外壳由 Shell 解释程序、支持程序设计的各种语言、编译程序和解释程序、实用程序和系统调用接口等组成。

(3) UNIX 系统大部分是由 C 语言编写的，这使得系统易读、易修改、易移植。

(4) UNIX 提供了丰富的、精心挑选的系统调用，整个系统的实现十分紧凑、简洁。

(5) UNIX 提供了功能强大的可编程的 Shell 语言(外壳语言)作为用户界面，具有简洁、高效的特点。

(6) UNIX 系统采用树状目录结构，具有良好的安全性、保密性和可维护性。

(7) UNIX 系统采用进程对换(Swapping)的内存管理机制和请求调页的存储方式，实现了虚拟内存管理，极大地提高了内存的使用效率。

(8) UNIX 系统提供多种通信机制，如管道通信、软中断通信、消息通信、共享存储器通信、信号灯通信。

4. Linux 系统

Linux 是一种"类 UNIX"的多用户、多任务操作系统，支持多工作平台和多处理器，提供多达 4TB 的文件系统，同时还可支持多种其他的文件系统。1991 年由芬兰的一名青年学者林纳斯·托瓦兹(Linus Torvalds)基于 UNIX 开发的 GPL 软件，源代码公开。目前也有中文版本的 Linux，如 Redhat(红帽子)、Redflag-Linux(红旗)等，在国内得到了用户的充分肯定。

Linux 是可移植性最好的操作系统内核,从游戏机、掌上电脑到大型机和巨型机都可以移植使用。IBM 巨型机 Blue Gene 的操作系统内核是 Linux,我国天河一号巨型机采用的操作系统内核也是 Linux。

由于 Linux 内核的低成本与高可移植性、可设置性,它在嵌入式系统和移动数码设备(如手机、电子书阅读器、平板电脑、GPS 导航仪、游戏机等)等应用中已经成为强有力的竞争者。例如,目前用户最多的 Android(安卓)智能手机操作系统就是 Google 公司基于 Linux 内核开发的。

3.3.5 网络协议

为了实现不同的计算机之间相互通信,不同的计算机之间必须遵守相同的网络协议。网络协议主要由语义、语法和定时三部分组成。语义规定通信双方"讲什么",语法规定通信双方"如何讲",定时包括速度匹配和排序等。

国际标准化组织(International Organization for Standardization,ISO)于 1977 年推出了开放系统互联参考模型(Open System Interconnection/Reference Model,OSI/RM),它是采用分层化技术,将整个网络通信功能分为七层,由低到高分别为物理层、数据链路层、网络层、传输层、会话层、表示层和应用层。OSI 仅是一个概念上和功能上的标准框架,是将异构系统互联的标准分层结构,它定义的是一种抽象结构,而并非对具体实现的描述。

目前,网络互联使用最广泛的网络协议是 TCP/IP 协议,例如 Internet 就是采用 TCP/IP 作为网络通信协议。事实上,TCP/IP 协议包含 100 多种协议,而 TCP(传输控制协议)和 IP(网络互联协议)是其中两个最为重要的协议。

TCP/IP 协议分为四个层次,自底向上依次为网络接口层、网际层、传输层和应用层,它与 OSI/RM 的对应关系如图 3-8 所示。

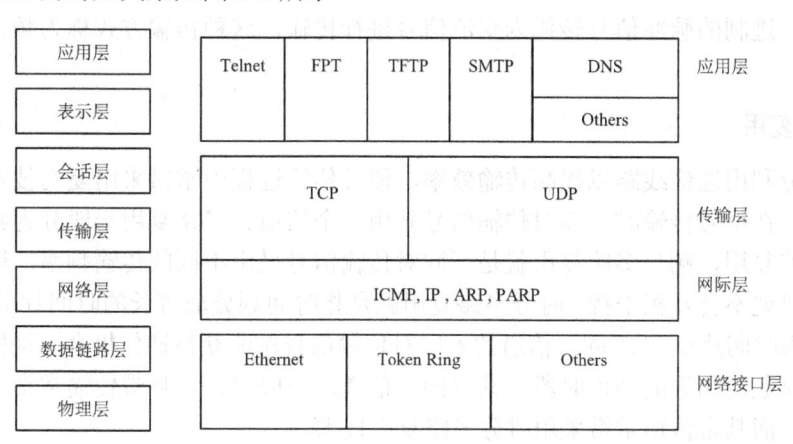

图 3-8 OSI/RM 与 TCP/IP 协议对照

3.3.6 网络上的数据传输

1. 数据信号

数据在网络上进行传输时,需要采用编码技术将数据转换成电编码的形式,称为电信号。电信号有两种模式,即模拟信号和数字信号,分别如下所述。

(1) 模拟信号是一种连续变化的电信号(见图3-9),其取值可以是无限的。模拟信号可以代表模拟信息(如声音),但也可以代表数字信息,此时就需要调制解调器将数字信号转化为模拟信号。

(2) 数字信号是用离散的不连续的电信号表示数据,一般以"高"和"低"两种电平序列组成的编码来反映数据(见图 3-10)。数字信号可以表示数字信息,也可以表示模拟信息,当用数字信号表示模拟信号时,需要采用编码解码器将模拟信号转化为数字信号数据。

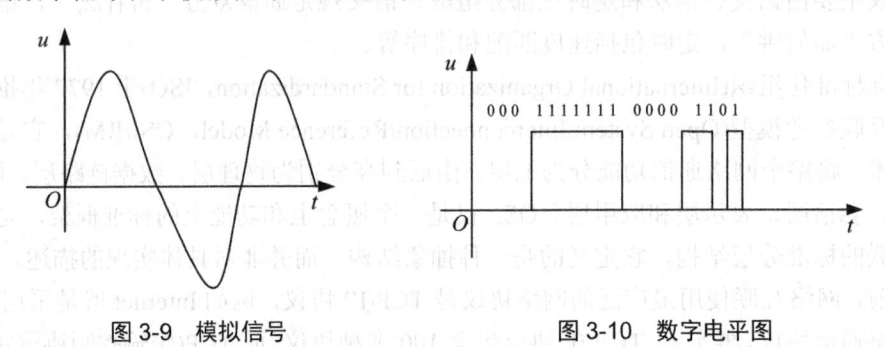

图 3-9　模拟信号　　　　　图 3-10　数字电平图

信号在通信线路上进行传输时如果以数字信号的方式进行传输,称为基带传输,在两个智能设备之间采用基带传输,不需要进行模拟/数字之间的信号转换,但基带传输要求信道有很宽的频带范围,距离一般不超过 2.5 千米。如果希望在较长的通信线路上传输数据,通常需要将二进制的脉冲信号转化为交流信号进行传输,这种传输方式称为频带传输或宽带传输。

2. 信道复用

为了充分利用通信线路以提高传输效率,信号传输过程中常常采用复用技术。复用就是重复利用,在信号传输时,多对传输信号共用一个信道。多路复用一般分为频分多路复用和时分多路复用,频分多路复用就是不同对传输信号采用不同的传输频率,这样在同一个信道传输时就不会互相干扰;时分多路复用就是将时间划分成等长的时间片(因为极其短暂,所以称为时间片),共用同一信道的不同对传输信号轮流获得通信机会,这样在某一段时间里,大家获得相等的通信时段,共享同一信道。一般而言,频带传输常常采用频分多路复用技术,而基带传输常常采用时分多路复用技术。

3. 数据交换

数据在网络上进行传输分为三种情况：线路交换、分组交换和报文交换。

1) 线路交换

线路交换的通信方式就是通过网络中的节点在两个需要通信的节点之间建立一条专用的通信线路。电话系统是最常见的线路交换的例子。

线路交换进行网络通信时包括三种状态：线路建立、数据传输和线路拆除。

(1) 线路建立：在数据传输之前，必须建立点与点之间的连接线路，如图 3-11 所示。假设站点 A 与站点 F 进行通信，站点 A 发送一个请求到节点 4，节点 4 必须在通向节点 6 的路径中找到下一个未用的通道，假设为节点 5，并且发送一个报文请求到站点 F。至此，就建立了一个站点 A 经过节点 4、5、6 到站点 F 的专用通路，该通路线路拆除以前将一直被占用，当然，某两个节点之间可以采用复用技术。

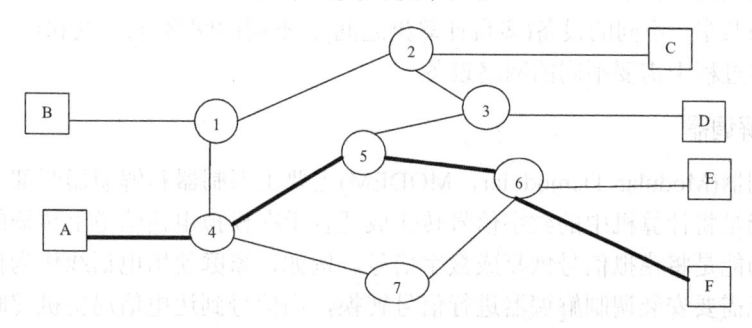

图 3-11 线路交换的线路连接

(2) 数据传输：在确认线路连接之后，数据可以由节点 A→4→5→6→F 完成数据传输。一般而言，线路连接是全双工的，即在两个方向互传数据。

(3) 线路拆除：在某个数据传送周期结束之后，就要终止连接，通常由两个站点中的一个来完成该动作。必须把信号传送给节点 4、5、6，以便释放专用资源。

线路交换效率不高，通道在连接时必须是专用的，即使某一时间段没有数据传输，别人也不能使用；但就性能而言，在线路连接建立之后，数据传输的延迟是很小的。

2) 分组交换

分组交换不需要在两个节点之间建立一条专用的线路。相反，如果一个站点要给另一个站点发送一条信息，它首先将信息分割成一定长度的数据单位，并且对每一个数据单位进行加工(如加上发送站点的地址、接收站点的地址、校验码和分段序列等)，形成可以在网上传输的数据包，称为帧(Frame)。其次，每个帧独立地在不同节点之间传送，不同节点收到一个帧之后保存该帧，并利用该帧的校验码验证数据在传输过程中有无受到干扰或丢失，若有错误，则向上一个节点请求重发一次该帧(因为该帧暂时保存在发送节点中)；若没有错误，该节点将等待向下一个节点发送的时机。最后，当所有帧到达目的站点之后，由目的站点依据不同帧的分段序列组装成最终的信息。因为数据帧在每一个节点都是先保存再发送,所以这种发送方式也叫"存储转发"。

3) 报文交换

报文交换类似于分组交换,但报文交换一般是将整个信息打包成一个数据包在各节点之间发送传输。因为报文交换限制了数据包的长度(一般在 1000 位到几千位之间),所以报文交换在每一个节点之间无须归档,其暂时保存是为了纠错;另外,报文交换时为等待某一线路空闲常常需要排队,因而报文交换很难满足实时通信的要求。当前的报文交换已是网络上使用最广泛的一种交换技术。

3.3.7 网络互联设备

网络互联是指不同设备、网络之间的互相连接,在用户之间可以进行跨设备、跨网络的通信和资源共享。不同的设备(多台计算机之间)、不同的网络(局域网和广域网之间)在实现网络连接的过程中需要不同的网络设备。

1. 调制解调器

调制解调器(Modular Demodular,MODEM)主要由调制器和解调器两部分组成,调制器的基本功能是将计算机中的数字信号转化成适合于在模拟电话信道上传输的模拟信号,而解调器的功能是将模拟信号恢复成数字信号。例如,家庭使用电话线作为传输介质进行拨号上网时就需要安装调制解调器进行信号转换,当信号到达电信局主机前时也需要一个调制解调器将信号解调成数字信号。

2. 中继器

由于衰减及噪声干扰等原因,当电信号在传输介质上传输时总会变得越来越弱。为了保证数据传输的正确性,通常传输介质都有一个限定的传输距离。例如,10Base-T(10 代表网络传输速率,单位为字位;Base 代表以基带传输,即数字信号而不是模拟信号;T 代表双绞线)的标准传输距离为 100m,1010Base-5 粗缆的标准传输距离为 500m。为了延续网络的传输距离,就需要借助中继器(Repeater)对信号起再生放大作用。在实际工作中,通过中继器所连接的网段数是有限制的,如在 IEEE802.3 标准中,最多允许 4 个中继器连接 5 个网段。

3. 集线器

事实上,集线器(Hub)是一个特殊的中继器,它可以作为多个网络电缆的中间转接设备而将各个网段连接起来,使拓扑结构由总线型网络逐步向以使用集线器为网络中心的星型结构发展。采用集线器的优点是:如果网络上某节点或某条线路出现故障,不会影响其他设备的正常工作。

集线器可以分为一般集线器和智能集线器,智能集线器也称交换机(Switcher)。它们最大的区别在于其传输速度的大小，如果一个集线器有 10 个接口，它总的传输速率为 100 Mbit/s，一般集线器的每个节点均分这 100 Mbit/s，而智能集线器由于具有路径选择、网桥隔断功能，所以可以使每一个节点都得到 100 Mbit/s 的传输速率。

4. 网桥

网桥(Bridge)能将一个大范围的局域网分成若干相互独立的网段，因而它能实现更大范围的局域网互联，特别是同一单位不同部门之间的网络连接。在部门与部门之间利用网桥进行连接，使每个部门之间既可以独立操作，又可以相互通信，极大地提高了局域网的通信效率，如图 3-12 所示。

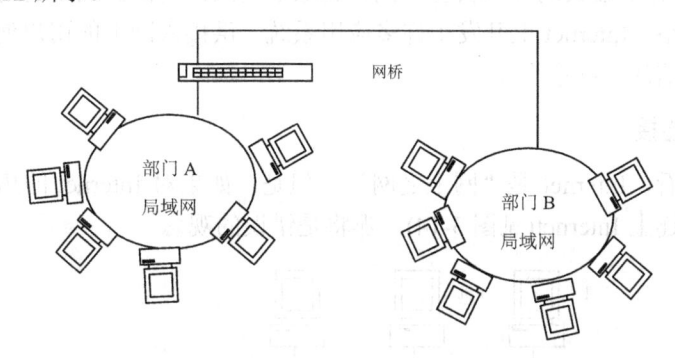

图 3-12 部门与部门之间利用网桥进行连接

5. 路由器

路由器(Router)是现代组网项目中的一个重要设备，它主要实现不同网络之间的数据通信，如校园网(局域网)连接到 Internet(广域网)就需要路由器进行网络互联。路由器具有的主要功能包括：可以实现互联网之间的最佳路径选择；能管理数据包的传送及数据流量；能实现过滤、负载分流、冗余容错；能实现数据压缩、优先、加密和防火墙等安全措施。

路由器可以连接两个甚至多个物理网络，因此，每个路由器应分配两个或多个 IP 地址。路由器每个端口的 IP 地址必须与相连子网的 IP 地址具有相同的子网地址(网络号)，如图 3-13 所示。

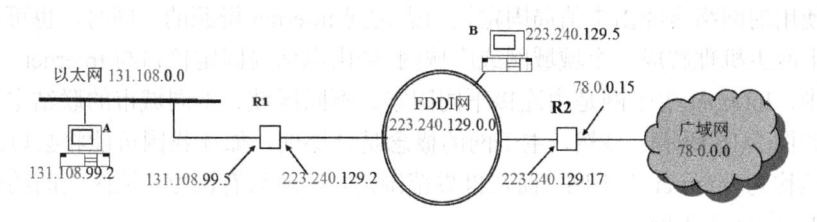

图 3-13 异构网络通过路由器进行互联

6. 网关

网关(Gateway)也叫协议转换器，主要用于不同体系结构的网络或局域网与主机之间的连接，将一种传输协议转换成另一种传输协议，如将 OSI 的某层协议转换成 TCP/IP 协议中的某层协议。在所有互联设备中网关最为复杂，一般只能进行一对一的转换，或者少数几种特定协议的转换。

3.3.8 Internet 网络

Internet 是世界上最大的计算机互联网，起源于美国，现在已成为连通全世界的一个超级计算机互联网络。Internet 上开发了许多应用系统，供接入网上的用户使用，网上的用户可以方便地交换信息，共享资源。

1. Internet 连接

从字面上来看，Internet 是"网上之网"。但是，如果对 Internet 的拓扑结构理解成个人主机可以直接连上 Internet(见图 3-14)，那将是错误的观念。

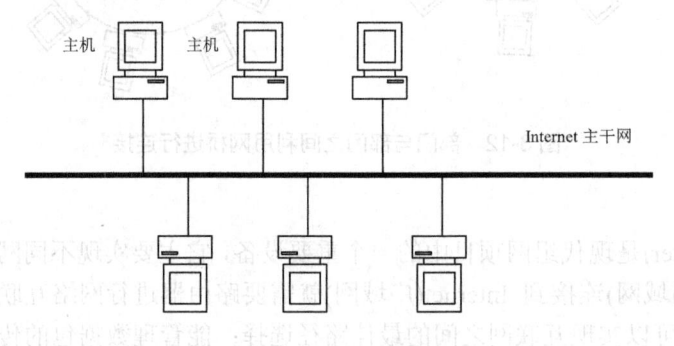

图 3-14 对 Internet 的错误理解

事实上，个人主机从属于某一个网络，这个网络可以是局域网、城域网或广域网，如图 3-15 所示，经由该网络连接上 Internet 主干网。例如，一般的校园网就是经过校园网与 Internet 主干网相连而访问 Internet 上其他计算机中的资源，企业网性质与校园网非常相似；一般家庭使用的网络是经由电信局固定接口去访问 Internet 资源的；同时，也可以将一个城市所有的上网主机理解成一个城域网或广域网，经由电信局固定接口与 Internet 主干网相连。

现实中，Internet 主干网是由连接不同国家、不同区域、不同城市的联结电缆组成，其拓扑结构如图 3-16 所示。显然，主干网的概念是分层的，如在我国可能将县以上城市网络互联笼统地称为 Internet 主干网，而在世界范围内，可能只有国家、地区之间的网络互联才可以称为 Internet 主干网。

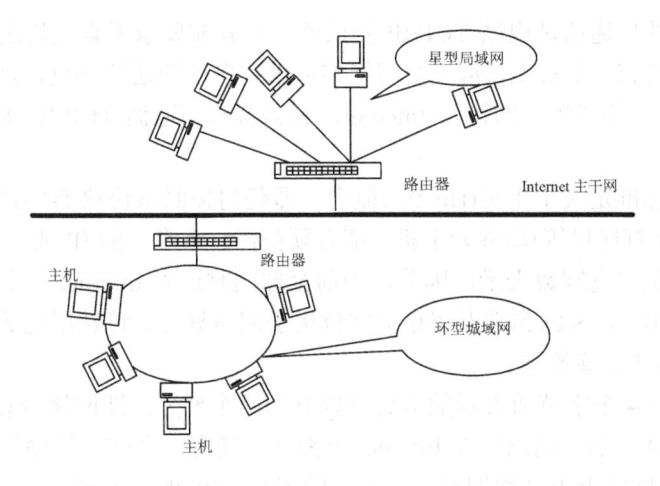

图 3-15 Internet 是"网上之网"

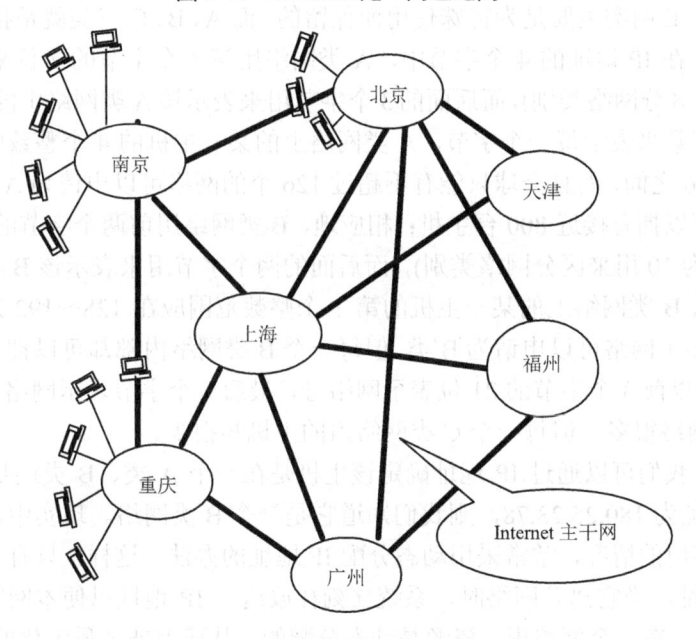

图 3-16 现实中 Internet 主干网的构成

2. IP 地址

如前所述，为了在网络环境下实现计算机之间的通信，网络中任何一台计算机都必须有一个 IP 地址，而且该地址在网络上是唯一的。在进行数据传输时，通信协议必须在所传输的数据中增加发送信息的计算机地址(源地址)和接收信息的计算机地址(目标地址)，以数据包(称为帧)的格式在网络各节点之间传输。

Internet 上的数据通信是遵循 TCP/IP 协议的,但并非要求所有主机之间的通信协议都必须采用 TCP/IP 协议。事实上,每一个网络都可以有自己的通信协议,只是如果需要访问其他网络上某计算机的资源,即访问 Internet,那么就必须遵循 TCP/IP 协议才可以实现相互通信。

TCP/IP 协议标准定义了主机(Host)的概念,即任何按照该协议连接到网络上的智能设备(如计算机、智能打印机等)均称为主机,都必须获得一个唯一的 IP 地址。当前的 IP 地址以 4 个字节即 32 位二进制数表示,因此,当前全球同时连到 Internet 网上的智能设备不能超过 40 亿台。事实上,考虑到需保留相关字位用于网络划分、特殊用途等,真正可以同时上网的计算机远远低于该数字。

一个 IP 地址的 4 个字节所表示的信息可以分为两个部分,即网络号和主机号。首先,任何连接到 Internet 上的"网络"在 Internet 上都必须拥有一个唯一的序号。其次,某"网络"中的主机在该网络上也必须拥有一个唯一的序号。IP 地址主要分为 A、B、C、D、E 五大类,其中 D、E 两类主要是为特殊使用而保留的,而 A、B、C 三类就是指连接到 Internet 上的 3 种网络。在 IP 地址的 4 个字节中,A 类网络用第 1 个字节的 7 位来表示网络号(最高一位为 0 用来区分网络类别),而后面的 3 个字节用来表示该 A 类网络中的每一个主机号,所以,如果以整数来表示每一个字节,A 类网络上的某一主机的 4 个整数中,第 1 个整数范围应在 1~126 之间,而且全球只能有不超过 126 个的网络可以申请为 A 类,但每一个 A 类网络内部却可以拥有接近 800 台主机;相应地,B 类网络用前两个字节的 14 位来表示网络号(最高两位为 10 用来区分网络类别),而后面的两个字节用来表示该 B 类网络中的每一个主机号,所以 B 类网络上的某一主机的第 1 个整数范围应在 128~192 之间,而且全球只能有 16 000 多个网络可以申请为 B 类,但每一个 B 类网络内部却可以拥有接近 6 万多台主机;C 类网络以前 3 个字节的 21 位表示网络号,最后一个字节表示网络内的主机号,显然全球的 C 类网络很多,但每一个 C 类网络内的主机却很少。

综上所述,我们可以通过 IP 地址确定该主机是在一个 A 类、B 类还是 C 类网络,如某主机的 IP 地址为 180.25.23.78,则我们知道它是一个 B 类网络。现实中,为了解决网络内主机号码不够用的情况,常常采用动态分配 IP 地址的办法,这样,只有上网的主机才能获得一个 IP 地址,当它离开网络时,系统立刻释放这一 IP 地址以便本网络上的其他用户使用。也就是说,在一个网络内,资源是动态分配的,从而保证了最大化的 IP 地址资源的利用。

3. 站点访问

访问某一台联网主机,事实上就是访问该主机的 IP 地址,但数字型标识对使用网络的人来说有不便记忆的缺点,因而提出了字符型的域名标识。目前使用的域名是一种层次型命名法,它与 Internet 的层次结构相对应。域名使用的字符包括字母、数字和连字符,而且必须以字母或数字开头和结尾,整个域名的总长度不得超过 255 个字符。在实际使用中,每个域名的长度一般都小于 8 个字符。

  Internet 地址中的第一级域名和第二级域名由网络信息中心(Network Information Center，NIC)管理。我国国家域名的国家代码是 cn。Internet 目前有 3 个网络信息中心，interNIC 负责北美地区，APNIC 负责亚太地区，还有一个 ENIC 负责欧洲地区。第三级以下的域名由各个子网的 NIC 或具有 NIC 功能的节点负责管理。

  将域名翻译成 IP 地址的软件称为"域名系统(Domain Name System，DNS)"。DNS 的功能相当于一本电话号码簿，已知一个姓名就可以查到一个电话号码，号码的查找是自动完成的。完整的域名系统可以双向查找。装有域名系统的主机叫作域名服务器(Domain Name Server)。

  域名采用层次结构，每一层构成一个子域名，子域名之间用圆点(.)隔开，自左至右分别为计算机名、网络名、机构名和最高域名。例如，nju.edu.cn，该域名表示中国(cn)教育网(edu)南京大学校园网(nju)网络服务器。用户当然也可以直接输入该服务器的 IP 地址(202.119.32.7)来访问该网站。

【案例 3-4】   IPv6 将带来诸多改变

  为应对 IPv4 地址枯竭的问题，加速 IPv6 建设已经成为世界各国部署下一代互联网的重点。最新数据显示，全球 IPv6 覆盖率已经达到 18.4%，全球 IPv6 用户(及流量)的年增长率已从 5 年前的 0.2%上升至 3%。

  事实上，IPv6 除了可以解决 IPv4 地址枯竭的问题外，还将为互联网产业的发展和我们的生活方式带来更多的改变。

  首先，提高网络的安全性。众所周知，不同于 IPv4 地址采用 32 位编码，IPv6 地址采用的是 128 位编码，即有 2^{128} 个 IP 地址，可以让地球上每一粒沙子都拥有一个 IP 地址。

  在使用 IPv4 地址时，有一个重要的隐患，就是通过 Nat 技术，多个私有地址可以通过一个公网 IP 去访问互联网，一旦某些用户发布了非法信息和非法言论，无法快速定位 IP，将给网络管理人员的工作带来很大的难度。

  而 IPv6 由于拥有海量的地址，可以为每一个终端分配一个单独使用的 IP 地址，一旦发现问题，可以快速查找源地址，从而保障网络空间的健康，也为网上银行、网上支付等应用，提供了更多的安全保障。

  同时，由于 IPv6 拥有海量的地址，病毒的扫描工具所需时间较长，因此安全性也更高。

  此外，在安全方面，IPv6 还有一个比较大的优势，就是集成了 IPsec，这就意味着 IPv6 可以提供完备的安全服务，包括数据来源的强认证，保障数据传输的机密性和完整性，同时也可以进行数据的访问控制，抵御数据重复发送等攻击。

  其次，IPv6 还将有力地推动移动互联网和物联网的发展。

根据 CNNIC(互联网名称与数字地址分配机构)第 34 次《中国互联网络发展状况统计报告》，截至 2014 年上半年，中国网民总数已经达到 6.32 亿，其中手机用户达到 5.27 亿。在上网设备的使用方面，手机的使用率首次超越了传统 PC，高达 83.4%，已经成为网络的第一使用终端。

在 IPv4 时代，由于 IP 地址有限，很早以前 ICANN 就规定不给移动终端设备分配 IPv4 地址，这使得上网的移动终端使用的均是电信运营商的私有地址。这不仅带来了电信运营商成本的上升，还带来了私有地址转换 IPv4 地址的大量翻译工作，使得上网的速度变慢，同时极大降低了安全性。而 IPv6 "即插即用"的地址分配方式及巨大的地址空间，则可以有效满足越来越多的移动终端连网的需求。

而在物联网方面，IPv6 可以服务于众多硬件设备，助力实现物与物之间的对话。未来，家用电器、传感器、甚至汽车灯，都将拥有自己的 IP 地址，并可以进行通信，宽带也将真正覆盖到社会的每一个角落。

最后，发展 IPv6，对于提升中国互联网在世界上的地位，也将具有重要意义。比如，在技术方面，我国开展下一代互联网示范工程(CNGI)以来，向 efit 贡献的 rfc 已经达 40 个左右，其中有多项 rfc 都是关于 IPv6 和下一代互联网的。因此，发展 IPv6，无疑将提高我国在互联网技术方面的水平。

同时，中国作为世界上网民最多的国家，还可以抓住发展 IPv6 和下一代互联网的契机，在建立 IPv6 根服务等互联网治理方面获得更多的话语权。

(资料来源：http://tech.gmw.cn/newspaper/2014-08/22/content_100142100.htm，2014 年 8 月 22 日)

3.4 数据库和数据仓库技术

当今，信息已成为各个单位和部门的重要财富与资源，而建立一个满足信息处理的、有效的信息系统的核心技术和基础是数据库技术，因此从某种意义上来说，信息系统也是数据库系统。

3.4.1 数据库的发展

数据库的发展经历了三个阶段：第一个阶段是 20 世纪 50 年代之前的人工管理阶段，此阶段计算机主要用于科学计算，数据管理无统一的数据库管理软件，具有数据依靠应用程序来管理数据、数据不能共享等特点；第二个阶段是 20 世纪 50 年代至 60 年代之间，此时，数据以文件形式长期存储在计算机外存中，程序与数据之间具有相对的独立性，数据可以重复使用，数据文件组织多样，有索引文件等；第三个阶段是 20 世纪 60 年代以后的数据库管理阶段，为了快速增长的数据处理的需要，该阶段具有以下特点：

(1) 采用数据模型表示复杂的数据结构。数据模型不仅描述数据本身的特点，还描述数据之间的联系。
(2) 有较高的数据独立性。
(3) 提高了数据安全性。
(4) 为用户提供了方便的接口。

3.4.2 数据库系统的组成

数据库系统(Database System，DBS)是一种采用数据库技术，具有管理数据库功能，是由硬件、软件、数据库和各类人员组成的计算机系统。

(1) 数据库(Database，DB)：数据库是以一定的组织方式存放于计算机外存储器中相互关联的数据集合，它是数据库系统的核心和管理对象，其数据是集成的、共享的以及冗余最小的。

(2) 数据库管理系统(Database Management System，DBMS)：数据库管理系统是维护和管理数据库的软件，是数据库与用户之间的界面，作为数据库的核心软件，提供建立、操作、维护数据库的命令和方法。

(3) 应用程序：应用程序是对数据库中数据进行各种处理的程序，由用户编写。

(4) 操作系统：操作系统是指提供给用户计算机的操作系统。

(5) 数据库管理员：数据库管理员是指能对数据库进行系统管理和控制的机构或相关人员，具有最高的数据库用户特权。

3.4.3 数据模型

信息来源于客观世界，然后经过人们加工处理后再来控制和改造客观世界。将复杂的事物最终以计算机及数据库允许的形式反映到数据世界中，一般需要三个阶段，即三个世界：现实世界、信息世界和数据世界。在现实世界中抽象出概念模型，再以对应的数据表示成数据模型。例如，学校教务处要对学生进行管理，作为现实世界的学生包含很多属性，如身高、体重、个人爱好和每月开支等，但学校教务处依据管理的需要，将其所关心的属性如学号、姓名、性别、系别、籍贯、出生年月、个人近照、所修课程名和考试成绩抽取出来形成概念模型，再依据不同的数据库管理系统构建数据模型。

依据适用对象的不同，数据模型可以分为两类：面向客观世界和面向用户的概念数据模型(以下简称"概念模型")以及面向数据库管理系统的逻辑数据模型(以下简称"数据模型")。在概念模型中被广泛使用的是 E-R 模型。数据模型又包括层次模型、网状模型、关系模型和面向对象模型，当前被广泛使用的是关系模型。

1. E-R 模型

E-R 模型有三个基本概念：实体、联系和属性。实体(Entity)是客观存在的、可以相互

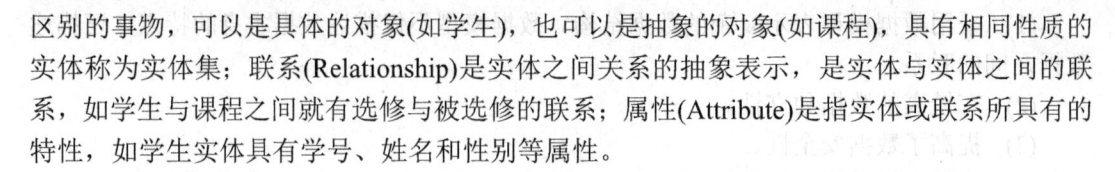

区别的事物，可以是具体的对象(如学生)，也可以是抽象的对象(如课程)，具有相同性质的实体称为实体集；联系(Relationship)是实体之间关系的抽象表示，是实体与实体之间的联系，如学生与课程之间就有选修与被选修的联系；属性(Attribute)是指实体或联系所具有的特性，如学生实体具有学号、姓名和性别等属性。

2. E-R 图

E-R 图是 E-R 模型的图形表示，它是直接表示概念模型的有力工具。在 E-R 图中，用矩形表示实体、菱形表示联系、椭圆形表示属性。下面以学生选修课为例给出对应的 E-R 图，如图 3-17 所示。

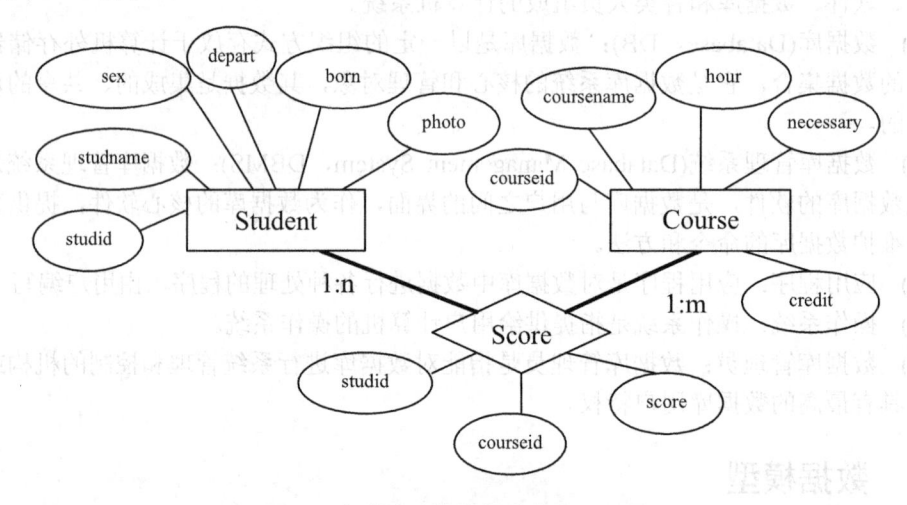

图 3-17 学生选修课程对应的 E-R 图

3. 关系模型

关系模型以二维表来表示实体集及其实体之间的联系，一个关系就是一张二维表。表的首行称为属性——在数据库中称为字段(Field)，每一个字段都有固定的长度和取值类型；其他各行称为元组——在数据库中称为记录(Record)，一个关系称成为一张表(Table)。

依据图 3-17，可以构造以下三个关系。

Student(studid c(8), studname c(8), sex c(2), depart c(20), born d, photo g); Course(courseid c(3), coursename c(20), hour n(3), necessary l credit n(2)); Score(studid c(8), courseid c(3), score n(3))。

其中，c 代表字符数值类型；d 代表日期数值类型；g 代表通用类型，该类型的字段通常保存的是图片等数据；l 代表逻辑型数值，逻辑型数值的值就是逻辑真或逻辑假；n 代表数字型数值。其中，字符、数字等类型的数值需要给出最大宽度，而逻辑型、日期型和通用型等数值类型具有固定的宽度。

3.4.4　SQL 语言

虽然，不同的数据库管理系统可能有自己的数据库开发语言，但是 SQL(Structured Query Language)以其简洁、实用和结构化等特点已成为当前数据库管理系统的通用语言。

SQL 在 20 世纪 70 年代是由 Boyce 和 Chamberlin 在 IBM 大型机上首先实现的；随着其优点越来越被认可，1986 年 10 月，美国国家标准局(American National Standard Institute，ANSI)数据委员会颁布了 SQL 的美国标准；1987 年 6 月，国际标准化组织(ISO)采纳 SQL 为关系数据库语言并规定为国际标准；1990 年，中国制定了 SQL 标准。

SQL 除了具有高度非过程化、面向集合的操作、语言简洁以及易学易用等特点外，SQL 支持三级模式结构，包含了数据库管理系统中的数据库、表和视图，从而完全保证了对数据的操作，如图 3-18 所示。

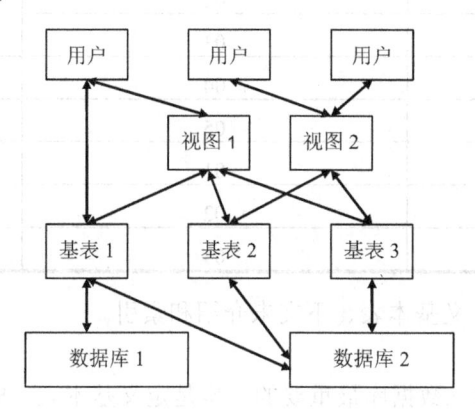

图 3-18　SQL 体系的三层结构

1. SQL 数据定义

为了便于说明，我们定义学生选课数据库的三个关系，其具体数据如表 3-3～表 3-5 所示。为了便于记忆，本节所有事例均以该三张表进行说明。

表 3-3　学生表(student)

studid	studname	sex	depart	born
010101	高森林	男	财经系	15-Nov-83
010102	单强盛	男	数学系	21-Nov-84
010103	严纪中	男	财经系	12-Dec-84

表 3-4 课程表(course)

courseid	coursename	credit
01	中文 Windows 95	3
02	Visual FoxPro 5.0	3
03	管理信息系统	3
04	数字电路	3

表 3-5 成绩表(score)

studid	courseid	score
990201	01	78
990201	02	80
990201	03	80
990201	04	73
990201	05	82
990202	01	63
990202	02	62
990202	03	69

SQL 数据定义包括定义基本表、下文未介绍和索引。

1) 基本表

(1) 定义基本表。建立数据库最重要的一步是定义基本表，SQL 使用 Create Table 语句定义基本表，其一般格式如下：

CREAT TABLE <表名>(<列名 1><数据类型>[列级完整性约束条件],
<列名 1><数据类型>[列级完整性约束条件],
<列名 1><数据类型>[列级完整性约束条件], ...)

使用 SQL 创建以上定义的学生表，其程序如下：

CREAT TABLE student(studid CHAR(8) NOT NULL, studname CHAR(8), sex CHAR(2) depart CHAR(16), born DATETIME)

不同的数据库管理系统 SQL 的使用稍有区别，主要表现在数据类型的描述方面，以上是在 SQL Server 数据库管理系统中的语法格式，SQL Server 支持的数据类型如下：

- TINYINT：整数类型，其长度为 1 个字节。
- SMALLINT：整数类型，其长度为 2 个字节。
- INT：整数类型，其长度为 4 个字节。
- REAL：实数类型，其长度为 4 个字节。

- FLOAT：实数类型，其长度为 8 个字节。
- CHAR(*n*)：字符类型，其长度为 *n* 个字符，一个字符占 1 个字节。
- VARCHAR(*n*)：字符类型，其最大长度为 *n* 个字符，一个字符占 1 个字节，实际所占长度依具体记录的字段长度而定。
- DATETIME：日期时间类型。
- TIMESTAMP：日期时间类型，是日期时间戳，系统自动记录当时的时间。

(2) 修改基本表。SQL 修改基本表有三条基本语句，其一般格式如下：

```
ALTER TABLE <表名>
[ADD [COLUMN] <新列名>[完整性约束]]
[DROP [COLUMN] <列名>]
[ALTER COLUMN <列名> <数据类型>];
```

其中，ADD 语句是添加一个新列，DROP 语句是删除一个列，ALTER 语句是修改一个列。假设要对表 course 进行修改，首先删除学分(credit)字段，然后再添加该字段，最后将该字段的数值类型修改为 TINYINT，其 SQL 语句如下：

```
ALTER TABLE course DROP COLUMN credit
ALTER TABLE course ADD COLUMN credit SMALLINT
ALTER TABLE course ALTER COLUMN credit TINYINT
```

(3) 删除基本表。SQL 删除基本表的语法格式非常简单，其命令格式为

```
DROP TABLE <表名>
```

如希望删除表 student，其命令为

```
DROP TABLE student
```

(4) 向表中添加记录。向表中添加记录使用 INSERT 命令，其语法格式如下：

```
INSERT INTO <表名>[<属性列 1>，<属性列 2>，…]
VALUES(<对应常量 1>，<对应常量 2>，…)
```

利用 INSERT-SQL 向表 course 中追加一条记录，记录内容为

| 16 | 数据库原理 | 4 | TRUE | 3 |

```
INSERT INTO course(courseid, course, hour, necessary, credit)
VALUES ("16", "数据库原理", 4, .T., 3)
```

因为该条记录已经包含了该表的所有字段，所以还可以写成如下格式：

```
INSERT INTO course VALUES("16", " 数据库原理", 4, .T., 3)
```

当然，如果添加的记录仅是该表的部分字段值，如以下记录：

| 17 | 编译原理 | | TRUE | |

那么 INSERT-SQL 必须用以下命令格式：

```
INSERT INTO course(courseid, course, necessary)
VALUES("17", "编译原理", .T.)
```

(5) 从表中删除记录。SQL 删除表中记录的一般格式为

```
DELETE FROM <表名> [WHERE<条件>]
```

如果希望删除 student 表中性别为"男"的所有学生，其 SQL 命令为

```
DELETE FROM student WHERE sex ="男"
```

(6) 更新记录。SQL 更新记录的一般格式为

```
UPDATE <表名> SET 列名 = 常量 [WHERE<条件>]
```

如果希望将 score 表中学号为 990201 学生的所有课程成绩在原有基础上加 5 分，其 SQL 语句为

```
UPDATE score SET score = score+5 WHERE studid = "990201"
```

2) 索引

(1) 建立索引。建立表的索引是加快对表中记录处理速度的有效手段，用户可以根据需要对一张表建立一个或多个索引，SQL 创建索引的一般语法格式为

```
CREATE [UNIQUE]|[CANDIDATE] INDEX <索引名> ON <表名> (<列名>[<排序方式>]
[,<列名>[<排序方式>]]...).
```

其中，可选项 UNIQUE 表示每一个索引值仅对应一条记录，不会出现相同的值；可选项 CANDIDATE 表示被索引的列值不能出现重复，常常是一张表的主关键字；如果没有注明可选项，常常表示创建的是普通索引(可能因为数据库管理系统的不同在此稍有差别)。

如果希望对 student 表依据 studid 创建一个普通索引，索引名为 xh，其 SQL 命令为

```
CREATE INDEX xh ON student (studid DESC)
```

其中，DESC(DESCEND)表示依据该字段降序排列，而 ASCE(ASCEND)表示依据该字段升序排列。

(2) 删除索引。在数据表上创建索引可以大大提高对数据的查询速度，但是，索引本身也会耗费系统资源来对其进行维护，因此，可以对一些不必要的索引进行删除。SQL 删除索引的命令的一般格式为

```
DROP INDEX<表名.索引名>。
```

如果希望删除上段创建的索引，其命令为

```
DROP INDEX student.xh
```

2. SQL 查询

查询是数据库系统的核心操作。SQL 提供了 SELECT 语句进行数据库的查询，该语句具有丰富的功能和灵活的操作技术，其一般格式如下：

```
SELECT[ALL|DISTINCT]FIELD1, FIELD2, …
FROM <表名|视图名>
[WHERE<条件表达式>]
[GROUP BY<FIELD1, FIELD2, …>[HAVING<条件表达式>]]
[ORDER BY<FIELD1, FIELD2, …>]
```

其中，SELECT 子句指明需查询的字段；FROM 子句指明这些字段来自哪些表(或视图)，这两条子句是一个完整的 SQL 查询所必需的；WHERE 子句指明查询的条件；GROUP BY 子句是分组依据，当查询过程中对某些字段进行统计，如求和、求平均等常常需要分组操作，而 HAVING 子句是对统计以后的结果再进行筛选，显然应紧接在 GROUP BY 子句之后；ORDER BY 是排序依据。

下面使用事例来进行说明，事例涉及的源数据全部基于表 3-3～表 3-5。

(1) 查询包含学生学号、姓名、性别、考试课程名和考试成绩四个字段的数据，查询出的数据先依学号排序，学号相同的以每门课程的考试成绩由高到低(降序)排序。

```
SELECT student.studid, student.studname, student.sex, course.course,
score.score FROM student, course, score
WHERE student.studid = score.studid AND
course.courseid = score.courseid
ORDER BY 1, 5 DESC
```

放在同一个查询语句中的源表彼此之间都应存在关联，SQL 中关联可以使用 WHERE 语句来表示。对于一些特别的连接，SQL 提供了内连接(Inner Join)、全连接(Full Join)、左连接(Left Join)以及右连接(Right Join)等连接方式，因为使用得不多，这里将不做过多的探讨，其中内连接可以用 WHERE 表达式来表示。

以上 SELECT-SQL 查询结果(部分记录)如表 3-6 所示。

表 3-6 查询结果 I

studid	studname	sex	coursename	score
010101	高森林	男	管理信息系统	91
010101	高森林	男	数据结构	87
010101	高森林	男	数字电路	83
010101	高森林	男	英语	77
010101	高森林	男	Visual FoxPro 5.0	75
010101	高森林	男	中文 Windows 95	40

studid	studname	sex	coursename	score
010102	单强盛	男	管理信息系统	84
010102	单强盛	男	中文 Windows 95	82

(2) 查询 student 表中所有男生的全部信息(即该表的全部字段)。

```
SELECT * FROM student WHERE sex = "男"
```

利用"*"可以表示源表中所有字段。其结果如表 3-3 中全部 sex 字段值为"男"的记录。

(3) 查询所有学生的总成绩、平均成绩,包括姓名、总成绩和平均成绩字段。

```
SELECT student.studname, SUM(score.score) AS 总成绩,
AVG(score.score) AS 平均成绩
FROM student, score
WHERE student.studid=score.studid
GROUP BY student.studname
```

因为是查询每一个学生的总成绩、平均成绩,所以应以学生姓名进行分组(假设没有同名同姓的学生)。其中,SUM()和 AVG()分别是求和以及求平均的函数,其他还有如 MAX()(求最大值)和 COUNT()(求同组记录的条数)等函数。查询结果如表 3-7 所示。

表 3-7 查询结果 II

studname	总成绩	平均成绩
崔　悦	488	81.33
单强盛	458	76.33
高　平	461	76.83

(4) 查询平均成绩大于 80 分的所有学生,要求输出姓名、平均成绩,并根据平均成绩降序排序。

```
SELECT student.studname, AVG(score.score) AS 平均成绩
FROM student, score
WHERE student.studid = score.studid
GROUP BY 1
HAVING AVG(score.score) > 80
ORDER BY 1 DESC
```

该查询中的 HAVING 子句是对统计以后的字段[AVG(score.score)]再次筛选,其结果比较简单,如表 3-8 所示。

表3-8 查询结果 III

studname	平均成绩
朱 元	81.67
严纪中	85.17
吴 勇	81.33
崔 悦	81.33

(5) 查询有一门或一门以上考试不及格的学生，显示其学号、姓名和性别，有多门不及格也仅显示一条记录(记录不重复)。

```
SELECT DISTINCE student.studid, student.studname, student.sex
FROM student, score
WHERE student.studid = score = studid AND score.score < 60
```

该条语句还可以用以下的 SQL 嵌套语句来实现，由此可见 SQL 语句的灵活性。

```
SELECT DISTINCE student.studid, student.studname, student.sex
FROM student
WHERE student.studid IN (SELECT score.studid FROM score
WHERE score.score < 60)
```

利用子查询可以实现同样的功能，查询语句更为简洁易懂，其查询结果如表 3-9 所示。

表3-9 查询结果 IV

studid	studname	sex
010101	高森林	男
990303	孙 舒	男
990304	高 平	男

3.4.5 数据库在 Web 中的应用

Web 技术从 20 世纪初发展到今天已经相对成熟，随着对 Internet 使用的日益普遍，服务于 Web 结构的数据库也得到了快速发展，以至于出现了一个专业的名词——Web 数据库。利用 Web 建立自己的信息系统，甚至以 Web 为中心开展业务，已被越来越多的企事业单位所采纳。

1. Web 数据库的物理架构

当前流行的 Web 数据库是基于传统的关系型数据库，由传统的两层 C/S 模式改进而来的三层 C/S 模式在 Web 上应用的特例，即一种三层客户/服务器的体系结构——客户端浏览器/Web 服务器/数据库服务器结构(Browser/Web Server/ Database Server，B/W/D)。这三层体系结构的处理过程是：用户通过 URL(Unite Resource Locate)向 Web 服务器提交数据访问申请，Web 服务器运行脚本程序并通过 SQL 查询调用数据库服务器中存储的数据，数据库服务器执行 SQL 程序后将数据处理结果返回给 Web 服务器，而脚本程序产生特定的 HTML 文件，客户端利用浏览器将 HTML 文件展示出来，完成对 Web 数据的访问，如图 3-19 所示。

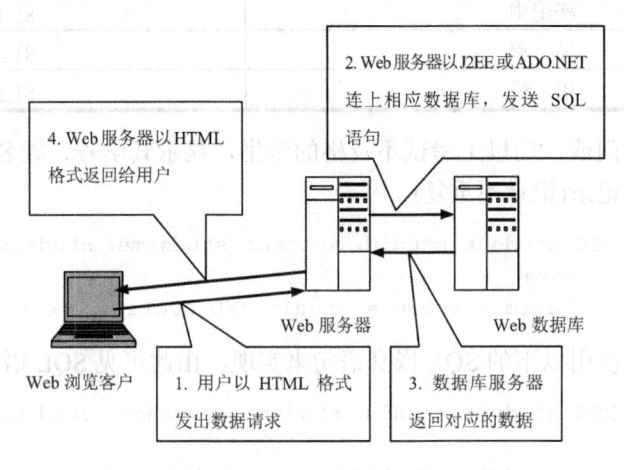

图 3-19　Web 数据库的三层体系结构及工作过程

2. Web 数据库的逻辑架构

对 Web 数据库的开发通常采用三层结构，即表示层、业务层和数据层。使用三层体系结构可保证系统的灵活性和可伸缩性，是针对 Web 的运行特点而设计的。

(1) 表示层为用户界面层，包括用户界面元素以及管理访问者及组织之间交互的所有逻辑。具体来说，表示层是程序员利用 Web 控件(如文本框、命令按钮、表格和列表框等)和 HTML 为用户构建一个赏心悦目并实用的 Web 页面，而且采用相关事件捕捉用户对系统的反馈。

(2) 业务层负责接收来自表示层的请求，并根据它包含的业务逻辑返回给表示层，它是表示层和数据层数据交换的通道。

(3) 数据层负责保存应用程序的数据，它一般由数据库中的表、查询、存储过程和事务处理等组成，负责对数据的修改、删除和查询等操作。

以上三层是从数据库开发的角度进行定义的，是一个逻辑概念，它在对应 Web 数据库的物理三层中，表示层和业务层是保存在 Web 服务器上的，而数据层是随数据库管理系统存放在 Web 数据库服务器中，这充分保证了用户端系统的简洁、轻便。

【案例 3-5】　　　　微软甲骨文达成合作　加强云计算竞争力

腾讯科技讯(娄池)7 月 3 日消息，微软和甲骨文日前宣布建立合作伙伴关系，客户可在 Windows Server Hyper-V 和 Windows Azure 上运行和部署 Oracle 软件。该合作计划的具体条款暂未披露。

微软首席执行官史蒂夫·鲍尔默表示:"微软长期致力于全面满足企业发展需求,并清晰洞察到在私有云、公有云和同时跨这两者运行企业工作任务的需求。现在,我们的客户可像多年来在Windows服务器所做的一样,利用我们独特混合云解决方案所提供的灵活性,来运行Oracle应用、中间件和数据库。"

甲骨文公司总裁马克·赫德表示:"我们客户的IT环境正在发生快速改变,以适应当今变化多样的世界。在甲骨文,我们长期致力于通过提供多种软件部署选择,包括企业内部部署(on-Premise)、公有云、私有云以及混合云,从而为客户提供更多的选择和灵活性。本次与微软的合作扩展了我们的合作伙伴关系,更让我们的客户受益匪浅。"

作为合作伙伴关系的一部分,甲骨文将确保并支持Oracle软件在Windows Server Hyper-V和Windows Azure上的运行,这些软件包括JavA、Oracle数据库和Oracle WebLogic服务器等。微软也将为Windows Azure的客户提供JavA、Oracle数据库和Oracle WebLogic服务器。同时,甲骨文还将把Oracle Linux带给Windows Azure客户。

(资料来源:http://tech.qq.com/a/20130703/016524.htm)

案例思考

1. 查阅资料了解"云计算"的相关概念及"云计算"为用户提供服务的形式。
2. 查阅资料了解"云计算"环境下数据库技术面临的变化与挑战。

3.4.6 数据仓库

20世纪80年代中期,William H.Inmon在其《建立数据仓库》一书中定义了数据仓库的概念。数据仓库是支持管理决策过程的、面向主题的、集成的、与时间相关的、不可修改的数据集合。与其他数据库应用不同的是,数据仓库中的数据并非是最新的、专有的,而是来源于其他数据库。

数据仓库技术是发展最快的IT应用增长点。资料表明,自1996年以来,全球企业在数据仓库上的投资以每年19.1%的速度增长,"幸福500"中已经有85%的企业建成或正在建立数据仓库。据IDC调查显示,数据仓库的平均投资回报率为401%。数据库系统主要用于支持组织的联机事务处理(OLTP),比如,及时收集业务运行、产品销售和财务的数据,将其有效地存储和组织起来,提供及时性的报表。但是,在对数据进行有意义的分析、支持决策支持系统的运行方面,数据库系统的能力十分有限。简单来说,数据库是支持联机事务处理(OLTP)的技术,而数据仓库是支持联机分析处理(OLAP)的技术。

1. OLTP和OLAP技术

企业数据处理方式主要有两种,分别为联机事务处理(Online Transaction Processing,

OLTP)和联机分析处理(Online Analytical Processing，OLAP)。联机事务处理，以事务处理的形式来处理信息，涉及对要输入的信息的收集和处理，再对收集和处理的信息加以利用，去更新已有的信息。OLTP 是事件驱动、面向应用的，基本特点包括：①支持日常业务；②事务驱动；③面向应用；④数据是当前的并在不断变化；⑤存储详细数据；⑥支持办事人员或行政人员；⑦对应业务的变更频繁地存取等。

联机分析处理是一种为支持决策而进行的信息处理方式，是跨部门的、面向主题的，其基本特点包括：①支持长远的业务战略决策；②分析驱动；③面向主题；④数据是历史的、静态的(除数据刷新外)；⑤数据是汇总的；⑥支持管理人员和执行主管人员；⑦优化针对查询而不是更新等。

联机分析处理和传统的联机事务处理是两种性质不同的数据处理方式。OLTP 主要用来完成基础业务数据的增、删、改等操作，如民航订票系统、银行储蓄系统等，对响应时间要求比较高，强调的是密集数据更新处理的性能和系统的可靠性及效率。OLAP 应用对用户当前及历史数据进行分析、辅助领导决策，主要通过多维数据的查询、旋转、钻取和切片等关键技术，对数据进行分析和形成各种报表。

2. 数据仓库的主要特点

数据仓库的建立并不是要取代数据库，它建立在一个较全面和完善的信息应用基础之上，用于支持高层决策的分析。它存储的数据在量和质上都与操作数据库不同，有如下特点。

1) 面向主题

与传统数据库面向应用进行数据组织的特点相对应，数据仓库中的数据是面向主题进行组织的。主题是一个抽象的概念，是较高层次上企业信息系统中的数据综合、归类并进行分析利用的抽象。在逻辑意义上，它对应企业中某一分析领域所涉及的分析对象。面向主题的数据组织方式，就是在较高层次上对分析对象的数据的一个完整的、一致的描述，它能完整、统一地刻画各个分析对象所涉及的企业中的各项数据，以及数据之间的联系。所谓较高层次，是相对于面向应用的数据组织方式而言的，是指按照主题进行数据组织，具有更高的数据抽象级别。

2) 集成

数据仓库中的数据是从原有的分散的数据库中抽取出来的。操作型数据与管理决策中的分析型数据之间差别很大。第一，数据仓库的每一个主题所对应的源数据分散在各个原有的数据库中，有许多重复和不一致的地方，且来源于不同的联机系统的数据都和不同的应用逻辑捆绑在一起。第二，数据仓库中的综合数据不能从原有的数据库系统直接得到。因此，在数据进入数据仓库之前，必然要经过统一和综合，这一步是数据仓库建设中最关键、最复杂的一步，所要完成的工作主要包括如下两点。

(1) 统一数据源中所有的矛盾之处，如字段的同名异义、异名同义、计量单位不统一、字长不一致等。

(2) 进行数据综合与计算。数据仓库中的数据综合工作可以在从原有数据库抽取数据时生成，但许多是在数据仓库内部生成的，即进入数据仓库以后进行综合生成的。

3) 不可更新

数据仓库中的数据主要供企业决策分析之用，所涉及的数据操作主要是数据查询，一般情况下并不进行修改操作。其中的数据反映的是相当长的一段时间内历史数据的内容，是不同时点的数据库快照的集合，以及基于这些快照进行统计、综合和重组的导出数据，而不是联机处理的数据。由于数据仓库的查询数据量往往很大，所以就对数据查询提出了更高的要求，比如采用各种复杂的索引技术。同时由于数据仓库面向的是商业企业的高层管理者，他们会对数据查询的界面友好性和数据表示提出更高的要求。

4) 随时间不断变化

数据仓库中的数据不可更新是对于应用来说的，也就是说，数据仓库的用户进行分析处理时是不进行数据更新操作的。但并不是说，在从数据集成输入数据仓库开始到最终被删除的整个数据生命周期中，数据仓库中的所有数据都是永远不变的。

数据仓库的数据是随时间的变化不断变化的，这主要表现在如下三个方面。

(1) 数据仓库随时间变化不断增加新的数据内容。数据仓库系统必须不断地捕捉联机事务处理数据库中变化的数据，追加到数据仓库中，也就是要不断地生成 OLTP 数据库的快照，经统一集成后增加到数据仓库中。

(2) 数据仓库随时间变化不断删去旧的数据内容。数据仓库中的数据也有存储期限，一旦超过了这个期限，过期数据就要被删除，只是数据仓库内的数据时限要远远长于操作型环境中的数据时限。在操作型环境中一般只保存 60~90 天内的数据，而在数据仓库中则需要保存较长时期的数据(如 5~10 年)，以适应管理决策中进行趋势分析的要求。

(3) 数据仓库中含有大量的综合数据，这些综合数据中很多跟时间有关，如数据经常按照时间段进行综合，或隔一段时间进行抽样等。这些数据要随着时间的变化不断地进行重新综合。因此，数据仓库的数据特征都包含时间项，以表明数据的历史时期。

综上所述，数据仓库是以决策支持为主要目的的、面向主题的、集成的、非易失的、随时间变化的数据集合。数据仓库根据用户决策的要求，用新的、创造性的方式来关联数据。它从相关的业务系统和外部数据源中抽取历史数据，经过"净化"处理，消除其不一致性，并加以集成，从而建立起适合于最终用户进行业务分析的信息库。与数据库相比，数据仓库有许多新特性，如表 3-10 所示。

表 3-10 数据库与数据仓库的特点比较

特 点	数据库	数据仓库
目的	支持事务处理(OLTP)	支持数据分析(OLAP)
数据源	内部的业务交易数据	组织内部与外部的多个数据库
允许的数据存取	读写	只读

续表

特 点	数据库	数据仓库
主要数据	操作型数据	分析型数据
存取模式	更新和查询	观察、简单和复合查询
数据内容	详细、在存取的瞬间准确	通常是汇总的、过去的、历史的
更新过程	联机、频繁	在一定的期间更新
更新的难易	容易	复杂、综合过程
数据完整性	各单项事务随时修改	净化和集成多个数据源
操作需求	明确、事先知道	灵活、事先不明确

3. 数据仓库的体系结构

数据仓库用来存储已经按企业级视图转换的数据，供分析处理用。根据不同的分析要求，数据按不同的综合程度存储。此外，数据仓库中还应存储元数据，记录数据的结构和数据仓库的所有变化，以支持数据仓库的开发和使用。客户应用是供用户对数据仓库中的数据进行访问查询，并以直观的方式表示分析结果的工具。IBM、Oracle、Sybase、Informix、SAS Tnstitute、Prism Software 等厂商都提出了自己的数据仓库解决方案和结构。构成数据仓库的最基本框架，如图 3-20 所示。任何一个数据仓库结构都可以从这一基本框架发展而来，实现时往往还要根据分析处理的需要具体增加一些部件。

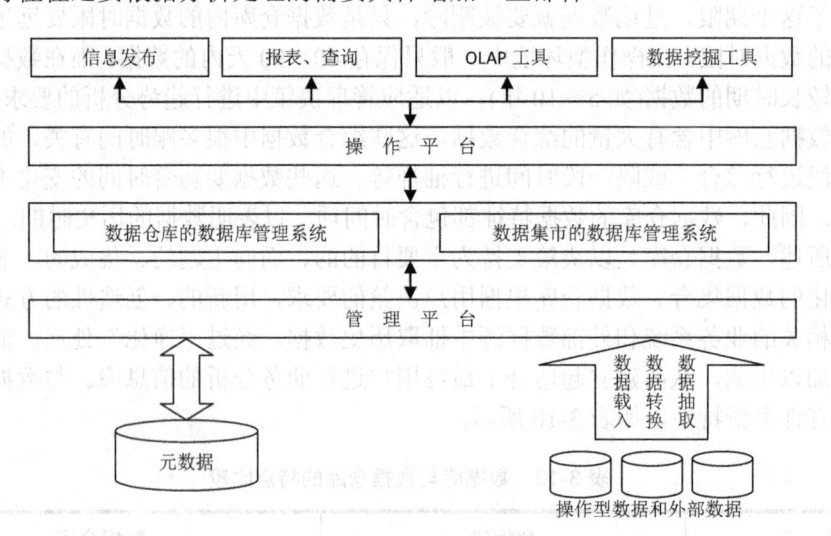

图 3-20 数据仓库的体系结构

本 章 小 结

本章主要讨论了当前支持管理信息系统的主要技术：计算机技术、网络技术和数据库技术。其中，计算机技术是一切技术的起点，网络技术、数据库技术是当前管理信息系统的关键所在。除了讨论相关技术的传统原理之外，本章也介绍了当前国内外在这一领域的最新发展，诸如计算机在解决硅材料物理极限方面的突破，国内外在互联网上新的研究，其中基于 Web 数据库的开发更是当前软件业的研究热点。

复习思考题

一、名词解释

1. 计算机软件 2. 指令 3. 网络协议
4. 域名系统 5. E-R 模型 6. 数据仓库

二、单项选择题

1. 基于冯·诺伊曼提出的存储程序控制原理的计算机系统，其硬件基本结构包括(　　)、控制器、存储器、输入设备和输出设备。

　　A. 磁盘驱动器　　B. 运算器　　C. 显示器　　D. 键盘

2. 一个完整的计算机系统应包括(　　)。

　　A. 主机及外部设备　　　　　　B. 机箱、键盘、显示器及打印设备
　　C. 硬件系统和软件系统　　　　D. 中央处理器、储存器及外部设备

3. 在计算机的软件分类中，应用软件和系统软件的相互关系是(　　)。

　　A. 前者以后者为基础　　　　　B. 后者以前者为基础
　　C. 每一类都不以另一方为基础　D. 每一类都以另一方为基础

4. 操作系统是现代计算机必不可少的系统软件之一。下列关于操作系统的叙述，错误的是(　　)。

　　A. Linux 操作系统是由美国 Linux 公司开发的
　　B. UNIX 操作系统是一种多用户分时操作系统，可用于 PC
　　C. 目前 Windows XP 操作系统有多个不同版本
　　D. Windows 2003 Server 操作系统属于网络操作系统

5. 在下列字符中，其 ASCII 码值最大的一个是(　　)。

　　A. X　　　　B. 6　　　　C. 5　　　　D. Y

6. 用浮点数表示任意一个数据时，可通过改变浮点数的(　　)部分的大小，能使小数位置产生移动。

　　　　A. 尾数　　　　　B. 阶码　　　　　C. 基数　　　　　D. 有效数字
7. 成像芯片的像素数目是数码相机的重要性能指标，它与可拍摄的图像分辨率直接相关。若某数码相机的像素约为320，它所拍摄的图像最高分辨率为(　　)。
　　　　A. 1280×960　　B. 1600×1200　　C. 2048×1536　　D. 2560×1920
8. 多媒体计算机系统中要表示、传输和处理大量的声音、图像甚至影视视频信息，其数据量之大是非常惊人的。因此，必须研究高效的(　　)技术。
　　　　①流媒体　　　②数据压缩编码　　　③数据压缩解码　　　④图像融合
　　　　A. ①和②　　　B. ②和③　　　C. ②和④　　　D. ③和④
9. 在某声音的数字化过程中，使用44.1kHz的取样频率、16位量化位数，则采集四声道的此声音一分钟所需要的存储空间约为(　　)。
　　　　A. 165.375MB　　B. 21.168MB　　C. 20.672MB　　D. 10.584MB
10. 在Internet上，为了方便用户记忆，给所有入网的主机一个符号名，即域名。完成域名空间到地址空间映射的系统是(　　)。
　　　　A. FTP　　　　　B. DNS　　　　　C. DBMS　　　　D. DHCP
11. 用二维表来表示实体集及实体集之间联系的数据模型称为(　　)。
　　　　A. 层次模型　　　B. 面向对象模型　　C. 网状模型　　　D. 关系模型
12. 下列关于数据库技术的叙述，错误的是(　　)。
　　　　A. 关系模型是目前在数据库管理系统中使用最为广泛的数据模型之一
　　　　B. 从组成上看，数据库系统由数据库及其应用程序组成，不包含DBMS及用户
　　　　C. SQL语言不限于数据查询，还包括数据操作、定义、控制和管理等多方面的功能
　　　　D. Access数据库管理系统是Office软件包中的软件之一

三、多项选择题

1. 下列部件中属于计算机外部设备的有(　　)。
　　　　A. 电源　　　　　B. CPU　　　　　C. 鼠标　　　　　D. 扫描仪
2. 下列(　　)不属于多用户多任务操作系统的软件。
　　　　A. Windows 2003 Server　　　　　B. UNIX
　　　　C. Linux　　　　　　　　　　　　D. DOS
3. 下列关于声音处理的叙述，正确的有(　　)。
　　　　A. 数字化声音时，通常情况下量化精度越高，声音的保真度越好
　　　　B. 数字声音是一种连续媒体，数据量大，对存储和传输的要求比较高
　　　　C. 音乐数字化时使用的取样频率通常比语音数字化时使用的取样频率高
　　　　D. 扩展名为".mid"和".wav"的文件都是PC中的音频文件
4. 下列几种类型的网络中，按照覆盖范围分类的有(　　)。

A. 局域网　　　　B. 星型网　　　　C. 广域网　　　　D. 城域网

5. 数据库系统是具有管理和控制数据库功能的计算机应用系统，同操作系统中的文件系统相比，数据库系统具有(　　)特点。

A. 数据共享性低，冗余度高　　　　B. 数据结构化

C. 系统灵活，易于扩充　　　　　　D. 数据独立于程序

四、简答题

1. 简述计算机工作原理。
2. 查阅相关资料，谈谈我国在巨型计算机领域的发展。
3. 查阅相关资料，谈谈当前图像的典型压缩格式、压缩算法和主要特点。
4. 简述网络协议在网络构建中的作用，比较 OSI 与 TCP/IP 之间的区别。
5. 简述 Internet 接入方式及 Internet 主干网的实质。

第4章

管理信息系统的战略规划和开发方法

学习目标

知识目标	技能目标
1. 掌握管理信息系统战略规划的概念、方法、目标、特点、内容及其实现步骤 2. 认识组织所处的发展阶段，更好地指导系统规划工作 3. 了解系统战略规划的常用方法及实现过程 4. 掌握系统的常用开发方法的基本思想、步骤及优缺点	1. 结合案例掌握管理信息系统战略规划的实现步骤 2. 掌握 BSP 方法企业过程和数据类的定义，并确定系统的信息结构 3. 明确不同系统开发方法的适用环境

知识结构

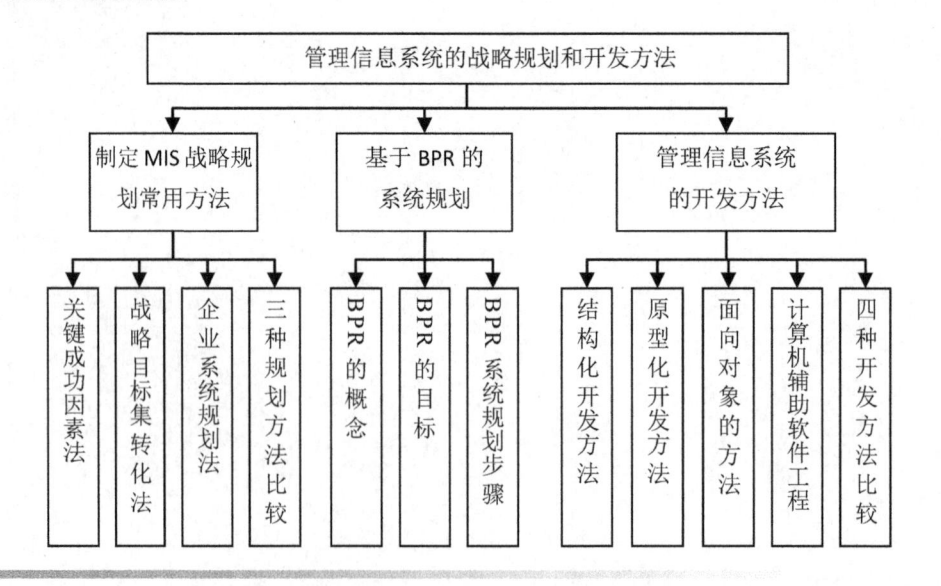

管理信息系统的战略规划和开发方法
- 制定 MIS 战略规划常用方法
  - 关键成功因素法
  - 战略目标集转化法
  - 企业系统规划法
  - 三种规划方法比较
- 基于 BPR 的系统规划
  - BPR 的概念
  - BPR 的目标
  - BPR 系统规划步骤
- 管理信息系统的开发方法
  - 结构化开发方法
  - 原型化开发方法
  - 面向对象的方法
  - 计算机辅助软件工程
  - 四种开发方法比较

导入案例

【案例 4-1】　　借力信息化平台　徐工集团向全球前三强发起冲击

在中国工程机械行业两化深度融合——智能制造现场会上，徐工集团副总经理、党委副书记李锁云曾指出，未来，徐工集团将始终坚定不移地围绕"三个更加注重"经营指导思想和"千亿元、世界级、国际化"的战略目标，充分借力信息化平台，向全球行业前三强的目标全力发起冲击。

1. 经历三个发展阶段

据介绍，徐工集团两化融合工作在行业内起步最早，是两化融合实践的开拓者。纵观该集团两化融合工作发展历程，归纳起来分为三个阶段。

第一阶段，行业破冰。在"九五""十五"期间，受当时信息化技术水平的限制，很多企业的信息化建设还是一片空白，徐工已经在企业信息化方面破冰前行。1996 年其开始推行 FourthShift、ORACLE 等 MRP、MRP II 系统的实施；1999 年成为国家"863"计划 CIMS 重点推广应用企业和国家"863"机器人主题产业化基地；2001 年开始实施国家"十五""863"一期重点项目"机群智能化工程机械"、江苏省重大科技成果转化计划项目"机群智能化路面施工机械"等，开始使用有线/无线数据自动交换技术、工作状态监控技术、在线检测、车辆负荷传感自动变速等先进技术在大吨位汽车起重机、摊铺机、搅拌站等主机上的应用，开发出了大型施工设备的智能化机群。

第二阶段，整体提升。"十一五"期间，徐工信息化建设驶入发展快车道，并在各领域显效发力。2008 年成立集团信息化管理部，2009 年全面启动徐工集团信息化整体提升工程，整理物料、BOM、工艺路线数据共计 220 万条，提炼管理 DNA339 个，开发程序 1086 项，覆盖 17 家单位。实施项目整体推进信息技术与管理方式、制造技术、研发模式的结合，建成一流的精益管理平台，实现研发数字化、制造生产柔性化、管理流程可视化、管理方式网络化、运营管理精益化，增强了企业核心竞争力，有效地支持了徐工机械战略目标的实现，在行业内率先实现企业综合应用集成。

第三阶段，深度融合。自实施"十二五"战略规划以来，徐工集团开始两化深度融合实践。该公司更加重视信息化在企业发展过程中的倍增效应和拉动作用，突出物联网、云计算、数字化、虚拟化、智能化等新技术、新理念在企业的推广和普及，不断推进信息化和工业化在各领域的深度融合。以信息化为抓手，实现在研发平台、制造平台、采购平台、市场平台等方面的资源共享，突破了一批占据行业制高点的高端产品和核心专有技术，打造出现代化、智能化制造体系，系统性推进信息化管理："160 吨至 1200 吨大型全地面起重机研发与产业化"项目被列入国家工信部 2011 年重大科技成果转化项目支持名单，"千吨级超大履带起重机项目"被列入国家"863"计划项目课题；2012 年，其最新研发的 2000 吨级全地面起重机、4000 吨级履带起重机、12 吨装载机、第四代全智能筑路机械等"三高一大"产品,形成了批量制造和批量销售,以高端重大突破打破了国外企业的全球垄断,形成中国工程机械产业具有代表性的新技术制高点。

2. 不断创新营销模式

近年来,徐工集团通过实施两化融合,不断探索创新营销模式,已初见成效。

一是大力发展电子商务平台。2012年通过呼叫中心和电子商务平台促成销售额20亿元,用信息化手段试水"鼠标+工程机械"创新营销新蓝海,在中国工程机械领域率先创造新的市场增长点。

二是加快物联网技术的研发和应用。2010年徐工集团设立了国内首家工程机械物联网应用研发中心,开展基于移动通信技术的相关物联网技术应用研究,在车辆位置监控、车辆工作性能检测、健康状态评估、故障诊断与预警、远程维护、主动服务等方面取得了重大突破。2012年推出新一代物联网智能信息服务平台,突出精细化作业、智能运营、自助平台、可视化管理和零距离服务,重点发展高度传感器、故障模型、专家系统和多技术融合等新技术。徐工集团积极发展和壮大江苏的物联网产业,形成了行业的示范应用,对我国工程机械产业具有强大的带动作用。

三是大力发展移动应用平台。营销服务方面,上线移动CRM系统,构筑手机移动平台,从受理、派工、响应、到位、发件、完工直到回访的整个服务过程,都通过手机移动平台来完成,实现了"10分钟响应、2小时到位、24小时完工、48小时回访",有效地改善了客户售前、售中、售后的过程管理,为客户提供更加全面、主动、及时、有效的服务。

3. 信息化水平行业领先

目前,徐工集团处于两化深度融合阶段,单项应用、综合集成应用和模式创新等水平和能力一直处于行业内领先地位。企业90%的产品在研发设计方面实现了CAD二维设计向CAD三维设计的转变,建设全球产品协同研发信息化平台。目前,徐工和宝钢、上柴等500家主要协作厂商建立了协作信息化平台,核心供应商企业直接根据徐工采购计划形成自己的生产计划,实现了徐工生产计划与供应商供应计划的衔接,形成优势互补的供应关系,降低了采购费用,实现了按生产节拍供货和零库存管理。

此外,徐工集团还依托于SAP平台,构建了包含产品研发与工艺(PDM)、生产计划与控制、采购与物流等六大业务领域一体化运作平台,实现了物流、资金流、信息流及工作流的四流合一,并以此为核心枢纽,根据各业务领域的需要,向外深化延展至产品全生命周期管理、全球协同办公平台等,打破了信息壁垒,在核心业务和关键环节之间高效集成,为支撑集团从"战略控股型"向"战略经营型"转型打下坚实的基础。

除此之外,建立了由徐州网络、国内网络、海外网络组成的徐工全球网络作为两化融合信息化基础设施的建设。

徐工集团信息化管理部部长张启亮在《融合·智造·创新》专题报告中指出,智能制造是徐工的核心竞争力之一,通过管理信息化与设备自动化的深度融合,利用各种传感器、智能控制系统、工业机器人、自动化生产线,构建设计制造一体化、管理智能化、数据信息化、控制自动化的智能制造体系。

注：两化融合是信息化和工业化的高层次的深度结合，是指以信息化带动工业化、以工业化促进信息化，走新型工业化道路；两化融合的核心就是信息化支撑，追求可持续发展模式。

(资料来源：崔玉平. 借力信息化平台 徐工集团向全球前三强发起冲击[N]. 中国工业报，2014-07-17(B04))

案例思考

1. 你怎么看待徐工集团实施信息化战略的过程？
2. 信息化战略为徐工集团带来了哪些机遇和挑战？

信息系统规划(Information System Planning，ISP)是信息系统实践中的主要问题，也是现在管理信息系统研究的主要课题之一。现代企业用于信息系统的投资越来越多，例如宝钢投资已多达亿元。信息系统的建设是个投资巨大、历时很长的工程项目，规划不好不仅会给自身造成损失，而且由此导致企业运行不好的间接损失更为严重。因此，通常人们就有一种认识，假如一个操作错误可能损失几万元，那么一个设计错误就能损失几十万元，一个计划错误就能损失几百万元，而一个规划错误的损失则能达到千万元，甚至上亿元，所以我们应克服"重硬、轻软"的片面性，把信息系统的规划摆到重要的战略位置上。

4.1 管理信息系统的战略规划及常用方法

管理信息系统(MIS)一般用于描述企业内部计算机系统，这种系统主要提供与企业商业操作相关的信息，同时，MIS 也用于指那些管理这些系统的人员。典型地，在一个大型企业里，MIS 或"MIS 部门"是指主要的或主要同等地位的计算机专门技术和管理系统，通常包括主机系统，也包括企业整个计算机资源网络的扩展部分。

4.1.1 管理信息系统的战略规划的概念

战略(Strategy)是组织领导者关于组织某些问题的概念的集合，主要包括：组织的使命和长期目标、组织的环境约束及政策以及组织当前的计划和计划指标的集合。

1. 战略规划的特点

战略规划的有效性包括两个方面：一方面是战略正确与否，正确的战略应当做到组织资源和环境的良好匹配；另一方面是战略是否适合于该组织的管理过程，也就是和组织活动匹配与否。一个有效的战略一般具有以下特点。

(1) 目标明确：战略规划的目标应当是明确的，不应是二义的，其内容应当使人得到振奋和鼓舞。目标要先进，但经过努力可以达到，其描述的语言应当是坚定和简练的。

(2) 可执行性良好：好的战略说明应当是通俗的、明确的和可执行的，它应当是各级领导的向导，使各级领导能确切地了解它、执行它，并使自己的战略和它保持一致。

(3) 组织人事落实：制定战略的人往往也是执行战略的人，一个好的战略计划只有适合的人员执行，才能将其实现。因此，战略计划要求一级级地落实，直到个人为止。高层领导制定的战略一般应以方向和约束的形式告诉下级，下级接受任务，并以同样的方式告诉再下级，这样一级级地细化，做到深入人心，人人皆知，战略计划也就个人化了。

个人化的战略计划明确了每个人的责任，可以充分调动每个人的积极性。这样一方面可以激励大家动脑筋想办法；另一方面可以增加组织的生命力和创造性。在一个复杂的组织中，只靠高层领导一个人是难以识别所有机会的。

(4) 灵活性好：一个组织的目标可能不随时间的变化而变化，但它的活动范围和组织计划的形式无时无刻不在改变。现在所制订的战略计划只是一个暂时的文件，只适用于现在，应当进行周期性的校核和评审，灵活性强，使之容易适应变革的需要。

2. 战略规划的内容

战略规划的内容由以下三个要素组成。

(1) 方向和目标：经理在设立方向和目标时有自己的价值观和抱负，但是他必须考虑到外部的环境和自己的长处，因而最后确定的目标总是这些相关因素的综合体现，这往往是主观的。一般来说，最后确定的方向和目标绝不是一个人的愿望。

(2) 约束和政策：就是要找到环境和机会与自己组织资源之间的平衡。要找到一些最好的活动集合，使它们能最好地发挥组织的长处，并最快地达到组织的目标。这些约束和政策所考虑的机会是现在还未出现的机会，所考虑的资源是正在寻找的资源。

(3) 计划与指标：这是近期的任务，计划的责任就在于进行机会和资源的匹配。但是这里考虑的是现在的情况，或者说是不久将来的情况。由于是短期，有时可以作出最优的计划，以达到最好的指标。

3. 战略规划的执行

如何制定一个战略规划，如何执行战略规划，这是战略规划的主要内容，也称为战略规划的操作化。战略规划的实现和操作存在两个先天性的困难，具体如下。

(1) 这种规划一般均是一次性的决策过程，它是不能预先进行实验的。用一些管理科学理论建立的模型与决策支持系统，常常得不到管理人员的承认，他们喜欢用自己的经验建立启发式模型。由于其具有一次性的性质，所以难以确定哪种方式正确。

(2) 参加规划的专家多为企业中的人员，他们对以后实现规划负有责任。由于战略规划总是要考虑外部的变化，因而要求进行内部的变革以适应外部的变化，这种变革又是这些企业人员所不欢迎的,这样他们就有可能在实行这种战略规划时持反对态度。

为了执行好战略规划,应当做到以下三点。

(1) 做好思想动员工作:让各种人员了解战略规划的意义,使各层干部均能加入战略规划的实施。要让高层人员知道吸收外部人员参加规划的优点,要善于使执行计划的人了解制定规划的人的意图,对于一些大企业战略计划的新思想应当与企业的文化形式相符合,或者以企业习惯的方式推行新的内容。一旦规划制定,就不要轻易改动。

(2) 把规划活动当成一个连续的过程:在规划制定和实行的过程中要不断地进行"评价与控制",也就是不断地综合集成各种规划和负责执行这种规划的管理,不断调整。一个好的战略管理应当包含的内容有:建立运营原则——确定企业地位——设立战略目标——进行评价与控制。这些内容在整个运营过程中是动态的和不断修改的。

(3) 激励新战略思想:战略规划的重要核心是战略思想,激励新战略思想的产生是企业获得强大生命力的源泉。

4. 管理信息系统的战略规划

管理信息系统的战略规划是关于管理信息系统的长远发展的计划,是企业战略规划的一个重要部分,这不仅因为管理信息系统的建设是一项耗资巨大、历时很长、技术复杂且又内外交叉的工程,更因为信息已成为企业的生命线,信息系统和企业的运营方式、文化习惯息息相关。

一个有效的战略规划可以使信息系统和用户有较好的关系,可以做到信息资源的合理分配和使用,从而可以节省信息系统的投资。一个有效的战略规划还可以促进信息系统应用的深化。例如 MRP II 的应用,可以为企业创造更多的利润。一个好的战略规划还可以作为一个标准,可以考核信息系统人员的工作,明确他们的方向,调动他们的积极性。进行一个规划的过程本身就会使企业领导回顾过去的工作,使其发现可以改进的地方。总之,管理信息系统的规划对我国企业来说是非常重要的,应大力提倡和推广。

管理信息系统的战略规划包含的内容非常广泛,由企业的总目标到各职能部门的目标以及他们的政策和计划,直到企业信息部门的活动与发展,绝不只是"拿钱买机器"的规划。一个管理信息系统的战略规划应包括:组织的战略目标、政策和约束、计划和指标的分析;管理信息系统的目标、约束、计划和指标的分析;应用系统或系统的功能结构,信息系统的组织、人员、管理和运行;以及信息系统的效益分析和实施计划等。进行管理信息系统的战略规划一般包括下列步骤,如图 4-1 所示。

第一步,规划的基本问题的确定,包括规划的年限、规划的方法、确定集中式还是分散式的规划,以及是进取还是保守的规划。

第二步,收集初始信息,包括从各级干部、卖主相似的企业、本企业内部各种信息系统委员会、各种文件以及书籍和杂志中收集的信息。

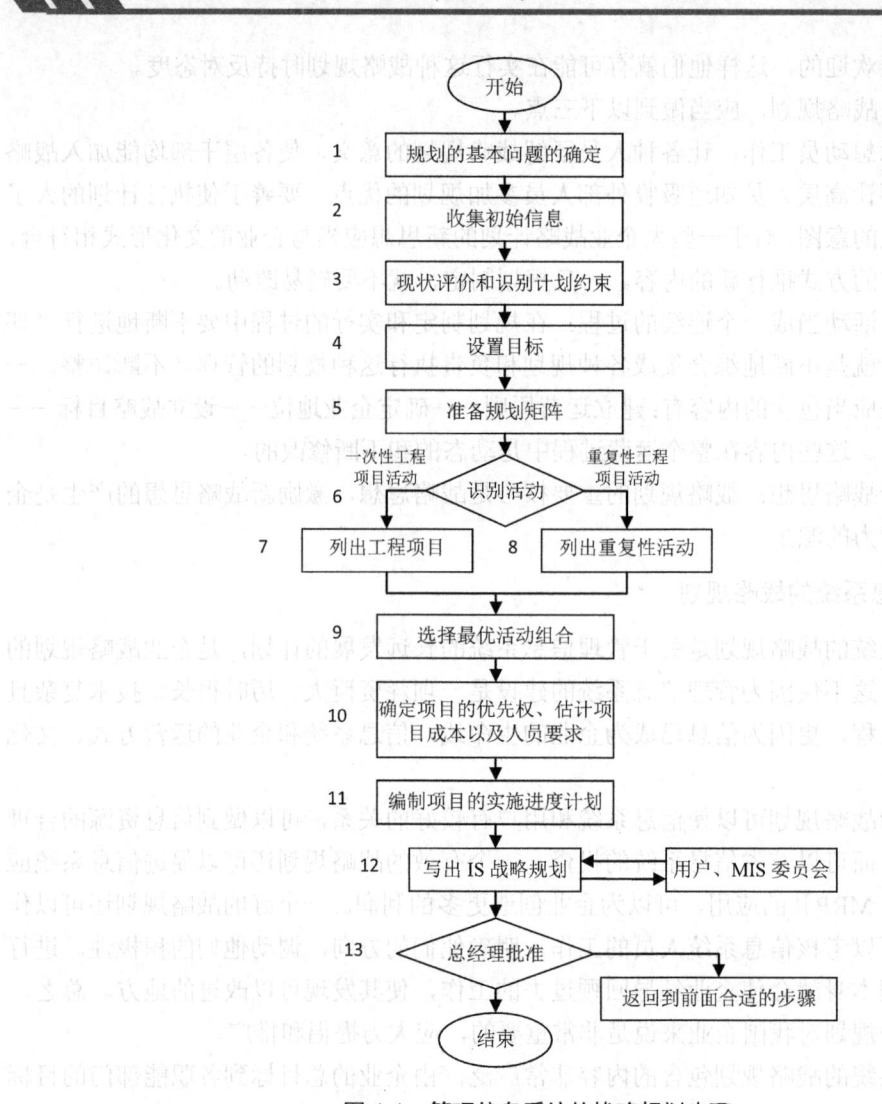

```
                    开始
                     │
  1            规划的基本问题的确定
                     │
  2              收集初始信息
                     │
  3           现状评价和识别计划约束
                     │
  4                设置目标
                     │
  5              准备规划矩阵
                     │
         一次性工程            重复性工程
          项目活动              项目活动
              ┌──── 识别活动 ────┐
  6           │                    │
  7      列出工程项目   8    列出重复性活动
              └─────────┬──────────┘
                        │
  9             选择最优活动组合
                        │
  10    确定项目的优先权、估计项
              目成本以及人员要求
                        │
  11          编制项目的实施进度计划
                        │
  12           写出 IS 战略规划 ←→ 用户、MIS 委员会
                        │
  13              总经理批准
                        │          → 返回到前面合适的步骤
                      结束
```

图 4-1 管理信息系统的战略规划步骤

第三步，现状评价和识别计划约束，包括目标、系统开发方法对规划活动的影响、现存硬件和它的质量、信息部门人员、运行和控制、资金、安全措施、人员经验、手续和标准、中期和长期优先序、外部和内部关系、现存的设备、现存软件及其质量以及企业的思想和道德状况。

第四步，设置目标。该操作应由总经理和计算机委员会来执行，应包括服务的质量和范围、政策、组织以及人员等。该目标不仅包括信息系统的目标，还应该包括整个企业的目标。

第五步，准备规划矩阵。规划矩阵是由信息系统规划内容相互之间的关系所组成的矩阵，这些矩阵列出后，就确定了各项内容以及它们实现的优先序。

第六～九步，识别上面所列出的各种活动，是一次性的、工程项目性质的活动，还是一种重复性的、经常进行的活动。由于资源有限，所有的项目不可能同时进行，只有选择一些最有效益的项目先进行，同时要正确选择工程类项目和日常重复类项目的比例，正确选择风险大的项目和风险小的项目的比例。

第十步，确定项目的优先权、估计项目成本以及人员要求。

第十一步，编制项目的实施进度计划。

第十二步，把战略长期规划书写成文，在此过程中不断地与用户、信息系统工作人员以及信息系统委员会的领导交换意见。

第十三步，写出的规划需要经总经理批准才能生效，并宣告战略规划任务的完成。如果总经理没有批准，只好再重新进行规划。

4.1.2 制定管理信息系统的战略规划的常用方法

在我国，管理信息系统的战略规划在多数企业的发展过程中并没有单独划出作为一个单独的阶段，仅是把它当成系统开发前的需求调查，一般称为职能需求。顾名思义，它是由现有企业的各个职能部门调查需求，然后靠经验和艺术的方式总结汇总，投射未来，作出规划。

部分学者提出了用于管理信息系统规划的很多方法，主要是关键成功因素法(Critical Success Factors，CSF)、战略目标集转化法(Strategy Set Transformation，SST)和企业系统规划法(Business System Planning，BSP)等。

1. 关键成功因素法

1970年，哈佛大学教授 William Zani 在 MIS 模型中使用了关键成功变量，这些变量是确定 MIS 成败的关键因素。10年后，MIT 教授 Jone Rockart 将 CSF 提高成为 MIS 的战略。有人把这种方法用于数据库的分析与建立，步骤为：①了解企业目标；②识别关键成功因素；③识别性能的指标和标准；④识别测量性能的数据。具体如图4-2所示。

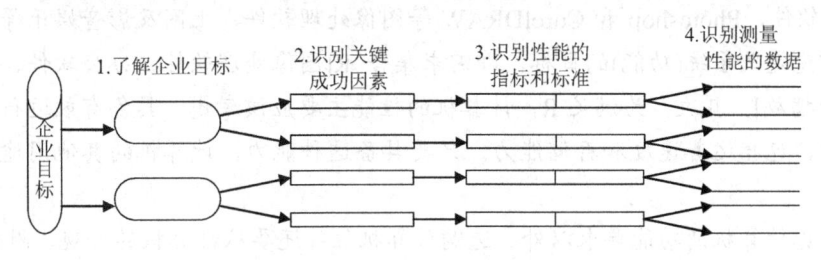

图 4-2 数据库的分析与建立的步骤

关键成功因素法通过目标分解和识别、关键成功因素识别、性能指标识别，产生数据字典。关键成功因素就是要识别与系统目标联系的主要数据类及其关系，识别关键成功因素所用的工具是树枝因果图。如图 4-3 所示，某企业有一个目标是提高产品竞争力，可以用树枝因果图画出影响它的各种因素，以及影响这些因素的子因素。

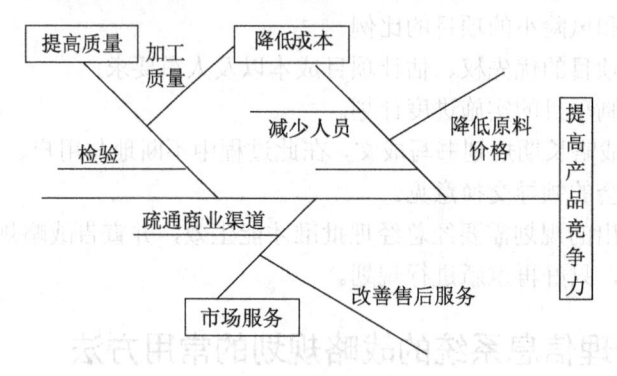

图 4-3 某企业的树枝因果图

如何评价这些因素中哪些因素是关键成功因素，不同的企业采取的方式也不同。对于习惯于高层人员个人决策的企业，主要由高层人员个人在此图中选择；对于习惯于群体决策的企业，可以用德尔斐法或其他方法将不同人设想的关键因素综合起来。关键成功因素法在高层应用的效果一般比较好。

【案例 4-2】　　关键成功因素法在计算机选购方面的应用

"只买对的，不买贵的"，一句广告词，代表了目前社会群体的商品购买意识。随着时代的发展，计算机像家电一样正在走进千家万户，如何既能满足自己的功能要求，又能省钱买下一台计算机成为大众关心的话题。下面从系统的观点，以关键成功因素法(CSF)为手段，描述计算机选购的过程，用以解决用户选购计算机方面的问题。

假如某人要买一台台式计算机，用于工作、学习和娱乐，其功能方面的主要内容包括 Office 办公软件、Photoshop 和 CorelDRAW 等图像处理软件、上网及影音娱乐等。据此，我们可以首先定义系统(功能)的目标，即需求集合 R[图像处理软件、办公软件、网络工具(QQ)、影音播放]。其次，为满足 R，计算机的性能主要应该考虑：具备有效运行图像处理软件的能力，包括运算速度和存储能力。只要具备这种能力，计算机的其他用途均可得到满足。

除了考虑计算机的功能要求以外，选购计算机往往还要从计算机的外观、附件及服务，以及信息技术的发展等几个方面综合考虑，这些因素可用 CSF 的树枝图工具进行描述，如图 4-4 所示。

108

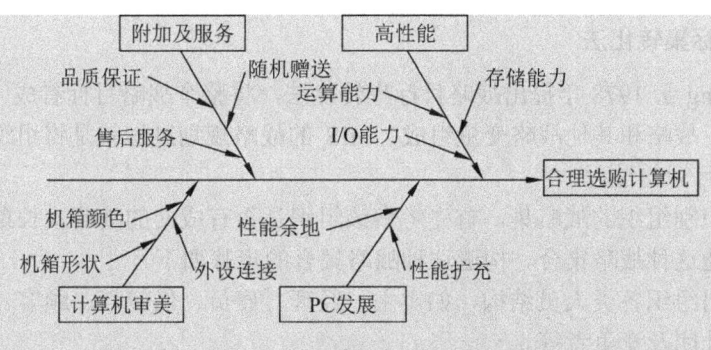

图 4-4 计算机选购树枝图

(1) 高性能。运算能力决定了 CPU 和主板的档次，为了满足 R，低端的 Celeron CPU 和 All-in-One 的整合主板就不可取。存储能力决定了内存和外存的大小或容量，满足 R 的内存容量应该偏大，目前可以考虑 4GB 及以上，外存主要指硬盘，目前应该考虑 TB 级或接近 TB 级的高转速硬盘，并且应该注意硬盘的 Cache 容量。I/O 能力主要针对显示或打印机，满足 R 的要求决定了显示器的尺寸应该偏大，而且具有较高的分辨率或带宽，同时显卡性能优良，能够支持显示器的这种需求；对于图像处理，打印机需要考虑输出的幅面、颜色(黑白还是彩色)和质量等因素。

(2) PC 发展。早在 19 世纪 60 年代，Gordon Moore 就对集成电路的发展规律进行了预测，尤其是 1979 年修正的摩尔定律，一直经受时间的考验，沿用至今。因此选购计算机时，在满足 R 的前提下，不宜盲目追加投资以换得性能方面留有余地，也不宜期望一台计算机可以长久不衰，永远用得随心所欲。另外在性能扩充方面，主板的 I/O 接口或总线扩展槽一般都不会使用完，不是考虑不周的因素，而主要是应该注意内存的搭配，同样是 4GB 的内存，占用一个内存插槽就比占用两个内存插槽好，因为余下的插槽可以为今后扩充打下基础。

(3) 附加及服务。需注意：品质保证的期限，不同部件的保质期不一样；售后服务是否包含免费上门，主要部件(尤其是主板)是否有网上升级服务。

(4) 计算机审美。机箱的颜色和形状可以根据个人爱好进行选择，对机器性能影响不大；外设连接主要考虑诸如键盘、鼠标、显示器和网卡等是否采用无线连接方式，以及何种无线连接方式。

从上面的分析可以得到一张关于计算机选购的清单，这张清单包括 CPU、主板、内存条、硬盘、光驱、显卡、网卡、机箱电源等功能部件，以及这些功能部件的档次或要求，据此可以按图索骥，顺利地完成计算机选购。

(资料来源：尚晋，杨有. 关键成功因素法在电脑选购方面的应用研究[J]. 重庆航天职业技术学院学报. 2009, (2): 65-66. 内容有删改)

2. 战略目标集转化法

William King 于 1978 年提出战略目标集转化法，将整个战略目标看成"信息集合"，由使命、目标、战略和其他战略变量组成。MIS 的战略规划过程就是将组织的战略目标转变为 MIS 战略目标的过程。

第一步，识别组织的战略集，首先考察该组织是否有成文的战略式长期计划，如果没有，就要去构造这种战略集合。构造这种战略集合的步骤如下。

(1) 描绘出组织各类人员结构，如卖主、经理、雇员、供应商、顾客、贷款人、政府代理人、地区社团及竞争者等。

(2) 识别每类人员的目标。

(3) 对于每类人员识别其使命及战略。

第二步，将组织战略集转化成 MIS 战略，MIS 战略应包括系统目标、约束以及设计原则等。这个转化的过程包括对应组织战略集的每个元素识别对应的 MIS 战略约束，然后提出整个 MIS 的结构。

第三步，选出一个方案送总经理审批。

3. 企业系统规划法

20 世纪 70 年代初，IBM 公司将 BSP 作为用于内部系统开发的一种方法，它主要是基于用信息支持企业运行的思想。在总的思路上，它与上述的方法有许多类似之处，也是自上而下识别系统目标、企业过程和数据，然后再自下而上设计系统以支持目标。

1) 基本思想

企业系统规划法的基本思想：信息支持企业运行。通过自上而下地识别系统目标、企业过程和数据，然后对数据进行分析，自下而上地设计管理信息系统。该管理信息系统支持企业目标的实现，表达所有管理层次的要求，向企业提供一致性信息，对组织机构的变动具有适应性。

2) 作用

企业系统规划法的作用：确定未来信息系统的总体结构；明确系统的子系统的组成和开发子系统的先后顺序；对数据进行统一规划、管理和控制，明确各子系统之间的数据交换关系，保证信息的一致性。企业系统规划法的优点在于利用它能保证管理信息系统独立于企业的组织机构，也就是能够使信息系统具有对环境变更的适应性。

3) 基本原则

企业系统规划法的基本原则如下。

(1) 必须支持企业的战略目标。

(2) 应当表达出企业各个管理层次的需求。

(3) 应该向整个企业提供一致信息。

(4) 应该经得起组织机构和管理体制的变化。

(5) 先"自上而下"识别和分析,再"自下而上"设计。
4) 一般步骤

BSP方法是把企业目标转化为信息系统(IS)战略的全过程。它支持的目标是企业各层次的目标。BSP的详细步骤如图4-5所示。

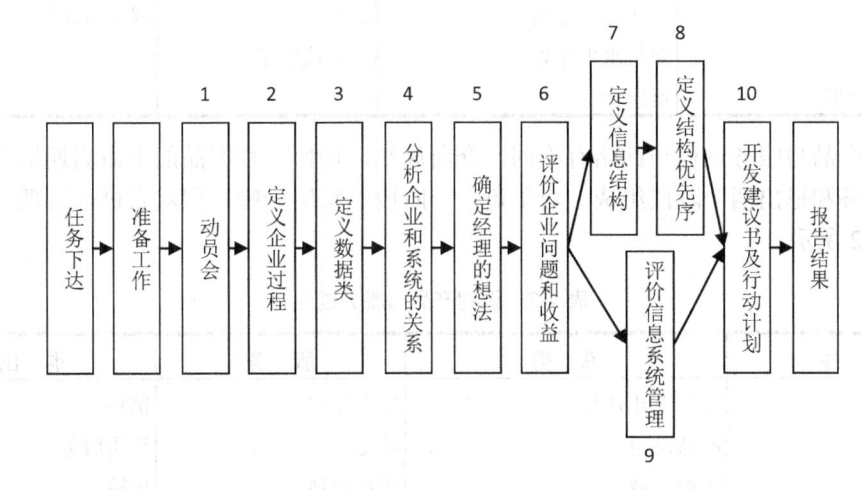

```
1 任务下达  2 准备工作  3 动员会  4 定义企业过程  5 定义数据类  6 分析企业和系统的关系  7 确定经理的想法  8 评价企业问题和收益  9 定义信息结构  10 定义结构优先序  11 评价信息系统管理  12 开发建议书及行动计划  13 报告结果
```

图4-5　BSP的详细步骤

(1) 开始的动员会。

动员会要说明工作的期望和期望输出。系统组要简介企业的现状,包括政治上、经济上以及管理上敏感的问题,还应介绍企业的决策过程、组织功能、关键人物、用户的期望以及用户对现有信息系统的看法等。由信息系统负责人介绍信息人员对企业的看法,同时应介绍现有项目状况、历史状况以及信息系统的问题。通过介绍使大家对企业和对信息支持的要求进行全面了解。

(2) 定义企业过程。

定义企业过程又称识别企业过程,是BSP方法的核心。系统组每个成员均应全力以赴识别它们、描述它们,对它们要有透彻的了解,只有这样BSP方法才能成功。企业过程定义为逻辑上相关的一组决策和活动的集合,这些决策和活动是管理企业资源所需要的。

整个企业的管理活动由许多企业过程组成。识别企业过程可对企业如何完成其目标具有深刻的了解;识别企业过程还可以作为信息识别构成信息系统的基础,按照企业过程所建造的信息系统,在企业组织变化时可以不必改变,或者说信息系统相对独立于组织。

识别企业过程要依靠现有材料进行分析研究,但更重要的是要与有经验的管理人员讨论商议。首先从第一个源计划与控制出发,经过分析、讨论、研究及切磋,可以把企业战略规划和管理控制方面的过程列于表4-1中。

表 4-1　企业战略规划和管理控制方面的过程

战略规划	管理控制	战略规划	管理控制
经济预测	市场/产品预测	预测管理	预测
组织计划	工作资金计划	目标开发	测量与评价
政策开发	雇员水平计划	产品线模型	
放弃/追求分析	运营计划		

识别产品与服务过程与此略有不同。众所周知，任何一种产品的生命周期均由要求、获得、服务和退出四个阶段组成。对于每一个阶段，将用一些过程对它进行管理，这些过程如表 4-2 所示。

表 4-2　识别产品与服务过程

要　求	获　得	服　务	退　出
市场计划	工程设计开发	库存控制	销售
市场研究	产品说明	接受	订货服务
预测	工程记录	质量控制	运输
定价	生产调度	包装储存	运输管理
材料需求	生产运行		
能力计划	购买		

支持资源识别企业过程的方法类似于产品和服务，根据资源的生命周期列举出企业过程。一般来说，企业资源包括资金、人才、材料和设备，如表 4-3 所示。

表 4-3　资源识别企业过程

| 资　源 | 生命周期 | | | |
	要　求	获　得	服　务	退　出
资金	财务计划 成本控制	资金获得 接收	公文管理 银行账 会计总账	会计支付
人事	人事计划 工资管理	招聘 转业	补充和收益 职业发展	终止合同 退休
材料	需求生产	采购 接收	库存控制	订货控制 运输
设备	主设备计划	设备购买 建设管理	机器维修 家具、附属物	设备报损

识别企业过程的另一种方法是"通用模型法",如图 4-6 所示。

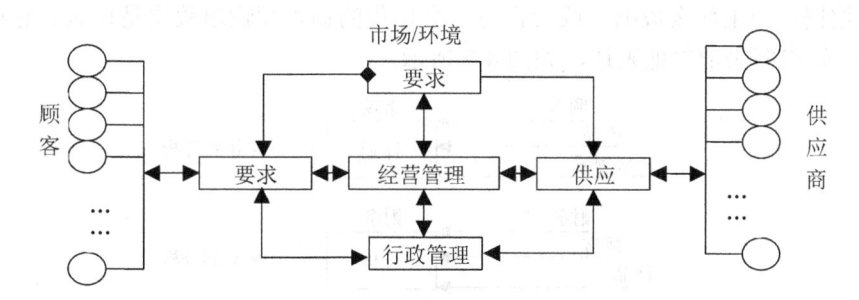

图 4-6 识别企业过程的通用模型法

这个模型不断扩展,以适应特殊企业的需要。例如,"需求"可以扩展成"商品化"和"销售","需求"联系着使产品或服务生效的过程,其外部接口是顾客。如果将以前所讲的识别过程的方法看成是由微观到宏观的综合,那么这种方法就是由宏观到微观的分解。

识别企业过程是 BSP 方法成功的关键。识别过程输出的文件包括:一个过程组及过程表;每一个过程的简单说明;一个关键过程的表,即识别满足目标的关键过程;产品/服务过程的流程图。

通过此步骤,系统组成员就能很好地了解企业的整个运营是如何管理和控制的。

(3) 定义数据类。

识别企业数据的方法有两种,一种是企业实体法,实体有顾客、产品、材料以及人员等客观存在的东西。企业实体法首先是列出企业实体,一般来说要列出 7～15 个实体;其次列出一个矩阵,实体列于水平方向,在垂直方向列出数据类,如表 4-4 所示。

表 4-4 数据/企业实体矩阵

企业实体 数据类	产品	顾客	设备	材料	卖主	现金	人员
计划/模型	产品 计划	销售领域 市场计划	能力计划 设备计划	材料需求 生产调度		预算	人员计划
统计/汇总	产品 需求	销售历史	运行 设备利用	开列需求	卖主行为	财务统计	生产率 盈利历史
库存	产品 成本 零件	顾客	设备 机器负荷	原材料 成本 材料单	卖主	财务 会计总账	雇用工资 技术
业务	订货	运输		采购 订货	材料 接收	接收 支付	

另一种识别数据的方法是企业过程法，它利用以前识别的企业过程，分析每一个过程利用什么数据，产生什么数据，或者说每一个过程的输入和输出数据是什么。它可以用输入—处理—输出图来形象地表达，如图 4-7 所示。

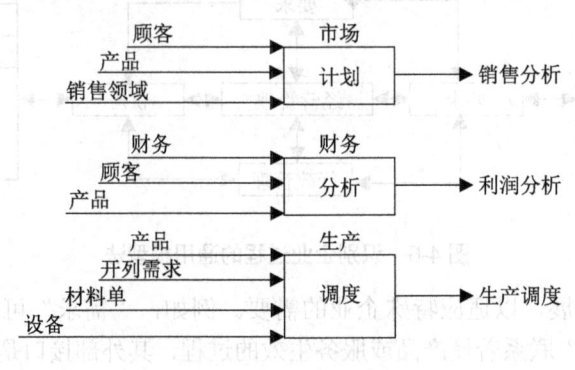

```
顾客  ──→  市场
产品  ──→  计划  ──→ 销售分析
销售领域 ─→

财务  ──→  财务
顾客  ──→  分析  ──→ 利润分析
产品  ──→

产品  ──→  生产
开列需求 ─→
材料单 ──→  调度  ──→ 生产调度
设备  ──→
```

图 4-7 输入—处理—输出图

(4) 分析企业和系统的关系。

分析企业和系统的关系主要是用几个矩阵来表示，例如，组织/过程矩阵，它在水平方向列出各种过程，垂直方向列出各种组织，如果该组织是该过程的主要负责者或决策者，则在对应的矩阵元中画"＊"，若为主要参加者就画"×"，若为部分参加者就画"／"，这样就会一目了然。如果企业已有现行系统，我们可以画出组织和系统矩阵。在矩阵元中填 C，表示该组织用该系统；如果该组织以后想用某系统，可以在矩阵元中填入 P，表示该组织计划用该系统。同理，可以画出系统过程矩阵，用以表示某系统支持某过程。同样可以用 C 和 P 表示现行和计划。用同样的方法还可以画出系统和数据类的关系。

(5) 确定经理的想法。

确定经理的想法就是确定企业领导对企业前景的看法。作为系统组的成员就应当充分准备采访提纲，积极地采访以及及时并准确地进行分析总结等，采访的主要问题如下。

- 你的责任领域是什么？
- 基本目标是什么？
- 你去年达到目标所遇到的三个最主要的问题是什么？
- 什么东西妨碍你解决它们？
- 为什么需要解决它们？
- 较好的信息在这些领域的价值是什么？
- 如果有更好的信息支持，你在什么领域还能得到最大的改善？
- 这些改善的价值是什么？
- 什么是对你最有用的信息？
- 你如何测量？
- 你如何衡量你的下级？

- 你希望做什么样的决策?
- 你的领域明年和三年内的主要变化是什么?
- 你希望本次规划研究达到什么结果?
- 规划对你和企业将起什么作用?

以上问题仅供参考,均应根据具体情况进行增删。一般来说,所提问题应是 open up 型,即打开话匣子型,而不应当是 close down 型,即只要求回答"是"或"否"式的问题。

(6) 评价企业问题和收益。

在确定企业领导对企业前景的看法后,应当根据这些资料来评价企业的问题,评价过程的流程图如图 4-8 所示。

由图 4-8 可知,第一步是总结采访数据,将其汇集到一张表中,如表 4-5 所示。

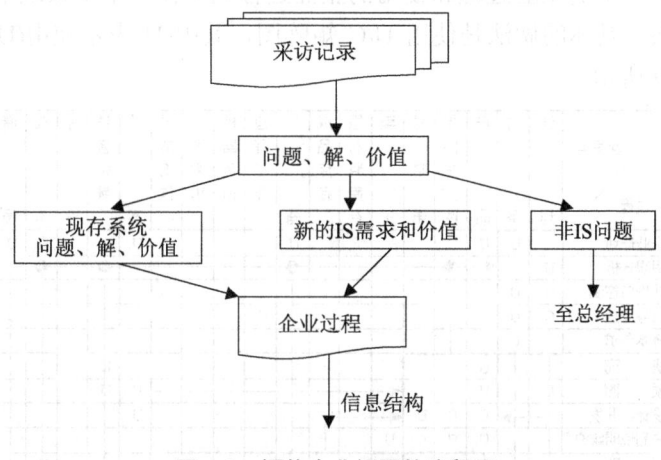

图 4-8 评价企业问题的流程图

表 4-5 总结采访数据

主要问题	问题解	价值说明	信息系统要求	过程/组影响	过程/组起因
由于生产计划影响利润	计划机械化	改善利润 改善顾客关系 改善服务和供应	生产计划	生产	生产

第二步是分类采访数据,任何采访的数据均要分三类,即现存系统的问题和解、新系统需求和解以及非 IS 问题。第三类问题虽不是信息系统所能解决的,但也应充分重视,并整理递交总经理。

第三步是将数据和过程关联起来,可以用问题/过程阵表示,其中数字表示这种问题出现的次数,如表 4-6 所示。

表 4-6 问题/过程阵

过程组 问题	市场	销售	工程	生产	材料	财务	人事	经营
市场/顾客选择	2	2						2
预测质量	3							4
产品开发			4			1		1

(7) 定义信息结构。

定义信息结构实际上就是划分子系统。BSP 方法是根据信息的产生和使用来划分子系统，它尽量将信息产生的企业过程和使用的企业过程划分在一个子系统中，从而减少子系统之间的信息交换，具体的做法是使用 U/C 矩阵图，其中 U 表示使用(Use)，C 表示产生(Create)，如图 4-9 所示。

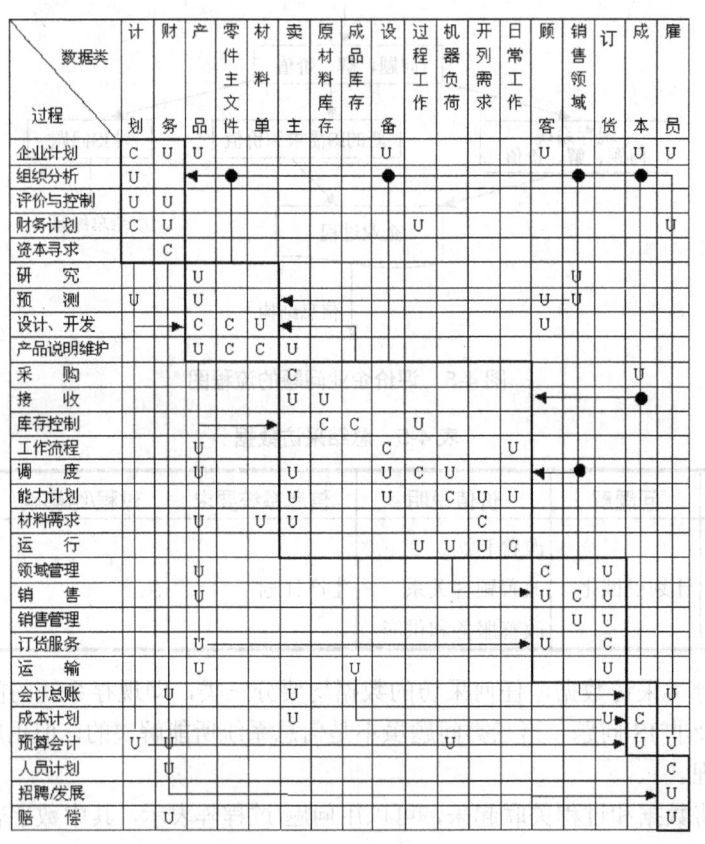

数据类 过程	计划	财务	产品	零件主文件	材料单	卖主	原材料库存	成品库存	设备	过程工作	机器负荷	开列需求	日常工作	顾客	销售领域	订货	成本	雇员
企业计划	C	U	U							U							U	
组织分析	U	●						U							U	●		
评价与控制	U	U																
财务计划	C	U								U							U	
资本寻求		C																
研 究			U											U				
预 测	U		U											U	U			
设计、开发			C	C	U									U				
产品说明维护			U	C	C													
采 购						C										U		
接 收						U	U							●				
库存控制							C	C										
工作流程				U					C			U						
调 度				U			U	C	U		●							
能力计划							U	U	C	U								
材料需求				U	U					C								
运 行							U	U	U	C								
领域管理				U										C	U			
销 售														U	C	U		
销售管理				U											U			
订货服务														U	U	C		
运 输				U														
会计总账		U			U					U							U	
成本计划		U														U	C	
预算会计	U	U								U						U	U	
人员计划		U															C	
招聘/发展																	U	U
赔 偿					U													U

图 4-9 U/C 矩阵图

由图 4-9 可知，企业过程列于垂直方向，数据类列于水平方向。如果某过程产生某数据，就在某行某列矩阵元中写 C；如果某过程使用某数据，则在其对应元中写 U。开始时数据类和企业过程是随机排列的，U、C 在矩阵中的排列也是分散的。我们以调换企业过程和数据类的顺序的方法尽量使 UC 集中到对角线上排列，如图 4-9 所示；然后把 UC 比较集中的区域用粗线条框起来，这样形成的框就是一个个子系统；在粗框外的 U 表示一个系统用另一个子系统的数据，图中用带箭头的线表示。这样就完成了子系统的划分，即确定了信息结构的主流。

(8) 定义结构优先序。

定义结构优先序就是确定系统优先顺序，将子系统按先后顺序列出开发计划。

(9) 评价信息系统管理。

(10) 完成 BSP 研究报告，提出建议书及行动计划。

4. 三种系统规划方法的比较

CSF 方法能抓住主要矛盾，使目标的识别突出重点。用这种方法确定的目标和传统的方法衔接得比较好，但是一般最有利的只是在确定管理目标上。

SST 方法从另一个角度识别管理目标，它反映了各种人的要求，而且给出了按这种要求的分层，然后转化为信息系统目标的结构化方法。它能保证目标比较全面，疏漏较少，但它在突出重点方面不如 CSF 方法。

BSP 方法虽然也首先强调目标，但它没有明显的目标引出过程。它通过管理人员酝酿"过程"引出了系统目标，企业目标到系统目标的转换是通过组织/系统、组织/过程以及系统/过程矩阵的分析得到的。这样可以定义出新的系统以支持企业过程，也就把企业的目标转化为系统的目标，所以识别企业过程是 BSP 战略规划的中心，绝不能将 BSP 方法的中心内容当成 U/C 矩阵。

若将这三种方法结合起来使用，则称它为 CSB 方法，即 CSF、SST 和 BSP 结合。这种方法首先用 CSF 方法确定企业目标；其次，用 SST 方法补充完善企业目标，并将这些目标转化为信息系统目标；最后，用 BSP 方法校核两个目标，并确定信息系统结构，这样就补充了单个方法的不足。当然这也使得整个方法过于复杂，从而削弱了单个方法的灵活性。到目前为止，信息系统战略规划还没有一种十全十美的方法。由于战略规划本身的非结构性，可能永远也找不到唯一解。进行任何一个企业的规划均不应照搬以上方法，而应当具体情况具体分析，选择以上方法可取的思想，灵活运用。

4.2 基于企业流程重组的信息系统规划

4.2.1 企业流程重组概述

企业流程重组(Business Process Reengineering，BPR)，又称企业流程再造，是 20 世纪

80 年代后期在管理学界引起关注的一个课题,在 20 世纪 90 年代以后与管理信息系统关系日益紧密。

企业流程重组一词出自两位美国企业管理专家——米切尔•哈默(Michael Hammer)和詹姆斯•钱皮(James Champy),他们的一本著作《企业流程重组——商业革命的蓝图》在 20 世纪 90 年代初期产生了很大的影响。由于 20 世纪 80 年代中期日本经济的发展和美国经济的衰落,美国的管理学家开始探讨其原因。他们观察了许多企业,发现在 20 世纪美国有两类企业很值得研究,第一类是快速发展的企业,如微软公司等;第二类是走向消亡的企业,许多传统企业尽管很有实力,但却失去了往日的辉煌,每况愈下。他们发现在第二类公司中有许多通病,表现为人浮于事、效率低下。例如,福特公司的会计应付账部门中,用了马自达(Mazda)公司 100 倍以上的人力。他们的领导人看了马自达的工作后,仍无法确定自己公司里哪些人可以节省。健康护理行业的一项研究表明,84%的医院雇员的时间没有花费在护理患者的工作上,而是在做一些保持纪录、计划日程、参加会议等工作。一家金融计算机软件公司 IBM Credit 发现,过去他们需要 6 天到两个星期的工作,现在可以在 90 分钟内做完。

哈默和钱皮在观察了许多企业之后,发现许多公司的过程、政策都妨碍了公司工作的效率。对此,他们提出了进行企业流程重组的概念。他们认为企业流程重组是一种对企业的重塑(创新),没有什么过程是不可改变的,所有的活动都需要仔细检查。在他们的著作中提出了这样一些有关企业流程重组的基本观点:首先,他们认为传统的企业生产方式已经不适应现在的社会和企业。分工工作方式、金字塔形组织结构、以提高企业的产品生产量为中心等传统的方法曾经是使美国经济迅速发展的法宝,但是随着信息产业的发展和技术手段的引进,这些传统的法宝却变成了阻碍经济发展的绊脚石。另外,在今天的市场中,不容忽视的三种力量是 3C,即顾客(Customer)、竞争(Competition)、变化(Change)。为了适应这三种力量,企业要想发展,最重要的就是以工作流程为中心,重新组织工作。

企业流程重组的定义有几种,其中广为人知的就是它的奠基人哈默和钱皮的定义,即"BPR 是对企业的业务流程做根本性的思考和彻底重建,其目的是在成本、质量、服务和速度等方面取得显著的改善,使得企业能最大限度地适应以顾客、竞争、变化为特征的现代企业经营环境"。事实上,BPR 对"显著性"有具体的要求:将生产周期缩短 70%,成本降低 40%,顾客满意度、产品质量和总收入均提高 40%等。

哈默和钱皮用了许多例子来证明他们的这样一个观点:进行企业改造不是修修补补,而是一个彻底的工程,需要建立一支有力的改造队伍,抓住企业中的某些通病开刀,重新设计企业的工作流程,进行新的工作集成化。这样,才有可能使企业适应时代的潮流,健康地成长。在管理信息系统研究领域,许多专家也认为信息系统的引进必须与企业流程重组的概念紧密地结合起来,没有彻底改造企业的精神和勇气,企业信息化往往流于形式或以失败告终。

【案例 4-3】 福特公司的"无票据处理"流程的再造

当福特(Ford)公司借助办公自动化将北美财务部门的员工从 500 多人减少到 400 多人时，他们发现马自达(Mazda)公司的财务部只有五个人，办公效率却是福特的五倍。于是他们对现有系统进行分析，发现负责结算付款业务的员工把大量的时间都花在采购部门的订货单、验收部门的收货记录和供应商提供的发票的审核过程上，只有确认三种单据无误才办理付款；而订货单、收货记录和发票之间不一致的现象极为普遍，核对工作集中在财务部，对各种问题的调查和确认花去了业务人员很多时间，使付款业务的办理效率很低。对这一业务流程进行彻底改造的核心就是实现"无票据处理"，防止不一致现象的发生。经过重组后的流程无须供应商提供发票，采购部门在发订单给供应商的同时，就将订货单输入联机数据库，验收部门收到货物后，查询数据库中的资料，核对无误后办理签收，系统会自动提示财务人员签发付款支票给供应商。经过业务流程重组，使财务部门在核准付款之前必须审核的项目从 14 个项目减少到三个项目，从而使福特公司财务部门的员工减少了 75%，工作质量却极大提高了。

4.2.2 企业流程重组的目标

在 20 世纪 90 年代，美国许多企业都进行了企业流程重组，但约有 50%的企业都没有成功。从这些失败的企业流程重组过程中得到的经验是：在实施企业流程重组时应当明确目标，量力而行。在以信息系统为手段进行企业流程重组时，应根据企业的情况先设定适当的目标，再按照一些成熟的经验和原则来实施。最基本的企业流程重组目标是使得企业的作业合理化，稍高一些的目标可放在工作的集成化和任务功能的一体化上，最激进的目标则是全公司的转型。

1. 合理化

合理化(Streamline)是观察现行的工作流程，发现其中不合理的成分，对其进行改造。为了使作业过程更加合理，需要找到一些可以称为"瓶颈"的作业，将这些作业用新的信息处理手段来代替，从而消除在作业流中的阻碍，使得作业的效率更高。例如，日本东芝公司实施了一个新的全球基础设施计划，东芝的推销员可以在世界各地使用这个设施取得他们的数据，从而给他们的笔记本电脑推销带来极高的效益。在这个全球基础设施的实施过程中，东芝公司的一个重要措施是进行网络接口的合理化。他们发现东芝的网络接口过去没有统一，有多种规格。找到了这个瓶颈以后，他们就重新设计了公司的网络接口。不管推销员在哪里，使用何种计算机，接入网络都十分迅速。东芝公司还设计了操作手册，并重新设计了数据项的命名法和它们的格式等。这样使得他们的全球推销效率极大提高，现在已经成为世界最大的笔记本电脑生产公司之一。

2. 集成化

集成化(Integration)的思想是企图打破过去垂直分割的组织结构，用一种更合理的组织结构来代替金字塔形的、僵硬的组织结构。例如，福特公司的企业流程重组就是实施了集成化。过去，该公司的销售、订货、会计、库存管理都是相互独立的，相互之间主要靠单据来传递信息。例如，采购部订了一批货，就将订货单送到会计部门，会计部门根据单据检查是否有应收账款，库存单位根据转来的单据决定是否应当对送到的货物进行验收。这种方法使得各个部门相互独立、互不协调，工作效率很低。福特公司经过企业流程重组后，打破了这种人为的部门之间的分割，根据业务将这些有关的部门集成在一起。现在，他们主要通过计算机来实施相互之间的信息传递，结果大大提高了效率，消除了重复性工作，减少了等待其他部门处理完毕的时间。

3. 范式变迁

范式变迁(Paradigm Shift)是最为激进的组织变革，这意味着要重新认识企业现行的业务和企业的本质，考虑是否采用根本的改革手段。例如，一个银行因为自己的效率低下，考虑应如何进行企业流程重组。它的经营顾问建议它将缺乏效率的各个分理处裁掉，改用Internet技术来建立一个虚拟银行借贷系统。

4.2.3 企业流程重组的业务流程

企业流程重组的对象是企业的业务流程。在企业中，一般可能进行再造的业务流程有以下几个方面。

(1) 企业的决策点。传统企业的决策可能是"高高在上"的领导作出的，距离决策现场很远，决策速度慢，产生错误的可能性大。

(2) 企业数据收集处。传统的企业中信息收集的问题往往是使用手工的或过时的信息技术，信息是冗余的或者是重复收集的。

(3) 工作的安排方式。企业中许多工作可能是不必要的，或者是不合理的，通过再造可使得效率极大提高。

(4) 控制点和控制方式。由于控制点设置得不对，或者控制方式不恰当，企业的业务流程中可能有许多瓶颈，它们阻碍了业务的顺利进行。

(5) 信息的生成和维护。信息的生成可能效率低下或是没有很好地维护。

(6) 工人和管理者的角色。管理者不恰当地将自己摆放在监督的地位，没有发挥工人的主观能动性。

4.2.4 企业流程重组的基本原则

对于上述问题，企业管理研究者们提出了一些企业流程重组的基本原则。

(1) 要围绕着结果组织工作，而不是任务。不要仅仅将工作分解为任务，而应当考虑工作的结果，根据结果来安排工作，尽可能地让一个人能够在这个工作结果完成的过程中承担多项任务。这样，不但节省了一个工作者和另一个工作者之间的交接工序，同时，也使得工作者自己能够对作业的过程进行控制。

(2) 一次性地捕捉数据。当它第一次被创建时，数据总是通过某种途径进入企业的数据库中，如录入人员的输入、电子收款机的操作、秘书的工作等。但是，在许多情况下，数据会多次进入数据库，如职工的姓名，可能通过秘书，也可能通过人事部门的工作人员录入系统中。这种数据的冗余不仅是低效的，而且是危险的，应当尽量避免。

(3) 允许在工作现场决策。过去，许多工作者的工作是由管理者来检查的，其原因是大家认为现场工作者缺乏足够的知识。因此，工作者往往对自己的工作并不认真去检查，而检查者很可能因为缺乏现场经验，发现不了关键的问题。企业流程重组的一个基本概念是相信第一线的工作者，并赋予他们决策的权力。这种思想的实质是改变了传统的金字塔形组织的做法，减少了组织的层次，将权力下放到基层。这样，从某种程度上，工作者自己就成为管理者。

(4) 将控制融合于信息处理之中。过去，信息的收集者和信息的处理者是分离的，其原因是信息的收集者不懂得信息处理的知识。例如，在福特公司，过去在库存部门创建了所收到货物的信息，要将点货单交到会计部门做应收账款处理。但通过使用信息系统进行企业流程重组，就可以将信息的控制融合到信息处理之中，例如库存部门可以直接通过信息系统控制应收账款的记账工作。

(5) 让熟悉某作业过程的人去做该工作。例如，在许多企业都有采购部门，各个部门需要的部件都由采购部门统一采购。但是人们发现采购部门本身会消耗大量资源，有的设备的采购成本甚至高于设备自身的成本。企业流程重组使得人们可以自行指定供应商，这样，在采购某种物品时，只要计算机通过了检验，就不必再层层上报了。有些情况下，甚至供应商会直接送货上门。Wal-Mart 建立了一个连续供货系统，将他们商店的信息送到总部，由总部发出指令，通知送货上门。

(6) 用并行工作代替串行工作，然后将结果整合。1990年以前的公司大多是以职能为基础的，职员仅仅是为他们的工作而工作，而不是面向目标或结果。但是，实际上企业中的许多业务是需要跨越组织中的职能部门的。因此，当进行这种业务时，就需要在各个职能部门之间进行信息交换，不但步骤很多，而且往往是串行工作方式，只要某个环节卡住，整个工作就被耽误下来了。基于过程的新的工作方式力图改善这种情况。基于过程的工作方式采取水平结构，将不同部门和有专长的人组织起来构成任务小组。过去许多人的工作，现在交给计算机来完成。例如保险工作，过去需要六个步骤，第1人接受申请，第2人检查附加材料，第3人检查雇用情况，第4人计算偿还能力等，直到最后批准人签字，而现在这些工作都可以用计算机来辅助工作者，可以在计算机的支持下并行地进行，这样就极大地提高了效率。

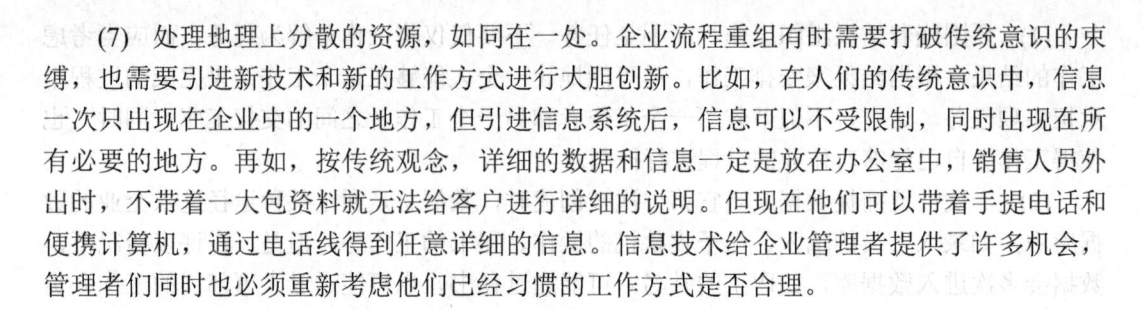

(7) 处理地理上分散的资源，如同在一处。企业流程重组有时需要打破传统意识的束缚，也需要引进新技术和新的工作方式进行大胆创新。比如，在人们的传统意识中，信息一次只出现在企业中的一个地方，但引进信息系统后，信息可以不受限制，同时出现在所有必要的地方。再如，按传统观念，详细的数据和信息一定是放在办公室中，销售人员外出时，不带着一大包资料就无法给客户进行详细的说明。但现在他们可以带着手提电话和便携计算机，通过电话线得到任意详细的信息。信息技术给企业管理者提供了许多机会，管理者们同时也必须重新考虑他们已经习惯的工作方式是否合理。

4.2.5 基于 BPR 的信息系统规划步骤

信息系统规划和企业流程重组有着密切的关系，越来越多的企业在信息系统规划时，往往在企业过程分析时融入 BPR 的思想，现在更有将二者合二为一的趋势。基于 BPR 的信息系统规划的主要步骤如下。

(1) 系统战略规划阶段。该阶段主要是明确企业的战略目标，认清企业的发展方向，了解企业运营模式；进行业务流程调查，确定成功实施企业战略的成功因素，并在此基础上定义业务流程远景和信息系统战略规划，以保证流程再造、信息系统目标与企业的目标保持一致，为未来工作的进行提供战略指导。

(2) 系统流程规划阶段。面向流程进行信息系统规划，是数据规划与功能规划的基础。其主要任务是选择核心业务流程，并进行流程分析，识别出关键流程以及需要再造的流程，并勾画重构后的业务流程图，直至流程再造完毕，形成系统的流程规划方案。

(3) 系统数据规划阶段。在流程重构的基础上，识别和分类由这些流程产生、控制和使用的数据。首先定义数据类，所谓数据类，指的是支持业务流程所必需的、逻辑上的相关数据，然后进行数据的规划。按时间长短，可以将数据分为历史数据、年报数据、季报数据、月报数据、日报数据等；按数据是否共享，可以将数据分为共享数据和部门内部使用数据；按数据的用途，可以将数据分为系统数据(系统代码等)、基础数据和综合数据等。

(4) 系统功能规划阶段。在对数据类和业务流程了解的基础上，下一步就是建立数据类与过程的关系矩阵(U/C 矩阵)，对它们的关系进行综合，并通过 U/C 矩阵识别子系统，进一步进行系统总体逻辑结构规划，即功能规划，识别功能模块。

4.3 系统的结构化开发方法

4.3.1 系统结构化开发方法的基本思想

用系统的思想和系统工程的方法，按照用户至上的原则，结构化、模块化、自上向下地对系统进行分析与设计。将整个信息系统的开发过程划分为若干个相对独立的阶段，如系统规划、系统分析、系统设计和系统实施等。在前三个阶段坚持自上向下地对系统进行结构化划分。在系统调查和规划管理业务时，应从最顶层的管理业务入手，逐步深入最基层；在系统分析阶段提出目标系统方案和系统设计时，应考虑从宏观整体入手，先考虑系统整体的优化，然后再考虑局部的优化问题；在系统实施阶段，则坚持自底向上地逐步实施，即组织人员从最基层的模块做起(编程)，然后按照系统设计的结构，将模块一个个拼接到一起进行调试，自底向上、逐步地构成整个系统。

4.3.2 系统结构化开发方法的过程

用结构化系统开发方法(Structured System Development Methodology)开发一个系统时，将整个开发过程划分为首尾相连的五个阶段，即一个生命周期(Life Cycle)。

(1) 系统规划：根据用户的系统开发请求，进行初步调查，明确问题，确定系统目标和总体结构，确定分阶段实施进度，然后进行可行性研究。

(2) 系统分析：分析业务流程、数据与数据流程以及功能与数据之间的关系，最后提出分析处理方式和新系统逻辑方案。

(3) 系统设计：进行总体结构设计、代码设计、数据库(文件)设计、输入/输出设计、模块结构与功能设计，根据总体设计，配置与安装部分设备，进行试验，最终给出设计方案。

(4) 系统实施：同时进行编程(由程序员执行)和人员培训(由系统分析设计人员培训业务人员和操作员)，以及数据准备(由业务人员完成)，然后投入试运行。

(5) 系统运行与维护：进行系统的日常运行管理、评价和监理审计，修改、维护和局部调整，在出现不可调和的大问题时，进一步提出开发新系统的请求，旧系统生命周期结束，新系统诞生，构成系统的一个生命周期。

4.3.3 系统结构化开发方法的特点

系统结构化开发方法的特点如下。

(1) 自顶向下整体地进行分析与设计和自底向上逐步实施的系统开发过程：在系统规划、分析与设计阶段，从整体全局考虑，自顶向下地工作；在系统实施阶段则根据设计的要求，先编制具体的功能模块，然后自底向上逐步实施整个系统。

(2) 用户至上是影响成败的关键因素，在整个开发过程中，要面向用户，充分了解用户的需求与愿望。

(3) 符合实际，客观性和科学化，即强调在设计系统之前，深入实际详细地调查研究，努力弄清楚实际业务处理过程中的每一个细节，然后分析研究，制订出科学合理的目标系统设计方案。

(4) 严格区分工作阶段，把整个开发过程划分为若干个工作阶段，每一个阶段都有明确的任务和目标以及预期达到的工作成效，以便计划和控制进度，协调各方面的工作。前一阶段的工作成果是后一个阶段的工作依据。

(5) 充分预料可能发生的变化：环境变化、内部处理模式变化以及用户需求发生变化。

(6) 开发过程工程化，要求开发过程的每一步都要按工程标准规范化，工作文体或文档资料标准化。

4.3.4 系统结构化开发方法的优缺点

1. 优点

系统结构化开发方法适用于大型信息系统的开发，它的主要优点如下。

(1) 注重系统开发过程的整体性和全局性。在开发策略上强调采用"自顶向下"的原则分析和设计系统，首先解决全局问题，强调在系统整体优化的前提下，考虑具体的解决方案。

(2) 严格区分工作阶段。整个开发过程的阶段和步骤都非常清晰，每一个阶段和每一个步骤均有明确的成果，并可作为下一步工作的依据，以避免造成浪费和混乱。

(3) 立足全局，步步为营，减少返工，有利于提高开发质量，加快开发进度。

(4) 目标明确，阶段性强，开发过程易于控制。

2. 缺点

系统结构化开发方法的一些缺点如下。

(1) 开发过程复杂烦琐，难以准确定义用户需求。

(2) 系统开发周期过长，难以适应环境的变化。

(3) 见效慢，风险较大。

(4) 相当耗费资源。

(5) 不适用于面向决策的系统开发，适用于大型系统和复杂系统。

4.4 系统开发的原型法

原型法(Prototyping Approach)是一种用户参与系统设计并修改直到满足用户需求的系统开发方法。

4.4.1 原型法的基本思想

在管理信息系统开发的开始阶段，凭借系统开发人员对用户需求的理解与用户共同确定系统的基本要求和主要功能，在强有力的硬件和软件环境支持下，给出一个满足用户需求的初始系统原型，然后与用户反复协商修改，最终形成 MIS 系统。它的基本思想是：系统开发人员首先对用户提出的问题进行理解、研究和总结，快速建立原型系统并运行。在运行过程中，不断发现新情况、新问题，反复修改，增加新功能，直到用户满意为止。

原型法采用了"自下而上"的开发策略，对系统设计一步一步地提炼并给予用户参与的机会，避免了冻结需求问题，因此更容易被用户接受。但是，如果开发人员与用户合作不畅，就会影响系统的开发时间。

4.4.2 原型定义的策略

原型化方法以下(以下简称"原型法")是以一种与严格定义法截然不同的观点看待需求定义问题的方法。原型化的需求定义过程是一个开发人员与用户通力合作的反复过程。从一个能满足用户基本需求的原型系统开始，允许用户在开发过程中提出更好的要求，根据用户的要求不断地对系统进行完善，它实质上是一种迭代的、循环型的开发方式，如图 4-10 所示。

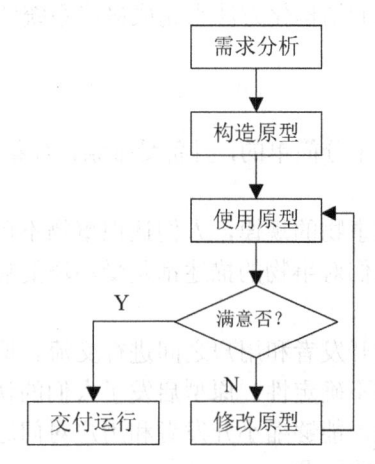

图 4-10 原型法的开发过程

采用原型法时需要注意以下几个问题。

(1) 并非所有的需求都能在系统开发前被准确地说明。事实上，要想严密、准确地定义任何事情都是有一定难度的，更不用说是定义一个庞大系统的全部需求。用户虽然可以叙述他们所需最终系统的目标以及大致功能，但是常常对某些细节问题却不是十分清楚。一个系统的开发过程，无论是对开发人员还是对用户来说，都是一个学习和实践的过程，为了帮助他们在这个过程中提出更完善的需求，最好的方法就是提供现实世界的实例——原型，对原型进行研究、实践并进行评价。

(2) 项目参加者之间通常都存在交流上的困难，原型提供了克服该困难的一个手段。用户和开发人员通过屏幕、键盘进行对话、讨论和交流，从他们自身的理解出发来测试原型。一个具体的原型系统，由于直观性、动态性而使项目参与者之间产生交流上的困难。

(3) 需要实际的、可供用户参与的系统模型。虽然图形和文字描述是一种较好的通信交流工具，但是其最大缺陷是缺乏直观的、感性的特征，因而不易理解对象的全部含义。交互式的系统原型能够提供生动的规格说明，用户见到的是一个"活"的、实际运行着的系统。实际使用在计算机上运行的系统显然比理解纸面上的系统要深刻得多。

(4) 有合适的系统开发环境。随着计算机硬件、软件技术和软件工具的迅速发展，软件的设计与实现工作越来越方便，对系统进行局部性修改甚至重新开发的代价大大降低。所以，对大系统的原型化已经成为可能。

(5) 反复是完全需要和值得提倡的，但需求一旦确定，就应遵从严格的方法。对系统改进的建议来自经验的发展，应该鼓励用户改进他们的系统，只有做必要的改变后，才能使用户和系统之间获得更加良好的匹配。所以，从某种意义上来说，严格定义需求的方法实际上抑制了用户在需求定义以后再改进的要求，这对提高最终系统的质量是有害的。另外，原型法的使用并不排除严格定义方法的运用，当通过原型并在演示中得到明确的需求定义之后，即应采用行之有效的结构化方法来完成最终系统的开发。

4.4.3 原型法的特点

原型法从原理到流程都是十分简单的，且备受推崇，有着传统方法无法比拟的优越性，它具有如下特点。

(1) 原型法符合人们认识事物的规律，人们认识事物不可能一次就完全了解，认识和学习的过程是循序渐进的；人们对事物的描述都是受环境的启发不断完善的；人们改进一些事物比创造一些事物容易。

(2) 原型法有利于项目的开发者和用户之间进行交流。原型提供了具体的、看得见、摸得着的模型，减少了误解和不确定性；原型启发了人们的认识，其直观性使之能准确描述需求；原型通过具体的系统，能够缩小开发者和用户对问题的理解与认识的差距；原型模型能够及早地暴露系统存在的问题。

(3) 实际的原型为准确认识问题创造了条件。原型的直观性、感性特征易使用户理解系统的全部含义；讨论的原型是开发者与用户共同确认的；讨论问题的标准是统一的；信息的反馈是及时的。

(4) 能充分利用最新的系统开发环境。利用最新的软件工具，建立系统的开发、生成环境；计算机技术的发展使得系统局部修改或重新开发成为可能；新技术加快了速度，减少了费用，提高了效率。

(5) 原型法将系统的调查、分析和设计融为一体。用户一开始就能看到系统实现以后的具体样子，消除了心理负担，打消了对系统是否可实现、是否适用等疑虑；为用户参与开发过程创造了一个良好的条件；提高了用户参与系统开发的积极性。

4.4.4 原型法的开发环境

由于计算机硬件的迅速发展，目前硬件已经能够满足原型化开发的需要。下面我们将介绍原型法所需的软件和工作环境的基本要求。

1. 对软件的基本要求

在原型开发方法中，由于需要迅速实现原型、投入运行并不断修改，所以对开发工具提出了更高的要求。一般认为，采用原型法需要以下基本开发工具。

(1) 集成化的数据字典。用来保存全部有关的系统实体(数据元素、程序、屏幕格式和报告等)的定义和控制信息，它可以辅助生成系统的某些部件。

(2) 高性能的数据库管理系统。它使文件的设计、数据的存储和查询更为方便，并简化了程序的开发。

(3) 超高级语言。例如第四代语言(4GL)，它能支持结构化程序技术且交互性能强，可以减轻复杂的编码过程。

(4) 报告生成器。与数据字典融为一体，允许原型开发人员使用非过程化的语言，快速生成自由格式的用户报表。

(5) 屏幕格式生成器。能够快速建成用户所需的屏幕格式。

(6) 自动文档编写机制。与数据字典相联系，随着原型化开发的进行，能够自动保存和维护所产生的文档。

前面所说的第四代语言(Fourth Generation Language)，与我们通常使用的过程式语言[也称第三代语言(Third Generation Language，3GL)]相比，其主要的特点是：面向结果而不是面向过程，用户界面友善，编码行要比 3GL 少得多，高度交互地解释执行，有某些编译性的特征。

在原型化开发中，开发工具的集成化是相当重要的，图 4-11 描述了一个集成化的软件开发环境。其中，一个集成化的数据字典将各种资源和开发工具加以联系，所有的工具都通过数据字典进行通信，形成一体化的开发环境，从而使得高效率的原型开发成为可能。

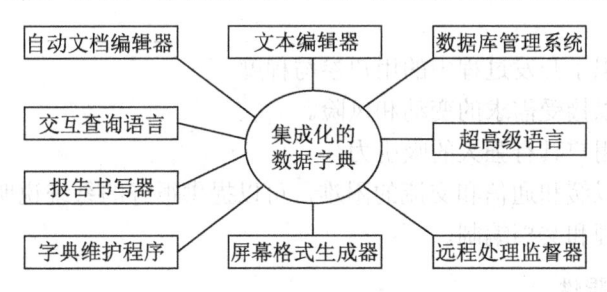

图 4-11 集成化的软件开发环境

以上论述的软件要求是比较理想的情况。国外近年来的几个开发实例说明，在上述条件不能全部满足时，仍然可以进行小规模的原型化开发。

在大多数常规软件中，执行速度是衡量软件质量的重要标准；而对原型软件来说，运行速度则是次要的。在原型软件开发中首先考虑的是原型化开发人员的最佳生产率。

2. 对工作环境的基本要求

为了提高原型开发的生产率，需要提供一个合适的工作环境，例如以下几种。

(1) 系统开发工作室。一个自封闭式的工作环境，有利于促进合作、减少约会时间以及提高数据和资料的利用率。

(2) 快速响应的环境在原型演示过程中是很有必要的。一般的要求是：交互式过程中，响应不得超过5s；批处理方式中，响应不能超过15min。如果用户在屏幕前等待时间过长，将会削弱对原型的兴趣和信心。

(3) 规范的原型构成过程。必要的规范和标准能加快原型的建立和向最终系统的转换。利用规范的开发技术，将使现有程序"切割和粘贴"出新程序成为可能，从而加快开发速度。

(4) 演示设施是审查和评价原型的重要手段。有条件时可将显示器与大屏幕投影机相连，只要有必要，就可对任何屏幕形式展开讨论。

4.4.5 原型法的优缺点和适用范围

通过上述介绍可知，原型法通过对原型的反复使用、评价和修改，给用户和开发人员双方提供了一个学习和实践的机会，从而对系统需求产生新的认识，提出新的需求。该过程与人们的认识论相一致，这正是原型法能够克服严格定义层难以克服的困难的根本原因。

1. 原型法的优点

原型法主要有以下几个优点。

(1) 原型法以用户为中心开发系统，提供了一个验证用户需求的环境，允许在系统开发生命期的早期进行人机交互测试，提高了人们对最终系统的安全感，便于应用实例来建立新系统。

(2) 原型法加强了开发过程中的用户参与程度。

(3) 原型法可以接受需求的变动和风险。

(4) 原型法对用户具有强大的吸引力。

(5) 原型法可以缓和通信和交流的困难，可以提供很好的系统说明和示范，可以简化开发过程的项目管理和文档编制。

2. 原型法的局限性

作为一种具体的开发方法，原型法不是万能的，有其一定的局限性，具体如下。

(1) 对于大型的系统，如果不经过系统分析来进行整体性划分就想直接用屏幕一个一个地进行模拟，那是很困难的。

(2) 对于大量的运算、逻辑性较强的程序模块，原型法很难构造一个合适的模型来供人评判。

(3) 对于原基础管理不善、信息处理混乱的问题，使用原型法有一定困难。

(4) 对于批处理系统，因其大部分是内部处理，因此使用原型法有一定困难。

3. 原型法的适用范围

原型法的适用范围如下所述。

(1) 适用于小型、局部系统。

(2) 适用于规模较小的系统。

(3) 适用于业务处理过程比较简单或不太复杂的系统。

(4) 适用于业务需求相对较为确定(不一定很明确)的系统。

(5) 适用于具有较丰富的系统开发经验的人员采用。

【案例 4-4】　　　　原型法在管理信息系统开发中的应用

原型法是一种根据用户需求、利用系统快速开发工具建立一个系统模型，并在此基础上与用户交流、最终实现用户需求的快速管理信息系统开发方法。原型法开发过程包括系统需求分析、系统初步设计、系统调试、系统转换及系统检测与评价等阶段。用户仅需在系统需求分析与系统初步设计阶段完成对应用系统的描述；开发者在获取一组基本需求定义后，利用开发工具生成应用系统，快速建立一个目标应用系统的最初版本，并把它提交给用户试用、评价，并根据用户提出的修改建议补充，再进行新版本的开发，重复这个过程，不断地细化和扩充，直到生成一个用户满意的应用系统为止。例如，在某银行计划信息管理系统开发中，利用原型法进行系统开发的主要过程有以下几个方面。

1. 系统需求分析，系统初步设计

设计人员通过与计划处交流，明确本系统的设计目标，即通过对计划处中的资产负债表、损益表及计划处信贷收支表数据进行收集、存储、检索、传输、加工和分析，为计划处及其他管理部门的科学决策提供服务；并且根据确定的设计目标初步完成系统基本数据流程图、主要功能模块图和网络结构图的设计。

2. 系统模型的确定

为实现不同部门之间信息资源的共享，本系统的基本模式设计为典型的 Client/Server 体系结构，在分行计划处设立数据库服务器，作为数据处理中心，计划处及其他管理部门的客户机通过局域网与服务器相连进行操作。Server 端采用 Sybase 数据库作为数据库系统，Client 端采用 Delphi7 作为开发工具，网络协议采用 TCP/IP 的通信协议。

3. 系统模型的实现

使用面向对象的 Delphi7 设计界面快速且美观，因此本系统的 Client 端设计重点不是在界面设计上，而是在提高系统的通用性上。由于计划处报表统计条件改变频繁，这给生成报表数据带来一定的难度。本系统设计采用"参数表驱动法"，使数据与程序相分离，即基于通用报表结构的报表程序，极大地减轻了报表的编程工作量。Server 端设计主要是建立账务类、字典类及控制类系统数据库表。

  4. 用户审核

  将本系统的最初版本提交给计划处使用，根据计划处在使用过程中提出的修改意见，不断地完善系统，如此重复，直至计划处满意为止。

  5. 系统维护与评价

  本系统提交给计划处正式投入使用，为维护方便，建立了对应的系统开发档案，至此，本系统的开发过程基本结束。

4.5 面向对象方法

  从事软件开发的工程师常常有这样的体会：一方面，在软件开发过程中，使用者会不断地提出各种更改要求，即使在软件投入使用后，也常常需要对其做出修改。在使用结构化开发的程序中，这种修改是很困难的，而且还会因为计划或考虑不周，不但旧错误没有得到彻底改正，还会引入新的错误。另一方面，在过去的程序开发中，代码的重用率很低，使得程序员的效率并不高，为提高软件系统的稳定性、可修改性和可重用性，人们在实践中逐渐创造出软件工程的一种新途径——面向对象方法。

4.5.1 面向对象方法的基本思想

  面向对象方法(Object Oriented, OO)是分析问题和解决问题的新方法，其基本出发点就是尽可能按照人类认识世界的方法和思维方式来分析与解决问题。客观世界是由各种各样的对象所组成的，每种对象都有各自的内部状态和运动规律，不同的对象之间的相互作用和联系就构成了各种不同的系统。我们设计和实现一个客观系统时，如果能在满足需求的条件下，将系统设计成由一些不可变的(相对固定)部分组成的最小集合，这个设计就是最好的。因为它把握了事物的本质，因而不再被周围环境(物理环境和管理模式)的变化以及用户的变化的需求所左右，而这些不可变的部分就是所谓的对象。客观事物都是由对象组成的，对象是在原来事物基础上抽象的结果。任何复杂的事物都可以通过对象的某种组合而构成。面向对象方法正是以对象作为最基本的元素和分析问题、解决问题的核心。

  面向对象方法使设计的软件尽可能直接地描述现实世界，构造模块化、可重用、维护性好的软件且能控制软件的复杂性和降低开发费用。面向对象方法具有下述四个要点。

  (1) 认为客观世界是由各种对象组成的，任何事物都是对象，复杂的对象可以由比较简单的对象以某种方式组合而成。按照这种观点，可以认为整个世界就是一个最复杂的对象。因此，面向对象的软件系统是由对象组成的，软件中的任何元素都是对象，复杂的软件对象由比较简单的对象组合而成。

  (2) 把所有对象都划分成各种对象类(简称类)，每个对象类都定义了一组数据和一组方法，数据用于表示对象的静态属性，是对象的状态信息。因此，每当建立该对象类的一个新实例时，就按照类中对数据的定义为这个新对象生成一组专用的数据，以便描述该对象独特的属性值。

(3) 按照子类(或称为派生类)与父类(或称为基类)的关系，把若干个对象类组成一个层次结构的系统(也称为类等级)。

(4) 对象彼此之间仅能通过传递消息互相联系。

4.5.2 面向对象方法的基本概念

面向对象方法的中心是围绕着对象、类、属性、事件和消息等概念展开的，其中对象和类是该方法的核心。

1. 对象

对象(Object)就是客观世界中的任何事物在计算机程序世界里的抽象表示，或者说，是现实世界中个体的数据抽象模型。对象是一个封闭体，它由一组数据和施加于这些数据上的一组操作构成。对象由这样几个部分组成：对象的标识、数据、操作和接口。

(1) 标识：即对象的名称，用来在问题域中与其他对象相区别。

(2) 数据：描述对象属性的存储或数据结构，表明了对象的一种状态。

(3) 操作：即对象的行为，分为两类，一类是对象自身承受的操作，即操作结果修改了自身原有的属性状态；另一类是施加于其他对象的操作，即将产生的输出结果作为消息发送的操作。

(4) 接口：主要是指对外接口，是指对象受理外部消息所指定操作的名称集合。

一般来说，现实世界中可以独立存在的、能够被区分的一切实体(事物)都是对象。我们所研究的对象，只是现实世界中实体或概念在计算机中一种抽象模型化的表示。在这种抽象事物中封装了数据和操作，通过定义属性和操作来描述其特征和功能，通过定义接口来描述其地位及与其他对象的相互关系，从而形成一个动态的对象模型。对象的本质就是数据与操作的封装。

面向对象方法中的对象就是一些可重用部件，是面向对象程序设计的基本元素。

2. 类

类(Class)又称对象类，是具有相同或相似结构、操作和约束规则的对象组成的集合，是一组对象的属性和行为特征的抽象描述，或者说，是具有共同属性、共同操作方法(性质)的对象集合。

类中最基础的称为基类，是其他子类派生的基础。子类是在继承基类的基础上，又增加一些新的特性与功能构成的。

类由类说明和类实现两部分组成：类说明描述了对象的状态结构、约束规则和可执行的操作，定义了对象类的作用和功能；类实现是由开发人员研制实现对象类功能的详细过程以及方法、算法和程序。

例如，电视机、电话机和计算机等都是电子产品，它们具有电子产品的公共特性，当定义电视机类 Video、电话机类 Telephone 和计算机类 Computer 时，为避免它们公共特性的重复编码，可将这些电子产品的公共特性部分定义为电子产品类，将 Video、Telephone 和 Computer 定义为它的子类，子类继承了父类的所有属性和操作；子类自己还可扩充定义自己的属性和操作，如电子产品类具有型号、价格和颜色等属性。Computer 继承了这些属性并扩充自己的属性，如显示类型、内存大小等属性。

3. 属性

属性(Attribute)就是对象的特性，是对象外观及行为的特征。对象的属性可以在建立对象时从其所属的类(或子类)继承，也可以在对象创建或运行时进行修改与设置。

4. 事件

事件(Event)是对象可以识别和响应的行为与操作，它一般由用户或系统来触发。事件是固定的，用户不能再创建新的事件。

5. 消息

客观世界的各种事物都不是孤立的，而是相互联系、相互作用的。实际问题中的每一个个体也是相互联系、相互作用的。个体之间的相互联系反映了问题的静态结构，相互作用则反映了问题的动态变化。为能够反映出对象或对象类之间的相互联系和相互作用，就需要在它们之间发布、传递消息(Message)，即向其他对象发出服务请求。

4.5.3 面向对象方法的特性

一个对象具有抽象性、继承性、多态性和封装性等特性，要构造一个性能优越的面向对象系统就必须充分利用面向对象方法的这些特性。

1. 抽象性

所谓抽象性，是指在分析问题时，强调实体的本质、内在属性而忽略一些无关紧要的细节。它是分析问题的基本方法。对象抽象机制就是把对象的动态特性和静态特性抽象为数据结构以及在数据结构上所施加的一组操作。在系统开发的整个过程中，尤其是在分析阶段，抽象具有特别重要的意义，其作用如下。

(1) 使用抽象性仅涉及应用域的概念而不必涉及问题域的求解，因此可以尽可能避免过早地考虑实现的细节。

(2) 合理地使用抽象性，可以在分析、高级设计、程序结构、数据库结构以及文档化等阶段和过程中使用统一模型(对象模型)。

(3) 抽象性可以帮助我们明确对象是什么、对象做什么而不必考虑对象怎么做。

2. 继承性

人们在对客观世界的事物进行描述时，经常采取分类的方法。类是有层次的，即某个大类的事物可能分为若干个小类，而这些小类可能又分为若干个更小的类。

面向对象思想采纳了事物分类的层次思想，在描述类时，某些类之间具有结构和行为的共性。利用类之间的继承关系，可以简化对类的描述。在类人中描述教师类和学生类的共性，而在学生类和教师类中只需描述各自的个性。利用继承机制可以提高软件代码的可重用性。在设计一个新类时，不必从头设计编写全部的代码，可以通过从已有的具有类似特性的类中派生出一个类，继承原有类中的部分特性，再加上所需的新特性。

在设计类的层次结构时，应注意建立的类层次结构是否易于理解以及组织类结构的费用等方面的问题。设计出来的类层次结构是否合理，常常取决于系统分析员的经验等因素。

3. 多态性

在面向对象方法中，多态并不是指一个对象类有多种形态或状态，而是指同一个操作在不同的类中有不同的实现方法和不同的执行结果，即同一消息发送到不同类或对象可导致不同的操作结果。多态性可定义为："一个类中定义的属性或操作被继承之后，可以具有不同的数据类型或表现出不同的行为。这使得同一属性或操作在父类和子类(或子类的子类，可多次继承)中具有不同的语义。"

4. 封装性

封装是一种信息隐藏技术，对象内部对用户是隐藏的，不可直接访问；用户只能见到对象封装界面上的信息，通过对象的外部接口访问对象。用户向对象发送消息，对象根据收到的消息调用内部方法做出响应。封装的目的在于将对象的使用者和设计者分开，使用者无须知道对象内部实现的细节，只需知道对象接收的消息。

因为封装技术强调客观实体的内在属性和服务(操作)的不可分割性以及内部信息的隐蔽，自然而然地就增加了系统中对象的相对独立性，减少了它们之间的相互依赖，同时也增加了其应用的灵活性。

4.5.4 面向对象方法的开发过程

1. 面向对象方法的开发过程

面向对象方法的开发过程分为四个阶段。

(1) 系统调查和需求分析：对系统面临的问题和用户的开发需求进行调查研究。

(2) 分析问题的性质和求解问题：在复杂的问题域中抽象识别出对象及其行为、结构、属性和方法。这一个阶段一般称为面向对象分析(Object Oriented Analysis，OOA)。

(3) 整理问题：对分析的结果进一步抽象、归类整理，最终以范式的形式确定下来，即面向对象设计(Object Oriented Design，OOD)。

(4) 程序实现：使用面向对象的程序设计语言将其范式直接映射为应用程序软件，即面向对象实现(Object Oriented，OOP)，它是一个直接映射过程。

2. OOA 方法

面向对象分析的关键是识别出问题域内的对象，并分析它们相互之间的关系，最终建立起问题域的正确模型。

通常，面向对象分析过程从分析陈述用户需求的文件开始。需求陈述的内容包括：问题范围、功能需求、性能需求、应用环境及假设条件等。总之，需求陈述应该阐明"做什么"而不是"怎样做"，它应该描述用户的需求而不是提出解决问题的方法。在利用面向对象开发方法时，书写需求陈述要尽力做到语法正确，而且应该慎重选用名词、动词、形容词和同义词，然后系统分析员应该深入了解用户需求，抽象出目标系统的本质属性，并用模型准确地表示出来。

面向对象分析大体上按照下列顺序进行：建立功能模型、建立对象模型、建立动态模型以及定义服务。

1) 建立功能模型

功能模型从功能角度描述对象属性值的变化和相关的函数操作，表明了系统中数据之间的依赖关系以及有关的数据处理功能，它由一组数据流程图组成。其中的处理功能可以用 IPO 图、伪码等多种方式进行进一步描述。

建立功能模型首先要画出顶层数据流程图；其次，对顶层数据流程图进行分解，详细描述系统加工、数据变换等；最后，描述图中各个处理的功能。

2) 建立对象模型

复杂问题(大型系统)的对象模型由五个层次组成：主题层(也称为范畴层)、类—&—对象层、结构层、属性层和服务层，如图 4-12 所示。

图 4-12 大型系统的建立对象模型组成

这五个层次很像叠在一起的五张透明塑料片，逐层显现出对象模型的更多细节。在概念上，这五个层次是整个模型的五张水平切片。

3) 建立动态模型

当问题涉及交互作用和时序时(如用户界面及过程控制等)，建立动态模型是很重要的。

建立动态模型的第一步是编写典型交互行为的脚本。脚本是指系统在某一执行期间出现的一系列事件。编写脚本的目的是保证不遗漏重要的交互步骤，它有助于确保整个交互过程的正确性和清晰性。第二步，从脚本中提取出事件，确定触发每个事件的动作对象以及接受事件的目标对象。第三步，排列事件发生的次序，确定每个对象可能有的状态以及状态之间的转换关系。第四步，比较各个对象的状态，检查它们之间的一致性，确保事件之间的匹配。

4) 定义服务

通常在完整地定义每个类中的服务之前，需要先建立起动态模型和功能模型，通过对这两种模型的研究，能够更正确、更合理地确定每个类应该提供哪些服务。

正如前面已经指出的那样，"对象"是由描述其属性的数据及可以对这些数据施加的操作(即服务)封装在一起构成的独立单元。因此，为建立完整的动态模型，既要确定类的属性，又要定义类的服务。在确定类中应有的服务时，既要考虑类实体的常规行为，又要考虑在本系统中特殊需要的服务。

首先，考虑常规行为，在分析阶段可以认为类中定义的每个属性都是可以访问的，即假设在每个类中都定义了读、写该类每个属性的操作；其次，从动态模型和功能模型中总结出特殊服务；最后，应该尽量利用继承机制以减少所需定义的服务数目。

3. OOD 方法

面向对象设计如前所述，分析是提取和整理用户需求，并建立问题域精确模型的过程。设计则是把分析阶段得到的需求转变成符合成本和质量要求的、抽象的系统实现方案的过程。从面向对象分析到面向对象设计，是一个逐渐扩充模型的过程。或者说，面向对象设计就是用面向对象观点建立求解域模型的过程。

尽管分析和设计的定义有明显区别，但是在实际的软件开发过程中二者的界限是模糊的。许多分析结果可以直接映射成设计结果，而在设计过程中又往往会加深和补充对系统需求的理解，从而进一步完善分析结果。因此，分析和设计活动是一个多次反复迭代的过程。面向对象方法学在概念和表示方法上的一致性保证了在各项开发活动之间的平滑(无缝)过渡，领域专家和开发人员能够比较容易地跟踪整个系统的开发过程，这是面向对象方法与传统方法相比所具有的一大优势。

1) 模块化

面向对象软件开发模式很自然地支持将系统分解成模块的设计原理：对象就是模块。它是把数据结构和操作这些数据的方法紧密地结合在一起所构成的模块。

2) 抽象

抽象表示对规格说明的抽象和参数化抽象。

3) 信息隐藏

在面向对象方法中,信息隐藏通过对象的封装性实现:类结构分离了接口与实现,从而支持了信息隐藏。对于类的用户来说,属性的表示方法和操作的实现算法都应该是隐藏的。

4) 弱耦合

在面向对象方法中,对象是最基本的模块,因此,耦合主要是指不同对象之间相互关联的紧密程度。弱耦合是优秀设计的一个重要标准,因为这有助于使系统中某一部分的变化对其他部分的影响降到最低程度。当然,对象不可能是完全孤立的,当两个对象必须相互联系、相互依赖时,应该通过类的协议(即公共接口)实现耦合,而不应该依赖于类的具体实现细节。

5) 强内聚

强内聚是指在设计中使用的一个构件内的各个元素,对完成一个定义明确的目的所做出的贡献程度。在设计时应该力求做到高强内聚。

6) 可重用

软件重用是提高软件开发生产率和目标系统质量的重要途径。重用也叫再用或复用,是指同一事物不做修改或稍加改动就可多次重复使用。重用是从设计阶段开始的。重用有两方面的含义:一是尽量使用已有的类(包括开发环境提供的类库以及以往开发类似系统时创建的类);二是如果确实需要创建新类,则在设计这些新类的协议时,应该考虑将来的可重复使用性。

4. OOP 方法

面向对象实现主要包括两项工作:一是把面向对象设计结果翻译成用某种程序语言书写的面向对象程序;二是测试并调试面向对象的程序。

面向对象程序的质量基本上由面向对象设计的质量决定,但是,所采用的程序语言的特点和程序设计风格也将对程序的生成、可重用性及可维护性产生深远影响。

1) 面向对象的语言与非面向对象的语言

面向对象设计的结果既可以用面向对象语言的实现,也可以用非面向对象语言的实现。使用面向对象的语言时,由于语言本身充分支持面向对象概念的实现,因此,编译程序可以自动把面向对象概念映射到目标程序中;使用非面向对象的语言编写面向对象程序时,则必须由程序员自己把面向对象概念映射到目标程序中。

应该选用面向对象的语言还是非面向对象的语言,关键不在于语言功能的强弱。选择编程语言的关键因素是语言的一致的表达能力、可重用性及可维护性。从面向对象观点来看,能够更完整、更准确地表达问题和语义的面向对象语言的语法是非常重要的。

一般来说,纯面向对象的语言着重支持面向对象方法研究和快速原型的实现,而混合型面向对象的语言的目标则是提高运行速度和使传统程序员容易接受面向对象思想。成熟的面向对象的语言通常都提供丰富的类库和强有力的开发环境。

　　2) 程序设计风格

　　良好的程序设计风格对保证程序质量来说是非常重要的。良好的程序设计风格对面向对象实现来说尤其重要，不仅能明显减少维护或扩充的开销，而且有助于在新项目中重用已有的程序代码。

　　良好的面向对象程序设计风格，既包括传统的程序设计风格和准则，也包括为适应面向对象方法所特有的概念(如继承性)而必须遵循的一些新准则。

　　3) 面向对象测试

　　一般来说，对面向对象软件的测试可分下列四个层次进行。

　　(1) 算法层：测试类中定义的每个方法，基本上相当于传统软件测试中的单元测试。

　　(2) 类层：测试封装在同一个类中的所有方法与属性之间的相互作用。在面向对象软件中类是基本模块，因此可以认为这是面向对象测试中所特有的模块(单元)测试。

　　(3) 主题层：测试一组协同工作的类－&－对象层之间的相互作用。大体上相当于传统软件测试中的子系统测试，但是也有面向对象软件的特点。例如，对象之间通过发送消息相互作用。

　　(4) 系统层：把各个子系统组装成完整的面向对象软件系统，在组装过程中同时进行测试。设计测试方案的传统技术(例如，逻辑覆盖、等价划分、边界值分析和错误推测等方法)，仍然可以作为测试类中每个方法的主要技术。面向对象测试的主要目标，是用尽可能低的测试成本和尽可能少的测试方案发现尽可能多的错误。但是，面向对象程序中特有的封装、继承和多态等机制也给面向对象测试带来了一些新的特点，增加了测试和调试的难度。

4.5.5　面向对象方法的优缺点

1. 面向对象方法的优点

(1) 是一种全新的系统分析设计方法(对象、类、结构属性和方法)。

(2) 适用于各类信息系统的开发。

(3) 实现了对客观世界描述到软件结构的直接转换，大大减少了后续软件的开发量。

(4) 开发工作的重用性、继承性高，降低重复工作量。

(5) 缩短了开发周期。

2. 面向对象方法的缺点

(1) 需要一定的软件支持环境。

(2) 不太适宜大型的 MIS 开发，若缺乏整体系统设计划分，易造成系统结构不合理、各部分关系失调等问题。

(3) 只能在现有业务的基础上进行分类整理，不能从科学管理角度进行理顺和优化。
(4) 初学者不易接受、难学。

面向对象方法把分析、设计和实现很自然地联系在一起。虽然面向对象设计原则上不依赖于特定的实现环境，但是实现结果和实现成本却在很大程度上取决于实现环境。因此，直接支持面向对象设计范式的面向对象程序语言、开发环境及类库，对于面向对象实现来说是非常重要的。

为了把面向对象设计结果顺利地转变成面向对象程序，首先应该选择一种适当的程序设计语言。面向对象的程序设计语言适合用来实现面向对象设计结果。事实上，具有方便的开发环境和丰富的类库的面向对象程序设计语言，是实现面向对象设计的最佳选择。

良好的程序设计风格对于面向对象实现来说非常重要。它既包括传统的程序设计风格准则，也包括与面向对象方法的特点相适应的一些新准则。

面向对象方法使用独特的概念完成软件开发工作，因此，在测试面向对象程序时，除了继承传统的测试技术之外，还必须研究与面向对象程序特点相适应的新的测试技术。在这方面需要做的研究工作还有很多，目前已逐渐成为国内外软件工程界研究的一个新的热门课题。

4.6 计算机辅助软件工程

20 世纪 80 年代，计算机图形处理技术和程序生成技术的出现，缓和了系统开发过程中的系统分析、系统设计和开发"瓶颈"，即集图形处理技术、程序生成技术、关系数据库技术和各类开发工具于一身的计算机辅助软件工程(Computer Aided Software Engineering，CASE)工具代替了人在信息处理领域中的重复性劳动。

4.6.1 CASE 的基本思路

CASE 解决问题的基本思路是：在前面所介绍的任何一种系统开发方法中，如果自对象系统调查后，系统开发过程中的每一步都可以在一定程度上形成对应关系，那么就可以完全借助专门研制的软件工具来实现上述的系统开发过程。这些系统开发过程中的对应关系包括：结构化方法中的业务流程分析——数据流程分析——功能模块设计——程序实现；业务功能一览表——数据分析、指标体系——数据/过程分析——数据分布和数据库设计——数据库系统等；面向对象方法中的问题抽象性——属性、结构和方法定义——对象分析——确定范式——程序实现等。

4.6.2 CASE 的特点

CASE 方法具有下列特点。

(1) 解决了从客观世界对象到软件系统的直接映射，强有力地支持软件/信息系统开发的全过程。
(2) 使结构化方法更加实用。
(3) 自动检测的方法大大提高了软件的质量。
(4) 使原型法和面向对象方法付诸实施。
(5) 简化了软件开发的管理和维护。
(6) 加速了系统的开发过程，使软件开发的速度加快而且功能进一步完善。
(7) 使开发者从繁杂的分析设计图表和程序编写工作中解放出来。
(8) 使软件的各部分能重复使用。
(9) 能够创建统一的、标准化的系统文档。

现在，CASE中集成了多种工具，这些工具既可以单独使用，也可以组合使用。CASE的概念也由一种具体的工具发展成为开发信息系统的方法学。

4.6.3 CASE的开发环境

1. CASE环境的特点

在实际开发一个系统时，CASE环境的应用必须依赖于一种具体的开发方法，如结构化方法、原型法和面向对象方法等。

CASE只是一种辅助的开发方法。它主要帮助开发者创建开发过程中的各类图表、程序和说明性文档。

CASE的出现从根本上改变了我们开发系统的物质基础，主要体现在考虑问题的角度、开发过程的做法以及实现系统的措施。

2. CASE环境介绍

1) CASE库及其结构

CASE库是一个分布式、多用户的资料库，它可辅助开发人员收集、管理和存储系统开发中的信息，如定义数据、功能设计、决策处理和实现细节。

CASE支持系统开发战略规划和需求分析各个阶段，如各种需求分析工具、战略规划、功能分析、数据定义与数据流程分析等。

CASE支持以X Windows(支持UNIX系统、Windows 3.x)标准建立的图形方式多窗口的开发平台——CASE设计器，允许用户在这个平台上开发设计多种开发方法的各项工作，如功能层次图、实体关系图和矩阵图等生成工具。

CASE支持由分析设计各部分向建立和维护应用系统的机器自动转换的过程，直至实际问题的最后求解。

2) CASE工具

CASE工具是指CASE的最外层(用户)使用CASE去开发一个应用系统所接触到的所有

的软件工具。

(1) 图形工具：绘制结构图、系统专用图。
(2) 屏幕显示和报告生成的各种专用系统：可支持生成一个原型。
(3) 专用检测工具：用以测试错误或不一致的专用工具及其生成的信息。
(4) 代码生成器：从原型系统的工具中自动产生可执行代码。
(5) 文件生成器：产生结构化方法和其他方法所需要的用户系统文件。

4.6.4 CASE 的优缺点

1. CASE 的优点

(1) CASE 可以用于辅助结构化方法、原型法和面向对象方法的开发。
(2) 高度自动化的系统开发方法。
(3) 若在分析和设计阶段严格按照 CASE 规定的处理过程进行，则能够让计算机软件程序自动完成分析和设计的结果。
(4) CASE 的开发方法、过程的规范性、可靠性和开发效率均较好。

2. CASE 的缺点

(1) 不易于大系统的开发。
(2) 目前缺乏全面、完善的 CASE 工具。

4.7 各种开发方式的比较

从国外最新的统计资料来看，信息系统开发工作的重心正在向系统调查、分析阶段偏移，开发的各个环节所占的比重如表 4-7 所示。

表 4-7 信息系统开发工作量比率

阶段	调查	分析	设计	实现
工作量	>30%	>40%	<20%	<10%

系统调查、分析阶段的工作量占总开发工作量的 70% 以上，而系统设计和实现环节占总开发工作量的比例不到 30%。

几种系统开发方法对系统开发的支持相比较的结果主要体现在以下几个方面。

(1) 结构化方法能够辅助管理人员对原有的业务进行清理，并能够理顺和优化原有的业务，使其在技术手段上和管理水平上都有很大提高。发现和整理系统调查、分析中的问题及疏漏，便于开发人员准确地了解业务处理过程，有利于与用户一起分析新系统中适合企业业务特点的新方法和新模型，能够对组织的基础数据管理状态、原有信息系统、经营管理业务和整体管理水平进行全面、系统的分析。

(2) 原型法是一种基于 4GL 的快速模拟方法。它通过模拟以及对模拟后原型的不断讨论和修改，最终建立系统。要想将该方法应用在大型信息系统的开发过程中的所有环节是根本不可能的，所以它多被用于小型局部系统或处理过程比较简单的系统设计到实现的环节。

(3) 面向对象方法是围绕对象来进行系统分析和系统设计，然后用面向对象的工具建立系统的方法。这种方法普遍适用于各类信息系统的开发，但是它不能涉足系统分析以前的开发环节。

(4) CASE 是一种除系统调查外全面支持系统开发过程的方法，同时也是一种自动化(准确来说应该是半自动化)的系统开发方法。因此，从方法学的特点来看，它具有上述各种方法的各种特点，同时又具有其自身的独特之处——高度自动化的特点。但是值得注意的是，在该方法的应用和 CASE 工具自身的设计中，自顶向下、模块化、结构化都是贯穿始终的。

综上所述，只有结构化系统开发方法是真正能够较全面地支持整个系统开发过程的方法。尽管其他方法有许多这样或那样的优点，但都只能作为结构化系统开发方法在局部开发环节上的补充，暂时都还不能替代其在系统开发过程中的主导地位，尤其是在占目前系统开发工作量最大的系统调查和系统分析这两个重要环节。

本 章 小 结

管理信息系统战略规划是关于管理信息系统发展的长远计划，是对管理信息系统的目标和战略、实现策略和方法以及实施方案等内容所做出的统筹安排。由于管理信息系统对企业战略的发展有重要的影响，因此如何利用管理信息系统去支持企业的战略发展已成为管理信息系统规划中的一个重要方面。管理信息系统规划中的三种主要方法：战略目标集转化法(SST)、企业系统规划法(BSP)和关键成功因素法(CSF)。从本质上来说，它们都是从实现企业战略目标出发去寻求管理信息系统的支持。

管理信息系统开发方法主要有系统结构化开发方法、原型法、面向对象开发方法和 CASE 开发方法等几类，这几种开发方法适用于不同系统的开发和不同的开发环境。

复习思考题

一、名词解释

1. 战略目标集转化法　　2. 企业系统规划法　　3. U/C 矩阵

4. 对象　　　　　　5. 多态性

二、单项选择题

1. 建设管理信息系统的正确策略是(　　)。
   A. "自上而下"地进行应用开发　　B. "自下而上"地进行规划
   C. "自下而上"地进行应用开发　　D. "自上而下"地总体规划
2. 下面选项中，不属于原型法的特点的是(　　)。
   A. 开发周期大大缩短　　　　　　B. 降低了系统开发中的风险
   C. 文档和调试可能不充分　　　　D. 加强了开发过程中的用户参与程度
3. 属于关键成功因素法工作内容的是(　　)。
   A. 了解企业的战略目标　　　　　B. 定义企业过程
   C. 定义企业数据类　　　　　　　D. 定义信息结构
4. U/C矩阵的主要作用是(　　)。
   A. 用于进行战略规划　　　　　　B. 用于明确子系统及其相互关系
   C. 用于创建数据库　　　　　　　D. 用于进行系统可行性研究
5. 下列说法中不正确的是(　　)。
   A. 在面向对象方法中，多态指一个对象类有多种形态或状态
   B. 类是具有相同或相似结构、操作和约束规则的对象组成的集合
   C. 事件是固定的，用户不能再创建新的事件
   D. 对象是由对象的标识、数据、操作和接口组成的一个封闭体

三、简答题

1. 企业系统规划法的基本工作步骤有哪些？
2. 系统结构化开发方法主要包括哪几个步骤？
3. 简述关键成功因素法的概念及实现过程。
4. 简述结构化开发方法的原理及开发过程。
5. 简述原型化开发方法的原理及主要环节。

四、论述题

1. 信息系统战略规划有哪些方法？试比较它们的优缺点。
2. 什么是企业流程再造？试述企业流程再造实现手段。你认为在业务流程再造中，组织重要还是技术重要？

案 例 分 析

案例背景

海尔——以市场链为纽带的业务流程再造

经历名牌战略(1984—1991)、多元化战略(1991—1998)、国际化战略(1998 年至今)三个发展阶段,海尔集团公司(以下简称"海尔")从 1984 年亏损 147 万元、销售收入 348 万元、员工不到 800 人的集体小厂起步,发展成为 2004 年全球营业额突破 1000 亿元的大型国际化企业集团,产品涉及白色家电、黑色家电、米色家电在内的 96 大门类,出口到 100 多个国家和地区。2004 年,海尔蝉联中国最有价值品牌第一名,品牌价值高达 616 亿元。2004 年 1 月,世界品牌实验室《世界最具影响力的 100 个品牌》报告揭晓,海尔是中国唯一入选的品牌。

从 1998 年起,海尔实施了以市场链为纽带的业务流程再造,极大地提升了核心竞争力。这一管理创新项目不仅获得了第七届全国企业管理现代化创新成果特等奖,而且被选入欧盟企业管理案例库。

1. 向传统流程举起"手术刀"

多元化战略使海尔在 1997 年亚洲出现金融危机的背景下仍取得了营业额首次超过百亿元的好成绩。随着 1998 年国际化战略的实施,海尔的营业额进一步提高,业务处于发展高峰。在海尔产品赢得世界声誉的同时,海尔中央研究院的研发水平也达到了与国际同步,与国内竞争对手逐渐拉开了距离。

但海尔 CEO 张瑞敏却清醒地认识到了海尔与国际化大公司之间存在的巨大差距。随着网络时代的到来,通用电气等国际大型跨国公司纷纷开始由纯粹的制造业向服务业转型。张瑞敏思考的是:已经走向世界的海尔,今后靠什么优势与国际化大公司竞争?

基于全球化视野,海尔发现:自己与未来企业发展方向的要求相比仍存在着许多不适应的问题。按照客户经济的原则,摆在企业经营第一位的是客户满意度,第二位是速度,第三位是差错率。尽管已经走向世界,但传统金字塔式的组织结构却使海尔很难达到这三项指标的优秀指数,使企业和市场形成了两座金字塔,基层员工和市场终端(用户)之间存在着由于组织结构所造成的无数鸿沟,导致市场信息不能完全准确、迅速地传递,库存和不良资产增加,用户需求得不到最大限度的满足。

当时,企业应对竞争的基本手段是价格战。产品生产出来后卖不出去,只好降价,而降价却将利润空间挤没了,应收账款也很高,阻碍了企业发展。降价的原因就在于产品结构和生产产品的思路:产品不是先销售再生产,而是先生产出来后再想办法销售。围绕订单来生产可以解决这一问题,但问题的本质在于企业组织结构决定了企业不可能以更快的

143

速度拿到更多的订单。因此，必须进行业务流程再造，解决组织结构问题，即用市场链打造无边界的企业。

但业务流程再造意味着将旧的结构彻底打破，从头做起，而且没有绝对成功的把握(国际上业务流程再造的成功率仅有20%)。这就好比过悬崖上的钢丝，在有狼群追来时，可能大多数人宁肯冒着摔下山谷的风险也要一试；但在没有狼群追来时，却不会去主动走钢丝。因此，只有能透视到潜在威胁而且志存高远、不畏艰险的人才能开拓更加广阔的天地。

1998年9月8日，张瑞敏在集团中层干部会上首次提出以市场链为纽带的业务流程再造。从此，海尔开始了一场新的革命！

海尔的业务流程再造可以分成两个阶段：头五年主要实施组织结构的再造，变传统金字塔式的直线职能结构为扁平化、信息化、网络化的市场链流程，以订单信息流为中心带动物流、资金流的运动，加快与用户零距离、产品零库存和零营运资本"三个零"目标的实现。从2003年9月8日开始的第二个五年，再造的目标是使每一位员工转变为自我创新的主体，成为策略事业单位(Strategic Business Unit，SBU)，通过激发每个细胞的活力来提升企业整体的竞争力。

2. 以"三个零"为目标实施组织结构再造

流程再造最关键的是拆掉"企业内外两堵墙"，即内部各职能部门之间的墙及企业与外界之间的墙，使企业与市场融为一体，直接感受到市场压力。换句话说，将企业原有的结构打碎，建立市场竞争压力的传导机制，使市场竞争压力直接传到企业内部。

为此，海尔用"三个流"的市场链流程替代直线职能式的金字塔式结构：以前，企业信息都是自上而下地一级级传递下来，然后再自下而上地一级级反馈上去；现在，在实施企业信息化的基础上，信息是横向流动，企业所有单元都面对市场，实现"端对端，零距离"，根据市场的要求来工作，以订单信息流来带动物流、资金流的运转。这样，依托企业管理信息系统，原来的上下级关系、同事关系转变为市场关系。比如，过去的发货员现在改称发货经理，直接对市场负责。过去发货只要不出差错就行，现在发货则要求计算机全程跟踪，完全送到客户后才算完成工作。在这个过程中可能出现运输等各个环节的问题，也由发货经理来协调。因为以订单为前提，海尔可以做到现款现货，产品到客户手里就可以拿到资金。这样，在组织结构扁平化的基础上，通过实施企业信息化，就有效地实现了"三个流"的整合，企业对市场的适应能力得以极大增强。

流程再造的最终目标是实现"三个零"：与客户的零距离、物流的零库存、资金流的零运营成本。零库存首先是观念问题，企业有仓库本身就是错的，企业的仓库应在高速公路的货车上。要实现零库存就必须与用户零距离。如果生产出来的产品不是顾客想要的，就不得不放在仓库里，库存就产生了。只有实现了这两个零，零运营成本才有可能。

海尔将原来各产品事业部的财务、采购、销售业务全部分离出来，建立海外推进本部、商流推进本部、物流推进本部、资金流推进本部，将企业内部原先分散、各自对外的各种资源整合为统一的营销(商流)、采购(物流)、结算(资金流)体系,构成再造后的主流程,使整个企业变成一个环环相扣、运行有序的链条。整合后,各产品事业部专注于统一面向市场用户的开发、生产流程,通过开发、生产出能满足消费者即时及潜在需求的商品,创造有价值的订单。

商流(商流推进本部、海外推进本部)搭建全球的营销网络,从全球获取订单。过去各事业部各自在市场上做营销,造成营销费用急剧上升;客户来谈生意,要分别与冰箱、洗衣机、彩电等部门谈,程序复杂,意见很大。商流推进本部和海外推进本部成立后,统一所有产品的销售、出口,收到了很好的效果。

物流(物流推进本部)利用全球供应链资源搭建全球采购配送网络,实现 JIT(准时制)采购、JIT 配送(配件输送到工位上)。产品下线后再由 JIT 分拨,快速地送到客户手中,实现 JIT 订单加速流。物流推进本部成立后,精减、优化了供应商队伍,原来的 2360 多家供应商只剩下 300 多家,对供应商的管理效率得以提升。另外,引进新的有竞争力的供应商 400 多家,其中 40 多家供应商是全球 500 强,可以参与产品前端设计。

资金流(资金流推进本部)通过整合,解决了原先各事业部自己面对银行、供应商、经销商所形成的擅自对外担保等问题,通过建立资金流的现款现货闸口来最终实现"零坏账"目标,杜绝了中国许多企业无法解决的应收账款管理问题。

原有的制造系统改组为产品事业部,主要任务是按照订单质量、成本、交货期三要素的要求,生产出满足消费者需求的产品。在直接面对市场、统一管理的物流、商流、资金流体系下,原来的职能管理部门不再具有管理职能,而成为支持流程。

海尔以市场链为纽带的业务流程再造并不是一帆风顺的,其中遭遇了不少阻力。比如,随着海尔物流改革消息的传出,一些供货能力较差的外协厂知道一旦被淘汰就等于断了财路,威胁、利诱、恐吓、诽谤随之而来。但海尔顶住了压力,坚持了改革。如果不通过业务流程再造优化掉那些不合格的供应商,不但企业要遭受巨大的损失,而且它们不规范的操作会败坏海尔业务人员的作风,削弱企业的凝聚力。物流整合不仅给海尔带来了高质量的零部件,而且还带来了巨大的经济效益,仅 1999 年,就降低采购成本 5 亿元,到 2001 年,在 1999 年的基础上采购成本又降了 10 亿元。

与外部阻力相比,企业内部阻力更大。由于整合以后每个人都要面对市场,一些管理人员感到不适应,甚至以谩骂的方式发泄不满。以张瑞敏为核心的海尔领导团队对此早有心理准备,当有人抵制业务流程再造时,海尔选择的不是后退,而是坚定不移继续推进。

3. 让每个员工都成为 SBU

海尔认为,集团的核心竞争力就是能够持续不断地获取用户资源的超常能力。要实现用户满意度最大化,首先要实现员工满意度最大化,即让员工增值。而让员工增值的根本途径是让他们进行自主经营,海尔人称为"人人成为 SBU",即让每个海尔人都像 SBU 那样,成为经营主体。

为此,从 2003 年 9 月 8 日开始,海尔进入以"三主"为主的业务流程再造第二阶段。"三主"即主体、主线、主旨。从主体上来讲,员工由被管理者转变为管理主体;从主线上来讲,企业的主线由领导做决定转变为订单就是命令单;从主旨上来讲,员工成为 SBU 就是用自己的经营成果来体现自我创造的价值,使每个人成为人力的资本。到 2008 年海尔计划完成全员 SBU 机制的建立。

员工要成为 SBU,实现自身增值,最关键的是要不断满足用户的需求,通过为用户创造价值来实现自身的价值。海尔始终坚信:顾客购买的不是产品本身,而是解决问题的方案。比如,用户买洗衣机不是为了买一台机器,而是为了洗干净衣服。因此,设计人员非常关心市场,认真调研用户需求,通过给用户创造价值,来体现自身的价值。近年来,在激烈的市场竞争中,海尔不断地推出"创造需求的产品",依靠高质量和个性化设计赢得了越来越多的消费者。在国内市场,冰箱、冷柜、空调、洗衣机四大主导产品均拥有 30%左右的市场份额。2003 年,海尔获准主持制定四项国家标准,标志着海尔已经将企业间竞争由技术水平竞争、专利竞争转向标准竞争。

受企业财务管理中最基本的三张表格(资产负债表、损益表、现金流量表)的启发,海尔为每个员工设计了经营成果兑现表。员工使用企业的各种资源,如办公室、设备等,是他对企业的负债。将企业的负债分到每位员工身上,每位员工的负债就有了一个盈亏平衡点:只有创造出效益来,达到盈亏平衡点,才有盈利,才能使自己增值。这样,在海尔,为了实现盈利,要求"人人都经营,事事都创新"。

(资料来源:http://www.tjwto.com/qyfz/ShowArticle.asp?ArticleID=84)

案例思考

根据案例内容,结合所学理论知识,谈谈海尔集团业务流程再造带给你的启示。

第Ⅲ篇 系统开发篇

第5章

管理信息系统调查与可行性研究

学习目标

知识目标	技能目标
1. 了解系统调查的原则、步骤 2. 熟悉系统调查的方法 3. 了解可行性研究的内涵 4. 理解并掌握可行性研究的内容	1. 能够针对某一企业系统开发进行调查问卷设计 2. 学会整理、分析、归纳调查资料 3. 能够根据所调查资料,运用可行性研究理论,形成可行性研究报告

知识结构

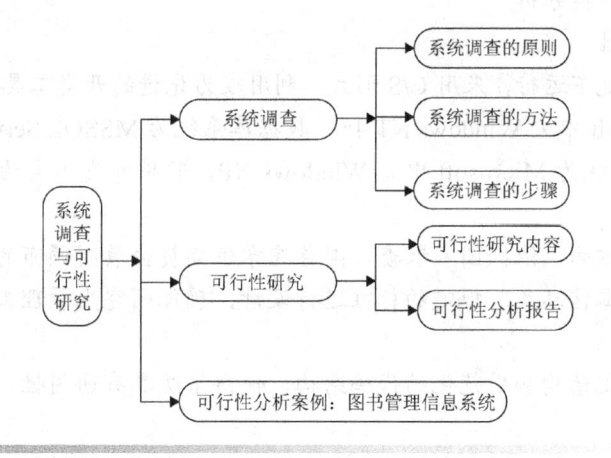

```
                                    ┌─ 系统调查的原则
                    ┌─ 系统调查 ────┼─ 系统调查的方法
                    │               └─ 系统调查的步骤
系统调查             │               ┌─ 可行性研究内容
与可行性 ───────────┼─ 可行性研究 ──┤
研究                 │               └─ 可行性分析报告
                    │
                    └─ 可行性分析案例:图书管理信息系统
```

导入案例

【案例 5-1】 某研究生管理信息系统的可行性研究

1. 系统建立的背景及意义

随着学校研究生招生人数的不断增长,研究生的管理工作日益繁重。同时,由于研究生培养方式灵活，加大了管理工作的难度。虽然学校目前已有一研究生管理信息系统，可以简化学生选课、课表编排、成绩查询和分析等管理事务，但仍存在如下问题。

(1) 网络环境的可扩展性不强。
(2) 选课管理、排课管理功能不够简便。
(3) 教学计划的制订、选课管理、课表编排、考试安排、成绩输入查询信息不便。

因此，现有系统已不适应学校的发展，重新构建一套网络化功能强大的研究生管理信息系统已经迫在眉睫。

2. 系统的可行性研究

1) 系统的目标和开发方式

学校所需的研究生管理信息系统的目标为能够网络化和自动化处理学生选课、课表编排、成绩查询和分析等管理事务，极大减少研究生管理工作中的烦琐工作，提高事务处理效率。针对上述系统需求，学校可以通过购置商品化系统或是自行开发系统的开发方式进行。

通过管理部门的讨论，学校认为购买商品化系统软件有如下弊端。

(1) 经费支出大；
(2) 软件功能难以适应学校的实际情况。

因此，最终确定研究生管理信息系统的开发方式为自行开发。

2) 系统的可行性分析

(1) 技术可行性。

系统在网络环境下运行，采用 C/S 形式，利用较为先进的开发工具和开发平台(服务器操作系统为 Microsoft 中文 Windows NT 4.0，数据库系统为 MSSQL Server 6.5 For Windows NT，客户机操作系统为 Microsoft 中文 Windows XP，软件开发工具为 Power Builder 5.0)实现。

在数据库设计方面，依据国家教委、国务院学位委员会最新颁布的"高等学校和科研机构研究生管理基本信息集"规定的标准进行设计，确保研究生管理工作的标准化和代码规范化。

系统采用模块化结构和规范化的代码结构，使得系统具有通用性、可扩充性及良好的可维护性。

同时，学校现有人力素质具备系统开发的能力，现有物力能够很好地提供系统开发环境，因此，该系统在技术上是可行的。

(2) 经济可行性。

投资预算：若系统所需硬环境能够满足，则软件费(包括服务费和安装费)2 万元；若硬环境不能满足，则设计费、购置费、硬件安装费、软件费等 25 万元。

效益估计：若系统运行良好，则工作效率将提高近 5 倍。

该系统所需开发人员少、投资少,且收益较高,因此,在经济上是可行的。

(3) 社会可行性。

各部门人员都已熟练掌握计算机的基本方法和操作技能,对新系统的开发表达出极大的热情,提出了实际的建议和要求。

鉴于上述分析,该研究生管理信息系统开发是可行的。

(资料来源: http://wenku.baidu.com/view/deb09cdea58da0116c1749a6.html? re=view)

案例思考

1. 该案例中的可行性分析是从哪几方面入手的?其结论是什么?
2. 通过该案例,请谈谈你对管理信息系统可行性研究的理解。

5.1 系统调查的原则、方法及步骤

任何一个新的系统都是在现行系统的基础上经过改建或重建而形成的。在新系统分析之前,必须对现行系统和市场做全面、细致、充分的调查研究和分析,此过程称为系统调查阶段。

5.1.1 系统调查的原则

在系统调查过程中应始终坚持正确的方法,以确保调查工作的客观性、正确性。一般来讲,系统调查的工作应遵循以下几个原则。

1. 自顶向下全面展开

系统调查工作应严格按照自顶向下的系统化观点全面展开。首先从组织管理工作的最顶层开始,然后再调查为确保最顶层工作而完成下一层(第二层)的管理工作支持。完成了这两层的调查后,再进一步调查为确保第二层管理工作而完成下一层(第三层)的管理工作支持。依次类推,直到清楚组织的全部管理工作。这样做的目的是使调查者既不会被组织内部庞大的管理机构搞得不知所措、无从下手,又不会因调查工作量太大而顾此失彼。

2. 存在的必要性及改进的可能性

组织内部的每一个管理部门和每一项管理工作都是根据组织的具体情况和管理需要而设置的。而调查工作的目的正是要搞清这些管理工作存在的必要性、环境条件以及工作的详细过程,然后再通过系统分析讨论其在新的信息系统支持下有无优化的可能性。因此,在系统调查时要保持头脑冷静和清醒,实实在在地搞清现实工作和它所在的环境条件。如果调查前就已有许多的"改革"或"合理化"设想,那么这些设想势必会先入为主,妨碍

调查者接受调查的现实情况信息。这样往往会造成还未接触实质问题,就感觉这也不合理,那也不合理,以至于无法客观地了解实际问题。

3. 工程化的工作方式

对于任何一个工业企业来说,其内部的管理机构都是庞大的,这就给调查工作带来了一定的困难。对于一个大型系统的调查一般都是由多个系统分析人员共同完成的,按工程化的方法组织调查是可以避免调查工作一些可能出现的问题。工程化的方法就是将工作中的每一步工作事先都计划好,对多个人的工作方法和调查所用的表格、图例都统一规范化处理,以使群体之间都能相互沟通、协调工作。另外,所有规范化调查结果(如表格、问题、图以及所收集的报表等)都应整理后归档。

4. 全面铺开与重点调查结合

如果是开发整个组织的管理信息系统,开展全面的调查工作是必然的。如果近期内只需开展组织内部某一局部的信息系统,就必须坚持全面铺开与重点调查相结合的方法。即自顶向下全面展开,但每次都只侧重于局部相关的分支。例如,只要开发企业生产作业计划部分,调查工作也必须是从组织管理的顶层开始,先了解总经理或厂长的工作,公司或工厂管理委员会的分工,下设各个部的主要工作,企业年度综合计划的制订过程以及所涉及的部门和信息,然后略去其他无关部门的具体业务调查,将工作重点放在生产部的计划调度处和物资供应处的具体业务上,如图 5-1 所示。

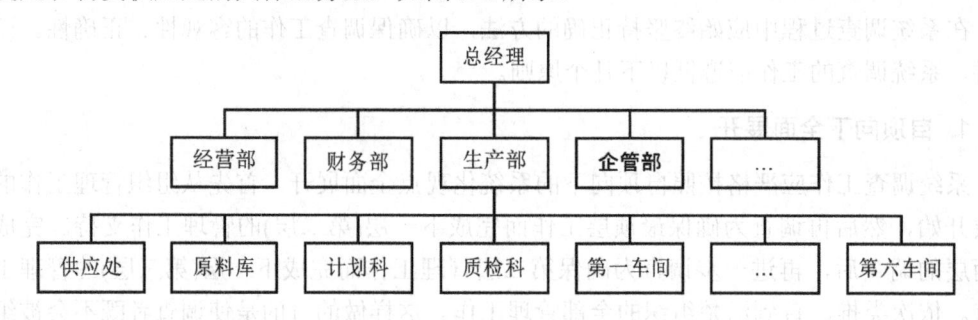

图 5-1 调查方式举例

5. 主动沟通和友善的工作方式

系统调查涉及组织内部管理工作的各个方面,涉及各种不同类型的人,所以调查者主动与被调查者在业务上的沟通是十分重要的。创造出一种积极、主动、友善的工作环境和人际关系是调查工作顺利开展的基础,一个好的人际关系可能使调查和系统开发工作产生事半功倍的效果;反之则有可能根本无法开展。但是这项工作说起来容易,做起来却很难,它对开发者的主观积极性和行为心理等方面有要求。

5.1.2 系统调查的方法

系统调查的方法大致有发放调查表、召开调查会、会谈和参加业务实践四种，具体如下。

1. 发放调查表

调查表需根据系统特点来设计，抓住中心，提问要简单、直接。管理信息系统领导小组精心设计拟定了目标调查表、信息调查表、业务调查表等各种调查表之后，由本部门领导召开会议，请各单位领导、用户参加。会上管理信息系统领导小组成员向大家解释清楚各调查表的意义，并把填表要求及完成日期讲清楚，以得到各单位领导的重视和支持。为了使各部门工作人员对上述调查表有全面的认识，系统分析师应分别到各单位解释填调查表的方法，帮助他们尽量全面、准确地填写，最好有一份样本，供参考用，便于用户认真、负责地填写。通常，目标调查表由领导填写，业务调查表和信息调查表由工作人员填写。良好的调查表是在实践过程中不断修改和逐步完善的。调查表的数量比较大，设计时要尽量考虑周全。

2. 召开调查会

这是一种集中征询意见的方法，适用于对系统做定性调查。召开调查会可以按两种方式进行组织：一种是按职能部门召开座谈会，了解各个部门业务范围、工作内容、业务特点以及对新系统的想法及建议；另一种是各类人员联合座谈，着重听取使用单位对目前作业方式存在的问题的反馈以及对新系统的要求。

3. 会谈

会谈是指通过口头提问的方式来收集信息。会谈是一种谈话方式，并不是询问。会谈的对象是用户和领导。通过会谈，系统分析师收集到所需的定性和定量的数据。定性的数据是指论述活动或问题的意见、政策和叙述性说明，而定量的数据是指论述数字、次数或数量。会谈往往是获取定性信息的最好方法。会谈是收集数据的主要来源之一，由于召开调查会是一种集体征询意见的方法，不能反映每个人的意见，因此需要会谈来加以补充数据。

4. 参加业务实践

参加业务实践是了解系统的一种很好的形式，它为系统分析师提供一些其他方法不能获得的信息。参加业务实践有助于系统分析师更好地了解清楚现场有关的业务处理全过程，了解文件是怎样处理的，信息是从哪里来的，是怎样传递和存储的，信息传递速度的快慢程度。在业务处理过程中使用了哪些报表和文件，哪些信息被遗漏，哪些是用电话通知的，哪些是开会传达的，哪些信息被积压，哪些信息会出错等。

以上各种方法各有自己的优缺点，应根据具体情况灵活应用。同时，系统分析员在进行系统调查时，应具备虚心、热心、耐心、细心及恒心等良好的性格修养和工作态度，具有启发他人讲述问题的能力，具有较强的分析能力、组织能力和决策能力，能够采用有效的方法开展调查工作，这样才能取得良好的效果。

5.1.3 系统调查的步骤

调查分析一般分两个阶段，即初步调查和详细调查。

1. 初步调查

初步调查的目的是为了论证建立一个新系统的必要性，提出初步设想，并对实现新系统的可行性进行分析。初步调查在系统开发小组指导下，由系统分析师着手进行，要求调查下述内容。

(1) 整个组织机构的概况：包括规模、历史、组织目标、人力、物力、设备和技术条件、管理体制以及领导层的情况等。

(2) 现行管理信息系统的概况：它的功能、系统涉及的人员、技术条件、技术水平、管理体制(归哪一级领导)、工作效率和可靠性等。

(3) 组织机构的对外关系：它和哪些外部实体有工作联系或从属关系，它们之间有哪些物资或信息的关系，哪些环境条件(包括自然环境和社会经济环境)对该组织机构的活动有明显的影响。

(4) 管理信息系统在组织机构中的地位：它和组织的领导、管理部门以及各基层是怎样联系的，信息的收集和传输的渠道是什么，它能掌握哪些信息，不能掌握哪些信息，哪些部门向系统提出了信息要求。

(5) 组织内外部对现行系统的情况及新系统的研制持怎样的态度：其中包括领导、管理部门、各基础单位、有工作联系的外单位以及现行系统本身，需要了解它们对现行系统是否满意以及各种看法的理由。

(6) 开展管理信息系统研制工作的资源情况：组织为研制新系统可以投入多少人力、物力、时间以及现有设备的可用性。

(7) 组织内外部对系统目标的看法。

上述初步调查内容可概括成三个方面，即组织机构调查、系统现状调查和业务信息调查。

1) 组织机构调查

要了解一个企业的整个活动，首先应从组织机构调查入手，其目的主要是了解企业组织机构的划分以及它们的相互关系，因为物质和信息流动是以组织机构为背景的。调查的结果可用组织机构图来表示。组织机构调查主要包括：企业概况调查、企业组织机构调查和企业特点调查。下面以某公司为例，具体讲解组织机构调查的方法。

(1) 公司概况调查。其内容包括公司名、成立时间、行业种类、地址、职工人数、经营性质、经营项目来源、年经营额、主要经营商品、主要销售单位、主要采购单位、主要竞争对手和法律依据。

通过以上项目调查，可使系统开发小组对公司有一个大概了解。

(2) 公司组织机构调查。组织机构调查结果用框图形式表示，如图 5-2 所示。

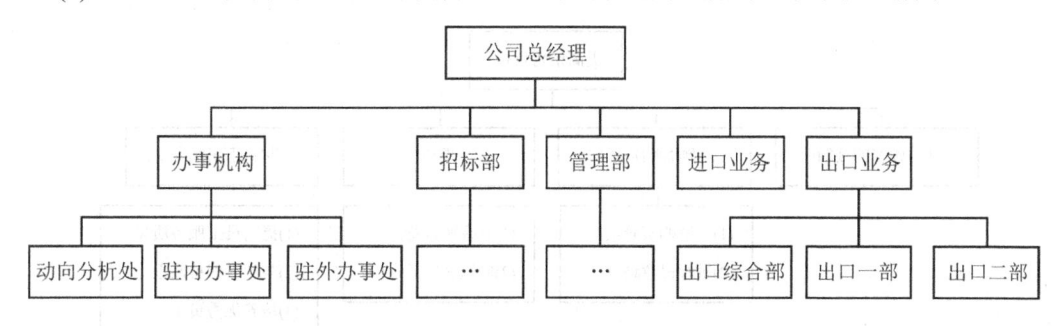

图 5-2 某公司的组织机构图

(3) 公司特点调查。该公司的主要特点是：①主要经营国家大项目所需设备，以进出口为服务对象；②横向联系项目少，多数属国家重点项目或对外承包的项目；③业务人员、采购人员流动性大；④由于业务人员、采购人员外出时间多，在单位时间少，必要的信息不能及时反映出来；⑤厂家拖欠款现象严重；⑥经常要向有关单位发催款通知书；⑦经常要结算所欠款的利息。

在组织机构调查中，画出组织机构图不是最终的目的，最终目的是通过组织机构图来确立哪些部门是最关键的、哪些部门应先建立系统，哪些部门可后建立系统、设备应配到哪些部门以及共需要多少设备等。

2) 系统现状调查

为了开发出符合客户需求的新系统，必须对现行管理系统进行调查。调查的重点包括以下四点。

(1) 事务流程现状调查。主要包括：①收集并整理各部门使用的票据、文件；②调查这些部门信息产生的过程和如何处理(处理方式、涉及人员)及归档；③调查各部门的要求意见；④将调查结果制成事务流程分析图；⑤将收集的信息整理成输入数据、输出数据和台账数据，为今后的数据文件产生提供条件；⑥掌握事务流程现状后，从全公司的观点出发，防止双重作业和进行集中作业的情况；⑦有没有可能对事务流程做某些变动，使事务流向更趋于合理。

(2) 代码体系调查。主要包括：①调查现行系统中使用的代码，并整理出现行系统代码明细表；②掌握代码体系以及个性等管理方面的问题；③将结果汇总成代码结构表。

(3) 功能与信息的关系调查。这一调查过程要注意两点：①将选出的各种各样的功能用信息关联起来；②检查功能与信息内在联系以及关联的正确性。

(4) 需求分析图。需求分析图要反映出四点要求，分别为：①明确系统现状调查阶段提出的要求和问题；②着眼于重要的问题；③明确系统的目标与实现此目标使用的具体手段的关系；④把以上结果汇总成需求分析图。

图 5-3 为某销售部门为达到销售目标所构成的需求分析图。

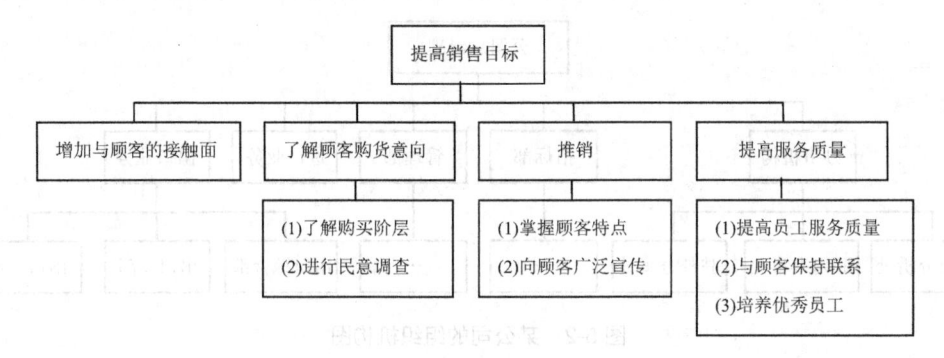

图 5-3 某销售部门的需求分析图

3) 业务信息调查

业务信息调查可以设计成各种各样的信息调查表形式，在设计信息调查表之前，应该对公司(或企业)的人、财、物的流向进行分类。业务信息大致可归纳为以下几类。

(1) 输入信息：是指现行系统中购进材料和原料的订单、发票等。

(2) 输出信息：是指现行系统向外部提供的材料、货物、报表和账据等。

(3) 保存信息：是指财会部门的账务汇总票据需要保存多长时间的信息。

(4) 代码信息：是指各部门中所用到的产品号、工号和科目号等。

业务信息调查的目的是要明确整个业务过程中信息流动的过程。信息调查的结果将成为系统分析阶段不可缺少的参考资料。

有了上述初步调查结果，系统分析师可根据自己的工作经验以及对计算机技术的了解，从技术、经济及社会三个方面进行可行性分析，写出可行性分析结果。

◇ 知 识 拓 展

初步调查的第一步就是从用户提出新系统开发的缘由、用户对新系统的要求入手，考察用户对新系统的需求，预测新系统要达到的目的。例如，用户对新系统开发的需求状况及对新系统的期望目标，是否愿意下大力气参加和配合系统开发；在新系统改革涉及用户业务范围和习惯做法时，用户是否能根据系统分析和整体优化的需求，来调整自己职权范围和工作习惯；上一层管理者有无参与开发工作、协调下级管理部门业务和职能关系的愿望等。

2. 详细调查

为了对新系统的目标规模、范围和功能能够做进一步的细致描述设计，如果还有不清楚或含混不清的地方，系统分析师必须对系统方案所涉及的范围进行深入调查。

详细调查是管理信息系统开发的准备条件，比初步调查要深入且难度大。因为不仅是听业务管理人员介绍，而且要不断提问，有的问题很可能就是业务人员不愿回答的问题。要收到预期效果，在对各业务部门进行调查的同时，应收集有关部门所有的原始单据、凭证、各种报表、分析报告、上下级行文、规章制度、产品目录和技术文档等有关管理资料，并加以分类、汇总，作为详细调查的附件。详细调查的对象包括功能部门、业务部门和数据流程。

1) 功能部门调查

在功能部门调查中，首先要了解系统方案中所涉及的有关功能部门，如财务处、人事处、科研处和业务处等；其次，对这些独立部门进行详细的功能调查。在调查时，可用组织关系图来说明该部门的职责范围和功能。组织关系图的描述方法可按"自顶向下"的原则设计，如图 5-4 所示。

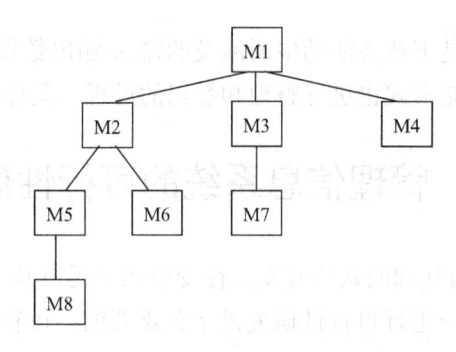

图 5-4 自顶向下的组织关系图

自顶向下的结构是一个递增地组装结构的方法。从主控模块 M1 开始沿控制层次向下移动，把模块组合起来。以深度或宽度的方式，将属于或最终属于主控模块的模块纳入系统结构。例如，在图 5-4 中，若选择左边主路径，就先组合模块 M1、M2 和 M5，接着是 M8，然后再构成中间和右边的控制路径。

一般来说，职能组织调查是功能部门调查常见的一种调查。职能组织是按照工作职能来划分组织机构。例如，开发部门，从职能上来划分分成开发、控制和运行三大部分。其中，开发部分包括系统设计、程序设计和计划调度；控制部分包括信息收集、信息发出和档案管理；运行部分包括机器操作、数据录入、终端操作和机器维护，如图 5-5 所示。

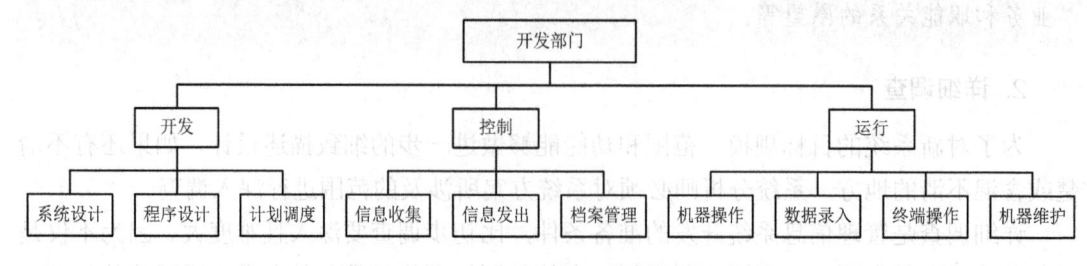

图 5-5 职能组织结构

2) 业务部门调查

在业务部门调查中，主要进行填写业务调查表和画出业务流程图两项工作。

(1) 填写业务调查表。业务调查表的内容主要包括：①填表单位名称；②本单位职能；③业务范围描述；④业务顺序编号；⑤业务名称；⑥业务内容简要描述；⑦相关单位；⑧本单位对现行系统要求有何变动。其内容可根据具体情况做相应变化。

(2) 画出业务流程图。业务流程图一般以业务小组的功能为中心展开，实际上是在功能分析的基础上，对各功能进行具体化，以便了解各业务的输入、输出情况，所需的文件内容以及与其他业务功能的关系请参见 6.3 节。

3) 数据流程调查

数据流程调查实际上是把业务活动中所涉及的输入/输出数据和信息进行整理与登记，并对业务活动中的中间存储形式也进行整理和登记的过程，具体内容请参见 6.4 节。

5.2 管理信息系统的可行性研究

一般来说，以计算机为基础的系统开发往往受资源缺乏以及令人忧虑的开发周期干扰，因此，对将要开发的新系统进行可行性研究是十分重要的。可行性研究在开发新系统初期就能识别出一个病态系统，从而避免不必要的损失和解决诸多专业难题。

可行性研究是指在当前组织内外的具体条件下，系统开发工作必须具备资源和条件，看其是否满足系统目标的要求。这是在正式投入任何一项大型工程之前必须进行的一项工作，对于保证资源的合理配置及以后工作顺利的开展具有非常重大的意义。其目的就是把所有与管理信息系统的投资效果有关的因素综合起来加以分析，对系统分析说明书中所提出的各项问题逐一"审查"。其论证的依据是调研报告。可行性研究最终要指出：提交的系统分析报告可行还是不可行？有没有必要修改？对此应做出明确的结论。

5.2.1 可行性研究的内容

一般来说，可行性研究包括技术可行性、经济可行性和社会可行性。

1. 技术可行性

技术可行性是根据现有的技术条件，考虑所提出的要求能否达到，所需的物理资源是否具备、能否得到。一般来说，技术可行性包括以下几方面。

(1) 人员和技术力量的可行性：即有多少科技人员，其技术力量和开发能力如何，有没有系统开发的可行性，如果本单位没人，有没有同其他单位合作开发的可能性。

(2) 基础管理的可行性：即现有的管理基础、管理技术和统计手段等能否满足新系统开发的要求。

(3) 组织系统开发方案的可行性：即合理地组织人、财、物和技术力量并进行实施的技术可行性。

(4) 计算机硬件的可行性：包括各种外围设备、通信设备和计算机设备等的性能是否能满足系统开发的要求，以及这些设备的使用、维护及其充分发挥效益的可行性。

(5) 计算机软件的可行性：包括各种软件的功能能否满足系统开发的要求，软件系统是否安全可靠，本单位对使用、掌握这些软件技术的可行性。暂时不能被本单位开发人员掌握的技术，一般应视为不成熟或是没有可行性的技术。

(6) 环境条件以及运行技术方面的可行性：即支撑新系统的环境要求以及运行该环境所需的技术条件。比如要求新系统网络化，那么达成网络化的技术是否成熟，如若成熟，则可行。

2. 经济可行性

经济可行性，简单来说，就是指建立后的系统带来的经济效益是否超过其研制和维护的费用。一般来说，建立后的系统在经济效益上应大于花费在系统研制和维护上的费用；否则，在经济上来说是不可行的。经济可行性包括费用估计和经济效益估计。

1) 费用估计

费用估计是对系统开发、运行整个过程的总费用进行估计。系统分析、设计和实施阶段的投资属于一次性投资，而系统运行阶段的投资属于日常性费用。下面将给出一般投资费用。

(1) 计算机机房费用：包括电源、空调和地板等。

(2) 计算机及其外围设备的购置费用：包括全部的硬件设备和附加的备品备件，还包括随机购置的系统软件、支撑软件和应用软件费用。

(3) 系统和程序的开发费用：包括软件移植费用、程序开发费用和技术咨询费用等。

(4) 系统调试和安装费用：包括安装调试系统的一切硬件和软件费用。

(5) 培训费：包括与系统有关的一切人员的技术培训和业务培训应付的费用。

(6) 资料费：包括培训教材、学习材料、书籍和复制等费用。

(7) 人员工资：包括工资、奖金和福利费用。

(8) 消耗品费用：包括计算机系统应用的一切消耗品，如打印纸、U盘和移动硬盘等费用。

(9) 技术服务性费用：包括调研、研讨和差旅等费用。

2) 经济效益估计

信息系统的经济效益有两个方面：一是直接效益；二是间接效益。直接效益是系统投入运行后，对利润的直接影响，如节省多少人员、压缩多少库存、产量增加多少及废品减少多少等。这些效益可直接折合成货币形式。将这种效益与系统投资、运行费用相比，可以估算出投资回收期。但信息系统的效益大部分是难以用货币形式表现出来的社会效益。例如系统运行后，可以更及时地得到更准确的信息，对管理者的决策提供有力的支持，改善企业形象，增加竞争力等，这些都是间接效益。表 5-1 归纳了新信息系统可能带来的效益。

表 5-1 新信息系统可能带来的效益

直接收益	例子
销量或利润增加	信息技术基础上的产品开发
信息处理成本减少	过滤不必要的文件
运营成本减少	存货持有成本降低
所需投资减少	存货投资需求降低
运营效率增加	更少的损坏、浪费和闲置时间
间接收益	例子
改善信息获得性	更及时、精确的信息
改善分析能力	联机分析处理和数据挖掘
改善客户服务	更及时的服务响应
改善员工士气	减少繁重的工作任务
改善管理决策制定	更好的信息和决策分析
改善竞争地位	锁定客户的系统
改善商业形象	给客户、供应商及投资者以进步的印象

要对经济效益进行较准确的估计，系统分析人员应有丰富的经验并掌握大量的数据。究竟开发出来的系统对企业或公司有多大效益？许多国家都曾对大量企业或公司进行调查并统计分析。例如，日本对百家应用计算机辅助管理的中小型企业进行了调查分析，统计结果如表 5-2 所示。

表 5-2 经济效益统计结果

直接效益%	压缩库存	缩短交货期	节省工时	节省其他经费	业务处理通信	业务处理正确	文件管理方便	其他	
	6.0	3.9	20.0	6.7	27.5	25.7	9.9	0.9	
间接效益%	公司想象力提高	判断决策迅速	判断决策正确	作业效率测定	经营状况评价	提高道德品质	防止不良行为	内部情况畅通	其他
	14.0	18.6	15.9	6.7	0.3	7.8	3.2	22.3	1.1

【案例 5-2】 制造企业 ERP 应用可行性的研究

ERP(Enterprise Resource Planning)系统在我国已得到了广泛应用，为了控制投资风险，对项目的可行性进行系统分析是十分必要的。

1. 可行性分析模型的建立

"财务－投资"平衡等式的推导，该平衡等式是根据财务会计恒等式"资产=负债+所有者权益"推导出来的。在不考虑无形资产和递延资产的情况下，上述等式可以进一步细分为：流动资产(C_a)+固定资产(F_a)=流动负债(C_l)+长期负债(L_d)+所有者权益(E)。此处的流动资产包括货币资金、存货和各种应收项目；固定资产指的是为生产商品，提供劳务，出租或经营管理而持有的使用年限超过一年，单位价值较高的有形资产；流动负债包括各种应付项目和短期借款等；长期负债包括长期借款和应付债券。

显然由第 $t-1$ 年度到第 t 年度应满足等式：

$$\Delta C_a(t) + \Delta F_a(t) = \Delta C_l(t) + \Delta L_d(t) + \Delta E(t) \tag{1}$$

也就是说第 t 年资产的改变量等于负债和所有者权益的改变量。在企业正常经营和不发行新股的情况下，

$$\Delta E(t) = [E_b(t) - iL_d(t)](1-r) - D(t) \tag{2}$$

式中，$E_b(t)$ 为利税前收入；r 为所得税税率；i 为长期负债的利率；$D(t)$ 为企业第 t 年所分发的红利。

假设企业投资政策规定，固定资产再投资的资金来源为自有资金和长期借款，即第 t 年固定资产的投资 $\Delta F_a(t)$ 与企业第 $t-1$ 年的流动资产 $C_a(t-1)$ 和第 t 年的借贷资金 $\Delta L_d(t)$ 有关，设

$$\Delta F_a(t) = f_t[C_a(t-1), \Delta L_d(t)] \tag{3}$$

式中，f_t 可以是某种映射或是某个约束条件。

将式(2)、式(3)及 $L_d(t) = L_d(t-1) + \Delta L_d(t)$ 三式代入(1)式，并写成函数形式可得：

$$\Delta C_a(t) = [1 - i(1-r)]\Delta L_d(t) + \Delta C_l(t) - f_t[C_a(t-1), \Delta L_d(t)]$$
$$- (1-r)L_d(t-1) - D(t) + (1+r)E_b(t) \tag{4}$$

从式(4)中可以看出，$\Delta C_l(t)$、$\Delta L_d(t)$ 和 $D(t)$ 与企业第 t 年度的财务决策有关，f_t 与企业的固定资产投资政策有关，而 $E_b(t)$ 则与企业的生产资源约束和营销战略有关，这些变量均可根据具体情况来确定函数关系或约束条件。也就是说，"财务－生产"平衡等式将企业的财务政策和生产决策及营销战略联系起来，由此就能全面地考查项目投资对企业绩效的影响。

财务政策约束考查一个企业是否具有发展潜力，最直接的方法就是看企业的财务状况是否良好。现有的评价指标体系一般重在考查企业三个方面的能力：盈利能力，包括总资产净利率、销售净利率等；偿债能力，包括自有资本比率、流动比率、存货周转率等；成长能力，包括销售增长率、净利增长率、人均净利增长率在模型建立过程中可以从该综合评价体系中选择适当的指标作为约束条件。例如，总资产净利率 $= \dfrac{E_t(t) - iL_d(t)}{F_a(t)}(1-r)$ 大于某个数值，流动比率 $= \dfrac{C_a(t)}{C_l(t)} \geq 2$ 等。此外，结合企业内部的财务政策，包括各种投资政策、利润分配政策以及与借贷企业之间的借款合同所要求的借款和偿债条件来确定财务约束。

2. 生产资源约束和目标函数的确定

企业在引进 ERP 项目时，必然需要占用企业的生产资源，如检测能力和人力资源等。资源的有限性也必然要在相应的约束条件中得到体现，即生产资源约束条件。有关这方面的问题可以参考文献《大型线性规划及其应用》。

这里讨论的重点在于如何分析 ERP 项目的可行性，对于 ERP 项目的评价可以按照净现金流量的思路考查该项目在其生命周期内净现值(NPV)的大小，即：

$$\text{NPV}_{max} = \text{MAX} \sum_{t=1}^{n} \dfrac{(1-r)[E_t(t) - iL_d(t)] - \Delta F_a(t) + D_e(t)}{(1+i)^t} - I \tag{5}$$

当然，式(5)中的变量都是针对该新项目而言的。例如，$D_e(t)$ 指的是第 t 年 ERP 系统的折旧或摊销额；I 指的是初始投资额，包括直接投资额和资本化利息。显然，$\text{NPV}_{max} > 0$ 可作为项目可行性判定的基本前提。

至此整个模型已建立完毕，在该模型中决策问题的求解实际上是一个有约束条件的动态寻优过程，此外如果改变一些约束条件再次求解，观察结果的变化就可以利用该模型进行相应因素的敏感性分析。

3. 可行性分析模型的应用

下面将通过一个简单的例子来说明该可行性分析模式的应用。假设某公司2000年年末财务报表数据显示,其固定资产1120万元,流动资产290万元,长期负债400万元,流动负债220万元,所有者权益790万元。公司拟定于2001年发行200万元长期债券投资于ERP项目。据估计,如果ERP项目完成时,各财务数据为:固定资产1300万元,流动资产300万元,长期负债600万元,流动负债200万元,所有者权益800万元。企业生产能力为每年10 000台,使用ERP系统后,每台产品节约人工和原材料成本320元。据估计3年内的销售量为(t)={10 000, 11 000, 9000},如果每年支付20万元增强ERP的市场信息处理能力,则3年内的销售量为$S_l(t)$={11 000, 12 000, 10 000},企业每扩充100台的生产能力需要1万元的固定资产投资及0.5万元ERP系统的维护费。企业未来3年内的期间费用为$H_c(t)$={40, 50, 50},单位万元。公司的所得税税率为15%,长期负债的利率为10%。

为简化计算,设ERP系统的折旧年限为10年,采用年限平均法;固定资产的投资不得超过上一年度C_a的50%及本期长期借贷资金的增加额$\Delta L_d(t)$;长期债务不得超过所有者权益总额;每年全部负债不应该小于所有者权益的40%;由于技术上的限制,生产能力的扩充不能超过上一年度的10%;流动比率$\geqslant 2$;债权人规定$E_d(t) \geqslant 5iL_d(t)$时为借款的条件;系统的追加投资和维护费用不能超过上年度C_a的50%。公司每年固定分红50万元。

设企业每年扩充的生产能力为$100\Delta X(t)$,每年的产量为P,$Y(t)$为ERP系统追加投资的决策变量。$Y(t)=0$时表示不追加投资,此时的需求量为S_0;$Y(t)=1$时表示追加投资,此时的需求量为S_l,可建立如下数学模型(单位:千元)。

目标函数为

$$\text{NPV}_{\max} = \text{MAX} \sum_{t=1}^{10} \frac{(1-0.15)[E_t(t) - iL_d(t)] - \Delta F_a(t) + D_e(t)}{(1+0.1)^t} - 2\,000$$

"财务-投资"平衡等式为

$$\Delta C_a(t) = 0.915 \Delta L_d(t) + \Delta C_l(t) + 0.85 E_b(t) - 0.085 L_d(t-1) - \Delta F_a(t) - 500$$

财务约束:

$$E_b(t) > 5 L_d(t)$$
$$C_a(t) \geqslant 2 C_l(t)$$
$$C_l(t) + L_d(t) \geqslant 0.4 E(t)$$
$$L_d(t) < E(t)$$
$$200 Y(t) + 5 \Delta X(t) \leqslant 0.5 C_a(t-1)$$
$$\Delta F_a(t) \leqslant 0.5 C_a(t-1) + \Delta L_d(t)$$

生产资源约束:

$$P < 10\,000 + 100 \Delta X(t)$$
$$P < S_0(t) + 1\,000 Y(t)$$

$$100\Delta X(t) \leqslant 0.1 \times [10\,000 + 100\sum_{i=1}^{t-1}\Delta X(i)]$$

其他等量关系：

$$E_b(t) = p\left[0.32 - \frac{D_e(t)}{P}\right] - H_c(t)$$

$$D_e(t) = \frac{2\,000 + \sum_{i=1}^{t}\Delta F_a(r) - \sum_{r=0}^{t-1}D_e(r)}{10-t}$$

$$C_a(t) = C_a(t-1) + \Delta C_a(t)$$

$$\Delta F_a(t) = 10\Delta X(t)$$

$$F_a(t) = F_a(t-1) + \Delta F_a(t)$$

$$C_l(t) = C_l(t-1) + \Delta C_l(t)$$

$$L_d(t) = L_d(t-1) + \Delta L_d(t)$$

$$E(t) = E(t-1) + [E_b(t) - 0.1L_d(t)](1-0.15) - 500$$

初始值：$F_a(0)=13\,000$，$C_a(0)=3\,000$，$C_l(0)=2\,000$，$L_d(0)=6\,000$，$E(0)=8\,000$，$D_e(0)=0$，$H_c(t)=\{400,500,500\}$，$H_0(t)=\{10\,000,11\,000,9\,000\}$，$\Delta X(t)$、$P$ 为整数，$F_a(t)$、$C_a(t)$、$C_l(t)$、$L_d(t)$、$E(t)>0$，$Y(t)=0$ 或 1。

利用 LINGO 计算的结果见表 5-3(只列了前 3 年)，目标函数值为 1502.48，可判定该项目可行，以上固定资产数值 F_a 不包括累计折旧抵减额。改变一些约束条件或财务政策经过几次试算进行敏感性分析，可以发现该投资项目中资源约束并不强，起主要作用的是财务约束，受长期借贷资金利率的影响较大。在一般的评价方法中，决策者观察不到每年财务数据的变动额，但利用该模型决策者可以根据上述数据制订相应的融资计划。该模型利用"财务－投资"平衡等式将企业的财务政策与生产决策联系起来，牵涉企业多方面的决策问题，所以实际运用中要与企业的实际情况相结合。

表 5-3 决策变量表

决策值	$C_a(t)$	$F_a(t)$	$C_l(t)$	$L_d(t)$	$E(t)$	$Y(t)$	$P(t)$	$E_d(t)$	$H_c(t)$
$t=0$	3 000	13 000	2 000	6 000	8 000				
Δ	-1 668	100	-1 334	-1 400		1	11 000	2 420	400
$t=1$	1 332	13 100	666	4 600	9 166				
Δ	236.53	110	-206.2	-556		1	11 000	2 297	500
$t=2$	1 568.53	13 210	458.82	4 044	10 274.7				
Δ	832.7	0	740.8	-784.3		1	11 000	1 945	500
$t=3$	2401.23	13 210	1 200.62	3 259.7	11 150.9				

通过分析可以看出，该模型所给出的融资方案始终能满足企业财务政策要求，所制定的生产策略也是在满足生产资源约束下的优化决策，能为管理者提供项目整个生命周期内的运营情况，为判断项目的可行性提供了参考依据，这种系统性的评价方法相对于传统的评价方法无疑更具有说服力。

4. 可行性分析方法的评价

该模型的优点是简单易行，通过确定项目的获利性，在可行性分析阶段作为项目取舍的依据，项目实施后评价时作为成功与否的标准；其缺点是不能解决无形效益量化问题，不能很好地处理协同效益而导致成本的遗漏或重复计算，过分强调短期效益。为了克服此种方法的不足，可采用以下措施来提高评价的准确性。

(1) 分析 ERP 应用对企业各个职能领域的影响，分领域列出可能产生的各种效益项目，以避免成本的遗漏或重复计算。

(2) 请企业熟悉各领域业务的经理或技术人员对各种效益项目的效益值进行估计，根据对产品价值的贡献将无形效益量化。

(3) 采用动态法进行分析，确定可接受的投资报酬率时充分考虑 ERP 应用发挥作用时间较长的特点。

在实际应用时，还需要根据企业的实际情况，因地制宜，加以利用。

(资料来源：王文亚. 制造企业 ERP 应用可行性的研究[J]. 现代经济信息，2014(7):214-216.)

案例思考

1. 请描述该案例中进行 ERP 可行性分析的模型。
2. 你知道哪些财务模型？怎样利用这些财务模型进行经济可行性分析？

3. 社会可行性

社会可行性主要是指管理层、员工、客户供应商以及其他人员愿意且能够操作、使用和支持这个系统，即组织内外是否具备接受和使用新系统的条件。例如，如果新业务系统的软件难以操作，客户或员工可能会出现很多操作错误，那么他们就不会使用该软件。这样，社会可行性就无法通过。具体来说，从组织内部来讲，管理信息系统的建立可能导致某些制度，甚至管理体制的变动。对于这些变动，组织的承受能力影响着系统的生存，尤其是从手工系统过渡到人-机系统，这个因素影响更大。领导者不积极参与或旁观怀疑，中下层怕改变工作性质，由于惰性或惧怕心理而反对采用新技术，都是系统失败的关键因素。从组织外部来讲，管理信息系统运行后，报表、票证格式的改变是否被有关部门认可和接受将直接影响企业的营业额。对于涉及社会经济现象的系统，还应考虑原始数据的来源有无保证。

阅读资料

格雷亨德管理信息系统的失败

总部设在得克萨斯州的 Dallas 市的格雷亨德公司是美国横贯大陆的汽车客运的大哥大。公司主要业务是州际客运，拥有几千台汽车和驾驶员。

1. 公司面临的内部困境

(1) 公司职员通常要查阅厚厚的汽车时刻表来安排旅程，处理起来非常缓慢。

(2) 通常使用几个月前的数据手工安排汽车和驾驶员。无法有效、经济地安排汽车和驾驶员。

(3) 无法减少空车出站的概率(固定成本)及发生时，选择适当的时机降价。

(4) 汽车乘客在一次旅行中可能停留十次以上，不好预测。

(5) 财务状况日益恶化。公司的市场份额从 1960 年的 30%下降到 20 世纪 80 年代的 6%。公司被迫申请保护并重组，勉强躲过了被 Dial 公司收购的厄运。

2. 公司所采取的对策及行动

公司的对策如下。

(1) 削减开支；

(2) 升级汽车与设备；

(3) 平息劳工纠纷；

(4) 计划实施计算机订票系统，其中实施计算机订票系统是核心。

公司采取的相关行动如下。

(1) 1992 年早春，Trips 系统项目开始，由一家咨询公司开发。

(2) Trips 系统分别在 Houston、Dallas、Sun Antonio、Austin 测试。Thompson 认为 Trips 系统是失败的，决定裁剪功能全部重新设计。

(3) Thompson 向执行委员会提出了警告，Trips 系统没有通过生存测试并将不能按期完成。

(4) 1993 年 5 月，测试失败版本的 Trips 系统开始推出。

3. Trips 系统实施的效果

Trips 系统实施一年半，其效果十分不理想。

(1) 失败的系统的特征：系统未被使用；系统所提供的功能不能完全满足需要，不得不利用一些并行的手工过程加以辅助；系统产生的报表数据对决策分析无足轻重；系统使用起来太困难，或数据不可靠；系统处理不及时，操作成本过高，或经常产生问题。

(2) 公司信息系统的使用表现。系统不能处理所有的电话呼叫；许多顾客碰上忙音信号，经常打十几次才打通；客服在线时间由 1 分 49 秒上升到 2 分 30 秒；计算机花 5 分钟才能打印一张票；旅客失掉了连接，没有了行旅；系统经常崩溃。

由实施效果来看，Trips 系统是失败的。

4. Trips 系统失败的原因分析

(1) 财务上投资分析。

尽管公路的信息系统比航空公司的复杂，但投资力度远低于航空业的信息系统的投资力度。在公司核心竞争力即战略 MIS 系统的投资是 600 万美元，而其他不必要的花费却有 229.6 万美元。从投资力度来看，对信息系统的重视不够。

(2) 管理问题分析。

① 公司未制订周密的信息系统实施计划，公司没有有力的协调机制。

② 对开发过程中的监控不够。

(3) 组织问题分析。

① 组织制度不完善。

② 组织结构没有进行相应的变革，组织的责、权、利未进行相应调整。

③ 信息系统是组织来推动的，但如果组织不进行任何变革，则很难推动信息系统。

结论：在公司的制度不完善的时候，管理层利用 MIS 作为工具，对公司的股票进行短期炒作，从而为个人获利。在财务上、管理上、组织上对信息系统都缺乏强有力的支撑，从而导致信息系统的失败。

5. 总体评价

(1) 格雷亨德公司信息系统的失败是由于公司自身的原因导致信息系统的失败。

(2) 格雷亨德公司没有在 20 世纪 90 年代的汽车客运困难期间，利用信息系统增强核心竞争力。

(3) 在 2001 年 "9·11" 恐怖事件及 11 月 12 日坠机事件对美国航空业进行沉重打击的有利时机时，无力抢夺航空业失去的蛋糕，从而失去了重振雄风的最好时机。

(资料来源：http://wenku.baidu.com)

5.2.2　可行性分析报告

可行性分析报告是系统分析师在这一阶段工作的总结，它反映了系统分析师对系统开发研制的看法。这个看法要提交给领导小组(或委员会)，然后召开会议讨论。如果可行性分析报告讨论通过，此时，这个报告就不再只是系统分析师自己的看法了，而是整个组织的领导、管理人员和系统分析师的共同认识。一般而言，可行性分析报告包括总体方案和可行性论证两个方面，内容大致有以下几点。

(1) 引言。说明系统的名称、系统的目标和系统功能、项目的由来。

(2) 系统建设的背景、必要性和意义。报告要用较大篇幅说明总体规划调查、汇总的全过程，要使人信服调查是真实的，汇总是有根据的，规划是可信的。

(3) 原有系统的问题分析。这部分需要分析原有系统存在的弊端及改进建议。

(4) 拟建系统的候选方案。这部分要提出计算机的逻辑配置方案，可以提出一个主要方案及几个辅助方案。

(5) 可行性论证。主要从技术、经济及社会三个方面进行论证。

(6) 结论。明确所开发的系统可不可行。

阅 读 资 料

Crane Engineering 公司是一家位于美国威斯康星州 Kimberly 市的工业设备分销商。负责公司运营的副总裁 Jeff Koeper 透露说："我们面临的最大挑战是我们的销售队伍——要想办法改变他们的习惯，让他们使用 CRM 进行规划。他们经常会抱怨，'我没有时间来看那些信息'。有些人则害怕使用 Windows，更别提 CRM 了。"

起初，Crane Engineering 公司组建了一个由 IT 销售人员和客户服务人员组成的跨职能工作小组来听取销售自动化软件销售商的演示，并在互相合作的基础上共同决策以达到目标。1999 年，公司选定了一家软件销售商后，立即制定了一项跨职能引导式项目，其目的是为新系统在整个公司范围内实施之前扫除所有障碍。初步安装一结束，公司便对销售人员进行了整整两天的培训。不过现在，公司开始要求销售经理们监督管理，并对同一账户下销售不同产品的销售队伍或人员实行同等的压力机制。公司还成立了跨职能 CRM 管理委员会，每月集中讨论所发现的问题。

Meta 集团的分析师 Liz Shahnam 对此发表了自己的看法："销售人员很想知道 CRM 这个系统对他们而言究竟意味着什么，仅仅告诉他们必须这么做是不够的，更重要的是要让销售人员明白他们的客户在呼叫中心以及公司网站上都做些什么，例如购买其他产品或提出抱怨等，要让销售人员对此有一个全局的认识。这个方法是一个非常有效的激励机制——销售人员开始发掘销售潜力并扩大自己的客户队伍。"

然而，公司还面临一个更大的挑战：CRM 实际上是一套思想的汇合，是一套企业哲学——它用来重塑企业的销售、营销、客户服务和分析方法，对于许多公司而言，它意味着一种重要的文化转变。位于西雅图的 DMR 咨询公司负责管理咨询的主管 Ray McKenzie 评论说："CRM 意味着从以产品或内部关注为中心转向以客户或外部关注为中心；同时，它也代表着由以前的独角戏转向现在与客户进行沟通对话；随着互联网的出现，客户们开始想要与公司对话。另外，这也意味着从锁定客户到变为被锁定目标的转变。现在,客户已经变成了狩猎者。"

这种转变让 IT 精英们开始"为客户考虑"并打破了信息技术和那些与客户打交道的员工之间的界限。这同时也意味着公司运营在组织结构上要进行改变,如在不同部门和工作职责之间进行信息和资源的共享;也可以理解为要摒弃那种"谁拥有,谁就有控制权"的思想;要对员工重新进行培训以使其适应新的角色、承担新的责任并掌握新技术;进行工作业绩评估,甚至也要对他们的薪酬进行评估。

(资料来源:James A.O'Brien. 管理信息系统[M]. 李红,姚忠,译. 北京:人民邮电出版社,2007)

5.3 某图书管理信息系统的可行性研究案例

5.3.1 引言

1. 编写目的

编写本报告的目的是研究本系统的总体需求、实现方案,并分析开发系统的可行性,为决策者提供是否开发该系统的依据和建议。

2. 项目背景

开发软件名称:图书管理信息系统

项目开发者:××学院"图书管理信息系统"开发小组:

　　　　　×××(×号,组长),×××(×号),……

用户单位:××学院

3. 定义

图书管理信息系统对于现代图书馆而言,是能否发挥其教学科研作用的至关重要的技术平台。对于读者和图书管理员来说,是能否方便、快速获取信息的关键。所以,图书管理信息系统应该能够为用户提供充足的信息和快捷、方便的操作手段。

4. 参考资料

(1) 钱乐秋等. 软件工程[M]. 北京:清华大学出版社,2007.

(2) 张害藩. 软件工程导论(第五版)[M]. 北京:清华大学出版社,2008.

(3) 陶宏才等. 数据库原理及设计[M]. 北京:清华大学出版社,2007.

(4) 刘冰等. 软件工程实践教程[M]. 北京:机械工业出版社,2009.

5.3.2　可行性研究的前提

随着计算机应用的日益普及和深化，网上办公已经成为一种趋势。本项目要开发的是基于局域网和互联网的图书管理信息系统。由于学院藏书量大，借书的学生多，原来的人工工作方式不仅会造成办理时间的延误和人力资源的浪费，特别是在借书高峰期时这种冲突更加明显，而且存在着各种信息不易存放、易丢失、难以备份和查询等缺点。因此，实现一个将各种图书管理和服务功能集成起来的管理信息系统就显得十分必要，既可以节省资源，又可以有效存储、更新、查询信息，提高工作和服务效率。

开发的系统要求界面友好，方便直观。既要方便管理员对图书信息进行添加、删除、修改、查询和统计等管理，又要方便学生借书、还书和续借等业务的办理。将数据库发布到互联网上，进行资源共享，方便学生可以在自己的权限内对图书信息进行访问，查询相关信息和进行续借操作。

1. 要求

1) 主要功能

(1) 读者管理：管理员要为每个读者建立借阅账户，并给读者发放不同类别的借阅卡(借阅卡可提供卡号、读者姓名)。

(2) 借阅管理：持有借阅卡的读者可以通过管理员(作为读者的代理人与系统交互)借阅、归还图书。

(3) 读者查询：可通过互联网或图书馆内查询终端查询图书信息和个人借阅情况，以及续借图书(系统审核符合续借条件)。

(4) 图书管理：图书管理员定期或不定期对图书信息进行入库、修改、删除等图书信息管理以及注销(不外借)，包括图书类别和出版社管理。

2) 主要性能

可以方便、快捷、有效地完成借阅、查询等各项操作，输入数据合法性校验程序高，查询速度快(不超过 5 秒)。保证信息的正确和及时更新，并降低信息访问的成本。技术先进且高可靠性。

3) 可扩展性

能够适应应用要求的变化和修改，具有灵活的可扩充性。

4) 安全性

具有较高的安全性。系统对不同的用户提供不同的功能模块，只有具有一定权限的管理员用户才能允许有借书、还书权限，只有具有高级权限的部门管理者或维护人员用户才能对用户进行管理，一般的读者用户只能查看图书信息和借阅情况。

还应具有一定的保护机制，防止系统被恶意攻击，信息被恶意修改和窃取。有完善的备份机制，如果系统被破坏应该能快速恢复。

5) 完成期限

××年3月1日至9月30日，共7个月。

2. 目标

系统的开发目标包括如下几项。

(1) 减少人力与管理费用。

(2) 提高信息准确度。

(3) 改进管理和服务。

(4) 建立高效的信息传输和服务平台，提高信息处理速度和利用率。

3. 条件、假定和限定

(1) 建议软件寿命为10年。

(2) 进行系统方案选择比较的时间为10天。

(3) 经济来源：××学院。

(4) 硬件条件：PC 6台，服务器3台，局域网，Internet。

(5) 软件条件：Windows 2000Server和XP操作系统，Office软件，Oracle数据库，浏览器等。

4. 决定可行性的主要因素

本次可行性分析首先是按照软件工程的规范步骤进行的，即按复查项目目标和规模、研究目前正使用的系统、导出新系统的高层逻辑模型、重新定义问题这一循环反复的过程进行；其次，提出系统的实现方案，推荐最佳方案，对所推荐的方案进行经济、技术、用户操作和法律的可行性分析；最后，给出系统是否值得开发的结论。以上分析结果写成文档。

(1) 成本/效益分析结果：效益>成本。

(2) 技术可行结果：现有技术可完成开发任务。

(3) 操作可行结果：系统能被现有的工作人员快速掌握并使用。

(4) 法律可行结果：所使用工具和技术及数据信息不违反法律。

5.3.3 对现有系统的分析

1. 业务流程

在调查了图书馆的各职能部门之后，其组织结构与信息流关系如图5-6所示。

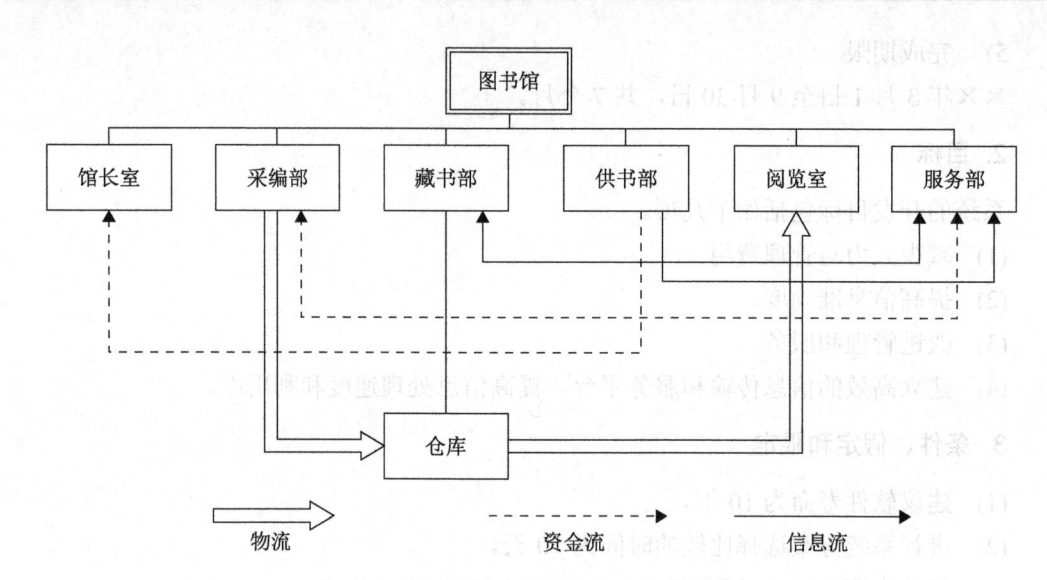

图 5-6　图书馆组织结构与信息流的关系

2. 数据流程

由于篇幅所限，这里只画出图书管理信息系统的顶层数据流程图，如图 5-7 所示。

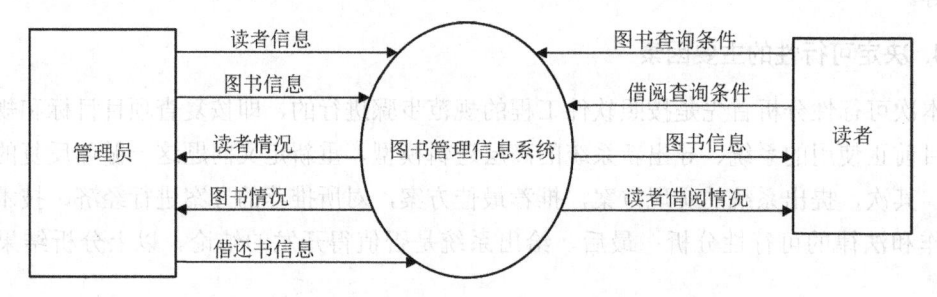

图 5-7　图书管理信息系统的顶层数据流程图

5.3.4　所建议的系统方案

1. 系统的整体构架

所建议系统是 C/S 和 B/S 模式结合。系统管理、书籍管理、读者管理和借阅管理等大部分的功能通过图书馆内的局域网实现，有利于提高系统的效率性和安全性；图书信息查询、个人借阅情况查询、续借等功能可在互联网上进行，有利于有效地提高系统使用效率；能在一定程度上实现局域网和互联网数据交换的自动化。用户在经过身份确认后，系统按照权限的不同，向其不同类型用户提供相对应的功能。系统实现方案如图 5-8 所示。

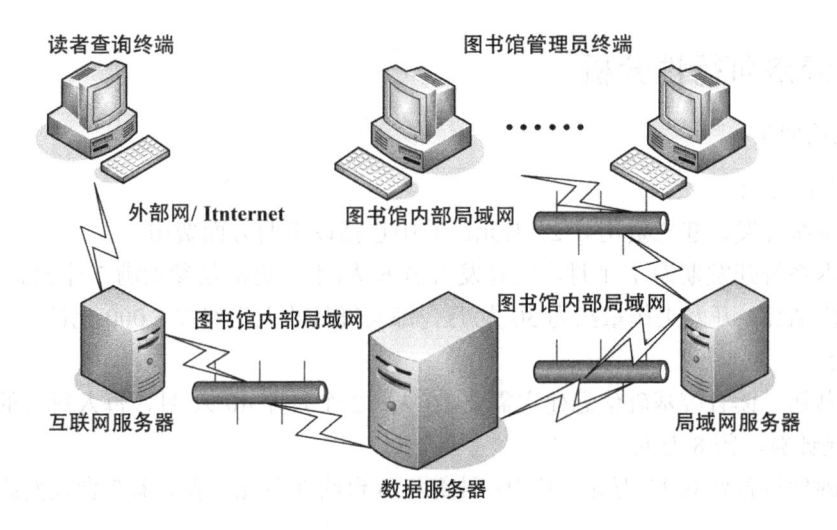

图 5-8　图书管理信息系统的整体构架

2. 影响

在建立所建议系统时，预期会带来的影响包括以下几个方面。

(1) 对设备的影响。由于所建议系统是基于 Windows 操作系统和互联网的，所以需要配备足够符合以上列出的各种软硬件条件的计算机和通信线路。系统失效后，服务器端需要利用备份的数据库恢复数据信息，要求要有足够的数据备份空间。

(2) 对软件的影响。需要落实是否有符合本报告所列出的正版的软件环境，如果没有则需要购买。

(3) 对用户单位机构的影响。投入使用前还需改进现有的管理模式。

(4) 对开发的影响。开发过程需要用户进行密切的配合，准确阐明需求。

(5) 对经费开支的影响。除了需要支付开发单位的有关费用外，每年还需要一定的运行维护费用(见 5.3.6 小节经济可行性分析)。

5.3.5　技术条件方面的可行性

本系统是一个基于局域网、互联网和 Windows 操作的系统，现有技术已较为成熟，利用现有技术完全可以实现系统开发目标。同时，开发期限较为宽裕，预计可以在规定期限内完成开发任务。

5.3.6 经济可行性分析

1. 投资成本

1)一次性支出

(1) 系统开发、建立费用共 23 万元。其中包括以下两方面费用。

① 本系统开发期为 7 个月,需开发人员 6 人(不一定都是参加满 7 个月)。根据软件系统的规模估算,开发工作量约为 30 人/月,每人每月的人工费按 5 000 元计算,开发费用为 15 万元。

② 书籍、读者等基础信息建立需要 20 人、2 个月即 40 人/月,每人每月的人工费用按 2 000 元计算,需 8 万元。

(2) 硬件设备费共 13 万元,其中:计算机 6 台约 3 万元,服务器 3 台及网络等设备费 10 万元。

(3) 外购开发工具、软件环境费用共 9 万元。

(4) 其他费用共 2 万元。

(5) 一次性支出总费用为 47 万元。

2)经常性费用

经常性费用主要是系统运行费用,假设本系统运行期 10 年,每年的运行费用(包括系统维护、设备维护等)5 万元,按年利率 5%计算,如表 5-4 所示。

系统投资成本总额为:47+38.6082=85.6082(万元)。

表5-4 经常性费用计算结果

年份	将来费用 (万元)	$(1+0.05)^N$	现在费用值 (万元)	累计现在费用 (万元)
第一年	5	1.05	4.7619	4.7619
第二年	5	1.1025	4.5351	9.2970
第三年	5	1.1576	4.3191	13.6161
第四年	5	1.2155	4.1135	17.7296
第五年	5	1.2763	3.9176	21.6472
第六年	5	1.3401	3.7310	25.3782
第七年	5	1.4071	3.5534	28.9316
第八年	5	1.4775	3.3841	32.3157
第九年	5	1.5513	3.2230	35.5387
第十年	5	1.6289	3.0695	38.6082

2. 收益

假设投入本系统，效率可以提高 50%，以现有的工作人员 20 人计算，可减少 10 人，每人每月平均工资按 2 500 元计算，每年节约人员工资 10×12×0.25=30(万元/年)。按年利率 5%计算，效益计算，如表 5-5 所示。

系统收益总额为：231.6437 万元。

表 5-5　收益计算结果

年　份	将来收益值 (万元)	$(1+0.05)^N$	现在收益值 (万元)	累计现在收益值 (万元)
第一年	30	1.05	28.5714	28.5714
第二年	30	1.1025	27.2109	55.7823
第三年	30	1.1576	25.9151	81.6974
第四年	30	1.2155	24.6811	106.3785
第五年	30	1.2763	23.5058	129.8843
第六年	30	1.3401	22.3846	152.2689
第七年	30	1.4071	21.3187	173.5876
第八年	30	1.4775	20.3035	193.8911
第九年	30	1.5513	19.3367	213.2278
第十年	30	1.6289	18.4159	231.6437

3. 成本/收益分析

在 10 年期内，系统总成本 85.6082 万元，系统总收益 231.6437 万元。

(1) 投资回收期：3+(85.6082−81.6974)÷24.6811=3.15(年)。

(2) 投资回报率：×%(即为 85.6082=30÷(1+j)+30÷(1+j)^2+…+30÷(1+j)^{10} 的方程解 i×100)。

(3) 纯收益：231.6437−85.6082＝146.0355(万元)。

从经济上考虑，开发本系统完全可行。

5.3.7　社会因素可行性分析

1. 法律方面

所有软件都用正版，技术资料都由提出方保管，数据信息均可保证合法来源。所以，在法律方面是可行的。

2. 用户使用方面

使用本系统的人员均有一定计算机应用基础，系统维护员由计算机的专业人员担任，所有人员都要经过本系统的使用培训。经过简单培训，人员就会熟练使用本软件。

3. 组织内外部对系统开发的支持态度方面

经过调查，组织内外部普遍认为有必要开发图书管理信息系统，能够提高图书馆管理的服务能力及业务处理效率，因此，对该系统开发持支持态度。

5.3.8 结论

本项目具有方便、快捷等优势，投资回报利益大，使得图书管理实现电子化，符合社会信息化发展的需要，技术、经济、操作、法律方面都是可行的，可以开发本系统。

【案例5-3】　　某大型企业全省联网可行性研究报告

一、前言

1. 项目背景

某大型企业经过多年不懈的建设和努力，形成了金融网、实物网、综合计算机网三大强势网络，为企业的可持续发展打下了坚实的基础。为最大限度地发挥"三网"作用，企业拟形成以某呼叫(下用**代替)为中心的"一个网络两个平台"的布局，即实现全省联网，达到资源共享，为全省性业务的发展提供一个好的平台，面向用户提供更快、更方便、更优质的服务。

2. 客服系统现状

江苏省以地市为单位共建成了13个城市客服中心，并于2001年经过**县局延伸工程，将信息终端延伸到57个县局，实现了全区**特服号的统一。其中南京、镇江、常州、无锡、苏州、南通、泰州、淮安8个地市局**客户服务中心为SE版本，系统以C&C08排队机为中心，连接语音传真服务器IVR、Web和数据库服务器、FEP通信平台、人工座席及网络打印机，服务器采用SCO UNIX，数据库使用Informix；扬州、盐城、徐州、连云港、宿迁5个城市中心系统为NEWStar版本，系统采用工控机插加板卡，以SS7信令服务器、IVR1(加人工座席板)、IVR2(加自动语音板)构成核心硬件平台，连接Web和数据库服务器、人工座席及网络打印机，服务器为Window NT平台，数据库使用Informix。全省13个城市客服中心系统大部分采用2M数字中继接入，7号信令，最大支持30个人工台席，30路自动语音。

1) 网络现状

(1) SE 系统。

SE 系统示意图如图 5-9 所示。

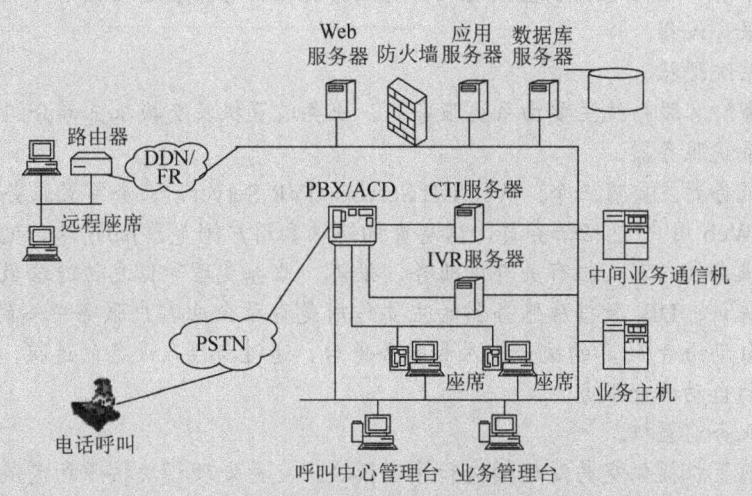

图 5-9 SE 系统示意图

(2) NEWStar 系统。

全区**中继统一接入市**中心机房，所有电话直接进入**中心，由客户按照语音提示自主选择服务流程，包括自动语音服务的电话银行业务和人工服务的业务，如咨询、揽收、特快查询等。全区的自动服务部分全部在市局自动语音服务器中完成，如图 5-10 所示。

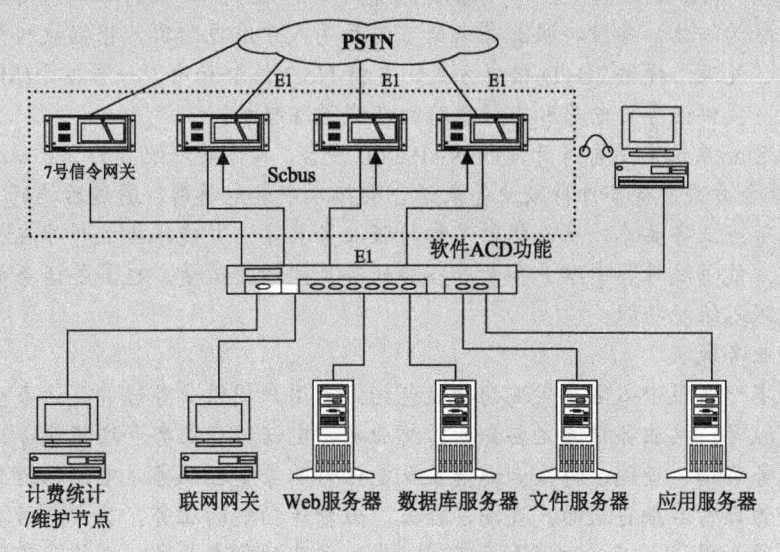

图 5-10 NEWStar 系统示意图

通过企业现有的综合网，各县级**客服人员和市**中心的客服人员共享市**中心的资源，包括应用服务器、业务服务器。现有的**客服系统，人工服务和自动服务流程是结合在一起的，客户电话呼入后直接进入自动服务流程，客户在自动语音的引导下选择人工服务或自动服务流程。

2) 系统现状

江苏省**客服系统主要由系统服务器、业务前置机及交换机三部分组成。

(1) 系统服务器。

系统服务器主要有三个：Web/DB Server、IVR Server、业务前置服务器。Web 服务器主要接收 Web 用户(包括话务员、信息查询终端和用户浏览器)的请求，通过主页存放政策性内容和服务性内容，把有关查询业务、投诉、业务受理等信息传送给数据库服务器，以备查询和统计；DB 数据库服务器的主要作用是存放企业客户服务中心的业务数据；IVR 服务器是自动语音/传真的统一接入和服务平台，通过与接入设备的连接，满足同时接收多客户并发的自动语音服务。

(2) 业务前置机。

业务前置机提供交易处理模块和管理模块。交易处理模块按照约定流程同时为多位用户提供绿卡查询、挂失、代扣、约定转账和汇款、电话订购、邮购等交易，并保证交易完整性。管理模块为用户提供丰富的管理功能，包括自动记录详细交易流水，记录用户使用的电话号码、交易日志等信息，并按需求生成统计报表。

(3) 交换机。

SE 系统采用深圳华为公司的 C&C08QA 多功能数字排队机作为接入设备，系统可提供各种标准接口(1B+1D、普通串口、高速智能串口、nB+D)，使排队机能与各类现有系统简便连接，融为一体；各种特服业务来话可以共用入中继电路群，根据被叫号在相应的业务组中排队、处理；提供 2B+D 接口方式，支持 No.7 信令和中国一号信令(MFC)，具有话务统计功能，提供话务员电路和中继线路的在线跟踪维护。

NEWStar 系统采用自身开发的 NAP2000 平台，具体硬件配置为工控机加语音板卡。采用 No.7 信令方式，将各种特服业务来话合群接入中继电路群，通过后端的 SCXbus 总线进行后端各节点业务共享，从而提供多种特服业务共享；并能根据被叫号在相应的业务组排队、处理；能够统计各中继业务量和各类话务员组的接听量，也具备话务员电路和中继线路的在线跟踪维护功能。

3) 业务现状

江苏省**客服中心主要实现的功能包括：为用户提供业务咨询、业务查询、投诉、业务受理等服务。按业务种类主要分为传统业务、电话银行业务和增值业务。传统业务主要有各类业务咨询、查询、特快专递揽收及电话订购等受理业务；电话银行业务现已开办的主要业务为储蓄活期存款账户查询、挂失、缴费等功能的业务，其中电话缴费目前主要为移动、联通和固话，下一步将逐步实现"代"字头的各类业务；增值业务的开办还处在起步阶段，主要是依托 18*、中间业务平台系统与第三方共同开展的一些业务，如电话商城、绿卡炒股、短信、台席外包、注册用户、代售票务等。

3. 必要性

江苏省**客服中心建设较早，以地市为单位共建成了 13 个城市客服中心，2001 年县局延伸工程，将客服信息终端延伸到 57 个县局，实现了全区**特服号的统一。各地市根据业务发展的需要，经过几次软件改造，比较灵活地面向用户提供融合了包括金融、特快、报刊发行、集邮等在内的各项服务，在业务的拓展和延伸上迈出了坚实的一步。但由于各地**客服中心都是一个独立的系统，其业务数据和设备没有实现互联互通，造成应用软件更新不及时和无法开展全省性的增值业务；同时应用软件版本不统一，造成**系统在新业务的扩展上能力不足，不能形成有效的规模效应；对各市**客服中心的管理力度不足，导致业务发展不规范，无法形成统一的服务界面、服务质量。

为此我局提出了在尽量保留各地市**客户服务中心硬件资源的同时，启动全省**客服联网工程，实现资源共享，大力发展全省性的增值业务，为企业提供新的收入增长点，使企业客服逐步从服务型转向效益型，树立现代企业品牌形象。

二、建设目标

为实现**客服全省联网，达到资源共享迫在眉睫，不仅能够提高企业客服的服务水平，树立现代化企业形象；同时，也能推动其他业务发展，增强市场竞争能力。在确定全省**客服联网改造方案时，在采用先进技术的同时，也要考虑对现有硬件资源的充分利用，实现以下建设目标。

1. 统一全省**应用软件版本

目前，全省**应用软件分为 SE 和 NEWStar 两种版本，由于各市局为适应地区性业务发展而需要对软件进行修改，导致同一个版本下各市局的应用软件也不尽相同。全省版本不统一，不仅会造成全省性的业务推广难度加大，改造费用增加；同时，将制约今后业务的扩展能力和系统的升级改造。因此，企业客服全省联网的首要目标即统一全省**应用软件版本，为今后业务的发展奠定良好的技术基础。

2. 实现全省**数据资源共享

由于各地**相对规模较小，容量有限，数据独立存放，无法实现业务联动、资源共享、发挥企业的规模效应。数据联网应遵循业务发展模式，并非简单的数据叠加和堆砌，须区分哪些数据需要集中和上移，哪些数据需要在地市局存放，适应区域性业务的发展。同时，还须考虑网络带宽、技术实现手段及与语音资源融合等问题。

3. 流程联网，协同作业

全省**客服系统在实现版本统一、数据资源共享的基础上，通过后台软件流程引擎等机制，使各地市客服中心的数据和业务流程能被其他客服中心使用，业务流程和数据可以在多个客服中心之间进行流转，从而完成诸如彩票、票务等全省性业务的办理工作。

4. 统一与第三方的接口标准

目前，**系统与第三方的接口标准不统一，造成投资效率低，资源无法统一使用，整体效益难以发挥。为此，全省联网后应从总体技术规范上定义各应用软件的功能和边界，厘清应用系统的层次关系和与第三方的接口问题，对全网各应用系统进行有效定位和改造。

5. 具备方便灵活的业务定制功能

统一版本后的软件平台应为三层体系结构，即接入传输层、呼叫控制层与应用层分离的模块化设计，二次开发功能灵活方便、功能强大，不过分依赖于底层硬件的支持，便可实现新业务定制的热插拔和智能化功能。

三、实现功能

**客服全省联网，可以新增各类分销业务和信息中介业务，如产品分销、订票订房、物流配送和职介房介等业务。

1. 业务流程定制

对于新增的业务流程，利用省中心业务流程管理调度系统，进行从业务受理、步骤执行到信息反馈的各项定制管理。

例如，异地联网订票业务，根据业务开展部门与订票网点协商好的业务实现步骤，通过业务流程管理调度系统进行各个步骤的描述，生成电子工单流，每一个涉及业务处理的电子工单流都提供管理员监督机制，以保证每一个业务要求都能够被完整响应和闭环管理。对应到具体业务上，座席员受理到一个异地的订票需求，则进行记录生成电子工单并根据业务定义进行下一步的流转，由省中心管理系统进行调度分配到指定受理台席(也许是异地)进行处理，返回结果后报给用户，并进行配送。

2. 省集中业务的处理

全省性业务的业务流程和业务数据全部放置在省中心，语音放置在各个地市。业务运行在省中心的 IVR 上，业务流程的更新和重载单独在省中心进行操作，操作方便，全省只需维护和管理一套业务流程版本，新业务定义直接在省中心即能实现。对于远程访问需要耗用大量带宽资源的语音文件，采用 FTP 的方式分发到各地市本地系统，这样对于这些文件的调用从本地就可以访问到，无须数据传输，节省网络资源。

以产品分销为例，所有涉及分销产品的信息数据内容全部存放在省中心数据库，用户进行产品订购时，相关人员通过省中心系统进行业务受理，生成订单，省中心根据设定流程将该订单派往指定供货局进行订单接收确认，收到确认后进行收款、发货、配货的指定业务流程步骤，所有这些步骤都置于省中心系统的监控管理之下。

3. 地区性业务的处理

对于只能适合在当地开展的地区性业务，业务流程和业务数据采用本地化管理，各地市可以灵活地进行区域性业务的软件开发，但正式使用需要得到省技术、业务部门的认可。业务流程的更新和重载由各个地市独立进行操作并负责维护，这些业务的处理模式与现有的**客服基本类似。

对于有些初期在地市开展但有全省推广价值的业务，建议按照全省业务来做，数据存储上可以直接存储在省中心的数据库服务器内，业务流程可以按照全省共享的模式开展，先期可以先考虑当地的适用性。

四、总体设计

1. 原则

1) 总体规划，分步实施

江苏省**客服联网改造工程建设，是一步到位，还是分步实施，取决于业务发展的状况。联网工程的目的是更好地满足已开办的各类业务，同时尽快解决目前条件下无法开展的新增业务。为此，联网改造工程采用分步实施的方案，不仅能够在较短的时限内实现业务部门提出全省性票务等迫切的业务；同时，通过制定全面科学的总体规划，在后期的建设中少走弯路，避免重复投资，最终建成适应江苏省某业务发展的国内一流水平的客户服务中心，并在全国××行业中处于领先地位。

2) 采用三层体系结构

采用三层体系结构不仅可以充分提高系统性能，加强系统的安全性和稳定性，同时能够使系统的业务扩展性变得更加灵活方便，对某一项新业务的软件开发不再依赖于底层硬件是否支持以及需要专门的技术人员才能完成任务。三层体系结构的模块化设计将使得业务人员也可以利用业务管理模块，通过业务流程定制和简单的界面操作就可以完成一项新业务的"编程工作"，这对适应今后全省性业务的发展和适应地区性业务快速多变的特点是非常重要的。

3) 充分利用现有硬件资源

江苏省目前共建成了13个城市客服中心，接入设备以 C&C08 QA 排队机为主，其中5个城市采用工控机插加板卡的方式，系统服务器主要有 Web/DB Server、IVR Server、业务前置服务器，大部分设备目前都能够正常运行。因此，江苏省**客服联网改造工程现阶段目标的重点是软件的升级改造，形成全省统一的版本，硬件设备在能够正常运行、满足现有业务规模和支持三层体系结构应用软件的前提下，以利旧和扩容为主，除省中心设备需要新增以外，各地市客服中心硬件设备以利旧为主。

4) 分散接入，数据集中

目前，13个地市客服中心是一套完整的系统，可以单独完成本地区**业务的接入和处理。由于目前90%的业务都是地区性业务，考虑到集中接入将会增加长途通信资费和省中心的硬件设备投入，现阶段并不适合江苏省客服现状，因此本次改造仍采用各地市客服中心分散接入的方式。同时，建立全省资源共享数据库，通过联网实现业务数据的统一和全省数据资源共享。

5) 保留现有电话银行功能

目前，江苏省电话银行与××客服合二为一，共用**一个特服号。××储蓄统一版本工程后，国家××局已经开始考虑电话银行从**客服系统中剥离出来。由于目前方案未定，是各省自建，还是国家××局统一实施；是与原**客服系统逻辑分离，还是完全物理分离，借鉴商业银行模式独立建设一套电话银行系统，目前都是未知数。因此，本次江苏省**客服联网改造工程涉及电话银行功能的部分将原封不动地保留，待国家××局电话银行改造方案确定后，再另行考虑。

2. 系统结构

1) 系统结构图

本系统的结构图如图 5-11 所示。

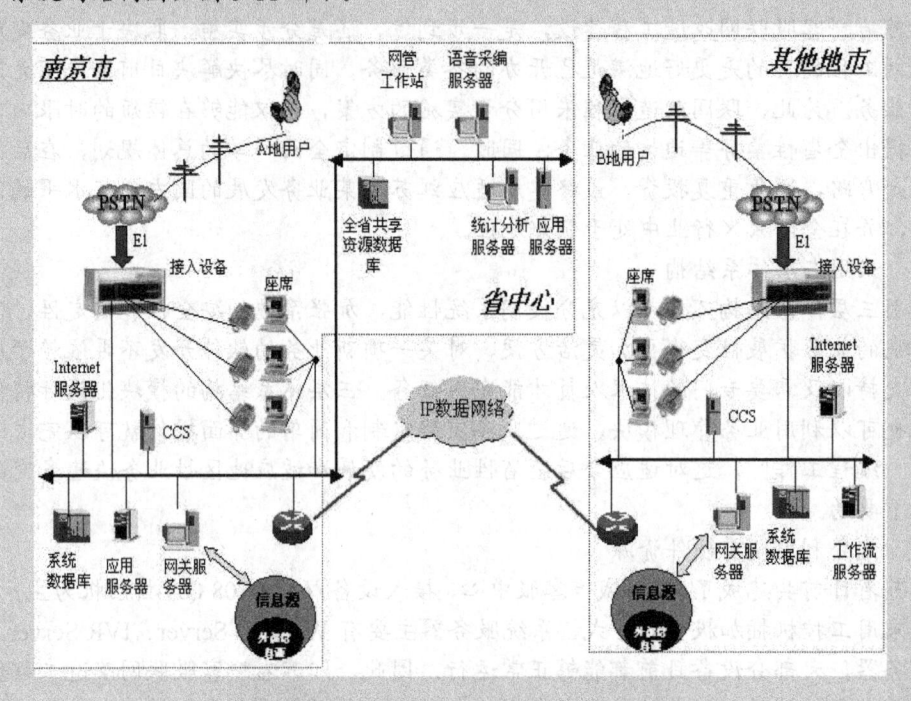

图 5-11　江苏省××客服联网改造结构图

2) 结构描述

江苏省××客服联网改造建设模式逻辑上采用"1+13"的模式："1"是指省中心，省中心通过综合网与其他 13 个城市中心数据互联，全省性的业务通过省中心实现，同时负责 13 个地市××中心的管理和监督；"13"是指其他 13 个地市，每个地市××中心都是一套相对独立的系统，可以单独完成本地区××业务的接入和处理，并能通过综合网共享全省数据资源。也就是说，在接入方式上，采用各地市分散接入实现××在各地的接入受理；在数据管理上，建立全省资源共享数据库，通过后台数据联网实现业务数据的统一和全省数据资源共享；在业务处理上，通过区分全省性和本地业务，可以实现全省性业务放在省中心集中处理，对于适合本地开展的业务放在本地运营；在物理结构上，省客服中心与南京××客服中心是同一套系统，在逻辑层面上划分为省客服管理功能和南京客服运行功能，共同肩负全省数据资源共享和系统运营维护。

3. 网络

后台的数据网络联网是本次客服系统联网的实现基础，建议采用××综合业务网进行数据联网。考虑主要的数据传输量集中在座席的上行下访以及自动业务流程的控制消息传递，但相对于带宽要求并不太高，预计 256K 的带宽能够满足目前业务量要求。

4. 硬件平台

1) 省中心

现阶段将依托南京××客服中心建设省中心客服系统，新增全省统一存储的数据库服务器、应用服务器和其他网关设备。

2) 各地市

各地市交换接入设备利旧，由于软件版本的统一升级更新，将造成对于数据库服务器及应用服务器的性能要求有所提高，因此各个地市需要更换或者增加相应的 PC 服务器设备。

5. 软件平台

1) 省中心

现阶段将依托南京××客服中心建设省中心数据管理及集中业务受理平台，建设数据存储管理系统、全省集中业务受理系统、全省业务调度系统，对各地市人工、自动 IVR 业务在全省范围内的应用进行集中管理。对于全省性业务，省中心提供对外的统一接口系统，实现全省客服系统与外部信息源进行数据连接的应用接口标准和统一出口。

2) 各地市

各地市客服中心进行软件版本的统一升级更新，适应全省业务集中处理的要求；同时，应用系统将能够提供各地市自主开发地区性业务的功能，但其版本更新和上线使用需要通过省中心的测试和审核，这样不仅满足了各地市区域性业务的不同需要，同时保证了全省客服软件的版本唯一的要求；对于相同类型的业务，也只要在省中心开发或维护一个版本，并通过与省中心的联网，保证各地市业务数据资源能够在全省其他地市共享。

6. 硬件资源利旧

1) SE 系统

接入服务平台利旧原有华为 C&C08QA 排队机和后台 IVR，PC 服务器部分能够满足需求的尽量利旧。

2) NEWStar 系统

接入服务平台利旧原有 NEWStar 工控机加语音板卡及信令设备。PC 服务器部分能够满足需求的尽量利旧。

3) 省中心

由于是依托××客服中心建设省中心平台，尽量利旧原有华为 C&C08QA 排队机和后台 IVR，叠加新的统一呼叫中心软件版本提供业务，但如果由于原交换机功能和容量不能满足省中心业务需求，不排除新增省中心接入交换机进行接入服务，更换下来的交换机可以放到其他地市使用或者作为电话银行集中接入的交换设备。

五、建设方案

江苏省××客服联网改造建设方案将遵循总体规划、分步实施的原则，在充分利用现有硬件资源、满足业务发展的前提下，分三个阶段实施。

1. 第一阶段：业务数据联网

第一阶段主要完成以下三个目标。

(1) 对南京××客服系统进行改造扩容，使之具备省客服中心的功能和满足当前业务发展迫切需要解决的票务等电子商务类业务的开展。

(2) 建成省客服中心数据库系统，实现全省客服数据资源的共享。

(3) 完成对南京××客服系统应用软件和座席软件的更新，实现全座软件界面和功能的标准化，提高服务质量，便于新业务的推广应用。

改造后的南京客服系统，将采用三层体系结构，不仅能够提高系统性能，加强系统的安全性和稳定性，同时，能够使系统的业务扩展性能变得更加灵活方便。客服系统结构图如图5-12所示。

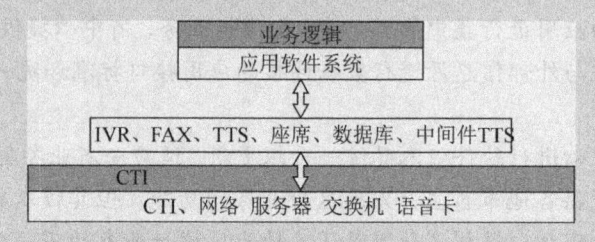

图5-12 客服系统结构图

对于数据存放的考虑，全省性的客服信息采用集中式的存储方式，同时将业务数据存放于中心数据库中；各市的区域性数据可独立存放在各自客服中心数据库中，通过综合网数据资源的共享，同时保持咨询信息、操作指南、业务介绍、通用规则等数据的省市平台同步。客服信息存储模式如图5-13所示。

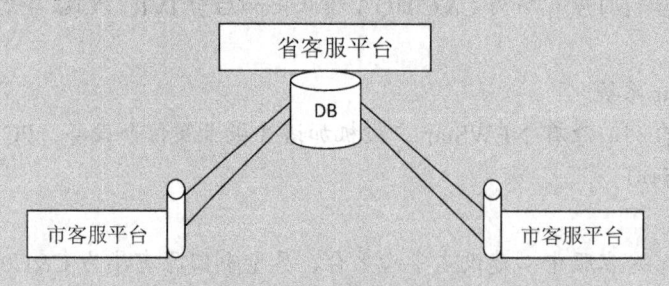

图5-13 客服信息存储模式

由于第一阶段并没有实现全省应用软件版本的统一，所以对于跨地区的订票业务暂时无法实现业务逻辑层面的工作流转，只能通过话务员以Web方式登录省中心数据库进行相关信息的查询后，将相关信息以电子工单的方式派送给相关部门，同时通过本地台席将语音信息反馈给客户。当全省软件版本统一后，将可以做到真正意义上的全省业务联网，以工作流的方式实现全省性的跨地区业务。

2. 第二阶段：软件版本统一

第二阶段将实现全省 13 个地市客服系统应用软件版本的统一，对各地市的语音接入和 CTI 不做大的改动，并保留 IVR 电话银行的功能。全省软件版本统一，将对全省性业务的开发和及时推广起到至关重要的作用；同时，也满足了各地市发展区域性业务对软件提出的具备强大的二次开发功能的要求。通过软件本身的流程引擎机制，使各地市客服中心的数据和业务流程能被其他客服中心使用，业务流程和数据可以在多个客服中心之间进行流转，从而完成如彩票、票务等全省性业务在业务逻辑层面协同作业机制。

3. 第三阶段：语音联网

第三阶段将新建省中心 CTI 和 IVR 系统，利用综合网广域网 IP 网络资源和 VOIP 技术，实现各地市客服中心之间的语音漫游，座席资源共享。第三阶段语音联网目标的实现，将全面提升江苏省××客服功能，全省台席资源的共享将使用户体验面对面的优质服务，同时，我们可以极为方便地根据业务种类划分不同的座席群，而不需要考虑这个座席是在南京，还是在徐州，完全不受物理位置的制约。同时，根据各地市业务发展的状况，动态地增减全省的座席数量，从而节约人员成本，实现座席资源的最大利用。关于语音漫游，初步考虑有以下两种实现方式。

1) 利用现有综合网内部语音网

该方案有三种具体实现方案。

第一种方案是给每个话务员提供一部内部电话，需要跨地域咨询和合作时，话务员利用内部电话得到远端帮助，再给用户提供服务。该方案中实质上内部语音网和客服中心并没有互相联网，只是为客服中心增加一种内部联系的手段。

第二种方案是将内部语音网交换机和客服中心的排队设备相连，实现利用内部语音网进行话务互转，该方案投资较大，在各地市的内部语音网交换机和客服中心的排队设备上均需要增加软硬件投入，并需要进行充分联调测试。根据初步了解，有 No.1、No.7、ISDN 三种方式，其中 ISDN 方式性价比较高。同时，根据跨地域话务量的大小，需要扩充内部语音网省市间带宽资源，需要对内部语音网和广域网资源进行进一步扩容。

第三种方案是完全利用内部语音网交换机进行扩容改造，作为客服中心的接入设备。该方案的投资也较大，优点是和内部语音网结合紧密，可以充分调度内部资源，但缺点是不能利旧原有的客服中心排队设备。

2) 利用综合网的 IP 网络资源

客服中心增加相应设备，将跨地域的话务互转变成 VOIP 方式，利用综合网广域网 IP 网络资源。该方案的投资一方面在于各地的客服中心投资相应的 VOIP 软硬件；另一方面在于需要根据跨地域互转的话务量大小来测算需要的广域网带宽，根据该需要酌情考虑扩容综合网广域网带宽。

经过上述分析，在充分利旧现有客服中心硬件语音设备的同时，根据业务发展计划，初期可以考虑采用模拟长途中继的方式以及给话务员配备内部语音电话的方案，以节省投资，并在实际使用中切实估算跨地域互转的话务量。后期可以在 VOIP 方案和利用内部语音网省市间资源的方案中进行详细对比，优先考虑性价比高的方案。从技术改造量方面而言，VOIP 的方案简单易行，如果互转话务量不太大，对广域带宽的影响和利用内部语音网压缩方式差不多。相对而言，利用内部语音网较为复杂，存在两种系统之间互联互通问题，而且初期就必须对内部语音网省市间通路进行扩容(现在是 6 路)。因此，初步建议中后期采用 VOIP 方式实现联网。

六、实施进度

××客服全省联网改造工程已完成前期准备工作，包括调研、技术方案交流及可行性研究论证，3 月 2 日提交立项申请报告。下面以立项批复为 T1 日、合同签订为 T2 日、省中心上线为 T3 日制订工程实施进度。

(1) 立项批复 T1 日。
(2) 一阶段设计 T1+30。
(3) 技术商务谈判 T1+30。
(4) 合同签订 T2 日。
(5) 软件开发、测试 T2+75。
(6) 省中心上线 T3。
(7) 第二阶段工程 T3+90。

七、投资估算

考虑到第三阶段实现语音联网，座席资源共享为江苏省客服长期目标，需要看第一、第二阶段实施的效果及业务发展的需要程度，同时涉及电信长途资费及采用自建还是租用电信平台和远端座席的模式，因此，本次科研投资估算为第一阶段和第二阶段工程，不包括第三阶段。(具体投资估算略)

八、效益分析

××客服全省联网改造工程的实施，将进一步利用资源优势，为社会提供多种多样的服务，不仅可以取得明显的社会效益，而且会为企业其他业务带来明显的经济效益。

1. 社会效益

全省 13 个地市××客户服务省中心的建设，首先将重塑××行业的企业形象，提高人们对本企业的认识，增强公众对企业的信赖和信任；其次，可以提高企业对社会的服务质量。通过客户服务中心综合、简洁、优质和规范的服务，使公众可以方便地接受各项企业服务，并能够享受到真正意义上的服务质量，从而提高企业知名度，促进××全行业的发展，使企业实现社会效益和企业效益的同步大幅度增长。

2. 经济效益

从经济效益的角度来看,目前在国内外、行业内外通过客户服务中心给企业带来的效益是相当可观的。全省客服联网将更加合理地对现有资源进行配置,降低企业运营成本,从而提高企业运营的利润率。例如,座席外包业务是××客户服务中心较主要的利润来源之一,根据目前的市场行情,一个座席外包月租费平均为 5 000 元/月,一年就是 6 万元。全省客服联网不仅能够满足很多大型企业跨地区的座席外包需求,从而有更多的座席出租;同时,将可以在全省范围内大力开展代收票务业务,如订购机票业务、代售火车票业务、移动话费代收业务等,都将成为呼叫中心的盈利点,并带动其他企业业务的发展。

(资料来源:某企业资料)

案例思考

1. 案例中的某大型企业拟建什么系统?该报告从哪几个方面对该系统进行了可行性分析?

2. 结合本章所学内容,请对该可行性研究报告进行评价。

本 章 小 结

系统调查与可行性研究作为管理信息系统开发的第一阶段,其意义重大。其调查的全面、深入程度及可行性研究的透彻程度关系着后续阶段的开发。系统调查分为初步调查和详细调查。初步调查从组织机构调查、系统现状调查和业务信息调查三个方面展开。详细调查的对象包括功能部门、业务部门和数据流程。初步调查是可行性研究的前提,而详细调查是在可行性分析报告通过之后所进行的深入调查。可行性研究是指在当前组织内外的具体条件下,系统开发工作必须具备资源和条件,看其是否满足系统目标的要求。可行性研究包括技术可行性、经济可行性及社会可行性。可行性分析报告是系统分析师在这一阶段工作的总结,它反映了系统分析师对系统开发研制的看法。在报告最后必须对系统开发能否进行给出明确结论。

复习思考题

一、名词解释

1. 可行性研究   2. 系统调查

二、单项选择题

1. 初步调查是( )的工作。
   A. 领导   B. 系统分析师   C. 系统设计师   D. 程序员
2. 数据流程调查属于( )。

A. 详细调查　　　B. 初步调查　　　C. 一般调查　　　D. 无法确定

3. 初步调查在(　　)之前进行，详细调查在(　　)阶段进行。

A. 可行性研究、系统设计　　　B. 系统设计、可行性研究

C. 可行性研究、系统分析　　　D. 系统分析、可行性研究

4. (　　)可行性主要是指管理层、员工、客户供应商以及其他人员愿意且能够操作、使用和支持这个系统。

A. 目标和方案　B. 经济　　　C. 技术　　　　D. 社会

三、多项选择题

1. 系统调查的原则有(　　)。

A. 自顶向下全面展开　　　　　B. 存在的必要性及改进的可能性

C. 工程化的工作方式　　　　　D. 全面铺开与重点调查结合

E. 主动沟通和友善的工作方式

2. 系统调查的方法有(　　)。

A. 召开调查会　　　　　B. 会谈　　　　　C. 发调查表

D. 参加业务实践　　　　E. 等待用户告知

四、简答题

1. 系统调查的原则和方法是什么？
2. 初步调查的内容有哪些？
3. 详细调查的内容包括哪几个方面？

五、论述题

1. 可行性的含义是什么？其研究内容包括哪些？试以一个开发系统为例，进行阐述。
2. 如何对一家企业进行系统调查？

六、应用题

1. 对某公司某一即将开发的管理信息系统进行初步调查，并撰写相应的调查报告。
2. 根据本章内容，对上题中的管理信息系统进行可行性分析，形成可行性分析报告。

案 例 分 析

案例背景

杜克能源公司：企业变化的游击战术管理

杜克能源公司(Duke Energy Corp.)开创了一种"游击战术"来鼓励企业电子化应用软件的开发。一小部分支持者组成一支团队开始在公司内部"游击"，扎根在公司各部门，研

究制订引导式方案，帮助开发灌输工作，协调资源利用并宣传成功事迹。18个月后，即在成功实施诸多激励创新机制，并在短短一年时间内为公司节约5 200万美元后，这支"电子团队"为企业各个部门呈上了最终方案。

在杜克能源公司首席信息官Cecil Smith的督促下，公司政策委员会授权副总裁与首席企业电子化主官A.R.Mullinax着手管理公司互联网。其目标就是将企业电子化应用软件融入杜克能源公司的组织机构中。Mullinax表示说："我们的目的并非将杜克变成一个.com公司，而是设法利用互联网来提高现有企业的运营效率。"

Mullinax，即后来的高级采购副总裁，被授予权力可以自由聘用一支团队来实施该任务。他选用了战略规划部的泰德·舒尔茨、财务及行政管理部的史蒂芬·布什、信息技术工程管理部的戴夫·戴维斯、采购部门的Amy Baxter和Dennis Wood、客户管理部的Elizabeth Henry以及网络设计部的Anne Narang。Mullinax说："每个人都给这支团队增添了力量，剩下的就是我们之间的合作了。大家合作得非常成功。"

团队成员按照计划进入公司各个部门。如果这个部门已经采用了互联网方案，团队成员要做的便是对网络方案的实施和战略提出建设性意见并帮助其实现。如果这个部门刚刚开始使用网络，团队成员便要承担先锋队的角色来推动该部门实施网络方案。

这支"电子团队"有自己的预算，但他们的理念是"投入少一点，节约多一点"。他们主要选择那些能够以最高效率使用网络工具的部门，尤其是那些需要利用信息来管理客户、容易获取信息并利用这些信息为客户关系增加价值的部门。Mullinax说："我们可以想到许多方案，但我们最想要的是那些相对于付出的努力能给我们带来最大回报的方案。"

根据上述分析，将对所提出的管理信息系统研制工作做出是否可行的结论。结论可以是以下五种之一：

(1) 可以立即开始进行。
(2) 需要增加资源才能开始进行(如增加投资、增加人力和延长时间等)。
(3) 需要推迟到某些条件具备之后才能开始进行(如组织机构调整后等)。
(4) 需要对目标进行某些修改才能进行。
(5) 不能或没有必要进行(如经济上不合算、技术条件不成熟等)。

(资料来源：James A.O' Brien.管理信息系统[M].李红，姚忠，译.北京：人民邮电出版社，2007)

第 6 章

管理信息系统的系统分析

学习目标

知识目标	技能目标
1. 了解系统分析的思想、任务和特点	1. 绘制管理信息系统的业务流程图
2. 了解组织结构和功能分析的方法与步骤	2. 绘制管理信息系统的数据流程图
3. 了解业务流程和数据流程的分析方法	3. 依据业务逻辑关系编制数据字典
4. 了解管理信息系统分析的主要工具软件	4. 根据信息管理需求选择相应的管理模型
5. 了解管理逻辑模型的含义和应用	5. 通过现行系统的分析结果建立新系统的逻辑方案
6. 了解系统分析说明书的作用和内容	6. 撰写规范的系统分析说明报告

知识结构

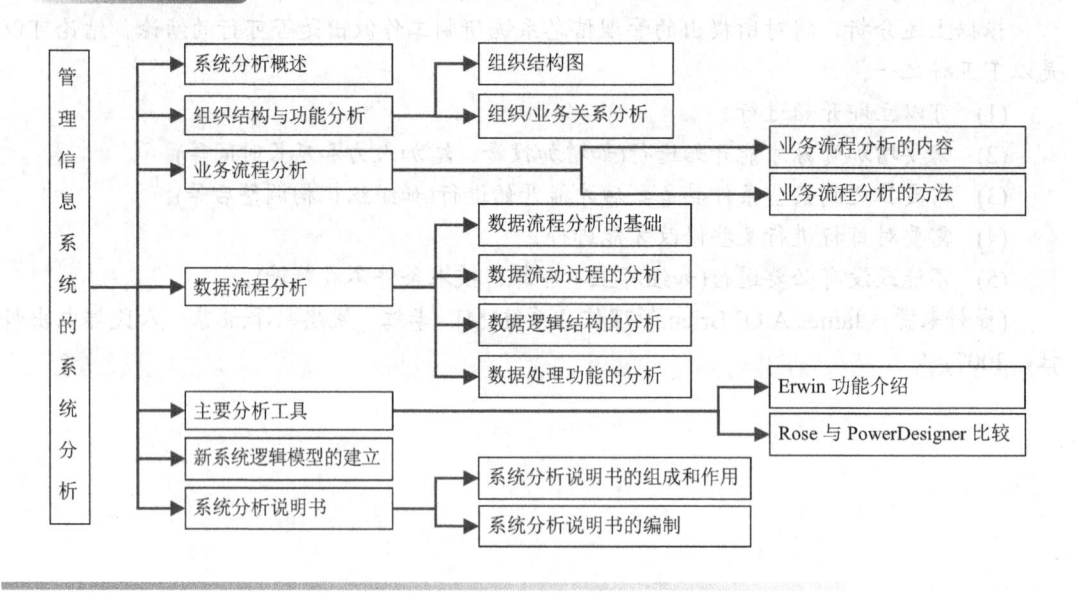

管理信息系统的系统分析
- 系统分析概述
- 组织结构与功能分析
  - 组织结构图
  - 组织/业务关系分析
- 业务流程分析
  - 业务流程分析的内容
  - 业务流程分析的方法
- 数据流程分析
  - 数据流程分析的基础
  - 数据流动过程的分析
  - 数据逻辑结构的分析
  - 数据处理功能的分析
- 主要分析工具
  - Erwin 功能介绍
  - Rose 与 PowerDesigner 比较
- 新系统逻辑模型的建立
- 系统分析说明书
  - 系统分析说明书的组成和作用
  - 系统分析说明书的编制

导入案例

【案例 6-1】　　　　　　　　2000 年问题带给我们的启示

2000 年问题(Year 2000 Problem，Y2K)常被称为千年虫问题，是指由于计算机程序设计的一些问题，使得计算机在处理 2000 年 1 月 1 日以后的日期和时间时，可能会出现不正确的操作，从而可能导致一些敏感的工业部门(如电力、能源)和银行、政府等部门在 2000 年 1 月 1 日零点工作停顿甚至是发生灾难性的结果。

千年虫问题始于 1960 年，当时计算机内存和外存介质的成本很高。如果用四位数字表示年份，就要多占用储存器空间，就会使成本增加，因此为了节省存储空间，计算机系统的编程人员采用两位数字表示年份。随着计算机技术的迅猛发展，虽然后来存储器的价格降低了，但在计算机系统中使用两位数字来表示年份的做法却由于思维上的惯性而被沿袭下来。对大多数程序员来讲，他们并不认为所编写的软件会持续使用很多年。据估计，全世界为解决千年虫问题总共花费了五千亿美元，全世界所有国家为了能顺利进入 21 世纪，所投入的资金都极大超过了原先的预算，另外，一部分国家因在解决千年虫问题上所投入的资金太少而承担了很大的舆论压力。

就在千年虫问题初步淡出人们脑海的同时，我们很快又将面临另一个和时间有关的 bug——Y2038 问题。专家警告说，Y2038 bug 将于 2038 年 1 月 19 日(星期二)03:14:07am(GMT) 正式爆发，届时人们对千年虫问题的预言可能将一一实现，比如手机网络工作不正常，卫星脱离轨道，型号较老的计算机软硬件无法正常工作等。Y2038 bug 是因为所有 32 位计算机系统都用带符号 32 位整型来存储时间值，也就是说 t_time 只能用 31 位二进制数来表示(第一位用来表示正负号)，而其最大值转换为十进制是 2147483647，换算成日期和时间刚好是 2038 年 1 月 19 日 03:14:07am(GMT)，而这一秒过后，t_time 的值将变成-2147483647，代表的是 1901 年 12 月 13 日 8:45:52pm，这样 32 位软硬件系统的日期时间显示就都乱套了。

尽管到 2038 年，桌面 PC 和服务器基本上都将升级到 64 位甚至 128 位，但使用中仍会有许多 32 位甚至更古老的系统。即使是在 32 位系统盛行的今天，大多数嵌入式系统仍是 8 位或 16 位，而小型嵌入式系统的数量其实比台式机更多。目前对于 Y2038 bug 的影响有多大还存在争论，但有一点可以肯定的是：有备无患。相信我们能像克服千年虫问题那样圆满解决 Y2038 问题。

(资料来源：编者收集整理)

案例思考

1. 通过 2000 年问题，暴露出对信息系统分析的哪些认识误区？
2. 如何通过系统分析工作发现和避免类似问题？

6.1 管理信息系统的系统分析概述

管理信息系统的系统分析是一项复杂、周密且技术含量较高的工作，也是管理信息系统建设的成功关键因素和特别重要的环节。系统分析工作的好坏，在很大程度上决定了信息系统的成败。管理信息系统分析的任务是：在充分认识原信息系统的基础上，通过问题识别、可行性分析、详细调查、系统化分析，最后完成新系统的逻辑方案设计，或称逻辑模型设计。逻辑方案不同于物理方案，前者解决"做什么"的问题，是系统分析的任务；后者解决"怎样做"的问题，是系统设计的任务。

从系统分析的任务内容可以看出，系统分析主要是为接下来的系统设计做准备工作的。系统分析主要的工作就是对原系统存在的问题进行识别，调查现行系统存在的问题以及薄弱环节，以及找出不合理的业务流程和数据流程等，提出新系统的逻辑模型，总之就是找出现行系统的缺陷，使新设计的系统更加完善。如果没有系统分析这一环节，新系统很可能就达不到预期的效果，甚至根本就难以设计。所以系统分析在管理信息系统开发过程中是非常重要的。

从系统分析的工作要求可以看出，系统分析是由系统分析人员、用户单位的管理人员和业务人员共同完成，要遵循系统科学的理论和方法，在对现有系统深入调查和需求分析的基础上，综合运用系统科学、管理科学、计算机科学、通信网络技术和软件工程等多学科知识，深入描述及研究现行系统的活动和各项工作以及用户的各种需求，使用一系列分析工具与技术绘制一组描述系统总体逻辑方案的图表，建立目标系统逻辑模型。在这个阶段由系统分析员主持，使软件开发机构和用户之间达成一致，并形成文件——系统分析报告，作为软件开发的基础。因此，要求系统分析员要有较高的概括能力、分析能力和社交活动能力，要有一定的开发管理信息系统的经验，要能够尽快熟悉用户业务、理解用户所提的要求，要善于在用户和软件开发机构之间进行良好的通信。这样才能为管理信息系统的开发打下良好的基础。

综上所述，我们可以认为系统分析是连接系统规划和系统设计的桥梁，是发现信息管理问题并提供解决思路的关键，因此是管理信息系统建设工作中不可或缺的内容。

6.1.1 系统分析的思想

目前管理信息系统的系统分析多采用结构化系统分析，并已经形成较为成熟的理论体系，是企业开发有关数据处理及应用信息系统的专业方法。结构化分析(SA)是一种面向数据流的分析方法，采用结构化分析解决问题主要通过"分解"和"抽象"两种方式。"结构化"的含义是指用一组标准的准则和工具从事某项工作。"结构化"一词最早出自结构化程序设计。结构化程序设计的思想启发了人们对系统的开发产生了新的想法。既然一个程序可以用一组标准的方法加以构造，为什么不可以用一组标准的准则和工具进行系统设计呢？因此，结构化程序设计中的模块化思想被引入了系统设计。而要进行结构化系统设计，必须进行结构化系统分析。

1. 结构化系统分析的原则

结构化系统分析的原则有以下几个方面。

(1) 用户参与系统开发。

(2) 编写资料应考虑用户的专业水平、阅读、使用的目的。

(3) 使用适当的图表工具，减少与用户交流意见时产生的问题。

(4) 在系统具体设计前，先建立系统的逻辑模型。

(5) 采用"自顶向下"方法进行分析、设计，划分模块，逐步求精，把系统主要功能逐级分解成具体的、比较单纯的功能。

(6) 采用"自顶向下"方法进行系统测试。

(7) 在系统验收之前，就让用户看到系统的某些主要输出，使用户及时看到结果，提出意见。

(8) 对整个系统生存过程中的费用和收益评价，而不是只对开发、运行的费用评价。

2. 结构化系统分析的步骤

首先，把当前系统的具体模型抽象成当前系统的逻辑模型；其次，对当前系统的逻辑模型进行修正、改进，产生目标系统的逻辑模型；最后，以系统说明书结束系统分析阶段的工作。

其中，具体模型用于表达系统的实现方式，逻辑模型用于表达系统的本质特征。

6.1.2 系统分析的任务

系统分析是在系统规划指导下的关于组织信息系统解决问题的分析，该阶段相当于工程建设中的初步方案设计，只涉及解决什么问题和在逻辑上如何解决，不涉及解决问题的具体做法，所以系统分析也称逻辑设计，即建立新系统的逻辑模型，在逻辑上规定新系统的功能但不涉及新系统具体的物理实现，也就是要解决系统"做什么"而不是"如何做"的问题。其任务可以归纳为以下六个方面。

1. 分析用户要求

分析用户要求就是分析用户在系统功能、性能等方面的要求及用户在硬件配置、开发周期以及处理方式等方面的意向与计划。其中，明确用户在功能、性能等方面的要求是系统分析的核心，需要用户和系统分析人员共同完成。先由用户提出初步的要求，然后由系统分析人员通过对系统的详细调查进一步完善系统在功能、性能方面的要求，最终以软件需求说明书的形式将用户要求确定下来。

2. 现行系统的详细调查

现行系统的详细调查是通过各种方式和方法对现行系统做详细、充分和全面的调查，弄清现行系统的边界、组织机构、人员分工、业务流程、各种计划、单据和报表的格式、处理过程、企业资源及约束情况等，使系统开发人员对现行系统有一个比较深刻的认识，为新系统开发做好原始资料的准备工作。

3. 组织结构与业务流程分析

详细了解各级组织的职能和有关人员的工作职责、决策内容对新系统的要求、业务流程各环节的处理业务及信息的来龙去脉。

4. 系统数据流程分析

在对业务流程分析的基础上，分析数据的流动、传递、处理与存储过程，用数据流程图进行描述，建立数据字典。

5. 建立新系统的逻辑模型

在系统调查和系统化分析的基础上建立新系统的逻辑模型，采用一组图表工具来表达和描述新系统的逻辑模型，使新系统的概貌清晰地呈现在用户面前，方便分析人员和用户针对模型进行交流讨论，在与用户充分交流的基础上使新系统的逻辑模型得到完善。

6. 提出系统分析报告

对前面的分析结果进行总结，把用户的要求成文，完成系统分析报告。系统分析报告是系统分析阶段的成果和总结，是向开发单位有关领导提交的正式书面报告，也是下一工作阶段系统设计的依据。

6.1.3 系统分析的特点

1. 系统分析具有抽象性和概括性

系统分析是系统分析人员在充分研究用户当前系统和业务的基础上，根据用户提出的目标和要求，确定对新系统的综合要求，即系统的需求。系统的需求就是在对当前系统和用户需求分析的基础上抽象出来的，其主要包括以下四个方面的内容。

(1) 功能需求，即所开发的系统应做什么。

(2) 性能需求，即确定所开发系统的技术性能指标，如存储容量限制、运行时间限制和安全保密性等。

(3) 环境需求，即软件系统运行时所处环境的要求，包括硬件环境和软件环境。

(4) 可靠性需求，即明确软件投入运行后不发生故障的概率。

2. 系统描述的形式化

完全用自然语言描述的系统需求不能作为系统开发者和用户之间技术合同的基础。因为软件开发人员和用户从各自不同的工作性质和经验出发，对自然语言描述的术语和内容可能有不同的理解。此外，自然语言也不易准确反映系统结构。因此，对系统需求的定义和描述最好用形式化语言或其他描述工具，以明确地、无二义性地描述系统需求。

3. "自顶向下"的工作原则

采用"自顶向下"的工作原则，把一个复杂的系统由粗到细、由表及里地进行分析是信息系统开发过程中的工作原则。运用这一原则，用户和系统分析员可以对系统有一个总的概括性印象，而且随着逐步向下扩展，对那些具体的、局部的组成部分也有深刻的理解，进而确定新系统的逻辑模型。

4. 强调逻辑结构而不是物理实现

系统分析的主要任务是确定新系统能够实现用户提出的哪些要求，能够达到什么目的。对于采用什么计算机、利用什么技术以及怎样去实现等问题都不是系统分析阶段所要解决的。

> ◆ **知识拓展**
>
> 系统分析工作的前提一般是初步调查。初步调查就是从用户开发新系统的缘由和用户对新系统的要求入手，考察用户对新系统的需求，预测新系统要达到的目的。例如，用户对新系统开发的需求状况及对新系统的期望目标，是否愿意下大力气参加和配合系统开发；在新系统改革涉及用户业务范围和习惯做法时，用户是否能根据系统分析和整体优化的需求，来调整自己的职权范围和工作习惯；上一层管理者有无参与开发工作，协调下级管理部门业务和职能关系的愿望等。

6.2 管理信息系统的组织结构与功能分析

组织结构与功能分析的目的是了解组织的主要功能、管理模式、层次关系、管理职能分配，以及不同部门之间信息的应用、处理和传递关系，为确定信息系统的宏观结构提供依据，也为进一步详细了解业务流程信息提供线索。对一个组织做调查研究，首先接触到的具体情况就是系统的组织结构状况，也就是一个组织内部的部门划分以及它们的相互关系。将组织内部的部门划分以及这些部门之间的相互关系用图形表示出来，就构成了一个系统的组织结构图。调查中应详细了解各部门人员的业务分工情况和有关人员的姓名、工作职责、决策内容、存在问题和对新系统的要求等。

组织结构与功能分析的工作包括三个部分：组织结构分析、业务过程与组织结构之间的联系分析和业务功能一览表。其中，组织结构分析通常是通过组织结构图来实现的，是将调查中所了解的组织结构具体地描绘在图上，作为后续分析和设计的参考；业务过程与组织结构之间的联系分析通常是通过业务与组织关系图来实现的，是利用系统调查中所掌握的资料着重反映管理业务过程与组织结构之间的关系，它是后续分析和设计新系统的基础；业务功能一览表是把组织内部各项管理业务功能用一张表的方式罗列出来，它是今后进行功能/数据分析、确定新系统拟实现的管理功能和分析建立管理数据指标体系的基础。

6.2.1 组织结构图

组织结构图是企业的流程运转、部门设置及职能规划等最基本的结构依据，根据管理学基础理论，常见的组织结构形式包括中央集权制、分权制、直线式、事业部以及矩阵式等。组织结构图是一张反映组织内部之间隶属关系的树状结构图，如图6-1和图6-2所示。在绘制组织结构图时应注意，除与企业生产、经营和管理环节无直接关系的部门外，其他部门一定要反映全面和准确。为了表明企业的商品流转过程，通常也要画出企业物流和管理组织关系图。总而言之，组织结构图主要关心与管理信息系统开发相关的组织机构，图中一般只包含目标管理信息系统所涉及的企业部门。

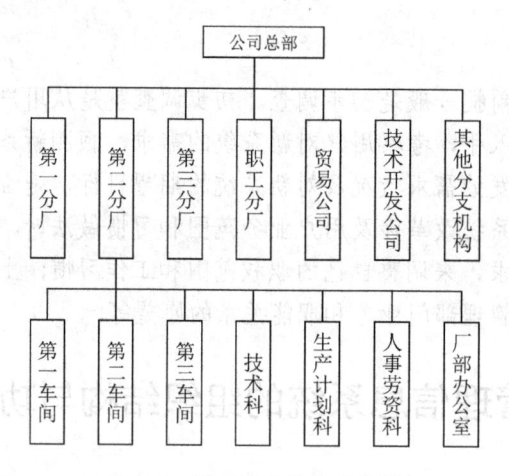

图 6-1 某公司的组织结构图

图6-1所示的是基本的直线制组织结构。这是一种最简单的集权式组织结构形式，又称军队式结构，其领导关系按垂直系统建立，不设专门的职能机构，自上而下形同直线。直线制是一种最早也是最简单的组织形式。它的特点是企业各级行政单位从上到下实行垂直领导，下属部门只接受一个上级的指令，各级主管负责人对所属单位的一切问题负责。一般不另设职能机构(可设职能人员协助主管人工作)，一切管理职能基本上都由行政主管自己执行。

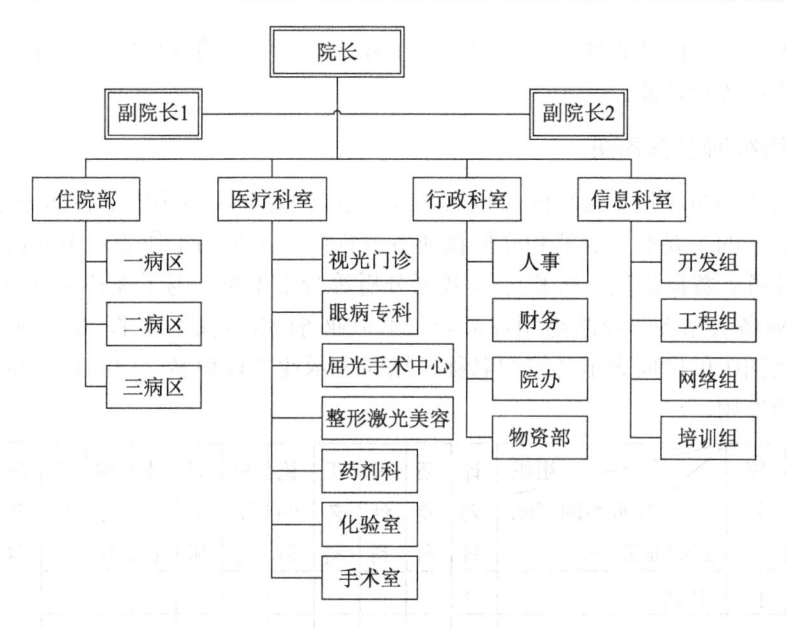

图 6-2　某眼科医院的组织结构图

图 6-2 所示的是复杂的直线制组织结构，是指一切初级组织在领导者的开创下被结合(2 个或 3 个等)成一些部门，这些部门又可同样地被结合成更大的组织单位等。在线性组织内每个人仅有一个领导者，并且服从的路线是自上而下的，任何地方均不交叉，因此该眼科医院是线性组织典型例子。

其他组织结构的典型例子和优缺点分析可参照管理学相关的教材，故此不再赘述。

> ◇ **知识拓展**
>
> 　　组织结构图主要是表达组织结构中的隶属、管理、支持关系，也可以把这看作一种逻辑关系。而这种逻辑关系是用部门或者职位所在的层级和连接部门或者职位的"逻辑线"——在图上显示出来就是普通的连接线——来表达的。组织结构图中就是由框(职位或者部门)和线组成的。框中有部门或者职位名称，也可以把职务人名字写在其中，甚至可以加上照片。但不建议太过具体，因为人员调整，会造成制作者不得不经常更新，否则会造成相当多的困惑。

6.2.2　组织/业务关系分析

系统有一个总的目标，为了达到这个目标，必须完成各子系统的功能，而各子系统功能的完成，又依赖于下面各项更具体的功能来执行。功能结构调查的任务，就是要了解并确定系统的这种功能构造，因此，在掌握系统组织体系的基础上，以组织结构为线索，层层了解各个部门的职责、工作内容和内部分工，就可以掌握系统的功能体系，并用功能体系图来表示。功能体系图是一个完全以业务功能为主体的树形图,其目的是描述组织内部各部分的业务和功能。

1. 组织/业务关系图

组织结构图反映了组织内部和上下级关系,但是对于组织内部各部分之间的联系程度,组织各部分的主要业务职能和它们在业务过程中所承担的工作等却不能反映出来,这将给后续的业务、数据流程分析和过程/数据分析等带来困难。为了弥补这方面的不足,通常增设组织/业务关系图来反映组织各部分在承担业务时的关系,如图 6-3 所示。我们以组织/业务关系图中的横向表示各组织名称,纵向表示业务过程名,中间栏填写组织在执行业务过程中的作用。

功能	序号	组织联系的程度 组织业务	计划科	质量科	设计科	工艺科	机动科	总工室	研究所	生产科	供应科	人事科	总务科	教育科	销售科	仓库
功能与业务	1	计划	*				√	×	×						×	×
	2	销售		√											*	×
	3	供应	√							×	*					√
	4	人事										√	√			
	5	生产	√	×	×	×		*		*	×				√	√
	6	设备更新				*	√	√	×							

图中:"*":表示该项业务是对应组织的主要业务(即主持工作的单位)。
"×":表示该单位是参加协调该项业务的辅助单位。
"√":表示该单位是该项业务的相关单位(或称有关单位)。
空格:表示该单位与对应业务无关。

图 6-3 某企业的组织/业务关系图

2. 业务功能图

在组织中常常会有这种情况,组织的各个部分并不能完整地反映该部分所包含的所有业务。因为在实际工作中,组织的划分或组织名称的取定通常是根据最初同类业务人员的集合而定的。随着生产的发展,生产规模的扩大和管理水平的提高,组织的某些部分业务范围越来越大,功能也越分越细,由原来单一的业务派生出许多业务。这些业务在同一组织中由不同的业务人员分管,其工作性质逐步有了变化。当这种变化发展到一定程度时,就会引起组织本身的变化,裂变出一个新的、专业化的组织,由它来完成某一类特定的业务功能。例如,最早的质量检验工作就是由生产科、成品库和生产车间各自交叉分管的,后来由于激烈的产品市场竞争和管理的需要,这时质量检验科就产生了。对于这类变化,我们事先是无法全部考虑到的,但对于其功能是可以发现的。图 6-4 所示是某企业销售管理的业务功能图。

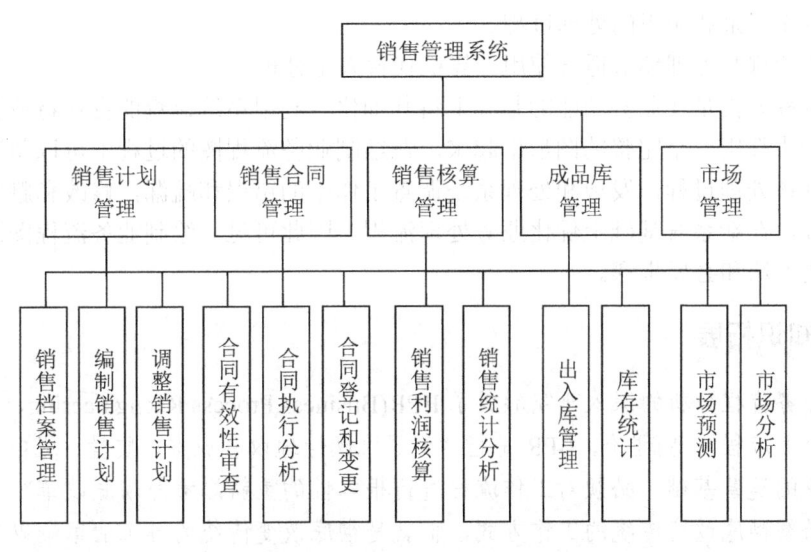

图 6-4 某企业销售管理的业务功能图

6.3 管理信息系统的业务流程分析

6.3.1 业务流程分析的内容

组织结构图描述了系统边界之内的部门划分以及这些部门之间的关系，而功能分析图则反映了这些部门所具有的管理功能，这些都是有关信息系统工作背景的一个综合性的描述，它们只反映系统的总体情况而不能反映系统的细节情况。但是，从这两幅图上可以看出信息处理工作集中在哪些部门以及这些部门的主要职责是什么，因此，下一步的任务就是要弄清这些职能是如何在有关部门具体完成的以及在完成这些职能时信息处理工作的一些细节情况，这项工作称为业务流程分析。

在对系统的组织结构和功能进行分析时，需要从一个实际业务流程的角度将系统调查中有关该业务流程的资料都串起来做进一步的分析。业务流程分析可以帮助我们了解该业务的具体处理过程，发现和处理系统调查工作中的错误和疏漏，修改和删除原系统的不合理部分，在新系统基础上优化业务处理流程。恰当的业务流程分析结果将会给后续工作以及系统设计工作带来很多便利。

业务流程分析的具体内容包括以下五个方面。

(1) 详细了解各个业务管理环节的任务、工作对象、工作方式、工作的内容(需要的信息、数量和处理过程)。

(2) 与其他机构和部门之间的信息关联(输入/输出报表、产生的单证及其格式等)。

(3) 异常情况的处理(如临时性的需求以及发现错误、紧急情况的处理等)。
(4) 有无冗余和无用的处理过程。
(5) 理清哪些处理环节适合使用计算机代替人工处理。

业务流程分析是在业务功能的基础上将其细化，利用系统调查的资料将业务处理过程中的每一个步骤用一个完整的图形串起来，在绘制业务流程图的过程中可以帮助我们了解该业务的具体处理过程，发现和处理系统调查工作中的错误和疏漏，修改和删除原系统的不合理部分，在新系统基础上优化业务处理流程。因此可见，绘制业务流程图是分析业务流程的重要方法和必要步骤。

> ◇ **知识拓展**
>
> 对业务流程分析的深入研究形成了 BPR(Business Process Reengineering，业务流程重组或企业流程再造)理论。BPR 是指"为了飞跃性地改善成本、质量、服务、速度等现代企业的运营基础，必须对工作流程进行根本性的重新思考并彻底改革"。基本思想就是必须彻底改变传统的工作方式，也就是彻底改变传统的自工业革命以来、按照分工原则把一项完整的工作分成不同部分、由各自相对独立的部门依次进行工作的工作方式。

6.3.2 业务流程分析的方法

业务流程分析目前普遍采用绘制业务流程图的方法来实现。业务流程图(Transaction Flow Diagram，TFD)就是用一些规定的符号及连线来表示某个具体业务处理过程。业务流程图的绘制基本上按照业务的实际处理步骤和过程绘制。也就是说，就是一"本"用图形方式来反映实际业务处理过程的"流水账"。绘制出这本"流水账"对于开发者理顺和优化业务过程是很有帮助的。业务流程图强调用尽可能少、尽可能简单的方法来描述业务处理过程的方法。由于它的符号简单、明了，所以非常易于阅读和理解业务流程。但是，它对于一些专业性较强的业务处理细节缺乏足够的表现手段，比较适用于反映事务处理类型的业务过程。

有关业务流程图的画法目前不太统一，但若仔细分析就会发现它们都是大同小异的，在基本原则和要求总体保持一致的情况下，只是在一些具体的规定和所用的图形符号方面有些不同，能够准确、明了地反映业务流程才是其根本目的。

1. 业务流程图的绘制原则

(1) 从一个高层次的流程开始，循序渐进地扩展到各子流程。
(2) 确定每个流程的起始点和终止点，保证一项业务的完整性。
(3) 采用从上至下、从左至右的顺序绘制流程中的节点，保证整个流程图的顺畅。

(4) 每个节点描述的详细程度应达到足以识别其中的无效率活动。
(5) 各个流程图间的相互联系和关联要清晰地描述出来。
(6) 要做到对业务不熟悉的人，不需要任何解释就能轻而易举地读懂流程图。

2. 业务流程图的绘制要求

(1) 采用标准的流程图符号，调整符号的大小，确保符号内的文字显示完整。
(2) 同一个流程图中，相同的符号大小必须保持一致。
(3) 连接符采用实心箭头符号，并避免交叉。
(4) 每一个节点要准确地放置在其对应的岗位或角色下。
(5) 每个节点都要有编号，并有相应的备注对发生该事件的部门、过程进行阐述说明，确保看流程的人能清晰、明了地看懂流程。
(6) 判断节点一定要列明可能的几种结果。
(7) 流程中涉及的表单要标明其包含几联，以及每一联都将由什么部门保管等信息。
(8) 流程中涉及的单据等文档要设计出具体的样式来。

3. 业务流程图的图形符号

业务流程图的基本图形符号非常简单，只有 6 个。有关 6 个符号的内部解释则可直接用文字标于图内。这 6 个符号所代表的内容与信息系统最基本的处理功能一一对应，如图 6-5 所示，圆圈表示业务处理单位；方框表示业务处理内容；报表符号表示输出信息(报表、报告、文件和图形等)；不封口的方框表示存储文件；矢量连线表示业务过程联系；卡片符号表示收集资料。

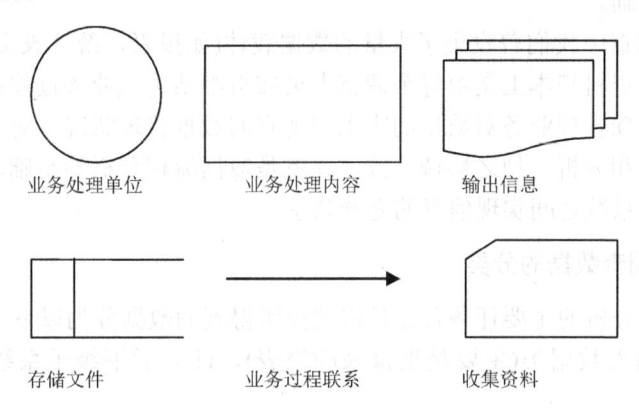

图 6-5 业务流程图的基本图形符号

4. 业务流程图的绘制示例

绘制业务流程图就是根据系统调查结果，按照上述原则和要求并结合业务实际处理过程将它们绘制在一张图上，图 6-6 就是某超市的业务流程图示例。

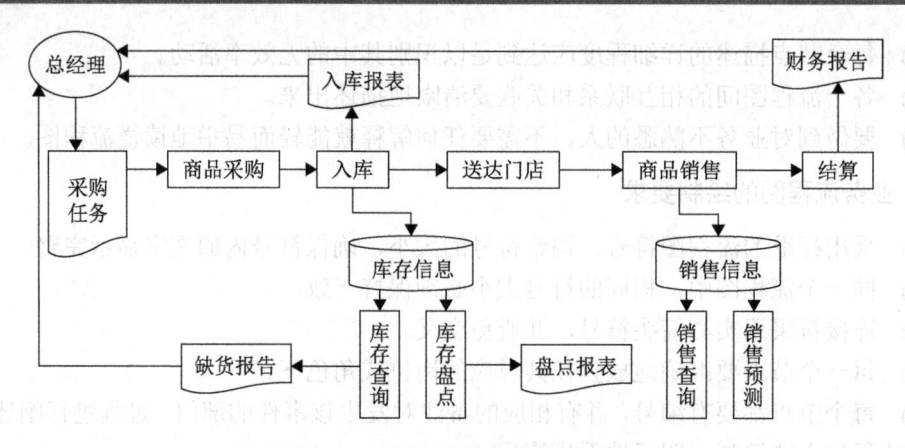

图 6-6 某超市的业务流程图示例

6.4 管理信息系统的数据流程分析

6.4.1 数据流程分析的基础

数据是信息的载体,是系统处理的主要对象,因此必须对系统调查中所收集的数据以及统计和处理数据的过程进行分析与整理。如果存在没有弄清楚的问题,应立刻返回去弄清楚它;如果发现有数据不全、采集过程不合理、处理过程不畅以及数据分析不深入等问题,应在该分析过程中研究解决。数据与数据流程分析是今后建立数据库系统和设计功能模块处理过程的基础。

在信息系统调查中我们曾收集了大量的数据载体(如报表、统计表文件格式等)和数据调查表,这些原始资料基本上是由每个调查人员按组织结构或业务过程收集的,它们往往只是局部地反映某项管理业务对数据的需求和现有的数据管理状况。对于这些数据资料必须加以汇总、整理和分析,使之协调一致,这就是数据流程分析的基础,也有利于后期在分布式数据库各子系统之间实现信息的充分共享。

1. 信息系统调查数据的分类

调查数据汇总分析的主要任务首先是将调查所得到的数据分为以下三类。

(1) 本系统输入数据类(主要是指报来的报表),即今后下级子系统或网络要传递的内容。

(2) 本系统内要存储的数据类(主要是各种台账、账单和记录文件),它们是今后该系统数据库要存储的主要内容。

(3) 本系统产生的数据类(主要是指系统运行所产生的各类报表),它们是今后该系统输出和网络传递的主要内容。

2. 对各类数据进行分析

对数据分类后再对每一类数据进行以下三项分析。

1) 汇总并检查数据有无遗漏

数据汇总是一项较为繁杂的工作，为使数据汇总能顺利进行，通常将它分为以下几个步骤。

(1) 将系统调查中所收集到的数据资料按业务过程进行分类编码，按处理过程的顺序排放在一起。

(2) 按业务过程自顶向下地对数据项进行整理。例如，对于成本管理业务，应从最终成本报表开始，检查报表中每一栏数据的来源，然后检查该数据来源的来源，一直查到最终原始统计数据(如生产统计、成本消耗统计、产品统计、销售统计和库存统计等)或原始财务数据(如单据和凭证等)。

(3) 将所有原始数据和最终输出数据分类整理出来。原始数据是以后确定关系数据库基本表的主要内容，而最终输出数据则是反映管理业务所需求的主要数据指标。这两类数据对于后续工作来说是非常重要的，所以将它们单独列出来。

(4) 确定数据的字长和精度。根据系统调查中用户对数据的满意程度以及今后预计该业务可能的发展规模统一确定数据的字长和精度。对数字型数据来说，包括数据的正、负号，小数点前后的位数，取值范围等；对字符型数据来说，只需确定它的最大字长和是否需要中文即可。

2) 数据分析(即检查数据的匹配情况)

数据汇总只是从某项业务的角度对数据进行了分类整理，还不能确定收集数据的具体形式以及整体数据的完备程度、一致程度和无冗余的程度，因此还需对这些数据做进一步的分析。分析的方法可借用 BSP 方法中所提倡的 U/C 矩阵来进行。U/C 矩阵是一种聚类方法，它可以用于过程/数据、功能/组织以及功能/数据等各种分析中。这里只是利用它来进行数据分析。

(1) U/C 矩阵。U/C 矩阵是通过一张普通的二维表来分析汇总数据的。通常将表的纵坐标栏目定义为数据类变量(X)，横坐标栏目定义为业务过程类变量(Y)，将数据与业务之间的关系(即 X 与 Y 之间的关系)用"使用"(U，use)和"建立"(C，create)来表示，那么将上一步数据汇总的内容填于表内就构成了 U/C 矩阵，如表 6-1 所示。

(2) 数据正确性分析。在建立了 U/C 矩阵之后就要对数据进行分析，其基本原则就是"数据守恒原理"(Principle of Data Conservation)，即数据必定有一个产生的源，而且必定有一个或多个用途(我们还将其详细分为完备性、一致性和无冗余性三条检验规则)。具体落实到对图的分析中则可概括为以下几点。

① 原则上每一个列只能有一个 C。如果没有 C，则可能是数据收集时有错。如果有多个 C，则有两种可能性：其一，数据汇总有错，误将其他几处引用数据的地方认为是数

据源；其二，数据栏是一大类数据的总称，如果是这样应将其细划。

表 6-1　U/C 矩阵示例

数据类\功能	客户	订货	产品	工艺流程	材料表	成本	零件规格	材料库存	成本库存	职工	销售区域	财务计划	计划	设备负荷	物资供应	任务单
经营计划		U				U						U	C			
财务规划						U					U	C	C			
资产规模													U			
产品预测	C		U								U					
产品设计开发	U		C	U	C		C						U			
产品工艺			U		C		C	U								
库存控制							C	C							U	U
调度			U	U		U								U		C
生产能力计划			U											C	U	
材料需求			U	U		U								U		C
操作顺序				C										U	U	U
销售管理	C	U	U							U	U					
市场分析	U	U	U								C					
订货服务	U	C	U					U			U					
发运		U	U					U								
财务会计	U	U	U							U	U		U			
成本会计		U	U			U							U			
用人计划										C						
业绩考评										U						
行号	1	2	3	4	5	6	7	8	9	10	11	12	13	14	15	16

② 每一列至少有一个 U。如果没有 U，则一定是调查数据或建立 U/C 矩阵时有误。

③ 不能出现空行或空列。如果出现空行或空列的情况，则可能是下列两种情况：其一，数据项或业务过程的划分是多余的；其二，在调查或建立 U/C 矩阵过程中漏掉了它们之间的数据联系。

(3) 数据项特征分析。数据项特征分析主要包括以下四个方面。

① 数据的类型以及精度和字长是建库与分析处理所必须要求确定的。

② 合理的取值范围是输入、校对和审核所必需的。

③ 数据量，即单位时间内(如天、月、年)的业务量、使用频率、存储和保留的时间周期等，这是在网上分布数据资源和确定设备存储容量的基础。

④ 所涉及业务，即图中每一行有 U 或 C 的列号(业务过程)。

3) 建立统一的数据字典

在数据汇总及分析的基础上建立统一的数据字典。

6.4.2　数据流动过程的分析

数据流动过程的分析是将数据在组织(或原系统)内部的流动情况抽象地独立出来，舍去具体组织机构、信息载体、处理工作、物资和材料等，只从数据流动过程来考察实际业务的数据处理模式，主要包括对信息的流动、传递、处理和存储等的分析。数据流动过程的分析可以发现数据流动问题(主要有数据流程不畅、前后数据不匹配和数据处理过程不合理等)，有助于深入思考这些问题的成因(原系统管理混乱、数据处理流程本身有问题、调查了解数据流程有误或作图有误等)，从而将数据流动问题尽量暴露出来并加以解决。通畅的数据流程是今后新系统用以实现业务处理过程的基础。现有的数据流动过程分析多是通过数据流程图(Data Flow Diagram，DFD)来实现的。

1. 数据流程图的基本概念

数据流程图是便于用户理解的系统数据流程的图形表示，它能精确地在逻辑上描述系统的功能、输入、输出和数据存储等，而摆脱了其物理内容，是描述管理信息系统逻辑模型的最主要的工具。它不仅可以用来描述现行系统，而且可以用来描述新系统，是结构化系统最基本、最重要的工具。

其具体的做法是：按业务流程图分理出的业务流程顺序，将相应调查过程中所掌握的数据处理过程绘制成一套完整的数据流程图，一边整理绘图，一边核对相应的数据、报表和模型等。如果存在问题，则一定会在这个绘制和整理过程中暴露出来。

1) 基本图例符号

常见的数据流程图有两种：一种是以方框、连线及其变形作为基本图例符号来表示数据流动过程；另一种是以圆圈及连接弧线作为基本图例符号来表示数据流动过程。这两种方法在同时表示一个数据流程时大同小异，因此这里只介绍其中的一种方法，读者在实际工作中根据实际情况选用。

2) 方框图的图例符号

方框图的图例符号(见图 6-7)及基本用法如下。

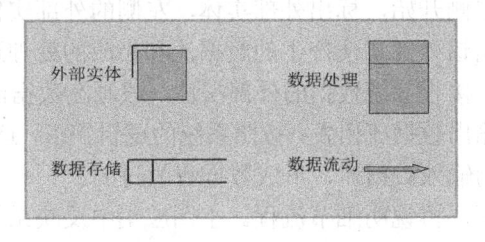

图 6-7　数据流程图方框图的图例符号

(1) 外部实体。外部实体用一个小方框并外加一个立体轮廓线来表示，在小方框中用文字注明外部实体的编码属性和名称。如果该外部实体还出现在其他数据流程中，则可在小方框的右下角画一斜线，标出相对应的数据流程图编号。

(2) 数据处理。数据处理用方框来表示。方框内必须表示清楚三方面的信息：一是综合反映数据流程、业务过程及本处理过程的编号；二是处理过程文字描述；三是该处理过程的进一步详细说明。因为处理过程一般比前几种图例所代表的内容要复杂得多，故必须在它的下方再加上一个信息——注释，用它来指出进一步详细说明具体处理过程的图号。

(3) 数据存储。数据存储是对数据记录文件的读/写处理，一般用一个右边不封口的长方形来表示。同上述图例符号一样，它也必须表明数据文件的标识编码和文件名称两部分信息。

(4) 数据流动。数据流动由直线、箭头加文字说明组成。例如，销售报告送销售管理人员，库存数据送盘点处理等。

由于实际数据处理过程比较繁杂，因此应该按照系统的观点，自顶向下地分层展开绘制，即先将比较繁杂的处理过程(不管有多大)当成一个整体处理块来看待(俗称"黑匣子")，然后绘出周围实体与这个整体块的数据联系过程；之后再进一步将这个块展开。如果内部还涉及若干个比较复杂的数据处理部分，还可将这些部分分别视为几个小"黑匣子"，同样先不管其内部，而只分析它们之间的数据联系。这样反复下去，依此类推，直至最终搞清楚所有的问题为止。也有人将这个过程比喻为使"黑匣子"逐渐变"灰"，直到"半透明"和"完全透明"的分析过程。

2. 数据流程图的绘制原则

数据流程图不仅要反映现行系统的逻辑功能，更重要的是应该反映将要建立的新系统的逻辑功能。熟练地掌握数据流程图的画法，对系统分析员来说是至关重要的。概括来说，绘制数据流程图应当遵循以下原则。

(1) 找出数据流程图的起点和终点，也就是确定系统的外部实体。确定这个系统与外部环境的分界线的关键要领就是首先要识别不能受系统控制的，但是影响系统运行的外部因素有哪些，系统的数据输入来源和输出对象是什么。

(2) 确定系统在正常运行时的输入和输出。

(3) 画图时，先从左侧开始，标出外部实体，左侧的外部实体，通常是系统主要的数据输入来源，然后画出由该外部实体产生的数据流和相应的处理逻辑。如果需要将数据保存，则标出其数据存储。接收系统数据的外部实体一般画在数据流程图的右侧。

(4) 从外部实体的输出数据流出发，按照系统的逻辑需求，逐步画出一系列逻辑处理，直到找到外部实体所需的输入数据流，形成数据流的封闭。

(5) 先描述主体流程，再说明细节流程。主图应集中反映系统中主要的、正常的逻辑功能和与之有关的数据变换，不反映出错和例外处理流程，出错和例外处理应该放在以后比较低层的数据流程图里再加以反映。

3. 数据流程图的绘制示例

1) 顶层数据流程图

数据流程图的绘制采取自顶向下逐步求精的方法,即先把整个系统当作一个处理功能来看待,画出最粗略的数据流程图;然后逐层向下分析,分解为详细的低层次的数据流程图。

(1) 顶层数据流程图的一般形式。任何系统,无论多么复杂,顶层数据流程图都可粗略地表达一种形式。若系统中具有全系统共享的数据存储,可表示在顶层数据流程图中,部分处理功能共享的数据可在低层次数据流程图中表达。

(2) 顶层数据流程图的绘制。应根据系统可行性分析确定的范围和目标、用户的需求,划定系统的界面,界面内的,作为具体分析的系统,界面外的、与系统有数据联系的部门和事物则视为外部实体。

2) 低层次数据流程图

在顶层数据流程图的基础上,将处理功能(逻辑功能)逐步分解,可得到不同层次的数据流程图。用分层次的数据流程图来描述原系统,将系统看作一个统一的整体,进行综合的逻辑描述。首先要划定系统的边界,然后再分析系统与外界的信息联系。

3) 扩展的数据流程图

扩展的具体内容有两个方面:一是应用计算机以后,可以增加许多原来手工处理难以完成的各种功能;二是增加对各种例外情况和错误情况的处理。

最终确定的数据流程图是新系统的综合逻辑描述,着重反映系统的全貌,而逻辑模型的许多细节(如每个处理功能的要求,数据流和数据存储的具体内容、特征等)不可能在一套图中完全表示出来,因此还要进行下面两步的分析工作,即数据分析和功能分析。图 6-8 所示的就是一个分层数据流程的原理示意图。

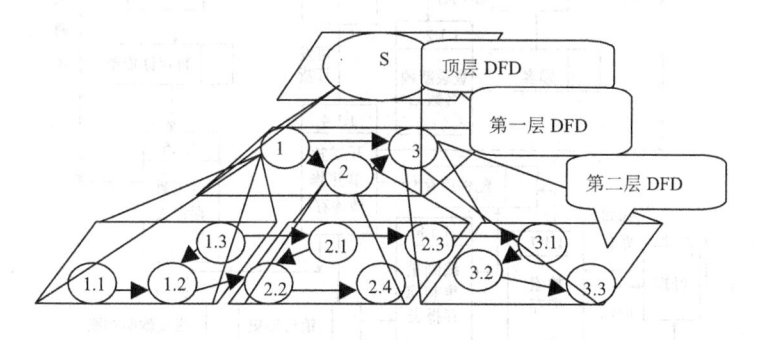

图 6-8 分层数据流程的原理示意图

图 6-9～图 6-11 则以某汽车制造厂为例,层层细化绘制了分层数据流程图。

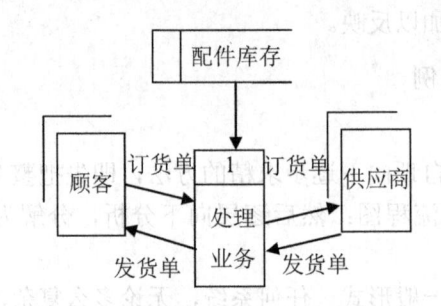

图 6-9　汽车配件公司第一层数据流程图

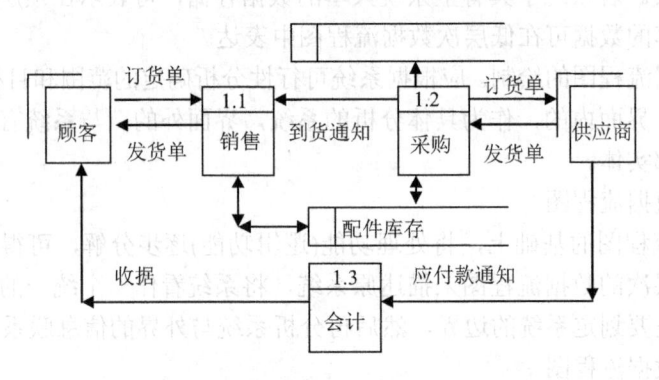

图 6-10　汽车配件公司第二层数据流程图

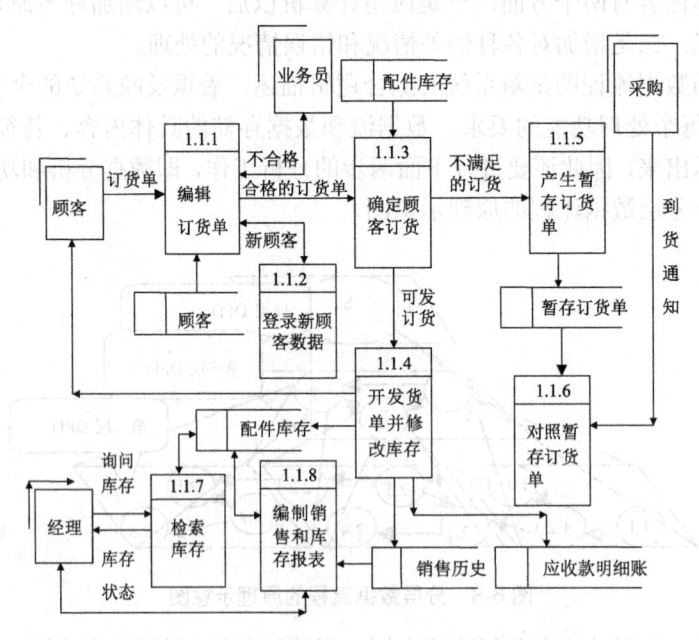

图 6-11　汽车配件公司第三层数据流程图

4. 绘制数据流程图的常见问题

绘制完成数据流程图后除了要检查流程及信息是否正确外，还应仔细检查是否存在下列情况，如果有就说明数据流程图有问题，需要修改。

(1) 黑洞(black hole)：数据处理或数据存储只有输入没有输出。
(2) 空洞(blank hole)：数据处理或数据存储只有输出没有输入，也称为"奇事"(miracle)。
(3) 灰洞(gray hole)：数据处理或数据存储的输入不足以产生输出。
(4) 不平衡(unbalance)：各层数据流程图之间的信息不一致。
(5) 不相关(unrelated)：每一个数据流必须有一个数据处理与之相关。数据流不能起于数据存储止于一个外部实体或另一个数据存储；也不能起于某个外部实体止于另一个外部实体或数据存储。

存在上述问题的数据流程图可称为病态 DFD 图。病态数据流程图的产生可能是由于前面的工作不完整，DFD 绘制有问题，也可能是原来的业务流程本身有问题等原因。图 6-12 中的 DFD 图就是部分病态数据流程图的例子，在设计时应避免。

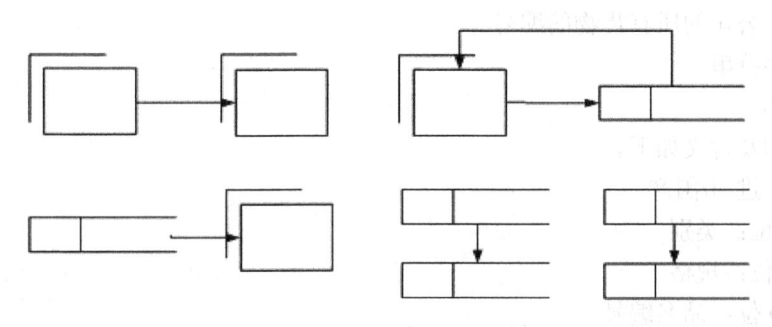

图 6-12 部分病态数据流程图示例

6.4.3 数据逻辑结构的分析

数据逻辑结构分析的任务是将数据流程图中所出现的各组成部分的内容、特征用数据字典的形式做出明确的定义和说明。

1. 数据字典的作用和编写要求

数据字典是对数据流程图加以定义和说明的工具。数据流程图中每个图例符号的数据项、数据结构、数据流、数据存储、处理功能和外部实体等逻辑内容与特征都应予以详细说明。数据字典中有关系统的详细信息是以后系统设计、系统实施与维护的重要依据。

2. 数据字典的生成方法

生成数据字典的方法有两种：由手工方式生成和由计算机辅助生成。手工编写的优点是具有较大的灵活性与适应性；其缺点是效率低，编辑困难、容易出现疏漏和错误，对数据字典的检验、维护、查询、统计和分析都不方便。计算机辅助编写数据字典是将数据字典有关的数据输入计算机，存储在数据字典库中，由其生成的数据字典具有查询、维护、统计和分析等功能。

数据字典中的条目有六种形式：数据项、数据结构、数据流、数据存储、处理功能和外部实体。

3. 数据字典的内容和格式

数据字典的任务是对数据流程图中出现的所有被命名的图形元素在数据字典中作为一个词条加以定义，使每一个图形元素的名字都有一个确切的解释。数据字典中所有的定义都应是严密的、精确的，不可以模糊不清，不可有二义性。

数据字典主要有四类条目：数据项、数据流、数据存储和加工。

(1) 数据项条目。数据项条目是不可再分解的数据单位，其定义格式如下。

数据项名称：货物编号

别名：G-No，G-num，Goods-No

简述：本公司的所有货物的编号

类型：字符串

长度：10

取值范围及含义如下。

第 1 位：进口/国产

第 2～4 位：类别

第 5～7 位：规格

第 8～10 位：品名编号

(2) 数据流条目。数据流条目给出了 DFD 中数据流的定义，通常列出该数据流的各组成数据项。在定义数据流或数据存储组成时，使用的符号如表 6-2 所示。

举例：定义数据流组成及数据项。

机票=姓名+日期+航班号+起点+终点+费用

姓名=$\{字母\}_2^{18}$

航班号="Y7100"…"Y8100"

终点=[上海|北京|西安]

数据流条目主要内容及举例如下。

数据流名称：订单

别名：无

简述：顾客订货时填写的项目

来源：顾客

去向：加工"检验订单"

数据流量：1 000 份/每周

组成：编号+订货日期+顾客编号+地址+电话+银行账号+货物名称+规格+数量

表 6-2 数据流条目使用的符号

符号	含义	例子及说明
=	被定义为	x=a，表示 x 由 a 组成
+	与	x=a+b，表示 x 由 a 和 b 组成
[...|...]	或	x=[a|b]，表示 x 由 a 或 b 组成
$m\{...\}_n$ 或 $[...]m^n$	重复	$x=2[a]_5$，表示 x 中最少出现 2 次 a，最多出现 5 次 a，2 和 5 分别为重复次数的上、下限
{...}	重复	x={a}，表示 x 由 0 个或多个 a 组成
(...)	可选	x=(a)，表示 a 可在 x 中出现，也可不出现
"..."	基本数据元素	x="a"，表示 x 取值为字符 a 的数据元素
..	连接符	x=1..9，表示 x 可取 1 到 9 中任意一个值

(3) 数据存储条目。数据存储条目是对数据存储的定义，其定义格式如下。

数据存储名称：库存记录

别名：无

简述：存放库存所有可供货物的信息

组成：货物名称+编号+生产厂家+单价+库存量

组织方式：索引文件，以货物编号为关键字

查询要求：要求能立即查询

(4) 加工条目(即基本处理条目)。加工条目是用来说明 DFD 中基本加工的处理逻辑，由于上层的加工是由下层的基本加工分解而来的，所以只要有了基本加工的说明，就可理解其他加工。举例如下。

加工名：查阅库存

编号：1.2

激发条件：接收到合格订单时

优先级：普通

输入：合格订单

输出：可供货订单、缺货订单

加工逻辑：根据库存记录

```
IF 订单项目的数量<该项目库存量的临界值>
THEN 可供货处理
ELSE 此订单缺货，登录，待进货后再处理
ENDIF
```

6.4.4 数据处理功能的分析

功能分析是对数据流程图中处理过程的功能做详细的说明。从逻辑上进行分析，处理功能可归纳为三类，即数据的输入和输出处理、算术运算以及逻辑判断。通常采用决策树、决策表及结构化语言等作为描述功能分析的工具。

1. 决策树

决策树又称判定树，是一种呈树状的图形工具，适合于描述处理中具有多种策略、要根据若干条件的判定来确定所采用策略的情况。左端圆圈为树根表示决策节点，由决策节点引出的直线，形似树枝，称为条件枝，每条条件枝代表一个条件；中间的圆圈称为条件节点；右端的实心圆表示决策结果。决策树中条件节点以及每个节点所引出条件枝的数量依具体问题而定。

决策树的优点是清晰、直观；缺点是当条件多且互相组合时，不容易清楚地表达判断过程。

图 6-13 是物流公司。该物流公司与 Y 公司初步达成了提供物流服务的意向，每年的合同金额约在 2 000 万元。在买不买车辆以及何时购买车辆上，物流公司面临两个选择。

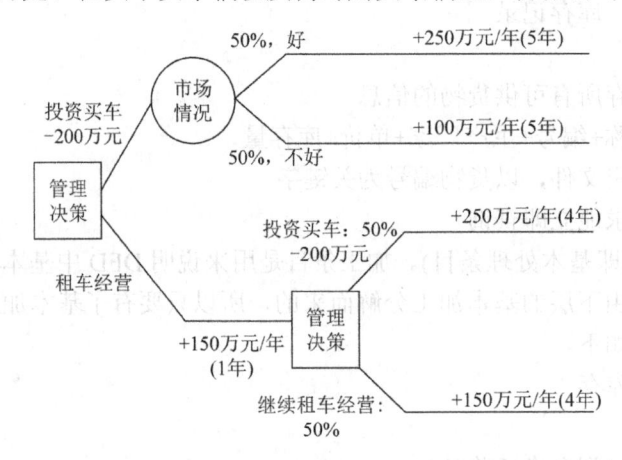

图 6-13 某物流公司的经营策略决策树

(1) 立即投资 200 万元购置车辆，组建自己的车队。如果业务组织得好，新车队不但可以为 Y 公司服务，还可以通过返程带货等增加收入，每年约可获得 250 万元的收益；如果业务组织得不好，自营车队虽然控制力强、服务水平有保障，但运营成本可能较高，每年的收益约为 100 万元。根据物流公司的调研，5 年内取得较高收益的可能性为 50%，取得低收益的可能性为 50%。

(2) 暂不买车而是租车经营。1 年后，如果返程带货业务的需求比较大就投资 200 万元购车，如果返程业务需求不旺盛，则继续租车经营。这套方案比较稳妥，租车经营的年度收益约为 150 万元。如果决定买车,则可以稳获 250 万元左右的收益。目前来看,1 年后返程业务需求旺盛的概率估计为 50%,不旺盛的概率为 50%。

图 6-13 中的决策树从投资回报的角度评价了上述两个方案,对企业今后 5 年的经营策略进行了描述和分析。

2. 决策表

决策表又称判断表,是一种呈表格状的图形工具,适用于描述处理判断条件较多、各条件又相互组合、有多种决策方案的情况,决策表一般与决策树相互印证并综合应用。

针对决策表的使用举例如下(已知铁路货运收费标准)。

(1) 若收货地点在本省以内,快件每千克 5 元,慢件每千克 3 元。

(2) 若收货地点在外省,且重量小于或等于 20 千克,快件每千克 7 元,慢件每千克 5 元;反之,若重量大于 20 千克,超重部分每千克加收 1.5 元。

可以绘制如表 6-3 所示的决策表。

表 6-3　铁路货运收费的决策表

	决策规则号	1	2	3	4	5	6
条件	是否省内?	Y	Y	N	N	N	N
	是否快件?	Y	N	Y	Y	N	N
	重量(W)>20 千克	--	--	Y	N	Y	N
决策方案	3W						
	5W	√					√
	7W				√		
	5×20+(W−20)×(5+1.5)					√	
	7×20+(W−20)×(7+1.5)			√			

图注:"√"表示选择的相对最优的决策方案。

3. 结构化语言

结构化语言是在自然语言的基础上发展出来的一种规范化的语言表达方式,它使用的词汇主要有三种:祈使语句中明确的动词、数据字典和数据流程图中的名词、表示处理逻辑结构的保留字。

采用结构化语言,任何处理逻辑都可以表达为顺序、判断和循环三种结构。

(1) 顺序结构包含一个动词及一个宾语,表示要进行的处理(输入、输出及运算等)。

(2) 判断结构有两种表示形式,分别为 IF-THEN 结构和 IF-THEN-ELSE 结构,可与决策树、决策表的表达方式相对应。

(3) 循环结构是指在条件成立时,重复执行某处理,直到条件不成立为止。

4. 分析方法的比较

前面所介绍的三种用于逻辑判断的表达工具，即决策树、决策表和结构化语言，各自有不同的特点，它们之间的比较如表 6-4 所示。

由表 6-4 可见，在进行功能分析的时候，应综合考量三种方法的优缺点和实际情况来选择科学合理的分析手段。

表6-4 三种功能分析方法的比较

比较指标	结构化语言	决策树	决策表
逻辑检查	好	很好	一般
表示逻辑结构	好	一般	很好
使用方便性	一般	一般	很好
用户检查	不好	不好	好
程序说明	很好	很好	一般
机器可读性	很好	很好	不好
机器可编码性	一般	很好	不好
可变性	好	不好	一般

6.5 管理信息系统分析的主要工具

6.5.1 数据库设计及建模工具——ERwin 简介

ERwin 用来建立实体-关系(E-R)模型，是关系数据库应用开发的优秀 CASE 工具。ERwin 可以方便地构造实体和联系，表达实体间的各种约束关系，并根据模板创建相应的存储过程、包、触发器和角色等，还可编写相应的 PB 扩展属性，如编辑样式、显示风格和有效性验证规则等。

ERwin 可以实现将已建好的 E-R 模型到数据库物理设计的转换，即可在多种数据库服务器(如 Oracle、SQL Server、Watcom 等)上自动生成库结构，提高了数据库的开发效率。ERwin 可以进行逆向工程，能够自动生成文档，支持与数据库同步，支持团队式开发，所支持的数据库多达 20 多种。ERwin 数据库设计工具可以用于设计生成客户机/服务器、Web、Intranet 和数据仓库等应用程序数据库。

ERwin 主要用来建立数据库的概念模型和物理模型，它能用图形化的方式描述出实体、联系及实体的属性。ERwin 支持 IDEF | X(Integrated CAM DEFinition | Extended，集成计算机辅助制造定义|扩展)方法。通过使用 ERwin 建模工具自动生成、更改和分析 IDEF | X 模型，不仅能得到优秀的业务功能和数据需求模型，而且可以实现从 IDEF | X 模型到数据物

理设计的转变。

ERwin 工具绘制的 ERwin 模型框图(Diagram)主要由三种组件块组成——实体、属性和关系，正好对应于 IDEF|X 模型的三种主要成分。我们可以把框图看成是表达业务语句的图形语言。ERwin 模型框图所在的主题区域(Subject Area)相应于 IDEF|X 的视图，其重点在整个数据模型中的某个计划或企业内部的某一范围间实体的关联。一个 IDEF|X 的模型包括一个或多个视图，而 ERwin 中的主域区(Main Subject Area)组合了各个主题区域，覆盖了数据建模的整个范围，也即 IDEF|X 模型的整个范围。

ERwin 工具绘制的模型对应于逻辑模型和物理模型两种。在逻辑模型中，IDEF|X 工具箱可以方便地用图形化的方式构建和绘制实体联系及实体的属性。在物理模型中，ERwin 可以定义对应的表、列，并可针对各种数据库管理系统自动转换为适当的类型。

6.5.2 Rose 与 PowerDesigner：两款建模工具的比较

1. 二者的出身

作为世界著名的两大 CASE 工具，Rose 和 PowerDesigner 的名声可谓如雷贯耳。Rose 是当时全球最大的 CASE 工具提供商 Rational 的拳头产品，UML 建模语言就是由 Rational 公司的三位巨头 Booch、Rumbaugh 和 Jacobson 发明的，后来 Rational 被 IBM 收购，所以 Rose 可谓"出身名门，嫁入贵族"。PowerDesigner 是由中国人王晓昀研发出来的。他在法国 SDP 软件公司工作时，由于苦觅一个好用的 CASE 工具未果，于是自行研发了 AMC*Designer 出来，后来 SDP 软件公司被 Powersoft 公司收购，同年 Sybase 又收购了 Powersoft，所以 PowerDesigner 也是惊艳出场，星光四射。但两者所走的路线却很不相同。Rose 先是 UML 面向对象建模，而后再向数据库建模发展；而 PowerDesigner 则反其道而行之，它先是一个纯粹的数据库建模工具，然后才向面向对象建模、业务逻辑建模及需求分析建模方向发展。

由于第一印象的影响，所以 Rose 常常给人的印象还是只是面向对象分析设计的工具，而 PowerDesigner 给人的印象则还停留在数据库建模工具上。实际上，现在的 Rose 和 PowerDesigner 既可以进行数据库建模，也可以进行面向对象建模，只是存在支持上的侧重而已。

2. 二者的区别

Rose 和 PowerDesigner 虽然在项目分析设计领域已经非常知名，但是在具体使用哪款工具的问题上，不同的公司、不同的人，出于成本、习惯抑或个人喜好，通常都有自己的判断。下面将具体介绍二者的区别。

Rose 是大而全、一站式的策略，它没有将数据库设计和面向对象设计清晰地分开，仅以不同的目录来区分；而 PowerDesigner 将两者划分到独立的模型文件中，分别对应不同

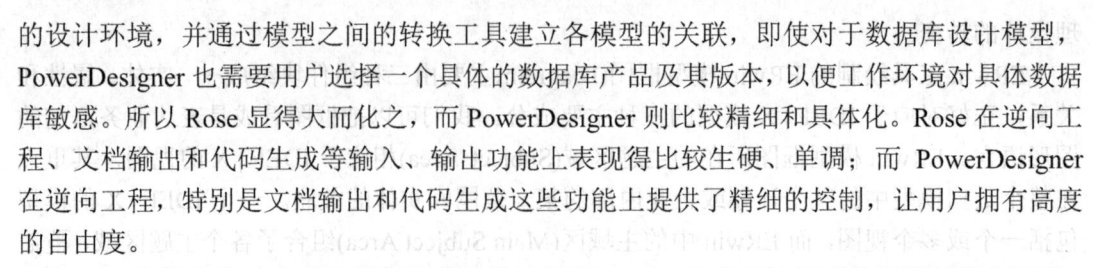

的设计环境,并通过模型之间的转换工具建立各模型的关联,即使对于数据库设计模型,PowerDesigner 也需要用户选择一个具体的数据库产品及其版本,以便工作环境对具体数据库敏感。所以 Rose 显得大而化之,而 PowerDesigner 则比较精细和具体化。Rose 在逆向工程、文档输出和代码生成等输入、输出功能上表现得比较生硬、单调;而 PowerDesigner 在逆向工程,特别是文档输出和代码生成这些功能上提供了精细的控制,让用户拥有高度的自由度。

Rose 在操作体验上存在很多需要改进的地方,Rose 偏向于让用户使用鼠标进行操作,对键盘操作支持不好;而 PowerDesigner 在操作体验上较好,大部分操作都可以通过键盘完成,在充分熟悉其快捷键的前提下,PowerDesigner 将给设计者一种行云流水的感觉,用户交互更加人性化。此外,Rose 往往占用更多的资源,容易异常退出,PowerDesigner 则显得轻便稳定。下面将具体列出 Rose 和 PowerDesigner 一系列的区别,以使用户在选择工具时为其提供参考。

  1) 模型组织

Rose 将数据库模型和对象模型放在一起,在进行数据库模型设计时,没有特性化的内容。而 PowerDesigner 将两者分开,其模型组织层级关系是:工作空间→模型类型→具体语言/数据库的模型→包→文件夹→Diagram→设计元素。在创建模型文件时,会让用户选择模型类型,然后还可以选择模型类型下语言及版本相关的细分类。

不同设计模型对应软件工程的不同阶段,例如,业务模型和需求模型属于项目需求阶段,而对象模型属于概要和详细设计阶段,数据库模型属于详细设计阶段。它们之间虽然有很强的内在联系,但差异性也很明显,硬将两者放到一起,就像把猴子和猩猩关进同一个笼子,其结果是两者都得不到很好的支持。PowerDesigner 可以通过模型转换工具进行数据库模型和面向对象模型的相互转换,但是 Rose 不能将数据库模型和面向对象模型进行相互转换。

  2) 工作空间

PowerDesigner 具有工作空间的概念,一个工作空间下可以同时打开多个设计模型文件;而 Rose 同时仅能打开一个设计模型文件,如果在设计时需要参考其他的 Rose 设计模型,则需要反复关闭现有模型,打开参考模型,显得设计上比较欠考虑。

  3) 设计界面

PowerDesigner 的设计界面可以左、右、上、下移动,而 Rose 只能向右、向下移动;此外,PowerDesigner 可以将模型元素放大很多倍,而 Rose 只能放大到正常倍数,不过 Rose 的 Overview 工具可以使用户快速定位到设计区中特定的区域,有点类似于游戏界面中常用的小地图,挺不错。

而在 PowerDesigner 中,你可以通过 F8 快捷键查看 Diagram 的总览图,不过只能通过放大操作定位到定位区域。

4) 对模型和语言的支持

(1) 对设计模型的支持力度和广度。

PowerDesigner 对面向对象模型和数据库建模的支持力度大抵相等。此外，它还支持概念模型、业务模型、需求模型、XML 模型、信息流模型以及自由模型的分析设计，只是对后面这几个模型的支持比较初级，而且在实际的应用中这些模型用得也比较少，PowerDesigner 的突出亮点还是在数据库建模和面向对象模型的设计上。对于数据库模型，PowerDesigner 支持 20 余种数据库，对于同一数据库的不同版本还提供单独的支持，以便在设计数据库模型时提供数据库和版本相关的设计；对于面向对象模型，PowerDesigner 支持 11 种主流语言。

Rose 基本上可以说是一个面向对象模型设计工具，对数据库模型的支持相对粗糙，内嵌的只支持 Oracle 8 数据库，对其他数据库设计的支持需要通过安装插件的方式获得，而且对数据库物理存储参数等较细粒度的内容支持也比较粗糙；Rose 的面向对象模型主要支持 Java、VC 和 VB 三种语言。

(2) 对 Java 语言的支持。

与 PowerDesigner 相比，Rose 具有更好的 Java 语言支持性，不但为不同版本的 JDK 提供支持(不过 Rose 2003 还不支持 JDK 5.0)，还为 Java 具体产品及设计模式(如 EJB、CorbA、Servlet、GOF 设计模式等)提供内嵌性的支持，这些支持直接反映在 Rose 的主菜单上。因此，Rose 背上了沉重的历史负担，如 EJB 和 Corba 易变且不断更新，如何在这些具体产品的地位和影响降低时对其做出割舍而又保证版本的兼容性，是摆在设计者面前的难题。

PowerDesigner 仅提供语言级对象设计的支持，不涉及语言内部的具体产品；另外，因为它的设计工作区与具体的模型类型及语言细分类相关，而非在主菜单中直接提供支持，所以 PowerDesigner 在升级时显得更加从容一些。这也是为什么 PowerDesigner 能以每年一个版本的速度升级，而 Rose 在 2003 版本后，新版本还迟迟未投入市场的内在原因。

5) 输入和输出功能的比较

(1) 逆向工程。

从将程序代码转换为设计模型的逆向工程功能上来看，Rose 更像一个 IDE，它会对需要逆向工程操作的程序代码进行深度语义检查。如果存在诸如程序代码引用了类库之外的类的错误，反向工程将失败，而且在报告失败之前，窗口会陷入长时间无响应状态。

PowerDesigner 仅对需要逆向工程操作的程序代码进行浅度语法检查，这种浅度语法检查不涉及包、类之间的关联，仅对诸如类名是否和类文件名匹配、是否缺少"}"等语法性的内容进行检查。即便存在错误，PowerDesigner 也允许用户忽略错误，继续进行逆向工程操作，这种宽松的限制带来了很大的便利。

忽略错误后，PowerDesigner 会尽量修补错误。例如，代码中缺少对应的"}"，它将会补上；类名和文件名不一致，将忽略类文件名保持类名不变。

Rose 一直宣扬的理念是 IDE 和设计工程进行双向互通：在 Rose 中完成模型设计后导

出为 IDE 所用的代码，IDE 编码调整后又逆向工程到 Rose。理念很美，深具吸引力，但是在实现的过程中，通常很少有开发团队会这样做。一般 CASE 工具只是在分析设计阶段使用，甚至很大比例的设计师仅把它当成画图的工具。

真正进入编码开发阶段后，将加入大量设计时不涉及的类和方法，如果将这些非骨架性的内容逆向工程到 CASE 工具中，反而会使原来清晰的设计变得模糊不清。所以，即使编码时需要对原分析模型进行调整，一般也是手工去调整设计模型，而不是通过逆向工程去调整，毕竟分析设计是骨架性的，而编码是血肉性的，两者有属性上的区别。如果真的需要频繁地进行代码和 UML 转换，最好使用类似于 Together 一样的工具，它嵌入 IDE 中，使代码和模型转换方便、快捷。

(2) 文档导出功能。

PowerDesigner 对文档导出提供了精细的控制，用户不但可以对文档所包含的内容项进行设置，还可以对内容项的格式进行设置。例如，导出的表结构是否包括名称、数据类型和备注等项目，这些项目在表栏中的宽度占比、颜色、字号等。

PowerDesigner 12.0 还新增了一个多模型文档整合导出的 Multi-Model Report 模型，允许用户以多个模型作为输入生成统一文档，实现模型设计按阶段分开、文档又统一整合的目的。

由于 PowerDesigner 文档导出的设置非常精细，所以要设置好一个文档导出模式实非不易。有鉴于此，PowerDesigner 提供了三种常用的导出模板，用户也可以自己定义模板。通过模板可以迅速完成设计模型文档的导出工作。

Rose 没有导出模板的概念，更不能对导出项和格式进行设置，用户只能按 Rose 系统内部设置的方式进行模型文档的发布。

(3) 代码导出。

在导出设计模型的代码时，PowerDesigner 提供了精细的控制，不但可以进行对象级别的控制，还可以进行代码级别的控制。例如，是否要生成字段备注的代码，外键代码在表体代码内声明还是在表体外部声明等。而 Rose 没有提供代码导出的控制，也只能按其系统内部设置的方式导出代码。

(4) 生成测试数据。

PowerDesigner 可为数据表生成批量的测试数据，而且用户还可以制定测试数据的生成规则，该功能给初期项目的开发测试带来很大的便利；而 Rose 中没有提供类似的功能。

6.6 新系统逻辑模型的建立

新系统的逻辑方案是指经过上述的描述分析工作，找出现有系统存在的各种问题并改正或优化后给出新系统的系统功能结构、信息结构和拟采用的管理模型，由于它是不考虑计算机及网络等硬件的实体结构，故称为逻辑方案。

新系统的逻辑方案主要包括：分析整理后的业务流程、分析整理后的数据字典、经过各种检验并优化后的系统功能结构、每一项业务处理过程中新建立或已有的管理模型和管理方法。总而言之，就是在对原有系统进行分析和优化的基础上得到的新系统拟采用的信息总体处理方案。

1. 信息处理方案的主要内容

(1) 确定合理的业务处理流程，将业务流程和业务处理分析的结果归纳整理，其具体内容包括以下四个方面。

① 删去或合并了哪些多余的或重复处理的过程？

② 对哪些业务处理过程进行了优化和改动？改动的原因是什么？改动(包括增补)后将带来哪些好处？

③ 给出最后确定的业务流程图。

④ 指出在业务流程图中哪些部分新系统(主要指计算机软件系统)可以完成，哪些部分需要用户完成(或是需要用户配合新系统来完成)？

(2) 确定合理的数据和数据流程，具体内容包括以下四个方面。

① 请用户确认最终的数据指标体系和数据字典。确认的内容主要是指标体系是否全面合理，数据精度是否满足要求并可以统计得到这个精度等。

② 对哪些数据处理过程进行了优化和改动？改动的原因是什么？改动(包括增补)后将带来哪些好处？

③ 给出最后确定(即优化后)的数据流程图。

④ 指出在数据流程图中的人-机界面。

(3) 确定新系统的逻辑结构和数据分布，具体包括以下两个方面。

① 新系统逻辑划分方案(即子系统的划分)。

② 新系统数据资源的分布方案。例如，哪些在本系统设备内部，哪些在网络服务器或主机上。

2. 确定新系统的管理模式及具体业务的管理模型

新系统的管理模式是采用集中一贯的领导体制，还是松散的管理体制；是主辅分离、主业集中，还是其他分流等管理模式，都应在此期间确定。

具体业务的管理模型是要结合具体情况确定以后系统在每一个具体的管理环节上的处理方法。例如，物资管理系统的库存优化模型；成本管理系统的成本核算模型、成本预测模型和成本分析模型；生产作业计划系统的投入产出矩阵模型、网络计划模型/关键路径法(Critical Path Methed，CPM)模型、设备能力负荷平衡模型、滚动式生产作业计划模型和甘特图(Gantt Chart)模型等。

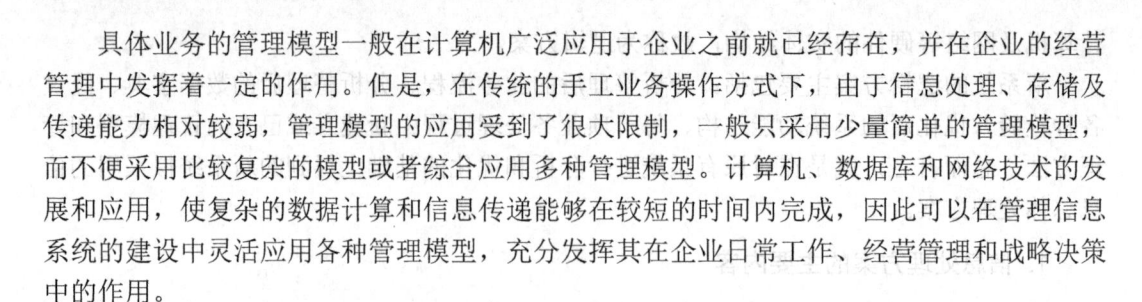

具体业务的管理模型一般在计算机广泛应用于企业之前就已经存在，并在企业的经营管理中发挥着一定的作用。但是，在传统的手工业务操作方式下，由于信息处理、存储及传递能力相对较弱，管理模型的应用受到了很大限制，一般只采用少量简单的管理模型，而不便采用比较复杂的模型或者综合应用多种管理模型。计算机、数据库和网络技术的发展和应用，使复杂的数据计算和信息传递能够在较短的时间内完成，因此可以在管理信息系统的建设中灵活应用各种管理模型，充分发挥其在企业日常工作、经营管理和战略决策中的作用。

3. 管理模型的具体应用举例

1) 商品存货计价管理模型简介

这里以商品存货计价为例介绍管理模型及其在管理信息系统中的应用。商品存货计价方法选择的不同，会对物资管理流程的结构、相关数据的计算产生一定的影响。比较常见的商品存货计价方法有：个别计价法、先进先出法、后进先出法、加权平均法、移动平均法、计划单价法等。

(1) 个别计价法是假定物资的成本流转同实物流转完全一致，需要逐一辨认库存物资和领用物资所属的采购批别，并分别按其购进单价来作为库存物资和领用物资价格的方法。个别计价法比较准确，但是对库存物资和领用物资需要具体确定购进批别，操作比较烦琐，适用于品种较少、单位价格较高的物资计价。

(2) 先进先出法是在假设先购进的货物先发出的前提下来确定库存物资和领用物资价格的商品存货计价方法。在采用该方法时，实际上并不要求物资的成本流转同实物流转保持一致。也就是说，对于同一种物资，在存储和领用时并不做实物的区分，但是在物资入库时需要在台账中记录物资的数量、单价，以便在物资领用时按台账中记录的数量、单价顺序进行计价，而所领用的具体物资实物并不一定是先入库的实物。

(3) 后进先出法同先进先出法正好相反，是在假设后购进的货物先发出的前提下来确定库存物资和领用物资价格的方法，也不要求物资的成本流转同实物流转保持一致。该方法的工作量同先进先出法相当。

(4) 加权平均法也称为全月一次加权平均法，是在月末一次计算全月的物资平均单价，将其作为库存物资和领用物资的价格。全月物资平均单价的计算方法见式(6-1)。加权平均法计算比较简单，由于该方法在月末一次性计算全月的物资平均单价，平时只能记录库存物资和领用物资的数量，不能反映物资的价格和金额。

$$全月物资平均单价 = \frac{月初结存金额 + 本月入库金额}{月初结存数量 + 本月入库数量} \qquad (6-1)$$

(5) 移动平均法是在每次物资入库时重新计算物资的平均单价，作为下次物资入库前库存物资和领用物资的价格。每次物资入库时物资平均单价的计算方法见式(6-2)。采用移动平均法能够及时地反映物资的平均价格及库存物资和领用物资的金额。但是，采用该方法需要在每次物资入库时计算物资平均价格，计算工作量比较大。

$$物资平均单价 = \frac{原有库存金额 + 本次入库金额}{原有库存数量 + 本次入库数量} \quad (6-2)$$

(6) 计划单价法是指物资的入库、领用和结存均采用预先制定的计划单价，实际价格同计划价格的差额引起的物资领用成本差异在月末会计核算中进行调整。采用计划单价法的前提是需要制定每一种具体物资的计划单价，并且尽可能地接近实际价格。该方法操作简单，因此应用比较广泛。

2) 商品存货计价管理模型的具体应用

在管理信息系统的开发中，管理模型的应用在进行系统分析时应该体现在数据流程和数据存储描述中。下面以全月一次加权平均法和个别计价法为例说明在商品台账管理中采用不同的商品存货计价模型所得到的不同的数据流程图和数据存储。

【例 6-1】 采用加权平均法的商品台账管理数据流程和数据存储举例。

采用全月一次加权平均法的"商品台账"数据内容见表 6-5。

表 6-5 商品台账

商品台账

物资名称：　　　　计量单位：　　　　物资名称及规格：　　　　储备定额：

年		凭证编号	摘要	收入			发出			结存		
月	日			数量	单价	金额	数量	单价	金额	数量	单价	金额

商品存货计价采用全月一次加权平均法的商品台账管理数据流程图如图 6-14 所示。在每笔入库业务发生时，根据入库单中的相关数据登记商品台账中的物资入库信息，单价采用入库物资的实际价格。在发生领料业务时，根据领料单中的数据登记商品台账中的物资出库信息，此时领料单和商品台账中都没有出库物资的单价和金额。月底根据式(6-1)进行全月平均单价的计算，并以此全月平均单价填写领料单中的单价和金额及登记商品台账中发出和结存物资的单价和金额。

【例 6-2】 采用个别计价法的商品台账管理数据流程和数据存储举例。

商品存货计价采用个别计价法的商品台账管理数据流程图如图 6-15 所示。在每笔入库业务发生时，根据入库单中的相关数据登记商品台账中的物资入库信息。在采用个别计价法的情况下，不仅要包括数量、单价、金额等入库相关数据，还必须包括物资批别作为库存和领用物资的计价依据。在发生领料业务时，需要根据商品台账确定所领用物资的具体批别、确定单价和金额来完成领料单的填制。之后将领料单中相应的物资出库信息登记到商品台账中。在采用个别计价法时，商品台账中应该包括"批别"数据项，其他数据项同采用全月一次加权平均法时基本相同。

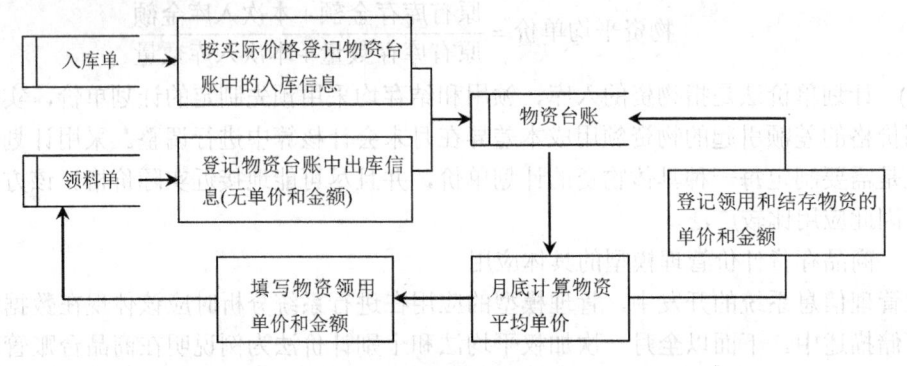

图 6-14　全月一次加权平均法的商品台账管理数据流程图

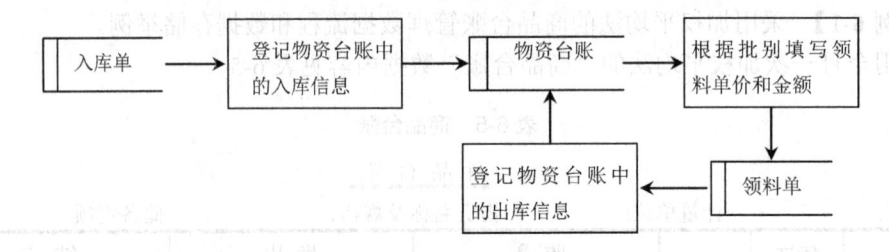

图 6-15　个别计价法的商品台账管理数据流程图

4. 新系统逻辑模型的运行环境

新的管理信息系统运行环境包括：硬件设备和布局，系统总体结构，单机用户/网络系统(Internet/Intranet/WAN/LAN/MAN)，网络拓扑结构，软件系统，操作系统，数据库管理系统，程序设计语言，应用/工具软件系统，机构调整和人员调整设想，规章制度和岗位职责。

6.7　系统分析说明书

系统分析阶段的成果就是系统分析说明书。系统分析说明书不仅能够展示系统调查的结果，而且还能反映系统分析的结果——新系统逻辑方案。经过上述过程，我们已经完成了建立目标系统逻辑模型的任务，即已经完成了整个系统分析阶段的工作。作为该阶段的一个工作成果，应提交一份完整的系统分析说明书。系统分析说明书一经确认并被用户认可接受后，就成为具有约束力的指导性文件，成为下一阶段系统设计工作的依据和今后验收目标系统的检验标准。下面将讨论系统分析说明书的组成和作用。

1. 系统分析说明书的组成

一份完整的系统分析说明书应该包括下述内容。

1) 系统概述

(1) 目标系统的名称、目标和主要功能。

(2) 背景、系统的用户、开发者以及本系统与其他系统或机构的关系和联系。

(3) 参考资料和专门术语说明。

2) 现行系统概况

(1) 现行系统现状调查说明：通过现行系统的组织结构图、数据流程图和概况表等图表及说明，说明现行系统的目标、规模、主要功能、组织结构、业务流程、数据存储和数据流以及存在的薄弱环节。

(2) 系统需求说明：用户要求以及现行系统主要存在的问题等。

3) 目标系统逻辑设计

(1) 系统功能及分析：提出明确的功能目标，并与现行系统进行比较分析，重点要突出计算机处理的优越性。

(2) 系统逻辑模型：各个层次的数据流程图、数据字典和加工说明。

(3) 出错处理要求。

(4) 其他特性要求：系统的输入/输出格式、启动和退出等。

(5) 遗留问题：根据目前条件，暂时不能满足的一些用户要求或设想，并提出今后解决的措施和途径。

4) 系统设计与实施的初步计划

(1) 工作任务的分解：根据资源及其他条件确定各子系统开发的先后次序，在此基础上分解工作任务，落实到具体组织或个人。

(2) 时间进度安排。

(3) 预算：对开发费用的进一步估计。

5) 用户领导审批意见

在系统分析说明书中，数据流程图、数据字典和加工说明这三部分是主体，是系统分析说明书中必不可少的组成部分；而其他各部分内容，则应根据所开发目标系统的规模、性质等具体情况酌情选用，不必生搬硬套。总之，系统分析说明书必须简明扼要，抓住本质，反映出目标系统的全貌和开发人员的设想。

2. 系统分析说明书的作用

系统分析阶段所提供的系统分析说明书主要有以下三个作用。

(1) 描述了目标系统的逻辑模型，作为开发人员进行系统设计和实施的基础。

(2) 作为用户和开发人员之间的协议或合同，为双方的交流和监督提供基础。

(3) 作为目标系统验收和评价的依据。

因此，系统分析说明书是系统开发过程中的一份重要文档。必须要求该文档完整、一致、精确且简明易懂，易于维护。

【案例 6-2】　　某高校管理信息系统的系统分析说明书

《高校信息管理系统系统分析说明书》

1 引言

1.1 编写目的

本项目的编写目的在于研究高校信息管理系统软件的开发途径和应用方法。

本项目的预期读者是与高校信息管理系统软件开发有联系的决策人、开发组成人员、辅助开发者、支持本项目的领导和软件验证者。

1.2 背景及范围

本项目的名称：高校信息管理系统。

本项目的任务提出者及开发者是高校信息管理系统软件开发小组，用户是教学办公室。

本产品能具体化、合理化地管理学生的学籍档案，用结构化的思维方式去了解计算机的基本工作原理和可视化程序设计语言。

1.3 定义、缩写词、略语

- 可视化程序设计语言：是一种基于可视化和面向对象基础的通用的计算机的程序设计语言。
- 高校信息管理系统：高校信息管理是帮助教学人员、行政人员对人事档案的管理软件。使用可视化编程语言，独立完成其功能。
- SQL Server：系统服务器所使用的数据库管理系统(DBMS)。
- SQL：一种用于访问查询数据库的语言。
- 事务流：数据进入模块后可能有多种路径进行处理。
- 主键：数据库表中的关键域，值互不相同。
- 外部主键：数据库表中与其他表主键关联的域。
- ROLLBACK：数据库的错误恢复机制。

1.4 参考资料

《Delphi 程序设计语言》　　——×××编著　　××××××出版社

《软件工程》　　——×××编著　　××××××出版社

《数据库原理与应用》　　——×××编著　　××××××出版社

2 项目概述

该软件开发是为了满足教学人员、行政人员对学生档案管理的方便，以现代化的创新思维模式去工作，主要面向教学和行政人员设计开发。本软件系统具有独立性，可单独使用，也可和其他相关系统共享数据信息，但使用时应注意数据的安全性和可靠性。

2.1 目标

2.1.1 开发意图

(1) 为了使高校信息管理系统更完善。

(2) 为了使学生档案的管理更方便。

(3) 为了减轻行政人员的工作负担。

2.1.2 应用目标

通过本系统软件，帮助教学人员、行政人员利用计算机快速、方便地对高校信息管理进行管理、输入、输出和查找的所需操作，使散乱的人事档案能够科学化、直观化和条理化。

2.1.3 作用及范围

本软件适用于各高等院校，它是比较完善的系统管理软件，对高校的各项信息可以随时输入、输出和查找。

2.1.4 背景

现今高校信息管理的烦琐给行政人员带来了诸多不便，教学办公室缺少一种完善的高校信息管理软件，为了便于对学生档案的管理，因此开发了本软件。

2.2 产品描述

本产品是一种依赖于可视化编程为基础的系统软件，它是以可视化编程系统词为基础，用可视化程序设计语言进行编程的产品。

2.3 产品功能

2.3.1 外部功能

高校信息管理系统软件具有输入、输出和查找功能。

2.3.2 内部功能

该软件融命令、编程和编辑于一体，完成过滤、定位显示。

2.3.3 功能表

表 6-6 只给出用户功能的概要说明，详细说明在此省略。

表6-6 功能表

功能 名称	外部功能	内部功能
用户	用户通过系统终端输入有关信息，完成系统登录、信息查询、数据修改和维护以及数据打印等功能	传递系统终端输入的数据，连接数据库后按照系统业务规程进行数据的查询和修改，将数据结果返回给系统终端

2.3.4 功能描述图

功能描述图如图 6-16 所示,其中"系统终端"以 PC 为主,也包括其他智能终端设备。

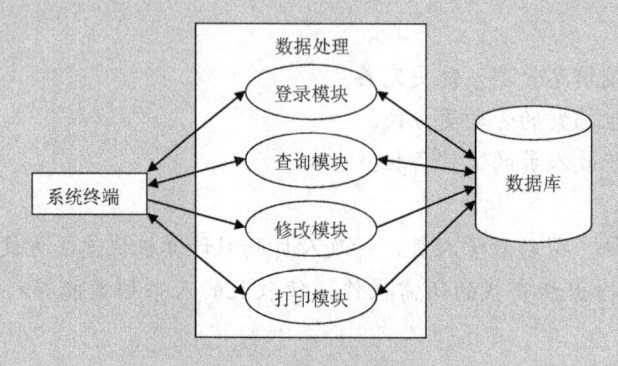

图 6-16 功能描述图

2.3.5 用户特点

本软件的使用对象是教学办公室工作人员,会可视化、懂计算机的基本操作就可以利用该软件进行所需操作,同时也会对可视化编程有所认识。

2.4 一般约束

(1) 本项目的开发经费不超过 1.5 万元;

(2) 项目开发人员 5 人;

(3) 在管理方面,硬件的限制无约束,但要求能保证并行操作的安全和数据使用的保密。

2.5 假设和依据

假设开发经费不到位,管理不完善,设计时没能完全得到考虑,本项目的开发都将受到很大的影响。

3 具体需求

3.1 功能需求(一)

3.1.1 规格说明

输入每个学生的具体信息(这里只做概要性描述)。

3.1.2 引言

为了把个人信息(包括学号、姓名、性别、年级、班级、系别、专业、出生日期、民族、政治面貌、身份证号、备注)输入数据库。

3.1.3 输入

个人信息。

3.1.4 加工

通过高校信息管理系统输入数据库中。

3.1.5 输出

个人的全部信息，如图 6-17 所示。

3.2 功能需求(二)

3.2.1 规格说明

输出个人的全部信息。

```
I：个人信息的关键字(姓名)
        ↓
P：利用关键字在数据库中找到个人的全部信息
        ↓
O：个人信息的全部内容
```

图 6-17　输出个人的全部信息

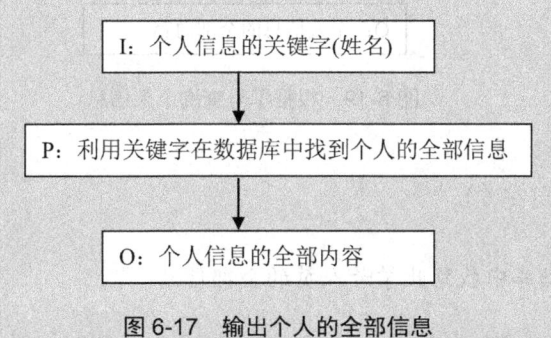

3.2.2 引言

根据姓名查询个人的全部信息，如图 6-18 所示。

```
I：个人信息的关键字(姓名)
        ↓
P：利用关键字在数据库中找到个人的全部信息
        ↓
O：个人信息的全部内容
```

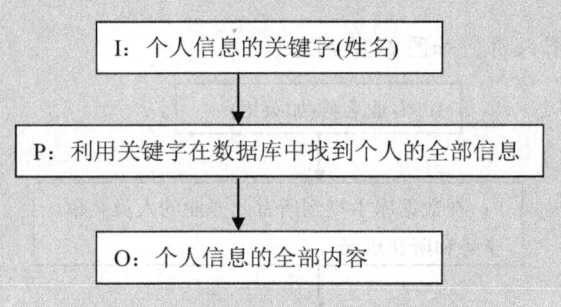

图 6-18　根据姓名查询个人的全部信息

3.2.3 输入

个人信息的关键字(姓名)。

3.2.4 加工

利用关键字在数据库中找到个人的全部信息。

3.2.5 输出

个人信息的全部内容。

3.3 功能需求(三)

3.3.1 规格说明

查询个人的全部信息。

3.3.2 引言

根据学号查询个人信息，如图 6-19 所示。

```
         ┌─────────────────────────┐
         │ I：个人信息的关键字(学号) │
         └─────────────────────────┘
                     │
                     ▼
         ┌─────────────────────────┐
         │ P：利用关键字在数据库中找│
         │ 到此学号人员的全部信息   │
         └─────────────────────────┘
                     │
                     ▼
         ┌─────────────────────────┐
         │ O：个人信息的全部内容    │
         └─────────────────────────┘
```

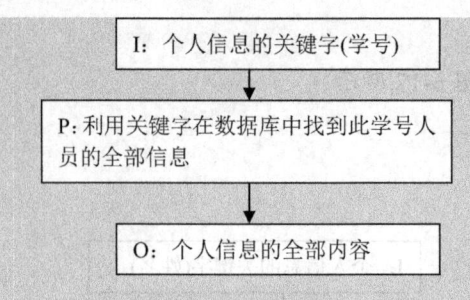

图 6-19　根据学号查询个人信息

3.3.3 输入

个人信息的关键字(学号)。

3.3.4 加工

利用关键字在数据库中找到此学号人员的全部信息。

3.3.5 输出

个人信息的全部内容。

3.4 功能需求(四)

3.4.1 规格说明

查询同专业的所有人员，如图 6-20 所示。

```
         ┌─────────────────────────┐
         │ I：专业名称(如英语)      │
         └─────────────────────────┘
                     │
                     ▼
         ┌─────────────────────────┐
         │ P：在数据库中找到所有此专业的人员名单、│
         │ 学号和所在班级           │
         └─────────────────────────┘
                     │
                     ▼
         ┌─────────────────────────┐
         │ O：学号、人员名单和所在班级│
         └─────────────────────────┘
```

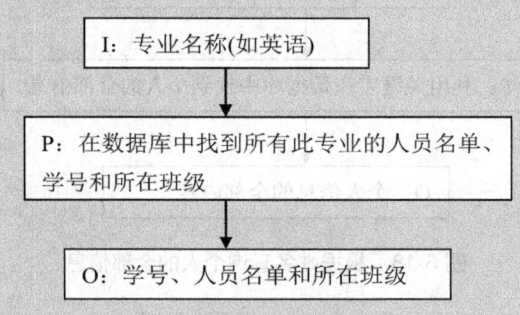

图 6-20　查询同专业的所有人员

3.4.2 引言

为了查找同一专业的所有人员的相关信息。

3.4.3 输入

专业名称(如英语)。

3.4.4 加工

在数据库中找到所有此专业的人员名单、学号和所在班级。

3.4.5 输出

学号、人员名单和所在班级。

3.5 功能需求(五)

3.5.1 规格说明

查询一个年级的相关信息,如图 6-21 所示。

```
        ┌─────────────────────────────┐
        │ I:一个年级的级别(如 98 级)  │
        └─────────────┬───────────────┘
                      ↓
   ┌──────────────────────────────────────┐
   │ P:在数据库中找到所有此年级的人员名单、│
   │   学号、性别、出生年月、专业和准考证号│
   └──────────────┬───────────────────────┘
                  ↓
        ┌──────────────────────────┐
        │ O:人员名单、学号、性别、 │
        │   出生年月、专业和准考证号│
        └──────────────────────────┘
```

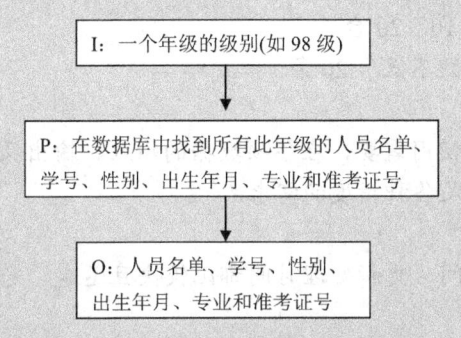

图 6-21　查询一个年级的相关信息

3.5.2 引言

为了查找一个年级所有人员的相关信息。

3.5.3 输入

一个年级的级别(如 98 级)。

3.5.4 加工

在数据库中找到所有此年级的人员名单、学号、性别、出生年月和专业。

3.5.5 输出

人员名单、学号、性别、出生年月和专业等内容。

3.6 功能需求(六)

3.6.1 规格说明

查询一个班级级的相关信息。

3.6.2 引言

为了查询一个班级的相关内容。

3.6.3 输入

一个班级的名称(如 6 班)。

3.6.4 加工

在数据库中找到此班级的人员名单、学号、出生年月。

3.6.5 输出

人员名单、学号、出生年月等内容。

3.7 性能需求

3.7.1 动态数值需求

预处理的窗口正常情况下和峰值工作条件下为 5 个。一定时间周期中要处理的数据的数量:窗口开始时要处理 2 个数据,系统运行时要编辑的数据为 4 个,按钮数量为 4 个,平均处理的数据约为 16 个。

3.7.2 静态数值需求

(1) 支持的终端数为 10～20 台。

(2) 同时处理的记录数不低于 20 条。

3.7.3 精度需求

在精度需求上，根据使用需要，在各项数据的输入、输出及传输过程中，由于本系统使用了数据结构，可以满足各种精度的需求。

3.7.4 时间需求

在软件方面，响应时间、更新处理时间都比较快且迅速，完全满足用户要求。

3.7.5 灵活性

当用户需求(如操作方式、运行环境、结果精度、数据结构与其他软件接口等)发生变化时，设计的软件要做适当调整，灵活性非常大。

3.7.6 故障处理

1) 内部故障处理

在开发阶段可以随机修改数据库里的相应内容。

2) 外部故障处理

对编辑的程序进行重装载时，第一次装载认为错，修改。第二次运行，在需求调用时出错，有错误提示，重试。

3.8 设计约束条件

3.8.1 技术约束

本项目的设计是在可视化程序设计语言的条件下进行的，技术设计采用软硬一体化的设计方法。

3.8.2 环境约束

运行该软件所适用的具体设备必须是奔腾 133、内存 32MB 以上的计算机。

3.8.3 标准约束

该软件的开发完全按照企业标准开发，包括硬件、软件和文档规格。

3.8.4 硬件限制

奔腾 133、内存 32MB 以上的 PC 满足输入端条件。

3.9 接口需求

3.9.1 用户接口

本产品的用户一般需要通过终端进行操作，进入主界面后单击相应的窗口，分别进入相对应的界面(如输入界面、输出界面)。用户对程序的维护最好有备份。

3.9.2 软件接口

Windows 9x/NT、2000、XP 操作系统，SQL Server 数据库系统。

3.10 属性

3.10.1 可使用性

在装载应用程序系统时,若正常就运行,若异常就停止;可视化编程系统出现错误,将会产生不可预见的问题,热启动,整个终端程序就会再启动;程序出现错误,重新装载,若仍有错,按照提示逐渐装载。

3.10.2 安全性

本软件作为教学管理辅助设备,虽然规模比较小,但仍需要安全技术的保障;限定一个程序中某些区域的规约,给不同的模块分配不同的功能,通过限制用户权限及使用的用户终端位置来保证数据使用的安全性。

3.10.3 可维护性

本系统的软件部分采用可视化程序设计语言编制,使用的硬件具有简单、可维护的特点,因此决定了本系统的简单可维护性。

3.10.4 可移植性、可转换性

可移植的环境是奔腾133、32MB内存以上;不可修改任何部分;可用向上兼容的高版本的操作系统平台。

3.10.5 注释

读者可以用本系统提供的方法去验证该软件的各种特性。

3.11 其他需求

当前类似的管理软件虽然已有,但与我们设计的管理系统软件有很大的区别。我们设计的软件是一种辅助办公室档案管理软件,它采用可视化程序设计语言作为主要的实现工具。

3.11.1 数据库

数据库是实现有组织地、动态地存储大量关联数据,方便多用户访问的计算机软硬件自愿组成的系统;这与文件系统的重要区别是数据的充分共享,交叉访问,与应用程序的高度独立性。由于本软件的整体结构比较简单,所涉及数据相对来说也较少,组成文件的最小单位是记录。

3.11.2 操作

(1) 初始化操作。

(2) 数据处理的支持功能较强。

(3) 后援和恢复操作。

3.11.3 场合的使用性

给定的场合,可视化程序系统,通过该系统软件,完成各模块功能,采用模块设计思想,将各程序划分为独立使用的功能模块,但它们之间又相互联系。

4 支持信息

4.1 支持软件

用可视化程序设计语言作为系统的支持软件。

4.2 设备
奔腾 133、32MB 内存以上的 PC。

4.3 控制
本软件以可视化程序设计语言的操作系统来控制软件运行。

4.4 文档
与本软件有关的文档有《高校信息管理系统软件可行性分析报告》《高校信息管理系统软件开发计划》《高校信息管理系统软件需求规格说明书》《高校信息管理系统软件概要设计说明书》《高校信息管理系统软件详细设计说明书》《高校信息管理系统软件用户手册》《高校信息管理系统软件测试计划》和《高校信息管理系统软件测试分析报告》。

4.5 需求注释
对于本软件,它的功能需求、性能需求和接口需求,从稳定性、可行性上都是可以的。

5. 标题

5.1 系统流程图
系统流程图如图 6-22 所示。

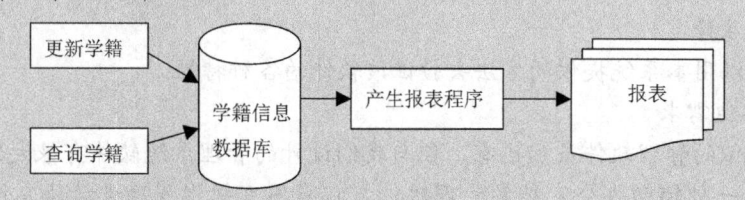

图 6-22 系统流程图

5.2 数据流程图
数据流程图如图 6-23 所示。

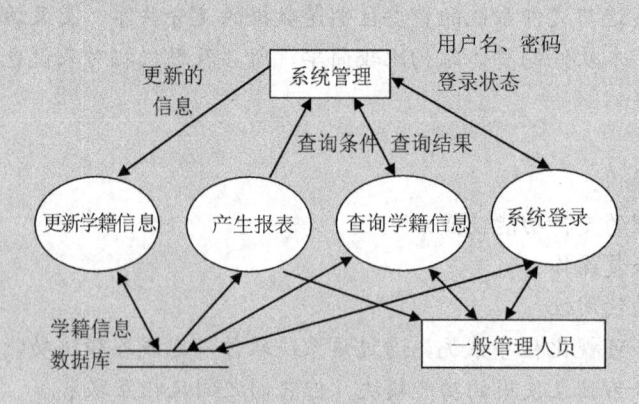

图 6-23 数据流程图

5.3 数据字典

由于篇幅所限，下面只给出学生基本信息表中的学号、姓名、性别和入学年月等的说明。

- 名字：学号
  别名：
  描述：唯一地标识学生基本信息表中一条记录的关键字
  定义：学号= 10 {字符} 10
  位置：学生基本信息表
  　　　用户表
  　　　报表

- 名字：姓名
  别名：
  描述：学生基本信息表中一个字段
  定义：姓名= 8 {字符} 8
  位置：学生基本信息表
  　　　报表

- 名字：性别
  别名：
  描述：学生基本信息表中一个字段
  定义：性别= 2 {字符} 2
  位置：学生基本信息表
  　　　报表

- 名字：入学年月
  别名：
  描述：学生基本信息表中一个字段
  定义：入学年月=7 {字符} 7
  位置：学生基本信息表
  　　　报表

(资料来源：姜方桃.管理信息系统理论与实务 [M]. 北京：清华大学出版社，2009)

本 章 小 结

本章重点论述管理信息系统系统分析的内容、实现步骤及为完成系统分析工作需要掌握的方法、分析和描述工具。系统分析是管理信息系统开发工作中的重要阶段，在这个阶段中系统分析人员基于对企业管理业务的详细调查，利用一些描述及分析方法对企业现有的信息处理系统进行描述和分析，提出新系统的逻辑方案。系统分析的本质是通过对现有系统的描述和分析回答未来系统"要做什么"的问题。

系统分析要求对现行系统进行详细而深入的调查，了解现行系统的组织结构、业务流程、功能体系和信息要素，彻底分析清楚组织内部的管理状况和相应的信息处理过程。在识别原系统存在的问题和薄弱环节后，根据用户的实际需求、考虑现代管理理念及计算机处理信息的特点，全面分析并改进现行系统中的业务处理流程、数据处理流程、处理过程和处理方法中不合理的部分，形成新系统的逻辑模型。系统的逻辑模型主要由数据流程图和数据字典构成。如果数据字典清晰地说明复杂的逻辑处理过程，还可以使用结构化语言、决策树和决策表等描述处理的工具进一步说明。

系统分析最后要撰写一份结构化的系统分析资料，即系统分析说明书。系统分析说明书是系统分析阶段的主要工作成果，它将作为今后系统设计和系统实现的主要依据。

复习思考题

一、名词解释

1. 系统分析　　　　2. 组织结构　　　　3. 数据字典

二、单项选择题

1. 一般子系统的划分是在系统(　　)阶段，根据功能/数据分析的结果提出的。
   A. 需求分析　　　B. 逻辑设计　　　C. 总体设计　　　D. 详细设计
2. 在新产品开发机构重组中，以开发某一新产品为目标，组织集设计、工艺、生产、供应、检验人员为一体的承包组，打破部门的界限，实行团队管理，以及将设计、工艺、生产制造并行交叉的作业管理，这属于(　　)。
   A. 功能内的 BPR　　　　　　　B. 组织内的 BPR
   C. 组织间的 BPR　　　　　　　D. 功能间的 BPR
3. 信息系统流程图是以新系统的(　　)为基础绘制的。
   A. E-R 图　　　B. 管理功能图　　　C. 业务流程图　　　D. 数据流程图
4. 信息系统开发的结构化方法的一个主要原则是(　　)。
   A. 自顶向下原则　　　　　　　B. 自底向上原则
   C. 分步实施原则　　　　　　　D. 重点突破原则
5. 系统分析阶段的主要成果是(　　)。
   A. 用户的决策方针　　　　　　B. 用户的分析方案
   C. 系统分析说明书　　　　　　D. 系统总体设计方案

三、应用题

1. 根据下述业务过程的描述，画出某企业采购订货的业务流程图：采购员从仓库收到缺货通知单后，查阅订货合同，若已订货，则向供货单位发出供货请求，否则就填写补充订货单交供货单位，供货单位发出货物后，立即向采购员发出提货通知。

2. 根据下述业务过程的描述，画出某企业采购到货的数据流程图：供应商送来"发货单"及货物，根据情况做如下处理。

(1) 审核。核对"发货单"，将不合格的发货单退回供应商。

(2) 到货处理。对"审核后的发货单"中的货物做质量检查，将不合格的发货单及货物退回供应商。

(3) 入库处理。对于"确认到货的发货单"做入库处理，将入库单及货物送仓库，向财务科发出付款通知，并将"处理后的发货单"存档为"发货单文件"。

四、简答题

1. 系统分析的概念和内容是什么？
2. 什么是业务流程图？
3. 什么是数据流程图？
4. 什么是系统分析说明书？

五、论述题

1. 为什么说管理信息系统的系统分析工作必不可少？
2. 企业信息化应如何实施系统分析？
3. 系统分析的主要特点是什么？

案 例 分 析

案例背景

KT 窜货追踪信息系统的分析

KT 物流有限公司成立于 2003 年，是一家集运输、仓储、配送、装卸和一体化业务的第三方物流服务性企业。公司拥有完善的信息网络和先进的物流管理信息系统，建有 30 000 多平方米的大型仓库，已成为一家高素质、专业化、具备多年物流业务经验的现代化物流企业。KT 公司服务和合作的客户涉及快速消费品、设备机械、管桩等产业领域，承载了多家大型公司的运输业务，其中以百事可乐、音飞货架、光明家具、优路电缆、云海集团和三和管桩为典型代表。

近期，KT 物流收到客户百事可乐公司的公函，请求其为百事可乐非正常窜货问题从物流和信息管理入手提供支持与帮助。这种非正常窜货一般发生在各个地区之间，主要是指某一区域代理商将自己的产品销售到了其他同一品牌代理商的代理区域，通俗上来说就是将受区域限制的产品拿到非本销售区去销售的行为。而恶意窜货行为主要是经销商为了牟取非正常利润，蓄意向非辖区倾销货物，以达到多拿回扣、恶意打击竞争对手和抢占市场等目的。这种非正常窜货损害了品牌形象，使先期投入无法得到合理的回报，并导致竞争品牌乘虚而入和取而代之，消费者也无法正常享受正常的售后服务保障。

为了提升客户服务满意度和综合服务能力，KT公司决定根据公司目前业务流程现状，经过调查和分析，对于百事可乐公司窜货追踪难的问题提出一个信息化解决方案。从目标确认、问题分析和妥善解决等方面综合考虑，开展更为深层次和详细的信息系统分析工作。为公司领导层决策和信息系统开发者与实施方提供基础依据。通过窜货追踪信息系统项目的分析，利用信息化高科技手段快速、准确地解决窜货的渠道定位和追踪问题，该项目实施后要达到以下几个目标。

(1) 解决产品流向信息采集困难的问题，实现准确、高效的销售流向采集。
(2) 更为方便、智能地搜索定位窜货途径。
(3) 实现对经销商的窜货行为更深层次的统计和分析。

(资料来源：编者收集整理)

案例思考

1. 你认为KT窜货追踪信息系统的系统分析目标和内容应是什么？
2. 应采用什么方法进行信息系统分析？这些工作需要具备哪些条件？

第 7 章

管理信息系统的系统设计

学习目标

知识目标	技能目标
1. 理解系统设计的任务、原则和目的	1. 熟练绘制管理信息系统的总体结构设计图
2. 掌握系统总体设计的方法和步骤	2. 能够依据系统功能结构合理选择代码种类和校验方法
3. 掌握代码设计的内容和方法	3. 能够解读系统数据库设计图
4. 理解系统数据库设计的主要方法和步骤	4. 能够设计界面和输入/输出方式
5. 掌握界面和输入/输出设计的工具	5. 能够合理划分和设计信息系统的功能模块
6. 了解模块设计的原则和思想	6. 规范撰写系统设计说明书
7. 掌握系统设计说明书的内容和格式	

知识结构

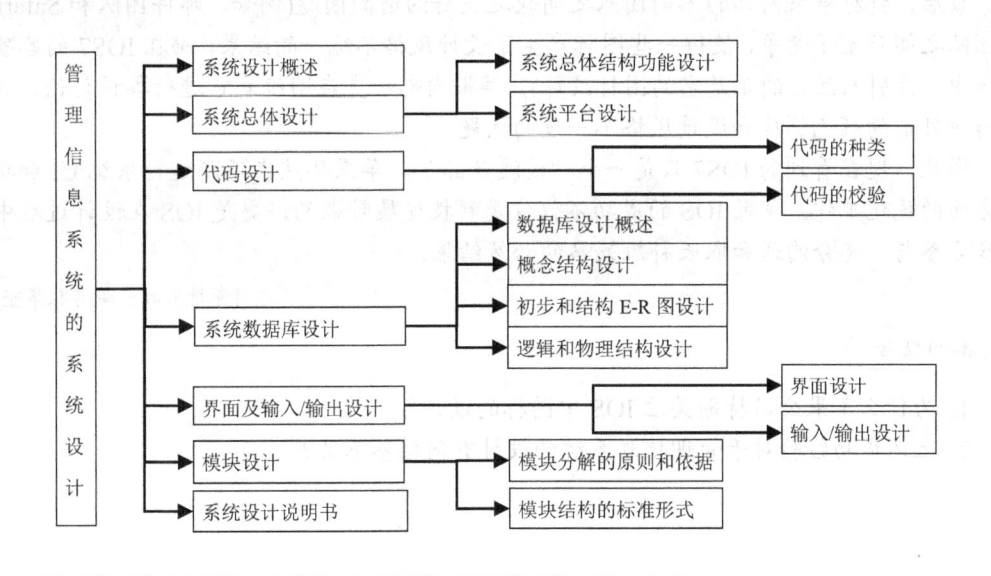

管理信息系统的系统设计
- 系统设计概述
- 系统总体设计
  - 系统总体结构功能设计
  - 系统平台设计
- 代码设计
  - 代码的种类
  - 代码的校验
- 系统数据库设计
  - 数据库设计概述
  - 概念结构设计
  - 初步和结构 E-R 图设计
  - 逻辑和物理结构设计
- 界面及输入/输出设计
  - 界面设计
  - 输入/输出设计
- 模块设计
  - 模块分解的原则和依据
  - 模块结构的标准形式
- 系统设计说明书

导入案例

【案例7-1】 苹果 IOS 的成功

从史蒂夫·乔布斯于 2007 年推出的第一部 iPhone 算起，短短数年间，IOS 操作系统彻底改变了手机行业的竞争格局。通过不间断的持续性改善，苹果已然把 IOS 打造成了目前特性最丰富、支持度最高的移动终端信息系统，为数以万计的开发者和公司带来了财富。

苹果在 2013 年举行了 WWDC2013 大会，新版的 IOS7 与原来的 IOS 系统有着极大的视觉差异。相比过去新设计看上去更加年轻化。新版本 IOS 的变化如此之大，让人无法相信它是由原来的设计团队设计出来的，多位消息灵通人士确认了这样的想法。

首先，新 IOS 的很多图标并非出自设计团队之手，而是由营销和通信部门设计的。消息人士称，苹果设计部门的高级副总裁 JonyIve 组织了打印和网络营销设计图团队，设计出股票程序的外观和色彩范围。之后，他将这些设计交给了应用设计图团队，该团队依据色彩范围进行"内部加工处理"。苹果之所以这样做，是为了摆脱过去的思想束缚，找到一种全新的设计风格，给信息系统设计注入"新鲜血液"。

其次，苹果公司在 IOS7 正式推出之前，已经面向广大用户提供开放下载的测试版，并通过收集用户在试用过程中反馈的意见和建议，对 IOS7 系统进行不断的纠错和改进。这已经不是苹果第一次采取这种做法了，早在 IOS6 beta1 提交公测直到最终版 IOS6 推出的这段时间里，苹果就对 IOS6 进行了 15% 的功能和设计方面的改进。而对于 IOS7，专业人士估计苹果将会作出 35%～40% 的改进。

最后，针对苹果内部的不同团队之间缺乏良好沟通的问题(例如，邮件团队和 Safari 设计团队之间产生了竞争，使得一些图标产生了设计风格不统一的结果，而在 IOS7 的各项新设计中，最引人注目的正是它的图标设计)，苹果内部一直在围绕着它进行各种讨论。以最终解决目前的颜色梯度和设计风格不一致的问题。

因此，现在看到的 IOS7 只是一个"过渡产品"，苹果仍然在不断进行系统 UI 和功能等方面的优化工作。苹果 IOS 的成功不仅仅是科技发展带来的，更是 IOS 在设计过程中采取多方参与、充分沟通和取长补短策略的必然结果。

(资料来源：编者收集整理.)

案例思考

1. 为什么苹果公司特别关注 IOS 中图标的设计？
2. 上述成功经验对于管理信息系统的设计有何借鉴意义？

7.1 系统设计概述

7.1.1 系统设计的任务

1. 系统设计的概念

系统设计又称为物理设计,是开发管理信息系统的第二个阶段。系统设计通常可分为两个阶段进行,第一是总体设计,其任务是设计系统的框架和概貌,并向用户单位和领导部门做详细报告并得到认可,第二是在此基础上进行第二阶段的详细设计。这两部分工作是互相联系的,需要交叉进行,本章将把这两部分的内容结合起来进行介绍。

系统设计是开发人员进行的工作,他们将系统分析阶段得到的目标系统的逻辑模型转换为目标系统的物理模型,该阶段得到的工作成果——系统设计说明书是下一个阶段系统实施的工作依据。

2. 系统设计的主要内容

系统设计的主要任务是进行总体设计和详细设计。下面将分别说明它们的具体内容。

1) 总体设计

总体设计包括系统模块结构设计和计算机物理系统配置方案设计。

(1) 系统模块结构设计。系统模块结构设计的任务是划分子系统,然后确定子系统的模块结构,并画出模块结构图。在这个过程中必须考虑这样几个问题:如何将一个系统划分成多个子系统,每个子系统如何划分成多个模块,如何确定子系统之间、模块之间传送的数据及其调用关系,如何评价并改进模块结构的质量。

(2) 计算机物理系统配置方案设计。在进行总体设计时,还要进行计算机物理系统具体配置方案的设计,要解决计算机软硬件系统的配置、通信网络系统的配置,以及机房设备的配置等问题。计算机物理系统配置方案要经过用户单位和领导部门的同意才可实施。

开发管理信息系统的大量经验教训说明,选择计算机软硬件设备不能光看广告或资料介绍,必须进行充分的调查研究,最好应向使用过该软硬件设备的单位了解运行情况及优缺点,并征求有关专家的意见,然后进行论证,最后写出计算机物理系统配置方案报告。

从我国的实际情况来看,不少单位是先买计算机然后决定开发,这种不科学的、盲目的做法是不可取的,它会造成极大的浪费。因为,计算机更新换代是非常快的,而且在开发初期和开发的中后期系统实施阶段购买计算机设备,价格差别会很大。因此,在开发管理信息系统过程中,应在系统设计的总体设计阶段具体设计计算机物理系统的配置方案。

2) 详细设计

在总体设计基础上,第二步进行的是详细设计,主要有处理过程设计以确定每个模块内部的详细执行过程,包括局部数据组织、控制流及每一步的具体加工要求等。一般来说,处理过程模块详细设计的难度已不太大，关键是用一种合适的方式来描述每个模块的执行过程，常用的有流程图、问题分析图、IPO 图和过程设计语言等。除了处理过程设计，还有代码设计、界面设计、数据库设计和输入/输出设计等。

3) 编写系统设计说明书

系统设计阶段的结果是系统设计说明书，它主要由模块结构图、模块说明书和其他详细设计的内容组成。

7.1.2 系统设计的原则和目的

1. 系统设计的原则

1) 简单性

在达到预定的目标、具备所需要的功能前提下，系统应尽量简单，这样可减少处理费用，提高系统效益，便于实现和管理。

2) 灵活性和适应性

为适应外界的环境变化，可变性是现代化企业的特点之一，是指其对外界环境变化的适应能力。作为企业的管理信息系统也必须具有相当的灵活性，以便适应外界环境的不断变化，而且系统本身也需不断修改和改善。因此，在这里系统的可变性是指允许系统被修改和维护的难易程度。一个可变性好的系统，各个部分独立性强，容易进行变动，从而可提高系统的性能，不断满足对系统目标的变化要求。此外，如果一个信息系统的可变性强可以适应其他类似企业组织的需要，无疑这将比重新开发一个新系统的成本要低得多。

3) 一致性和完整性

一致性是指系统中信息编码、采集、信息通信要具备一致性，设计规范应标准；完整性是指系统作为一个统一的整体而存在，系统功能应尽量完整。

4) 可靠性

系统的可靠性是指系统硬件和软件在运行过程中抵抗异常情况的干扰及保证系统正常工作的能力。衡量系统可靠性的指标是平均故障间隔时间和平均维护时间。前者是指平均前后两次发生故障的时间，反映了系统安全运行时间；后者是指故障后平均每次所用的修复时间，反映系统可维护性的好坏。只有可靠的系统才能保证系统的质量并得到用户的信任，否则就失去信息系统的使用价值。

提高系统可靠性的途径主要有以下三种。

(1) 选取可靠性较高的主机和外部设备。

(2) 硬件结构的冗余设计，即在高可靠性的应用场合应采取双机或双工的结构方案。

(3) 对故障的检测处理和系统安全方面的措施，如对输入数据进行校检，建立运行记录和监督跟踪，规定用户的文件使用级别，对重要文件的复制等。

5) 经济性

系统的经济性是指系统的收益应大于系统支出的总费用。系统支出费用包括系统开发所需投资的费用与系统运行维护费用之和；系统收益除有货币指标外，还有非货币指标。

系统应该给用户带来相应的经济效益。系统的投资和经营费用应当得到补偿。需要指出的是，这种补偿有时是间接的或不能定量计算的，特别是对于管理信息系统，在它所创造的效益当中，有很大一部分效益不能以货币来衡量。

2. 系统设计的目的

系统设计的目的是在保证实现逻辑模型功能的基础上，尽可能提高目标系统的简单性、可变性、一致性、完整性、可靠性、经济性、系统的运行效率和安全性，将分析阶段所获得的系统逻辑模型转换成一个具体的计算机实现方案的物理模型，其包括计算机物理系统配置方案报告和一份系统设计说明书。

7.1.3 系统划分

结构化系统分析与设计的基本思想就是自顶向下地将整个系统划分为若干个子系统，子系统再分子系统(或模块)，层层划分，然后自上而下地逐步设计。人们在长期的实践中摸索出了一套子系统的划分方法。虽然它还不太成熟，但已被广大实际工作者自觉或不自觉地采用了。

在前面章节中介绍过从科学管理的角度划分子系统的方法，它是我们划分系统的基础。但在实际工作中，往往还要根据用户的要求、地理位置的分布、设备的配置情况等重新进行划分。系统划分的一般原则有以下五条。

1. 子系统要具有相对独立性

子系统的划分必须使得子系统的内部功能、信息等各方面的凝聚性较好。在实际中我们都希望每个子系统或模块相对独立，尽量减少各种不必要的数据、调用和控制联系，并将联系比较密切、功能近似的模块相对集中，这样对于以后的搜索、查询、调试和调用都比较方便。

2. 要使子系统之间数据的依赖性尽量小

子系统之间的联系要尽量减少，接口简单、明确。一个内部联系强的子系统对外部的联系必然相对较少，所以划分时应将联系较多的都划入子系统内部。这样划分的子系统，将来调试、维护和运行都是非常方便的。

3. 子系统划分的结果应使数据冗余最小

如果我们忽视这个问题，则可能引起相关的功能数据分布在各个不同的子系统中，大量的原始数据需要调用，大量的中间结果需要保存和传递，大量的计算工作将要重复进行。从而使得程序结构紊乱，数据冗余，不但给软件编制工作带来很大的困难，而且系统的工作效率也大大降低了。

4. 子系统的设置应考虑今后管理发展的需要

子系统的设置只靠上述系统分析的结果是不够的，因为现存的系统由于这样或那样的原因，很可能都没有考虑到一些高层次管理决策的要求。为了适应现代管理的发展，对于老系统的这些缺陷，在新系统的研制过程中应设法将它补上。只有这样才能使系统以后不但能够更准确、更合理地完成现存系统的业务，而且可以支持更高层次、更深一步的管理决策。

5. 子系统的划分应便于系统分阶段实现

信息系统的开发是一项较大的工程，它的实现一般都要分期分步进行。所以子系统的划分应该考虑到这种要求，适应这种分期分步的实施。另外，子系统的划分还必须兼顾组织机构的要求(但又不能完全依赖于组织，因为目前正在进行体制改革，组织结构相对来说是不稳定的)，以便系统实现后能够符合现有的情况和人们的习惯，从而能够更好地运行。

> **◇ 知识拓展**
>
> 系统设计通常应用两种方法：一种是归纳法，另一种是演绎法。应用归纳法进行系统设计的程序是：首先尽可能地收集现有的和过去的同类系统的系统设计资料；在对这些系统的设计、制造和运行状况进行分析研究的基础上，根据所设计的系统的功能要求进行多次选择，然后对少数几个同类系统做出相应修正，最后得出一个理想的系统。演绎法是一种公理化方法，即先从普遍的规则和原理出发，根据设计人员的知识和经验，从具有一定功能的元素集合中选择能符合系统功能要求的多种元素，然后将这些元素按照一定形式进行组合，从而创造出具有所需功能的新系统。在系统设计的实践中，这两种方法往往是并用的。
>
> (资料来源：百度百科，http://baike.baidu.com/view/170106.htm? fr=aladdin)

7.2 系统总体设计

7.2.1 系统总体功能结构设计

1. 结构化设计思想

1) 系统性

就是在功能结构设计时，全面考虑各方面情况。不仅考虑重要的部分，也要兼顾考虑次重要的部分；不仅考虑当前亟待开发的部分，也要兼顾考虑今后扩展部分。自顶向下分解步骤，将系统分解为子系统，各子系统功能总和为上层系统的总的功能，再将子系统分解为功能模块，下层功能模块实现上层的模块功能。这种从上往下进行功能分层的过程就是由抽象到具体、由复杂到简单的过程。这种步骤从上层来看，容易把握整个系统的功能，不会遗漏，也不会冗余；从下层来看，各功能容易具体实现。

2) 层次性

上面的分解是按层分解的，同一个层次是同样由抽象到具体的程度。各层具有可比性。如果某层次各部分抽象程度相差太大，那很可能是由于划分不合理造成的。

2. 模块化设计思想

把一个信息系统设计成若干模块的方法称为模块化，其基本思想是将系统设计成由相对独立、单一功能的模块组成的结构，从而简化研制工作，防止错误蔓延，提高系统的可靠性。在这种模块结构图中，模块支点的调用关系非常明确、简单，每个模块可以单独地被理解、编写、调试、查错与修改。模块结构整体上具有较高的正确性、可理解性与可维护性。

模块是可以组合、分解和更换的单元，是组成系统、易于处理的基本单位。系统中的任何一个处理功能都可看成一个模块，也可以理解为用一个名字就可以调用的一段程序语句。模块应具备以下四个要素。

(1) 输入和输出：模块的输入来源和输出去向都是同一个调用者，一个模块从调用者取得输入，加工后再把输出返回调用者。

(2) 功能：把输入转换成输出所做的处理。

(3) 内部数据：仅供该模块本身引用的数据。

(4) 程序代码：用来实现模块功能的程序。

前两个要素是模块的外部特性，即反映模块的外貌，后两个要素是模块的内部结构特性。在结构化设计中，首先关心的是外部特性，而对内部特性只做必要了解。

7.2.2 系统平台设计

管理信息系统是以计算机科学为基础的人-机系统，而管理信息系统平台是管理信息系统开发与应用的基础。管理信息系统平台设计包括计算机处理方式、网络结构设计、网络操作系统的选择、数据库管理系统的选择以及相关软硬件设备的选择与设计工作等。

1. 按管理信息系统的目标选择系统平台

单项业务系统和常用各类 PC，以数据库管理系统作为平台；综合业务管理系统，以计算机网络系统作为平台，如 Novell 网络和关系型数据库管理系统；集成管理系统，是由 OA、CAD、CAM、MIS 和 DSS 等综合而成的一个有机整体，综合性更强，规模更大，系统平台也更复杂，涉及异型机、异种网络、异种库之间的信息传递和交换，在信息处理模式上常采用客户/服务器(Client/Server)模式或浏览器/服务器(Brower/Server)模式。

2. 计算机处理方式的选择和设计

计算机处理方式可以根据系统功能、业务处理特点、性能/价格比等因素，选择批处理、联机实时处理、联机成批处理和分布式处理等方式。在一个管理信息系统中，也可以混合使用各种方式。

3. 计算机网络系统的设计

计算机网络系统的设计主要包括中、小型机方案与微机网络方案的选取，网络互连结构及通信介质的选择，局域网拓扑结构的设计，网络应用模式及网络操作系统的选型，网络协议的选择，网络管理以及远程用户等工作。

4. 数据库管理系统的选择

数据库管理系统选择的原则是：支持先进的处理模式，具有分布处理数据、多线索查询、优化查询数据、联机事务处理功能；具有高性能的数据处理能力；具有良好图形界面的开发工具包；具有较高的性能/价格比；具有良好的技术支持与培训。普通的数据库管理系统有 Foxpro、Clipper 和 Paradox 等。大型数据库系统有 Microsoft SQL Server、Oracle Server、Sybase SQL Server 和 Informix Server 等。

5. 软、硬件选择

根据系统需要和资源约束，进行计算机软、硬件的选择。计算机软、硬件的选择，对于管理信息系统的功能有很大的影响。大型管理信息系统软、硬件的采购可以采用招标等方式进行。

硬件的选择原则是：选择技术上成熟可靠的标准系列机型，处理速度快，数据存储容量大，具有良好的兼容性、可扩充性与可维修性，有良好的性能/价格比，厂家或供应商的技术服务与售后服务好，操作方便，在一定时间保持一定的先进性的硬件。

软件的选择原则包括操作系统、数据库管理系统、汉字系统、设计语言和应用软件包等软件的选择。

阅读资料

《国务院关于加快培育和发展战略性新兴产业的决定》中列了七大国家战略性新兴产业体系，其中就包括"新一代信息技术产业"。而"新一代信息技术产业"的主要内容是指"加快建设宽带、泛在、融合、安全的信息网络基础设施，推动新一代移动通信、下一代互联网核心设备和智能终端的研发及产业化，加快推进三网融合，促进物联网、云计算的研发和示范应用。着力发展集成电路、新型显示、高端软件、高端服务器等核心基础产业。提升软件服务、网络增值服务等信息服务能力，加快重要基础设施智能化改造。大力发展数字虚拟等技术，促进文化创意产业发展"。其中与管理信息系统密切相关的是宽带网络、新一代移动通信(即 TD-LTE 及其后续标准 4G)、下一代互联网核心设备和智能终端、三网融合、物联网和云计算等。

7.3 代码设计

　　MIS 覆盖企业从市场预测、产品设计、生产制造、产品销售到售后服务的全过程，是一种集成化的管理信息系统。要实现 MIS 的集成化，必须在以计算机网络支持下的物理集成的基础上实现信息集成，也就是说，使整个企业范围的信息达到共享，并且在不同的部门之间使信息保持完整一致而且不冗余。为了实现信息集成，除了建立全企业范围内的信息模型外，对整个企业范围的信息进行统一的分类编码也是至关重要的。

　　信息分类编码是利用计算机辅助企业管理必要的前提条件。一般情况下，信息的分类在先，编码在后。代码是指代表事物名称、属性和状态等的符号。一般用数字、字母或它们的组合来表示。代码设计是科学管理的体现。

　　编码的目的主要有以下三点。

　　(1) 唯一性：为事物提供一个概要而不含糊的认定，便于数据的存储和检索。

　　(2) 规范化：即编码要有规律，符合某一类事物的聚集，提高处理的效率和精度。

　　(3) 系统化：也即标准化，符合国家或行业标准，提高数据全局一致性。

7.3.1 代码的种类

　　目前人们对代码分类的看法很不一致。一般来说，代码可按文字种类或功能进行分类。按文字种类可分为数字代码、字母代码(英语字母或汉语拼音字母)和数字字母混合码。按功能分类则可以分成以下几类。

1. 顺序码

　　用连续数字代表编码对象，通常从 1 开始编码。顺序码的一个特例是分区顺序码，它将顺序码分为若干区，如按 50 个号码或 100 个号码分区，并赋予每个区以特定意义。这样就可进行简单的分类，又可在每个区插入号码。例如，职工代码如下：

0001 为张三，0002 为李四，0001～0009 的代码还可以表示为厂部人员；

1001 为王五，1002 为赵六，1001～1999 的代码还可以表示为第一车间职工。

2. 层次码

　　层次码也是区间码。它是代码的各数字位分成若干个区间，每一区间都规定不同的含义。因此该码中的数字和位置都代表一定意义。

　　例如，财务管理中的会计科目代码可写成 6110501，其意义如下：

一级科目	二级科目	三级科目
611	05	01
利润	营业外支出	劳保支出

又如，图7-1所示是用于标识一般尺寸商品的标准型EAN-13条码，它的长度为13位数字，是最为常见的一种信息化编码。其中，第1~3位数表示国家代码，第4~7位数表示厂商代码，第8~12位数表示产品代码，第13位数则是校验码，由前面的数字通过某种运算得出，用以检验该组数字的正确性。

图7-1 EAN-13条码

层次码由于数字的值与位置都代表一定意义，因而检索、分类和排序都很方便，缺点是有时会造成代码过长。

3. 十进制码

这是世界各地图书馆里常用的分类法。它先把整体分成十份，进而把每一份再分成十份，这样连续不断继续下去。该分类对于那些事先不清楚产生何种结果的情况是十分有效的。

例如：

500· 自然科学
510· 数学
520· 天文学
530· 物理学
531· 机构
531·1 机械
531·11 杠杆和平衡

4. 助记码

助记码就是将编码对象的名称、规格等作为代码的一部分，以帮助记忆。

例如：

TVB14　　14寸黑白电视机
TVC20　　20寸彩色电视机

DFI1×8×20　　规格 1"×8"×20"的国产热轧平板钢

助记码适用于数据项数目较少的情况，否则容易引起联想出错。

7.3.2　代码的校验

代码的正确性直接影响计算机处理的质量，因此需要对输入计算机中的代码进行校验。校验代码的常用方法有如下两种。

（1）事先在计算机中建立一个"代码字典"，然后将输入的代码与字典中的内容进行比较，若不一致则说明输入的代码有错。

（2）设校验位，即设计代码结构时，在原有代码基础上另外加上一个校验位，使其成为代码的一个组成部分，校验值通过事先规定的数学方法计算出来。当代码输入后，计算机会以同样的数学方法按输入的代码计算出校验值，并将它与输入的校验值进行比较，以证实是否有错。

校验位可以发现以下几种错误。

（1）错字：如 1234 写成 1334。

（2）易位：如 1234 写成 1324。

（3）二次易位：如 1234 写成 1423。

产生校验值的方法有许多种，各具不同的优缺点。下面将介绍较适用于管理信息系统的一种方法——"加权取余"的校验方法，具体如下。

1. 校验值的生成过程

第一步：对原代码中的每一位加权求和 S。

N 位代码为：C1、C2、C3…Cn

权因子为：P1、P2、P3…Pn

加权和为：C1×P1+C2×P2+C3×P3+…+Cn×Pn=S

即：

$$C1\times P1 + C2\times P2 + C3\times P3 + \cdots + Cn\times Pn = \sum_{i=1}^{n} Ci \times Pi$$

其中：权因子可任意选取，以提高错误发生率为基础。常用的有：全取 1；几何级数 2^0，2^1，2^2，…；摆动数列 1，2，1，2，…。

第二步：求余数 R。

用加权和 S 除以模数 M 可得余数 R，即 S÷M=Q……R(Q 为商数)。

其中：模数 M 也可任意选取，同样以提高错误发生率为基础。常用的模数为 10 和 11。

第三步，选择校验值。

可选用下述方法中的一种获得校验值：余数 R 直接作为校验值，或把模数 M 和余数 R 之差(即 M−R)作为校验值，或取 R 的若干位作为校验值。把获得的校验值放在原代码的最后作为整个代码的组成部分。

2. 用校验值检查代码的过程

此过程是上述生成过程的逆过程，这里不再解释。

【例 7-1】 为原代码 5186 生成一校验值。

校验值的生成过程如下：

(1) 首先选取加权值：1，2，1，2

然后加权求和：

$$S=5\times1+1\times2+8\times1+6\times2=27$$

(2) 求余数：S÷M=27÷10=2……7(R)

(3) 加上校验值 7 以后的代码：5186<u>7</u>

代码设计的原则包括唯一确定性、标准化和通用性、可扩充性与稳定性、便于识别与记忆、力求短小与格式统一以及容易修改等。

7.4 系统数据库设计

7.4.1 数据库设计概述

数据库设计是指对于一个给定的应用环境，构造最优的数据库模式，建立数据库及其应用系统，使之能够有效地存储数据。

数据库设计的基本步骤是：①需求分析；②概念结构设计；③逻辑结构设计；④物理结构设计；⑤数据库的建立和测试；⑥数据库运行和维护。数据库各阶段设计的描述，如表 7-1 所示。

表 7-1　数据库各阶段设计的描述

设计阶段	设计描述
需求分析	数据字典、全系统中数据项、数据流、数据存储的描述
概念结构设计	概念模型(E-R 图)、数据字典
逻辑结构设计	关系数据模型
物理设计	存储设计、方法选择、存取路径建立
实施阶段	编写模式、装入数据、数据库试运行
运行和维护	性能监测、转储恢复、数据库重组与重构

7.4.2 概念结构设计

在早期的数据库设计过程中，在需求分析阶段后，就可以直接进行逻辑结构设计。由于此时既要考虑现实世界信息的联系与特征，又要满足特定的数据库系统的约束要求，因而对于客观世界的描述受到一定的限制。同时，由于设计时要同时考虑多方面的问题，也使设计工作变得十分复杂。1976 年 P.P.S.Chen 提出在逻辑结构设计之前先设计一个概念模型，并提出了数据库设计的实体—联系方法(Entity—Relationship Approach)。这种方法不包括深奥的理论，但提供了一个简便、有效的方法，目前成为数据库设计中通用的工具。

有许多商业软件支持 E-R 模型，如 Sybase 公司的 PowerDesignerDataArchitect(最新版本 v14.1 for Windows，如图 7-2 所示)和微软公司的 Microsoft InfoModeler (VisioModeler)等。

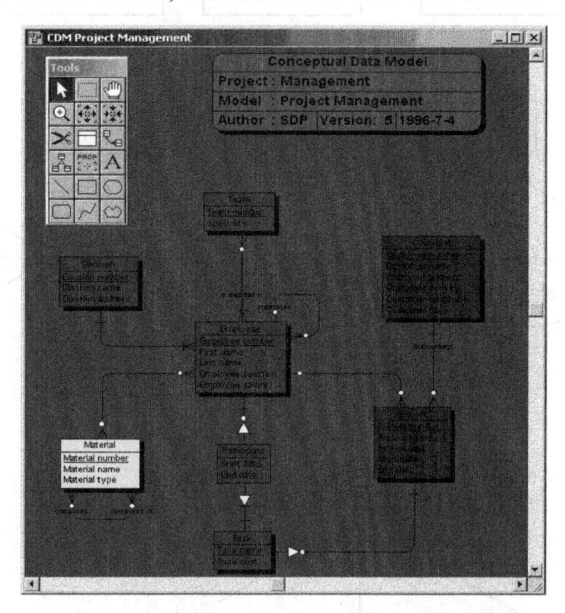

图 7-2　PowerDesignerDataArchitect 设计的 E-R 模型

使用 E-R 模型来进行概念模型的设计通常分两步进行，首先是建立局部概念模型，然后综合局部概念模型，成为全局概念模型。

E-R 模型基本符号如下。

实体的表示：用长方形。

联系的表示：用菱形，$1:1$、$1:n(m:1)$、$(m:n)$。

属性的表示：用椭圆形。

具体示例如图 7-3～图 7-5 所示。

E-R 图一般具有以下四个特性。

(1) 一个联系集合可以定义在两个或两个以上的实体集合上。例如，学生—老师—课程的联系集合 S-T-C 就是定义在三个实体上。

(2) 一个联系集合也可以定义在一个实体集合上。例如，零件下又分有子零件，每个零件又可由 m 个子零件组成，每个子零件又可组合成 n 个零件。

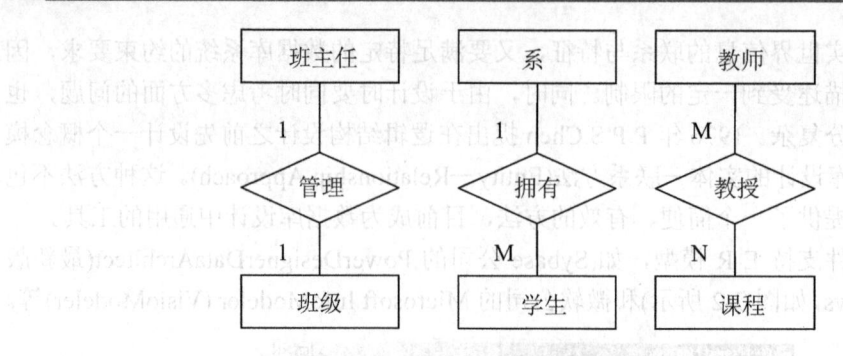

图 7-3　E-R 图示例 1

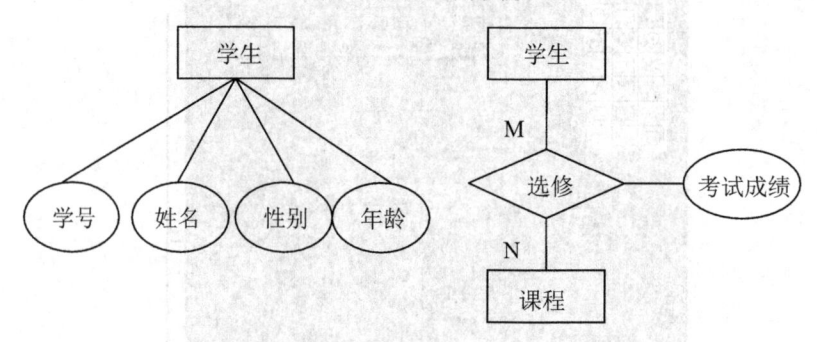

图 7-4　E-R 图示例 2

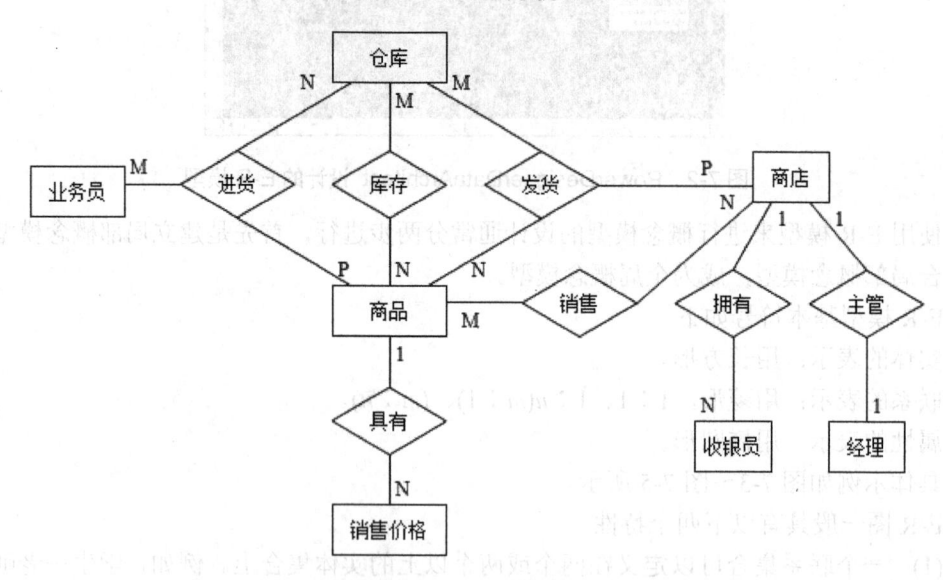

图 7-5　E-R 图示例 3

(3) 对于给定的实体集合，可以定义一个以上的联系集合。例如，工程项目-工人可以定义两个联系集合，其中一个表示工程项目和工人的联系，另一个表示工程项目和工人中的工程项目负责人的联系。前者是 n:m 的联系，后者是 1:1 的联系。

(4) 实体联系图可以表示一个实体类型对另一个实体类型的存在的依赖性。例如，工人这一实体下反映其被抚养者的关系，就是依赖关系，这种联系用箭头表示，说明抚养者这个实体的存在取决于工人中相应的那个实体。

7.4.3 初步 E-R 图设计

在数据分析的基础上就可以着手设计概念结构，设计初步 E-R 图的步骤如下。
(1) 先设计局部 E-R 图，也称用户视图。
(2) 综合各局部 E-R 图，形成总的 E-R 图，即用户视图的集成。

在设计初步 E-R 图时，要尽量充分地把组织中各部门对信息的要求集中起来，而不需要考虑数据的冗余问题。

局部概念模型设计是从用户的观点出发，设计符合用户需求的概念结构。局部概念模型设计的就是组织、分类收集到的数据项，确定哪些数据项作为实体，哪些数据项作为属性，哪些数据项是同一实体的属性等。确定实体与属性的原则如下。
(1) 能作为属性的尽量作为属性而不要将其作为实体。
(2) 作为属性的数据元素与所描述的实体之间的联系只能是 $1：n$ 的联系。
(3) 作为属性的数据项不能再用其他属性加以描述，也不能与其他实体或属性发生联系。

实体与属性的原则示例如图 7-6 所示。

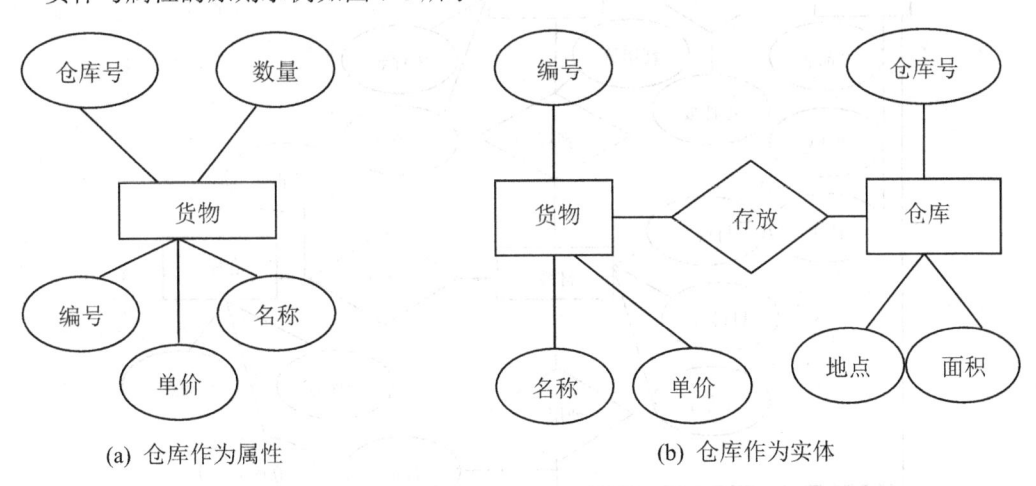

(a) 仓库作为属性　　　　　　　　　　(b) 仓库作为实体

图 7-6　确定实体与属性的原则示例

【例 7-2】 一个机械制造厂的简单管理系统。

首先按工厂技术部门和工厂供应部门设计两个局部 E-R 图，如图 7-7 所示。工厂技术部门关心的是产品的性能参数、由哪些零件组成以及零件的材料和耗用量等；工厂供应部门关心的是产品的价格，使用材料的价格及库存量等。

综合这两个局部 E-R 图，得到初步 E-R 图，如图 7-8 所示。

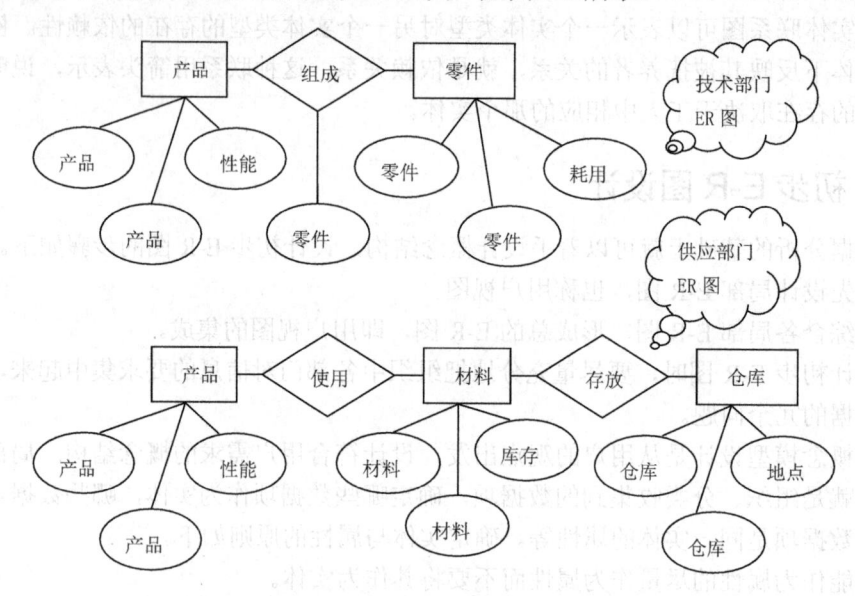

图 7-7　局部 E-R 图

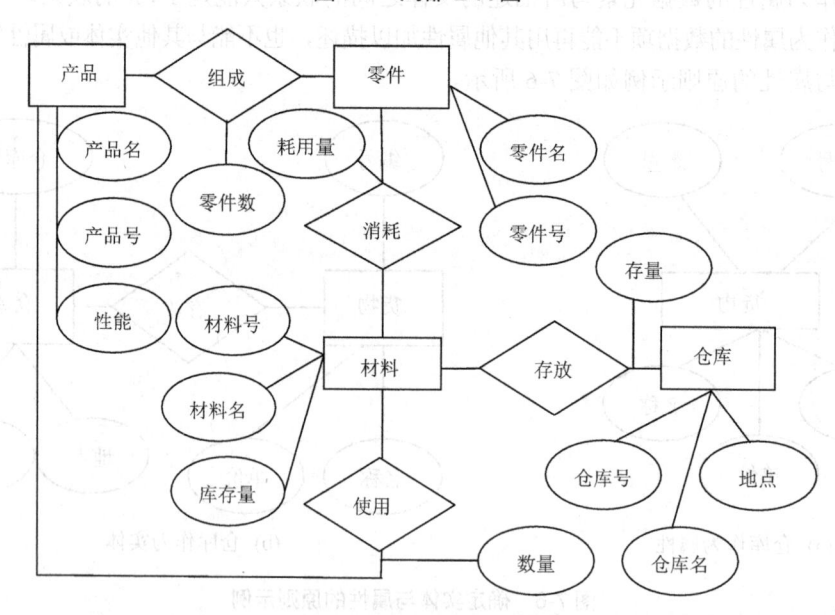

图 7-8　初步 E-R 图

初步 E-R 图是现实世界的纯粹表示，可能存在冗余的数据和实体间冗余的联系。冗余的数据是指可由基本数据导出的数据，冗余的联系是指可由基本联系导出的联系。

7.4.4　基本 E-R 图设计

初步 E-R 图由于存在冗余的信息，会破坏数据库的完整性，给数据库的管理带来麻烦，以至于引起数据不一致的错误。因此，必须消除数据上的冗余和联系上的冗余，消除冗余后的 E-R 图，称为基本 E-R 图，如图 7-9 所示。消除冗余的方法，可以采用分析的方法。

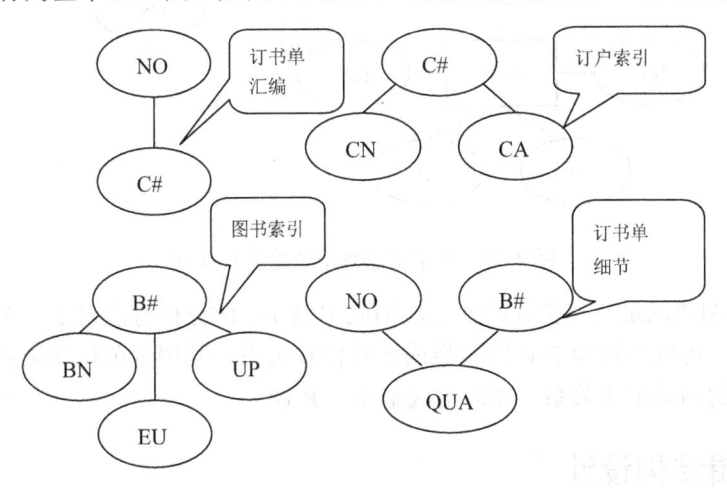

图 7-9　基本 E-R 图

【例 7-3】 某书店购买图书汇总登记表。

经过 1NF、2NF、3NF 分析可得订书单汇编、订户索引、图书索引和订书单细节所对应的基本 E-R 图，如图 7-10 所示。图书汇总登记表的基本 E-R 图如图 7-11 所示。

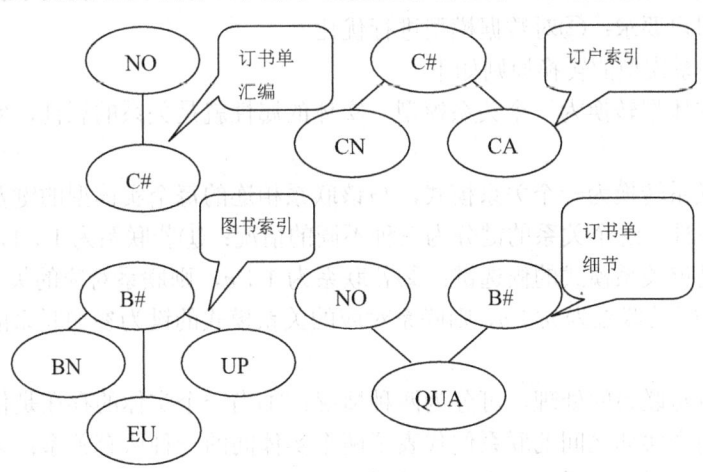

图 7-10　对应的局部 E-R 图中的属性

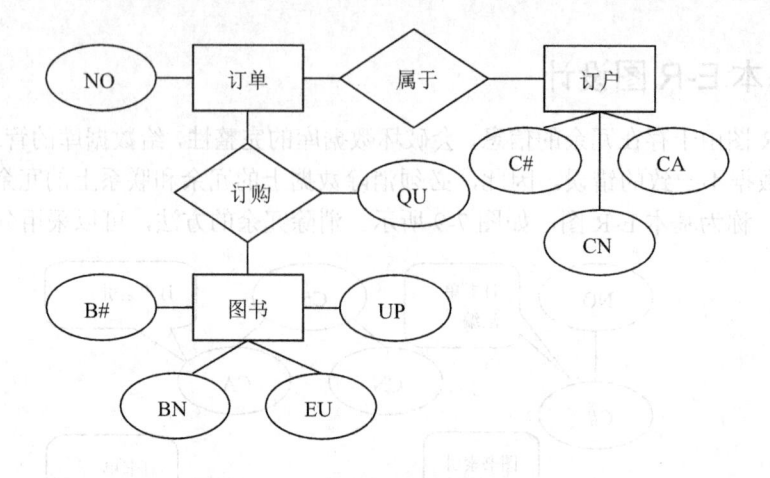

图 7-11 图书汇总登记表基本 E-R 图

基本 E-R 图要满足第三范式的要求，因此用例 7-3 的分析方法对于一个庞大的复杂系统是有困难的，可以将初步 E-R 图转换成函数依赖关系，利用规范化理论将其分解为多个符合第三范式的函数依赖关系，然后构成基本 E-R 图。

7.4.5 逻辑结构设计

逻辑结构设计的任务：将基本 E-R 图转换为与选用 DBMS 产品所支持的数据模型相符合的逻辑结构。

逻辑结构设计的过程：将概念结构转换为现有 DBMS 支持的关系、网状或层次模型中的某一种数据模型。其主要包括两个方面：①从功能和性能要求上对转换的模型进行评价，看它是否满足用户要求；②对数据模型进行优化。

E-R 图向关系模型的转换原则如下。

(1) 一个实体型转换为一个关系模型，实体的属性就是关系的属性，实体的键就是关系的键。

(2) 一个联系转换为一个关系模式，与该联系相连的每个实体型的键及联系的属性都转换为关系的属性。这个关系的键分为三种不同的情况：①若联系为 1∶1，则相连的每个实体型的键均是该关系模式的候选键；②若联系为 1∶n，则联系对应的关系模式的键取 n 端实体型的键；③若联系为 m∶n，则联系对应的关系模式的键为参加联系的诸实体型的键的组合。

(3) 一些特殊联系的处理，可分为两种情况：①当一个实体的存在是依赖于另一个实体的存在时，两个实体之间的联系便代表了两个实体间的一种所有关系；②当联系定义在同一个同型实体上时，联系转化为一个关系模式，与该联系相连的实体型的键以及联系的属性转换为关系模式的属性。

7.4.6 物理结构设计

数据库在物理设备上的存储结构与存储方法称为数据库的物理结构，它依赖于给定的计算机系统。为一个给定的逻辑数据模型选取一个最适合应用要求的物理结果的过程，就是数据库的物理设计。

数据库的物理结构设计通常分为两步，具体如下。

(1) 确定数据库的物理结构，在关系数据库中主要是指存取方法和存储结构。

(2) 对物理结构进行评价，评价的重点是时间和空间效率。

完成数据库的物理结构设计以后，设计人员就要用 DBMS 提供的数据定义语言和其他使用程序将数据库逻辑设计和物理设计结果严格描述出来，成为 DBMS 可以接受的源代码，再经过调试产生目标模式，然后就可以组织数据入库了。

◇ 知识拓展

数据仓库是决策支持系统(DSS)和联机分析应用数据源的结构化数据环境。数据仓库研究和解决从数据库中获取信息的问题。数据仓库的特征在于面向主题、集成性、稳定性和时变性。数据仓库由数据仓库之父比尔·恩门(Bill Inmon)于 1990 年提出，主要功能仍是将组织透过资讯系统的联机事务处理(OLTP)经年累月所累积的大量资料，透过数据仓库理论所特有的资料储存架构，做系统的分析整理，以利各种分析方法如联机分析处理(OLAP)、数据挖掘(Data Mining)的进行，并进而支持如决策支持系统(DSS)、主管资讯系统(EIS)的创建，帮助决策者快速有效地自大量资料中分析出有价值的资讯，以利决策拟定及快速回应外在环境变动，帮助建构商业智能(BI)。

下面我们通过案例 7-2 来进一步深入理解数据库设计。

【案例 7-2】　　　　　　某旅店住宿系统数据库设计

假定对某旅店进行深入的业务流程分析后画出图 7-12 所示的数据流程图。

在图 7-12 中，每个旅客进入旅店后首先查看客房空闲表，看是否有满足要求的住房；若有则交预用金，办理消费卡，然后填写住宿登记单，接着到总服务台进行住宿登记；若在住宿期间需要伙食消费和娱乐消费，可凭个人消费卡到相应部门消费；当住宿结束后，则到总台结账，最后离开旅店。

当准备用计算机管理时，首先要根据数据流程图和按照数据库设计的要求建立各种数据表。旅店管理所涉及的数据表大致如下。

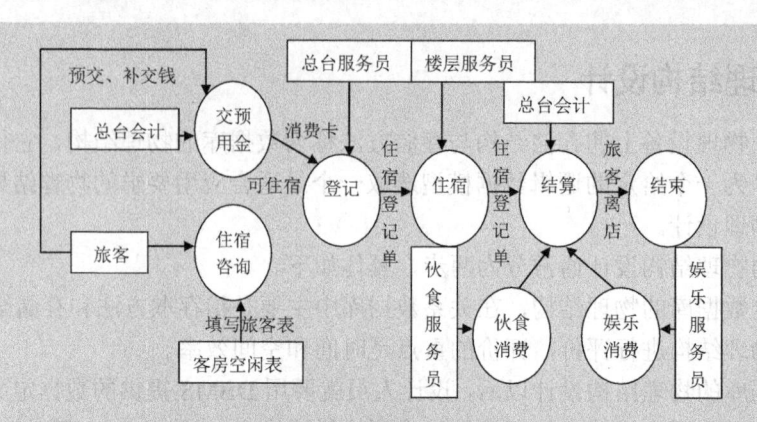

图 7-12 旅店管理数据流程图

(1) 旅客登记表，由旅客填写的登记单整理而成，它可以包括旅客姓名、性别、来源地、身份证号、登记日期、联系电话和消费卡号等数据项。其中，消费卡号由总台会计填写，其余由旅客填写。

(2) 客房表，它给出旅店的所有房源登记，每条记录表示一个床位，包括房序号、楼号、楼层号、房间号、床位号、房间电话、价格和已用等数据项。其中专门增加了"房序号"，它是对所有床位的顺序进行编号，用作客房表的主键，否则，主键只能由楼号、楼层号、房间号和床位号四个数据项联合构成，使用起来相当麻烦。"已用"数据项表示该床位是否已被占用，若是可用 1 表示，否则用 0 表示。

(3) 客房空闲表，由客房表中所有空闲床位的记录组成，它是客房表的一个视图，选择条件是"已用"数据项的值。

(4) 消费卡表，由所有旅客消费卡构成，它可以包括卡号、资金总额、住宿费、伙食费、娱乐费和余额等。

(5) 住宿表，给出所有旅客当前所有住房的登记，它只需要包括卡号和房序号两个数据项。

(6) 住宿费表，由消费卡表中卡号、住宿费和余额三列数据组成，它是消费卡表的一个视图，是消费卡表中的全部记录在上述三列上的投影。一般只授予总台服务员查看该表和修改住宿费和余额的权利。

(7) 伙食费表，是消费卡表的一个视图。

(8) 娱乐费表，是消费卡表的一个视图。

(9) 催补款表，是消费卡表的一个视图，包括卡号和余额。

根据需求分析的结果，可得到旅店管理的概念设计图，如图 7-13 所示，为显示清楚，只给出了主键属性，其他所有属性均被省略。

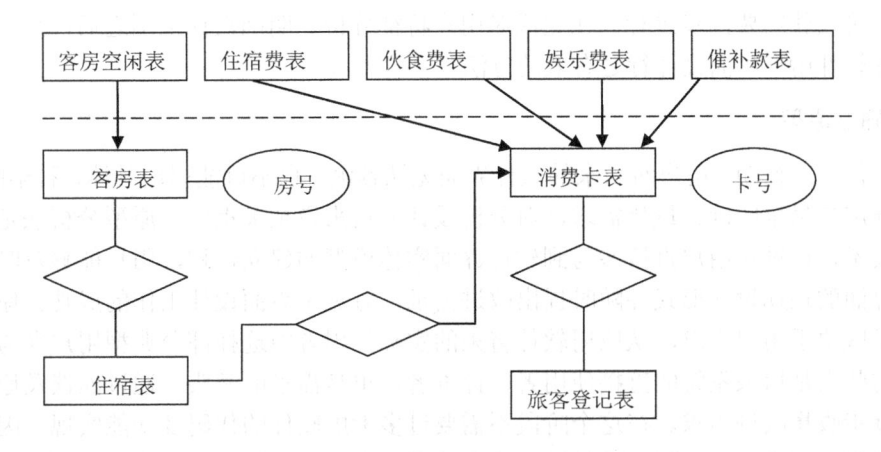

图 7-13 旅店管理的概念设计图

7.5 界面及输入/输出设计

7.5.1 界面设计

用户界面是指软件系统与操作者之间的接口，是控制和选择信息输入/输出的主要途径。用户界面设计需要解决如何通过规范化的定义分析用户需求，确定界面原型并能够尽早为用户所接受，减少界面设计中的人为、经验上的因素，降低交付后的风险，提高系统实用化水平。

可使用性是用户界面设计最重要的目标，主要从提高操作简单性、术语标准化与一致性、帮助功能和容错能力几个方面进行考虑。用户界面设计并不是从编码阶段开始，早在需求分析阶段就需要对用户界面进行明确的分析与定义。界面设计同时又是一个复杂的课题，所需要的知识涵盖了人机工程学、认知心理学和美学等多方面的内容。

用户界面设计需要对用户特性进行分析，了解软件所面向用户的经验和技能，要综合考虑用户的熟练程度，才能设计出适用于绝大多数用户所接受的界面类型。概括起来，用户界面设计的主要工作就是规划界面空间布局、字体色彩搭配、交互方式、输入/输出设计、帮助与错误控制等。输入/输出设计、交互方式和容错机制是很关键的，设计的好坏直接影响到操作者使用效率；而界面空间布局、字体及色彩协调、界面一致性和人性化的帮助系统又是影响用户对软件友好性评价的重要因素。必须充分重视界面设计的每个细节，因为任意一个环节的缺陷都将导致最终用户对软件的整体评价降低。在这里，设计细节决定了软件项目的成败，必须坚持以系统思想为指导，重视软件的"面子问题"，对界面设计的各环节统筹考虑，设计出让用户满意的系统。

如前所述，软件的用户界面设计工作并不是从编码设计阶段才开始的，从整个项目的需求分析阶段就需要同步进行。在完成对用户特征分析、明确设计范围之后，采用原型迭代是进行软件用户界面设计行之有效的办法。

1. 确立原型

在软件开发初期，用户对未来的软件界面无法预测，也不可能提出具体、科学的需求，如何诱导用户尽早明确、量化需求，对分析设计人员来说至关重要。原型分析法是一种迭代分析技术，通过让用户直接参与到软件界面实体模型的建立过程，用户能够及时掌握未来软件界面的预期设计形式并随时提出改进需求，有利于界面设计工作的成功。原型的建立与开发取决于用户需求，从应用软件将来的实际使用者中选择部分典型用户参与原型的建立，这些人是后来系统的直接使用者、评价者，也是需求的源头，通过面谈及原型迭代的过程逐步收集改进需求。在这个阶段不需要过多考虑软件的代码及功能实现，因为在原型迭代过程中可能要丢弃原先的设计。建立的原型要及时开展评估，确认原型是否满足用户需求，如何改进。原型法的好处在于有助于缩短用户界面设计调查周期，逐步修正并完善用户需求，促进用户需求与设计方案吻合，既可快速实现用户理想的界面模型，又可加速开发人员确立设计方案，有效降低项目风险。

2. 原型迭代

在原型建立及迭代过程中，选择适用的工具是尽快确立界面设计方案的重要因素。可以采用原型工具或高级语言开发出简易的用户屏幕及报表界面。在原型设计的不同阶段需要针对性地采用不同的工具及方法。在原型建立初始阶段可以采用手工绘制原型，在纸张或写字板上展示界面的大概功能，利用手绘原型与用户座谈交互；随着过程的继续，采用计算机原型在屏幕上绘制窗体、放置控件、布置界面、设置色彩字体，但不对显示数据、编码进行设计，原因很简单，避免迭代过程中丢弃原先的设计；随着评估过程的继续，用户提出的新需求会逐渐减少或者不再重要，原型也逐步接近理想方案，伴随对原型界面设计不断的改进，用户对应用软件未来的面目认识越加清晰。用户最终需要的是包含数据、具有控制逻辑的界面，在原型设计的后期，需要引入界面流程图来形象描述应用软件的用户界面元素之间、窗体及报表之间的关系。用户界面的手绘原型、计算机原型容易导致开发者遗漏应用程序界面元素间的控制关系和相互作用，给后续开发设计工作带来错误指导；而界面流程图可以描述界面元素之间的作用关系，帮助开发者验证用户界面设计与系统预期运作流程，指导其他开发人员顺利实施前期原型迭代取得的成果，据此设计出优秀的用户界面。

3. 界面设计实用原则

在 Windows 视窗开发技术成为主流的今天，从事管理信息系统的开发者必须本着用户至上的原则，界面设计中优先考虑用户需求，以人性化的理念不断改进界面设计，为使用者带来方便。界面设计的实用原则归纳如下。

1) 遵循 Windows 界面标准

Windows 操作系统的界面设计为我们提供了很好的设计范型，是身边最好的老师，其设计风格与操作习惯深深影响着广大用户。学习、仿照 Windows 界面规范进行设计，包括合理窗体布局，选用标准控件，色彩搭配、字体设置，以及菜单、工具栏、状态栏、滚动条和右键菜单等，是迈向成功设计的第一步。

2) 坚持设计一致性

一致产生和谐，多变导致混乱。虽然 Windows 提供了如此丰富的控件，还有第三方控件供我们挑选，但仍应坚持一致性原则，确保一个系统不同窗体之间控件使用具有一致性。不遵从一致性的界面设计，容易导致使用者无所适从或操作上的混乱，会使其产生对软件可靠性的怀疑。

3) 重在提高可用性

以标准的术语给用户以明确的、必要的提示信息，不能产生歧义或所指不明确；为用户提供程序设计层次不同但相对完善的帮助体系，不要忽视帮助的作用，在开发人员看来多余的提示可能会为用户指点迷津；尽量以当前屏幕展示用户关心的信息，而不是新开窗口或让用户拖着滚动条来回游走，严重影响用户工作效率；考虑用户环境的差异，不要以设计者的环境为中心，对窗体、字体、图片显示要注意分辨率的选择和处理，增强对不同环境的适应性；增加鼠标悬停提示或状态栏提示；减少不必要、让人厌烦的提示信息，尽量让后台处理完成。

4) 追求美观与协调

界面布局大小适中，符合审美观点，能让人感觉协调舒适；将重要元素放于显著位置，遵循通常的阅读顺序来布置屏幕元素；同一类型的控件合理分组与布局；进行人性化的色彩设计，"绚烂之极归于平淡"，坚持采用柔和、淡雅的色调，杜绝使用不合时宜的鲜艳颜色；恰当安排空白空间来突显界面元素，减轻视觉紧迫感；尽量选用标准 Windows 字体，坚持不同窗体中字体设置一致，字符间适当留下空白，消除空间局促性。

5) 完善容错与出错处理

为用户着想，增强容错机制，在大量数据输入情况下，不因个别数据输入错误或其他故障而导致整体数据的丢失与重复劳动，及时对输入的合法性检查，降低出错概率；对错误尽早地给出明确提示，指导用户迅速排除；尽量提供选择的方式代替手工输入，减少人工出错；尽量考虑到各种可能的发生，不产生界面设计上的疏漏以致对系统构成危害。

7.5.2 输入/输出设计

输入与输出是用户与计算机的界面。手工编制的凭证通过系统输入，经过计算机加工处理，将有关信息以报表、图形等形式提供给管理人员。

做好输入/输出设计，生成一个友好的用户界面是系统设计的重要一环，也是新系统是否受用户欢迎、是否具有生命力的主要因素，特别是决策支持系统(Decision Support System，DSS)和领导信息系统(Executive Information System，EIS)的输入/输出更强调界面的灵活和友好。

输入/输出设计是管理信息系统与用户的界面，一般而言，输入/输出设计对于系统开发人员并不重要，但对用户来说，却显得尤为重要。

(1) 它是一个组织系统形象(Cooperation Identify System，CIS)的具体体现。
(2) 它能够为用户建立良好的工作环境，激发用户努力学习、主动工作的热情。
(3) 符合用户习惯，方便用户操作，使目标系统易于为用户所接受。
(4) 为用户提供易读易懂的信息形态。

1. 输入设计

输入设计的工作内容是：选择数据输入设备、输入数据格式的设计、输入数据正确性校验、联机系统的输入屏幕设计。

输入设计的原则包括以下五条。

(1) 控制输入量。在输入时，只需输入基本的信息，而其他可通过计算、统计和检索得到的信息则由系统自动产生。

(2) 减少输入延迟。输入数据的速度往往成为提高信息系统运行效率的瓶颈，为减少延迟，可采用周转文件、批量输入等方式。

(3) 减少输入错误。输入设计中应采用多种输入校验方法和有效性验证技术，减少输入错误。

(4) 避免额外步骤。在输入设计时，应尽量避免不必要的输入步骤，当步骤不能省略时，应仔细验证现有步骤是否完备、高效。

(5) 输入过程应尽量简化。输入设计在为用户提供纠错和输入校验的同时，必须保证输入过程简单易用，不能因为查错、纠错而使输入复杂化，增加用户负担。

根据应用的不同，可以采用多种数据输入设备：如键盘输入、联机键盘输入和脱机键盘输入、磁性数据输入设备、磁性墨水字符识别(Magnetic Ink Character Recognition，MICR)、磁条技术、光扫描设备、一维条码、二维条码、光学字符识别装置(Optical Character Recognition，OCR)、射频识别(Radio Frequency Identification，RFID)以及其他设备，如触摸屏、数字音频设备、摄像头视频捕捉、指纹识别、电子笔和书写板设备以及电子密钥(密钥盘)等。

输入格式设计要遵循的原则：尽量按照原始凭证的格式设计，数据排列的顺序应与阅读的顺序一致，一般是从上到下、由左至右；为了填写方便，多采用"表格式"或"选择式"，如果数据值的类别较少且范围固定，可采用"选择式"；类型相同的数据应尽量排在一起，如数字项目排在一起、文字项目排在一起；不往计算机中输入的数据应集中排列在原始凭证的最高端或最下端。

输入介质的记录格式设计通常满足：数据在终端屏幕上存放的顺序与阅读原始凭证的顺序一致；数据记录的长度不应超过终端屏幕允许的最大长度。正确设计数据项目的长度，能容纳项目可能出现的最长数据，包括整数和小数。

输入格式的正确性校验包括重复校验、视觉校验、检验位校验、控制总数校验、数据类型校验、格式校验、逻辑校验、界限校验、顺序校验、记录计数校验、平衡校验和对照校验。

2. 输出设计

有关输出信息使用方面的内容除应考虑输出方式、输出设备、输出介质、输出设计的方法外，还要考虑报表信息和图形及多媒体信息。

报表就是指所有类型的商业和行业报表——从销售报表到库存报表，从客户服务报表到损益表等。简单来说，报表就是用表格、图表等格式来动态显示数据，用公式可表示为

报表＝多样的格式＋动态的数据

常见的报表类型有详细报表、汇总报表、异常报表和决策报表。

经常使用的两种技术指钻取报表和链接报表。

钻取报表是在希望支持指向其他相关报表的钻取链接时创建的一种报表。通常，钻取报表通过数据与父报表关联。例如，包含指向当月各个销售订单的链接的 Monthly Sales 报表。当用户单击钻取链接时，父报表将被含有支持详细信息的其他报表替代。

根据报表的绘制方式，报表工具大致可以分为 SQL 画布方式、CELL 单元格方式和两者结合型，具体如下。

(1) SQL 画布方式报表工具的特点是将报表水平分割成若干个区域，在各个区域上放置报表组件，报表组件位置可以是任意的，各组件可以互相重叠。画布式报表工具的优点是可以做到可视化数据绑定，组件位置自由；缺点是插入列、组件对齐困难，画表格线经常出现线与线之间的错开现象。这种报表只是很好地解决了"报"的问题，但对于"表"的问题依然存在。比较著名的画布式报表工具有 CrystalReport 和 FastReport 等。

(2) CELL 单元格式报表工具是将报表看作由一系列连续的单元格组成的区域。要改变报表组件(一般是文本或图形)的位置，只能通过改变行高列宽方式进行，组件之间不能重叠，单元格可以合并。CELL 单元格式报表工具的优点是画线、插入列以及多行列标题绘制非常方便，缺点是格子中的动态数据绑定往往需要手写公式来进行。这种报表只是很好地解决了"表"的问题，但对于"报"的问题依然存在。F1BOOK 是一款比较著名的 CELL 单元格式报表工具。

(3) 两者结合型报表工具，融合上面两种报表工具的优点，使用户既可以可视化地动态绑定数据，也可以像 Excel 一样来画线，从而极大提高了报表设计的效率。FineReport 是属于这种两者结合类型的报表。

7.6 模块设计

总体设计的另外一个主要内容是合理地进行系统模块结构的分析和定义，将一个复杂的系统设计转为若干个子系统和一系列基本模块的设计，并通过模块结构图把分解的子系统和一个个模块按层次结构联系起来。下面将介绍如何进行模块的分解、如何从数据流程图导出模块结构图及模块结构图的改进。

7.6.1 模块分解的原则和依据

系统逻辑模型中数据流程图中的模块是逻辑处理模块，模型中没有说明模块的物理构成和实现途径，同时也看不出模块的层次分解关系，为此在系统结构设计中要将数据流程图上的各个逻辑处理模块进一步分解，用模块结构图确定系统的层次结构关系，并将系统的逻辑模型转变为物理模型。

1. "耦合小，内聚大"的基本原则

在结构化设计中，采用自顶向下、逐步细化的方法将系统分解成为一些相对独立、功能单一的模块。那么，如何度量模块之间的独立性呢？

在一个管理信息系统中，系统的各组成部分之间总是存在着各种联系的，将系统或子系统划分成若干模块，则一个模块内部的联系就是块内联系，而穿越模块边界的联系就是块间联系。由于模块之间的互相联系越多，模块的独立性就越少，因此，引入模块耦合和内聚的概念。

耦合表示模块之间联系的程度。紧密耦合表示模块之间联系非常强，松散耦合表示模块之间联系比较弱，非耦合则表示模块之间无任何联系，是完全独立的。内聚表示模块内部各成分之间的联系程度。

一般来说，在系统中各模块的内聚越大，则模块间的耦合越小。但这种关系并不是绝对的。耦合小使得模块间尽可能相对独立，从而各模块可以单独开发和维护。内聚大使得模块的可理解性和维护性极大增强。因此，在模块的分解中应尽量减少模块的耦合，力求增加模块的内聚。

2. 对子系统或模块进行划分的依据

一个合理的子系统或模块划分，应该是内部联系强，子系统或模块间尽可能独立，接口明确、简单，尽量适应用户的组织体系，有适当的共用性，也就是上面所说的"耦合小，内聚大"。按照结构化设计的思想，对模块或子系统进行划分的依据通常有以下几种。

（1）按逻辑划分，把相类似的处理逻辑功能放在一个子系统或模块里。例如，把"对所有业务输入数据进行编辑"的功能放在一个子系统或模块里，那么不管是库存还是财务，只要有业务输入数据都由这个子系统或模块来校错、编辑。

(2) 按时间划分，把要在同一时间段执行的各种处理结合成一个子系统或模块。

(3) 按过程划分，即按工作流程划分。从控制流程的角度来看，同一子系统或模块的许多功能都应该是相关的。

(4) 按通信划分，把相互需要较多通信的处理结合成一个子系统或模块。这样可减少子系统间或模块间的通信，使接口简单。

(5) 按职能划分，即按管理的功能划分。例如，财务、物资和销售子系统，或输入记账凭证、计算机优解子系统或模块等。

一般来说，按职能划分子系统、按逻辑划分模块的方式是比较合理和方便的，图7-14所示就是按这种方式划分所组成的系统。

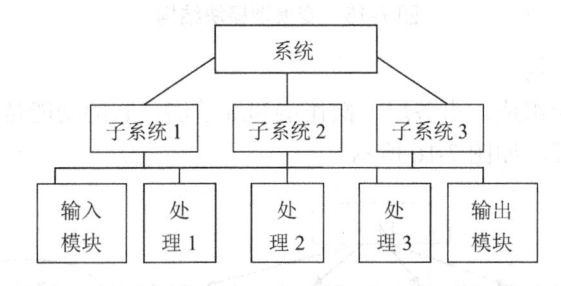

图7-14 子系统按职能划分、模块按逻辑划分所形成的系统

7.6.2 模块结构的标准形式

1. 模块结构

一个系统的模块结构图有两种标准形式：变换型模块结构和事务型模块结构，下面将分别介绍。

1) 变换型模块结构

变换型模块结构描述的是变换型系统，变换型系统由三部分组成：输入、数据加工(中心变换)和输出，它的功能是将输入的数据经过加工后输出，如图7-15所示。

变换型系统工作时，首先主模块受到控制，然后控制沿着结构逐层到达底层的输入模块。当底层模块输入数据A后，A由下至上逐层传送，逐步由"物理输入"变成"逻辑输入"C，接着在主控模块控制下，C经中心变换模块转换成逻辑输出D，D再由上至下逐层传送，逐步把"逻辑输出"变成"物理输出"E。这里的"逻辑输入"和"逻辑输出"分别为系统主处理的输入数据流和输出数据流，而"物理输入"和"物理输出"是指系统输入端和系统输出端的数据。

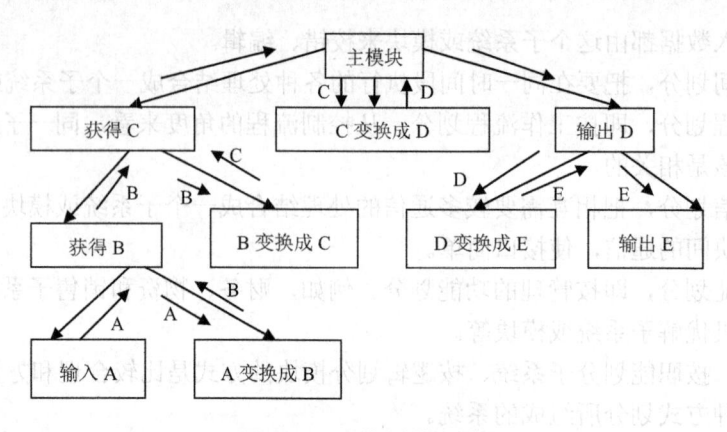

图 7-15 变换型模块结构

2) 事务型模块结构

事务型系统由三层组成：事务层、操作层和细节层，它的功能是对接收的事务按其类型选择某一类事务处理，如图 7-16 所示。

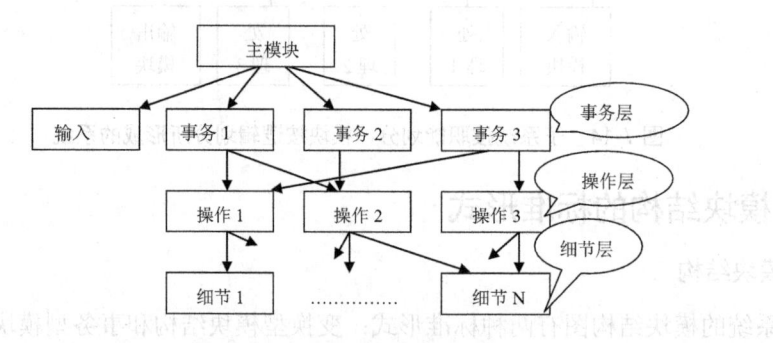

图 7-16 事务型模块结构

事务型系统在工作时，主模块将按事务的类型选择调用某一事务处理模块，事务处理模块又调用若干个操作模块，而每个操作模块又调用若干个细节模块。在实际系统中，由于不同的事务可能有共同的操作，而不同操作又可能有共同的细节，因此事务型系统的操作模块和细节模块可以达到一定程度的共享。

变换型和事务型模块结构都有较高的模块内聚和较低的块间耦合，因此便于修改和维护。在管理信息系统中，经常将这两种结构结合使用。

上面介绍了从目标系统的逻辑模型，即数据流程图导出系统的初始结构图的方法。但是这种模块的划分工作是在尚未进行输入、输出设计的情况下进行的，其主要目的仅是掌握系统处理的整个过程和便于输入、输出等的设计工作。因此，目前的模块划分是不充分的，不可能满足系统实施阶段的要求，还需进一步调整和改进。首先，应按照"耦合小，内聚大"的模块结构质量标准对模块结构图进行检查和修改。

2. 模块结构的质量标准

在结构化设计中，评价模块质量的标准是"耦合小，内聚大"。下面就耦合与内聚的概念做进一步的讨论，以帮助开发人员调整和改进模块的划分，在模块结构设计中尽量降低模块的耦合度，提高模块的内聚度。

1) 模块的耦合方式

两个模块之间的耦合方式可分为以下三种。

(1) 数据耦合。如果两个模块之间的通信信息是若干数据项，则这种耦合方式称为数据耦合。例如，在图 7-17 中，为了计算实发工资，"计算工资"模块必须把工资总额和扣款数传输给"计算实发工资"模块，而"计算实发工资"模块在算出实发工资后又送回到"计算工资"模块。这种耦合对系统的影响比较小，是一种较好的耦合方式，但为了减少接口的复杂性，应尽量防止传输不必要的数据。

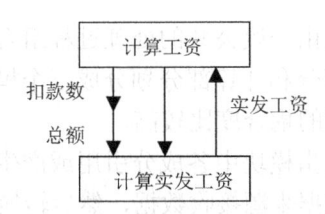

图 7-17 数据耦合示例

(2) 控制耦合。如果两个模块之间传输的信息是控制信息，则该耦合称为控制耦合。传送的控制信息可分成两类，一类是判定参数，调用模块通过该判定参数控制被调用模块的工作方式，若判定参数出错则导致被调用模块按另一种方式工作；另一种是地址参数，调用模块直接转向被调用模块内部的某一些地址，这时若改动一个模块则必将影响另一模块，因为控制耦合方式的耦合程度较高，应尽量避免采用地址参数的方式。

(3) 非法耦合。两个模块之间，不经过调用关系，彼此直接使用或修改对方的数据。这是最糟糕的耦合方式，在结构化设计时决不允许出现这种情况。此外，在程序设计中，应做到各模块只使用自身的局部变量，尽量不使用全局变量，模块之间必不可少的数据联系都必须以参数形式明确指定。

两个模块之间的三种耦合方式如图 7-18 所示。

2) 模块的内聚方式

模块的内聚方式分为以下六种。

(1) 巧合内聚。巧合内聚是指模块各成分之间毫无联系，整个模块如同一盘散沙，不易修改或维护。

(2) 逻辑内聚。逻辑内聚是指模块各成分的逻辑功能是相似的。例如，把系统中与"输出"有关的操作抽取出来组成一个模块，包括将数据在屏幕上显示、从打印机上打印、复制到磁盘上等，则该模块就是逻辑内聚的。逻辑内聚的内聚程度稍强于巧合内聚，但仍不利于修改和维护。

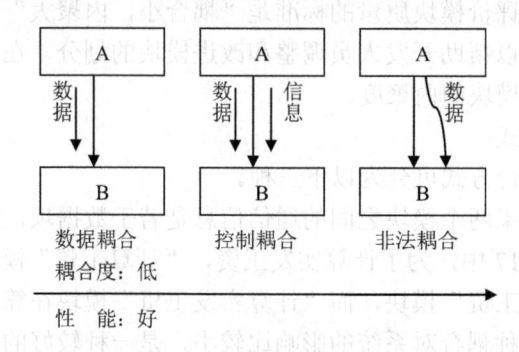

```
    A              A              A
    │            数│ ↑信           │
  数│            据│ │息         数│
  据│              │ │           据│
    ▼              ▼ │             ↓↓
    B              B              B
  数据耦合        控制耦合        非法耦合
耦合度：低 ──────────────────────────►
性  能：好
```

图 7-18 模块的耦合方式

（3）过程内聚。过程内聚是由一段公共的处理过程组合成的模块。例如，我们把一个框图中的所有循环部分、判定部分和计算部分划分成三个模块，则它们都是过程内聚的。显然，采用过程内聚时，模块间的耦合度比较高。

（4）通信内聚。通信内聚是指模块中各成分引用或产生共同的数据。例如，报表打印模块，各成分都从若干共同的数据来源接收数据，然后转换、汇总并打印出各种报表。

（5）顺序内聚。顺序内聚是指模块中各成分有顺序关系，某一成分的输出是另一成分的输入。例如，"录入和汇总"模块、"统计和打印"模块都是顺序内聚模块。顺序内聚模块中有可能包含几个功能，因而会给维护带来不便。

（6）功能内聚。功能内聚表示模块中各成分的联系是功能性的，即一个模块执行一个功能，且完成该功能所必需的全部成分都包含在模块中。例如，计算工资、打印月报表等。由于这类模块的功能明确、模块间的耦合简单，所以便于维护。在系统设计时应力求按功能划分模块。

模块的内聚方式通常可做如下分类，如图 7-19 所示。

| 巧合内聚 | 逻辑内聚 | 过程内聚 | 通信内聚 | 顺序内聚 | 功能内聚 |

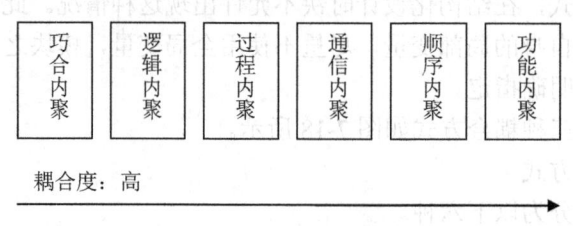

耦合度：高 ──────────────────────────►

图 7-19 模块的内聚方式

7.7 系统设计说明书

系统设计阶段的最终结果是系统设计说明书。系统设计说明书是下一步系统实施的基础。从系统调查、系统分析到系统设计是信息系统开发的主要工作，这三个阶段的工作量几乎占到了总开发量的 70%，而且这三个阶段所用的工作图表较多、涉及面广且较为复杂。

例 7-4 和例 7-5 是系统设计说明书的大纲和模板，供大家参考。

【例 7-4】 系统设计说明书大纲。

1　引言
　　1.1　背景
　　1.2　摘要
　　1.3　工作条件/限制
　　1.4　参考和引用资料
　　1.5　专门术语定义
2　系统总体技术方案
　　2.1　模块设计
　　2.2　代码设计
　　2.3　输入设计
　　2.4　输出设计
　　2.5　数据库设计说明
　　2.6　模型库及方法库设计
　　2.7　网络设计
　　2.8　安全保密设计
　　2.9　实施方案说明书

【例 7-5】 系统设计说明书模板。

1　引言

引言是对这份软件系统详细设计报告的概览，是为了帮助阅读者了解这份文档如何编写的，并且应该如何阅读、理解和解释这份文档。

　　1.1　编写目的

说明这份软件系统详细设计报告是基于哪份软件产品需求分析报告、哪份软件产品概要设计报告和哪份软件产品数据库设计说明书(如果该软件产品需要数据库支持)编写的，开发这个软件产品的意义、作用及最终要达到的意图。通过这份软件系统详细设计报告详细说明了该软件产品的编码结构，从而对该软件产品的物理组成进行准确的描述。

如果这份软件系统详细设计报告只与整个系统的某一部分有关系，那么只定义软件系统详细设计报告中说明的那个部分或子系统。

1.2 项目风险

具体说明本软件开发项目的全部风险承担者，以及各自在本阶段所需要承担的主要风险。首要风险承担者包括任务提出者、软件开发者和产品使用者。

1.3 文档约定

描述编写文档时所采用的标准(如果有标准的话)，或者各种编写约定。编写约定应该包括：

(1) 部件编号方式；
(2) 界面编号方式；
(3) 命名规范。

1.4 预期读者和阅读建议

列举本软件系统详细设计报告所针对的各种不同的预期读者。可能的读者包括：

(1) 开发人员；
(2) 项目经理；
(3) 测试人员；
(4) 文档编写人员；
(5) 其他人员。

描述文档中其余部分的内容及其组织结构，并且针对每一类读者提出最适合的文档阅读建议。

1.5 参考资料

列举编写软件系统详细设计报告时所用到的参考文献及资料，可能包括：

(1) 本项目的合同书；
(2) 上级机关有关本项目的批文；
(3) 本项目已经批准的计划任务书；
(4) 用户界面风格指导；
(5) 开发本项目时所要用到的标准；
(6) 系统规格需求说明；
(7) 使用实例文档；
(8) 属于本项目的其他已发表文件；
(9) 本软件系统详细设计报告中所引用的文件、资料；
(10) 相关软件系统详细设计报告；
(11) 其他相关资料。

为了方便读者查阅，所有参考资料应该按一定顺序排列。如果可能，每份资料都应该给出：

(1) 标题名称；
(2) 作者或者合同签约者；

(3) 文件编号或者版本号；
(4) 发表日期或者签约日期；
(5) 出版单位或者资料来源。

2 支撑环境

2.1 数据库管理系统

描述数据库管理系统及安装配置情况，需要描述的内容可能包括如下几方面。

(1) 产品名称及发行厂商。

这里的产品名称指的是数据库发行厂商发布产品时公布的正式商品名称，不应该使用别名、简称、研发代号等非正式名称，以免混淆；同样的道理，发行厂商的名称也应该使用正式名称。

(2) 版本号。

数据库管理系统的准确版本号，必须按产品的实际情况描述到最细节的版本号。

(3) 补丁包版本号。

描述实际上将要使用的数据库管理系统补丁包的版本号。必须注意，在某些情况下该版本号不一定是最新的版本号。

(4) 语言或代码集。

对于只支持一种语言或者一个代码集的数据库管理系统来说，该项描述不具意义。对于支持多种语言或者多个代码集的数据库管理系统来说，该项描述指的是实际使用的语言或者代码集。

(5) 安装位置。

描述数据库管理系统的实际安装位置，应该分别对管理系统安装位置和数据存放位置进行描述，应该指明服务器名和安装卷号(盘号)。对于分布式数据库，必须分别描述每一个数据库管理系统。

(6) 配置参数。

描述数据库管理系统在实际安装时应该配置的各个参数，对于分布式数据库，必须分别描述每一个数据库管理系统的配置参数。

2.2 开发工具、中间件以及数据库接口

描述所选用的工具软件和中间件的名称、版本号，以及开发工具与数据库或者中间件接口的情况。如果使用了多种开发工具、辅助开发工具、第三方软件部件、多种中间件、多种接口等应该逐项分别描述，并且说明每一项的适用范围。

2.3 硬件环境

描述所选用的硬件环境、各种机型。例如，服务器、工作站，应该分别描述。需要描述的内容可能包括：

(1) 机型；
(2) 主频；

(3) 内存容量；
(4) 磁盘容量；
(5) 特殊部件；
(6) 操作系统；
(7) 使用位置。

2.4 网络环境

描述可能影响应用软件访问数据库的各种网络环境，如果存在加密传输、VPN 链路等情况，也必须描述。对于结构复杂的网络，还应该提供网络拓扑图和数据流向示意图。需要描述的内容可能包括：

(1) 网络结构；
(2) 网络操作系统；
(3) 网络带宽；
(4) 路由组织；
(5) 加密传输方式；
(6) VPN 链路连接方式。

2.5 多种支撑环境开发要点

当软件产品将来可能遇到多种运行环境时，应该分别按照 3.1 节至 3.4 节的内容列表描述。如果软件产品各个子系统的运行环境不完全一样时，应该分子系统按照 3.1 节至 3.4 节的内容列表描述。

遇到上述情况时，不仅需要详细描述各种软件开发、调试、测试的环境，为了确实保证软件产品将来能够在各种可能的运行环境中正常运行，还需要对软件产品进行严格的配置管理。

3 部件详细设计

这里所提及的软件部件，是指能够完成特定功能、相对独立的一些代码集合，它们可以是插件、组件、控件、函数、过程、子程序、动态链接库等。具体呈何种形态，取决于实际采用的开发工具和将要实现的软件结构。

按照合适的顺序，逐个描述软件部件的详细情况。描述的顺序可以是按层次横向进行描述，也可以是按模块纵向进行描述，总之描述的方式必须有利于读者理解软件结构。

每个部件采用一张软件部件表进行描述。

3.1 部件编号

按软件部件的统一顺序编号；对于实行配置管理的软件开发项目来说，该编号必须与该部件在配置管理中的编号相同。

3.2 部件名称

按软件部件的正式英文名称，该名称是程序中使用的实际名称，必须符合国家相关软件命名标准。

3.3 所属子系统

指该部件所属的子系统。对于不分为多个子系统的软件来说，不必填写该栏。

3.4 部件调用者

指调用该部件的部件(或界面参数)的编号和名称。

3.5 部件被调用者

指被该部件所调用的部件的编号和名称。

3.6 部件入口参数

指该部件入口数据类名称或者数据名称，以及对这些数据的描述。

如果部件没有入口参数，该栏为空。

3.7 部件出口参数

指该部件出口数据类名称或者数据名称，以及对这些数据的描述。

如果部件没有出口参数，该栏为空。

3.8 算法

指该部件的算法形式表示，如果很简单或者不存在，也可以为空。

3.9 流程描述

指该部件的处理流程的详细表示或描述。

3.10 部件表示形式

指该部件完成开发后的最终表示形式，具体形式取决于开发工具和软件结构，表示形式可能是：

(1) 插件、组件、控件；

(2) 函数、过程、子程序；

(3) 存储过程；

(4) 动态链接库等。

3.11 运行环境

描述该部件所适合的运行环境，即说明该部件是针对何种运行环境所开发的。可以直接描述运行环境，也可以描述运行环境的编号。对于实行配置管理的软件开发项目来说，该描述必须与该部件在配置管理中的描述相同。

3.12 性能要求

指开发该部件时必须满足的专门要求，这些要求可以是：

(1) 精度；

(2) 灵活性；

(3) 响应时间；

(4) 可重用性；

(5) 其他性能指标等。

提出的要求一般不宜超过三项，以排列的先后顺序表示优先级。

4　词汇表

列出本文件中用到的专业术语的定义以及有关缩写的定义(如有可能，列出相关的外文原词)。为了便于非软件专业或者非计算机专业人士也能够在一定的范围内，读懂软件系统详细设计报告，要求尽可能使用非软件专业或者非计算机专业的术语进行描述。所以这里所指的专业术语，是指业务层面上的专业术语，而不是软件专业或者计算机专业的术语。但是，对于无法回避的软件专业或者计算机专业术语，也应该列入词汇表，并且加以准确定义。

根据系统设计说明书的大纲和模板，我们可以结合【案例7-3】对系统设计说明书的撰写方法和要点进行更深入的理解。

【案例7-3】　某公司销售跟踪管理信息系统设计说明书

1　引言

1.1　编写目的

该文档是依据公司目前业务流程现状，经过调查和分析，对于窜货追踪难的问题提出的一个信息化解决方案。该文档从目标确定、问题分析、问题解决和投资测算等方面，提出了深层次的详细分析和论证。该文档可以供公司领导层决策，也可以作为实施方开发和实施的依据。

1.2　默认读者

公司领导层、相关业务部门主管、信息系统开发人员和系统集成商。

1.3　名词定义

生产时间：指产品每瓶或者罐的具体生产时间，该时间打印在瓶或罐的外包装上，是窜货追踪的最根本依据。

装箱时间：在生产后，将每瓶或者罐装产品装入包装箱的时间。该时间正常情况下固定滞后于箱内产品的生产时间。

1.4　参考资料

公司各项业务规章制度。

2　项目建设的目标与特点

2.1　项目建设的目标

通过采集装箱时间及首尾托盘装箱时间，解决产品流向信息采集的可行性问题，同时使用扫描枪可以解决采集的准确性和方便性，从而达到准确高效的销售流向信息采集。

基于数据库技术的信息系统，解决海量数据快速检索和准确匹配定位，操作使用更为简便，同时系统智能处理装箱时间和生产时间的关系，减少人工处理的工作量，同时也更好地避免出错的可能性。

系统提供定位后的窜货记录备档，可以据此搜索定位的结果。同时，系统还可以提供各种查询方式来确定经销商的信誉。

通过产品流向追踪信息系统项目的实施，使用信息化的高科技手段快速准确地解决定位渠道窜货追踪问题，该项目实施后达到以下几个目标。

(1) 根本解决产品流向信息采集困难的问题，实现准确高效的销售流向采集，同时降低采集成本。

(2) 更为方便智能地搜索定位窜货途径，提高客户服务水平。

(3) 实现对经销商的窜货行为更深层次的统计和分析，有利于做到提前预防和进一步提升管理水平。

2.2 项目建设的特点

企业信息化的建设选型往往是资金、时间、功能、质量、风险和控制之间的最优解。南京百事可乐产品流向追踪系统项目建设具有如下一些特点。

(1) 技术难度不高。
(2) 投入不能太大。
(3) 需要与已经运行的业务系统关联。
(4) 需要考虑以后的扩充。
(5) 实施周期尽量缩短。

该项目建设方案在达到相应功能时，尽量利用现在已有条件，不改变现有作业流程，降低风险与投入。

3 功能需求分析

3.1 窜货追踪目标和方法

窜货追踪的主要目标是定位跟踪哪些经销商(目前只要求对一级经销商)超范围进行销售。目前窜货追踪数据来自于产品包装罐或瓶上的生产时间信息，通过收集到的不正常产品包装上的时间信息，找到发货信息中货物与经销商(一级)的关系，从而确定该批货是哪个经销商(一级)销售的。目前窜货追踪的主要难点在于产品生产时间与经销商之间关系的采集。

3.2 作业的流程及其特点

作业的总体流程如图 7-20 所示。

(1) 生产。

生产线生产能力为每分钟生产 20 箱，生产时间记在包装瓶/罐上，最小单位为分钟，生产时按照当前生产时间打印在最小包装单位每瓶/罐上，意味着 20 箱内的每瓶/罐生产时间都一样，也有可能窜箱包装。

(2) 装箱。

一箱有 24 瓶，每个箱子外面都贴上条码，该条码为装箱时间的编码；箱上的包装时间滞后于箱内物品实际生产时间，如果生产线不出意外，该滞后时间应当是一定的，即正常情况下可以根据包装箱上的时间推算出箱内产品的生产时间。

(3) 装托盘入库。

一个托盘装 60 个包装箱。

(4) 发货。

按照订单指定客户进行发货，发货最小单位为箱，绝大多数以托盘为单位发货，一个托盘 60 箱。一般发货量较固定，以一级代理商为单位发货，每天有 40 多次发货。

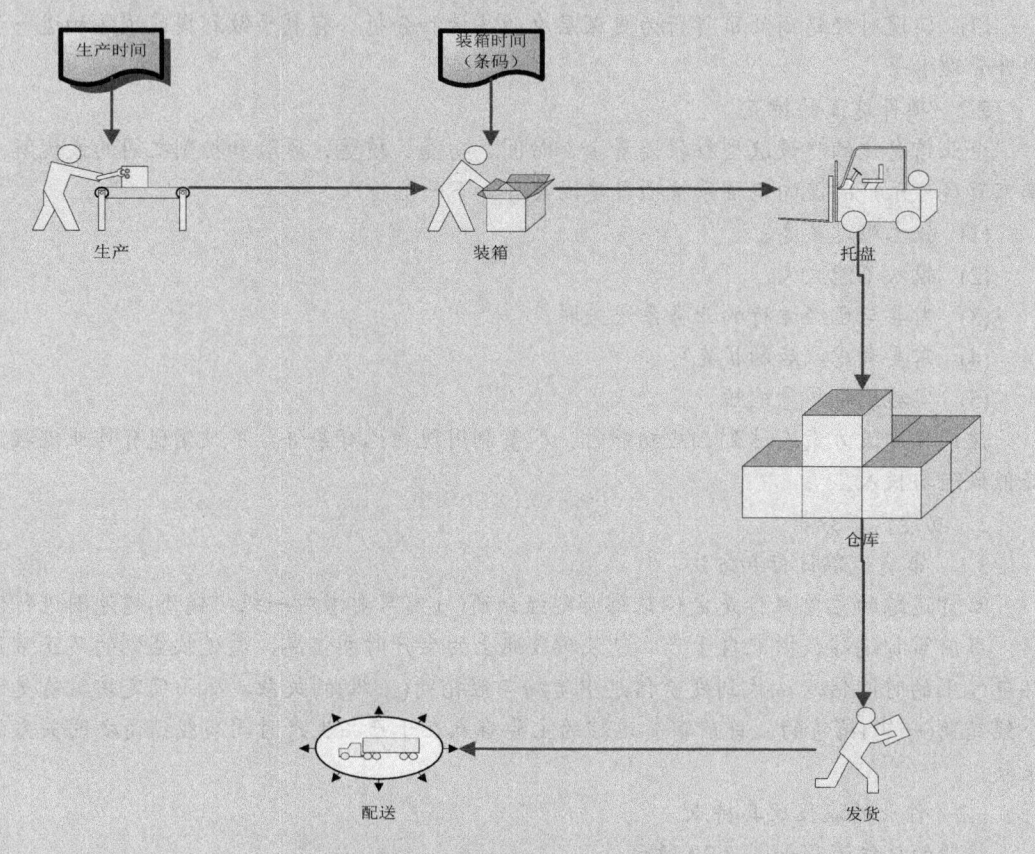

图 7-20　销售业务的总体流程图

产品追踪原理和基础是要建立每瓶/罐可乐上的生产时间与发往的经销商进行关联关系信息。但从发货的作业量和方式来看(基本以托盘为单位发货，不再开箱)，直接记录每一瓶的生产时间与经销商的关系很困难，不太现实。因此对于该项目来讲一个至关重要的问题就是如何能在现有的作业流程和已有的数据信息条件下解决每瓶/罐可乐上的生产时间与发往的经销商进行关联关系信息采集的问题。

3.3　其他特殊情况

公司目前共有 3 个仓库，分布距离最远 10 公里，其中一个主要仓库有信息系统，其他两个仓库没有信息系统，由主仓库打印出库单到两个分仓库发货，公司已经设定了操作人员、岗位职责和操作终端。而目前客户信息没有条码打印。

4 具体设计方案

4.1 业务流程优化

通过条码扫描设备，在产品出库发货时，建立销售产品装箱时间与销往经销商之间的关系，当窜货行为发生时，利用目前现有打印的生产时间和装箱时间(条码)以及这两个时间的特定关系(装箱时间一般固定滞后于生产时间)，通过输入窜货产品的生产时间，信息系统自动推算出对应的装箱时间并定位该箱销往的经销商，从而确定窜货的经销商。优化后的业务流程图如图 7-21 所示。

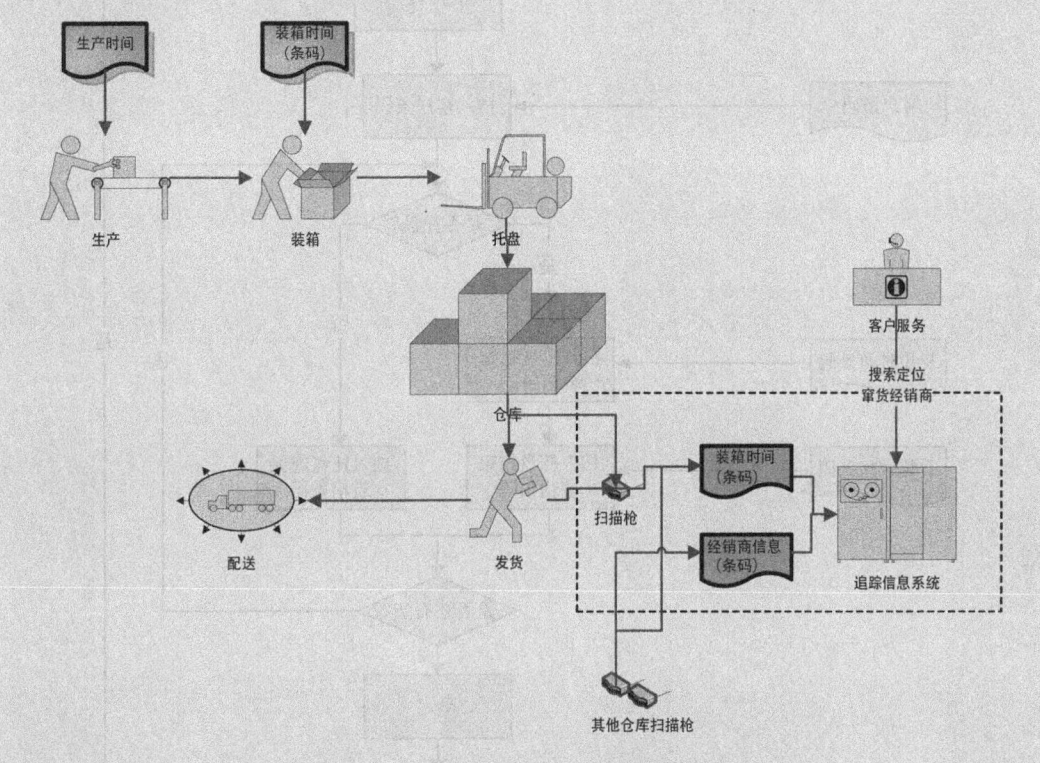

图 7-21　优化后的销售业务总体流程图

4.2 数据流程设计

建立销售产品装箱时间与销往经销商之间的关系，其信息采集的基本流程如图 7-22 所示。具体做法是在仓库发货时，当拣货完成后进行如下信息处理。

(1) 保管员根据拿到的出库单上的客户信息，扫描客户的条码。

(2) 扫描发货托盘上首尾的箱子的装箱时间条码。

(3) 如果有单箱，扫描单箱上的装箱时间条码。

(4) 如果有多箱或多个托盘，重复扫描动作。

(5) 确认所有该客户的发货已经扫描完成后确定。

(6) 同上方式操作下一出库单，定时将扫描枪里的信息传送到信息系统内。

(7) 暂时没有信息系统的仓库也是同样操作，下班后将扫描枪送往本部仓库与追踪系统进行信息对接。

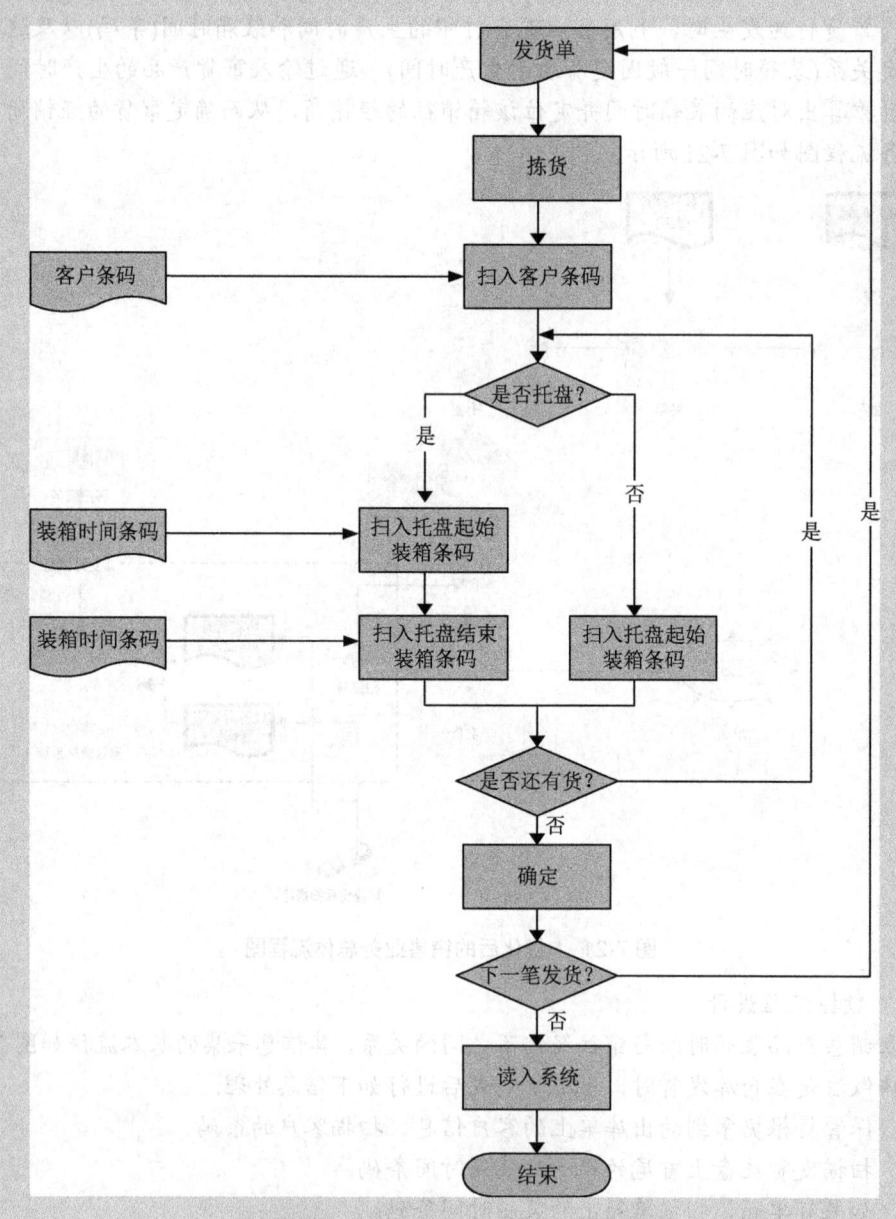

图 7-22　销售业务的数据处理流程图

4.3 网络拓扑结构设计

信息系统的网络拓扑结构如图 7-23 所示。

(1) 服务器。

用来运行关系型数据库和应用服务程序。由于本系统比较简单，数据量不大，因此配置不需要很高，也可以用普通 PC 代替。

(2) 客户条码打印机。

用来打印客户条码。

(3) 条码数据终端。

PC，运行系统扫描枪读入接口和数据转换存储。

(4) 追踪查询终端。

PC 或其他移动通信设备，用来运行追踪查询程序。

(5) 局域网络环境。

100M 以太网。

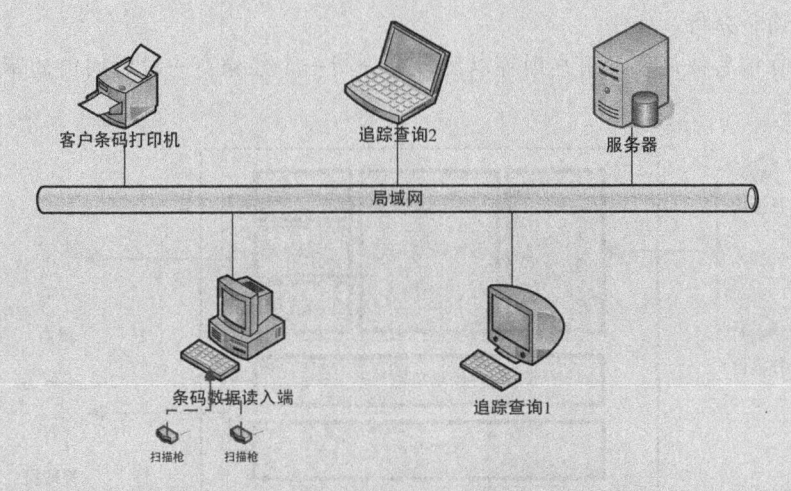

图 7-23 销售业务信息系统的网络拓扑结构图

4.4 基本功能设计

信息系统的基本功能如图 7-24 所示。

(1) 基本设置。

系统管理员用来设置系统使用时需要的一些基本信息。

① 数据库的基本连接信息，如网络地址、用户名密码等；

② 装箱时间与生产时间之间的默认滞后时间；

③ 经销商的基本信息；

④ 条码打印信息等。

(2) 用户角色权限管理。

系统管理员用来设置系统的用户及其相应的操作权限，如用户名、口令、角色等。

(3) 扫描枪读入接口。

负责从扫描枪里读入扫描的信息。

(4) 数据转换存储。

将扫描枪读入的信息，按照我们定义的存储格式进行转换并写入数据库，同时判断格式的标准。

(5) 追踪定位。

当有窜货行为发生时，用户输入窜货产品的生产时间，并设置装箱时间与生产时间之间的滞后时间(不设置为系统默认时间)，系统会自动计算并找出匹配的经销商信息。

(6) 窜货记录。

用户可以通过该功能记录本次窜货的详细信息及窜货的经销商信息，以备以后统计或查证。

(7) 查询和分析。

如果窜货信息被记录，用户则可以统计和分析一个经销商一段时间内的窜货次数和详细信息。

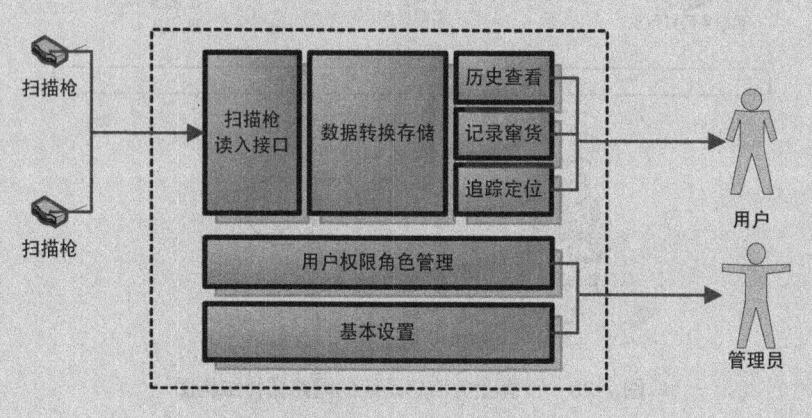

图 7-24 销售业务跟踪信息系统的功能结构图

5 项目投资测算

项目费用主要由五部分内容组成：硬件设备费用、软件费用、实施费用、售后服务费用和项目管理费用。其中，项目管理费用主要是企业内部因为项目产生的其他管理上的一些费用，该费用根据各企业情况不同而差别较大，这里不再详细列出。其他四方面根据对目前市场行情的了解和项目估计，具体费用情况如表 7-2 所示。

表 7-2　销售业务跟踪信息系统的投资测算

费用类型	费用明细	单价(元)	数量	总价(元)	备　注
硬件投入	服务器	10 000	1	10 000	CPU 型号：Xeon E5-2609 2.4GHz 标配 CPU 数量：1 颗 内存容量：2GB ECC DDR3 标配硬盘容量：300 GB 内部硬盘架数：最大支持 8 块 3.5 英寸硬盘/16 块 2.5 英寸硬盘 网络控制器：四端口
	条码采集器	3 500	6	21 000	能离线读写，存储一天的信息根据业务量推算，有友好的编程接口
	条码打印机	4 500	1	4 500	支持有线网络，152 mm/秒，200 dpi
软件投入	软件开发费	50 000	1	50 000	主要是管理系统、扫描阅读设备接口程序的开发与调试
	系统集成费	20 000	1	20 000	完成信息系统的安装和试运行
实施投入	培训费	2 000	2	4 000	信息系统管理者和使用者的培训
	售后服务费	5 000	1	5 000	为期 1 年的技术支持费用
合　计				114 500	

注：客户端 PC 配置要求为 P4 2.66G，512 M 或以上内存，40 G 或以上硬盘。
　　可以利用企业现有硬件设备，故在投资测算中未列出。

以上就基本完成了该企业的销售跟踪业务管理信息系统的系统分析和系统设计工作，接着还要进行系统实施，即根据程序流程图和设计阶段的其他图表编写计算机程序，并进行程序调试、系统分调、总调和新旧系统的切换。最后需要进行系统评价，提交系统评价文档和系统操作手册等文档。

(资料来源：编者收集整理.)

本 章 小 结

本章重点论述管理信息系统系统设计的目的、内容和方法。管理信息系统设计阶段的主要任务是设计软件系统的模块层次结构、设计数据库的结构及设计模块的控制流程，其目的是明确软件系统"如何做"。这个阶段又分两个步骤：概要(总体)设计和详细设计。概要设计解决软件系统的模块划分和模块的层次机构及数据库设计，从而确定软件系统的结构和每个模块的功能、接口及模块间的调用关系；详细设计是为每个模块设计实现的细节，解决每个模块的控制流程，内部算法和数据结构的设计。此外，在概要设计阶段还应对全局数据结构进行设计，详细设计阶段还应对局部数据结构进行设计。这个阶段结束，要交付概要设计说明书和设计说明，也可以合并在一起，称为系统设计说明书。

系统设计是管理信息系统建设中非常重要的，因为在系统实施阶段发现设计缺陷往往是已经做了大量无用功。虽然重构技术可以帮助修正设计阶段的问题，但无论对于新手还是有经验的开发人员来说，大规模重构都是成本高昂且令人望而生畏的举动。不良的功能设计正是造成大规模重构的首要原因之一，而且大规模的重构对于保持设计文档和程序代码框架的同步是非常不利的，甚至可能导致前期设计文档彻底作废。因此，必须严格保证系统设计的质量和进度，以达到"磨刀不误砍柴工"的效果。

复习思考题

一、名词解释

1. 系统设计　　　　　　　　2. E-R 图
3. 模块化设计　　　　　　　4. 界面设计

二、单项选择题

1. 建立物理模型是信息系统(　　)阶段的任务。
    A. 流程图设计　　B. 系统设计　　C. 系统分析　　D. 系统规划
2. 代码设计工作应在(　　)阶段就开始。
    A. 系统设计　　B. 系统分析　　C. 系统实施　　D. 系统规划
3. 输出设计应由(　　)。
    A. 用户根据系统设计员需要完成　　B. 系统设计员根据用户需要完成
    C. 系统设计员根据输入数据完成　　D. 系统设计员根据输出数据完成
4. 系统设计过程中一般应(　　)。
    A. 先进行输出设计，后进行输入设计　　B. 先进行输入设计，后进行输出设计
    C. 同时进行输入输出设计　　D. 以上三种方法均可
5. 系统设计阶段的工作不包括(　　)。
    A. 数据库设计　　　　　　　B. 编写程序设计说明书
    C. 输入输出设计　　　　　　D. 需求调研

三、应用题

1. 在开展必要的调研工作后，试画出学生学籍管理系统的模块结构图。
2. 车间填写领料单给仓库要求领料，库长根据用料计划审批领料单，未批准的退回车间，已批准的领料单送到仓库保管员处，由他查阅库存账。若账上有货则通知车间前来领

料，否则将缺货通知采购人员。绘制系统数据流程图。

四、简答题

1. 系统设计的基本原则是什么？
2. 信息系统的模块应具备哪些要素？
3. 代码设计应注意哪些问题？
4. 试述我国身份证号中代码的意义，它属于哪种代码？

五、论述题

1. 说明 E-R 图所具有的一般特性。
2. 系统平台设计的主要工作是什么？
3. 界面设计应关注哪些问题？
4. 论述结构化设计中评价模块质量的标准。

案例分析

案例背景

微软的难言之隐

2011 年 2 月 11 日，诺基亚和微软召开联合发布会，共同宣布双方在手机移动通信领域战略合作方案，即诺基亚今后将以 Windows Phone 作为主力智能手机平台，并参与该系统的开发工作，逐步放弃其原有自主研发的 Symbian 系统。这意味着微软的 WP 系统将与全球销量最高的手机厂家诺基亚开展合作，这对 WP 是一个很大的利好消息。与此同时，著名分析机构 Gartner 和 IDC 也于 2 月上旬发布了一份 2010 年度的全球手机市场分析报告，这份报告显然会让微软有点尴尬。报告指出，在全球五大流行操作系统 Symbian(塞班)、Android(安卓)、RIM(黑莓)、iOS(苹果)、Windows Phone(微软)的市场占有率排名中，微软仅以 4.2%排名末席，而另一则关于微软操作系统的新闻则表示，截止到 2011 年 1 月 30 日，Windows 7 桌面操作系统销量已突破 3 亿份，两相比较，Windows Phone 的销量显得卑微且可笑，甚至让人怀疑，微软是否应该放弃手机移动操作系统市场了。

根据 Gartner 和 IDC 报告中的数据，微软 Windows Phone 设备的市场占有率在 2010 年相比 2009 年呈明显下降趋势，2009 年的销量为 1 503 万台、市场占有率为 8.7%，而 2010 年虽然有 Windows Phone 7 系统发布，但销量、市场占有率却下降到了 1 238 万台、4.2%。而竞争对手的 Android、苹果则有明显的进步，谷歌的 Android 系统以年增长率 888.8%的骄人战绩交出 2010 年度移动产品市场最漂亮答卷，其市场占有率从 3.9%一下子蹿到 22.7%，年度销量 6 722 万台，排名第二；苹果的 iOS 系统凭借 iPhone4 和 iPad 两款明星产品，其销量差不多比2009年的2 489万台翻了一倍，达到了4 660万台，市场占有率15.7%，位于塞班、安卓、黑莓之后，排名第四，诺基亚的塞班系统则以37.6%占有率排名第一。

　　谷歌的安卓系统发布于2007年11月，产品正式大规模上市则是在2009年4月的1.5版系统发布之后，距今只有短短两年。苹果的iOS则是伴随着2007年6月iPhone发售而登场的，至今也只有4年。而相对的，微软的Windows Phone则可以算是移动业界元老级的产品了，其历史可以追溯到2000年发布的掌上电脑系统Pocket PC 2000，2010年，微软将该系列更名为Windows Phone并发布了最新版本的Windows Phone 7。但是，这个由全球最大的PC系统开发商开发的、诞生已有8年的Windows Mobile操作系统却一直没有太多建树，2007年之前，它被诺基亚的塞班系统完全压制，而2007年之后，苹果、谷歌异军突起，到今天只剩下了4.2%的市场占有率，让人唏嘘不已。和其他几家公司相比，Windows移动操作系统像是一个不上进的学生，成了微软之耻。微软与诺基亚的合作是否能够挽救微软的移动市场占有率，还是一个未知数。

(资料来源：搜狐IT频道，http://it.sohu.com/20110218/n279414514.shtml.)

案例思考

　　1. 通过本案例并结合自身的手机使用经验，你认为微软WP手机操作系统在系统设计(特别是用户体验方面)上有何不足？

　　2. 此案例中所体现的微软手机操作系统的发展困境，对管理信息系统的系统设计工作有何借鉴意义？

第 8 章

管理信息系统的系统实施

学习目标

知识目标	技能目标
1. 了解系统实施阶段的任务与特点 2. 了解程序设计的方法 3. 掌握测试的目的及类型 4. 掌握测试的方法及技术 5. 了解排错的方法 6. 掌握系统转换的方式及优缺点 7. 掌握系统维护的内容和类型 8. 了解系统维护的管理及常见问题	1. 能够运用白盒测试和黑盒测试的技术进行测试用例设计 2. 能够运用测试方法及排错方法进行程序改错

知识结构

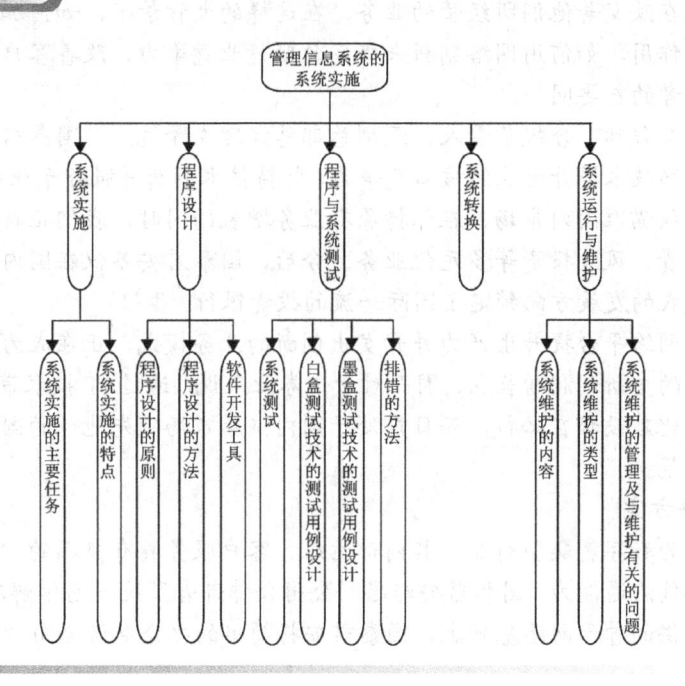

```
                          管理信息系统的
                            系统实施
        ┌──────────┬──────────┬──────────┬──────────┐
       系统        程序       程序与系统    系统       系统运行
       实施        设计         测试       转换        与维护
        │          │            │                      │
     ┌──┴──┐    ┌──┴──┐    ┌──┬─┬─┬──┐             ┌──┼──┐
    系统  系统  程序  程序  软 系 白 黑 排          系 系  系
    实施  实施  设计  设计  件 统 盒 盒 错          统 统  统
    的主  的特  的原  的方  开 测 测 测 的          维 维  维
    要任  点    则    法    发 试 试 试 方          护 护  护
    务                     工    技 技 法          的 的  的
                          具    术 术              内 类  管
                               的 的              容 型  理
                               测 测                    及
                               试 试                    与
                               用 用                    维
                               例 例                    护
                               设 设                    有
                               计 计                    关
                                                       的
                                                       问
                                                       题
```

导入案例

【案例 8-1】 "统一通信"驱动券商业务转型

国泰君安证券股份有限公司所属的两家子公司、5家分公司、23家区域营销总部及所辖的113家营业部分布于全国28个省、自治区、直辖市和特别行政区,是目前国内较大、经营范围较宽、机构分布较广的证券公司之一。

在"技术驱动企业转型"策略的指导下,国泰君安制定了全面的发展规划,建设了完善的信息系统架构。2007年底,在中国证监会、证券业协会举办的首次证券期货行业科学技术奖(省、部级)评奖活动中,公司在与沪、深交易所、中登公司和行业主要竞争对手的激烈竞争中脱颖而出,公司建设的国内首家大规模应用的集中交易系统——经纪业务服务平台系统获得仅有的两个一等奖之一,具有完全自主知识产权的富易网上交易系统获得三等奖,自主开发、设计和集成的全流程运行监控平台获得创新奖。国泰君安作为行业IT应用的先行者、推动者,主持制定了多项行业主要业务技术标准和规范。2008年3月在由国家信息化测评中心(CECA)所组织的2007年度"中国企业信息化500强"评选中,公司成功入选了"2007年度中国企业信息化500强""最佳管理创新奖",并在证券行业中首批荣膺"中国企业信息化标杆企业"的称号。

随着网络时代的来临,"网络技术服务金融业"的概念日趋发展为"网络技术驱动金融业",互联网在金融业新的竞争策略中的角色正在悄然转变,因为它不仅改变着金融业的经营方式,也在改变着他们所经营的业务。在这样的大背景下,如何加强互联网在金融业运营架构中的作用,如何用网络创新来提高金融行业竞争力、改善客户体验,已经成为众多金融企业思考的首要问题。

国泰君安总工程师、合规负责人、深圳总部总经理左峰说:"国泰君安证券始终致力于利用先进的网络技术提升企业的核心竞争力,坚持技术创新并服务于业务和管理。现在,我们的目标不仅仅瞄准国内市场,在保持原有业务增长的同时,我们正在逐步开展投资银行、私募股权投资、风险投资等多元化业务。今后,国泰君安不仅在国内处于市场领先水平,更将业务模式的发展方向锁定了国际一流的投资银行。"

今天,利用网络平台提升生产力并开发出创新的业务模式,正在成为金融业的支柱产业之一的证券业的全新利润增长点,因而对于证券业来说,通过IT技术带动业务发展,逐步深入网络信息化建设势在必行,而目前处于国内证券市场领先地位的国泰君安在这方面为我们提供了典范。

1. 网络解决方案

证券行业作为数字密集型行业,其内部运维、客户服务具有极高的"时间价值"。为了进一步提升协作沟通能力,国泰君安与思科公司合作部署了统一通信解决方案,如图8-1所示。在思科提供的骨干网络基础上,国泰君安将简单的办公电话全面"更新换代"为IP

电话，并将其延伸到各个业务部门。这样的"IP沟通平台"不仅使国泰君安在行业内率先拥有了先进、安全、融合的网络通信交流平台，还使其在未来新建分支机构时的数据和语音网络部署更加便捷，不会因为网络建设的限制而阻碍企业的发展。国泰君安一共部署了上千部思科 IP 电话和几百个能将计算机"虚拟"为 IP 电话使用的"软电话"工具，这样员工们就可以通过麦克风、耳机和笔记本电脑随时随地接入网络。通过新的网络平台，个人移动 PC 在任何时间和任何地点都能够作为延伸的公司分机来使用，通过麦克风可以与同事、客户进行与电话完全一样的沟通，这些极大提高了员工移动办公的效率，加大了业务协作上的实时性。

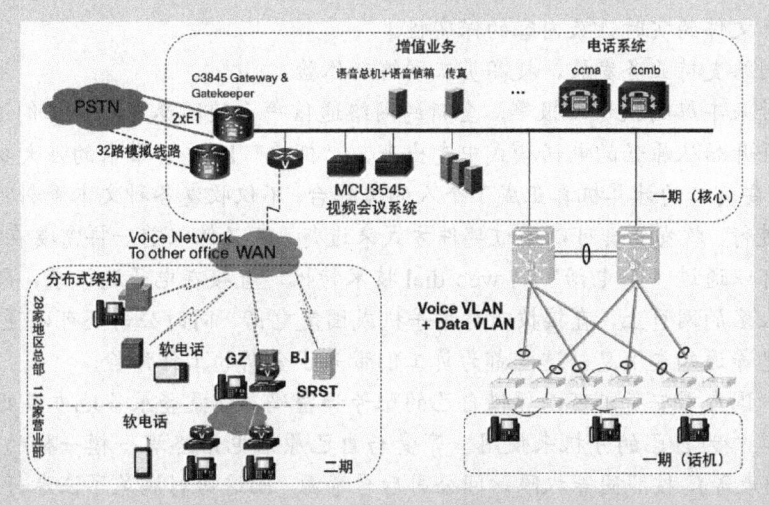

图 8-1 国泰君安的网络解决方案

2. 商业价值

1) 打破空间樊篱，网络助推协作

抓住终端客户，及时了解客户需求并以最快的时间做出响应是券商们的企业竞争力的重中之重。据了解，国泰君安的销售交易部每周都需要在固定时间与众多大客户同时开电话会议商讨业务，与会人员常常达到上百人，而之前使用的电话系统通话质量相对较差，难以满足业务沟通的要求。然而在部署了思科"统一通信"解决方案后，电话会议控制单元(MCU)可以同时容纳 28 个城市、120 个人同时进行高质量的电话，极大提高了多方通话质量、通话安全和团队协作效果。

思科系统(中国)网络技术有限公司副总裁兼华东区总经理邵岩鸣表示："不断发展变化的金融服务，要求网络架构能够更好地制造协作环境，并创造业务的差异性。通过搭建智能化网络平台，思科为国泰君安提供了高效的沟通、协作和管理平台，为其业务差异化的发展方向奠定了坚实的基础。"

2) 新协作模式降低通信成本

从券商的角度看，证券业网络运营成本较高，其中绝大部分是通信费用。思科的基于

IP先进可靠的语音技术不仅打破了空间的樊篱，还可以保证员工在使用网络通话过程中不产生长途话费，这种网内"零话费"的通信方式为国泰君安带来了通信成本上的大幅度减少。

通过部署办公电话通信系统(IP Telephony)、视频会议控制单元(MCU)及服务于业务的基于IP电话的增值应用系统，国泰君安在日常办公中可以便捷地召开电话会议，避免了差旅带来的费用开支。

同时，思科"统一通信"解决方案带来的"无纸化传真"也极大降低了公司在办公用品费用上的开销。现在发传真就像发邮件一样简单，无论在哪里只要有网络就可以收发，确保了传真文件的实时性及内容的保密性。

3) 网络支持业务发展，提高员工网络新体验

除了带来丰厚的投资回报率，全新的网络通信平台使国泰君安员工们逐渐养成了"IP习惯"，并开始从原始的电话模式中走出来，"拥抱"IP平台带来的强大功能。项目部署后，国泰君安员工的计算机真正成了个人的工作台。不仅收发各种文本资料可以通过E-mail或短信来进行，收发传真可以通过邮件方式来进行，不必像以前一样需要在传真机旁等候，而且员工可以通过"IP电话"的web dial技术特性，直接在电子通讯录、即时通信软件或任何出现人名的网页上，直接拨叫对方手机或固定电话，同时公司还可以通过IP电话来推送待办信息等通知类消息，这些都为员工们带来了全新的工作体验。

同时，国泰君安员工可以凭借自己的账号和密码，随意登录各地办事处的任何一台IP电话并将其作为自己的分机来使用，享受与自己原来电话终端一模一样的设置(如直线号码、速拨列表等)，按照同等权限访问公司后台资源，而这恰好满足了证券行业员工出差多、流动性大的工作特点。

此外，国泰君安的员工可以在IP电话上看到会议室的预定情况，省了通常会议室预定的烦琐流程。同时，员工在通过IP电话查找联系人时，只需按人名的第一个字母就可立即搜索出名字和电话。高效的应用不仅提高了员工的工作效率，同时实现了和业务系统的整合与集成，还极大提升了国泰君安的企业形象和竞争力。

3. 未来规划

未来，国泰君安将继续秉承以安全为基本原则的网络建设战略，通过办公网络、普通网络、对外网络的"三网分离"，以及灾备、供电保护设施的部署保证业务的延续性。基于已搭建的统一通信平台，国泰君安将继续开创更多属于自己的个性化应用。

据了解，国泰君安还计划在北京、上海等地的分支机构继续部署思科"统一通信"解决方案，实现内部资源的整合与集成。秉承"诚信、亲和、专业、创新"的经营理念，国泰君安希望借助灵活、高效、安全、稳定的IP电话通信系统，在市场运作中充分体现其在专业技能、服务水准上的竞争优势，为客户提供全方位、一站式的服务，使国泰君安与客户在中国高速增长的经济环境中共同成长。

(资料来源：http://www.cisco.com/web/CN/aboutcisco/success_story/index.html)

> **案例思考**
>
> 1. 随着网络时代的来临，国泰君安面临什么样的挑战？
> 2. 思科如何设计网络解决方案？该方案的商业价值体现在哪些方面？

8.1 系统实施

8.1.1 系统实施的主要任务

系统实施是新系统开发工作的最后一个阶段。实施是指将系统设计阶段的结果在计算机上实现，将原来纸面上的、类似于设计图式的新系统方案转换成可执行的应用软件系统。这个阶段的主要任务有以下四个。

1. 硬件准备

按总体设计方案购置和安装计算机网络系统，具体包括计算机主机、输入/输出设备、存储设备、辅助设备和通信设备等。

> **阅读资料**
>
> **哈佛大学化学与化学生物学系革新IT基础设施**
>
> 位于美国马萨诸塞州剑桥的哈佛大学化学与化学生物学系是哈佛大学文理学院的化学和化学生物研究中心，拥有大量的高性能计算基础设施，用以支持教学和研究。该系的IT环境采用了不同类的供应商产品和技术，其大量的基础设施采用的都是思科产品，包括高性能计算(HPC)阵列。
>
> 该系用于授课的软件应用包括Q-Chem和WebMO。Q-Chem是一个全面的量子化学分子建模软件应用，并入了很多针对分子轨函数及关联属性的半实验式和从头计算方法。WebMO是一个计算化学软件包，它的特点是包含多种强大的增强功能，这些功能适合重要的教育、商业和研究级用户。
>
> 该系提供的IT资源不同，在化学中用到的计算方法可能也不同，原因在于这二者是相关联的。有些计算过程通常为CPU密集型计算，例如使用从头计算方法的分子轨函数计算，这些计算往往使用大量存储，而分子动态模拟往往会挑战集群互联性和系统内存的极限。为了承载这些应用，在此HPC阵列周围构建了一个新的集群，用于一次应对20～50人班级和一或两个学院。计算设备既用于研究，也用于教学，参与学院主持的独立研究项目的所有学生都有权使用这些工具。
>
> 化学与化学生物学系信息技术副主任兼该项目的经理Gerald Lotto博士表示，在实施该集群之前，系里遇到过很多问题，包括教授往往必须提前数月制订访问计划及进

行时间选择，以支持课程作业和研究。如果尝试使用共享集群资源进行教学，鉴于班级指定的时间限制，很多学生往往会同时访问系统。因此，存在三重业务挑战。

（1）创建一个高性能服务器阵列，它利用共享 I/O 池和存储资源来为研究集群计算提供高吞吐量支持。

（2）支持本科和研究生阶段化学课程使用高级计算方法。

（3）提供一种经济高效的方法，以便基于投资最大限度地提高性价比，并提供针对科学计算应用的兼容性。

网络解决方案

Lotto 博士与思科和 IBM 工程师进行了面谈，并测试了利用思科 Infiniband 阵列的高性能共享磁盘文件系统设计。最终根据 Lotto 博士的研究结果，化学与化学生物学系决定设计并实施该集群，将它部署在一个使用 Cisco Catalyst、Cisco InfiniBand 和 Cisco MDS Multilayer SAN 交换机的统一 HPC 阵列周围，用以支持集群计算、共享存储和对集中资源的高度可访问性，是对化学"大规模研究"的更进一步体现。

商业价值

此新集群解决方案通过使用 Cisco SFS 3012 InfiniBand Multifabric 服务器交换机和 MDS 92161 Multilayer SAN 交换机，可以同时处理学生和教师负载，与光纤通道基础设施相比，集群性能提高了将近 50%。

新基础设施适合该系的计算工作量需求，实际上在升级文件系统后，之前遇到的带宽和容量问题也都不存在了。

InfiniBand 提供了众多可能的配置。化学系在此新基础设施的帮助下，可以利用一个通过订购获得的阵列进行多种应用或填补多项空白，预期会利用此 HPC 阵列进行更多富有挑战性的应用。

（资料来源：http://www.cisco.com/web/CN/aboutcisco/success_story/index.html.）

2. 软件准备

软件设备包括系统软件、数据库管理系统以及一些应用程序，特别是建立数据库系统、程序设计和调试。

◇ 知识拓展

软件架构与 Layers 架构模式

软件架构(software architecture)是一系列相关的抽象模式，用于指导大型软件系统各个方面的设计。软件架构是一个系统的草图。软件架构描述的对象是直接构成系统的抽象组件。各个组件之间的连接则明确和相对细致地描述组件之间的通信。根据

Linda Rising 的 *Pattern Almanac* 一书，已知的架构模式有七十多种，其中较为经典的包括 Layers、Bridge、Facade、Interpreter、Mediator 等。这里只介绍 Layers 架构模式。

在收集到用户对软件的要求之后，架构设计就开始了。架构设计一个主要的目的，就是把系统划分成为很多"板块"。划分的方式通常有两种，一种是横向的划分，另一种是纵向划分。

横向划分将系统按照商业目的划分。比如一个书店的管理系统可以划分成为进货、销售、库存管理、员工管理等。

纵向划分则不同，它按照抽象层次的高低，将系统划分成"层"，或叫 Layer。比如一个公司的内网管理系统通常可以划分成为下面的几个 Layer。

(1) 网页，也就是用户界面，负责显示数据、接受用户输入。

(2) 领域层，包括 JavaBean 或者 COM 对象、B2B 服务等，封装了必要的商业逻辑，负责根据商业逻辑决定显示什么数据，以及如何根据用户输入的数据进行计算。

(3) 数据库，负责存储数据，按照查询要求提供所存储的数据。

(4) 操作系统层，比如 Windows NT 或者 Solaris 等。

(5) 硬件层，比如 SUN E450 服务器等。

有人把这种 Layer 叫作 Tier，但是 Tier 多带有物理含义，不同的 Tier 往往位于不同的计算机上，由网络连接起来，而 Layer 是纯粹逻辑的概念，与物理划分无关。

Layers 架构模式的好处有以下两点。

(1) 任何一层的变化都可以很好地局限于这一层，而不会影响到其他各层。

(2) 更容易容纳新的技术和变化。Layers 架构模式容许任何一层变更所使用的技术。

(资料来源：http://dev.yesky.com/387/2012387.shtml。)

3. 人员培训

人员培训主要是指用户的培训，用户包括主管人员和业务人员。这些人员多数来自现行系统，精通业务，但往往缺乏计算机知识。为保证系统调试和运行顺利进行，应根据他们的基础，提前进行培训，使他们适应并逐步熟悉新的操作环境，培训是至关重要的实施活动。信息系统人员，如用户顾问，应当确保终端用户接受过如何运行新业务系统的培训，否则就会导致实施过程的失败。

阅 读 资 料

每天上午 10 点，科拉克美洲支票公司的员工打开网络浏览器接受协作培训，这个课程是关于如何使用 SAP AG 公司的企业资源规划软件来执行采购业务。每天的课程中，20 多个地区的终端用户或是观看同事在软件模拟环境下操作，或是自己动手模拟实施。

通过网络进行自学的 ERP 培训已成为很流行的概念。用户说培训花费了 ERP 预算的 10%～20%，是 ERP 项目开发中比较令人痛苦的一部分。很多 ERP 系统复杂的用户界面和高度的客户定制化，使普通的计算机培训课程没有效果。科拉克美洲支票公司通过网络培训的方式，加快了企业资源规划的实施进展。用户称这种培训方式可以节省传统培训方式 75%的成本。

(资料来源：James A.O'Brien. 管理信息系统[M]. 李红，姚忠，译. 北京：人民邮电出版社，2007.)

4. 数据准备

数据的收集、整理和输入是一项烦琐、劳动量大的工作。一般来说，确定数据库物理模型之后，就应进行数据的整理和输入。这样，既分散了工作量，又可以为系统调试提供真实的数据。

◇ 知识拓展

大数据与云计算

大数据(big data)，或称巨量资料，指的是所涉及的资料量规模巨大到无法通过目前主流软件工具，在合理时间内达到撷取、管理、处理，并整理成为帮助企业经营决策更积极目的的资讯。大数据技术的战略意义不在于掌握庞大的数据信息，而在于对这些含有意义的数据进行专业化处理。换言之，如果把大数据比作一种产业，那么这种产业实现盈利的关键，在于提高对数据的"加工能力"，通过"加工"实现数据的"增值"。

从技术上看，大数据与云计算的关系就像一枚硬币的正反面一样密不可分。大数据必然无法用单台的计算机进行处理，必须采用分布式架构。它的特色在于对海量数据进行分布式数据挖掘(SaaS)，但它必须依托云计算的分布式处理、分布式数据库(PaaS)和云存储、虚拟化技术(IaaS)，如图 8-2 所示。

SaaS	分布式数据挖掘
PaaS	分布式处理
	分布式数据库
IaaS	云存储 | 虚拟化

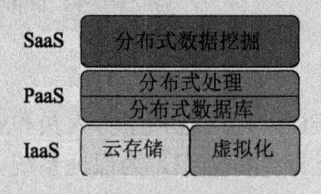

图 8-2 大数据与云计算的关系

随着云时代的来临，大数据也吸引了越来越多的关注。《著云台》的分析师团队认为，大数据通常用来形容一个公司创造的大量非结构化数据和半结构化数据，这些数据在下载到关系型数据库用于分析时会花费过多时间和金钱。大数据分析常和云计算联系到一起，因为实时的大型数据集分析需要像 MapReduce 一样的框架来向数十、数百甚至数千的计算机分配工作。

(资料来源：http://baike.baidu.com/subview/6954399/13647476.htm? fr=aladdin.)

8.1.2 系统实施的特点

与系统分析、系统设计阶段相比，系统实施的特点是工作量大，投入的人力、物力多。因此，系统的实施是一个艰难且费时的过程。但是，对于确保任何新系统的成功开发来说，它又是至关重要的。即使是一个设计良好的系统，如果没有正确的实施，也会导致失败。若在实施过程中进行项目管理，对保证整个系统的成功开发是有很大帮助的。

8.2 程 序 设 计

程序设计主要依据系统设计阶段的 HIPO(Hierarchy Plus Input-Process-Output)图及数据库结构和编程码设计。在系统实施阶段，编程是其核心工作。

8.2.1 程序设计的原则

什么是好程序？20 世纪 50 年代，由于计算机内存小、速度慢，人们通常把程序的长度和执行速度放在很重要的位置。但是，随着硬件技术的飞速发展，这一观点正逐渐改变。一般情况下认为一个好的程序应遵循以下原则。

(1) 能工作。这是最基本的一条。一个根本不能够工作的程序称不上好程序。

(2) 调试代价低。也就是说，在调试上花费的时间少。

(3) 易于维护。由于信息系统需求的不确定性，系统需求可能会随着环境的变化而不断变化，因此就必须对系统功能进行完善和调整。为此，有必要对程序进行补充或修改。此外，由于计算机软硬件的更新换代也需要对程序进行相应的升级。程序维护的工作量相当大，一个不易维护的程序，其寿命也不长。

(4) 具有可靠性。程序应具有较好的容错能力，不仅正常情况下能工作，而且在意外情况下也应便于处理，不致产生意外的操作，从而造成严重损失。

(5) 易于理解。程序不仅要逻辑正确，计算机能够执行，而且应当层次清楚，便于阅读。一个不易理解的程序将会给程序维护工作带来困难。

(6) 效率高。程序的效率是指程序能否有效地利用计算机资源。随着硬件价格大幅度下降，性能却不断完善和提高，程序的效率已不像以前那样举足轻重了；相反，程序设计人员的工作效率则日益重要。提高程序设计人员的工作效率，不仅能降低软件开发成本，而且可明显降低程序的出错率，进而减轻维护人员的工作负担。此外，程序的效率与可维护性及可理解性通常是矛盾的，在实际编程过程中，人们往往宁可牺牲一定的时间和空间，也要尽量提高系统的可理解性和可维护性，片面追求程序的运行效率反而不利于程序设计质量的全面提高。

8.2.2　程序设计的方法

1. 结构化程序设计

结构化程序设计被称为软件发展中的第三个里程碑，其影响比前两个里程碑(子程序、高级语言)更为深远。结构化程序设计的概念和方法以及支持这些方法的一整套软件工具构成了"结构化革命"。这是存储程序计算机问世以来对计算机界影响最大的一个软件概念。

结构化程序设计方法按照 HIPO 图的要求，用结构化的方法来分解内容和设计程序。在这种方法内部，它强调自顶向下地分析和设计，而在它外部又强调自底向上地实现整个系统。但是，对于一个分析和设计都非常规范且对功能单一、规模又较小的模块来说，再强调这种方法就意义不大了。若遇到某些开发过程不规范，模块划分不细或者是因特殊业务处理的需要模块程序量较大的情况时，结构化程序设计方法仍是一种非常有效的方法。结构化程序设计方法通常包括以下四点。

(1) 限制使用 GO TO 语句。无限制使用 GO TO 语句将使程序结构杂乱无章，难以阅读，难以理解。

(2) 逐步求精的设计方法。在一个程序模块内，先从该模块功能描述出发，一层层地逐步细化，直到最后分解、细化成语句为止。

(3) 自顶向下的设计、编码和调试。自顶向下的方法在系统分析和设计阶段都要使用。每个系统都是由功能模块构成的层次结构。底层的模块一般规模较小，功能较简单，完成系统某一方面的处理功能。在设计中使用自顶向下的方法的目的在于：一开始能从总体上理解和把握整个系统，而后对于组成系统的各功能模块逐步求精，从而使整个程序保持良好的结构，提高软件开发的效率。

(4) 主程序员制的组织形式。即一个主程序员组的固定成员是一名主程序员、一名辅助程序员、一名程序资料员。其他技术人员按需要随时加入组内。

在具体编程中，结构化程序设计方法是采用三种基本的逻辑结构来编写程序：顺序结构、选择结构和循环结构。

(1) 顺序结构。顺序结构是一种线性有序的结构，由一系列依次执行的语句或模块构成，其结构流程图如图 8-3(a)所示。

(2) 选择结构。选择结构是根据条件成立与否选择程序执行路径的结构。图 8-3(b)是较简单的一种选择结构流程图。

(3) 循环结构。循环结构是由一个或几个模块构成，程序运行时重复执行，直到满足某一条件为止，其结构流程图如图 8-3(c)所示。

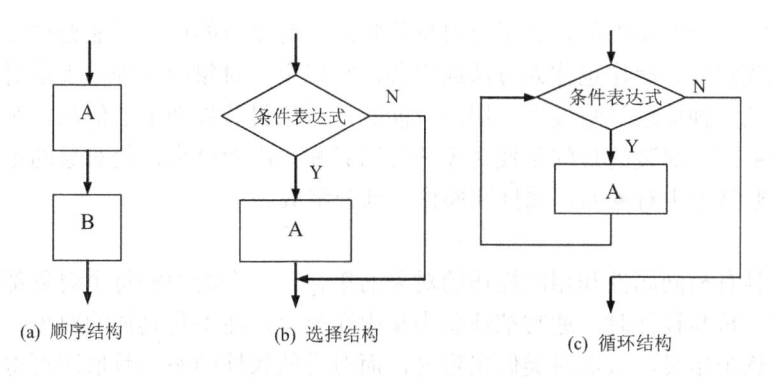

(a) 顺序结构　　(b) 选择结构　　(c) 循环结构

图 8-3　三种基本的逻辑结构

2. 速成原型式的程序设计

这种方法在程序设计阶段的具体实施步骤如下。

(1) 将 HIPO 图中类似带有普遍性的功能模块集中起来，如菜单模块、报表模块、查询模块、统计分析和图形模块等。这些模块几乎是每个子系统都必不可少的。

(2) 寻找有无相应、可用的软件工具。如果没有，则可以考虑开发一个能够适合各子系统情况的通用模块。用这些工具生成这些程序模型原型。如果 HIPO 图中有一些特定的处理功能和模型，而这些功能和模型又是现有工具不可能生成的，则考虑编制一段程序加进去。这样，利用现有的工具和原型方法可以很快地开发出所要的程序。

3. 面向对象程序设计

传统的过程式程序设计使软件陷入了危机，随着 20 世纪 70 年代 Smalltalk 和 Modula-2 等面向对象的编程语言(Object Oriented Programming Language，OOPL)的出现，以及 C++ 的发展成熟，面向对象程序设计(Object Oriented Programming，OOP)思想得到了广泛的认同和普及。至 20 世纪 90 年代，各种程序语言或工具都引入了这一思想，现已成为软件产业的主体技术。面向对象方法以客观世界中的对象为中心，其分析和设计思想符合人们的思维方式，分析和设计的结果与客观世界中的实际比较接近，容易被人们接受。

1) 对象

在现实世界中，每个实体都是对象，如学生、汽车、电视机和空调等都是现实世界中的对象。每个对象都有它的属性和操作，如电视机有颜色、音量、亮度、灰度和频道等属性，可以有切换频道、增大/减低音量等操作。电视机的属性值表示了电视机所处的状态，而这些属性值只能通过其提供的操作来改变。电视机的各组成部分，如显像管、印刷板和开关等都封装在电视机机箱中，人们不知道也不关心电视机是如何实现这些操作的。

在 OOP 方法中，一个对象是一个独立存在的实体，每个对象都有各自的属性和行为。例如，书是一个对象，它的属性可以有书名、作者、出版社、出版年份和定价等属性。其中，书名、出版年份和定价是数据；作者和出版社可以是对象，它们还可有自己的属性。

每个对象都有它自己的属性值，表示该对象的状态。对象中的属性只能通过该对象所提供的操作来存取或修改。操作也称为方法或服务，它规定了对象的行为，表示对象所能提供的服务。封装是一种信息隐蔽技术，用户只能看见对象封装界面上的信息，对象的内部实现对用户是隐蔽的。封装的目的是使对象的使用者和生产者分离，使对象的定义和实现分开。一个对象通常可由对象名、属性和操作三部分组成。

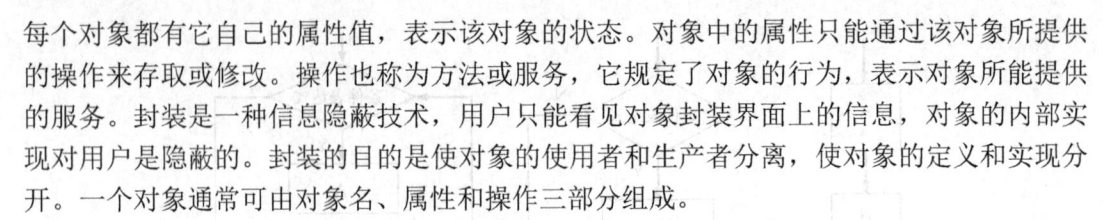

2) 类

类是一组具有相同属性和相同操作的对象的集合。一个类中的每个对象都是这个类的一个实例。在分析和设计时，通常把注意力集中在类上，而不是具体的对象，同时，也不必为每个对象逐个定义，只需对类做出定义，而对类的属性的不同赋值即可得到该类的对象实例。

3) 继承

继承是类间的一种基本关系，是在某个类的层次关联中不同的类共享属性和操作的一种机制。换句话说，对于相关对象在进行合并分类后，有可能出现共享某些性质，通过抽象后使多种相关对象表现为一定的组织层次，低层次的对象继承其高层次对象的特性，这便是对象的继承。在层次关联中，一个父类可以有多个子类，这些子类都是父类的特例，父类描述了这些子类的公共属性和操作。一个子类可以继承它的父类(或祖先类)中的属性和操作，这些属性和操作在子类中不必定义，同时子类中还可以定义自己的属性和操作。例如，"多边形"类是"矩形"类的父类，"多边形"类可以有"顶点数"和"顶点坐标"等属性，有"移动""旋转""求周长"和"求面积"等操作，而"矩形"类可定义"长"和"宽"等属性。

上面的讨论中一个子类只有唯一的一个父类，这种继承称为单一继承。一个子类也可以有多个父类，它可以从多个父类中继承特性，这种继承称为多重继承。例如，"水陆两用交通工具"类既可继承"陆上交通工具"类，又可继承"水上交通工具"类的特性。

4) 消息

消息是传递对象间通信的手段，一个对象通过向另一对象发送消息来请求其服务。一个消息通常包括接收对象名、调用的操作名和适当的参数。消息只告诉接收对象需要完成什么操作，但并不指示接收者怎样完成操作。消息完全由接收者解释，接收者独立决定采用什么方法来完成所需的操作。

5) 多态性

多态性是指同一个操作作用于不同的对象上可以有不同的解释，并产生不同的执行结果。例如，"画"操作，作用在"矩形"对象上则在屏幕上画一个矩形，作用在"圆"对象上则在屏幕上画一个圆。也就是说，相同操作的消息发送给不同的对象时，每个对象将根据自己所属类中定义的这个操作去执行，从而产生不同的结果。

图 8-4 所示是一个类、对象和继承的例子。

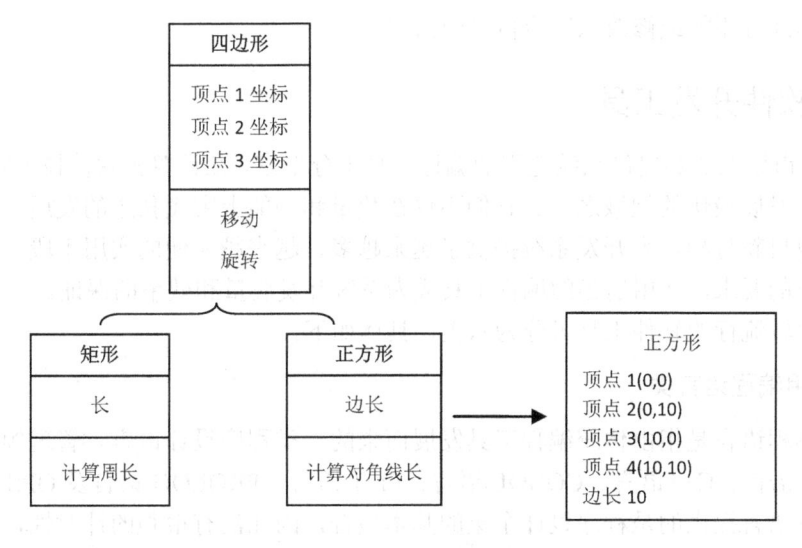

图 8-4 类、对象和继承

4. 可视化编程技术

虽然 OOPL 提高了程序的可靠性、可重用性、可扩充性和可维护性，但应用软件为了适应 Windows 界面环境，使用户界面的开发工作变得越来越复杂，有关这部分代码所占比重也越来越大。因此，Microsoft 公司推出 Visual Basic 以后，可视化编程技术受到极大的欢迎，编程人员不再受 Windows 编程的困扰，能够所见即所得地设计标准的 Windows 界面。

可视化编程技术的主要思想是用图形工具和可重用部件来交互地编制程序。它把现有的或新建的模块代码封装于标准接口的封包中，作为可视化编程编辑工具中的一个对象，用图符来表示和控制。可视化编程技术中的封包可能由某种语言的一个语句、功能模块或数据库程序组成，由此获得的是高度的平台独立性和可移植性。在可视化编程环境中，用户还可以自己构造可视控制部件，或引用其他环境构造的、符合封包接口规范的可视控制部件，增加了编程的效率和灵活性。

可视化编程一般基于事件驱动的原理。用户界面中包含各种类型的可视控制部件，如按钮、列表框和滚动条等，每个可视控制部件对应多个事件和事件驱动程序。发生于可视控制部件上的事件触发对应的事件驱动程序，完成各种操作。编程人员可以在可视化编程工具的帮助下，利用鼠标建立、复制、缩放、移动或清除各种已提供的控件，然后利用该可视化编程工具提供的语言编写每个控件对应的事件程序，最后可以用解释方式运行来测试程序。这样，通过一系列的交互设计就能很快地完成一个应用项目的编程工作。

另外，一般可视化编程工具还有应用专家或应用向导提供模板，按照步骤对使用者进行交互式指导，让用户定制自己的应用，然后就可以生成应用程序的框架代码，随后用户可在适当的地方添加或修改以适应自己的需求。

8.2.3 软件开发工具

目前，市场上能够提供系统选用的编程工具十分丰富，在计算机软件技术发展过程中，软件工具是发展最快的领域之一。它们不仅在数量和功能上突飞猛进的发展，而且在内涵的拓展上也日新月异，为开发系统提供了越来越多、越来越方便的实用手段。为了满足信息系统开发的要求，选用适当的编程工具成为系统开发质量和效率的保证。

一般比较流行的软件工具可分为六类，具体如下。

1. 常用编程语言类

常用编程语言是指由传统编程工具发展而来的一类程序设计语言。管理领域中比较常用的有：C 语言、C++语言、COBOL 语言、PL/1 语言、PROLOG 语言及 OPS 语言等。由于这类编程语言提供的是程序设计全集的基本集合，因此没有很强的针对性，适应范围比较广，原则上任何功能模块都可以用这类编程语言来实现。正是由于它们适应范围广，因而也使程序设计人员在编程时的复杂程度增加，从而使程序设计的工作量变得较大。

随着计算机应用的深入发展，管理信息系统的程序规模日益增大，采用的程序设计语言也逐渐发生变化，选择适合于管理信息系统的程序设计语言应该考虑的方面有：语言的结构化机制与数据管理能力，语言可提供的交互功能，有较丰富的软件工具，开发人员的熟练程度，软件可移植性要求，系统用户的要求。

2. 数据库管理系统类

数据库管理系统是信息系统数据存放的中心和整个系统数据传递和交换的枢纽，对信息系统而言是至关重要的。目前，数据库软件工具产品可以分为两大类，一类是在大型机上运行的数据库管理系统，另一类是在微机上运行的数据库管理系统。

大型机上运行的大型数据库管理系统，规模较大，功能也比较齐全，目前比较典型的系统有 Oracle、Sybase、Ingres、Informax 和 DB2 等。这类系统比较适合大型综合类系统的开发。

目前在微机上运行的数据库管理系统，其典型的代表是 xBASE 系列、FoxPro 的各种版本和 Microsoft Access 等。这种数据库系统以微机和关系数据库为基础，提供了一系列围绕数据库的各种操作、数据处理和程序设计的命令集。简单易学、方便实用是这类数据库的最大特点。

3. 程序生成工具类

程序生成工具也称为第四代程序生成语言(4th Generation Language，4GL)，是一种基于常用数据处理功能和程序之间的对应关系的自动编程工具。曾经流行的产品有应用系统建造工具(Application Builder，AB)、屏幕生成工具、报表生成工具及综合程序生成工具等，它们的一个显著特点就是它们必须针对几类常见的程序设计语言。目前，这类工具的一个发展趋势就是向功能的大型综合化、生成程序模块语言的专一化的方向发展。

4. 系统开发工具类

系统开发工具是在程序生成工具的基础上进一步发展而来的，因此它不但具有 4GL 的功能和特点，同时更加综合化、图形化，给程序设计人员带来了更多的便利。目前这类工具主要有两类：专用开发工具类和综合开发工具类。

(1) 专用开发工具类，是指对应用领域和待开发功能针对性都较强的一类系统开发工具。这一类工具主要有专门用于开发查询模块用的 SQL、专门用于开发数据处理模块用的 SDK(Structured Development Kits)、专门用于人工智能和符号处理的 Prolog for Windows 及专门用于开发产生式规则知识处理系统的 OPS(Operation Process System)等。这类工具显著的特点是针对性比较强，可以帮助用户开发出相对深入的信息处理模块。

(2) 综合开发工具类，是针对开发一般应用系统和数据处理功能的一类系统开发工具，因此其特点就是可以最大限度地适用于一般应用系统的开发和生成。常见的工具有 FoxPro、VB(Visual BASIC)、Visual C++、CASE 和 Team Enterprise Developer 等。虽然这类开发工具不能帮助程序设计人员生成一个完全可用的系统，但可在一定程度上帮助开发人员生成应用系统中的大部分常见处理功能；而对于那些特殊的处理模块还是需要程序设计人员手工编制，才能最后实现整个系统。

5. 客户/服务器工具类

客户/服务器工具是迄今软件工具发展中出现的比较新的开发工具。这一类工具的基本思想和概念主要继承了人类处理问题的"专业化分工协作"的思想。

C/S 工具解决问题的基本思路就是在原有开发工具的基础上，将原有工具改变为一个既可以被其他工具调用，又可调用其他工具的"公共模块"。在这一思想指导下，系统开发的工作过程就可以不受一种语言、一类开发工具的限制，而是能够综合发挥各类工具的长处，尽快、更好地完成系统开发工作。另外，在整个系统结构方面，C/S 工具产生了前台和后台的作业方式，特别是在网络上可以大大减轻网络传输的压力，提高系统的运行效率。所以，C/S 工具被广泛地应用于开发工具、程序设计和网络系统的开发等各个方面。

市场上常见的 C/S 工具有：Visual FoxPro、VB、VC++、Excel、Powerpoint、Borland International 公司的 Delphi Client/Server，Powersoft 公司的 Power Build Enterprise 和 Sysmantec 公司的 Team Enterprise Developer 等。这类开发工具最显著的特点就是相互之间调用的随意性。

6. 面向对象编程工具类

面向对象编程工具主要是指与面向对象(Object Oriented，OO)相对应的编程工具。这是一类针对性比较强，并且很有潜力的系统开发工具，其最明显的特点是在运用这类工具时，与整个 OO 方法紧密结合。如果没有这类工具，OO 方法的特点将受到极大的影响；反之，没有 OO 方法,该类工具也将失去应有的作用。目前 OO 编程工具主要有 C++和 Visual C++、Smalltalk 等。

另外，随着网络技术的不断普及，越来越多的企业在其内联网(Intranet)中采用了 Internet 协议，HTML、Java 和其他开发工具也已得到广泛的应用。

◆ 知识拓展

知道最新编程语言排行榜吗？

Apr 2014	Apr 2013	Change	Programming Language	Ratings	Change
1	1		C	17.631%	-0.23%
2	2		Java	17.348%	-0.33%
3	4	^	Objective-C	12.875%	+3.28%
4	3	v	C++	6.137%	-3.58%
5	5		C#	4.820%	-1.33%
6	7	^	(Visual) Basic	3.441%	-1.26%
7	6	v	PHP	2.773%	-2.65%
8	8		Python	1.993%	-2.45%
9	11	^	JavaScript	1.750%	+0.24%
10	12	^	Visual Basic .NET	1.748%	+0.65%
11	10	v	Ruby	1.745%	-0.23%
12	17	^^	Transact-SQL	1.170%	+0.45%
13	9	v	Perl	1.027%	-1.31%
14	52	^^	F#	0.966%	+0.83%
15	19	^^	Assembly	0.853%	+0.14%
16	13	v	Lisp	0.797%	-0.11%
17	18		PL/SQL	0.782%	+0.07%
18	24	^^	MATLAB	0.760%	+0.24%
19	15	vv	Delphi/Object Pascal	0.746%	-0.09%
20	35	^^	D	0.708%	+0.39%

(数据来源：http://www.tiobe.com/index.php/content/paperinfo/tpci/index.html.)

8.3 程序与系统测试

在完成程序设计后，经程序员编码调试后就为新系统的运行初步奠定了基础。因为未测试之前的各阶段中都可能在新系统中遗留下许多错误和缺陷，如果不及时找出这些错误和缺陷并将其改正，这个系统将不能正常使用，甚至会导致巨大的损失。要了解将要投入运行的新系统是否能正确无误地工作，必须实行系统测试。测试是一项很艰苦的工作，其工作量约占软件开发总工作量的 40%以上，特别对一些关系到人的生命安全的系统，其测试成本可能相当于其他开始阶段总成本的 3~5 倍。

8.3.1 系统测试

1. 测试的目的

测试的目的是尽可多地发现新系统中的错误和缺陷。明确测试的目的是一件非常重要的事情，因为在现实世界中对测试工作存在着许多模糊或者错误的看法，这些看法严重影响着测试工作的顺利进行。有人认为测试是为了证明程序是正确的，也就是说，程序不再有错误，事实证明这是不现实的。因为要通过测试来发现程序中的所有错误就要穷举所有可能的输入数据，检查它们是否产生正确结果。例如，一个需要三个 16 位字长的整型输入的程序，输入数据的所有组合情况大约有 3×10^{14} 种，若每组数据的测试时间为 1 ms，那么即使一年 365 天、每天 24 小时测试，也大约需要 1 万年的时间才能完成。

2. 测试用例

要进行测试，除了要有测试数据外，还应同时给出该组测试数据应该得到怎样的输出结果，可称它为预期结果。在测试时，将实际的输出结果与预期结果比较，若不同则表示出现了错误，因此测试用例是由测试数据和预期结果构成的。

为了发现程序中的错误，应竭力设计能暴露错误的测试用例。一个好的测试用例是极有可能发现迄今为止尚未发现的错误的测试用例。一次成功的测试是发现了至今为止尚未发现的错误的测试。

3. 测试的原则

测试阶段应注意以下八项基本原则。

(1) 确定预期输出结果是测试用例必不可少的一部分。如果只有测试数据而无预期结果，那么就不易判断测试结果是否正确。

(2) 程序员应避免测试自己的程序，程序设计机构不应测试自己的程序。这是因为程序中的错误往往是由于程序员对问题说明的误解，由他来测试自己的程序就不易找出因这种误解而产生的错误。此外，开发系统是一项建设性的工作，而测试是一项破坏性的工作，这对开发人员或小组来说，在心理上是难以容忍的。为了证明自己的程序没有错误或错误很少，他们往往不去选择容易发现错误的测试用例，而选择容易通过的测试用例。当然，这并不意味着程序员都不能测试自己的程序，如模块测试通常就是由程序员自己测试的。

(3) 彻底检查每个测试结果。如果不仔细检查测试结果，有些已经测试出来的错误也可能被遗漏掉。

(4) 对非法的和非预期的输入数据也要像合法的和预期的输入数据一样编写测试用例。例如，判断输入的三个数据是否构成等腰三角形、等边三角形及不等边三角形的程序。测试这个程序时，不仅要选"5，5，6"和"7，7，7"这样一些合理数据作为测试用例，而且还要选用"1，2，3"和"1，2，4"这样一些不合理的输入数据，以便证实程序不会把这些不可能构成三角形的边长错误地认为这是"不等边三角形"。

(5) 检查程序是否做了应做的事仅是成功的一半，另一半是看程序是否做了不该做的事。

(6) 除了真正没有用的程序外，一定不要丢弃测试用例。因为在改正错误或程序维护后还要进行重新测试。

(7) 在规划测试时，不要设想程序中不会查出错误。

(8) 程序模块经测试后，遗留的错误数目往往与已发现的错误数目成比例。实践证明，程序中的大量错误仅与少量的程序模块有关，因此当模块A找出的错误比模块B多得多时，很可能模块A遗留的错误仍比模块B遗留的错误多。

4. 测试的方法

测试的关键是测试用例的设计，其方法可分成两类：白盒测试和黑盒测试，具体如下。

(1) 白盒测试是把程序看成装在一只透明的白盒子里，测试者完全了解程序的结构和处理过程。它根据程序的内部逻辑来设计测试用例，检查程序中的逻辑通路是否都按预定的要求正确地工作。

(2) 黑盒测试是把程序看成一只黑盒子，测试者完全不了解(或不考虑)程序的结构和处理过程。它根据规格说明书规定的功能来设计测试用例，检查程序的功能是否符合规格说明的要求。

5. 测试的类型

测试可分为四种类型，即模块测试、联合测试、验收测试和系统测试。

1) 模块测试

模块测试是对一个模块进行测试，根据模块的功能说明，检验模块是否有错误。这种测试在各模块编程后进行。模块测试通常采用白盒测试。

模块测试一般由编程人员自己进行，具体测试内容如下。

(1) 模块界面：调用参数数目、顺序和类型。

(2) 内部数据结构：如初始值对不对，变量名称是否一致，共用数据是否有误。

(3) 独立路径：是否存在不正确的计算、不正确的循环及判断控制。

(4) 错误处理：预测错误的产生及后处理，看是否和运行一致。

(5) 边界条件：对数据大小界限和判断条件的边界进行跟踪运行。

2) 联合测试

联合测试即是通常说的联调，它是对由各模块组装而成的程序进行测试，主要检查模块间的接口和通信，可以发现总体设计中的错误。因为各个模块单独执行可能无误，但组合起来相互产生影响，可能会出现意想不到的错误。联合测试方法一般有两种，即根据模块结构图由上到下或由下到上进行测试。联合测试通常采用黑盒测试。

3) 验收测试

验收测试检验系统说明书的各项功能与性能是否与用户的需求一致，它是以需求规格说明书作为依据的测试。验收测试通常采用黑盒测试。

验收测试的方法一般是列出一张清单，左边是需求的功能，右边是发现的错误或缺陷。常见的验收测试有 α 测试和 β 测试。α 测试是在开发者的现场由客户来实施的，被测试的系统是在开发者从用户的角度进行常规设置的环境下运行的；β 测试是在一个或多个客户的现场由该软件的最终用户实施的。与 α 测试不同的是，β 测试时开发者通常是不在场的。α 测试和 β 测试除了进一步发现程序中的错误外，还能发现使用上的问题。

4) 系统测试

系统测试是对整个系统的测试，将硬件、软件和操作人员看作一个整体，检验它是否有不符合系统说明书的地方。这种测试可以发现系统分析和设计中的错误。例如，安全测试是测试安全措施是否完善，能不能保证系统不受非法侵入。

8.3.2 白盒测试的测试用例设计

白盒测试是根据程序的内部逻辑来设计测试用例，常用的技术是逻辑覆盖，即考察用测试数据运行被测程序时对程序逻辑的覆盖程度。主要的覆盖标准有五种：语句覆盖、判断覆盖、条件覆盖、条件组合覆盖和路径覆盖。

1. 语句覆盖

一般来讲，程序的某次运行并不一定执行其中的所有语句。因此，如果某个含有错误的语句在测试中并没有执行，这个错误便不可能发现。为了提高发现错误的可能性，应在测试中执行程序的每一个语句。语句覆盖法就是要选择这样的测试用例，使程序中的每个语句至少能执行一次。

图 8-5 所示是一个程序流程图，其源程序如下。

```
PROCEDURE N(Var a,b,x: REAL)
   BEGIN
   IF (a > 1) and (b = 0)
      THEN x := x / a
   IF (a = 2) or (x > 1)
      THEN x := x + 1
END;
```

若选择测试用例为 a=2、b=0、x=3，则程序通过路径 ace，程序中的每个语句都执行了一次，达到了语句覆盖的要求。如果程序中第一个条件语句中的 and 错误地写为 or，或者第二个条件语句中 x>1 写 x>0，这个测试用例都不能发现这些错误，可见语句覆盖发现错误的能力较弱。

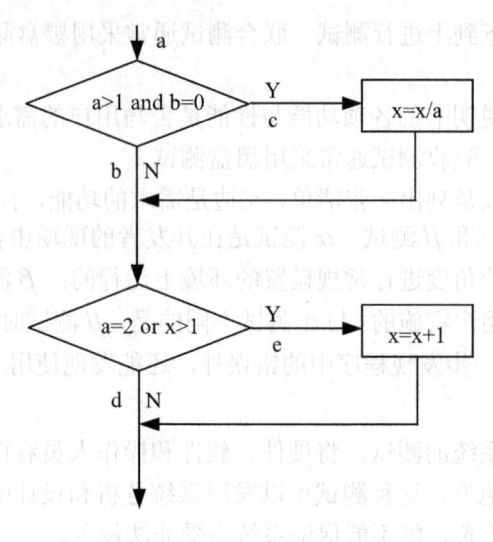

图 8-5　程序流程图

2. 判断覆盖

判断覆盖是指设计测试用例使程序中每个判断取"真"和取"假"值的每一个分支至少通过一次。

在上面的例子中，若取测试用例为"a=3、b=0、x=1"和"a=2、b=1、x=3"，则可以分别执行路径 acd 和 abe，使得两个判断语句的 4 个分支都得到覆盖。既然每个分支都执行了，当然程序中的每个语句也就被执行了。可见，判断覆盖比语句覆盖更严格一些。但是，判断覆盖还是存在缺陷。例如，当程序沿路径 abd 执行时，x 的值应保持不变。若发生了这方面的错误，上面的测试用例都发现不了。

3. 条件覆盖

条件覆盖是指执行足够的测试用例，使判断中的每个条件获得各种可能的结果。

图 8-5 的程序有 4 个条件：

$a>1$、$b=0$、$a=2$、$x>1$

为满足条件覆盖的要求，需要执行足够多的例子，使得第一个判断条件为：

$a>1$、$a\leqslant 1$、$b=0$、$b\neq 0$

等各种结果出现，第二个判断条件为：

$a=2$、$a\neq 2$、$x>1$、$x\leqslant 1$

等各种结果出现。设计以下两个测试用例可以满足要求：

a=2、b=0、x=4 和 a=1、b=1、x=1

一般来说，条件覆盖比判断覆盖要求严格，因为判断覆盖的对象是每个判断结果，而条件覆盖考虑每个判断中的条件。但是，由于条件覆盖分别考虑每个条件而不管同一判断中诸条件的组合情况，因此，测试用例有可能满足条件覆盖的要求，但不满足判断覆盖的要求。不难验证，a=1、b=0、x=3 和 a=2、b=1、x=1 测试用例就属于这种情况。

4. 条件组合覆盖法

设计测试用例时，要使得判断中每个条件的所有可能取值至少出现一次，并且每个判断本身的判定结果也至少出现一次。上述例子中，两个判断分别包括两个条件(条件 1，a>1、b=0；条件 2，a=2、x>1)。对于条件 1 来说，包含两个子条件：子条件 1 为 a>1，子条件 2 为 b=0。这两个子条件取"真""假"的排列组合共有四种，见表 8-1 中的(1)~(4)；同样，对于条件 2 来说，其子条件也有四种排列，见表 8-1 中的(5)~(8)。

表 8-1 条件组合排列

条件 1：a>1、b=0 子条件①a>1、②b=0 分别取值的排列组合	条件 2：a=2、x>1 子条件①a=2、①x>1 分别取值的排列组合
(1) a>1，b=0	(5) a=2，x>1
(2) a>1，b≠0	(6) a=2，x≤1
(3) a≤1，b=0	(7) a≠2，x>1
(4) a≤1，b≠0	(8) a≠2，x≤1

为了满足(1)~(8)条件组合覆盖，用下面的四个测试用例即可满足要求。

(1) a=2、b=0、x=4 使(1)和(5)两种情况出现。
(2) a=2、b=1、x=1 使(2)和(6)两种情况出现。
(3) a=1、b=0、x=2 使(3)和(7)两种情况出现。
(4) a=1、b=1、x=1 使(4)和(8)两种情况出现。

条件组合覆盖综合了判断覆盖和条件覆盖的要求，因此，优于单纯的判断覆盖或条件覆盖。但是，上面的四个测试用例虽然满足了条件组合覆盖的要求，却没有覆盖路径 acd。

5. 路径覆盖

设计测试用例时，使它覆盖程序中所有可能的路径。在上面的例子中，有四条可能的路径，下面的测试用例可以满足路径覆盖的要求。

(1) a=2、b=0、x=3，沿路径 ace。
(2) a=1、b=0、x=1，沿路径 abd。
(3) a=2、b=1、x=1，沿路径 abe。
(4) a=3、b=0、x=1，沿路径 acd。

路径覆盖的测试功能很强。但对于实际问题，一个不太复杂的程序，其路径数可能相当庞大而且又不可能完全覆盖。

8.3.3 黑盒测试的测试用例设计

黑盒测试是根据规格说明所规定的功能来设计测试用例，它不考虑程序的内部结构和处理过程。常用的黑盒测试技术有等价类划分、边界值分析、错误猜测和因果图等。

1. 等价类划分

前面已经讲过，我们不能穷举所有可能的输入数据来进行测试，所以只能选取少量有代表性的输入数据来查找尽可能多的程序错误。

要了解如何进行等价类划分，首先要了解两个概念，即有效的输入数据和无效的输入数据。有效的输入数据是指符合规格说明要求的、合理的输入数据，它主要用来检验程序是否实现了规格说明中的功能；无效的输入数据是指不符合规格说明要求的、不合理或非法的输入数据，它主要用来检验程序是否做了规格说明以外的事。

如果把所有可能的输入数据(有效的和无效的)划分成若干个等价类，那么我们就可以合理做出假定：如果等价类中的一个输入数据能检测出一个错误，那么等价类中的其他输入数据也能检测出同一个错误；反之，如果一个输入数据不能检测出某一个错误，那么等价类中其他输入数据也不能发现这一错误(除非这个等价类的某个子集还属于另一等价类)。在确定输入数据等价类时，常常还要分析输出数据等价类，以便根据输出数据等价类导出相应的输入数据等价类。

1) 确定等价类

根据程序的功能说明，对每一个输入条件(通常是说明中的一句话或一个短语)确定若干个有效等价类和若干个无效等价类，可使用表格形式分别写出输入条件、有效等价类和无效等价类。

在确定等价类时，可考虑下列规则。

(1) 如果某个条件规定了值的范围，那么可确定一个有效等价类(输入值在此范围内)和两个无效等价类(输入值小于最小值或大于最大值)。例如，规定考试成绩在 0~100 之间，则有效等价类为 0≤成绩≤100，无效等价类为成绩<0 和成绩>100。

(2) 如果某个输入条件规定了值的个数，那么可确定一个有效等价类和两个无效等价类。例如，规定每个运动员的参赛项目数为 1~3 项，则有效等价类为 1≤项目数≤3，无效等价类为项目数<1 和项目数>3。

(3) 如果某个输入条件规定了一个输入值的集合(即离散值)，而且程序对不同的输入值做不同的处理，那么每个允许的值确定为一个有效等价类，另外还有一个无效等价类(任意一个不允许的输入值)。例如，规定考试成绩为优、良、中、及格和不及格，则可确定 5 个有效等价类和 1 个无效等价类。

(4) 如果某个输入条件规定了输入数据必须遵循的规则(如标识符的第一个字符必须是字母)，那么可以确定一个有效等价类(符合此规则)和若干个无效等价类(从各种不同的角度违反该规则)。

(5) 如果某个输入条件规定输入数据是整形,那么可以确定3个有效等价类(正整数、零、负整数)和1个无效等价类(非整数)。

(6) 如果某个输入条件规定处理的对象是表格,那么可确定一个有效等价类(表有一项或多项)和一个无效等价类(空表)。

以上只是列举了一些规则,实际的情况往往千变万化,在遇到具体问题时,可参照上述规则的思想来划分等价类。

2) 设计测试用例

利用等价类设计测试用例的步骤如下。

(1) 为每个有效等价类和无效等价类编号。

(2) 设计一个新的测试用例,以尽可能多地覆盖尚未被覆盖的有效等价类。重复这一步,直至所有的有效等价类都被覆盖为止。

(3) 为每个无效等价类设计一个新的测试用例。

在测试时,当一个测试用例发现了一个错误时,往往就不再检查这个测试用例是否还可能发现其他错误。无效等价类都是测试非正常输入数据的情况,因此每个无效等价类都很有可能查出程序中的错误。所以,要为每个无效等价类设计一个新的测试用例。

2. 边界值分析

经验证明,程序往往在处理边缘情况时出现错误,因此检查边缘情况的测试用例效率是比较高的。边界条件是指相对于输入与输出等价类直接在其边界上,或稍高于其边界,或稍低于其边界的这些状态条件。例如,某个输入条件说明值的范围是0~100,则可以选0、100、-1、101为测试用例。再如,一个输入文件可以有1~128个记录,则分别设计有0个、1个、128个、129个记录的输入文件等。使用等价类划分方法设计测试用例时,原则上来讲,等价类中的任一输入数据都可作为该等价类的代表用作测试用例。而边界值分析则是专门挑选那些位于边界附近的值作为测试用例。

下面是一些用边界值分析方法设计的测试用例。

1) 新记录

(1) 在文件第一个记录之前加一个记录。

(2) 在文件最后一个记录之后加一个记录。

(3) 插入的新记录对应实体是实际不可能存在的。

(4) 记录的域不全。

2) 处理业务

(1) 处理文件的第一个记录。

(2) 处理文件的最后一个记录。

(3) 处理中间的一个记录。

(4) 处理同一程序刚建立的记录。
(5) 连续处理相邻记录。
(6) 试图处理一个不存在的记录。
(7) 处理业务使某个数值超过常规(如学习成绩为负)。
(8) 对某些关键数据输入有错误的数据。
(9) 同一业务处理过程中造成多重例外和出错。

3) 记录删除
(1) 删去文件的第一个记录。
(2) 删去文件的最后一个记录。
(3) 试图删去不存在的记录。
(4) 连续删去多个记录。
(5) 删去一个记录，并试图处理这个记录。

4) 试验逻辑
(1) 检查所有能产生最大值、最小值和平均值的计算。
(2) 除式中除数为零。
(3) 数据域放最小数或最大数。
(4) 数据域填入允许值之外的数。

5) 报告程序
(1) 负号是否全打印出来。
(2) 全9是否打全。
(3) 全0看高位压缩情况。
(4) 交叉结算平衡结果是否有报告。

从以上列举的例子可以看出，这种方法表面上看起来很简单，但许多程序的边界情况极其复杂，要找出适当的测试用例，需要有一定的经验和创造性。如果使用得当，这种方法是相当有效的。

3. 错误猜测

错误猜测是一种凭直觉和经验推测某些可能存在的错误，从而针对这些可能存在的错误设计测试用例的方法。这种方法没有机械的执行步骤，主要依靠直觉和经验。

例如，测试一个排序子程序，可考虑以下情况。
(1) 输入表为空。
(2) 输入表只有一个元素。
(3) 输入表的所有元素都相同。
(4) 输入表已排好序。

4. 因果图

边界值分析和等价类划分等方法都没有考虑输入条件的各种组合，在输入条件的组合情况数目相当大的情况下，应该用某种方法来选择输入条件的子集，再考虑它们的组合。

1) 特点

因果图是一种帮助人们系统地选择一组高效测试用例的方法，其特点如下。

(1) 考虑输入条件之间的组合关系。

(2) 考虑输出条件对输入条件的依赖关系，即因果关系。

(3) 测试用例发现错误的效率高。

(4) 能检查出功能说明中的某些不一致或遗漏。

2) 步骤

采用因果图设计测试用例的步骤如下。

(1) 分割功能说明书。对于规模较大的程序来说，由于输入条件的组合数太大，所以难以使用因果图。我们可以把它划分成若干部分，然后分别对每个部分使用因果图。例如，测试某语言的编译程序时，可以把该语言的每个语句作为一个部分。

(2) 识别出"原因"和"结果"，并加以编号。"原因"是指输入条件的等价类，"结果"是指输出条件或系统变换。例如，更新主文件就是一种系统变换。每个原因或结果都对应于因果图中的一个节点。当原因或结果成立(或出现)时，相应的节点取值为1，否则为0。

(3) 根据功能说明中规定的原因和结果之间的关系画出因果图(因果图请参考有关软件工程书籍)。其基本符号有恒等、非、或、与。

(4) 根据功能说明在因果图中加上约束条件。其约束条件有互斥、包含、唯一、要求、屏蔽。

(5) 根据因果图画出判定表。

(6) 为判定表的每一列设计一个测试用例。

8.3.4 排错的方法

测试是为了发现程序存在的错误，排错是确定错误的位置和性质并改正错误。排错关键是找到错误的具体位置，一旦找到后，修正错误就相对容易得多。确定错误的方法有以下几种。

1. 试探法

分析错误的外在表现形式，猜想程序故障的大概位置，采用一些简单的纠错技术，获得可疑区域的有关信息，判断猜想是否正确，经过多次试探找到错误的根源。这种方法与个人经验有很大关系。

2. 跟踪法

对于小型程序，可采用跟踪法。跟踪法分正向跟踪和反向跟踪。正向跟踪是沿着程序的控制流，从头开始跟踪，逐步检查中间结果，找到最先出错的地方。反向跟踪是从发现错误症状的地方开始回溯，人工沿着控制流往回追踪程序代码，直到确定错误根源。

3. 对分查找法

若已知程序中的变量在中间某点的预期正确值，则可以用赋值语句把变量置成正确值，运行程序看输出结果是否正确。若输出结果没有问题，则说明程序错误在前半部分，否则在后半部分。然后对有错误的部分再用这种方法，逐步缩小查错的范围。

4. 归纳法

从错误征兆的线索出发，分析这些线索之间的关系，确定错误的位置。首先要收集、整理程序运行的有关数据，分析出错的规律，在此基础上提出错误的假设，若假设能解释原始测试结果，说明假设得到证实；否则重新分析，提出新的假设，直到最终发现错误原因。

5. 演绎法

分析已有的测试结果，设想所有可能的错误原因，排除不可能的、互相矛盾的原因。对余下的原因，按可能性的大小，逐个作为假设解释测试结果，直至找到错误原因。必要时，对列出的原因加以补充修正。

8.4 系 统 转 换

系统的转换包括把旧系统的文件转换成新系统的文件，数据的整理和输入，人员、设备、组织机构的改造和调整，已有关资料档案的建立和移交。系统转换有三种方式，如图 8-6 所示。

(1) 直接转换方式。新系统直接替换旧系统。这是一种最省时、省力和省费用的方式，但有一定的风险，一般在较小的应用系统中采用。

(2) 平等转换方式。新旧系统平行运行，经过一段时间试运行，新系统才完全代替旧系统工作。这种方式耗费人力、物力和经费，一切业务处理均要设两套系统，但这种过渡方式可靠而平稳。

(3) 分阶段转换方式。新旧系统同时运行，旧系统逐步减少工作内容，新系统逐步增加工作内容，经过一段时间后，新系统完全代替旧系统。

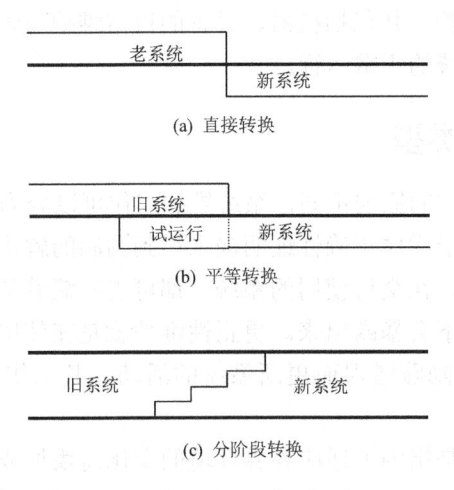

图 8-6　系统转换的三种方式

8.5　系统运行与维护

当新系统安装和转换后，该系统就进入了运行期。在运行和维护阶段，系统将由用户和技术专家双方评审，以确定它实现原始目标的情况如何，并决定是否需要修改。对运行系统改变硬件、软件、文件的作业程序等情况进行校正错误、满足要求、改进处理效率的过程。

20 年来，系统维护的成本逐年增加。现在，在系统整个生命周期中，2/3 以上的经费用在维护上。从人力资源的分布来看，现在世界上 90%的软件人员在从事系统的维护工作，开发新系统的人员仅占 10%。这些统计数据说明系统维护任务是十分繁重的。

8.5.1　系统维护的内容

系统维护包括以下几个方面的内容。

(1) 程序的维护。在系统维护阶段，会有一部分程序需要改动。根据运行记录，发现程序的错误，这时需要改正；或者随着用户对系统的熟悉，用户有更高的要求，部分程序需要改进；或者环境发生变化，部分程序需要修改。

(2) 数据文件的维护。业务发生了变化，从而需要建立新文件，或者对现有文件的结构进行修改。

(3) 代码的维护。随着环境的变化，旧的代码不能适应新的要求，必须进行改造，制定新的代码或修改旧的代码体系。代码维护的困难主要是新代码的贯彻，因此，各个部门要有专人负责代码管理。

(4) 机器、设备的维护。其包括机器、设备的日常维护与管理。一旦发生小故障，要有专人进行修理，保证系统的正常运行。

8.5.2 系统维护的类型

依据信息系统需要维护的原因不同，系统维护工作可以分为以下四种类型。

(1) 更正性维护。由于程序正确性证明尚未得到圆满的解决，系统测试又不可能找出程序中的所有错误，因此，在交付使用的系统中都可能隐藏着某些尚未被发现的错误，而这些错误在某种使用环境下会暴露出来。更正性维护就是在使用过程中发现了隐藏的错误后，为了诊断和改正这些隐藏错误而更新系统的活动。其工作内容包括诊断问题与改正错误。

(2) 适应性维护。这是指为了适应外界环境的变化而增加或修改系统部分功能的维护工作。例如，新的硬件系统问世，操作系统版本更新，应用范围扩大。为适应这些变化，信息系统需要进行维护。

(3) 完善性维护。用户在使用系统的过程中，随着业务的发展，常常希望扩充原有系统的功能，或者希望改进原有的功能或性能，以满足用户的新需求。完善性维护就是指为改善系统功能或应用户的需要而增加新的功能的维护工作。这类维护工作占总的维护工作的绝大部分。

(4) 预防性维护。这是主动性预防措施。对一些使用寿命较长、目前尚能正常运行、但可能要发生变化的部分进行维护，以适应将来的修改或调整。例如，将专用报表功能改成通用报表生成功能，以适应将来报表格式的变化。

四类维护工作所占的比例如图 8-7 所示。

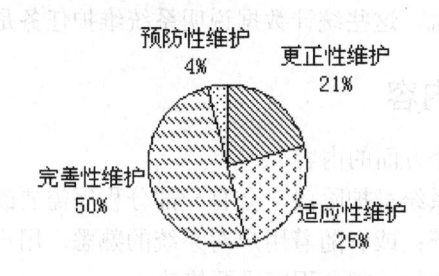

图 8-7 各类维护工作的比例

8.5.3 系统维护的管理

程序、文件和代码的局部修改都可能影响系统的其他部分，因此，系统的修改必须通过一定的批准手续。通常对系统的修改应执行以下步骤。

(1) 提出修改要求。操作人员或业务领导用书面形式向主管人员提出对某项工作的修改要求。这种修改要求不能直接向程序员提出。

(2) 领导批准。系统主管人员进行一定调查后,根据系统的情况和工作人员的情况,考虑这种修改是否必要,是否可行,做出是否修改、何时修改的答复。

(3) 分配任务。系统主管人员若认为要进行修改,则向有关的维护人员下达任务,说明修改的内容、要求和期限。

(4) 验收成果。系统主管人员对修改部分进行验收。验收通过后,将修改的部分嵌入系统,取代旧的部分。

(5) 登录修改情况。登记所做的修改、作为新的版本通报用户和操作人员,指明新的功能和修改的地方。

8.5.4 与维护有关的问题

系统维护人员通常不是该系统的开发人员,这给系统维护带来很大的困难,特别是有些系统在开发时没有遵循系统开发的准则,没有开发方法的支持,维护这样的系统就更困难。下面列举一些与软件维护有关的问题。

(1) 要维护一个系统,首先要理解它。而理解别人的程序通常是非常困难的,尤其是对软件配置(指各种文档)不齐的系统,理解起来更为困难。

(2) 需要维护的系统往往缺少合格的文档,或者文档资料不齐,甚至没有文档。在系统维护中,合格的文档十分重要,它有助于理解被维护的系统。合格的文档不仅要完整、正确地反映开发过程各阶段的工作结果,而且应该容易理解并应与程序源代码一致;而错误的文档会把对程序的理解引入歧途。

(3) 在系统维护时,不要期望得到原来开发该系统的人员的帮助。开发人员开发完一个系统后,通常会去从事另一个系统的开发,甚至已调离开发单位。即使原先的开发人员还在,也可能因为相隔时间太久而遗忘了实际的细节。

(4) 多数系统在设计时没有考虑今后的修改,给系统的修改带来困难,而且在修改系统时容易带来新的差错。对那些缺乏模块独立性和非结构化的程序来说,更是如此。

(5) 系统软件通常不是一件吸引人的工作。从事维护工作常使维护人员感到缺乏成就感,这也严重影响维护工作,从而导致维护质量的不高。

可以看出,上述某些问题与被维护系统的质量密切相关,所以在开发系统时,要认真写好各类文档,并且应注意提高系统的可维护性,这样可在很大程度上缓解系统维护的困难。

【案例 8-2】　　　　天瑞集团网络管理信息系统的成功应用

一、天瑞集团概况

天瑞集团是以铸造业为主体,同时拓展水泥、旅游、发电等领域于一体的综合性大型企业集团。随着公司规模的不断扩大，下属企业增多，位置相对分散，业务范围广。集团的蓬勃发展对内部管理也提出了更高的要求。其中，改革和完善财务及业务管理体制，并以此为起点，实现企业全面信息化管理，成为天瑞集团加强管理的关键环节。由此，集团领导高瞻远瞩，决定抓住时机，建设一套先进、实用、可靠的管理信息系统，以适应天瑞集团的总体发展战略，如图8-8所示。

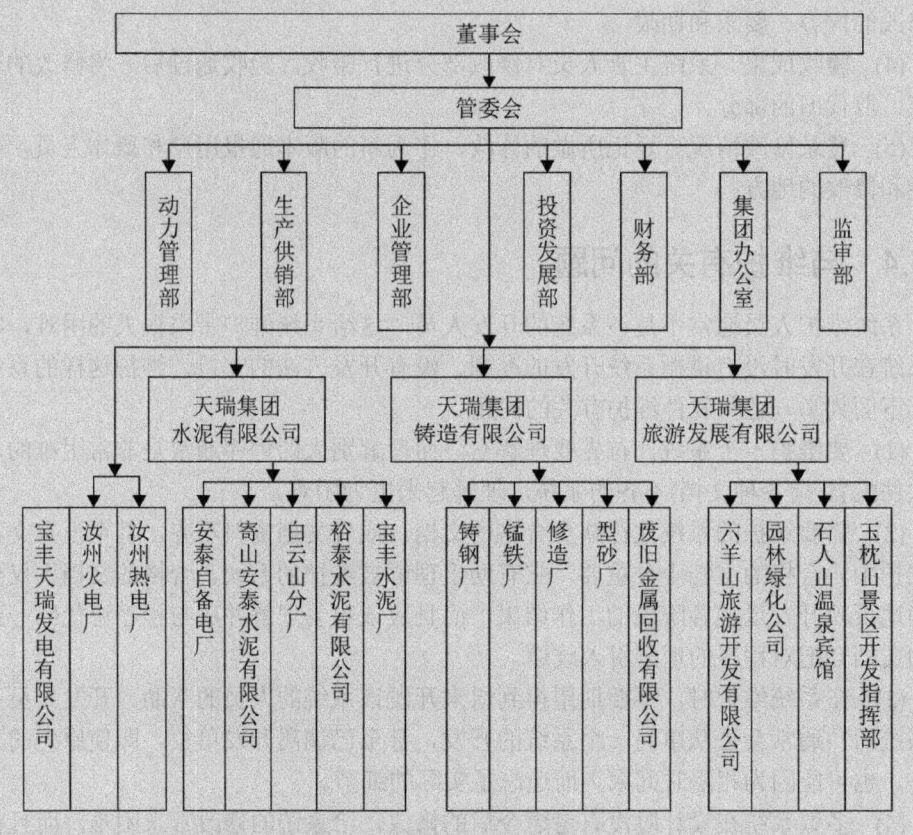

图8-8 天瑞集团组织结构图

从天瑞集团组织结构图中不难看出，天瑞集团拥有多家下属企业。集团对下属企业采用统一管理、分级核算的管理模式。具体来说，各下属企业进行独立核算，同时又要将本单位的经营成果及时上报集团，接受集团领导层的管理与监控。

二、天瑞集团网络构架

按照集团下属企业的不同网络环境，网络管理信息系统提供了局域网传输解决方案、点对点传输解决方案、Internet环境传输解决方案。

1. 应用特点

集团下属企业分散，不方便建立或没有统一建立一个局域网，相互之间无法通过局域网直接建立连接。但集团公司本部又需及时了解各地下属企业的经营情况，如果各下属企业都采用拨号连接的方式会造成通信费用较大。集团本部有一个外部 IP 地址，即在 Internet 上拥有自己的 IP 地址，不论是动态的还是静态的 IP 地址，各个下属企业拨号上网连接到集团本部主机，进行数据传递，可以减少费用，提高系统稳定性，保证数据传递的及时性、正确性。

2. 网络拓扑图

下属企业的服务器采用普通品牌 PC，如联想开天 2000 或开天 4000 系列微机，安装 Windows nt server/Windows 2000 server，上网采用 163、ISDN 专线或其他通信方式。集团公司的服务器采用专用服务器，加装 Windows nt server/Windows 2000 server，上网推荐采用 DDN 专线，服务器有固定的 IP 地址。所有微机均安装为 10M/100M 自适应网卡，集团公司和下属企业的局域网连接，可配备 10M 集线器或 10M/100M 自适应集线器。网络拓扑结构如图 8-9 所示。

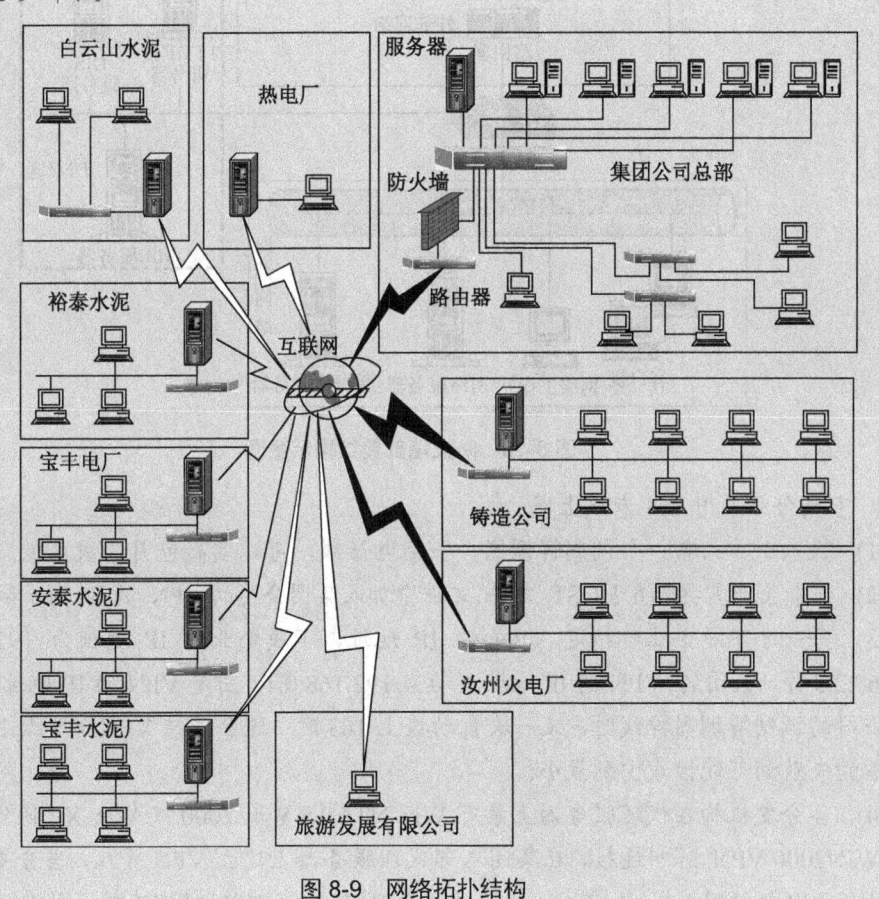

图 8-9 网络拓扑结构

集团采用服务器为 HP LH2000 系列，DDN 专线，华为 R1603 路由器，迈普公司的 128KBPS 的基带 Modem，东软的 neteye 3.0 防火墙；下属企业采用 163 上网。

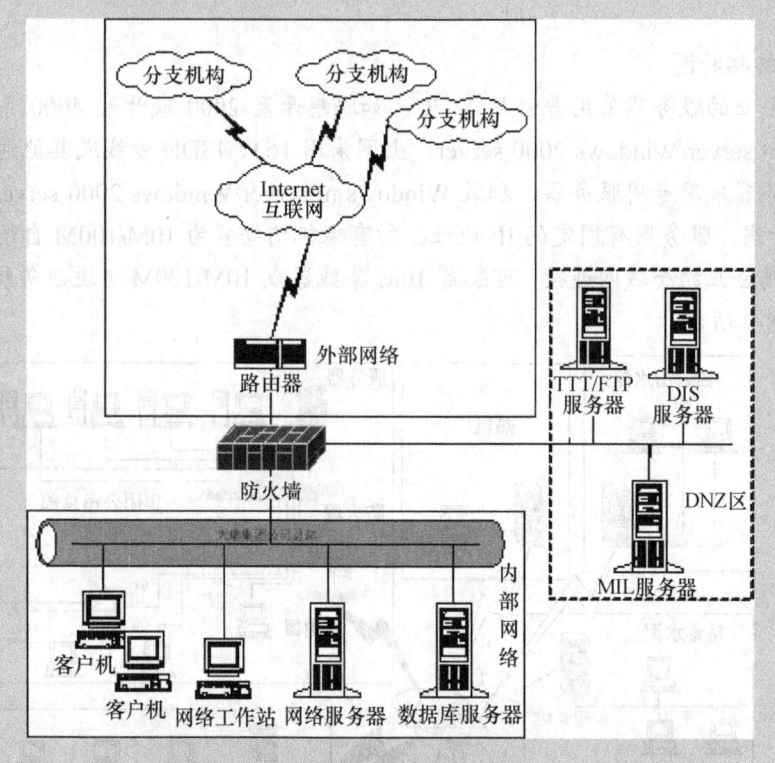

3. 天瑞集团防火墙部署结构示意图

防火墙部署结构示意图如图 8-10 所示。

图 8-10　防火墙部署结构示意图

4. 下属企业采用 163 专线上网

(1) 投入小，只需一个调制解调器，一条电话线，可以实行包月，成本低。

(2) 下属企业需要配置 HOST 文件，文件中加入集团公司的 VPN 的 IP 地址和服务器名。

(3) 每一个下属企业都指定 VPN 的 IP 地址，下属企业的 IP 地址为 192.168.2.2，192.168.2.3 等，集团的 VPN 的 IP 地址自动为 192.168.0.1。固定 VPN 的 IP 地址的好处是，当子公司的调制解调器掉线时，又一次自动拨上 163 时，还会保持 VPN 的地址固定，使数据传输的失败的可能性减少到最小。

(4) 各分支机构在代理服务器上装有 Win NT4.0、Win 2000 或 Win XP 操作系统，并建立 WIN2000 VPN 呼叫连接，在集团本部代理服务器上建立 VPN 呼入，当分支机构拨号到本地的 ISP 机构同 Internet 连接，然后通过 WINW 2000 VPN 呼叫直接寻找集团本部代理服务器 Internet 地址，经过集团本部代理服务器验证以后直接进入集团内部网，同服务器通信，整个连接过程都是经过严格加密的。

163专线上网示意图如图8-11所示。

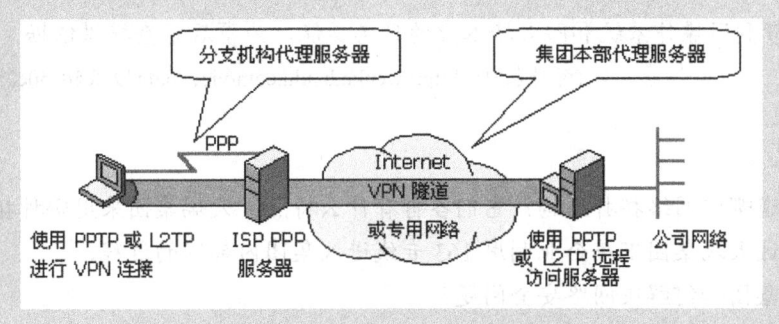

图8-11 163专线上网示意图

三、天瑞集团网络安全解决方案

网络化的应用，系统的安全性成为天瑞集团重点关心的内容。为了全面满足网络安全的需求，必须制定统一的安全策略，使用可靠的安全机制与安全技术及管理才能解决。安全不单纯是技术问题，而是策略、技术与管理的有机结合。从网络设备的物理安全、操作系统的安全等几个方面入手，实现全面的安全设计。

1. 保证网络设备的物理安全

保证计算机信息系统各种设备的物理安全是保障整个网络系统安全的前提。首先要保证系统所处环境——机房，同时对重要的网络设备采用 UPS 不间断稳压电源，对重要的设备(如集团公司的数据库服务器、中心交换机等)采用双机热备份或磁盘镜像技术，并对管理信息数据采用适当的数据备份系统等。网络管理信息系统的所有数据都存放在数据库服务器中，服务器的主机、硬盘的损坏等会给企业带来巨大的损失。对于各个下属企业，考虑资金状况，可以购买专用服务器，也可以只采用普通的品牌计算机作为服务器。有条件的情况下，最好加装一块磁盘作为数据磁盘镜像备份使用即可。这样不论总公司还是下属企业，数据都做到了磁盘的镜像，防止因磁盘损坏造成的数据丢失和系统停止运行，增强了系统的健壮性、安全性。

2. 保证网络的系统安全

针对系统中存在的诸多风险，应该采取相应的安全维护措施。

(1) 及时安装操作系统和服务器软件的最新版本和修补程序。

(2) 进行必要的安全配置，在系统配置中关闭存在安全隐患的、不需要的服务。

(3) 加强登录过程的身份认证，设置复杂、不易猜测的登录口令，严密保护账号口令并经常变更，防止非法用户轻易猜出口令，确保用户使用的合法性，限制未授权的用户对主机的访问。

  (4) 严格控制登录访问者的操作权限，将其完成的操作限制在最小的范围内。

  (5) 充分利用操作系统和防火墙本身的日志功能，为事后审查提供依据。

(资料来源：http://wenku.baidu.com/view/6afc491fc5da50e2524d7fae.html。)

案例思考

1. 你知道哪些网络拓扑结构？它们各自有什么特点？天瑞集团采用哪种拓扑结构？
2. 请描述天瑞集团下属企业利用 163 专线进入集团内部网的过程。
3. 天瑞集团如何解决网络安全问题？

本 章 小 结

  系统实施是指将系统设计阶段的结果在计算机上实现，将原来纸面上的、类似于设计图式的新系统方案转换成可执行的应用软件系统，其任务包括硬件准备、软件准备、人员培训和数据准备四个方面。工作量大以及投入的人力、物力多是这个阶段的特点。要设计一个好的程序不容易，现有的程序设计方法包括结构化程序设计、速成原型式的程序设计、面向对象程序设计、可视化编程技术等。一般比较流行的软件工具可分为六类：常用编程语言类、数据库管理系统类、程序生成工具类、系统开发工具类、客户/服务器工具类和面向对象编程工具类。系统测试有模块测试、联合测试、验收测试和系统测试四种类型，它们相互独立又紧密联系在一起。测试用例方法可分为白盒测试与黑盒测试。白盒测试包括语句覆盖、判断覆盖、条件覆盖、条件组合覆盖与路径覆盖。黑盒测试设计方法有等价类划分、边界值分析、错误猜测和因果图等。系统转换有三种方式，分别是直接转换方式、平等转换方式和分阶段转换方式，其各有优缺点。系统转换完之后就进入系统运行及维护阶段。系统维护是对运行系统改变硬件、软件、文件和作业程序的情况校正错误、满足要求、改进处理效率的过程，包括程序的维护、数据文件的维护、代码的维护和机器以及设备的维护。依据信息系统需要维护的原因不同，系统维护可分为四种类型：更正性维护、适应性维护、完善性维护和预防性维护。

复习思考题

一、名词解释

1. 白盒测试　　2. 黑盒测试　　3. 第四代程序生成语言　　4. 系统维护
5. 语句覆盖　　6. 判断覆盖　　7. 条件覆盖　　　　　　　8. 条件组合覆盖
9. 路径覆盖

二、单项选择题

1. 系统测试的目的是(　　)。
   A. 尽可能多地发现新系统中的错误和缺陷　　B. 验证程序的正确性
   C. 系统快速地开发成功　　　　　　　　　　D. 客户的要求
2. 系统维护类型中，(　　)维护工作占总维护工作比例最大。
   A. 更正性维护　　　　　　　　　　　　　　B. 适应性维护
   C. 完善性维护　　　　　　　　　　　　　　D. 预防性维护
3. 在面向对象程序设计中，(　　)是指同一个操作在不同的类中有不同的实现方法和不同的执行结果。
   A. 抽象性　　　　　　　　　　　　　　　　B. 概括性
   C. 多态性　　　　　　　　　　　　　　　　D. 封装性
4. (　　)是对象可以识别和响应的行为与操作，它一般由用户或系统来触发。
   A. 事件　　　　　　　　　　　　　　　　　B. 方法
   C. 消息　　　　　　　　　　　　　　　　　D. 属性
5. 为了适应外界环境的变化而增加或修改系统部分功能的维护属于(　　)。
   A. 更正性维护　　　　　　　　　　　　　　B. 适应性维护
   C. 完善性维护　　　　　　　　　　　　　　D. 预防性维护
6. 分析错误的外在表现形式，猜想程序故障的大概位置，采用一些简单的纠错技术，获得可疑区域的有关信息，找到错误根源，这种排错方法属于(　　)。
   A. 试探法　　　　　　　　　　　　　　　　B. 跟踪法
   C. 对分查找法　　　　　　　　　　　　　　D. 归纳法
7. 下列关于测试和排错的描述错误的是(　　)。
   A. 测试是为了发现程序中存在的错误
   B. 测试是为了验证程序的正确性
   C. 排错是为了确定错误的位置和性质并改正错误

D. 测试的主要方法有白盒测试和黑盒测试，排错的方法有试探法、跟踪法、归纳法等

三、多项选择题

1. 测试的类型有(   )。
   A. 模块测试　　　　　B. 联合测试　　　　　C. 验收测试
   D. 系统测试　　　　　E. 子系统测试
2. 白盒测试中常用的覆盖技术有(   )。
   A. 语句覆盖　　　　　B. 判断覆盖　　　　　C. 条件覆盖
   D. 条件组合覆盖　　　E. 路径覆盖
3. 系统维护的内容包括(   )。
   A. 更正性维护　　　　B. 数据文件的维护　　C. 代码的维护
   D. 机器、设备的维护　E. 程序的维护
4. 系统维护的类型包括(   )。
   A. 更正性维护　　　　B. 适应性维护　　　　C. 代码的维护
   D. 完善性维护　　　　E. 预防性维护

四、简答题

1. 系统实施的主要任务有哪些？其特点是什么？
2. 程序设计的原则有哪些？
3. 程序设计的方法有哪些？试详细说明结构化程序设计和速成原型式程序设计方法。
4. 可视化编程技术的思想是什么？你知道哪些可视化编程语言？
5. 测试的方法包括哪两种？这两种方法分别所包含的测试技术有哪些？
6. 测试与排错的区别是什么？你知道哪些排错的方法？
7. 系统转换有哪些方式？这些方式各有什么优缺点？
8. 请简述系统维护的内容及类型。

五、论述题

1. 为什么系统实施是一个艰难且费时的过程？
2. 如何对管理信息系统进行维护？

六、应用题

1. 程序 CHANG 实现输入一个学生百分制成绩 x，将其转换成五级等级制的功能。转换的原则为"90~100 分"转换为"A 级"、"80~89 分"转换为"B 级"、"70~79 分"转换为"C 级"、"60~69 分"转换为"D 级"、"0~59 分"转换为"E 级"。请先编

制该程序，再分别用白盒测试的五种覆盖技术及黑盒测试的等价类划分和边界值分析法设计测试用例。

2. 根据下述题目要求进行程序改错，并请说明你在改错过程中用到哪些测试方法和排错方法。

下列程序的功能是计算分数数列 2/1，3/2，5/3，……，m/n，m+n/m 的前20项之和。
要求：在修改程序时，不允许修改程序的总体框架和算法，不允许增加或减少语句数目。

```
nSum=0
m=2     &&数列中第一项的分子
n=1     &&数列中第一项的分母
FOR x=1 TO 20
  nSum=nSum+m/x
  y=m
  m=m+n
  n=y
ENDDO
WAIT WINDOWS '前20项之和为'+STR(nSum,10,2)
```

3. 如何将3台计算机组成一个局域网？需要什么设备？

4. 请利用软件工具实现图8-12与图8-13的图书检索功能。

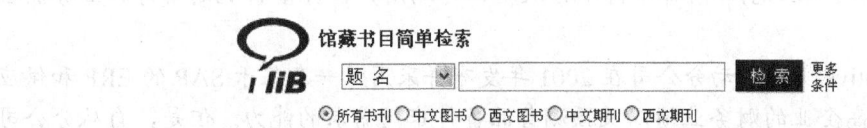

图8-12 书目检索图

图8-13 书目检索结果

案例分析

案例背景

GM Locomotive 集团——系统实施的失败

GM Locomotive 集团下属电动分公司是世界上最大柴油电动机制造商。2001年SAP AG 公司的 R/3ERP 系统首次面世，由于当时 GM Locomotive 集团的备品备件业务实际上已处于停滞的状态，GM Locomotive 集团不得不实施应急计划，在 R/3ERP 系统面世 6 个月后也采用了该系统。GM Locomotive 集团下属电动分公司一位办公人员透露说，尽管 2001 年 7 月实施应急计划后，短时期内公司运作效率得到了提高，但 1 年之后发现订货及实际周转次数仍然需要提高。

伊利诺伊州 La Grange 市电动分公司的全球配件销售及开发部门主管麦克·邓肯说，SAP 软件需要重新进行设置和嵌入，并重新输入安全的数据。在第一个系统集成系列完成首次发布后，这个价值 20 亿美元的 GM Locomotive 集团电动分公司雇用了另外一家咨询公司来帮助他们解决 ERP 及 SCM 系统方案的实施。GM Locomotive 集团的机车制造、柴油发动机以及装甲(如坦克)部门都不得不再次培训终端用户，并重新规划所有的业务流程以适应新系统。

GM Locomotive 集团电动分公司在 2001 年发布并采用了一套基于 SAP 的 ERP 和供应链系统，以便提高企业的财务业绩以及预测备品备件市场需求的能力。但是，自从分公司采用 R/3 系统后，问题便开始产生。这个计划本来的目的是想通过将原来的主要系统结构换为 ERP 系统模块使配件市场运营更加有效。GM Locomotive 集团电动分公司的行政主管大卫·斯科特说，该模块在 R/3 的驱动下能够处理备用件的销售、订单采购并生成财务报告，但是软件本身不能很好地与企业内部程序相融合，原来系统的主要数据在格式上不能很好地与新系统相融合。

斯科特认为，R/3 软件本身并没有问题，但该应用软件的设置不能很好地满足 GM Locomotive 集团的需求。结果是，配件的市场部门难以准确地预测市场需求或确保手上有合适的备用件库存。他说："整个公司的运行程序都因此被困住了。我们投入了大量资金以期能够得到我们想要的，结果却是另一回事。这实在太让人失望了。"

电动分公司请了一家位于芝加哥的高科技企业解决方案咨询公司来帮助公司重新设置 ERP 系统。斯科特表示，尽管大部分配件市场运营已回到正轨，GM Locomotive 集团仍然在寻求办法以继续改进信息技术及业务流程标准。电动分公司同时还在寻求外部相关 SAP 应用软件资源支持、终端用户培训以及为新 ERP 系统实施后续软件。

第Ⅳ篇 系统管理篇

第9章

管理信息系统的管理与评价

学习目标

知识目标	技能目标
1. 了解管理信息系统的开发风险，理解系统开发的方法体系结构 2. 掌握项目与作业内涵，了解项目的基本特点 3. 了解项目管理过程中的里程碑事件 4. 掌握项目管理的主要内容与方法 5. 理解项目管理的基本计划图示及应用 6. 了解管理信息系统运行的基本内容 7. 掌握评价与综合评价的概念，了解常用综合评价方法及其优缺点、适用对象	1. 能够结合案例分析管理信息系统开发过程中存在的困难 2. 能理解项目管理的重要性，按项目管理阶段运用管理理论与实践 3. 结合行业背景，能够总结行业项目的特点，能够对项目进行计划安排，运用甘特图和项目评审技术方法 4. 熟悉和掌握两种以上的综合评价方法 5. 结合行业背景，熟悉相关行业管理信息系统综合评价的指标体系类别、层次与具体指标

知识结构

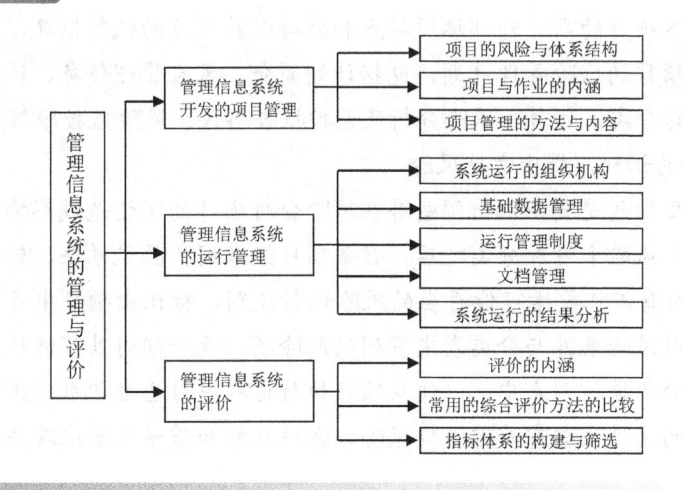

管理信息系统的管理与评价
- 管理信息系统开发的项目管理
  - 项目的风险与体系结构
  - 项目与作业的内涵
  - 项目管理的方法与内容
- 管理信息系统的运行管理
  - 系统运行的组织机构
  - 基础数据管理
  - 运行管理制度
  - 文档管理
  - 系统运行的结果分析
- 管理信息系统的评价
  - 评价的内涵
  - 常用的综合评价方法的比较
  - 指标体系的构建与筛选

导入案例

【案例9-1】　　××市民政局建设民生信息系统的风险控制

为提升工作效能和服务水平，××市民政局决定建设民生信息系统，系统主要包括三大平台、21个业务子系统，是融业务办理、数据处理、统计分析、比对监控、辅助决策于一体的综合性系统，支持承载业务办理全过程、记录操作各环节，按照数据共享的目录方式，建立系统间、部门间、上下级间的协同工作、数据关联与资源共享，将市局、38个区县、787个街镇的个性化需求纳入系统统一开发，做到兼容并蓄，同时还针对民政工作的特性和基层工作人员的文化素质和年龄状况，要求系统操作简便、智能。该项目任务是开发网络平台系统，共投资720万元，工期1.5年，主要完成基础网络、门户网站建设、交换共享数据平台、个人基础数据库及核心应用系统搭建任务。按照"总体规划、分步实施"的建设步骤，项目分两个阶段完成建设与实施。第一阶段为2010年3月—2011年2月，完成试点工程和基础网络、门户网站和数据中心等基础平台的建设，完成设计规模的80%。并首先在3个区县的66个街镇试运行。第二阶段为2011年3月—2011年8月，在××市其他35个区县的721个街镇进行平台的应用推广工作，推广在满足条件的前提下逐步进行，完成整个项目工程。

××市民政的民生信息系统具有功能综合性强、业务系统接口多、数据交换复杂度高等特点，项目负责人在项目管理过程中树立风险管理意识，有效规避、减轻了项目中存在的风险，使得项目最终顺利完成，得到用户的高度认可。

1. 做好风险管理计划的编制

编制风险管理计划的目的是确定风险管理的方法和活动，决定怎样进行项目的风险管理。为此，结合本项目的内、外部环境特点和公司以前项目的执行情况，在项目的计划阶段编制了针对该项目的风险管理计划，包括计划简介、风险管理任务、风险概要、角色和职责、风险来源与分类、预算、风险分析及监控报告格式、风险监控跟踪机制等内容。

2. 做好风险的识别，得出常见风险

风险识别的目的就是要识别出哪些潜在风险会对项目的实施造成影响，从而形成风险分解结构。在确定风险来源和分类之后，召集项目组采用头脑风暴法，针对项目工作分解结构(WBS)中的所有工作要素可能存在的风险进行识别，标识出项目中存在的风险。并结合项目的特点，对风险来源与分类表中罗列的风险项，逐一研讨其可能性，将已经识别的风险记载到风险分析监控列表中，以便在项目执行过程中对已经识别的风险进行监控。在本项目中，识别的风险主要有外部接口风险、系统功能和质量风险以及项目管理风险。同时在项目进行的过程中,我们还不断根据新识别到的风险对原风险记录表进行更新,包括更新范围计划中不够详细的 WBS 和进度计划中未包括的重要风险影响活动。

3. 做好风险定性分析,进行风险优先级排序

通过定期会议的方式,邀请项目干系人和业内专家,结合项目遇到的实际问题,对所识别的技术风险、外部风险及项目管理风险进行认真仔细的估算和分析,建立分析矩阵确定各种风险的优先级并进行排序,并结合定性分析的结果及时对项目风险列表进行更新。

4. 做好风险定量分析,量化评估各种风险

组织单位技术骨干,邀请业内专家进行会商。通过对项目实施的各个阶段可能面临的不同风险进行分析,并采用决策树估计方法,从量化的角度进一步确定了不同风险对项目各阶段的影响程度,并根据定量分析的结果及时更新项目风险列表。

5. 做好风险应对计划,重点管理主要风险

为避免外部接口风险的发生,专门指定一名技术人员,负责与用户方、各个接口开发商进行接口相关工作的联络沟通,并定期汇报。一旦出现问题,项目组对具体问题进行分析研讨,及时响应。对于系统功能和质量风险,首先是做好需求分析和沟通,确保系统符合用户需求;对于用户需求的理解及时反馈,以保证双方认识一致,从而保证准确获取需求。针对项目管理风险,我们制订了项目需求变更流程,并在项目组内严格执行,待需求评审通过后,请用户进行确认签字。面对项目整体进度的失控风险,综合运用项目管理知识,在项目执行过程中从项目计划、加强沟通、人力资源的协调分配等方面对项目成本和进度进行控制,尽量避免因项目管理方面的问题造成项目成本和进度失控。

6. 做好风险的监督和控制

风险监督与控制的目的主要是监督已识别的风险和残留风险,找出可能出现的新风险并记录到风险分析监控表中,以保证风险应对措施的执行并评估其有效性。根据风险管理计划的职责分配,整个项目的风险监控负责人在项目各个里程碑评审时,对本阶段的工作情况及风险监控情况进行总结,让项目组成员及相关干系人对整个项目一些共性的风险情况有整体的认识,当出现重大风险及需从项目组外提供资源时请求主管领导审批。

最后通过项目组的共同努力,使得××市民政的民生信息系统在 2011 年 9 月上线运行,并顺利通过验收。但在项目实施过程中,也遇到了一些问题,下面总结一下解决方案:一是测试用例不够充分,压力测试不够。由于刚上线的民政业务系统在进行数据输入时,高峰时期数据并发数太大,导致系统反应速度较慢,最后通过调整优化中间件配置参数,修改操作系统内存的方式解决了此问题。二是对风险因素的分析还不够全面,在安排进度时没有充分考虑缓冲时间。例如,在执行项目期间,民政局进行了换届工作,更换了部分原有的项目沟通人员,从而对项目产生了一定的影响,被更换的部分处室领导对项目内容提

出了部分修改意见，调整了部分原有计划。虽然最后项目如期验收完成，但是执行过程中采取了加班、并行和赶工的方式，也使项目成本有所增加。

(资料来源：张洪烈. 浅谈信息系统项目的风险管理[J]. 计算机光盘软件与应用，2014，(03).)

案例思考

1. 管理信息系统开发过程中的主要风险有哪些？
2. 如何在管理信息系统的分析、设计、实施及维护阶段运用项目管理方法？

9.1 管理信息系统开发的项目管理

管理信息系统(MIS)的开发工作是一项复杂而艰巨的系统工程，它涉及软件工程、数据库设计、应用业务、项目控制、人员管理和计算机技术等多种知识和经验，因此，管理信息系统建设成功是一件极不容易的事。虽然当今的软件工程理论、数据库设计理论和先进的计算机技术及工具等为我们提供了多种系统开发的方法和手段，但在开发实施过程中仍然会遇到很多难以解决的问题，因此，对管理信息系统的开发实施策略研究及进行有效的工程化管理是十分必要的。

9.1.1 管理信息系统的开发过程、风险与方法论

管理信息系统起始于对企业整体概念层的抽象分析到较具体的逻辑系统设计，再到最现实的物理系统的实现，如图9-1所示。

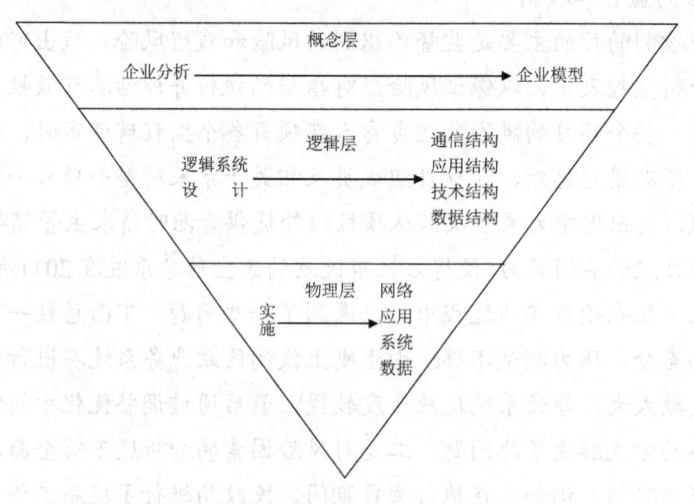

图9-1 管理信息系统开发过程的层次结构

企业管理信息系统是按照企业发展远景所制定的总体发展规划，分步实施并带有思想、观念和哲理性。企业管理信息系统的开发不仅涉及计算机信息科学发展的技术，还涉及企业的战略规划、管理方式、业务过程、人为环境、资源管理等企业运营的各个方面。

管理信息系统项目的开发，其成败很多时候不在于技术问题，而是在于管理问题。在许多的信息系统开发失败的教训中，我们经常看到其失败的主要原因、关键原因、最终原因都是在管理上出的问题。要降低管理信息系统的风险系数需要全面的安全决策和充分的安全意识，在整个系统化开发过程中，要随着时间的推移、进度的变化，提升项目风险管理管控。

1. 管理信息系统的开发风险

管理信息系统的开发需要顾客、用户、设计人员和项目经理等参与者共同合作。每个参与者都要有一定的风险意识。一般来说，管理信息系统的开发风险包括以下四个方面。

(1) 实体风险。管理信息系统的开发需要有一定的设备，存在于一定的物理环境中，必然可能受到各种人为或自然灾害的损害，必然承担着一定的风险。管理者必须对此指定一系列风险控制的决策。每个参与者如果没有充分的安全意识很可能带来灾难性的破坏。

(2) 系统风险。从系统设计阶段到调试、运行、维护，新的风险会不断出现，因此对风险的评估和控制措施的制定必须是一个持续进行的循环过程，针对已发生变化的风险和新的风险来调整现有的安全措施或制定新的措施，对信息系统的建设与运行的安全措施的效力进行监视。

(3) 人力风险。管理信息系统开发过程要加强企业员工信息化意识的培训，构建管理信息开发的良好环境。

(4) 数据风险。例如，测试数据本身也可能是重要的情报，系统资源的丢失也会带来一定的破坏，所以也存在着风险。

2. 四维结构

针对管理信息系统开发缺乏统一的方法论体系，雷战波和席酉民提出管理信息系统开发过程的四维结构体系，见图9-2。

(1) 时间维。表示信息系统开发工程的全过程，即信息系统开发生命周期或信息系统开发过程。

(2) 逻辑维。表示在时间维的每一个阶段内用科学的系统工程方法来思考和解决问题的思维过程的七个逻辑步骤，这七个逻辑步骤不仅没有严格的时序关系，而且对特定阶段并非都需要全部七个逻辑步骤，经常会有反复。七个逻辑步骤是：问题定义、评价系统设计、系统综合、系统分析、优化设计、决策、制订执行计划。

(3) 知识维。按照钱学森的观点，现代科学技术的体系结构横向划分为自然科学、社会科学、数学科学、系统科学、思维科学、人体科学、军事科学七大部门。各个科学技术部门纵向划分为四个层次，从应用实践到基础理论依次是工程技术、技术科学、基础科学、哲学。

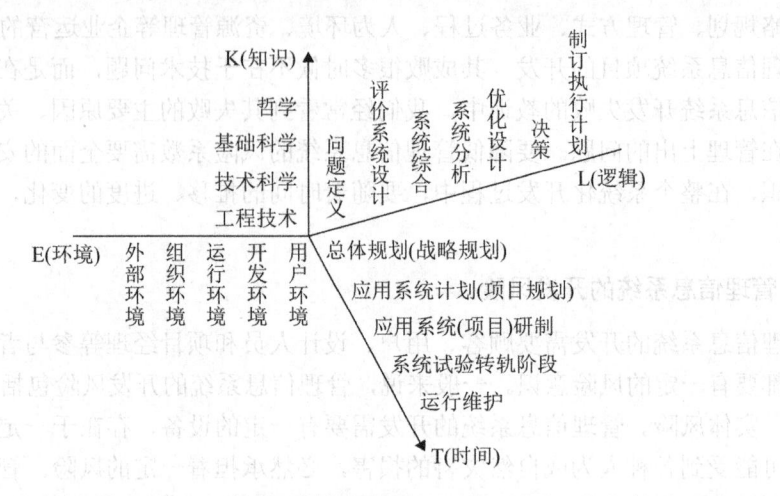

图 9-2　管理信息系统开发的四维结构

(4) 环境维。环境就是系统的上层系统。任何开放系统总是在一定的环境中存在和发展。系统功能取决于系统结构并受环境影响和制约。系统只有同环境相互协调统一才能有效。

管理信息系统开发过程中的风险控制就是要对信息和管理信息系统安全的被动对应转为主动。仅仅去弥补漏洞，根本无法保障管理信息系统的顺利开发。在管理信息系统的开发过程中，每个阶段是完全不一样的阶段，会遇到的风险也是不一样的。风险的分析并不是在第一个阶段就分析结束，而应该是根据情况的不同，进行必要的风险分析与控制。风险控制不仅是技术问题，更多是管理问题。管理信息系统开发过程中的风险控制，控制的不仅仅是管理信息系统存在的风险，还可以有效地控制开发系统过程的风险，提高信息系统的质量和开发的效率和成功率。

阅 读 资 料

霍尔的三维结构模式

霍尔三维结构又称霍尔的系统工程，后人将其与软系统方法论对比，称为硬系统方法论(Hard System Methodology，HSM)，是美国系统工程专家霍尔(A·D·Hall)于1969年提出的一种系统工程方法论。

霍尔的三维结构模式的出现，为解决大型复杂系统的规划、组织、管理问题提供了一种统一的思想方法，因而在世界各国得到了广泛应用。霍尔三维结构是将系统工程整个活动过程分为前后紧密衔接的七个阶段和七个步骤，同时还考虑了为完成这些阶段和步骤所需要的各种专业知识和技能。这样，就形成了由时间维、逻辑维和知识维所组成的三维空间结构。其中，时间维表示系统工程活动从开始到结束按时间顺序排列的全过程，分为规划、拟定方案、研制、生产、安装、运行、更新七个时间阶段。逻辑维是指时间维的每一个阶段内所要进行的工作内容和应该遵循的思维程序，包括明确问题、确定目标、系统综合、系统分析、优化、决策、实施七个逻辑步骤。知识维列举需要运用包括工程、医学、建筑、商业、法律、管理、社会科学、艺术等各种知识和技能。三维结构体系形象地描述了系统工程研究的框架，对其中任一阶段和每一个步骤，又可进一步展开，形成了分层次的树状体系。将逻辑维的七个步骤逐项展开讨论，可以看出，这些内容几乎覆盖了系统工程理论方法的各个方面。

(资料来源：百度百科.霍尔三维结构[DB/OL]. http://baike.baidu.com/view/1411879.htm?from_id=224350&type=syn&fromtitle=霍尔三维结构&fr=Aladdin.)

9.1.2 项目管理理论与实践

1. 项目的含义

20世纪60年代起，国际上许多人对项目管理产生了浓厚的兴趣。20世纪80年代之前为传统的项目管理阶段，80年代之后为现代项目管理阶段。美国项目管理专业资质认证委员会主席 Paul Grace 曾说："在当今社会，一切都是项目，一切也将成为项目。"在一定的语境中，可被翻译为"项目"的英文单词或词组有很多，如 item、project、subject of entry 等。为了方便读者查询相关外文资料，本书认为在物流的相关领域中使用"Project"一词来描述物流项目(Logistics Project)更加准确，仅供参考。

美国项目管理协会(Project Management Institute，PMI)认为项目是一种被承办的旨在创造某种独特产品或服务的临时性努力。一般来说，项目具有明确的目标和独特的性质。每一个项目都是唯一的、不可重复的，具有不可确定性、资源成本的约束性等特点。

实际上，项目来源于人类有组织的活动的分化。随着人类的发展，有组织的活动逐步分化为两种类型：一类是连续不断、周而复始的活动，称为"作业或运作"(Operation)，如企业日常生产产品的活动，日复一日的列车、货车和飞机的运行。另一类是临时性的、一次性的活动，称为"项目"(Project)，如企业的技术改造活动、新建一幢大楼、一项环保工程的实施等。日常运作和项目的主要区别在于日常运作是持续不断和重复的，而项目是一次性的和独特的。表9-1所示为项目与作业的具体区别。

表 9-1 项目与作业的比较

项 目	作 业
一次性的	重复的
有限时间	无限时间(相对)
不均衡	均衡
多变的资源需求	稳定的资源需求

项目是指一系列独特的、复杂的并相互关联的活动。项目侧重于过程，它是一个动态的概念，而不是指过程终结后所形成的成果。一般来说，项目具有以下基本特点：第一，目标性。任何项目的设立都有其特定的目标，这种目标从广义的角度看，表现为项目创造的独特的产品或服务。这类目标称为项目的成果性目标，是项目的最终目标，在项目实施过程中被分解成为项目的功能性要求，是项目全过程的主导目标。一个项目的成果性目标必须是明确的。第二，约束性。任何项目都是在一定的限制条件下进行的，这类限制条件也称为项目的约束性目标，是项目实施过程中必须遵循的条件，从而成为项目管理的主要目标。第三，独特性。独特性是项目区别于作业的一个重要特点，作业是重复进行的。第四，临时性。任何项目都有其确定的时间起点和终点，是在一段有限的时间内存在的。第五，不确定性。项目是一次性任务，是经过不同阶段渐进完成的，通常前一阶段的结果是后一阶段的依据和条件，不同阶段的条件、要求、任务和成果是变化的，同时，在项目实施过程中也会面临较多的不确定性因素。第六，整体性。项目是一系列活动的有机结合，从而形成一个完整的过程。

根据项目的一般特点，可认为项目在计划、实施与协调的过程中，是一个多维空间的描述、分析与评价的过程，如图 9-3 所示。

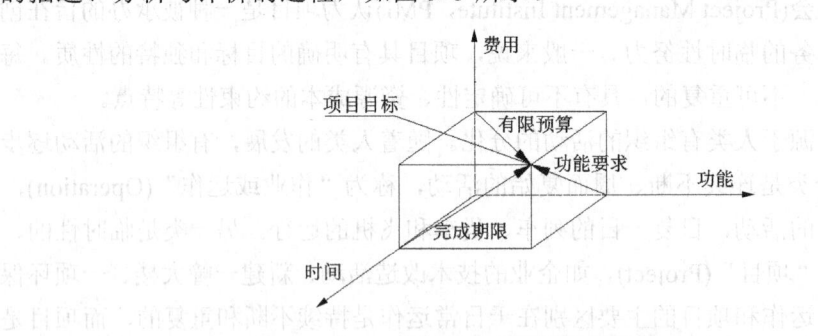

图 9-3 项目多维度示意

项目的"一次性"说明项目有始有终，项目由开始到结束的整个过程称为一个项目的生命周期。美国项目管理协会把项目的生命周期定义为："项目是分阶段完成的一项独特性任务，一个组织在完成一个项目时会将项目划分为一系列的项目阶段，以便更好地管理和控制项目，更好地将组织运作与项目管理结合在一起。"

项目的生命周期各阶段的主要工作及资源投入量见如图 9-4 所示。其中，项目的可行性研究为启动阶段的主要工作内容，是整个项目顺利开发、实施和结束的基础。项目各阶段的进程中，会出现多个里程碑(Milestone)，一般项目里程碑对应着项目的可交付成果，项目里程碑和可交付成果是项目生命周期中的关键点，如图 9-5 所示。

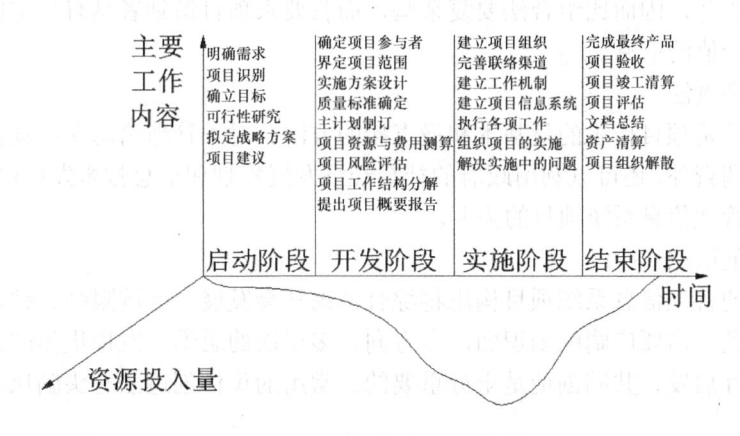

图 9-4 项目生命周期模型

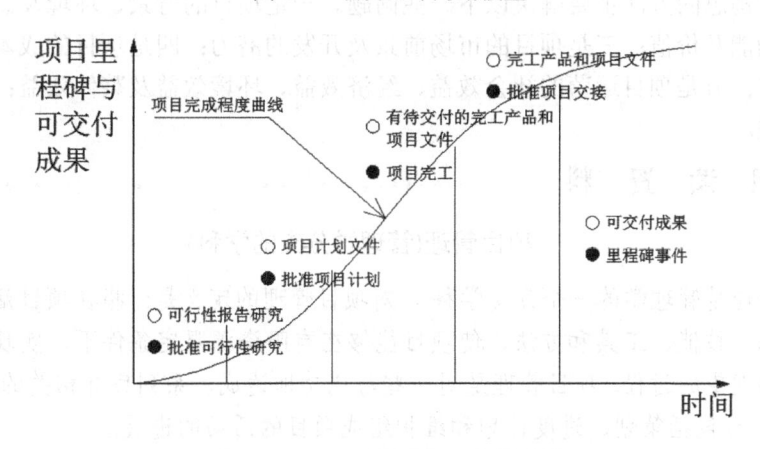

图 9-5 项目里程碑与可交付成果

2. 项目构思的方法

构思出一个满意的项目无固定的模式，需要具体情况具体分析。从事项目管理的研究者在长期实践中归纳了以下一些实用的项目构思方法。

1) 项目组合法

项目组合法就是把两个或两个以上的项目相加，形成新的项目。这是项目构思常采用的最简单方法。客户(投资者)为适应市场需求,提高项目的整体效益和市场竞争力,依据项目特征和自身条件,往往将企业自有或社会现有的几个相关项目联合相加成一个项目,从而完成一个"新"项目的构思。

2) 比较分析法

比较分析法就是指项目策划者通过对自己所掌握或熟悉的某个或多个项目进行横向或纵向的联想对比,从而发现项目投资的新机会。这种方法是对现有项目从内涵和外延上进行研究和反复思考,因而比组合法要复杂些,而且要求项目策划者具有一定的思维深度,掌握大量的有价值的信息。

3) 市场调查法

市场调查法是项目构思的最基本和最直接的方法。对于管理信息系统项目来说,除了直接进行市场调查外,还可以利用政府的社会经济发展规划和信息技术发展趋势获得社会、市场和企业对管理信息系统项目的需要。

4) 集体创造法

一个成功的管理信息系统项目构思将综合考虑社会发展、区域限制、技术领域、商业信息等诸多问题,需要广阔的知识面,多方向、多层次的思维。发挥集体的智慧和力量,取长补短、相互启发、共同创造是十分重要的。常用的集体创造法有头脑风暴法、集体问卷法等。

应用项目构思的方法主要解决以下一些问题。一是项目的背景、环境及意义;二是项目的目标、功能及价值;三是项目的市场前景及开发的潜力;四是项目的成本、资源约束及资金的筹措;五是项目运营的社会效益、经济效益、环境效益及整体效益;六是项目流程及风险管理。

阅 读 资 料

项目管理(管理学分支的学科)

项目管理是管理学的一个分支学科,对项目管理的定义是:指在项目活动中运用专门的知识、技能、工具和方法,使项目能够在有限资源限定条件下,实现或超过设定的需求和期望的过程。项目管理是对一些与成功地达成一系列目标相关的活动(如任务)的整体。这包括策划、进度计划和维护组成项目的活动的进展。

项目管理是第二次世界大战后期发展起来的重大新管理技术之一,最早起源于美国。有代表性的项目管理技术包括关键性途径方法(CPM)和计划评审技术(PERT)。

CPM 是由美国杜邦公司和兰德公司于 1957 年联合研究提出,它假设每项活动的作业时间是确定值,重点在于费用和成本的控制。

PERT 是在 1958 年出现的,由美国海军特种计划局和洛克希德航空公司在规划和研究核潜艇上发射"北极星"导弹的计划中首先提出。与 CPM 不同的是,PERT 中作业时间是不确定的,是用概率的方法进行估计的估算值,另外它也并不十分关心项目费用和成本,重点在于时间控制,被主要应用于含有大量不确定因素的大规模开发研究项目。

随后两者有发展一致的趋势,常常被结合使用,以求得时间和费用的最佳控制。

20世纪60年代,项目管理的应用范围也还只是局限于建筑、国防和航天等少数领域,但因为项目管理在美国的阿波罗登月项目中取得巨大成功,由此风靡全球。国际上许多人开始对项目管理产生了浓厚的兴趣,并逐渐形成了两大项目管理的研究体系,其一是以欧洲为首的体系——国际项目管理协会(IPMA);另外是以美国为首的体系——美国项目管理协会(PMI)。在过去的30多年中,他们的工作卓有成效,为推动国际项目管理现代化发挥了积极的作用。

项目管理(Project Management)最早是在美国曼哈顿计划中开始出现的名称,后由华罗庚教授在50年代引进中国(由于历史原因叫统筹法和优选法,台湾叫项目专案)。

项目管理的批判性研究发现:许多基于 PERT 的模型不适合今天的多项目的公司环境。这些模型大多数适合于大规模、一次性、非常规的项目,而当代管理中所有的活动都用项目术语表达。所以,为那些持续几个星期的"项目"(更不如说是任务)使用复杂的模型在许多情形下会导致不必要的代价和低可操作性。因此,项目识别不同的轻量级的模型,比如软件开发的极限编程和 Scrum 技术。为其他类型项目而进行的极限编程方法的一般化被称为极限项目管理。

(资料来源:百度百科.项目管理[DB/OL]. http://baike.baidu.com/subview/65955/11209624.htm.)

3. 项目管理的主要内容

1) 任务分解

任务分解又叫任务划分或工作分解,是将整个信息系统的开发工作定义为一组任务的集合,这组任务又进一步划分成若干个子任务,进而形成有层次结构的任务群,使任务责任到人、落实到位、运行高效。任务分解的方法主要有三种:第一,按信息系统的结构和功能进行划分;第二,按系统开发阶段进行划分;第三,将上述两种方法结合起来进行划分。

2) 计划安排

根据项目任务分解的结果,估算每一项任务所需的时间及各项任务的先后顺序,然后用计划编制方法(甘特图、网络图等)制订整个信息系统开发计划,并制定任务时间计划表。开发计划可以分解为计算机软硬件系统配置计划、应用软件开发计划、测试和评估计划、验收计划、质量保证计划、系统工程管理计划和项目管理计划。

3) 项目经费管理

项目经费管理是信息系统项目管理的关键任务,项目经理可以运用经济杠杆来有效地控制整个开发工作,达到事半功倍的效果。

4) 项目风险管理

在信息系统开发项目实施过程中,尽管经过前期的可行性研究以及一系列管理措施的控制,但其效果一般来说还不能过早确定,有可能达不到预期的效果,费用也可能高出计划,实现时间可能比预期长,硬件和软件的性能可能比预期低等各种不确定性。因此,任何一个信息系统开发项目都应进行风险管理。

5) 项目质量管理

项目质量管理是指为使项目能达到用户满意的预先规定的质量要求和标准所进行的一系列管理与控制活动。项目质量管理包括质量规划、安排质量保证措施、设定质量控制点、对每项活动进行质量检查和控制等。

4. 项目计划管理

1) 甘特图

甘特图(Gantt Chart)是基于二维坐标的图,用条形图表示项目任务及其持续时间,纵坐标表示工作任务,横坐标表示任务持续的时间。图 9-6 所示是一个简单的管理信息系统项目计划,图的左边是项目分解后的任务名称和对应的完成工期,右边部分是项目每个任务完成所预定的时间区段,时间区段的单位可以选择周、月、年。

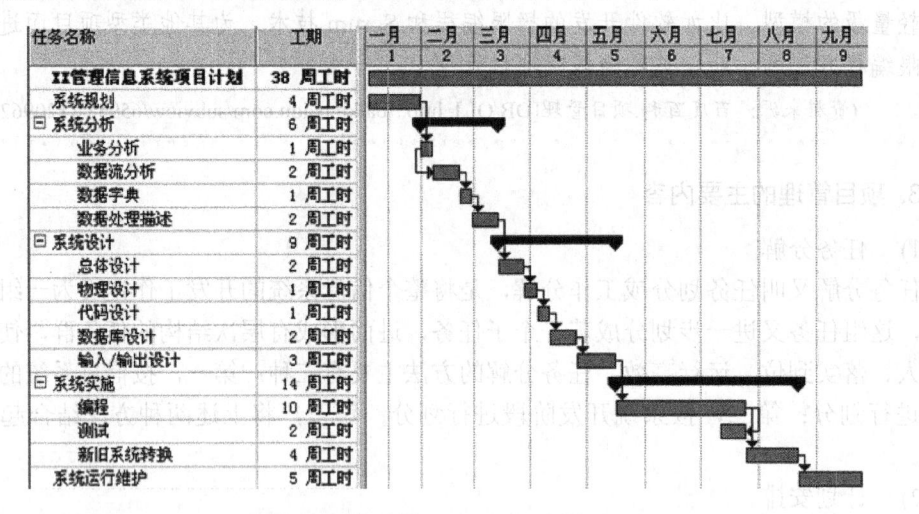

任务名称	工期	一月	二月	三月	四月	五月	六月	七月	八月	九月
XX管理信息系统项目计划	38 周工时									
系统规划	4 周工时									
系统分析	6 周工时									
业务分析	1 周工时									
数据流分析	2 周工时									
数据字典	1 周工时									
数据处理描述	2 周工时									
系统设计	9 周工时									
总体设计	2 周工时									
物理设计	1 周工时									
代码设计	1 周工时									
数据库设计	2 周工时									
输入/输出设计	3 周工时									
系统实施	14 周工时									
编程	10 周工时									
测试	2 周工时									
新旧系统转换	4 周工时									
系统运行维护	5 周工时									

图 9-6 管理信息系统项目计划甘特图实例

2) PERT 图

计划评审技术(Program Evaluation and Review Technique,PERT)是项目执行的可视化计划图,从图中可以观察到项目所包含的相关任务、执行情况、时间周期及相互关系等,如图 9-7 所示。

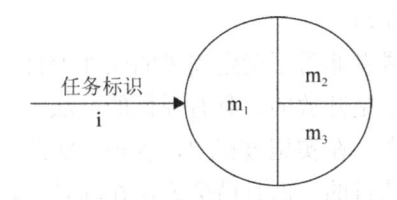

图 9-7 PERT 图节点示意图

PERT 图的圆代表一个任务的起始节点或终止节点，m_1 表示任务编号，m_2 表示最早开始时间，m_3 表示最迟开始时间，i 表示任务的持续时间。一个 PERT 图只能有一个起始节点和一个终止节点。关键路径是指从项目的起始节点到项目的终止节点的最长时间路径，该路径上的任务节点最早开始时间与最迟开始时间是一致的，即该任务没有冗余时间可以拖延。

图 9-8 所示是一个用 PERT 图编制项目计划的实例。从图中可以看出，项目周期为 17 周，项目的关键路径是 A→B→D→G。时间区段的单位可以选择周、月、年。

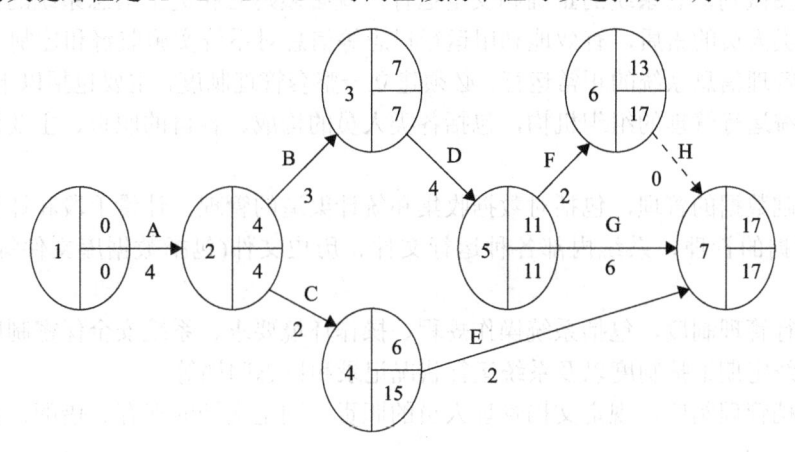

图 9-8 PERT 图编制实例

企业管理信息系统的建设工作涉及管理思想的转变和管理体制的变革，项目管理理论的引入，既能较好地组织管理信息系统项目的构思，科学分析项目的可行性及发现问题，又能监控项目的具体进展，极大提升管理信息系统项目的成功率。

5. 管理信息系统项目的敏捷开发

随着当前快速变革的时代发展，传统的管理信息系统开发方法也显得力不从心。2001 年 2 月 11 日到 13 日，17 位软件开发领域的领军人物聚集在美国犹他州的滑雪胜地雪鸟(Snowbird)雪场。经过两天的讨论，"敏捷"(Agile)这个词为全体聚会者所接受，用以概括一套全新的软件开发价值观。这套价值观，通过一份简明扼要的《敏捷宣言》，传递给世界，宣告了敏捷开发运动的开始。

敏捷开发通常用于复杂或者非常不确定需求的软件项目。与传统开发方法比较，如瀑布模型、原型法等，敏捷方法是开放的、具有弹性的方法。没有相对固定的"流程"而仅有一些"最佳实践"可供参考。在实施过程中，各种"实践"可根据实际酌情修改，以达到最适合、最方便、最有效的目的。而且敏捷方法在项目管理中也更加关注于人的能动性在项目中的作用，而不是用繁复的计划方法和沉重的形式主义去束缚个人。典型的敏捷开发方法有 Scrum、Crystal、特征驱动软件开发(Feature Driven Development，FDD)、自适应软件开发(Adaptive Software Development，ASD)及极限编程(eXtreme Programming，XP)。

9.2 管理信息系统的运行管理

系统运行是管理信息系统生命周期中时间最长的一个阶段，也是信息系统取得经济效益的阶段。要做到信息系统的正确和安全运行，就必须建立和健全信息系统的运行制度，不断提高各类人员的素质，有效地利用运行日志等信息对系统实施监督和控制。

为保证管理信息系统的正常运行，必须建立一整套管理制度，主要包括以下几个方面。

(1) 系统运行管理的组织机构，包括各类人员的构成、各自的职责、主要任务及其内部组织结构。

(2) 基础数据的管理，包括对数据收集和统计渠道的管理，计量手段和计量方法的管理，原始数据的管理，系统内部各种运行文件、历史文件(包括数据库文件等)的归档管理等。

(3) 运行管理制度，包括系统操作规程、操作环境要求、系统安全保密制度、系统修改规程、系统定期维护制度以及系统运行状况记录和日志归档等。

(4) 文档管理制度，规定文档管理人员的职责，制定文档的保存、借阅、修改的管理细则。

(5) 系统运行结果分析，通过系统运行结果，对系统的一些功能是否对实际经营管理具有指导意义进行分析，得出能反映组织经营生产方面发展趋势的信息，以提高管理部门指导企业的经营生产的能力。

9.2.1 管理信息系统运行的组织机构

进入 21 世纪以来，组织的环境比以前更加复杂和富于变化，随着信息技术的集成化和网络化的不断发展，企业信息化程度不断提高。企业可以在企业内部组建网络，做到信息共享，提高企业整体运营效率，也可以与外部网络互联，获取更多的信息。信息作为一种资源不但支持企业战略，还有助于制定企业战略，成为企业战略不可分割的部分，并成为企业形成独特竞争优势——知识优势的重要源泉。信息技术已对企业的组织结构与人事管理产生深刻而重大的影响。同时，需要企业构建符合企业信息化发展的组织与人员匹配。

为了达到管理信息系统的最好运行状态，企业均应设有专门的组织机构和专职人员从事企业管理信息系统的维护。这些专门组织机构有信息中心(或计算中心)、图书资料室、企业档案室等。另外，企业中还有一些组织机构也兼有重要的信息资源管理任务，如计划、统计部门、产品技术的研究与开发部门、市场营销部门、生产与物资部门、标准化与质量管理部门、人力资源管理部门、项目管理部门、政策研究与法律咨询部门等。一个典型的企业管理信息系统运行的组织结构如图 9-9 所示。

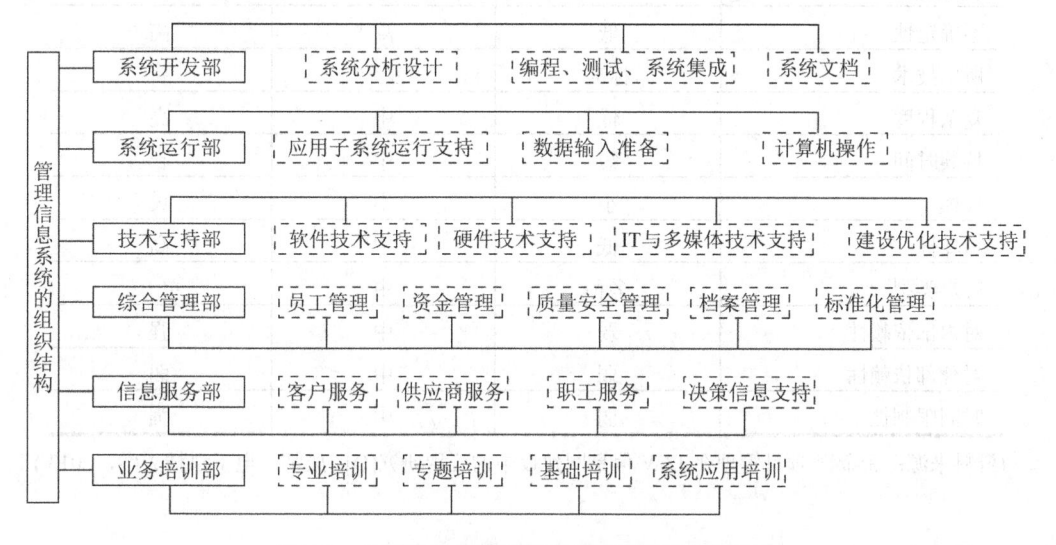

图 9-9 典型的企业管理信息系统运行的组织结构

设置管理信息系统运行的组织机构的主要目的是管理信息与信息系统。除了负责系统的运行管理外，还要承担信息系统的长远发展建设，通过信息的开发和利用来推动企业各方面的变革。

目前，企业常见的信息系统运行组织机构主要有两种形式。

(1) 成立信息中心，设在总经理之下、各职能部门之上。这样有利于信息资源的共享，在系统运行过程中有助于协调和决策，但容易造成脱离管理、服务较差的现象。

(2) 信息系统运行部门与其他职能部门平行。其特点是可以实现信息资源共享，但信息处理的决策能力较弱，系统运行中有关的协调和决策工作将受到影响。

由于信息系统本身是运用先进的技术为管理工作服务，其工作中必然要涉及多方面的、具有不同知识水平及技术背景的人员。这些人员在系统中各负其责、互相配合，共同保障系统的运行。这些人员能否发挥各自的作用，能否互相配合、协调一致是关键。如果组织不好人员管理工作，整个系统的运行就会出现混乱，管理信息系统为企业提升工作效率将是一句空话。

◇ **知识拓展**

你知道项目的十大因素与项目组织类型的关系吗？项目的十大因素制约着项目组织类型的选择，其关系分析如下。

组织结构类型 十大因素	职能型	矩阵型	项目型
不确定性	低	高	高
所用技术	标准	复杂	新
复杂程度	低	中	高
持续时间	短	中	长
规模	小	中	大
重要性	低	中	高
客户类型	多种	中	单一
对内部依赖性	弱	中	强
对外部依赖性	弱	中	弱
时间限制性	弱	中	强

(资料来源：康金锋.项目管理在JZW信息网建设中的应用研究[D]. 成都：电子科技大学，2013.)

9.2.2 管理信息系统的基础数据管理

管理信息系统是企业的信息集成平台，基础数据又是数据集成的根基。管理信息系统的基础数据是指能被系统各个模块通用，并相对静态的数据。基础数据目前还没有成熟、通用的标准，大致可以分为系统基础数据、制造体系管理基础数据、物流体系管理基础数据、资金流体系管理基础数据、企业资源体系管理基础数据和质量管理基础数据等几大类。

提出管理信息系统的基础数据管理的问题，关乎管理信息系统能否正常运行。数据错了，管理信息系统运行得再好，结果也是错的；数据不及时，那么就会造成系统和实际的不同步，产生差异，久而久之造成系统数据和实际数据严重不符，影响管理信息系统的预期效果。管理信息系统能够实现对企业的高效管理的基础是：对大量全面、准确、实时的企业数据经过计算机和软件进行访问、存储和分析。

1. 基础数据的前期准备

如前所述，在管理信息系统的整个开发过程中，要详细分析企业的业务流程、数据流程、模块之间的关系等。这些工作均是管理信息系统的前期准备工作，目的在于明确系统的基础数据有哪些？格式是否一致？传递的过程需要何种转换？基础数据的结构没有得到优化和整理，企业仍在沿用原有的信息孤岛，零散和混乱的数据源将使管理信息系统的运行产生巨大的问题。

总结实践工作，在管理信息系统基础数据的准备阶段有可能遇到这几个问题：一是数据不规范，同一部门不同的成员有不同的数据存储格式和编码，导致造成数据不统一；二是同一数据值不同，比如产品部门的零部件件号和采购部门不一致；三是企业本身一些业务不规范，没有及时形成业务数据，导致输入系统中的数据不完整。基础数据的准备过程中，尽可能对数据进行规范编码、命名以及确定管理责任权限的设定。

2. 运行过程中数据的收集、整理和维护

运行过程中需要不断维护新的数据和更新系统原有的数据，但是从数据的收集至维护进入系统是一个复杂的过程，需要多部门多专业人员的协同工作。

第一，制定基础数据的管理制度，分清责任，理顺信息流程。责任部门主要包括提供数据单位、维护数据的单位，可以是一个单位，也可以是几个单位，比如 BOM 数据的提供和维护只有产品部门一个，而物料则主要由产品部门提供，IT 部门维护，主要根据企业实际情况合理分工，以免出现有些企业中有些职能部门分工不清，产生"人人都可以管，又人人都可以不管"的现象。

第二，建立管理信息系统综合数据管理模式。深入了解企业现在运行的各个信息子系统，分析它们的数据库结构，了解其数据流的运行情况。具体就是由专责单位对各部门和各子系统的数据进行分析后，对电子版的文档的存储、格式进行统一。仅依靠系统内的数据是不行的，应该有一份和系统同步的电子文档，该文档不仅记录数据，还要记录数据的来源。

第三，就是对系统维护的操作进行规范约束。以综合数据管理模式为标准，再详细规范各个业务子系统的数据输入格式、数据管理权限。在综合数据管理模式的基础上，有必要以通用的数据管理原则，来约束各个业务子系统的数据输入、更改、存储和调用，进一步减少数据的冗余度。对于原始数据的输入，必须在模块内部确定统一的输入格式，这既需要在软件设计过程中具备自动识别有效输入格式，同时还需要花足够的资金用于系统操作员和数据管理员培训。

9.2.3　管理信息系统的运行管理制度

管理信息系统的运行管理制度要综合全面，可总结为以下几个方面。

第一，操作人员工作守则与服务规程，包括值班、上岗、调离、培训、考核等方面的规定。

第二，中心机房与网络设备管理制度，包括设备使用、检查、日志记录、异常报告等。

第三，文档使用与管理制度，包括文档记录、保存、使用、更新和销毁制度。

第四，数据管理规程，如对重要数据的输入、存储和输出的管理，数据更新与操作规程，数据备份制度等。

第五，系统安全规则，必要的安全和法律教育，对密码、口令的管理，制定和执行计算机病毒防治办法等。

第六，系统维护和软件管理制度。制定和执行系统维护的工作程序，制定软件维护人员工作守则等。

9.2.4 管理信息系统的文档管理

管理信息系统的文档，既是管理信息系统开发过程中的"痕迹"，也是管理信息系统运行维护人员的指导手册，同时还是开发人员与用户沟通交流的工具。一直以来，管理信息系统在运营维护中，维护人员更加关注的是系统的稳定性，对于系统的更新与维护的重视程度较低，管理信息系统的文档欠缺、文档的随意性和文档的不规范，极有可能造成系统的后续升级在原来的开发人员流动以后不能完成，这就使系统变成一个没有拓展性、没有生命力的系统。因此，为了建设一个良好的管理信息系统，不仅要充分利用各种现代信息技术和正确的系统开发方法，同时还要做好系统规划、分析、设计、实施、运行的规范性及具有延续性的文档管理。

管理信息系统的文档，不仅仅包括应用软件开发过程中产生的文档，还包括硬件采购和网络设计中形成的文档；不仅仅包括上述有一定格式要求的规范文档，也包括系统建设过程中的各种来往文件、会议纪要、会计单据等资料形成的不规范文档。

管理信息系统建设过程中的主要文档包括系统开发立项报告、可行性研究报告、系统开发计划书、系统分析说明书、系统设计说明书、程序设计报告、系统测试计划与测试报告、系统使用与维护手册、系统评价报告、系统开发月报与系统开发总结报告。实际上，如果从管理信息系统的文档管理角度来看，各种文档的时间延续覆盖了管理信息系统的整个生命周期，各种文档的内容与格式是读者必须了解与掌握的知识。

管理信息系统文档质量不高的原因主要包括：①认识上的问题。不重视文档的编写工作。②规范上的问题。不按各类文档的规范写作，文档的编写具有很大的随意性。③技术上的问题。缺乏编写文档的实践经验，对文档编写工作的安排不恰当。④评价上的问题。缺乏评价文档质量的标准。

真正的高质量的文档并不容易，除去应在认识上对文档工作给予足够的重视外，还要利用附录与配图作为参考，形成标准文档的写作。高质量的文档一般都需要经过编写初稿、听取意见进行修改，并通过评审或评估。高质量文档应在针对性、精确性、一致性、清晰性、完整性、灵活性、可追溯性和易检索性等方面得到体现。

9.2.5 系统运行的结果分析

系统运行的结果贯穿于系统建设的全过程。管理信息系统建设一般包括系统总体规划、系统分析、系统设计、系统实现、系统评价等阶段。前一阶段的工作结果往往是后一阶段工作的前提。因此，系统建设的每一阶段都涉及运行结果分析的问题。

管理信息系统建设完成之后，系统的直接运行结果是系统处理的相关数据量。不同层次的人们在试用与适应系统的运行过程中，均会对相应的系统给出自己的评价结果，来自于不同视角的运行结果与评价多种多样，需要对系统的运行给出综合的打分。

管理信息系统的运行结果分析本质上是从时间、成本、质量等因素衡量管理信息系统成功与否，而管理信息系统建设本身是一个复杂的系统工程，以什么样的指标体系去衡量，如何衡量，确实是个难题。我国企业对管理信息系统的运行结果分析的重视不足，给管理信息系统的更新带来了一定的阻碍。为了更好地、科学地、全面地分析管理信息系统的运行结果，人们需要对管理信息系统进行综合评价。

9.3 管理信息系统的评价

评价是指根据确定的目的来测定对象系统的属性，并将这种属性变为客观定量的数值或者主观效用的行为。对于较复杂的评价对象，一般要建立评价指标体系。例如，系统评价阶段所涉及的评价对象是整个系统，是对系统的运行状态进行全面的综合评价，找出问题，提出改进意见，不断完善系统的功能。

管理的实质是决策，决策的基础和依据是信息。管理信息系统是对企业进行全面管理的以计算机为基础的信息系统；是用系统思维的方法以计算机和现代通信技术为基本信息处理手段和传输工具的，能为管理决策提供信息服务的人机系统。管理信息系统的评价是一项很困难的工作，这是由管理信息系统本身的诸多特点造成的。例如，管理信息系统的应用效果往往要在系统建成后的一段使用时间之后才能体现出来，并且与管理体制、管理基础、用户使用的积极性、用户的技术水平等有着非常密切的相关性。评价管理信息系统的好坏涉及许多因素，包括定性和定量因素。因此，管理信息系统的评价是一类综合评价。

所谓综合评价(Comprehensive Evaluation, CE)，是指对以多属性体系结构描述的对象系统做出全局性、整体性的评价，即对评价对象的全体，根据所给的条件，采用一定的方法给每个评价对象赋予一个评价值，再据此择优或排序。同时，多属性(或多指标)综合评价根据评价对象和评价目的，从不同的侧面选取刻画系统某种特征的评价指标，建立指标体系，并通过一定的数学模型(或算法)将多个评价指标值合成一个整体性的综合评价值。

多属性综合评价的过程,实际上就是系统组成要素之间指标信息交换、流动和组合的过程,是一个集成了主客观信息的复杂过程。多属性综合评价的经典逻辑框图如图 9-10 所示。

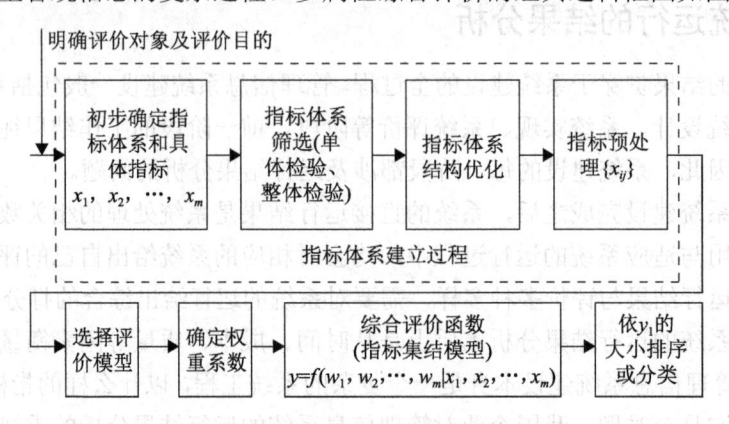

图 9-10 多属性综合评价的经典逻辑框图

9.3.1 综合评价方法概述

按照权数产生方法的不同,多指标综合评价方法可分为主观赋权评价法和客观赋权评价法两大类。其中主观赋权评价法采取定性的方法,由专家根据经验进行主观判断而得到权数,然后对指标进行综合评价,如层次分析法、综合评分法、模糊评价法、指数加权法和功效系数法等。客观赋权评价法则根据指标之间的相关关系或各项指标的变异系数来确定权数进行综合评价,如熵值法、神经网络分析法、TOPSIS 法、灰色关联分析法、主成分分析法、变异系数法、聚类分析法、判别分析法等。

尽管综合评价方法多种多样,但仍具有一定的局限性。第一,受到研究者对评价目标理解认识能力的制约,存在理论研究同实际应用的衔接差距问题;同时在选取评价指标时又受到统计指标可得性的限制,因此综合评价在设计之初并不能确保真正做到针对性和代表性,而具有一定的主观性。第二,虽然综合评价的结果用数字量化表示,但其评价结果并不具有数学意义上的精确性,而只能大体反映评价对象的特点,其评价结果的准确与否并不是绝对的。因此虽然综合评价方法复杂、手段多样化、应用广泛化,最终都需要结合定性分析进行合理分析。第三,学界对综合评价方法本身的效率评价及评价结果科学性的检验,在理论研究上没有受到专家学者的足够重视。

为了提升综合评价结果的准确性和科学性,综合评价的科研人员要努力做到以下几个方面。第一,应加强对宏观政策理论的学习,多思考,广泛听取各方意见,分析研究对象的内外部环境和作用机制,进一步加深对研究对象特性的理解。第二,在综合评价方法的选择上,应尽可能地博各方所长而为我所用,多用一些方法来相互验证。第三,在对综合评价结果的解释上一定要做足功课，结合实际情况做到有理有据。第四，在大数据时代，对统计指标的解释和数据挖掘方面也应做到服务更加详细和到位，只有"站在一线"直面问题和挑战，才能促使数据使用者更加信任系统提供的数据质量。第五，作为一项评价方法，对综合评价的过程和结果都要采取系统性的质量管理思维，真正体现出科学性和可持续发展性，才能更好地为决策服务。

9.3.2 常用的综合评价方法的比较

常用的综合评价方法的比较如表 9-2 所示。

表 9-2 常用的综合评价方法的比较

类别	方法名称	方法描述	优 点	缺 点	适用对象
定性评价方法	专家会议法	组织专家面对面交流，通过讨论形成评价结果	操作简单，可以利用专家的知识，结论易于使用	主观性比较强，多人评价时结论难收敛	战略层次的决策分析对象，不能或难以量化的大系统，简单的小系统
	Delphi 法	征询专家，用信件背靠背评价、汇总、收敛			
技术经济分析方法	经济分析法	通过价值分析、成本效益分析、价值功能分析，采用 NPV、IRR、T 等指标	方法的含义明确，可比性强	建立模型比较困难，只适用评价因素少的对象	大中型投资与建设项目，企业设备更新与新产品开发效益等评价
	技术评价法	通过可行性分析、可靠性评价等			
多属性决策方法	多属性和多目标决策方法	通过化多为少、分层序列、直接求非劣解、重排次序法来排序与评价的对象	对评价对象描述比较精确，可以处理多决策者、多指标、动态的对象	刚性的评价，无法涉及有模糊因素	优化系统的评价与决策，应用领域广泛
运筹学方法(狭义)	数据包络分析模型	以相对效率为基础，按多指标投入和多指标产出，对同类型单位相对有效性进行评价，是基于一组标准来确定相对有效生产前沿面	可以评价多输入多输出的大系统，并可用"窗口"技术找出单元薄弱环节加以改进	只表明评价单元的相对发展指标，无法表示出实际发展水平	评价经济学中生产函数的技术、规模有效性，产业的效益评价、教育部门的有效性

续表

类别	方法名称	方法描述	优点	缺点	适用对象
统计分析方法	主成分分析	相关的经济变量间存在起着支配作用的共同因素，可以对原始变量相关矩阵内部结构研究，找出影响某个经济过程的几个不相关的综合指标来线性表示原来变量	全面性，可比性，客观合理性	因子负荷符号交替使得函数意义不明确，需要大量的统计数据，没有反映客观发展水平	对评价对象进行分类
	因子分析	根据因素相关性大小把变量分组，使同一组内的变量相关性最大			反映各类评价对象的依赖关系，并应用于分类
	聚类分析	计算对象或指标间距离，或者相似系数，进行系统聚类	可以解决相关程度大的评价对象	需要大量的统计数据，没有反映客观发展水平	证券组合投资选择，地区发展水平评价
	判别分析	计算指标间距离，判断所归属的主体			主体结构的选择，经济效益综合评价
系统工程方法	评分法	对评价对象划分等级、打分，再进行处理	方法简单，容易操作	只能用于静态评价	新产品开发计划与结果，交通系统安全性评价等
	关联矩阵法	确定评价对象与权重，对各替代方案有关评价项目确定价值量			
	层次分析法	针对多层次结构的系统，用相对量的比较，确定多个判断矩阵，取其特征根所对应的特征向量作为权重，最后综合出总权重，并且排序	可靠度比较高，误差小	评价对象的因素不能太多（一般不多于9个）	成本效益决策、资源分配次序、冲突分析等
模糊数学方法	模糊综合评价	引入隶属函数，实现把人类的直觉确定为具体系数，在论域上评价对象属性值的隶属度，并将约束条件量化表示，进行数学解答	可以克服传统数学方法中"唯一解"的弊端。根据不同可能性得出多个层次的问题题解，具备可扩展性，符合现代管理中"柔性管理"的思想	不能解决评价指标间相关造成的信息重复问题，隶属函数、模糊相关矩阵等的确定方法有待进一步研究	消费者偏好识别、决策中的专家系统、证券投资分析、银行项目贷款对象识别等，拥有广泛的应用前景
	模糊积分				
	模糊模式识别				

续表

类别	方法名称	方法描述	优点	缺点	适用对象
对话式评价方法	逐步法 序贯解法 Geoffrion法	用单目标线性规划法求解问题，每进行一步，分析者把计算结果告诉决策者来评价结果。如果认为已经满意则迭代停止；否则再根据决策者意见进行修改和再计算，直到满意为止	人机对话的基础性思想，体现柔性化管理	没有定量表示出决策者的偏好	各种评价对象
智能化评价方法	基于BP人工神经网络的评价	模拟人脑智能化处理过程的人工神经网络技术，通过BP算法，学习或训练获取知识，并存储在神经元的权值中，通过联想把相关信息复现。能够"揣摩""提炼"评价对象本身的客观规律，进行对相同属性评价对象的评价	网络具有自适应能力、可容错性，能够处理非线性、非局域性与非凸性的大型复杂系统	精度不高，需要大量的训练样本等	应用领域不断扩大，涉及银行贷款项目、股票价格的评估、城市发展综合水平的评价等

9.3.3 初建系统综合评价指标体系的方法

评价的指标体系的选取方法分为定性和定量两大类，并提出了定性选取评价指标体系的五条基本原则，即目的性、全面性、可行性、稳定性和与评价方法的协调性。目前各类多属性综合评价实践中基本上是采用定性方法进行指标的选取。

在初建指标体系前，首先必须明确评价对象和评价目的，它们在一定程度上决定了指标体系和评价方法，也确定了评价项目(即总评价目标下的子评价目标)，如对经济系统的综合评价，一般包括的评价项目有政策性指标、技术性指标、经济性指标、社会性指标和资源性指标等。评价项目既要全面地反映评价目的，又要具有一定的概括性和专一性，能反映系统某一方面的特征。然后运用多种指标体系初建方法(如调查研究、系统分析和Delphi方法)或者多种方法的结合得到综合评价指标集，并确定指标间的结构和相互制约关系。

指标体系的初建包括两方面的内容，一是指标的选取，二是指标体系结构(指标间的相互关系)的设计。指标选取要充分考虑各指标的概念、计算范围(包括计算的总体范围界定、时空范围界定和标志内容界定)、计算方法和计量单位等。选取单个指标的过程中，需要明确指标测量的目的并给出理论定义、选择指标的标志并给出操作性定义、设计指标计算内容和计算方法以及实施指标测验等基本步骤。多属性综合评价问题的复杂性往往决定了指标体系的层次结构，比较典型的指标体系结构有目标层次式结构和因素分解式结构(如杜邦指标体系)两类。前者主要用于对现象的水平评价，后者主要用于评价对象的因素分析。综合评价指标体系的初选方法有以下几种，如表9-3所示。

表9-3 综合评价指标体系的初选方法

名 称	原 理	应用领域
综合法	对已存在的一些指标群按一定的标准进行聚类，使之体系化(适用于对现行评价指标体系的完善与发展)	西方国家社会评价指标体系是在多个机构制定的指标体系基础上进行归类整理、条理化之后得到
分析法	将指标体系的度量对象和度量目标划分成若干个不同组成部分或不同侧面(评价子系统)，并逐步细分，形成各级子系统及功能模块，直到每一部分和侧面都可以用具体的统计指标来描述和实现(最基本、最常用的方法)	可持续发展评价指标体系(经济、社会与科教、资源、环境和人口等方面可持续发展)、经济效益评价指标体系等
目标层次法	首先确定评价对象发展的目标，即目标层；然后在目标层下建立一个或多个较为具体的分目标，称为准则；准则层则由更为具体的指标组成，从而形成指标体系	规划方案综合评价等
交叉法	通过二维或三维或更多维的交叉，派生出一系列的统计指标，从而形成指标体系	经济效益统计评价指标体系(投入产出比)、社会经济科技协调发展评价指标体系(经济、社会和科技三维交叉)
指标属性分组法	从指标属性角度构思指标体系中指标的组成(先按动态/静态来分，再按绝对数/相对数/平均数来分)	失业状态评价指标体系等

综合法克服了由于主观认识造成的随意性，同时也综合了多种不同观点，但由于该方法是基于已有指标体系的归类研究，因而对于新的评价对象由于没有可以参考的指标体系而无法使用；分析法是通过对评价对象系统进行科学分析而生成的指标体系，集中反映了评价对象自身的特征属性，具有代表性，但是在分析过程中往往由于评价者自身知识结构、认识水平和模糊性等因素的影响，存在较大的主观性；分层法通俗易懂、计算简便、实用性强，而且通过确定目标结构，可以对指标之间的交叉重复有一定的限制作用，但是目标层和准则层的选择没有客观的依据，往往通过人们对评价问题的理解来决定，存在主观随

意性；交叉法能体现出两种或三种要素之间的对比或协调作用关系，但是这种方法的应用范围有限；指标属性分组法思路清晰、目的明确且便于较为全面地构建指标体系，但是容易造成指标之间的重复，需要不断修改完善。指标体系的初建应当从评价的目的和原则出发，对评价对象的特性进行系统分析，精心设计指标的内涵，尽可能选取全面、必要、稳定和可行的指标，并由评价者和决策者共同确定指标和指标体系的结构。

9.3.4 系统综合评价的指标体系筛选方法

对初建指标体系得到的关于评价对象和评价目的"指标可能全集"需要进行筛选，以得到指标的"充分必要集合"。指标体系筛选包括两个层面，即对单个指标的检验和对整个指标体系的检验，以保证单个指标的科学性和指标体系整体的科学性。单个指标的检验着重于可行性、正确性和真实性三个方面，即考察指数数值的可获取性、指标计算方法、计算范围及内容的科学性，以及数据资料的质量高低。指标体系的整体检验着重于考察指标之间的协调一致性、整体必要性和整体齐备性。采用定性分析与定量分析相结合的办法降低指标体系的冗余度。指标体系筛选过程中用到的定量分析方法如表9-4所示。

表9-4 指标体系筛选的定量分析方法

名 称	原 理
变异系数法	该方法用于测量指标在区分评价对象某一方面特征时的能力和效果，即区分度。变异系数越大，指标区分度越高
极小广义方差法	一种是用协方差矩阵的行列式值定义广义方差逐一计算在选择 $X_i(i=1, 2, \cdots, P)$ 指标下，余下的指标向量 X_i 的条件方差(即 X_i 为已知)矩阵的行列式值，即"广义方差" $D(X_i)$，取其中最小者 $D(X_j)$，则对应的 X_j 就作为有代表性的指标被选择出来。重复这个过程，直到选足 R 个指标(R 是人为确定的数值)
修正指标权重法	直接通过调整指标体系内各指标权重来削弱指标重叠的影响。将指标 x_i 的权重分为两部分：价值权重 w_{i1} 和影响权重 w_{i2}，建立指标相互影响矩阵，指标 x_i 对指标 x_j 的影响力为 a_{ij}，指标 x_i 对其他所有指标的影响力之和为 R_i，$\Sigma R_i=T$，影响权重 $w_{i2}=R_i/T$，指标体系中原指标修正权重 $w_i=aw_{i1}+(1-a)w_{i2}$，a 为调节数，$0 \leqslant a \leqslant 1$。指标之间的相互关系值可以用相关系数或关联系数来刻画
极大不相关法	从相关系数矩阵出发，对所有的 $i(i=1, 2, \cdots, p)$ 计算每一个指标 x_i 与其余指标之间的多元相关系数 $r(x_i, y_{-i})$，找出这些相关系数中的最大值 $r(x_j, y_{-j})$，则该 x_j 将被剔除。重复这个过程直到余下所需个数的指标时为止

续表

名　称	原　理
专家法	采用专家法进行初建指标体系的过滤与净化，将专家都认为不重要的指标及权数很小的指标剔除，再通过效度净化、信度净分和模糊聚类三种方式进行指标筛选，对效度在 0.2～0.4 的指标进行修正，对效度在 0.2 以下的指标进行淘汰或修改
聚类分析法	按"指标聚类"的方式对指标进行归类，根据一定的选择标准(类数或者是指标相关性"阈值")确定相应的分类数，从每类中选择代表性指标构成指标体系；计算类内的每个指标与其他指标两两决定系数的均值，取其中最大者所对应的指标为类内指标的"典型指标"
灰关联聚类法	计算指标 x_i 和 x_j 的关联系数 r_{ij}，当 $r_{ij} > r$(r 为临界值)时，x_i 和 x_j 可以归为一类
神经网络方法	平均权值，指标谱值可以反映指标对输出结果的影响；再计算各输入变量对输出变量的贡献率，可将对输出指标相对贡献率大的输入指标作为筛选后的指标
粗糙集方法	若指标体系 X 中去掉某个指标 x_i 后，该指标集仍是可分辨的，则 x_i 是 X 中可约简的。粗糙集属性约简规则是在保证约简的属性集的分类质量与原属性集的分类质量相同的前提下，剔除不相关或不重要的信息，删除冗余属性
Vague 集方法	完备指标集 X 到关键指标集 I 的关系 $R(A \rightarrow I)$ 可以定义为一个 Vague 集关系，指标 x_i 的重要程度可以表示为$[t_I(x_i), 1-f_I(x_i)]$，其中 $t_I(x_i)$ 表示会对评价结果产生重要影响的指标，$f_I(x_i)$ 表示不会对评价结果产生重要影响的指标，$0 \leq t_I(x_i)+f_I(x_i) \leq 1$，核函数 $S_I(x_i)=t_I(x_i)-f_I(x_i)$，若 $S_I(x_i) \geq α$（α 为重要性标准），则 x_i 入选关键指标集 I
信息熵方法	通过信息熵来度量指标的区分能力

一般来说，初建指标体系的优化，往往是通过统计检验将大量指标缩减形成具有显著统计特性的一组，对于线性问题以及一些特定的非线性问题很容易找出相关变量，剔除相关性高以及区分度不大的指标。

然而，对于复杂的非线性问题，神经网络凭借其非线性映射能力和泛化能力，无须先验假设，同时避免主观因素对指标选择的干扰，合理地选择需要的指标，排除不合理的指标，建模过程简化，精度较高，从而为非线性系统的指标体系筛选提供了有效的方法。粗糙集属性约简方法可以减少冗余和关联指标，在剔除不相关或不重要的指标时，并不影响评价的效果。Vague 理论能更好地借助专家知识，同时表示专家支持、反对和弃权的证明，使得关键指标体系的建立过程更为流畅和简单易行。因此，神经网络方法、粗糙集方法和Vague 集方法等新型方法应用于初建指标体系的筛选时，与传统的统计方法相比，具有原理更科学、模型更简洁及精度更高等优势，将成为未来指标体系筛选算法研究的重要方向。

9.3.5 系统综合评价的指标体系结构优化方法

指标体系的结构优化，由定性的完备性分析方法检查评价目标的分解是否完备，避免分解的目标交叉而导致结构混乱的情况，分析指标体系的平行结点的重叠性与独立性。若出现了子目标之间的相互包含，则进行归并处理或剥离处理，即将重叠的子目标合并成一个共同的子目标，或将重叠的部分从指标体系中剥离出来。指标体系结构优化的方法中，有为适应人工处理而提出的经纬法、编网法和最大树法等，在运用中采用了大量的启发性规则，难于用计算机处理。最大树法是以图论中的最大树算法为理论基础，但是却只能处理树型指标体系，适用范围有限。张于心和智明光在 1995 年提出了一种优化指标体系结构的方法，按顶点的入度排序，从小到大依次处理，对指标进行分级。苏为华在 2000 年给出了层次深度与出度之间的关系，如对于出度为 M、层次为 L 和指标总数为 P 的指标体系，粗略地满足 $P=M^{L-1}$ 的关系式，且指标出度以 4~6、层次以 3~6 为宜。

指标体系的结构优化，有助于实现系统评价信息的有效存储和管理，对系统评价问题的建模和求解、系统评价支持系统的开发都有重要意义。指标体系的结构优化需要运用图论和信息系统的相关理论，同时也需要系统理论辅助指标体系的功能聚合分析，检验各子系统模块划分的合理性。

良好的指标体系结构应当是功能聚合度高、深度(层数)和出度合理，以及无回路的树形结构图，往往可以仿效数据结构理论中的"层次型数据库"技术使评价指标体系变成树形结构。更好地结合图论、系统论和信息系统论等多方面的理论，融合现有的结构优化方法，提出更具有系统性且功能强大的指标体系结构优化方向，将是进一步研究的方向。

【案例 9-2】 TT 联合物流有限公司管理信息系统建设与评价

TT 联合物流有限公司成立于 2003 年 6 月，总部位于山西太原，是一家依托铁路开展货物运输、仓储、配送等业务的物流企业，经营范围主要涉及货物运输、仓储及配送服务、劳务服务、商品代购代销、货物运输代理及机车和装卸设备租赁等。

公司发展初期，以钢材自营为进入市场的切入点，与省内知名钢铁企业建立客户关系，并利用铁路优势发展为钢铁企业原料和产品运输代理服务商。随着公司的不断壮大，其业务量急剧增加，业务范围也涉及铁矿石、煤炭、矿粉等大宗货物的铁路运输代理、钢材和大型超市商品的配送运输，随着榆北集装箱货场的划入，公司新增加了集装箱运输和仓储业务，并配合山西省武宿物流园区的规划，建设钢材物流园区，要实现在太原地区营销钢材 30 万~50 万吨/年；各种型钢的集中到达并装卸配送 30 万~50 万吨/年；济钢、包钢等的卷板开平加工及二次运输 20 万吨/年；集运生铁 30 万吨/年的功能，形成年吞吐量 120 万~150 万吨的钢材物流园区。另外，公司与山西省交通运输管理局信息中心合作，发展榆次北物流配送中心，建设物流配送基地及停车场等，主要承担太原市货物的集散配送及信息服务等业务。

1. TT公司物流业务

TT公司具有运输型和仓储型物流企业的特点，以从事货物运输、集装箱仓储和配送业务为主，具备一定规模。TT公司主要提供站到站运输，还可以提供门到站运输、站到门运输等服务和其他物流服务。企业自有一定规模的仓储设施和初步规模化的配送车队。TT公司物流业务的分类如下所述。

(1) 运输代理业务。结合山西省资源大省自然特点，依托太原铁路局运量优势，代理钢材、铁矿、煤焦炭、矿粉等大宗货物铁路运输业务。下设建材分公司，主要为海鑫钢铁有限公司、酒钢集团宏阳钢铁有限公司提供钢材营销的物流支持，接卸、仓储的年业务量在60万吨左右。下设快特物流有限公司，主要为宝晋钢铁有限公司提供产品销售的物流支持，月装车700~900车。

(2) 仓储业务。拥有华北最大的集装箱货场——榆北集装箱货场，占地400余亩，紧邻同蒲铁路和108国道。主营业务是利用20英尺集装箱发运出口焦炭，形成山西—天津港焦炭物流，年发送量3万余标准箱，约62万吨。公司下设大列物流有限公司，租用太原东站太原铁路物资供应段专用线和榆次站棉麻公司专用线，为公司生铁集运的主要基地，主要经营生铁的物流储运业务。

(3) 配送业务。公司下设铁建联友物流配送有限公司，拥有各种类型运输车辆300余辆，主要从事货物装卸、配送等业务。下设钢材配送车队、商品配送车队和集装箱车队。主要是为海鑫钢铁有限公司、酒钢集团宏阳钢铁有限公司的钢材产品提供专业仓储、配送，为沃尔玛购物广场提供商品配送等。

(4) 其他业务。公司下设欣成运销公司，主要在临汾、运城等地从事生铁、焦炭、铝矾土等营销业务。作为脱胎于传统铁路运输企业的物流企业，TT公司从钢材自营起步，逐步发展壮大，目前所具备的各种资源为公司从功能型向专业型现代物流企业转型打下了良好的基础。

2. TT公司原有信息系统运作情况及其存在的问题

TT公司原来没有一个覆盖全企业的管理信息系统，只是在个别的业务单元通过购买成熟软件实行相关业务的信息化。公司原有的信息化模块包括进销存系统和财务管理系统。

TT物流进销存系统是一套比较完善、高效的仓储管理信息系统，包括详细的基础数据管理(往来单位、货物类别、货物明细、仓库、车队、计量单位、结算方式)和灵活的系统操作授权功能，其业务核心模块有接传真入库、出库配送、进货单结算、销售单结算等功能。进销存系统可以同时管理业务和财务信息，在此基础上供多方位的查询统计功能，并能方便地导入导出业务数据，具有较大的系统灵活性和可扩展性。

TT 公司财务管理系统是 C/S 结构的局域网应用系统,主要由账务系统、报表系统、工资系统三大模块组成。账务系统主要包括总账、辅助核算管理(应收款管理、应付款管理)、网上银行、公司对账、现金流量表等模块,这些模块从不同的角度,实现了从预算、核算到报表分析的财务管理全过程,可以满足 TT 公司对资金流的基础管理。电子报表系统是 Windows 环境下进行的按照国际惯例设计的以编制会计报表和进行财务分析为主要用途的电子报表软件,可以形成上报盘,并且可以自动汇总各级报表数据。利用网络技术通过灵活的下发及上传功能,将分散在各单位的业务、财务,分销组织的订货、销售、库存数据等数据信息以报表形式汇集并加以汇总分析。工资系统能够帮助财务人员完成工资核算、发放、统计、分析、个人所得税和零钱处理等工作,并自动生成所得税申报表及工资发放表,允许对职工的养老金、公积金等项目进行细化管理。

TT 公司引入进销存管理系统和财务管理系统后,使得进销存和财务业务的管理更加科学,增强了企业相关信息的可得性和透明性,便于管理者和操作人员处理相关业务。但随着 TT 公司业务的不断深化和发展,原有信息系统出现了不满足企业发展的情况,主要表现在两个方面。

(1) 企业管理方面。现代化的物流企业需要依托现代信息技术和手段,以信息系统为依托,改善物流企业经营管理方式,优化物流运作流程,在节约成本的同时提升运作效率,提高客户企业的满意度。TT 公司发展壮大的同时,制订了向现代物流企业转型的发展战略,决定依托铁路发展特色物流服务,通过规模化经营和专业化管理,打造一个富有活力的现代化的物流企业。TT 公司现有的两个管理系统显然已经不能满足公司发展的需要,公司的战略转型目标需要一个全面的管理信息系统做支撑,系统能对公司全部业务和数据进行深度整合,在运作、管理和决策领域为公司提供技术保障和管理支持。

(2) 技术方面。原有系统由于设计的原因,在设计方面存在一些问题和缺陷。比如,传真入库单一经输入系统就不允许再次修改;库存货物没有标识出具体的码放货位及层数;出库单确定后,系统不能自动修改实际库存量;出库单上不能打印卸货地址和收货客户的名称;出库货物不能根据手工输入的件数自动计算出其重量和价格。这些问题和缺陷阻碍了进销存系统操作的便捷性和管理的科学性,不能适应 TT 公司精细化物流管理理念的需要。

3. TT 公司物流管理信息系统需求分析

TT 公司具有敏锐的市场意识,能够在市场中发现物流需求,并结合自身所处的铁路行业特点和优势,深入到客户企业的供应链中,提供优质高效的物流服务。比如,TT 公司将太原市钢铁销售商各自为营的钢材仓储、运输等零散业务整合起来,实现钢材大规模"门到门"运输和集中配送,实现了钢铁生产厂、钢铁销售商和 TT 公司三方共赢的局面。

随着 TT 公司物流业务的不断扩张,其服务企业的数量大幅增加,涉及行业越来越多,提供的物流服务的种类逐渐增多，服务要求也逐步增大，其服务的企业向多元化方向发展。目前 TT 公司经营范围涵盖钢材、集装箱、大列、配送等多个领域，提供的物流服务涉及运输、仓储、配送、装卸、流通加工，这对其提出了新的要求。

首先是开展物流业务的过程中，产生了大量重要的业务往来信息、产品信息、单证信息、市场供求信息，单纯靠手工记录或简单的计算机记录，已不能满足日益扩张的业务需求，很容易出现单据信息记录不准确，传递不及时、不准确的情况，且日后查找以往单据也费时费力。加之 TT 公司统一结算的运营模式，需要与厂商、销售商、铁路主业部门建立多角度、大规模的结算体系，手工操作已不可能较好完成此任务。

其次是 TT 公司物流服务功能不断完善，服务的客户企业和涉及的领域越来越多，紧密联系客户的需求也越来越强烈。TT 公司需要与客户建立统一的信息平台，实现与客户企业的无障碍沟通，为客户企业提供网上下单、及时查询货品在途信息和存储状态、电子交易等服务，与客户企业建立敏捷的供应链合作关系，提供便捷的物流信息服务。

再次是 TT 公司的各分公司、基地、网点遍布山西全省，跨区域、跨系统的协调管理难度加大。各分公司、基地、网点的业务数据靠手工整理，以电话或传真的方式上报上级主管部门，传递速度慢、效率低下，不利于总公司从宏观角度把握公司运营情况和制定运作方略。

综合以上 TT 公司新的业务需求，对 TT 公司物流管理信息系统进行如下的需求分析。

1) 物流业务需求分析

(1) 加强物流服务管理。

利用订单管理加强系统各作业模块的有效联系，实现信息在各功能模块中的"并行"传递；利用仓储管理系统实现对货物的入库、在库、出库过程的管理，实现管理的高效化、及时化；运输/配送管理系统对货物的运输、配送过程进行实时监控和高效管理，提供多种车辆监控手段，帮助货物运输相关单位及时准确地掌握车辆及货物的在途状态。

(2) 决策支持信息。

利用报表分析和图形展示，及时地掌握商流、物流、资金流和信息流所产生的信息并加以科学的利用，并对历史数据进行多角度、立体的分析，实现对 TT 公司中相关的人力、物力、财力、客户、市场、信息等各种资源的综合管理，为 TT 公司企业管理、客户管理、市场管理、资金管理等提供科学决策的依据，从而提高管理层决策的准确性和合理性。

(3) 规范业务流程。

TT 联合物流管理信息系统应该规范企业业务流程。比如，要求以企业合同计划为业务起始点；包括对客户信息的管理、对合同的生命周期管理、对服务商品的管理及服务价格的管理，这些都须在业务实施前在系统内进行维护和确认。订单可表现为对外的客户订单和对内的业务工单，通过对业务执行的控制，系统完成了对业务执行中物资消耗量、工作量的统计和管理任务，有机结合合同、价格、工作量信息，为最终业务结算提供依据。

(4) 实现跨部门协同。

通过流程再造和信息系统的辅助，进一步提高部门间的协作效率。原来部门间在协作时通过电话和纸质单据传递信息，作业完成后经常发生数据不一致的问题。通过应用系统，部门间的工作信息以工单的形成在模块间传递，信息接收方会在计算机上出现工作处理提示。工作人员按照工单提示信息处理业务，消除人工传递信息不及时、不准确的问题，提高部门间的协作效率。

(5) 实现跨区域协同。

拥有跨区域的经营网络是现代物流的典型特征，如何高效管理跨区域的分支结构、基地、网点成为企业管理的重点之一。这其中包括对分支机构业务数据和流程规范性的管理，管理信息系统的应用成为辅助总公司进行管理的重要工具之一。

(6) 提高客户服务水平。

物流管理信息系统为客户提供网上下单、查询管理，并为客户提供丰富的查询条件，提供表格化和图形化的查询结果表现模式，系统还能为客户提供货物所在层次，是否压货等更详细的货物管理信息。订单系统的使用也使企业作为一个整体面对客户，以往客户开展一项业务需要和几个不同部门联系，如货物出入库时，就要同仓储、配送等几个部门分别联系。现在客户只需在订单中注明需求，通过系统在不同部门间协作就完成了客户的要求，进一步提高客户的服务水平。

2) 信息需求分析

TT联合物流管理信息系统的信息主要包括物流管理基本信息，物流交易信息，代理服务信息，客户信息，货物品质检验代理信息，货物加工信息，工作量与计费信息，财务管理信息，信息交换管理信息，车辆管理信息，同海关、商检、银行、保险等专网交互的信息，社会公共的查询请求信息，国家各有关部门提供的服务信息。此外，系统中包括的信息还有交收信息、结算信息、交易管理信息、交易监控信息、财务凭证信息、行情分析信息、统计查询信息、系统管理信息、网站管理及信息发布信息等。系统的信息主要包括数值型、日期型、文本型等信息类型。

3) 接口需求分析

TT联合物流管理信息系统需要与外部其他异构系统或平台进行合理耦合。例如，客户ERP系统、银行、保险公司、海关等系统的网络连接接口，根据双方合作的协议与授权，为实现双方的功能整合提供基础支持。这些接口包括以下四个方面。

(1) 与银行电子结算的接口：与银行系统实现网络对接，为系统客户通过银行账户在系统上直接支付提供基础支持。

(2) 与保险系统的接口：与保险公司的系统实现网络对接，为实现系统客户在系统上直接办理保险业务提供基础支持。

(3) 与电子通关系统的接口：与海关系统实现网络对接，为实现系统客户在系统上直接办理通关申报提供基础支持。

(4) 与其他各种平台与异构系统的接口：实现与这些系统的网络对接，为双方的功能整合提供基础支持。

TT 联合物流信息系统还分析了安全需求分析，这里就不再赘述。

4. TT 联合物流管理信息系统的建设

针对以上 TT 公司物流管理信息系统需求分析以及公司长远发展战略，结合铁路物流的特点，TT 物流有限公司与国内知名物流软件提供商联合设计开发了 TT 物流管理信息系统，其物流信息系统分为运作层、管理层和决策层三个部分。

(1) 运作层是 TT 联合物流管理信息系统的基础，是 TT 公司完成物流作业的保障，为客户提供最基本的物流服务。TT 公司除了为客户提供仓储、运输、配送、装卸等最基本的物流业务服务外，根据企业自身的业务特色和行业特点，还为客户提供集装箱物流、平板大列物流等基于铁路物流的特色物流服务。在建设 TT 联合物流信息系统的过程中，必须综合考虑铁路物流行业的特点，使运作层的功能完备、系统合理。集装箱系统和大列系统主要是对运送焦炭的集装箱和运送生铁的平板大列的上站、装箱(装车)、称重、货物堆配等过程进行管理。

(2) 管理层为物流运作的顺利有效进行提供管理支持，管理层从物流业务一开始就对其进行控制和管理，对物流业务实施有效监控，使物流业务开展得更为流畅顺利。在管理层各子系统为 TT 公司提供信息支持的同时，其独特的功能设计，也可为客户提供更人性化的服务，使物流、商流、资金流一体化协同合作，提高 TT 公司服务质量和客户满意度，为提升 TT 公司的竞争力做出贡献。

(3) 决策层为 TT 公司的管理决策者提供辅助决策支持。一方面，决策层为决策者提供快速的资料查阅功能，方便决策者查看企业资源、人力、资金等要素的使用情况；另一方面，通过对基本数据的记录、整合、整理、分析，TT 联合物流管理信息系统得到有关 TT 公司经营运作情况的图表和数据，可帮助 TT 公司制定有效的经营战略、开展促销策略、适时实施员工奖惩机制，从而提高决策的科学性和准确性。

5. TT 联合物流管理信息系统的实施

1) 原有组织结构

TT 公司的日常运作体系由三大层次组成，即总经理、副总经理为主构成的管理层；计划财务部、运力协调部等部门构成的职能层和各下属分公司、子公司组成的操作层。运力协调部是整个公司运输配送的调度指挥部门，市场营销部和炉料经营部重点加强钢铁和矿粉等公司支柱运输产品的经营工作，安全设备部负责整个公司货物运输及设备安全的检查和相关信息的搜集分析，计划财务部负责总公司的财务工作，综合管理部负责公司内部行政管理工作，人力资源部重点做好公司员工的招聘、培训和绩效考核等工作。

TT 公司既有的组织结构是直线职能制结构,各职能部门和下属公司的大部分权力由相关负责人控制,涉及几个部门和公司的活动由更高一级的负责人出面协调,是一种纵向管理、逐级负责、集中控制的模式。

2) 原有业务流程存在的问题

职能结构形成的业务流程造成成本过高。公司订单信息传递和审核过程比较烦琐,造成大量时间占用,时间的延长又会加大库存量,减缓了库存周转速度,造成了时间的延长,也容易贻误商机,不利于提高客户满意度。同时,运力协调、仓储管理和运输管理由于各下属公司分立的原因在业务上割裂,除造成市场快速反应能力受到限制外,还影响到信息的沟通共享。缺乏完整的流程体系。目前工作流程大多是公司传统的办事程序或制度要求,缺少战略流程,对公司发展方向和前景没有程序化的规划。业务流程停留在操作规程层面,没有形成统一的书面流程文件,支持流程停留在管理人员的脑子里,没有规范化,难以形成统一的规范。业务流程不清晰,责任人不明确。公司整体流程没有严格的节点控制,部门之间存在责任不清,职能交叉等现象,造成了流程运行不顺利,运作效率低等问题。员工凭工作经验了解工作流程,从而造成了管理不规范,市场快速反应能力差等问题。公司业务关注的中心是工作结果而不是客户,造成客户满意度不高,市场拓展难度很大。

3) 重构后的组织结构

在业务流程的再造和实施过程中,TT 公司根据新流程体系从根本上重新组织了企业活动,并围绕流程,重新设计其组织的结构,产生新的以流程为中心的组织结构。基于流程的组织是以业务流程为主干,以职能服务为辅助的一种扁平化的组织。业务流程由传统的职能划分转变为流程的系统整合,加上信息系统的支持,管理层极大缩减,组织实现扁平化、柔性化。

4) 重组后的业务流程

TT 公司现有钢材、铁矿石、煤焦炭、矿粉等大宗货物铁路运输代理、集装箱运输代理、集装箱仓储、生铁仓储等业务和钢材、商品的配送及铁矿粉的自营业务。公司业务量较大,运输和仓储货物种类庞杂,TT 公司在应对众多业务整合的基础上对现有业务进行调整,明确业务的发展方向。

改变原来二级管理模式,以运力协调部和各下属业务代理分公司为主,建立运输和配送中心,改变运力调配与实际操作脱节的现状,变成单一层次的运输配送中心,完成运输配送任务。运输和配送中心直接与客户和其他部门交换各种信息,综合利用运输资源,不断延伸物流网络。

6. TT 联合物流管理信息系统的综合评价

通过模糊综合评价模型对 TT 联合物流信息系统进行评价。

1) 确定评价因素和评价等级

TT 联合物流有限公司物流信息系统评价因素(指标)建立如图 9-11 所示。

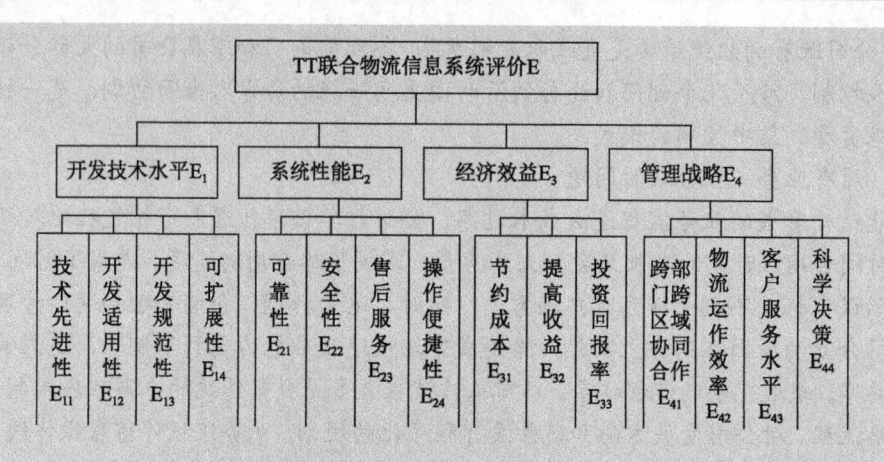

图 9-11 TT 联合物流管理信息系统评价指标体系

定义评语集为 $V=\{v_1, v_2, \ldots, v_n\}$，表示由高到低的各级评语。建立评语集 $V=\{v_1(优), v_2(良), v_3(中), v_4(差)\}$四级评语。

2) 确定指标权重

判断矩阵及权重如表 9-5～表 9-9 所示。

表 9-5 TT 联合物流信息系统建设评价判断矩阵及权重

信息系统评价 E	开发技术水平 E_1	系统性能 E_2	经济效应 E_3	管理战略 E_4	权重
开发技术水平 E_1	1	1/3	1/5	1/5	0.067
系统性能 E_2	3	1	1/3	1/3	0.151
经济效应 E_3	5	3	1	1	0.391
管理战略 E_4	5	3	1	1	0.391

$\lambda_{max}=4.04$　CI=0　RI=0.90　CR=0.02<0.1

表 9-6 开发技术水平评价判断矩阵及权重

开发设计技术 E_1	技术先进性 E_{11}	开发适用性 E_{12}	开发规范性 E_{13}	可扩展性 E_{14}	权重
技术先进性 E_{11}	1	1/5	1/3	1/4	0.073
开发适用性 E_{12}	5	1	3	2	0.472
开发规范性 E_{13}	3	1/3	1	1/2	0.170
可扩展性 E_{14}	4	1/2	2	1	0.285

$\lambda_{max}=4.05$　CI=0　RI=0.90　CR=0.02<0.1

表 9-7 系统性能评价判断矩阵及权重

系统性能 E_2	可靠性 E_{21}	安全性 E_{22}	售后服务 E_{23}	操作便捷性 E_{24}	权重
可靠性 E_{21}	1	2	4	3	0.467
安全性 E_{22}	1/2	1	3	2	0.278
售后服务 E_{23}	1/4	1/3	1	1/2	0.095
操作便捷性 E_{24}	1/3	1/2	2	1	0.160

λ_{max} =4.03　　CI=0　　RI=0.90　　CR=0.01<0.1

表 9-8 经济效益评价判断矩阵及权重

经济效应 E_3	节约的成本 E_{31}	提高的收益 E_{32}	投资回报率 E_{33}	权重
节约的成本 E_{31}	1	1/4	1/3	0.122
提高的收益 E_{32}	4	1	2	0.558
投资回报率 E_{33}	3	1/2	1	0.320

λ_{max} =3.02　　CI=0　　RI=0.58　　CR=0.02<0.1

表 9-9 战略管理评价判断矩阵及权重

战略管理 E_4	协同合作 E_{41}	物流运作效率 E_{42}	客户服务水平 E_{43}	科学决策 E_{44}	权重
协同合作 E_{41}	1	1/3	1/3	1/2	0.109
物流运作效率 E_{42}	3	1	1	2	0.351
客户服务水平 E_{43}	3	1	1	2	0.351
科学决策 E_{44}	2	1/2	1/2	1	0.189

λ_{max} =4.01　　CI=0　　RI=0.90　　CR=0.004<0.1

得到权重向量：

$A=\{0.067\quad 0.151\quad 0.391\quad 0.391\}$

$A_1=\{0.073\quad 0.472\quad 0.170\quad 0.285\}$

$A_2=\{0.467\quad 0.278\quad 0.095\quad 0.160\}$

$A_3=\{0.122\quad 0.558\quad 0.320\}$

$A_4=\{0.109\quad 0.351\quad 0.351\quad 0.189\}$

3) 对第一级 E_i 评价

选取专家及企业部分工作人员作为参评人员对该系统进行评价，通过统计调查法及模糊变换得到评价矩阵：

$$R_1 = \begin{pmatrix} 0.12 & 0.48 & 0.29 & 0.11 \\ 0.37 & 0.51 & 0.12 & 0 \\ 0.26 & 0.38 & 0.23 & 0.13 \\ 0.14 & 0.42 & 0.31 & 0.13 \end{pmatrix}$$

$$R_2 = \begin{pmatrix} 0.29 & 0.53 & 0.11 & 0.07 \\ 0.33 & 0.38 & 0.29 & 0 \\ 0.22 & 0.27 & 0.39 & 0.12 \\ 0.51 & 0.36 & 0.13 & 0 \end{pmatrix}$$

$$R_3 = \begin{pmatrix} 0.19 & 0.41 & 0.22 & 0.18 \\ 0.23 & 0.48 & 0.29 & 0 \\ 0.34 & 0.39 & 0.13 & 0.14 \end{pmatrix}$$

$$R_4 = \begin{pmatrix} 0.37 & 0.41 & 0.22 & 0 \\ 0.28 & 0.38 & 0.15 & 0.10 \\ 0.19 & 0.47 & 0.15 & 0.19 \\ 0.18 & 0.43 & 0.28 & 0.11 \end{pmatrix}$$

得到一级评价向量 B_i：

$B_1 = A_1 \circ R_1 = \{0.267\,5 \quad 0.460\,1 \quad 0.205\,3 \quad 0.067\,2\}$

$B_2 = A_2 \circ R_2 = \{0.329\,7 \quad 0.436\,4 \quad 0.189\,8 \quad 0.044\,1\}$

$B_3 = A_3 \circ R_3 = \{0.260\,3 \quad 0.442\,7 \quad 0.230\,3 \quad 0.066\,8\}$

$B_4 = A_4 \circ R_4 = \{0.239\,3 \quad 0.424\,3 \quad 0.213\,8 \quad 0.122\,6\}$

v_1、v_2、v_3、v_4 对应的分数重心依次设为 10、8、6、4，可计算出 E_1、E_2、E_3、E_4 的综合得分分别为 7.856、8.103、7.793、7.561。

4) 对第二级 E_i 的评价

将每一个 E_i 看成一个指标，$E = \{E_1, E_2, E_3, E_4\}$，$E$ 的评价矩阵为

$$R = \begin{pmatrix} B_1 \\ B_2 \\ B_3 \\ B_4 \end{pmatrix} = \begin{pmatrix} 0.267\,5 & 0.460\,1 & 0.205\,3 & 0.067\,2 \\ 0.329\,7 & 0.436\,4 & 0.189\,8 & 0.044\,1 \\ 0.260\,3 & 0.442\,7 & 0.230\,3 & 0.066\,8 \\ 0.239\,3 & 0.424\,3 & 0.213\,8 & 0.122\,6 \end{pmatrix}$$

令 E 的二级评价向量为 B，可得二级评价向量为

$B = A \circ R = \{0.263\,1 \quad 0.435\,7 \quad 0.216\,1 \quad 0.085\,2\}$

v_1、v_2、v_3、v_4 对应的分数重心依次设为 10、8、6、4，可计算出 TT 联合物流信息系统综合得分为 7.753，评价结果为"良"，说明 TT 联合物流信息系统的应用效果令人满意。综合评价值是由技术、经济、管理等多方面因素共同决定的，评价结果说明了 TT 联合物流信息系统的建设基础较好，目前也处于较好的水平，如果在使用系统过程中合理操作，

参与人员能积极使用和相互配合,是可以维持较好的系统使用效果的,完全能满足 TT 公司当前业务需求。通过进一步分析,我们可以看出系统售后服务得分较低,不太令人满意,系统的可扩展性稍差。TT 公司应该同系统提供商沟通,促使其在系统可扩展性方面再加以升级,并督促其提供更为完善的售后服务,以提高系统综合价值,满足 TT 公司未来发展需求。

(资料来源:张中伟. 物流企业管理信息系统建设与评价研究[D]. 北京:北京交通大学,2009.)

本章小结

为了保障企业管理新型系统安全、稳定的运行,企业需要加大对管理信息系统运行管理和维护工作的重视和投入,不断提高相关人员的工作能力,以满足现代企业对信息系统的需求。

采用项目管理的方法,对企业管理信息系统进行分阶段、分步骤的建设与评价,推动我国管理信息系统实践。企业管理信息系统的建设工作要符合企业的发展规划,设计和开发工作要有科学的分析,在此基础上的管理信息系统评价工作才能有效开展。本章对管理信息系统的项目特性分析、评价方法论、评价指标体系、评价方法等方面进行了阐述,在理论与实践的结合过程中,还需读者进一步实际运用相关方法。

复习思考题

一、名词解释

1. 项目　　　　　2. 综合评价　　　　　3. 逻辑维

二、单项选择题

1. 管理信息系统开发可分为(　　)层次。
   A. 1　　　　　　　　　　B. 2
   C. 3　　　　　　　　　　D. 4
2. 项目是(　　),是不正确的。
   A. 一次性的　　　　　　 B. 有时限的
   C. 均衡的　　　　　　　 D. 多变的需求
3. 项目的启动阶段,(　　)可以作为可交付成果。
   A. 完工的项目文件　　　 B. 有待交付的产品

C. 项目计划书 　　　　　　　　D. 可行性研究报告

4. 把两个或两个以上的项目相加，形成新的项目叫作(　　)。

    A. 项目组合法 　　　　　　　　B. 比较分析法

    C. 市场调查法 　　　　　　　　D. 集体创造法

5. (　　)是对数据收集和统计渠道的管理，计量手段和计量方法的管理，原始数据的管理，系统内部各种运行文件、历史文件(包括数据库文件等)的归档管理。

    A. 运行管理制度 　　　　　　　B. 文档管理

    C. 基础数据的管理 　　　　　　D. 系统运行结果分析

三、简答题

1. 企业管理信息系统运行中要注意哪些内容的管理？

2. 网络时代下，敏捷开发的基本方法有哪些？项目经理如何激励项目成员？

3. 为什么层次分析法更加适合9类或9个指标的综合评价问题？AHP与模糊综合评价方法结合的优点有哪些？

四、论述题

1. 结合项目与作业的含义，论述项目管理的阶段性；结合具体方法，阐述一下项目的计划安排。

2. 结合各类综合评价方法的主要思想，论述各类方法的适用情况。

案 例 分 析

案例背景

中国空气动力研究与发展中心信息网建设项目的组织结构选择

中国空气动力研究与发展中心(以下简称"气动中心")在多年的通信系统建设和升级改造过程中，摸索了一整套行之有效的管理组织实施方法，总部和气动中心的信息化主管机关组成的两级管理机构是由总部的通信设计所、气动中心IT部门和设备厂商共同组成的实施单位。气动中心信息化主管机关的主管为项目责任人；IT部门为项目的具体实施单位，其他相关部门配合项目的实施；信息化主管机关为IT部门的上级业务指导机关，其组织结构如图9-12所示，图中实线表示上下级关系，虚线表示在本项目中有业务关系。

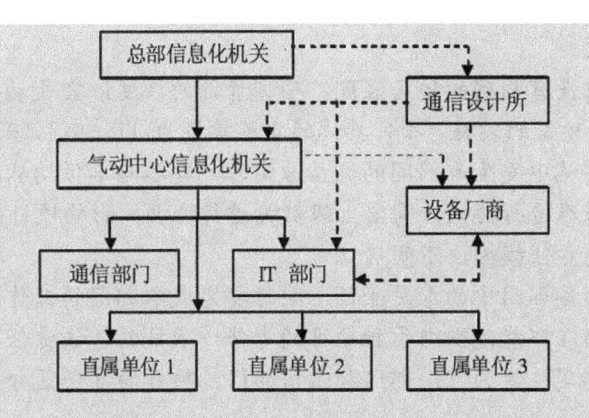

图 9-12　组织结构图

总部信息化机关为项目的发起人和项目的投资方，负责项目宏观上的组织管理工作，主要工作任务为项目的立项、工作任务下达、组织技术方案的评审、组织实施方案的评审、设备订货和项目的验收工作。通信设计所主要承担项目技术方案的设计工作，工作任务为需求的调研、技术方案设计、设备选型和项目实施的指导。气动中心信息化机关为本单位项目的主管机关，负责项目组织实施工作，工作包括下达项目实施计划、组织实施方案拟定、配合总部机关组织项目实施方案评审、参加设备订货谈判、设备的验收及各部门之间的组织协调工作。

信息网建设项目组织结构的特点如下。

1. 组织结构的特点

(1) 遵循部门隶属关系的职能型组织。

项目组织形式是按编制体制和行政隶属关系建立的，每个单位都有自己明确的职责分工，也有明确的上级机构。各单位根据职责，承担职能范围内的项目工作任务，项目参与人员既要完成本部门分派的工作，又要承担项目的工作任务，项目中没有明确的项目经理，只有各部门的负责人，属于职能型组织。

(2) "行政指挥"和"技术指导"并存。

项目的参与单位中既有明确的下级隶属关系的单位，通信部门和 IT 部门同为气动中心机关的直属分队，通信设计所和气动中心机关及 IT 部门没有直接的隶属关系，在本项目中具有业务的指导职责。气动中心机关和 IT 部门是上下级关系，具有"行政指挥"权，通信设计所和图 9-12 中的其他单位是"技术协作"关系。

2. 组织结构的缺点

随着气动中心信息化建设的不断发展，特别是科研试验新区建设的逐步推进，JZW 信息网建设项目的这种传统的职能型项目式组织结构越来越不能满足这种新形势的需要。存在以下缺点。

(1) 协调难度大。

项目实施过程中没有明确的项目经理，项目资源的调度依靠气动中心信息化机关来进行，信息化机关指导项目的实施，项目具体的实施单位为 IT 部门，而 IT 部门没有资源调度的权利。当项目实施中发生部门间的利益冲突时，各参与单位均从本部门的利益考虑问题，部门主管之间很难进行协调，需要上级机关进行协调，影响项目的实施。

(2) 项目组成员责任模糊，不明确。

项目组的人员为各部门中的人员兼任，同时要完成本部门的工作任务，项目的责任意识有所淡化。各部门在职能范围内承担项目的责任，项目的总体责任承担者为信息化机关负责人，项目的具体实施者为 IT 部门和通信部门，项目的责任区分不明确，项目的责任难以完全落实。

因此，迫切需要研究建立新的项目组织形式来规避职能型项目组织的缺点。

第 10 章

信息系统安全与防范

学习目标

知识目标	技能目标
1. 了解信息系统安全的内涵与划分	1. 识别信息系统安全的影响因素,提高安全防范意识
2. 了解信息系统安全防护的基本内容	2. 识别信息系统安全的组成,有效控制信息系统风险
3. 了解计算机犯罪含含义及防范措施	3. 理解计算机犯罪的特点与手段,运用有效措施减少犯罪
4. 了解计算机病毒的含义及预防措施	4. 理解计算机病毒的含义与特征,运用有效的预防手段

知识结构

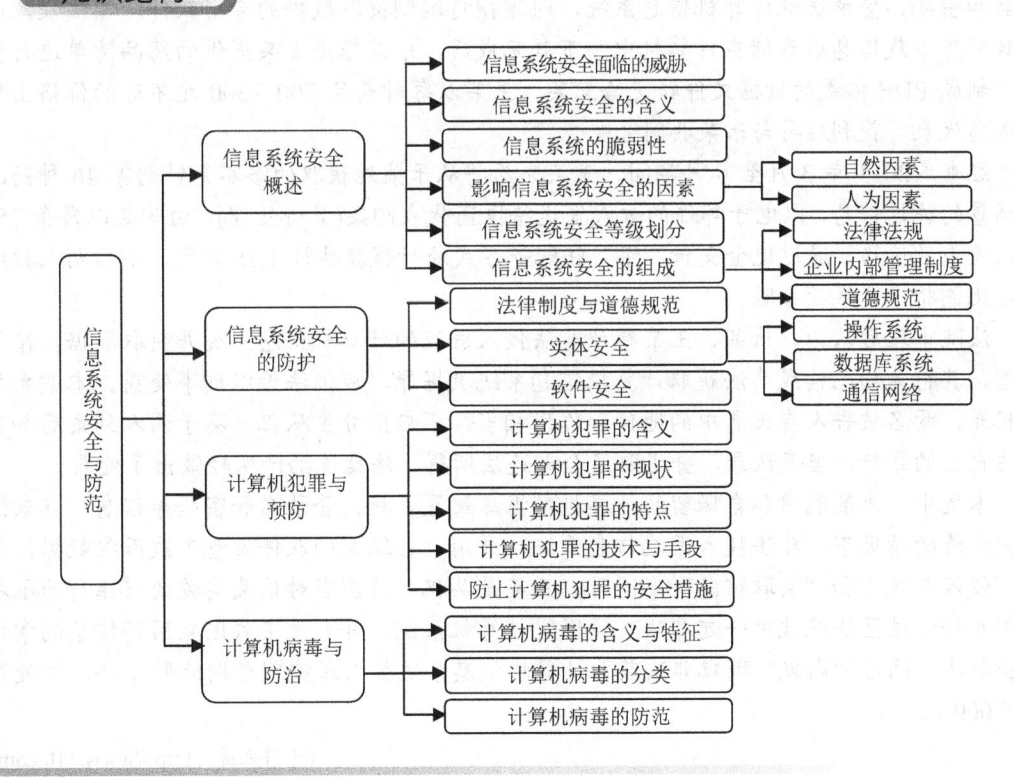

信息系统安全与防范
- 信息系统安全概述
  - 信息系统安全面临的威胁
  - 信息系统安全的含义
  - 信息系统的脆弱性
  - 影响信息系统安全的因素
    - 自然因素
    - 人为因素
  - 信息系统安全等级划分
  - 信息系统安全的组成
    - 法律法规
    - 企业内部管理制度
    - 道德规范
    - 操作系统
    - 数据库系统
    - 通信网络
- 信息系统安全的防护
  - 法律制度与道德规范
  - 实体安全
  - 软件安全
- 计算机犯罪与预防
  - 计算机犯罪的含义
  - 计算机犯罪的现状
  - 计算机犯罪的特点
  - 计算机犯罪的技术与手段
  - 防止计算机犯罪的安全措施
- 计算机病毒与防治
  - 计算机病毒的含义与特征
  - 计算机病毒的分类
  - 计算机病毒的防范

导入案例

【案例10-1】　　　　　非法盗取用药信息牟取私利

　　2013年，沪上一家知名三甲医院发现，有人不断非法侵入该院计算机系统，并大量下载数据库中的数据，造成系统运行缓慢。反常的现象引起了技术人员的警觉，并开始暗中追查幕后黑手。同年7月2日清晨7点多，工作人员通过技术手段，在该院一处停车点发现一名男子正坐在轿车内使用笔记本电脑，计算机屏幕上显示其正在下载数据。

　　该男子系医院设备科员工乐某，在其计算机上存有包括门诊员工的账号和密码、住院部员工的账号和密码、所有药品的品名和每月用量等大量信息。鉴于事态严重，院方遂向公安机关报案。到案后，乐某供述，其与该院药剂师王某合谋非法获取内部数据，整理出其中的处方信息后，由王某出售给有需要的医药代表以牟利。

　　原来，2011年，王某在工作中结识了药企的医药代表，得知对方欲高价购买医院用药量的统计数据，但自己又无法掌握这些用药数据，王某遂找到曾短期借调医院信息中心工作的乐某，约定由乐某想办法侵入医院计算机系统盗取数据，自己负责出售。

　　此后，乐某在每月初都会携带笔记本电脑，使用其在信息中心工作时掌握的数据库用户名和密码，登录医院计算机信息系统，通过擅自编制提取数据的专用软件，非法侵入医院数据库下载信息后存储在计算机中。下载完成后，乐某根据王某提供的药品清单进行整理，制成PDF格式的数据文件转交给王某。王某以每种药品200～300元不等的价格出售给医药代表，获利后再与乐某共同分赃。

　　经查，2013年3月至6月期间，王某先后将从乐某处获取的洛赛克针剂等46种药品用药量的统计信息，以电子邮件的方式发送给医药代表陶某（另行处理），由陶某以每条250元人民币的价格，通过现金支付、银行转账等方式给付钱款共计1.15万元，嗣后两人按照约定比例将上述钱款分赃。

　　法院审理后认为，乐某、王某结伙非法侵入医院的计算机信息系统并获取数据，情节严重，其行为均已构成非法获取计算机信息系统数据罪，应依法予以刑事处罚。本案系共同犯罪，两名被告人在犯罪中的地位和作用相当，不应区分主从犯。鉴于两人到案后如实供述自己的罪行，当庭认罪，并退赔了全部违法所得，法庭遂酌情从轻做出了处罚。

　　本案中，乐某利用私自保留的计算机数据库配置资料、登录名和密码等信息，在未经医院允许的情况下，非法侵入医院信息系统，并用自己编制的软件大量下载医院数据，符合"侵入系统"和"获取信息"。同时，王某是共犯，其应当对乐某实施的犯罪行为承担共同责任；该区法院就对一起非法入侵医院计算机系统，并大量下载医生用药信息的案件做出判决，两名"内鬼"因犯非法获取计算机信息系统数据罪被判有期徒刑1年，并处罚金5 000元。

(资料来源：http://www.110.com.)

案例思考

1. 此案例暴露了医院管理信息系统中存在哪些安全隐患？你认为可以采取哪些措施来避免类似问题的出现？

2. 为了保证信息系统的安全，请联系本案例，谈一谈聘用的相关职员应具备哪些素质。

10.1 信息系统安全概述

信息是构成我们赖以生存的客观世界的三大资源和要素之一，与物质、能源相比，信息对人类文明的发展起着更大的推动作用。人类进入知识经济时代以后，网络经济和信息经济成为社会发展的主流，社会、经济和军事的发展都强烈地依赖于信息和网络。利用和依赖信息与网络的程度越高，就越需要重视安全保护。同时，我国信息化是在经济、科技全球化的大环境下进行的，经济的全球化进程给我国主权、经济安全、社会稳定和人民利益带来的风险和挑战都要求我们重视和发展信息安全技术的研究。

10.1.1 信息系统安全面临的威胁

随着企业信息系统的普及和应用，信息系统安全问题已经引起世界各国理论界和实务界的广泛关注，每年由于信息系统使用和维护不当导致的损失是十分巨大的。根据一项对美国132家公司进行的调查发现，1998年这些被调查公司由于对信息系统风险防范和监管不力，例如，计算机舞弊、病毒感染、意外和恶意破坏以及系统的技术故障等原因造成的损失，保守估计是75亿美元。信息系统安全直接关系到企业经营活动的正常运行，影响到企业经营目标的最终实现。每一个建立信息系统的企业，必须要十分重视信息系统的安全问题。

随着信息技术的不断发展，信息系统面临的威胁也越来越大、越来越复杂，下面是一些典型的数据资料和案例。

1988年冬天，正在康乃尔大学攻读的莫里斯，把一个称为"蠕虫"的计算机病毒送进了美国最大的计算机网络——因特网。1988年11月2日，因特网的管理人员首次发现网络有不明入侵者。当晚，从美国东海岸到西海岸，因特网用户陷入一片恐慌。

1989年，全世界的计算机病毒攻击十分猖獗，我国也未幸免。其中，"米开朗基罗"病毒给许多计算机用户造成极大的损失。

1991年，在"海湾战争"中，美军第一次将计算机病毒用于实战，在空袭巴格达的战斗中，成功地破坏了对方的指挥系统，使之瘫痪，保证了战斗的顺利进行，直至最后获胜。

1996年，首次出现针对微软公司Office的"宏病毒"。宏病毒的出现使病毒编制工作不再局限于晦涩难懂的汇编语言，因此，越来越多的病毒出现了。

1997年，被公认为计算机反病毒界的"宏病毒"年。宏病毒主要感染Word、Excel等文件。例如Word宏病毒，早期是用一种专门的Basic语言即Word Basic所编写的程序，后来使用Visual Basic。与其他计算机病毒一样，它能对用户系统中的可执行文件和数据文本类文件造成破坏。常见的宏病毒有Tw no.1(台湾一号)、Setmd、Consept和Mdma等。

1998年，出现针对Windows 95/98系统的病毒，例如CIH病毒(1999年被公认为计算机反病毒界的CIH病毒年)。CIH病毒是继DOS病毒、Windows病毒和宏病毒后的第四类新型病毒。这种病毒与DOS下的传统病毒有很大不同，它使用面向Windows的VXD技术编制。该病毒是第一个直接攻击、破坏硬件的计算机病毒，也是破坏较为严重的病毒之一。它主要感染可执行程序，破坏计算机Flash BIOS芯片中的系统程序，导致主板损坏，同时破坏硬盘中的数据。1999年4月26日，CIH病毒在全球范围大规模爆发，造成近6 000万台计算机瘫痪。中国也未能在这次灾难中幸免，直接经济损失达8 000万元，间接经济损失超过10亿元。该病毒给整个世界带来的经济损失在数十亿美元以上。

2001年7月中旬，一种名为"红色代码"的病毒在美国大面积蔓延，这个专门攻击服务器的病毒攻击了白宫网站，造成了全世界的恐慌。8月初，其变种"红色代码Ⅱ"针对中文系统做了修改，增强了对中文网站的攻击能力，开始在中国蔓延。它造成了全球100万个以上的系统被攻陷，从而导致瘫痪。

2003年，"2003蠕虫王"病毒在亚洲、美洲和澳大利亚等地迅速传播，造成了全球性的网络灾害。其中，受害最严重的无疑是美国和韩国这两个因特网发达的国家，韩国70%的网络服务器处于瘫痪状态，网络连接的成功率低于10%，整个网络速度极慢。

2004年是"蠕虫"泛滥的一年。根据中国计算机病毒应急中心的调查显示，2004年十大流行病毒都是蠕虫病毒，它们包括：网络天空(Worm.Netsky)、高波(Worm.Agobot)、爱情后门(Worm.Lovgate)、震荡波(Worm.Sasser)、SCO炸弹(Worm.Novarg)和冲击波(Worm.Blaster)等，蠕虫病毒成为当前最具威胁的病毒。据风险管理公司mi2g公布的调查结果显示，在2004年，病毒、蠕虫和特洛伊木马等恶意程序共给全球造成了1 690亿美元的经济损失。该数字相当于2003年的两倍之多。

2005年是木马流行的一年。在经历了操作系统漏洞升级，杀毒软件技术改进后，蠕虫的防范效果已经极大提高，真正有破坏作用的蠕虫已经得到有效的控制。然而，病毒编制者又开辟了新的高地——计算机木马，如BO2K、冰河和灰鸽子等。

2007年，计算机病毒/木马仍处于一种高速"出新"的状态，《2007年中国电脑病毒疫情及互联网安全报告》的结果表明，我国受到计算机病毒侵袭的情况不容乐观，造成的破坏相当严重。2007年，金山毒霸共截获新病毒/木马283 084个，较2006年相比增长了17.88%，病毒/木马增长速度与2006年相比有所放缓，但仍处于大幅增长状态，总数量还是非常庞大的。

2008年，中国新增计算机病毒、木马数量呈爆炸式增长，总数量已突破千万。病毒制造的模块化、专业化以及病毒"运营"模式的互联网化成为2008年中国计算机病毒发展的三大显著特征。同时，病毒制造者的"逐利性"依旧没有改变，网页挂马、漏洞攻击成为黑客获利的主要渠道。2009年，计算机病毒和木马处于一个"低调增长期"，虽然一些类似熊猫烧香的重大恶性病毒越来越少见，但一些小范围、针对性强的新病毒、木马的数量依然在飞速增长。

2010年病毒样本总量下降了13%，约1 798万个，这也是多年以来病毒样本总量首次出现下滑迹象。其中的原因在于，2010年安全软件成功控制了网页挂马，致使病毒木马的传播锐减。当年，中国互联网新增了两大类木马：绑架型木马、网购木马。图10-1所示为近几年来的新增病毒/木马数量对比图。

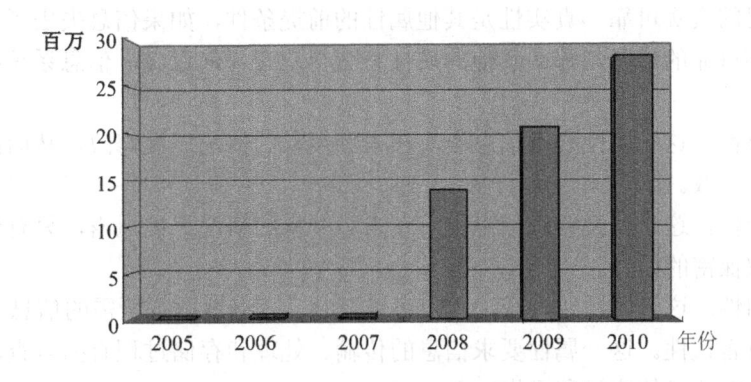

图10-1 近几年新增病毒数量对比示意图

2011年，在政府相关部门、互联网服务机构、网络安全企业和网民的共同努力下，中国互联网网络安全状况继续保持平稳状态，未发生造成大范围影响的重大网络安全事件，基础信息网络防护水平明显提升，但以用户信息泄露为代表的与网民利益密切相关的事件，引起了公众对网络安全的广泛关注。

2012年，网站被植入后门等隐蔽性攻击事件呈增长态势，网站用户信息成为黑客窃取的重点。据监测，我国境内被暗中植入后门的网站有52 324个，其中政府网站有3 016个，较2011年月均分别大幅增长213.7%和93.1%；2013年全年收集可疑文件样本1.2亿个，比2012年的收集量4 290万个增长181%，金山毒霸安全中心一共鉴定出病毒4126万个，病毒文件占总可疑文件收集量的34%。

由此可见，信息系统的安全受到了来自内部和外部的严重威胁，甚至造成了巨大的损失，建立信息系统的安全控制机制，以风险为导向进行信息系统风险的防范和监管，已经到了刻不容缓的地步。

10.1.2 信息系统安全的含义

信息系统安全是指组成信息系统的硬件、软件和数据资源的安全。信息系统安全保护的基本内容是：保障计算机及其相关的和配套的设备、设施(含网络)的安全，运行环境的安全，保障信息的安全，保障计算机功能的正常发挥，以维护信息系统的安全运行。同时，避免计算机信息系统受到自然和人为因素的破坏、更改或泄漏系统中的信息资源，从而保证信息系统能够连续正常运行。

从信息系统安全保护的内容中可以看到，信息系统安全实际包含两部分内容，一是指信息系统自身的安全，二是指对信息系统的安全保护。信息系统自身的安全包括信息的真实性(Authenticity)、完整性(Integrity)、保密性(Confidentiality)、可用性(Availability)和不可否认性(Non-repudiation)五个方面，具体如下。

(1) 真实性。这一属性要求对信息输入、输出和处理的全过程都进行必要的识别和验证，确保信息的真实可靠。真实性是其他属性的前提条件，如果信息失去了真实性，反映的是不真实不可靠的情况，那么其他的属性将变得没有任何意义，信息系统的安全也无从谈起。

(2) 完整性。这一属性要求信息没有在未经授权的情况下被修改，从而确保信息在传输过程中保持一致。

(3) 保密性。这一属性要求信息没有在未经授权的情况下被泄露，只有经过认证的人员才可以获取保密的信息。

(4) 可用性。这一属性要求合法用户可以及时、正确地取得所需的信息。

(5) 不可否认性。这一属性要求信息的传输、处理和存储过程有据可查，不能否认过去真实发生的对信息的访问和操作。

信息安全是信息系统安全的核心问题。计算机单机安全和网络安全的实现都是为了确保信息在传输、处理和存储全过程的安全可靠；计算机单机安全和网络安全是确保信息安全的重要条件和保证。信息安全贯穿于计算机单机安全和网络安全的所有环节。计算机单机安全、网络安全和信息安全三者之间是紧密联系、不能割裂的，只有计算机单机安全、网络安全和信息安全都得到切实的保障，才能保证信息系统功能的发挥和目标的实现，真正起到为管理决策提供信息和支持的作用。

10.1.3 信息系统的脆弱性

信息系统本身因为存在一些脆弱性，所以常被非授权用户不断地利用。他们对信息系统进行非法访问，使得系统中存储的信息的完整性受到威胁，使信息被修改或破坏而不能继续使用，更为严重的是系统中有价值的信息被非法篡改、伪造、窃取或删除而不留任何痕迹。另外，计算机还易受到各种自然灾害和各种误操作的破坏。正确地认识了信息系统的脆弱性，可以促使我们找出有效的措施来保证信息系统的安全。

信息系统的脆弱性主要表现在以下几个方面。

1. 信息的高密度存储

在一张软盘或磁带中可以存储大量的信息，而它们又很容易携带，此外，这些存储介质也很容易受到意外损坏。不管哪种情况，都会造成大量信息的丢失。另外，存储介质还具有剩磁特点，存储介质中的信息如果擦除不干净或不能完全擦除掉，会留下可读信息的痕迹，一旦被利用，就会泄密；同时大多数系统中，文件的删除仅是删除文件名，释放存储空间，并不是真正将信息全部擦除，利用这一特点，就可以窃得信息。

2. 数据的易访问性

数据信息可以很容易地被复制而不留下任何痕迹。一台远程的终端上用户可以通过计算机网络连接到信息中心的计算机上，在一定的条件下，终端用户可以访问到系统中的所有数据，并可以方便地将其复制、删改或破坏。

3. 信息的聚集性

当信息以小块的分离的形式出现时，它的价值往往不大，但当大量信息聚集在一起时则显出它的重要性。信息系统的特点之一就是能将大量信息收集在一起并进行自动高效的处理，产生很有价值的结果，信息的这种聚集性与安全密切相关。信息系统的目的就是为用户提供所需要的信息，一些别有用心的人利用这一特点就会突破系统保护数据所设置的关卡，非法取得信息。

4. 电磁的泄露性

计算机的设备工作时会辐射出电磁波，可以借助一些仪器在一定的范围内接收到这些电磁波。

5. 通信网络的弱点

连接信息系统的网络有不少弱点，比如通过未受到保护的外部线路可以窃听和破坏传到系统的内部数据。

10.1.4 影响信息系统安全的因素

影响信息系统安全的因素可以分为自然因素和人为因素两大类，具体如下。

1. 自然因素

自然因素是指会对信息系统产生影响的各种自然力，它可以破坏信息系统的实体，也可以破坏信息。自然因素可以分为自然灾害、自然损坏和环境干扰等因素。

(1) 自然灾害：包括失火、地震、风暴、洪水、雷击和静电等灾害。

(2) 自然损坏：是指因系统本身的脆弱性而造成的威胁。例如，元器件失效、设备故障、软件故障、设计问题、保护功能差和整个系统不协调等。

(3) 环境干扰：如高低温冲击、电压降低、过压或过载、震动冲击、电磁波干扰和辐射干扰等因素。

2. 人为因素

人为因素分为无意损坏和有意破坏两种。

(1) 无意损坏：无意损坏是过失性的，是因人的疏忽大意造成的。例如，操作失误、错误理解以及无意造成的信息泄露或破坏。

(2) 有意破坏：有意破坏是指直接破坏信息系统的设施或设备、盗窃资料及信息、非法使用资源、释放计算机病毒以及篡改系统功能等。

与其他先进技术一样，计算机技术和网络通信技术都不是完美无缺的。实践证明，这些技术都是有缺陷和漏洞的。当违法犯罪分子发现这些技术上的漏洞后，就可以进行非法侵入和其他违法活动。

另外，我们还可以从计算机安全治理的角度来划分，影响计算机安全的因素可以分为自然灾害、故障、失误、违纪、违法和犯罪等。

10.1.5 信息系统安全等级划分

信息系统的安全问题关系重大，通过等级划分对其安全程度进行分析和评价是十分必要的，也是十分有益的。各国划分信息系统安全等级的标准既有差异又有相同之处。下面对我国和美国的划分标准进行简要的介绍。

1. 我国的信息系统等级划分标准

根据我国国家质量技术监督局于1999年颁布的《计算机信息系统安全保护等级划分准则》(GB 17859—1999)规定，信息系统安全保护能力划分为用户自主保护级、系统审计保护级、安全标记保护级、结构化保护级、访问验证保护级五个由低到高的等级。在详细介绍五个等级之前，有几个重要概念需要说明，如下。

(1) 计算机信息系统的可信计算机(Trusted Computing Base of Computer Information System，TCB)，是指计算机系统内部保护装置的总体，包括硬件、软件和负责执行安全策略的组合体。

(2) 安全策略(Security Policy)，是指有关管理、保护和发布敏感信息的法律、规定和实施细则。

(3) 隐蔽信道(Covert Channel)，是指允许进程以危害系统安全策略的方式来传输信息的通信信道。

(4) 访问监视器(Reference Monitor)，是指监控主体和客体之间授权访问关系的部件。

(5) 主体(Subject)，是指引起信息在客体之间流动的人、进程或设备等。

(6) 客体(Object)，是指信息的载体。

第一级，用户自主保护级。本级的计算机信息系统可信计算机，通过隔离用户与数据，使用户具备自主安全保护的能力。它具有多种形式的控制能力，能够对用户实施访问控制，即为用户提供可行的手段，保护用户和用户组信息，避免其他用户对数据的非法读写与破坏。

第二级，系统审计保护级。与用户自主保护级相比，本级的计算机信息系统可信计算机实施了力度更细的自主访问控制，它通过登录规程、审计安全性相关事件和隔离资源，使用户对自己的行为负责。

第三级，安全标记保护级。本级的计算机信息系统可信计算机具有系统审计保护级的所有功能；此外，还需提供有关安全策略模型、数据标记及主体对客体强制访问控制的非形式化描述，具有准确地标记输出信息的能力，以及消除通过测试发现的任何错误。

第四级，结构化保护级。本级的计算机信息系统可信计算机建立于一个明确定义的形式化安全策略模型之上，它要求将第三级系统中的自主和强制访问控制扩展到所有主体和客体上；此外，还要考虑隐蔽通道。本级的计算机信息系统可信计算机必须结构化为关键保护元素和非关键保护元素，其接口也必须明确定义，使其设计与实现能经受更充分的测试和更完整的复审。本级的计算机信息系统可信计算机加强了鉴别机制，支持系统管理员和操作员的职能，提供可信设施管理，增强了配置管理控制。

第五级，访问验证保护级。本级的计算机信息系统可信计算机满足访问监控器需求。访问监控器能够仲裁主体对客体的全部访问。访问监控器本身是抗篡改的；必须足够小，能够分析和测试。本级的计算机信息系统可信计算机支持安全管理员职能；扩充审计机制，当发生与安全相关的事件时发出信号；提供系统恢复机制。

《计算机信息系统安全保护等级划分准则》的颁布实施，标志着我国在信息安全领域方面进入了"等级保护"时代。随着信息安全技术的发展，公安部组织业内专家，在《计算机信息系统安全保护等级划分准则》的基础上，吸收国外最新的应用成果和有益经验，针对具体的信息安全产品类别，制定了一系列等级保护标准。信息安全产品标准从信息安全产品的安全功能要求和安全保证要求两个方面，将每类信息安全产品划分为不同的等级，安全等级越高，安全功能要求越多，安全功能范围越广，安全功能粒度越细，安全保证要求也就越高。目前，已颁布的信息安全产品等级标准有：GB/T 20272—2006 信息安全技术操作系统安全技术要求、GB/T 20008—2005 信息安全技术操作系统安全评估准则、GB/T 20273—2006 信息安全技术数据库管理系统安全技术要求、GB/T 20009—2005 信息安全技术数据库管理系统安全评估准则、GB/T 20011—2005 信息安全技术路由器安全评估准则、GB/T 20010—2005 信息安全技术包过滤防火墙评估准则、GB/T 20281—2006 信息安全技术防火墙技术要求和测试评价方法、GB/T 20279—2006 网络和终端设备隔离部件安全技术要求、GB/T 20277—2006 网络和终端设备隔离部件测试评价方法、GB/T 20280—2006 信息安全技术网络脆弱性扫描产品测试评价方法、GB/T 20278—2006 信息安全技术网络脆弱性扫描产品技术要求、GB/T 20275—2006 信息安全技术入侵检测系统技术要求和测试评价方法、GA/T 671—2006 信息安全技术终端计算机系统安全等级技术要求和 GA/T 672—2006 信息安全技术终端计算机系统安全等级评估准则。此外，还有许多信息安全产品等级标准正在制定过程中。

2. 美国的信息系统安全等级划分标准

美国对于信息系统安全等级划分的相关标准，是美国国防部于1985年公布的《可信计算机系统评价标准》(TCSEC)，将计算机信息系统划分为D、C1、C2、Bl、B2、B3和A1七个由低到高的安全等级。其中，D级是指没有安全保护或保护能力极弱的计算机信息系统；A1级是保护性能极高、目前的技术条件难以达到的安全等级，称为验证设计级；其他五个等级分别是C1级——自主安全保护级，C2级——受控存取保护级，B1级——安全保护级，B2级——结构化保护级和目前计算机信息系统所能达到的最高等级，B3级——安全域级，这五个与我国的划分标准较为类似，在此不再详述。

10.2 信息系统安全的防护

10.2.1 信息系统安全的组成

《中华人民共和国计算机信息系统安全保护条例》总则的第三条指出："计算机信息系统的安全保护，应当保障计算机及其相关的和配套的设备、设施(含网络)的安全，运行环境的安全，保障信息的安全，保障计算机功能的正常发挥，以维护计算机信息系统的安全运行。"可见，信息系统安全是一个复杂的系统工程，它的实现不仅是纯粹的技术方面的问题，而且还需要法律、管理和社会因素的配合。因此，可以把信息系统安全归结为法律、规范、道德、纪律及管理细则，物理实体安全环境，硬件系统安全措施，通信网络安全措施，软件系统安全措施，以及数据信息安全等几个方面。

10.2.2 法律制度与道德规范

随着计算机犯罪越来越猖獗，它已对国家安全、社会稳定、经济建设以及个人合法权益构成了严重威胁。面对这一严峻势态，为有效地防止计算机犯罪，在一定程度上确保计算机信息系统安全高效运作，不仅要从技术角度采取一些安全措施，还要在管理上采取一些安全手段，因此，制定和完善信息安全法律法规，制定及宣传信息安全伦理道德规范，提高计算机信息系统用户及广大社会公民的职业道德素养，以及建立健全信息系统安全制度和体系等就显得非常重要了。

1. 制定和完善信息安全的法律法规

计算机信息系统安全立法为信息系统安全保护提供了法律的依据和保障，有利于促进计算机产业、信息服务业和科学技术的发展。信息系统安全的法律规范通常建立在信息安全技术标准和社会实际基础之上，其目标在于：明确责任，制裁计算机违法犯罪分子，保护国家、单位及个人的正当合法权益。

早在 1981 年，我国政府就对计算机信息系统安全给予了极大关注；1983 年 7 月，公安部成立了计算机管理监察局，主管全国的计算机安全工作。为提高和加强全社会的计算机安全意识观念，积极推动和指导各有关方面的计算机安全治理工作，公安部于 1987 年 10 月推出了《电子计算机系统安全规范》。迄今为止，我国已颁布的与计算机信息系统安全问题有关的法律法规还有：1986 年颁布的《治安管理处罚条例》和《标准化法》；1988 年颁布的《保守国家秘密法》；1991 年颁布的《计算机软件保护条例》；1992 年颁布的《计算机软件著作权登记办法》；1994 年颁布的《计算机信息系统安全保护条例》，它是我国第一个计算机安全法规，也是我国计算机安全工作的总纲；1997 年颁布的《计算机信息网络国际联网管理暂行规定》和《计算机信息网络国际联网安全保护管理办法》；1999 年制定并发布的《计算机信息系统安全保护等级划分准则》；2004 年 9 月，公安部会同国家保密局、国家密码管理局和国务院信息办联合出台了《关于信息安全等级保护工作的实施意见》；2007 年 6 月，公安部发布了《信息安全等级保护管理办法》。

2013 年，"棱镜门"事件引起了多国政府对网络信息安全的担忧，促使各国政府加强对网络安全的建设。

阅 读 资 料

棱镜计划(PRISM)是一项由美国国家安全局(NSA)自 2007 年小布什时期起开始实施的绝密电子监听计划，该计划的正式名号为"US-984XN"。美国情报机构一直在九家美国互联网公司中进行数据挖掘工作，从音频、视频、图片、邮件、文档及连接信息中分析个人的联系方式与行动。监控的类型有 10 类：信息电邮、即时消息、视频、照片、存储数据、语音聊天、文件传输、视频会议、登录时间、社交网络资料的细节。美国网络监视项目泄密者斯诺登在香港接受媒体采访时称，自 2009 年以来，美国已针对中国网络发动了大规模的入侵活动。攻击目标达到数百个之多，其中还包括学校。斯诺登说，美国国家安全局搭建了一套基础系统，能截获几乎任何通信数据。他不希望生活在这样一个社会中，也不希望生活在一个一言一行都被记录的世界里。

2014 年 2 月，我国成立了"中央网络安全和信息化小组"，领导小组第一次会议在北京召开，会议审议通过了《中央网络安全和信息化领导小组工作规则》《中央网络安全和信息化领导小组办公室工作细则》《中央网络安全和信息化领导小组 2014 年重点工作》等文件，该小组的成立为强化我国网络信息安全，推进我国信息安全法制化建设起到了积极的推动作用。

2. 建立和完善企业内部管理制度

安全管理制度的建立与实施，是实现信息系统安全的重要保证，包括管理制度的制定、管理人员的安全教育培训、管理制度的落实及管理人员职责的检查等方面的内容。

在信息系统安全保护工作中，人是最重要的因素，任何管理制度和安全措施都要通过人去落实。这方面的主要措施有建立健全的安全管理规章制度、人员调离的安全管理制度、设备和数据管理制度、人员的安全管理制度，以及软件开发人员、系统管理人员与业务操作人员必须严格分开等管理制度。只有建立、健全企业内部管理制度，信息系统才可能顺利运行，信息系统的安全才能得到保障。

3. 制定及宣传信息安全伦理道德规范

计算机道德是用来约束计算机从业人员的言行、指导其思想的一整套道德规范，涉及思想认识、服务态度、业务钻研、安全意识、待遇得失及公共道德等方面。长期以来，由于计算机文化和技术发展的不平衡性，人们的思想观念未能跟上计算机发展的需要。因此，研究计算机道德的任务一方面要通过宣传手段更新人们的思想观念，使其逐步认识到对计算机信息系统的破坏活动也是一种不道德、不符合现代社会伦理要求的行为；另一方面要通过建立健全切实可行的法律法规及行为规范准则，使人们认识到计算机犯罪的非法性。

实践证明，计算机道德建设应该从小处抓起、从早抓起，各级教育部门应该将计算机道德教育列入德育教育的范畴，使其成为大众的普及课，成为计算机课程体系中的必修课。随着社会信息化程度的日益提高，计算机道德建设必将引起各国有关部门的高度重视。

10.2.3　信息系统中的实体安全

信息系统中的实体安全是对场地环境、设备、设施和载体以及人员采取的安全对策和措施。通常保证信息系统实体安全的主要措施有以下几种。

1. 运行环境的安全

运行环境的安全是指对计算机系统所在的环境有一定的要求，重要的计算机机房应远离易燃、易爆和有害气体等各种危险物品；机房要有防火、防水、防静电以及防电磁干扰等措施；还需要对机房的湿度和温度进行限制，保证设备能够持续运行；机房应有监控系统，以便对系统的运行、操作环境实施监控及监视。

2. 运行设备的安全

由于计算机设备是由电子元器件组成的，各个部件有着不同的使用寿命，因而要防止元器件老化引起的偶然事故；机房和电源、通信设备应有防雷措施，重要系统要配备不间断电源(UPS)等。同时，机房应有防盗措施以防止硬件设备的失窃和人为破坏造成的信息系统运行基础崩溃及软件和数据的泄露。

3. 运行媒体的安全

1) 媒体安全

信息系统具有大量存储信息的媒体，如磁介质、半导体介质和光盘介质等。媒体安全就是对媒体数据和媒体本身采取安全保护，如媒体的防盗、防毁及防复制等。

2) 做好记录的分类管理，提高媒体的存储效率

为了对那些必须保护的记录提供足够的数据保护，而对那些不重要的记录不提供多余的保护，应该对所有记录进行评价并做出分类。信息系统的记录按其重要性和机密程度，可分为以下四类：第一类是关键性记录，这些记录对设备的功能来说是最重要的、不可替换的，是火灾或其他灾害后立即需要的，但又不能再复制的记录，如关键性程序、设备分配图表、加密法和密钥等记录。第二类是重要记录，这类记录对设备的功能来说很重要，可以在不影响系统最主要功能的情况下进行复制，但复制比较困难而且花费昂贵，如某些程序、存储及输入和输出数据等均属于此类。第三类是有用记录，这类记录的丢失可能引起极大的不便，但可以很快恢复，已留下复制的程序就属于这类。第四类是不重要记录，这类记录在系统调试和维护中极少应用。对各类记录应加以明显的分类标志，可以在封装上以鲜艳的色彩或不同编码表示，也可以做磁记录标志。

从对记录的重要性分类可以看到，有些记录是很重要的，如第一类、第二类记录，一旦这些记录丢失或被毁而又没有复制备份，就可能会造成无法补救的巨大损失。因此，在实际应用中，所有的第一类、第二类记录都应进行复制，而且至少应复制两套，还要把复制品按规定异地存放；对于第三类、第四类记录，可根据情况进行备份。原则上来讲，所有的程序和数据只要有一定的用途，都应留有备份，一旦原始数据受损，就可以尽快恢复。因为目前存储备份数据所使用的磁介质都具有容量大、价格低、使用和存放方便的特点，所以备份数据所付出的代价将远远低于一旦数据丢失所造成的损失。

3) 规范媒体的日常管理，提高信息存储的质量

在记录的媒体的存储过程中，应满足下面的要求。

(1) 对磁介质和磁介质库的维护和访问应当限于媒体库管理人员和调度人员，可以允许由信息系统管理人员指定的人员对媒体磁介质进行临时的访问。

(2) 所有的媒体磁介质都应该建立详细的目录清单，包括文件所有者、文件名称、卷标、项目编号、建立日期和保留期限等信息。

(3) 新磁带、新磁盘在媒体库中应定期检查，并进行登记，损坏的媒体磁介质在销毁前要进行数据清除，而且此项工作要有专人负责。防止计算机信息的废载体信息泄露。

(4) 所有媒体磁介质在不使用时都应存放在库内。

(5) 磁介质库中的媒体磁介质出入必须有专人管理登记。

(6) 磁介质库的温度应该控制在 15℃～25℃之间，相对湿度应该在 45%～64%之间。

(7) 当磁介质长期不使用时，应每隔 6 个月做定期检查。

10.2.4 信息系统中的软件安全

软件安全主要是针对所有计算机程序和文档资料，保证它们免遭破坏、非法复制和非法使用而采取的技术和方法。影响计算机软件安全的因素很多，要确保计算机软件系统的安全，除了制定法律、法规以及加强管理等外，更重要的是要采取技术性的措施，来保护信息系统的安全。软件安全主要包括以下内容。

1. 操作系统的安全

操作系统不安全是计算机系统不安全的根本因素。目前大部分操作系统支持多用户、多任务设计和资源共享，能够对计算机的软件资源和硬件资源实行统一的管理和控制。操作系统本身存在的结构体制上的缺陷、操作系统的无口令进入、操作系统的 Debug 和 Wizard 功能以及操作系统提供的网络文件系统(Network File System，NFS)服务等都导致了计算机信息系统存在安全隐患。

例如，操作系统是计算机工作的平台，一般的操作系统在一定程度上都具有访问控制、安全内核和系统设计等安全功能，但是微软视窗系统的"NSA 密钥"则在很大程度上危害着用户的信息安全。NSA 密钥，是指 1998 年有人发现视窗系统中存在用途等详情不清的第二把密钥。1999 年 8 月，加拿大 Cryotonym 公司首席科学家 Andrew Fernandes 宣布，他发现这第二把密钥叫作 NSAKey，而 NSA 就是美国国家安全局的简称，也就是说，微软在每一份视窗系统中都安装了一个"后门"，专供 NSA 在需要时侵入全世界用户的计算机。

可见，在研究信息系统的安全问题时，首先应考虑操作系统本身存在的安全问题，用户应根据操作系统的特点，采取有效的安全策略，避免使自己成为系统漏洞的受害者。下面仅列出提高操作系统安全性的一些常用保护措施：

(1) 给系统经常打补丁。经常打补丁是保护计算机数据的好习惯，很多病毒都是通过对操作系统的漏洞进行攻击、破坏计算机的正常使用，给用户造成不可估量的损失，而补丁可以修复瑕疵以及安全漏洞。在已经习惯给防病毒软件升级的今天，打补丁同样重要。

(2) 慎用系统管理员账号。有些操作系统安装后都会默认创建一个系统管理员账户，它拥有计算机的最高管理权限，对于黑客来说，系统管理员账户一直是攻击的主要目标。例如，在 Windows 系统中存在的一个很明显的问题就是，管理员账户可以不设置密码，并且管理员账户的名字总是 administrator。很多用户都没有或者根本不知道去为其设置密码，入侵者就可以利用这一点，使用超级用户登录对方计算机。

(3) 禁用不必要的服务。为了方便用户，不少操作系统默认启动了许多不一定要用到的服务，同时也打开了入侵系统的后门。用户应根据自己系统的需要，把那无须使用和有危险性的服务都关闭。

(4) 恰当地设置目录和文件权限。NTFS 系统格式磁盘中的文件和文件夹都可以设置用户访问权限。文件目录的访问权限分为读取、写入、读取及执行、修改、列目录和完全控制。控制服务器上用户的权限预防以后，可能的入侵及溢出设置目录和文件的访问权限必须遵循最小化原则。

(5) 正确地配置端口。端口是计算机和外部网络相连的逻辑接口，也是计算机的第一道屏障，端口配置正确与否将直接影响主机的安全。对于个人用户来说，可以限制所有的端口，因为根本不必让机器对外提供任何服务；而对于对外提供网络服务的服务器，我们需要把必须利用的端口（比如，WWW 端口 80、FTP 端口 21 以及邮件服务端口 25、110 等）开放，其他的端口则全部关闭。

2. 数据库系统的安全

数据库系统通常由数据库和数据库管理系统两部分组成。数据库系统是诸多信息系统的重要组成部分，数据库系统的任何破坏、修改或者不能及时地提供服务都会给使用者带来严重的问题，因此，保护数据库系统的安全至关重要。数据库系统的安全主要是保证数据的独立性、完整性、保密性和可用性，防止数据被非法访问，甚至被篡改或破坏。为了保证数据库系统的安全，通常使用以下一些安全技术。

(1) 数据库的访问控制。数据库系统可以允许数据库管理员和有特定访问权限的用户有选择地、动态地把访问权授予其他用户。如果需要，还可以收回这种权利。其权利存在于一张访问控制表中，当一个新的用户需要访问数据库资源时，首先由数据库管理人员或数据库拥有者对该用户进行注册，给该用户分配一个口令，并授予其访问相应系统资源的权利。然后由该用户输入注册口令。若口令正确，就可以使用该数据库资源。未经授权，任何用户都不能使用该数据库资源。

(2) 审计跟踪。前面讲的数据库的访问控制是安全性标准的一个重要方面，但不是全部。为了使 DBMS 达到一定的安全级别，还需要在其他方面提供相应的支持。例如，按照 TDI/TCSEC 标准中安全策略的要求，"审计"功能就是 DBMS 达到 C2 以上安全级别必不可少的一项指标。因为任何系统的安全保护措施都不是完美无缺的，蓄意盗窃、破坏数据的人总是想方设法打破控制。审计功能把用户对数据库的所有操作自动记录下来放入审计日志中。DBA 可以利用审计跟踪的信息，重现导致数据库现有状况的一系列事件，找出非法存取数据的人、时间和内容等。

审计通常是很费时间和空间的，所以 DBMS 往往都将其作为可选特征，允许 DBA 根据应用对安全性的要求，灵活地打开或关闭审计功能。审计功能一般主要用于安全性要求较高的部门。

(3) 数据库加密。数据库的加密方式很多，可以是软件加密，也可以是硬件加密。软件加密可以采用库外加密，也可以采用库内加密。库外加密方式采用文件加密的方法，它把数据作为一个文件，把每一个数据块作为一个记录进行加密。文件系统与数据库管理系统交换的内容是块号。库内加密按加密的程度可以进行记录加密，也可以进行字段加密，还可以对数据元素进行加密。对数据元素加密时,每个元素作为一个文件进行加密。硬件加密是在物理存储器与数据库文件之间加以硬件装置,使之与实际的数据库脱离,加密时只对磁盘上的数据加密。

(4) 数据库的恢复。尽管我们非常重视数据库的安全,但是某些情况下对数据库的一些破坏还是不可避免的。所以,我们可以采用数据库恢复技术来进行补救。数据库恢复技术包括利用操作系统提供的功能,将被错误删除或修改的数据恢复;定期将整个数据库在软盘或光盘上备份;利用数据库之间的关系,利用未遭到破坏的数据库恢复已遭到破坏的数据库。

3. 通信网络的安全

计算机通信网络安全是指根据网络特性通过相应的安全技术和措施,防止计算机通信网络中的数据遭到破坏,防止非特权用户窃取服务。为了防止计算机通信网络遭到自然或人为破坏,确保网络正常运行,需采取各种安全技术措施,具体如下。

(1) 信息加密技术。加密是实现信息存储和传输保密性的一种重要手段。信息加密的方法有对称密钥加密和非对称密钥加密,两种方法各有所长,可以结合使用,互补长短。对称密钥加密,其优点是加密解密速度快、算法易实现、安全性好,其缺点是密钥长度短、密码空间小、"穷举"方式进攻的代价小。非对称密钥加密,其优点是容易实现密钥管理,便于数字签名;其缺点是算法较复杂,加密解密花费时间长。加密技术中的另一个重要问题是密钥管理,主要考虑密钥设置协议、密钥分配、密钥保护、密钥产生及进入等方面的问题。

(2) 认证是防止主动攻击的重要技术。它对开放环境中的各种消息系统的安全有重要作用,认证的主要目的有两个:验证信息的发送者的真实性;验证信息的完整性,保证信息在传送过程中未被篡改、重放或延迟等。目前有关认证的主要技术有消息认证、身份认证和数字签名。消息认证和身份认证解决了通信双方利害一致条件下防止第三者伪装和破坏的问题;数字签名能够防止他人冒名进行信息发送和接收,以及防止本人事后否认已进行过的发送和接收活动,可以很好地解决信息传输过程中的完整性、身份认证及不可否认性等问题。数字签名一般采用非对称加密技术,发送者通过对整个明文进行某种变换,得到一个值作为核实签名;接收者使用发送者的公开密钥对签名进行解密运算与明文进行比较以验证身份(如图 10-2 所示)。其安全性很高,数字签名普遍用于银行和电子贸易等领域。

(3) 访问控制技术。访问控制机制可以限制对关键资源的访问,防止非法用户进入系统及合法用户对系统资源的非法使用。其目的是防止对信息资源的非授权访问和非授权使用信息资源。它允许用户对其常用的信息库进行一定权限的访问,限制他随意删除、修改或复制信息文件。

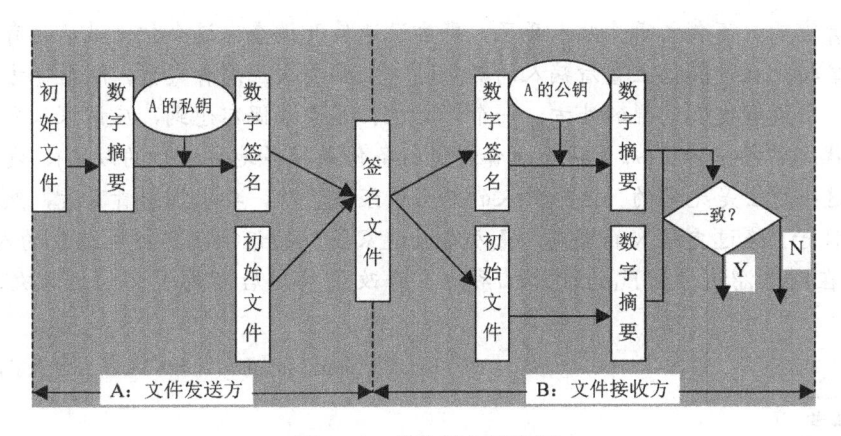

图 10-2　数字签名及验证

(4) 防火墙技术。防火墙就是在 Intranet 和 Internet 之间设置的一种过滤器、限制器，它通过监测、限制、更改跨越"防火墙"的数据流，尽可能地对外网络屏蔽有关被保护网络的信息、结构，实现网络的安全保护。防火墙的设置是保护网络和外界之间的一道屏障。防火墙技术一般分为包过滤型、入侵检测型和应用程序代理型三大类，也可以按照存在的状态分为硬件防火墙和软件防火墙。虽然防火墙技术还在不断地发展，还无法 100%地防范网络攻击，但是有效的防火墙可以有效地避免和防止大部分的外网攻击。据统计，一个优秀的防火墙产品可以有效地防范 95%以上的网络攻击，并可以为新的攻击行为提供预警机制。

4. 其他安全因素

影响网络环境下的信息安全还有一个很重要的因素，即信息安全产业的发展问题。众所周知，保证网络环境下的信息安全涉及很多信息安全产品和服务，如防火墙、安全操作系统、相应的信息安全软件等。如果一个国家的信息安全产品都是依靠国外进口，那么就很难保证该国一些涉及国家经济安全的信息的安全应用。如果出口国完全掌握着信息安全产品的核心技术，就很容易侵入进口国的网络系统，得到进口国的机密信息。例如，我国现在还没有自己的 CPU 和操作系统，目前大面积使用国外的 CPU 和操作系统，类似微软公司视窗系统的"NSA 密钥"就可能负面影响我国的信息安全。

【案例 10-2】　　　　　备份证明了她的清白

一个犯罪集团的成员被自动机枪射中并且受了重伤。这个罪犯认识到自己的团伙不需要自己了，所以决定弃暗投明，作为证人出庭。警方专门把他保护在一个重点看护病房里，并设了严密的保护措施，仅允许医院的医疗人员和少数几个探视者接触病人。此人受伤严重，存在严重的感染危险。由于他对青霉素过敏，医生使用了其他药物作为替代品。

一天晚上，一个护士推着药品车通过了警方的警戒线，进入这个人的病房。护士给病人注射了青霉素,不久之后,病人死了。警方迅速展开调查,这个护士被认为有巨大的嫌疑;护士坚持她在计算机上查看病人的病历时,上面要求注射青霉素。随后警方调查了计算机记录,并没有发现这样的处方。一个计算机犯罪专家偶尔想到,应该深入研究计算机记录。他找到了备份资料(每天晚上对资料进行备份是很多地方通行的做法),发现上面有证据证明这个护士是无辜的。这个病人的病历曾经被修改,要求注射青霉素,然后又被改回原来的样子。经过更深入的调查,警方发现这家医院的记录确实被医院外的人修改过。一个黑客在网上溜进了医院的计算机系统,修改了病历后溜走了。如此两次,没有人发现。

(资料来源:Walt Manning(计算机犯罪法学专家)的案例集.)

案例思考

1. 联系本案例,谈一谈数据库系统的安全与通信网络安全的内容及有哪些防范措施。医院的计算机系统存在哪些问题。如果没有备份资料,能证明护士的清白吗。

2. 你认为本案例是一起普通犯罪还是计算机犯罪?你了解计算机犯罪吗?

10.3 计算机犯罪与预防

10.3.1 计算机犯罪的含义

计算机是现代科学技术发展的产物。同其他技术一样,计算机技术也是一柄双刃剑,它的广泛应用和迅速发展,一方面使社会生产力获得极大解放,另一方面又给人类社会带来前所未有的挑战——计算机犯罪。计算机犯罪,是指使用计算机技术进行的各种犯罪行为,它既包括针对计算机的犯罪,即把电子数据处理设备作为作案对象的犯罪,如非法侵入和破坏计算机信息系统等,也包括利用计算机的犯罪,即以电子数据处理设备作为作案工具的犯罪,如利用计算机进行盗窃、贪污等。前者是因计算机而产生的新的犯罪类型,可称为纯粹意义上的计算机犯罪,又称狭义的计算机犯罪;后者是用计算机来实施的传统的犯罪类型,可称为与计算机相关的犯罪,又称广义的计算机犯罪。随着经济的发展、科技的发达、网络的普及及计算机产业规模的扩大,计算机在人们生活中越来越显示出其重要性和必要性。当今社会的发展已经离不开计算机,伴随着经济的飞速发展,计算机领域的犯罪日趋严重,危害性也越来越大。

10.3.2 计算机犯罪的现状

从犯罪的数量来看,我国计算机犯罪呈逐年增加的趋势,2000 年为 2700 起,2003 年为 11 614 起,2005 年增加到 20 000 多起,赛门铁克公司 2012 年 9 月发布的诺顿安全报告称,2011 年 7 月至 2012 年 7 月,中国估计有超过 2.57 亿人成为网络违法犯罪的受害者，网络违法犯罪所造成的直接经济损失达 2 890 亿元人民币。2014 年 6 月，位于华盛顿的美国智库战略与国际问题研究中心发布报告说，越大的经济体受网络犯罪的影响越大，美国、德国和中国三国 2013 年蒙受的经济损失总和超过 2000 亿美元，其中美国为 1000 亿美元，德国为 600 亿美元，中国超过 450 亿美元。从 GDP(国内生产总值)角度看，网络犯罪给美国和中国造成的经济损失在 GDP 中所占比重分别达 0.64%和 0.63%，德国则为 1.6%。网络犯罪风险小，却收益大，进而让网络犯罪日益产业化，形成越来越完整的利益链条。

从犯罪的种类来看，大体可以分为三大类：第一类是以计算机和网络本身为攻击目标的犯罪，从目前形式来看这类犯罪所占比率相对在减少，如蠕虫病毒、冲击波病毒等；第二类犯罪是指借助攻击网络中的计算机终端来实施经济或者刑事犯罪，如窃取网上银行信用卡密码、窃取国家机密等，这类犯罪的数量飞速增长，手段也复杂各异，成为网络犯罪中影响最大的犯罪案件；第三类是借助互联网平台从事非法活动，譬如网络赌博、网络诈骗、网络色情等，这类犯罪成本低、实施方便、技术难度不高，成为目前计算机网络犯罪的主要部分。

从犯罪的特征来看，我国计算机犯罪的动机由技术炫耀型转向利益驱动型。犯罪分子以利益为中心，组织性、趋利性、专业性和定向性都得到加强。譬如，以获得经济利益的恶意代码和在线身份窃取成为网络攻击的主流，无目的、大范围扩散的蠕虫逐渐淡出，而瞄准特定用户群体的定向化信息窃取和勒索成为犯罪的新趋势。此外，很多传统领域的犯罪也逐步实现了信息化，逐渐移植到互联网这一平台，诸如网络色情、赌博、诈骗发展趋势明显。

从犯罪分子的年龄构成来看，除了前几年主体的低龄化特征依然保持以外，另一个重要特征就是成年人所占的比率在增加，这是伴随计算机犯罪的目的由技术炫耀型向经济利益型转变而产生的。例如，"熊猫烧香"病毒的制作者李俊，25 岁，无业游民，他在面临生活压力时，就从制造病毒这一犯罪行为中获得了可观的经济利益。当然，成年人犯罪主体主要还是集中为金融、证券业人员，身为银行或证券公司职员犯罪的占 78%，并且绝大多数为单位内部的计算机操作管理人员。此外就是随着网络使用日趋大众化，由黑客或其他具备计算机技能的专业人员所实施的犯罪在计算机犯罪中呈现出相对下降的趋势，针对社会普通公众的网络滥用犯罪呈上升趋势。

10.3.3 计算机犯罪的特点

1. 高智能性

计算机是现代社会科学技术发展的产物，计算机犯罪则是与之相伴而产生的高智能犯罪，这种高智能体现在以下三个方面。

(1) 作案者多采用高科技犯罪手段。

(2) 犯罪分子犯罪前都经过了精心的策划和预谋。

(3) 犯罪主体都具有相当高的计算机知识，或者是计算机领域的拔尖人才，有一些还是从事计算机工作多年的骨干人员。

2. 作案动机简单化

在计算机犯罪中，大多数犯罪主体精心研制计算机病毒，破坏计算机信息系统。特别是计算机黑客，他们犯罪的目的不是为了金钱，也不是为了权利，而是为了显示自己的高超的计算机技术，他们认为这些病毒的传播就是他们成果的体现，通过这种方式来认可自己的研究成果，其目的之简单有时令破案者都吃惊。当然，也不能排除其他犯罪目的，比如为了诈骗、盗窃、抢劫或者其他刑事犯罪而把计算机作为犯罪的工具，在这些犯罪中，计算机所能体现的只是一种工具而已。

3. 较强的隐蔽性

计算机犯罪分子作案大都比较隐蔽，这种隐蔽性不但体现在犯罪行为本身，还体现在犯罪结果上。计算机犯罪侵害的多是无形的目标，比如电子数据或信息，而这些东西一旦存入计算机，人的肉眼无法看到，况且这种犯罪一般很少留有痕迹，一般很难侦破。而且这类犯罪作案时间短、见效快，有时只需要几分钟甚至几秒钟就可以实施完毕，它一般不受时间和地点的限制，在计算机网络内，在任何时间、任何地点都可以作案，因此很难判断犯罪分子具体的作案时间和地点。

4. 犯罪的管辖权难以确定

网络空间没有确定清晰的国界，具有时空压缩化的特点。在网络连接与速度允许的情况下，网络空间活动可以瞬间遍及全球。信息的发送可以在某一特定地域，也可以通过远程登录遥控某一特定计算机来实现，而信息的接收和使用发生在不同的地域，无法确定适用何处的法律。这种法律冲突是全球性的，在数字网络环境下，确定管辖很困难。

5. 巨大的危害性

计算机犯罪所造成的损失往往是巨大的，是其他犯罪所无法比拟的。1988 年 11 月 2 日，美国最大的网络——Internet 网络遭到计算机病毒侵害，全国 6000 多台计算机受害，计算机用户的损失达 9 000 多万美元。当然，这仅是对财产的损害，这种危害性更可怕的体现是它对整个经济、国防、文化、军事和行政管理等全方位的冲击，有时还会使整个系统瘫痪，一个病毒的入侵所造成的计算机信息系统的破坏、数据的丢失、资料的删除往往是无法挽回的，有一些资料和数据还是多年的研究成果。因此，计算机犯罪的危害性远远大于毒品犯罪，计算机的社会作用越大，计算机犯罪所造成的危害性就越大。

10.3.4　计算机犯罪的技术与手段

计算机犯罪主要采用以下几种手段和方法。

1. 数据欺骗

这是计算机犯罪中最简便、最常见的方法。非法篡改输入、输出数据或输入假数据。例如，伪造或冒充输入文件，用事先准备好的替换内容更换正常的输入内容等。这种犯罪常常发生在数据输入前或输入过程中，包括数据的产生、记录、传送、编辑、校对、调试、变更和转移等各个环节。

2. 制造或传播计算机病毒

计算机病毒是隐藏在可执行程序中或数据文件中，在计算机内部运行的一种干扰程序。计算机病毒已成为计算机犯罪者的一种有效手段，具有很强的隐蔽性、潜伏性和传播性，难以被人发现。

3. 特洛伊木马式

这种方法是在一个计算机程序中预先指定任务的情况下执行非授权的功能，进行犯罪活动。行为人通过电子邮件把带有"机关"的程序在网络中发送给用户，网络用户只要开启个人计算机，这一"机关"便立即潜入该机的操作系统并在屏幕上出现意义不明的文章。为了弄清其含义，用户往往输入自己的密码以寻求系统的帮助。这样犯罪分子便能窃取到对方的密码，一旦密码到手犯罪分子便可以为所欲为。

4. 活动天窗

活动天窗是一种由程序开发者有意安排的指令语句，该种语句利用人为设置窗口侵入系统，在程序查错、修改或者再启动时通过这些窗口访问有关程序。窗口操作只有程序开发者能掌握其秘密，而别人往往会进入死循环或其他的歧路。

5. 意大利香肠式

这种犯罪采用不易被觉察的手段，使对方自动做出一连串细小的让步，最后达到犯罪的目的。

6. 废品利用

有意或有选择地从废弃的资料、磁带或磁盘中搜寻具有潜在价值的数据、信息和密码等，利用这些数据、信息和密码来达到其目的。

此外，计算机犯罪还有冒名顶替、寄生术、逻辑炸弹等多种常见方法，这里不再一一列举。

10.3.5 防止计算机犯罪的安全措施

计算机犯罪的巨大危害性决定了加强犯罪预防的紧迫性、重要性和必要性。根据计算机犯罪的特殊性，预防计算机犯罪的措施有以下几种。

1. 加强立法，完善法制

在保护计算机和互联网安全运行方面，虽然我国先后颁布了《电子计算机系统安全规范草案》《中华人民共和国计算机信息系统安全保护条例》《中华人民共和国计算机信息网络国际联网管理暂行规定》《中华人民共和国计算机信息网络国际联网安全保护管理办法》和《中华人民共和国计算机信息网络国际联网管理暂行规定实施办法》，并且1997年《刑法》第285～287条也对计算机犯罪做了规定，但计算机犯罪的手段和方法变化非常快，而传统的立法程序所需要的时间较长，难以适应计算机技术快速发展的需要，往往是立法速度赶不上计算机犯罪的变化速度，使犯罪分子在时间上有可乘之机。加快立法并予以完善，只有这样才能使执法机关在预防打击计算机犯罪行为时有法可依。另外，严格执法是预防计算机犯罪的十分关键的一步，能够依法有效地予以严厉制裁并以此威慑潜在的计算机犯罪。

2. 加强硬件和软件建设

硬件和软件建设是指网络技术和新型网络产品的开发研制，增强系统的自我保护能力。由于计算机犯罪是一种高智商犯罪，所以，只有不断地更新技术，开发研制，增强系统的自我保护能力，增强网络的自我防护能力，堵塞安全漏洞和提供安全的通信服务，加强关键保密技术的研制和改进，不给任何计算机犯罪分子可乘之机，才能营造一个安全有序的虚拟社会。

3. 强化网络安全

通过提高安全技术防范措施可增强网络用户防病毒侵袭、黑客攻击的能力。要做好安全技术防范，从个人或者单位用户来讲，除了及时地下载软件补丁和升级系统之外，就是安装合适的防护墙和构建一个安全可靠的内部网络，同时提高网上自我防范意识，不要轻信虚假信息，以及个人密码常改常换等；从国家职能部门来讲，要加大对网络安全技术研究的资金投入力度，确立专门的机构对网络安全进行负责，及时通报最新的病毒或者黑客预警信息，让用户早防范、早准备。目前，我国的国家计算机网络应急技术处理协调中心(简称 CNCERT/CC)就是这样一个职能部门，负责协调我国各计算机网络安全事件应急小组(CERT)，共同处理国家公共互联网上的安全紧急事件，为国家公共互联网、国家主要网络信息应用系统及关键部门提供计算机网络安全的监测、预警、应急和防范等安全服务和技术支持，及时收集、核实、汇总、发布有关互联网网络安全的权威性信息。

4. 建立一支强健的预防打击计算机犯罪的队伍

专业队伍的战斗力的强弱，直接决定了预防打击计算机犯罪的成败。只有技术过硬，反计算机犯罪队伍才能有效地打击各种猖獗的犯罪，给予犯罪者应有的惩罚。这也是预防打击计算机犯罪的一道关键防线,只有这条战线坚不可摧才能保证计算机网络世界的安全。只有加强预防打击计算机犯罪队伍的建设才能真正全面监控计算机网络,才能进一步阻止各种计算机犯罪的发生。

5. 建立健全的国际合作体系

通过互联网实施计算机犯罪行为,可能会发生在不同的国家,计算机犯罪在很大程度上都是国际性的犯罪。因此,建立健全的国际合作体系,加强国与国之间的配合与协作尤为重要。

6. 建立科学、健康、和谐的网络道德观

良好的网络道德环境是预防计算机犯罪的第一步,所以需要加强人文教育,用优秀的文化道德思想引导网络社会形成既符合时代进步的要求又是合理合法的网络道德,特别是要遵纪守法、尊重他人的权益。各种网络色情、腐朽思想以及黑客技术的泛滥等对网民特别是广大青少年的影响很大,进而形成了潜在的犯罪因素,因此而造成了许多犯罪。正因为如此,我们必须大力加强思想道德教育,建立科学健康和谐的网络道德观,从而真正有效地预防计算机犯罪。

【案例10-3】　　　　非法获取百度推广账号,实施网络诈骗

2012年8月,历时三个月,辗转京、沪、皖、粤、琼五地的缜密侦查,警方成功破获了利用计算机信息网络非法获取百度推广账号实施诈骗的系列案件,打掉犯罪团伙3个,抓获犯罪嫌疑人13名,初步审查诈骗案件百余起。该案是警方将先期计算机入侵和后期网络诈骗贯穿打击的首个案例,有力打击了涉及广大人民群众切身利益的网络诈骗犯罪,震慑了犯罪分子的嚣张气焰。

年初,家住北京的李某向警方报案称被骗2 500元。民警初步调查得知,李某本人非常喜欢看一档全国知名的选秀节目,并梦想着亲自体验一把。于是李某将该节目名称试着在百度引擎中搜索,很快屏幕上显示出该栏目的咨询电话。李某打过电话去,对方自称为这档选秀节目的"工作人员",李某可以参加此栏目活动,前提是需交"手续费"2 500元,李某即按照对方提示,通过银行转账方式汇去"手续费",但汇款之后,无法再与其"工作人员"取得联系,李某遂报案。

与此同时,北京市公安局网安总队民警在访民情、听民意、解民忧活动时了解到,今年1~3月,百度推广客户账号多次被非法盗用,660个推广账号内容被篡改,嫌疑人冒充客户名义通过网络实施诈骗,并给百度公司带来直接经济损失120万元。市公安局高度重视,网安总队调派精干警力会同相关部门成立专案组,全力开展侦破工作。经缜密分析,多地调查,专案组最终锁定嫌疑人,于6月19日,在海南海口、儋州两地同时行动,一举抓获3个诈骗团伙的13名犯罪嫌疑人,扣押计算机11台、银行卡34张,冻结涉案资金约

15万元。

经审查，该团伙成员交代了利用计算机信息网络非法对数百个推广账号内容进行篡改，冒充网购客服、选秀节目电话等进行诈骗作案百余起、获利50余万元的犯罪事实。在李某被骗案中，犯罪嫌疑人非法获取该选秀节目在百度中的推广账号，并篡改其咨询电话号码，当网民拨打此电话时，电话自动转移到其通信设备上，借此对网民进行诈骗。

目前，4名犯罪嫌疑人因涉嫌破坏计算机信息系统罪、6名嫌疑人因涉嫌诈骗罪均已被刑事拘留，另外3人被取保候审。

当前，黑客攻击破坏活动趋利性特点日益明显，已形成由制作提供黑客工具、实施攻击、盗窃账号、倒卖账号、实施诈骗等各个环节分工合作的利益链条。警方将进一步加大工作力度，严厉打击此类违法犯罪活动，也希望互联网公司提高防范意识，加强技术安全保护措施，共同维护互联网信息安全。

(资料来源：光明网.)

案例思考

1. 根据本案例，请谈一谈网络犯罪有哪些新的特点。
2. 你认为采取哪些措施更能有效打击计算机犯罪分子的嚣张气焰。

10.4 计算机病毒与防治

10.4.1 计算机病毒的含义及特征

1. 计算机病毒的含义

计算机病毒(Computer Virus)在《中华人民共和国计算机信息系统安全保护条例》中被明确定义为："编制或者在计算机程序中插入的破坏计算机功能或者破坏数据，影响计算机使用并且能够自我复制的一组计算机指令或者程序代码。"

计算机病毒是一个程序，一段可执行代码。就像生物病毒一样，计算机病毒有独特的复制能力。计算机病毒可以很快地蔓延，又常常难以根除。它们能把自身附着在各种类型的文件上。当染毒文件被复制或从一个用户传送到另一个用户时，它们就随同该文件一起蔓延开来。除复制能力外，某些计算机病毒还有其他一些共同特性：一个被感染的程序能够传播病毒的载体。当看到病毒似乎仅表现在文字和图像上时，它们可能已毁坏了文件，格式化了硬盘或引发了其他类型的灾害。若病毒并不寄生于一个感染程序，它仍然能通过占据存储空间、消耗资源来降低计算机的性能。

> **阅读资料**
>
> 1983年，正在美国南加州大学攻读博士学位的弗雷德·科恩(Fred Cohen)编写了一个小程序，这个程序可以"感染"计算机，自我复制，在计算机中间传播。该程序可以潜伏于更大的合法程序当中，通过软盘传到计算机上。当时，一些计算机专家也曾警告，计算机病毒是有可能存在的，但科恩是第一个真正通过实践记录计算机病毒的人。在大学老师的建议下，科恩在其1987年的博士论文给出了计算机病毒的第一个学术定义，这也是今天公认的标准。科恩也因此被公认为计算机病毒之父。

2. 计算机病毒的特征

计算机病毒具有以下几个明显的特征。

(1) 传染性。这是病毒的基本特征，是判断一个程序是否为计算机病毒的最重要的特征，一旦病毒被复制或产生变种，其传染速度之快令人难以想象。

(2) 破坏性。任何计算机病毒感染了系统后，都会对系统产生不同程度的影响。发作时轻则占用系统资源，影响计算机运行速度，降低计算机工作效率，使用户不能正常使用计算机；重则破坏用户计算机的数据，甚至破坏计算机硬件，给用户带来巨大的损失。

(3) 寄生性。一般情况下，计算机病毒都不是独立存在的，而是寄生于其他的程序中，当执行这个程序时，病毒代码就会被执行。在正常程序未启动之前，用户是不易发觉病毒的存在的。

(4) 隐蔽性。计算机病毒具有很强的隐蔽性，它通常附在正常的程序之中或藏在磁盘隐秘的地方，有些病毒采用了极其高明的手段来隐藏自己，如使用透明图标、注册表内的相似字符等；而且有的病毒在感染了系统之后，计算机系统仍能正常工作，用户不会感到有任何异常，在这种情况下，普通用户无法在正常的情况下发现病毒。

(5) 潜伏性。大部分的病毒感染系统之后一般不会马上发作，而是隐藏在系统中，就像定时炸弹一样，只有在满足特定条件时才被触发。例如，黑色星期五病毒，不到预定时间，用户就不会觉察出异常，一旦遇到13日并且是星期五，病毒就会被激活并且对系统进行破坏。当然大家都应该还记得噩梦般的CIH病毒，它是在每月的26日发作。

有计算机的地方就有计算机病毒，也可以说，计算机病毒无处不在。尽管病毒带来的损失或大或小，甚至有些没有任何损失，但是大部分计算机用户都有被病毒侵扰的经历。据中国计算机病毒应急处理中心统计，中国计算机用户受病毒感染的比例在2001年为73%，2002年为84%，2003年为85%，成逐年上升的趋势。美国权威调查机构证实，进入21世纪以来，每年因计算机病毒造成的损失都在100亿美元以上。

10.4.2 计算机病毒的分类

计算机病毒技术的发展，病毒特征的不断变化，给计算机病毒的分类带来了一定的困难。根据多年来对计算机病毒的研究，按照不同的体系可对计算机病毒进行如下分类。

1. 按病毒存在的媒体分类

根据病毒存在的媒体来分，病毒可以划分为网络病毒、文件病毒、引导型病毒和混合型病毒。

(1) 网络病毒：通过计算机网络传播感染网络中的可执行文件。

(2) 文件病毒：感染计算机中的文件，如COM、EXE和DOC等。

(3) 引导型病毒：感染启动扇区(Boot)和硬盘的多引导扇区(Main Boot Record，MBR)。

(4) 混合型病毒：是上述三种情况的混合。例如，多型病毒(文件和引导型)感染文件和引导扇区两种目标，这样的病毒通常都具有复杂的算法，它们使用非常规的办法侵入系统，同时使用了加密和变形算法。

2. 按病毒传染的方法分类

根据病毒的传染方法来分，可将计算机病毒分为引导扇区传染病毒、执行文件传染病毒和网络传染病毒。

(1) 引导扇区传染病毒：主要使用病毒的全部或部分代码取代正常的引导记录，而将正常的引导记录隐藏在其他地方。

(2) 执行文件传染病毒：寄生在可执行程序中，一旦程序执行，病毒就被激活，进行预定活动。

(3) 网络传染病毒：这类病毒是当前病毒的主流，特点是通过因特网络进行传播。例如，蠕虫病毒就是通过主机的漏洞在网上传播的。

3. 按病毒破坏的能力分类

根据病毒破坏的能力来分，计算机病毒可划分为无害型病毒、无危险型病毒、危险型病毒和非常危险型病毒。

(1) 无害型病毒：除了传染时减少磁盘的可用空间外，对系统没有其他影响。

(2) 无危险型病毒：仅是减少内存、显示图像、发出声音及同类音响。

(3) 危险型病毒：在计算机系统操作中造成严重的错误。

(4) 非常危险型病毒：删除程序、破坏数据、清除系统内存和操作系统中重要的信息。

有些病毒对系统造成的危害并不是本身的算法中存在危险的调用，而是当它们传染时会引起无法预料的、灾难性的破坏。由病毒引起其他的程序产生的错误也会破坏文件和扇区，这些病毒也按照它们引起的破坏能力进行划分。目前的一些无害型病毒也可能会对新版的DOS、Windows和其他操作系统造成破坏。例如，在早期的病毒中，有一个名为Denzuk

的病毒在 360 KB 磁盘上不会造成任何破坏，但是在后来的高密度软盘上却能导致大量的数据丢失。

4. 按病毒算法分类

根据病毒特有的算法来分，病毒可以分为伴随型病毒、蠕虫型病毒、寄生型病毒、练习型病毒、诡秘型病毒和幽灵病毒。

(1) 伴随型病毒：这一类病毒并不改变文件本身，它们根据算法产生 EXE 文件的伴随体，具有同样的名字和不同的扩展名(COM)。例如，XCOPY.EXE 的伴随体是 XCOPY.COM。病毒把自身写入 COM 文件并不改变 EXE 文件，当 DOS 加载文件时，伴随体优先被执行，再由伴随体加载执行原来的 EXE 文件。

(2) 蠕虫型病毒：通过计算机网络传播，不改变文件和资料信息，利用网络从一台机器的内存传播到其他机器的内存，计算网络地址，将自身的病毒通过网络发送。有时它们在系统中存在，一般除了内存不占用其他资源。

(3) 寄生型病毒：依附在系统的引导扇区或文件中，通过系统的功能进行传播。

(4) 练习型病毒：病毒自身包含错误，不能进行很好的传播。例如，一些在调试阶段的病毒。

(5) 诡秘型病毒：它们一般不直接修改 DOS 中断和扇区数据，而是通过设备技术和文件缓冲区等对 DOS 内部进行修改，不易看到资源，使用比较高级的技术，利用 DOS 空闲的数据区进行工作。

(6) 幽灵病毒：这一类病毒使用一个复杂的算法，使自己每传播一次都具有不同的内容和长度。它们一般由一段混有无关指令的解码算法和经过变化的病毒体组成。

5. 按计算机病毒的链接方式分类

由于计算机病毒本身必须有一个攻击对象才能实现对计算机系统的攻击，并且计算机病毒所攻击的对象是计算机系统可执行的部分。因此，根据链接方式，计算机病毒可分为源码型病毒、嵌入型病毒、外壳型病毒和操作系统型病毒。

(1) 源码型病毒：该病毒攻击高级语言编写的程序，在高级语言所编写的程序编译前插入到源程序中，经编译成为合法程序的一部分。

(2) 嵌入型病毒：这种病毒是将自身嵌入到现有程序中，把计算机病毒的主体程序与其攻击的对象以插入的方式链接。这种计算机病毒是难以编写的，一旦侵入程序体后也较难消除。如果同时采用多态性病毒技术、超级病毒技术和隐蔽性病毒技术，将给当前的反病毒技术带来严峻的挑战。

(3) 外壳型病毒：外壳型病毒将其自身包围在主程序的四周，对原来的程序不做修改。这种病毒最为常见，易于编写，也易于发现，一般测试文件的大小即可察觉。

(4) 操作系统型病毒：这种病毒用自身的程序加入或取代部分操作系统进行工作，具有很强的破坏力,可以导致整个系统的瘫痪。圆点病毒和大麻病毒就是典型的操作系统型病毒。这种病毒在运行时,用自己的逻辑部分取代操作系统的合法程序模块,根据病毒自身的特点和被替代的合法程序模块在操作系统中运行的地位与作用,以及病毒取代操作系统的取代方式等,对操作系统进行破坏。

> ◇ 知识拓展
>
> 全球史上破坏力最为惊人的十大病毒。
>
> | 排名 | 病毒名称 | 爆发年限 | 损失估计 |
> | --- | --- | --- | --- |
> | 1 | CIH病毒 | 1998年 | 5亿美元 |
> | 2 | 梅利莎(Melissa) | 1999年 | 3~6亿美元 |
> | 3 | 爱虫(Iloveyou) | 2000年 | 超过100亿美元 |
> | 4 | 红色代码(CodeRed) | 2001年 | 约26亿美元 |
> | 5 | 冲击波(Blaster) | 2003年 | 数百亿美元 |
> | 6 | 巨无霸(Sobig) | 2003年 | 50~100亿美元 |
> | 7 | MyDoom | 2004年 | 百亿美元 |
> | 8 | 震荡波(Sasser) | 2004年 | 5~10亿美元 |
> | 9 | 熊猫烧香(Nimaya) | 2006年 | 上亿美元 |
> | 10 | 网游大盗 | 2007年 | 千万美元 |
>
> (资料来源:网易数码.)

10.4.3 计算机病毒的预防

即使最权威的、最可靠的预防措施也不能保证计算机100%不受病毒和木马的感染,但是如果遵循某些规则,就可以有效地减小受病毒攻击的危险,从而减小因病毒感染引起的损失。与医学上类似,与病毒抗争的一个最主要方法是预防病毒侵入。对于计算机,预防病毒侵入的措施应遵循一些规则,从而减小病毒入侵和数据丢失的风险。以下是应该遵循的主要的安全规则。

1. 在计算机上安装反病毒软件和网络防火墙软件

上网前或启动机器后马上运行这些软件,就好像给机器"穿"上一层厚厚的"保护衣",即使不能完全杜绝网络病毒的袭击,也能把大部分的网络病毒"拒之门外"。安装正版杀毒软件后,要坚持定期更新病毒库和杀毒程序,由于每天都有大量的病毒变种出现,所以要经常地更新病毒库来保证杀毒软件可以查杀最新的病毒,以最大限度地发挥出软件应有的功效。

2. "病从口入"，严控数据"入口"

(1) 对外来的软盘、光盘和网上下载的软件等都应该先进行查杀计算机病毒，然后使用。

(2) 从互联网下载任何数据时要小心谨慎。如果有的网站建议你安装程序时，请务必检查该网站是否具有安全认证。在上网过程中，如果提示你是否修改注册表或者下载某插件，请不要轻易选择确定；否则一旦安装，想删除就不容易。

(3) 谨慎使用电子邮件。接收邮件时，如果遇到不明邮件或者广告之类的邮件，在不确定的情况下，不要打开电子邮件，不要打开陌生人发来的电子邮件，同时也要小心处理来自熟人的邮件附件，提防带有欺骗性质的病毒警告信息——声称注意病毒威胁警告的电子邮件。

(4) 有选择的访问网站。不要到一些不知名的小网站或者论坛上下载常用的工具软件和应用程序，其中有一些经常包含木马病毒、恶意脚本病毒或者互联网蠕虫病毒。不要轻易点击一些不明确或者不健康内容的广告，有时这些网址链接包含木马病毒，称为"挂马"。

3. 密切关注专业机构提供的病毒疫情信息

注意国家计算机病毒应急处理中心发布的病毒疫情，以便在爆发病毒疫情时及时做好预防；同时，防病毒软件公司也有自己的病毒检测中心和实验室，会定期发布病毒木马疫情，提前预报病毒的爆发期。如果能下载最新的反病毒数据库，将能够有效抵御这些新病毒的入侵，特别是在大的计算机病毒爆发前夕。

4. 及时修复系统软件漏洞，定期更新操作系统

漏洞永远是攻击者最喜欢使用的攻击方式，当前各种各样的安全漏洞给网络病毒打开了方便之门，其中影响最大的就是 Windows 操作系统漏洞、Office 漏洞、SQL 漏洞、Media Player 漏洞、IIS 漏洞和 IE 漏洞，还有其他应用软件，如播放器、QQ 和迅雷，甚至杀毒软件。平时除了注意及时对系统软件和网络软件进行必要升级外，还要利用 Windows Update 功能为操作系统的各种漏洞打上最新的补丁。

5. 有"备"无患，居安思危

正所谓"智者千虑，必有一失"，没有永久的安全，只有永久的风险。为保证计算机内重要数据的安全，定时备份非常重要。如果能做好备份工作，即使遭受网络病毒的全面破坏，也能把损失减至最小。有规律的备份系统关键数据，建立应对灾难的数据安全策略，如灾难备份计划(备份时间表、备份方式、容灾措施)和灾难恢复计划，保证备份的数据能够正确、迅速地恢复。要定期对备份进行校验，检查备份是不是有效。这里有很多备份工具可以选择，最常用的是 ghost 备份系统，建议把系统完整备份到一个独立的分区；备份完成后，再把分区隐藏，或者准备一个移动硬盘或者刻录机，把要备份的文档直接复制或

刻录。

6. 加强计算机网络的管理

计算机网络病毒的防治，单纯依靠技术手段是不可能十分有效地杜绝和防止其蔓延的，只有把技术手段和管理机制紧密结合起来，提高防范意识，才有可能从根本上保护网络系统的安全运行。目前，在网络病毒防治技术方面，基本处于被动防御的地位，但管理上应该积极主动。应从硬件设备及软件系统的使用、维护、管理和服务等各个环节制定出严格的规章制度，对网络系统的管理员及用户加强法制教育和职业道德教育，规范工作程序和操作规程，采用行之有效的新技术、新手段，建立"防杀结合、以防为主、以杀为辅、软硬互补、标本兼治"的最佳网络病毒安全模式。

计算机病毒虽然可怕，只要我们从计算机病毒的防范及安全策略方面做好各项工作并加强计算机网络的管理，还是完全可以避免感染上计算机病毒的，完全可以保证计算机及网络的安全。在使用计算机的过程中要养成一个好习惯，尽量不用盗版软件，尽量不串用机器，尽量使用正版的计算机杀毒软件，将计算机病毒控制在有限的空间内，它就不可能给计算机使用带来较大的影响。

【案例10-4】熊猫烧香制毒者依法服刑

2006年底，我国互联网上大规模爆发"熊猫烧香"病毒及其变种，该病毒通过多种方式进行传播，并将感染的所有程序文件改成熊猫举着三根香的模样，使受感染计算机出现蓝屏、频繁重启等状况。同时该病毒还具有盗取用户游戏账号、QQ账号等功能。2006年11月至2007年3月，通过国家计算机病毒应急处理中心监测及反病毒应急小组成员上报，发现北京、上海、广东等多个省市的计算机用户遭受感染，数百万台计算机被病毒破坏。

该病毒传播速度快，危害范围广，引起社会各界高度关注。《瑞星2006安全报告》将其列为十大病毒之首，在《2006年度中国大陆地区电脑病毒疫情和互联网安全报告》的十大病毒排行中，"熊猫烧香"一举成为"毒王"。

2007年2月12日，湖北省公安厅宣布，湖北网监在浙江、山东、广西、天津、广东、四川等地公安机关的配合下，一举侦破了制作传播"熊猫烧香"病毒案，抓获李俊等8名犯罪嫌疑人。

李俊，25岁，武汉市新洲区人，中专文化程度，于2006年10月开始制作计算机病毒"熊猫烧香"。据其本人交代：他原在武汉某电脑城工作，喜欢电脑，曾多次向一些网络安全方面的机构和公司求职，但终因学历不佳未获录用。据其本人称，一方面是生存压力，一方面是虚荣心作怪，他开始慢慢在网上制造病毒。

2006年10月，李俊开始制作"熊猫烧香"，但其同伴雷磊认为，该病毒会修改被感染文件的图标，但没有隐藏病毒进程，容易被发现，建议李俊对病毒程序进行修改。李俊按照雷磊的建议"完善"了"熊猫烧香"的病毒程序。

2006 年 12 月初，李俊在互联网上叫卖该病毒，他通过 QQ 与其同伴王磊联系上，由王磊出资 1600 元，租用某公司的服务器，架设到李俊的网站上。这样，中了"熊猫烧香"病毒的计算机，可以自动访问李俊的网站。随着病毒的传播，该网站的流量会不断增长，王磊将所得收入由其和李俊平分。张顺购买李俊网站的流量后，先后将 9 个游戏木马挂在李俊的网站上，盗取自动链接李俊网站游戏玩家的"游戏信封"。从 2006 年 12 月至 2007 年 2 月，李俊共获利 14.5 万元，王磊共获利 8 万元，张顺共获利 1.2 万元。

2007 年 9 月 24 日上午 8 时 30 分许，法警将李俊等 4 人带进法庭。整个庭审过程持续了三个半小时，4 名被告对自己的犯罪事实均供认不讳。曾一度引起互联网恐慌的"熊猫烧香"计算机病毒制造者及主要传播者李俊等 4 人，被湖北省仙桃市人民法院一审以破坏计算机信息系统罪判处，其中李俊有期徒刑四年、王磊有期徒刑两年六个月、张顺有期徒刑两年、雷磊有期徒刑一年，并判决李俊、王磊、张顺的违法所得予以追缴，上缴国库，国内首例制作计算机病毒案件落下帷幕。归案后，李俊交出"熊猫烧香"病毒专杀工具。

(资料来源：光明日报)

案例思考

1. 你认为"熊猫烧香"病毒属于哪一类病毒？具有哪些危害？
2. 联系本案例，谈一谈如何防范计算机病毒。

本 章 小 结

计算机信息系统安全是指组成信息系统的硬件、软件和数据资源的安全。计算机系统自身的脆弱性和不足是造成计算机安全问题的根源，保障信息系统安全的实质就是保护信息的完整性、保密性、可用性和真实性，防止来自各方面的因素对信息资源的破坏。保护信息系统的安全包括建立、健全相关法律、法规和制度，规范相关道德行为，保护信息系统的实体安全、软件安全和数据安全。

计算机犯罪是指使用计算机技术来进行的各种犯罪行为，它既包括针对计算机的犯罪，也包括利用计算机的犯罪。其具有高智能性、作案动机简单化、较强的隐蔽性、犯罪的管辖权难以确定性及巨大的危害性等特点，可以从法律、技术和硬件等方面来防范计算机犯罪。

计算机病毒是破坏计算机功能或者数据、具有自我复制能力的一组程序代码。计算机病毒具有传染性、破坏性、寄生性、隐蔽性和潜伏性等特征。针对病毒的特征，采取各种有效的措施，预防计算机病毒。

复习思考题

一、名词解释

1. 信息系统安全
2. 信息的不可否认性
3. 安全策略
4. 计算机病毒
5. 计算机犯罪

二、单项选择题

1. 信息的( )属性要求信息不能在未经授权的情况下被修改,确保信息在传输过程中保持一致。

   A. 真实性　　　B. 完整性　　　C. 保密性　　　D. 可用性

2. 《计算机信息系统安全保护等级划分准则》规定了计算机系统安全保护能力的5个等级。其中,按照( )的顺序从左到右安全能力逐渐增强。

   A. 系统审计保护级、结构化保护级、安全标记保护级
   B. 用户自主保护级、访问验证保护级、安全标记保护级
   C. 访问验证保护级、系统审计保护级、安全标记保护级
   D. 用户自主保护级、系统审计保护级、安全标记保护级

3. 信息的( )属性要求信息的传输、处理和存储过程有据可查,能证实过去对信息的访问和操作。

   A. 真实性　　　B. 完整性　　　C. 保密性　　　D. 不可否认性

4. 为了保证数据库系统的安全,通常不使用( )安全技术。

   A. 数据库的访问控制　　　　　B. 审计跟踪
   C. 认证　　　　　　　　　　　D. 数据库加密

5. ( )是判断一个程序是否为计算机病毒的最基本特征。

   A. 传染性　　　B. 寄生性　　　C. 破坏性　　　D. 潜伏性

三、多项选择题

1. 信息系统自身的安全包括信息的( )。

   A. 真实性　　　　　　　　　　B. 完整性
   C. 保密性　　　　　　　　　　D. 可用性
   E. 不可否认性

2. 信息系统安全保护,应包括( )。

   A. 法律法规建设　　　　　　　B. 硬件系统安全
   C. 通信网络安全　　　　　　　D. 软件系统安全
   E. 数据信息安全

3. 从病毒特有的算法角度来划分，病毒可以分为(　　)等。
   A. 伴随型病毒　　　　　　　　B. 蠕虫型病毒
   C. 寄生型病毒　　　　　　　　D. 引导型病毒
   E. 幽灵病毒
4. 计算机病毒具有(　　)等特征。
   A. 传染性　　　B. 破坏性　　　C. 寄生性
   D. 隐蔽性　　　E. 潜伏性
5. 信息系统的脆弱性主要表现在(　　)等几个方面。
   A. 存储介质易损坏　　　　　　B. 数据易访问
   C. 计算机犯罪　　　　　　　　D. 电磁易泄露
   E. 硬件设备易损坏
6. 认证的主要目的有(　　)。
   A. 验证发送者的真实性　　　　B. 验证信息的完整性
   C. 信息的保密性　　　　　　　D. 信息的真实性
   E. 保证接受者的合法性

四、简答题

1. 简述信息系统安全的含义。
2. 影响信息系统安全的因素有哪些？
3. 保证数据库系统的安全策略是什么？
4. 简要说明用公开密钥算法实现的签名方法。
5. 什么是计算机犯罪？计算机犯罪的主要特点是什么？
6. 计算机犯罪的手段有哪些？如何防范计算机犯罪？
7. 什么是计算机病毒？计算机病毒的基本特征是什么？
8. 计算机病毒按照传染方式可分为哪几种？
9. 简述检测病毒的常用方法。计算机病毒的预防有哪几方面？
10. 什么是计算机安全立法，我国已经制定了哪些计算机安全的法律、法规和条例？计算机安全立法是不是主要对付计算机犯罪活动的？为什么？

案 例 分 析

案例背景

为了炫耀自己的计算机技术，网络工程师孙某利用北京某通信有限公司计算机系统存在的网络漏洞，入侵该公司的服务器，窃取其企业用户通讯录16 000余组。日前，孙某因涉嫌非法获取计算机信息系统数据罪被昌平检察院提起公诉。

1. 意外发现网络漏洞

孙某毕业于北京某大学的计算机科学与技术专业，是安全测试工程师。因为孙某所在公司是北京某通信有限公司的用户，作为公司网络安全工程师的孙某经常会同该公司发生业务往来，时间长了，孙某发现该通信公司的网络系统存在漏洞。出于好奇，同时也是为了考验自己的"业务水平"，孙某用公司的笔记本电脑，请求进入通信公司的网站，后又通过技术手段，获得该通信公司网络系统的管理员权限。

晚上回家后，孙某又用自己的笔记本电脑编写脚本文件，从通信公司的服务器日志中解析出所有通信公司企业用户的邮箱名并导出其通讯录。仅仅用了一晚上的时间，该通信公司企业用户的邮箱通讯录便都导入到孙某的计算机上，里面大约有一万多家企业的通讯录，包括企业的名称、企业内员工的邮箱地址、联系电话等。

2. 向同事炫耀技术

孙某把这些信息数据保存在自己的计算机文件夹里后，又使用家里的计算机，通过技术手段登录通信公司企业客户的账户，篡改企业客户邮箱的三个邮箱密码，随后登录这些邮箱，查看邮箱内的邮件。办成这事后，孙某回到单位上班时，还不忘向同事炫耀自己的"技术成果"。几天后，该通信公司的技术员进行例行系统网络日志安全检查过程中，才发现公司的系统被入侵了。

公安机关接到报警后，通过技术手段锁定孙某。而自始至终，孙某都未意识到自己的行为已经涉嫌犯罪。孙某告诉民警，自己从来没有考虑过将获得的企业通讯录交给别人获利或传播，自己做这一切纯粹只是为了考查自己的技术水平。

3. 非法入侵或担刑责

日前，孙某因涉嫌非法获取计算机信息系统数据罪被昌平检察院提起公诉。承办此案的检察官告诉记者，根据我国《刑法》第285条第二款的规定，违反国家规定，侵入前款规定(国家事务、国防建设、尖端科学技术领域计算机)以外的计算机信息系统或者采用其他技术手段，获取该计算机信息系统中存储、处理或者运输的数据，或者对该计算机信息系统实施非法控制，情节严重的，处三年以下有期徒刑或者拘役，并处或者单处罚金；情节特别严重的，处三年以上七年以下有期徒刑，并处罚金。犯罪嫌疑人孙某虽然入侵企业服务器，但并未非法控制，故其行为仍属于"非法获取数据"，其行为已涉嫌非法获取计算机信息系统数据罪。

(资料来源：赛迪网.)

案例思考

1 你认为本案例中网络工程师孙某的行为是否构成犯罪。作为一名合格的网络工程师，你认为应具备什么素质。

2 网络环境下，你认为应如何降低企业信息化的风险。应从哪些方面加强控制。

第 V 篇　应用系统篇

第 11 章

系统管理应用

学习目标

知识目标	技能目标
1. 了解电子商务网站的建设内容	1. 能够对某一管理信息进行需求分析
2. 了解生产制造处理系统	2. 学会撰写 MIS 的建设目标
3. 了解办公自动化系统的建设内容	3. 了解系统设计的相关步骤
4. 了解某行业管理信息系统的建设	4. 能够对管理信息系统建设进行效益分析

近半个世纪以来，随着管理理念的不断创新，以计算机、通信技术为代表的信息技术的飞速发展，管理信息系统的概念在不断地发展，管理信息系统的内容与作用在深度与广度上都有了很大的发展，出现了许多新的概念。20 世纪 50 年代，当计算机应用刚开始时，管理信息系统主要用于会计领域，继而在生产方面向上发展为 MRP II、ERP 和供应链信息系统；在商务方面发展为 ATM、网络订票和电子商务，目前信息系统正在进一步向家庭、教育和娱乐方面渗透。这一过程说明，信息技术在管理中的应用正由下层走向上层，由内部走向外部，正在对管理、对组织、对社会产生深刻的影响，引发管理制度与管理模式的重大变革。与此相适应，管理信息系统发展的总趋势是：系统发展的网络化、开发方法的理性统一化以及辅助决策的智能化。

1. 管理信息系统发展的网络化

管理信息系统发展的网络化，一方面是管理信息系统本身发展的需要，在客观上，管理信息系统要求信息实现有机集成；另一方面是计算机和通信技术的发展，特别是互联网的发展为网络化与管理应用的结合创造了前所未有的条件。

管理信息系统发展的网络化趋势及其重要性是十分明显的。今天成功的企业都依赖于其全球运作的能力，网络的应用和发展，使企业的经济活动有可能突破国界而成为全球活动。依靠管理信息系统发展的网络化的企业有可能建立世界性销售网点及跨国公司，可以跟踪订货、运货及结算，参与世界市场的竞争。以海尔集团为例，10800 多种产品涉及几十个国家和地区，几万个经销商，每天有 5 万台产品出库，每天平均结算资金达 2.76 亿元之多。对于这样一个十分复杂的系统，如果不进行网络化的管理，只要千分之一的环节出错，就可能使企业破产。

管理信息系统的网络化为企业营销方式的发展提供了新的机遇。这表现在：企业对目标市场的确定将更加注重对网上信息的分析和利用；可以依靠网络发布商品信息，树立企业形象；可以运用网络和传统相结合的方法开展市场调研，为正确决策创造有利条件；可以打破时空界限搜索货源，利用网络公开招标等采购方法创造更多的贸易机会。

管理信息系统的网络化大大增加了企业与企业之间信息资源共享的可能性。这就为上、中、下游企业建立虚拟企业创造了条件。为了快速响应客户个性化需求的发展，企业可以通过 Internet，借助分布在世界各地的其他企业的资源来实现一体化的管理。例如，美国福特汽车公司对某些产品就采取了在美国本土设计，在日本生产发动机，在韩国生产零配件和装配，然后向全世界销售的办法。

2. 管理信息系统开发方法的理性统一化

管理信息系统开发是一项高收益和高风险并存的工程。理性统一化方向的提出正是由管理信息系统开发成功率一直很低引起的。问题的解决涉及管理思想、管理制度、管理方法、权力结构、习惯势力的阻碍和开发方法等许多相关因素。长期以来，人们从各个方面着手解决这些问题，主要是从完善管理制度、加强数据管理、实施一把手原则、加强人员培训以及提高开发方法的科学性等方面去努力。

系统开发方法的理性统一化的发展有一个过程。人们总结认为，系统开发之所以产生上述问题，是由于管理信息系统这个对象系统的复杂性超过了开发人员的有限的理性能力范围，开发者难以对整个开发过程加以强有力的控制。因而解决的关键是如何在开发的系统分析、系统设计和系统实施各阶段处理好需求描述、程序设计与快速修改、系统开发阶段的科学衔接等问题。

3. 管理信息系统辅助决策的智能化

20 世纪后期，计算机在管理中应用的重点逐渐由事务性处理转向企业管理的高层决策方面，出现了决策支持系统。随着决策支持系统与人工智能相结合，又出现了智能化决策支持系统。

智能化决策支持系统是将人工智能技术引入决策支持系统而形成的一种信息系统，它最初由专家系统和决策支持系统结合而成，在结构上比决策支持系统增加了知识库与推理机。在管理方面已应用于产品选择、定价、信贷风险顾问、作业计划、仓库管理、成品发运路线的确定等方面。

随着信息技术的发展，智能化决策支持系统的功能正在向以下方向发展：第一，提供模型建造知识、模型操纵知识和领域知识；第二，具有智能的模型管理功能。模型管理是智能化决策支持系统的核心部分，也是近年来系统智能化研究中十分活跃的领域。如模型自动选择、模型自动生成、模型复合以及模型的重用等；第三，系统自学习能力的提高；第四，人机接口具有自然语言理解能力，系统能够理解问题，并解释运行结果。

知识经济的出现使管理信息系统迅速成为企业的关键的战略资源。可以说，我们正是把大量知识凝聚到管理信息系统和决策支持系统中去。企业管理的革命性变革要依赖管理信息系统、业务流程重组、管理由集中领导向分散领导发展、客户关系管理、供应链管理、电子商务等，无一不与管理信息系统的应用和发展有着密不可分的联系。应当看到信息技术的应用，实质上是使信息这个信息社会的主导资源得到充分的发挥。

应用一　图书销售管理系统

随着计算机网络的发展和人们思想观念的转变，人们已经不能满足于图书的单一性，人们的阅读兴趣和精神需要变得越来越多样化。随着近些年电子商务的发展，人们对图书也不再满足于实体店购书，网络图书销售便随之而兴起，并且成为销售市场的新市场。

网络图书销售的优点有很多，随着时代的发展，人们购物不再需要到实体店，在网络书店中，人们在家中就可以看到图书的简介和图书的目录，甚至可以进行试读。现在电子设备的发展，使得用户可以边阅读图书边搜索别人对该图书的评价信息。图书销售都可以将图书的销售标示进行统一管理，在一个书店中的图书价格，用户可以方便地和其他书店的图书进行对比。因此，图书网络销售成为许多人的选择。

而且通过建立网络图书销售系统，各个分书店之间可以进行实时联系，保证图书库存资源的优化管理。用户可以先在网络上进行查找，然后再到实体店中购买图书。

以莱州市新苑书店网上销售管理系统为例，详细地阐述面向全国的网络售书以及相关管理模式的系统。以便读者了解与掌握此类管理信息系统的应用。

1. 需求分析

网上售书系统是方便为新苑书店打开网络市场、增加新客户的一个重要环节，是一项涉及众多用户，需书店内部相关的部门协调工作的管理系统工程。

该系统是就书店通过互联网的形式，将本店内有的书籍或者刊物陈列在网上，对外进行网上出售。想要进行买书的客户，根据自己需要，进行书籍的选择。当发现没有自己需要的书籍时，也可以进行网上订购等，但进行这一切行动的前提，是必须进行注册，登录系统，才能进行准确而且实际的购买和订购，然后进行网上结账。系统管理员，定时登录系统，进行订单的处理。开通信息交流平台，注册用户可以根据需要，与书店管理人员进行相应的信息互动或者意见反馈等。订单处理完毕，信息进入数据库，库房相关人员根据管理员提交上来的信息，进行书籍的选择打包，然后通过快递等方式发给购买的客户。客户还能根据网上反馈的信息，查看自己买的书的整个流程状态等。

莱州市新苑书店网上销售管理系统的整体的结构和流程如图 11-1 所示。

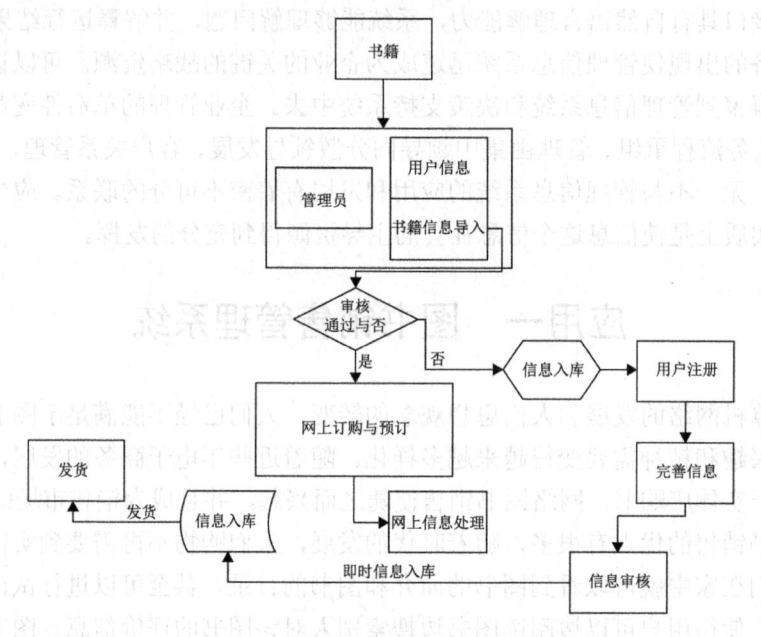

图 11-1　网上销售管理系统整体流程

2. 系统概要设计

新苑书店网上销售管理系统架构采用 MVC 技术开发平台，对于不同的用户，新苑书店网上销售管理系统根据各自的特点，分别采用了不同的开发技术。系统采用 B/S 架构模式，首先客户端通过浏览器获取用户需求，然后向应用服务器提出请求，服务器将处理结果返还给用户。

系统界面层主要包含界面组件平台、组件容器和接口服务层三个层级的内容。系统的业务逻辑层主要包含服务支撑平台、业务过程管理平台和内容管理维护平台三个上层平台。在三个管理平台之下是用户组织管理模型、权限管理模型、日志管理模型、异常管理模型、脚本管理模型和字典管理模型。在数据库访问层中主要包含数据访问组件、配置集线器和数据源管理的管理模块。系统的设计框架如图 11-2 所示。

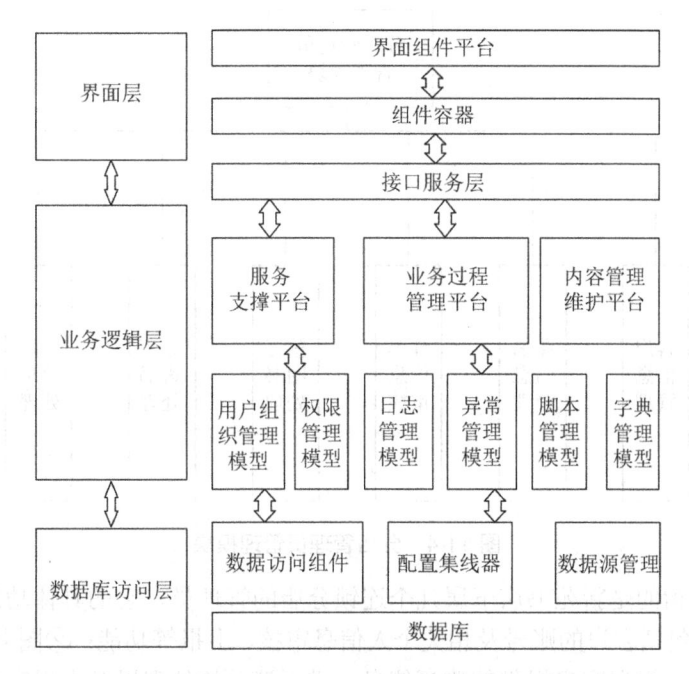

图 11-2 系统整体架构图

根据系统的分层设计原则和分模块设计原则，以及前期的需求分析，将系统首先分成几个大模块，如图 11-3 所示。整个书店在线销售管理系统分为五个大模块，即分店管理员管理模块、中心管理员管理模块、信息统计模块、小型 OA 办公系统模块、小型论坛办公系统模块。

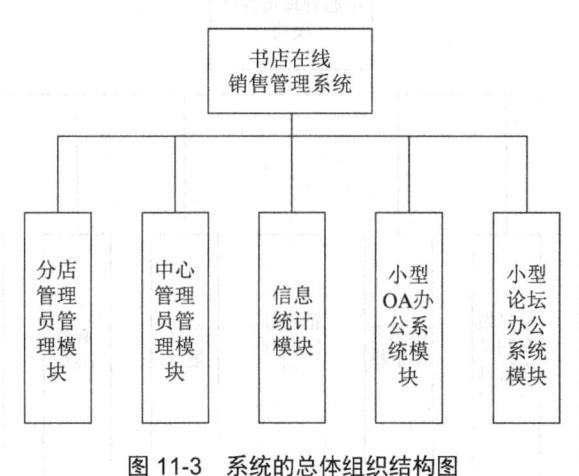

图 11-3　系统的总体组织结构图

系统着重实现前面三个模块，每个大模块又可以根据功能需要分成一些小模块。
(1) 分店管理员管理模块如图 11-4 所示。

```
                    ┌─────────────┐
                    │分店管理员   │
                    │管理模块     │
                    └─────────────┘
```

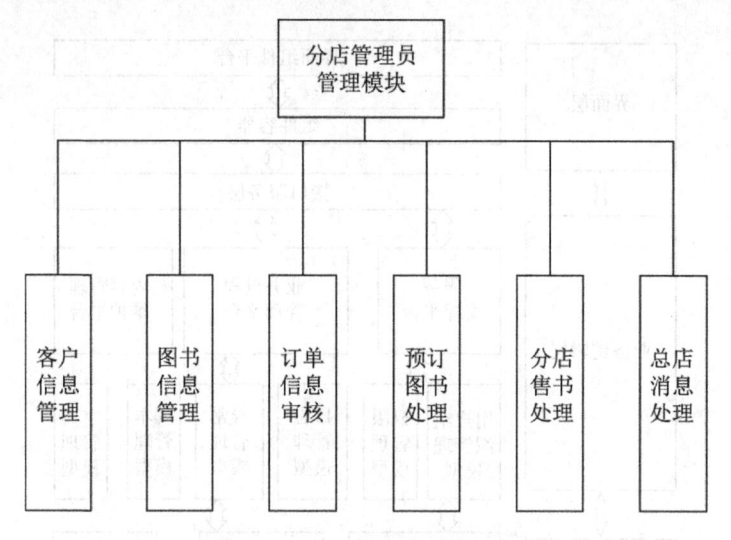

图 11-4 分店管理员管理模块

分店管理员指的是新苑书店下属几个连锁分店的管理员，它的具体功能如下：①客户信息管理，主要包括客户的账号及相关个人信息审核、上报等功能；②图书信息管理维护；③订单信息审核，根据客户提供的购买信息，进行订单的处理以及上报审核；④预订图书处理，根据客户提供的预订书籍的信息，进行及时的上报审核，根据不同情况及时反馈给客户；⑤查看分店售书情况，查看本店每本书籍的销售情况、本店的整体销售情况等。

(2) 中心管理员管理模块主要操作功能，如图 11-5 所示。

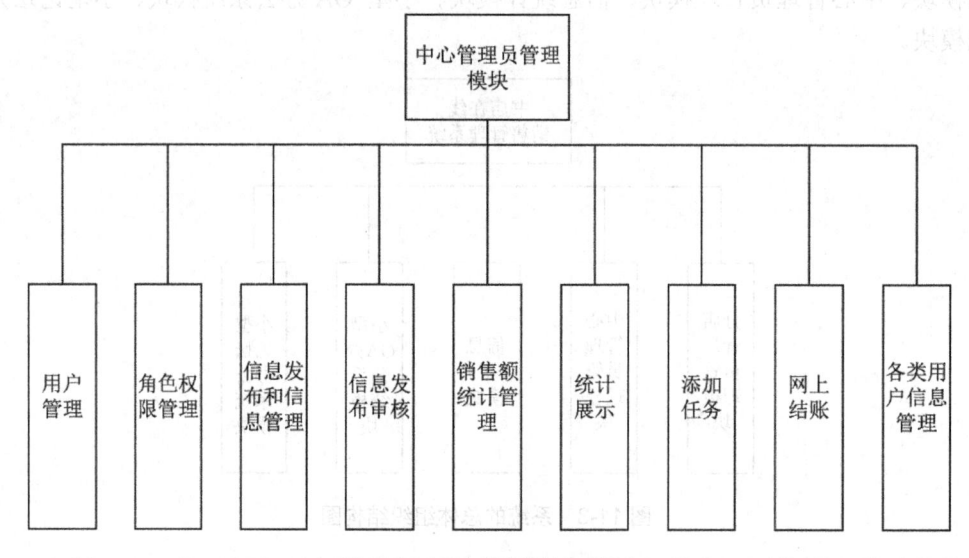

图 11-5 中心管理员管理模块

中心管理员是该系统的核心，可以管理系统中的所有数据，具体功能如下：①用户管理，管理各类用户的账户信息；②权限管理，不同的用户设置不同的管理权限；③各类用户信息管理，此处重点看本店或者其他分店相关信息审核后的情况；④相关信息的发布以及维护，主要包括书店各类活动的信息发布以及维护，针对不同客户的信息发布及维护等；⑤销售额的统计，各分店的销售额、各类图书的销售额以及各种信息的相关统计分析；⑥网上结账，分为货到付款或者网上结算两种方式，与各大银行进行相关接口的对接，为各类用户提供安全周到的服务；⑦注册系统，不同的用户登录该系统的前提。

信息统计模块主要组成如图 11-6 所示。

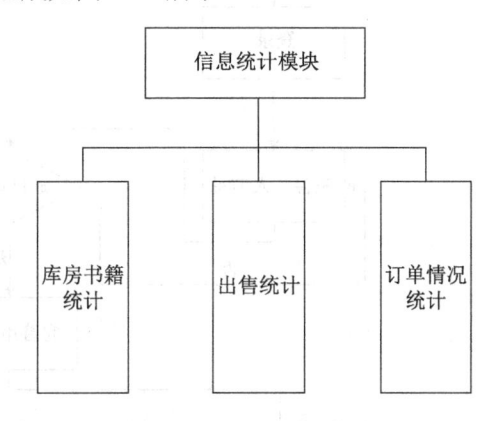

图 11-6　信息统计模块

3. 系统详细设计

客户操作流程图(如图 11-7 所示)是对于整个新苑书店的网上客户来说的，客户根据自身的情况来完善个人信息，书店根据已有客户信息库来审核客户需求。待审核确定后，客户可以根据自己不同的需求，进行相关操作，具体功能如下：①管理个人信息；②各类通知(如各类新书的发布、优惠活动等)查看；③书籍的搜索，主要按书籍名称、类别等条件进行搜索；④各类活动信息搜索，主要按发布时间、优惠性质等条件进行搜索；⑤购书的申请或者相关书籍的预订，申请完或者预订完之后客户可以通过 E-mail、QQ 或本平台留言等多方面的交流方式与书店进行在线联系；⑥客户问卷调查以及意见反馈。

分店管理员管理模块主要包括客户信息管理、图书信息管理、订单信息管理及审核、预订图书处理、分店售书处理、总店消息处理等几个主要功能模块。客户信息管理主要包括对客户的基本信息进行管理和维护、对用户的账户信息进行统计等功能。图书信息管理对系统中所有图书的书名、编号、数量、书的分类等进行管理。订单信息管理及审核，根据客户提供的购买信息，进行订单的处理以及上报审核。预订图书处理，根据客户提供的预订书籍的信息，进行及时的上报审核，根据不同情况及时反馈给客户。查看分店售书情况，查看本店每本书籍的销售情况、本店的整体销售情况等。根据总店发布的信息，发布

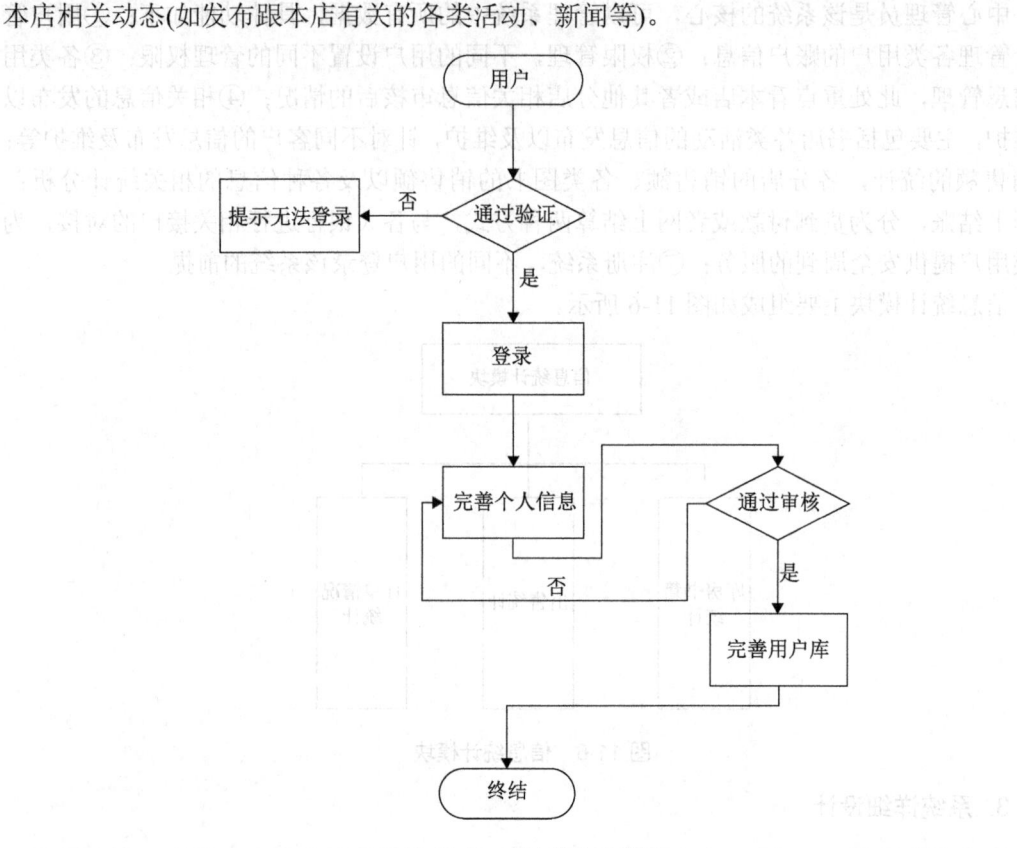

本店相关动态(如发布跟本店有关的各类活动、新闻等)。

图 11-7 客户操作流程图

系统中的类主要包括：book 类和 user 类。其中，user 类是系统中用户的基类，从该类中又派生出了客户类、分店管理员类、中心管理员类、仓储管理员类等用户类。除了上述的类之外还有订单类、销售管理类、销售检查类、图书管理类等类，由于篇幅的限制，就不赘述。每个类中包含一些基本的属性和方法，如图书管理类包含图书的编号、图书的名称、图书的出版社名称、图书的出版时间、图书的简单介绍等信息。在类中的方法包含对这些属性进行操作的方法，如设定图书的介绍、获取图书的状态、修改图书的销售数量、查询图书的订单信息等。

图书搜索的功能为通用功能模块，即除了用户可以使用搜索之外，其他的用户(如分店管理员)也可以使用，但是分店管理员和系统管理员的搜索条件要比用户多。例如，系统管理员可以按照订单进行搜索，可以按照当前还在订购中的图书搜索，但是用户只能够搜索在分店中或者是在本公司内的库存中的图书，可以按照销售量和图书的出版时间等进行搜索，可以通过系统的外部搜索功能搜索图书编号等信息，进而完成图书的订购，但不能进行图书的高级搜索。

销售管理系统用户管理员的身份也要进行相关的信息验证，它包括两个方面，分别是中心管理员和分店管理员，它要分别对注册用户信息和图书信息进行管理，并对客户提交的订单进行及时的处理和管理，以便于进行下一步的工作。同时，销售管理系统管理员对于用户提出的订书以及订购信息，进行相应的处理。销售管理系统管理员功能模块分为五大功能，分别为：图书信息管理维护、用户信息管理维护、订单信息审核、订单信息处理、书籍订购信息处理。

根据用户提供需求。新苑书店的用户不仅是各类用户群，另一个更为重要的角色是书店自身的各类管理员。管理员与用户之间是单对多的关系，一个管理员可以与本店多个用户进行交流以及相关工作的开展，根据分析做出在线销售管理系统的模型。建立在线销售管理系统核心数据库模型如图 11-8 所示。根据数据库的相关定义，可以编写相关数据项目，如表 11-1 所示。

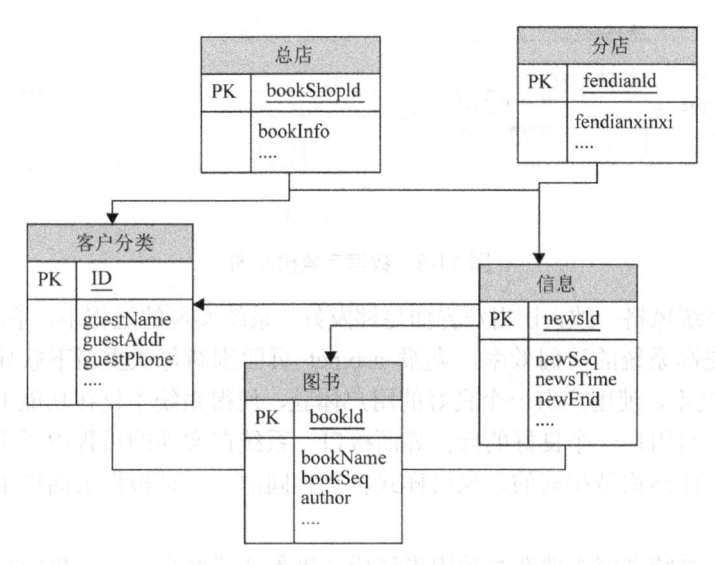

图 11-8　在线销售管理系统核心数据库模型图

表 11-1　留言表(用于存放客户为网站提供的信息)

字段描述	字段名	数据类型	是否空值	备注
记录编号	ID	Integer	N	外键
留言主题	Liuyanzhuti	Varchar(100)		
留言人	Liuyanren	Varchar(45)		
留言时间	Liuyanshijian	Datetime(8)		
留言内容	Liuyanneirong	Varchar(300)		

4. 系统实现

整个系统架构中核心部分是控制层的 Action，负责浏览器端命令的分发，将特定的命令分发到特定的业务处理方法。方法 executeRule 是 Action 类的核心方法，其作用是将与服务器相关的 HttpServletRequest、封装成自定义的 DataRequest 和 DataResponse。系统首先在网页页面上获取用户的需求，用户的需求通过 UI 显示层代码控制用户的输入格式和条件限制，在网页上提交的用户数据需要提交到系统后台，在后台中使用系统的核心控制层进行控制。

数据字典采用树状结构进行维护增强了可读性。在 B/S 模式下的树形菜单不像 Swing 一样有现成的组件可用，实现起来也有一定的难度，系统采用 EXT+DWR 的技术来实现对树状结构的维护。效果如图 11-9 所示。

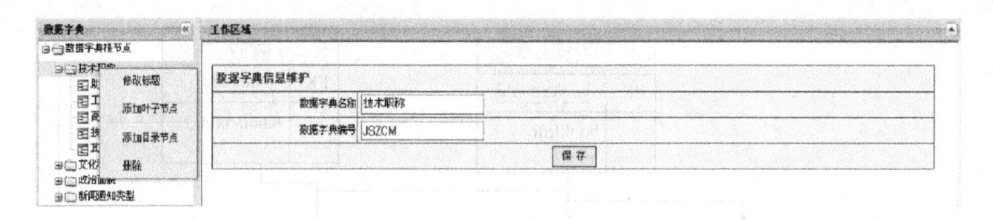

图 11-9　数据字典树状图

为了保证系统风格一致，让用户界面足够友好，系统实现的过程中，采用了 DIV+CSS 的实现。为了提高系统的访问效率，克服 asp.net 页面刷新每次重新下载导致的弱点，系统采用 AJAX 技术，使用户有一个良好的用户体验，使得系统不仅在功能上能满足用户的需求，而且能够给用户一个良好的操作界面接口。系统在实现的过程中采用了母版技术，即每个页面的大体结构是相同的，风格样式也是相同的，只是根据页面要求每个页面的具体内容略有不同。

用户在登录系统之前需要在系统中先注册，进入注册网页后，在里面分别输入用户的信息等。完成后单击提交用户填写的信息将通过网络提交到数据库系统中。系统将用户网页定位到用户填写信息确认页面，如果用户需要修改个人信息，输入本身信息后单击确认修改，系统将对用户提交的信息进行逻辑判定。如果用户的更改信息没有违反一定的操作原则，则可以将系统中用户的信息自动修改，否则将提示页面修改无效。

由于规模的扩大，书店有可能会有新的分店开张，或者在系统初始化的过程中需要由系统管理员添加原有的书店到系统中进行管理。图 11-10 和图 11-11 是系统管理员添加分店和分店管理员的页面。

图 11-10　系统登录主界面

图 11-11　注册新账户实现页

订单管理主要是分店管理员对本分店的订单进行管理。分店管理员以自己的账户登录系统，在分店管理模块中可以看到图书的订单信息，并进行处理。分店管理员要确认通知用户使用汇款或者其他方式保证图书的费用已交付，然后选择确认发货，根据订单生成发货单。发货单生成流程图如图 11-12 所示。

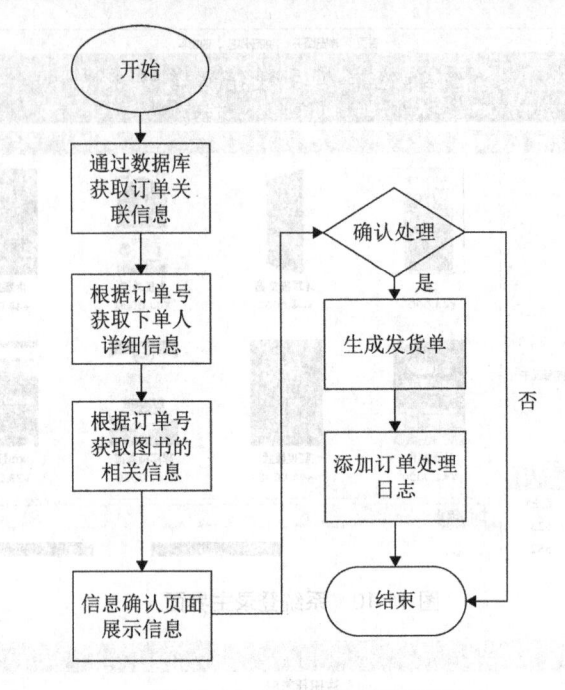

图 11-12　发货单生成流程图

系统实现阶段即是按照详细设计阶段的类和流程设计，采用编程语言对系统进行实现。由于系统中涉及的模块较多，只对系统中的部分模块给出了详细的解释与分析，在关键功能模块的实现中还给出了系统的实现效果图，以期给人一个更直观的描述。

在线图书销售管理系统是将现代化的网络技术和用户的实体店销售进行结合，为莱州市新苑书店设计的网络销售解决方案。首先，描述了书店的基本情况，结合书店的基本情况和用户的实际业务流程，获取用户需求，并对用户需求使用例图来进行分析和说明；其次，在需求的基础上，采用组织结构图说明系统的组织架构和模块组织；最后，在数据库设计的基础上说明系统的实现。网络销售管理系统实现了用户管理的功能、分店管理的功能，以及总店管理的功能。

应用二　生产制造管理信息系统

随着科学技术的飞速发展，当今社会已经进入一个多样化的时代。客户需求日益多样化和个性化，促使企业越来越多地选择多品种小批量生产方式。多品种小批量已经成为当今制造业企业生产模式的主流。据有关资料统计，在金属加工和机械制造业中，多品种小批量生产类型占有很大的比例，美、日等国的制造业有75%左右采用多品种小批量生产类型，而我国的机械制造业采用这种生产类型的企业约为95%，在航天系统中，电子元器件企业普遍采用这种模式。

多品种小批量企业由于品种规格多、工艺离散,生产组织与管理的难度极大,这就迫切需要一个能满足实际要求的生产管理信息系统。以多品种小批量机械制造为主要生产方式的 D 公司为例,结合实际的机械制造情况,阐述生产制造管理信息系统的设计与应用。

1. D 公司概况

重庆 D 公司是中国兵器装备集团公司下属的大型企业集团,固定资产总值近 30 亿元。D 公司占地面积 400 万平方米,厂房建筑面积 26 万平方米,员工 1 万多人。D 公司近年经济取得快速发展,从 2004 年起公司实行快速发展战略以来,每年销售收入以 24%的速度增长,至 2006 年主营业务收入近 21 亿元,完成工业增加值 4.5 亿元。D 公司目前正向多元化方向发展,内部拥有较强的重车桥、转向器、变速箱、铝压铸、齿轮、铸造、锻造、工模具、非标等产品的配套生产能力,专用汽车在西南、西北地区市场占有率达 30%以上。D 公司分为五个事业部:汽车零部件事业部、专用车辆事业部、工程机械事业部铸锻事业部和冲压件事业部,另外还进行军工产品的生产,是典型的多品种小批量生产方式。

从 2007 年开始,在 D 公司内部实施了浪潮财务系统和物流系统,以财务为中心,将各事业部的财务和物流纳入信息平台,系统包含财务管理、采购管理、库存管理、存货管理、销售管理和发运管理六大子系统。系统的实施在一定程度上减轻了操作人员的劳动强度,提高了生产运作的效率。同时,D 公司正在各事业部强力推行精益生产,其生产现场和物流运作都得到了不同程度的改善,浪潮财务系统的使用配合精益生产的实施,一定程度上提高了企业的生产管理效率。另外,集团在考虑通过发展第三方物流外包的方式来降低物流运作成本。从软硬件的现状上考虑,D 公司基本具备了制造管理信息系统实施的条件。

浪潮财务系统属于兵装系统推行的阶段性系统,在模块的主要功能上要应对未来作业效率的再提升及市场的商业竞争上仍显不足,而且局限于依靠财务系统进行信息化管理,生产系统及供应链的合作整合上皆无集成,整体问题的表现如下。

第一,系统未做整体规划。整个系统未站在集团的高度对公司的生产管理信息系统进行全面规划,存在以下忧患:信息化建设成本高,浪费人力、物力;集成性差,重复录入工作增加,信息无法在最大限度上得到共享,孤立的系统形成了信息"孤岛",口径不一致,信息一致性差;系统难以升级;物流、资金流、信息流无法统一,难以做到事前预测、事中控制。

第二,无法适应集团大信息技术平台整合策略要求。系统无专门的接口设计,与集团统一实施的信息技术平台难以对接;没有统一的局域网操作平台,无法支持集团内部的统一作业实施;没有支持工作流管理的功能;生产计划不准确,库存管理不全面,财务管理无集成,成本管理无覆盖及集成,不能实现过程控制等均阻碍集团大信息技术平台整合,以致系统不能对集团现有的生产模式提供有效的支撑,难以提供领导决策依据。

第三，产品基础资料数据化/标准化不全面，亦不完整。物料清单的维护功能不全，人员维护困难；物料基础编码不全；物料清单、工艺路线及成本管理信息无集成，造成资料的不一致及标准化不统一，无法达到信息共享。

D 公司特殊的行业性质要求自身的作业计划适应上下游配套企业及销售市场的需求，同时考虑其下属企业协调计划。在生产信息化的基础上，使企业物流准确、及时流动，并在降低成本和库存数量的目标下，努力缩短交货周期。制造管理信息系统可以为企业的整个供应链运作管理提供统一、集成的环境，满足集团和下属事业部及部门的信息集成和共享的要求；还可根据各事业部特殊的业务和管理需要，提供具有个性化的服务。

D 公司生产管理水平的提高及战略发展需要信息系统的支撑。企业正在全面提升生产内部的管理水平，涉及的方面比较多，其中物流管理和生产管理是提高的核心，需要通过信息化水平的提高带动管理水平的提升。处于高速发展转型期的企业，生产信息化系统的不断完善，实现与外部的高速信息交换，能为企业的战略发展提供技术支持。

2. D 公司制造管理信息系统的建设目标

通过对企业现行管理存在问题的分析可以看到，有些是由于过去计划经济体制下遗留的问题，有些是由于采用的管理模式过于陈旧，还有些是由于手工管理带来的弊病。这些问题如果不及时解决，必然会影响企业的生存和发展。特别是我国加入 WTO 以后，企业面临的竞争更加激烈。在这种严峻的环境下，企业必须勇于对自己旧的管理模式和管理手段进行改革与创新。在信息技术蓬勃发展的今天，企业管理和信息技术密不可分。开展企业管理信息化建设是实现企业管理现代化的突破口。先进的企业管理应用软件系统(如 ERP 等)，不但为企业带来信息技术，而且还给企业引进先进的管理理念和管理方法。因此，企业在管理信息系统的建设和实施过程中，必须与企业的实际情况相结合，在引进管理软件的同时引进先进的管理思想和管理模式。从企业管理信息化的高度出发，结合企业管理中目前存在的问题确定系统的总体目标。

第一，建立合理、高效率的生产计划编制体系。企业需要尽力做到"以销定产"，完全按照合同订单和市场需求来生产，产品要严格地执行合同订单所要求的交货期。属于多品种小批量生产类型的企业，生产计划的安排，应该完全地由市场和用户合同来驱动。同时由于市场需求可能经常发生变化，物料供应失调和各种干扰因素都可能随时产生，在这样复杂的条件下，来组织多个车间的自制零部件的生产，是极为复杂的，数据处理量和计算量大到用人工不可能承担的地步。因此，传统手工管理限制了企业向订单式的生产模式的转变，这必然严重影响企业在激烈的市场竞争中的适应能力。因此改变传统的手工编制计划方式，打破各个部门都编制计划、计划不相关联的状态，重新整合计划体系，增强各计划间的关联，提高计划的应变能力是本方案的重要目标。通过建立 ERP 系统，组成由主生产计划—粗能力需求计划—物料需求计划—细能力需求计划—车间生产作业计划为主线的生产计划编制体系，使产品级计划、零件级计划和工序级计划一气呵成，在严格的计划控制下实现均衡生产。同时由系统编制滚动的主生产计划，在市场销售订单的拉动下，模拟各种计划方案和库存状态，对多变的订货作出快速反应，保证准时供货。

第二，消灭信息孤岛现象，充分实现数据共享，建立集成化的企业管理信息系统。为了改变当前有些企业存在的信息孤岛现象，本方案的另一目标就是通过建立 ERP 系统，实现企业数据、信息共享，并在此基础上实现各企业管理功能的集成。使销售、生产、采购等环节联结为一体，做好销售计划与生产计划的衔接，生产计划与采购计划的衔接，使企业生产经营活动协调一致，真正形成一个有机整体。

第三，在管理信息系统实施的过程中，理顺各个部门的业务关系，对企业的业务流程进行重组。借助管理信息系统各项功能的执行，进一步规范各项业务工作流程，消除业务流程中的不增值环节，实现由以职能为中心的管理到流程管理的转变。

第四，加强设备管理，建立完善的设备管理功能。通过设备管理子系统，对设备台账、设备统计、设备备品备件库存管理、设备维修计划及润滑管理实现一体化管理。建立备品备件与设备的结构关系；进行设备采购计划管理；通过建立设备状态档案，对设备关键部位的精度劣化程度进行跟踪检测，实现设备的预防性维修计划由系统自动编制，有效地提高了设备利用率，保证生产的顺利进行。

第五，实现集成化的成本管理。建立集成化的成本核算，使成本管理与库存管理、财务管理、车间管理、人力资源管理和制造数据管理等紧密集成，由这些管理模块向成本管理子系统提供成本核算的相关数据，改变现行成本核算人工参与过多的现象，从而提高成本核算的准确度和运算速度。使料、工、费真正跟踪到每一种产品甚至每个零部件，为有效的成本控制打下基础。

第六，通过统一集成的数据，强化质量管理及控制。结合 ISO9001 系列质量保证体系，利用计算机系统对原材料采购进厂、生产过程、成品以及售后服务等环节产生的质量检测数据进行存储、处理和分析，通过系统的质量统计分析和决策支持功能，提高质量数据的加工深度和利用程度，利用系统自动提取数据编制各种统计分析报表和图表，为改进产品质量和进行质量决策提供有力支持。避免传统的手工管理中重检查轻分析的倾向，形成产品质量的计算机化闭环控制机制，使整个质量保证体系真正起到质量控制的作用。

第七，通过对信息进行集成化管理，为企业高层管理提供决策支持，提高各级管理人员的办公效率。管理信息系统对信息进行集成化处理，建立厂长综合查询系统、决策支持系统、办公自动化子系统，充分利用企业的宝贵财富——生产经营数据，对其进行深加工，形成各种有用信息，有力地支持了企业领导经营决策。同时将企业管理人员从繁重、重复的记账、统计制表等工作中解脱出来，使他们有时间、有精力提高自己的业务知识水平和管理技能，从整体上提高各级管理人员的素质，使他们参与更深入、更高层次的经营管理，充分发挥他们的想象力和创造力，提高企业整体的管理水平。

3. D 公司制造管理信息系统的业务流程与功能

制造管理信息系统的需求流程分析如图 11-13 所示。

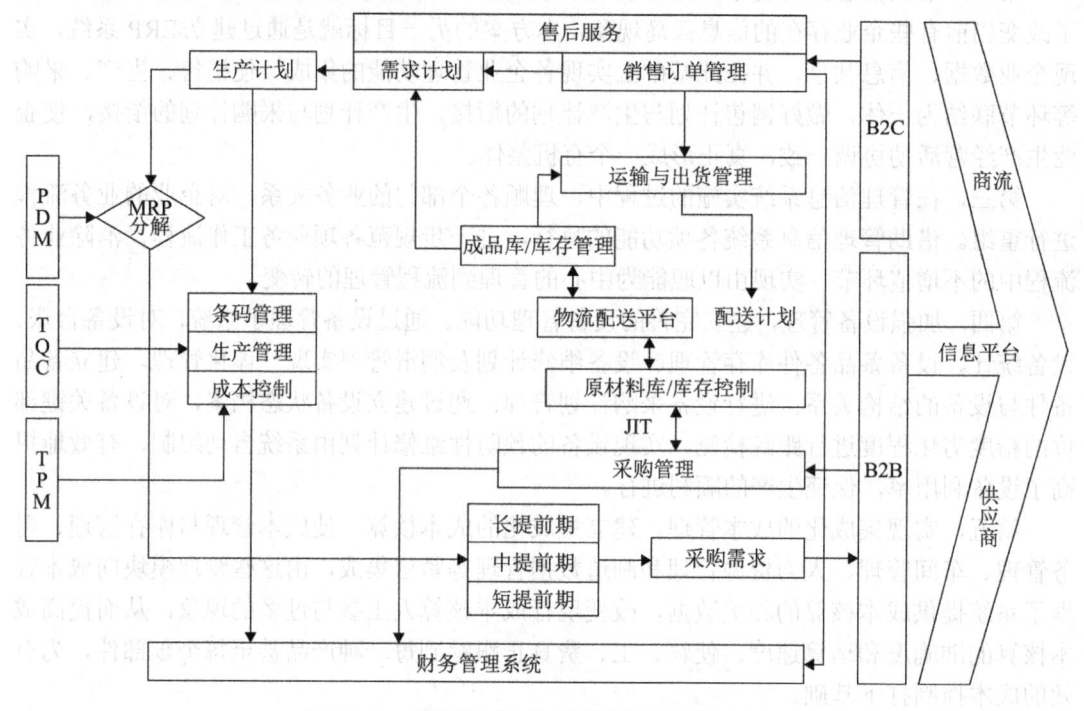

图 11-13 制造管理信息系统的需求流程分析图

在以上的流程分析中，业务要点主要概括为以下几个方面。

第一，与主厂计划协同。企业生产计划一般是按照客户的配套计划制订的，由于市场变幻莫测，客户的需求波动比较大，缺乏有效的客户协同手段，使得生产计划的可执行性差，有效应对客户的需求变化，减少预测偏差，与客户实时保持计划协同是流程中需要解决的难题。

第二，准时制供货。目前，主厂普遍采用"准时制"的供货方式(如长安铃木)，供应商根据客户的需求作业安排，提前一小时或数小时将产品送达生产线装配车间。如果发生不能按时交货的状况，可能会受到违约金的惩罚，而且会影响供应商信誉，导致竞争伙伴乘虚而入。由于信息传递不及时，以及市场变化的预计不准确，都会导致库存较高，造成资金的不必要的积压。因此保证能按时交付，又能避免库存风险是流程中需要解决的问题。

第三，有效成本控制、产品质量管理。成本是构成企业核心竞争力的关键因素之一，面临整个制造行业迫于竞争压力而不断进行成本控制的今天，对于企业而言，如何有效地控制、降低产品生产成本并持续改善是流程管理中的管理重点。质量问题关系到产品生产的整个过程，包含采购、存储、生产和销售的整个过程，因此需对原材料、中间生产过程及产品的质量进行跟踪,加强质量的过程控制。

第四,供应商管理、供应商协同。在信息系统完善的基础上,借助 EDI 等手段在客户、企业、供应商之间进行业务协同,加快对客户需求的反应速度,提高客户满意度,实现与供应商业务的实时协同和管理,提高整个供应链的运作效率,降低供应链的运作成本。采取小批量多批次的 VMI 供货方式,逐步实现准时制物流,避免原材料超出或短缺,减少采购资金占用,提高供应商管理水平,提高企业的核心竞争力。

第五,制造执行能力。建造精益生产体系是提高制造执行系统的关键,在信息系统的指引下,建立均衡化的计划与执行体系,向精益制造的目标迈进。

基于系统需求流程分析,借鉴多家信息化成熟企业,学习国内同行业企业信息化建设的经验和教训,针对企业的实际情况进行分析研究,提出了"生产制造管理信息系统"的主要功能,如图 11-14 所示。

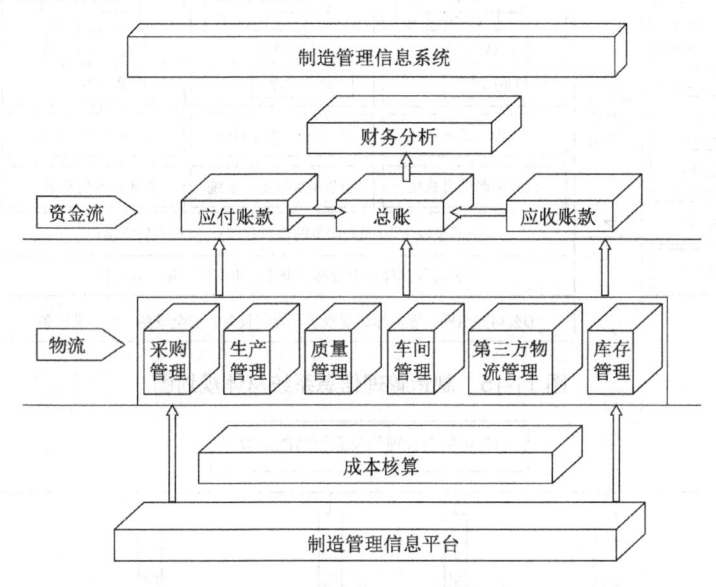

图 11-14 系统功能分析图

4. D 公司制造管理信息系统设计

为保障制造管理信息系统战略目标的完成,需要一种更加体系、灵活、高效、统一的信息化方案来解决信息化系统中的难题。系统的建设从整体、全局和发展的角度,为信息系统的设计、构建、集成、部署、运行、维护和管理等方面提供高可用性、高合理性的体系构架——信息应用平台。提供以生产、计划为核心的一揽子实现方法,实现 D 公司业务运作的全过程管理与信息共享。强调以市场需求为先导,计划与控制为主线,实现供应需求平衡,网络和信息技术为平台,实行 D 公司内外资源优化配置。优化采购业务管理、仓储业务管理、车间制造过程管理及设备状态及维修计划管理,实现 D 公司采购业务的信息化管理，集团库房、事业部库房和车间现场库房的管理，有效控制生产过程，及时掌控车间关键部件的生产进展数据，提升设备运行的可靠性和经济性，并全面集成生产、物流、OA及产品设计和数据管理，从而实现面向生产的信息化管理，此外基于应用架构之上的决策支持系统则为管理层实现经营信息分析、移动办公提供方便。

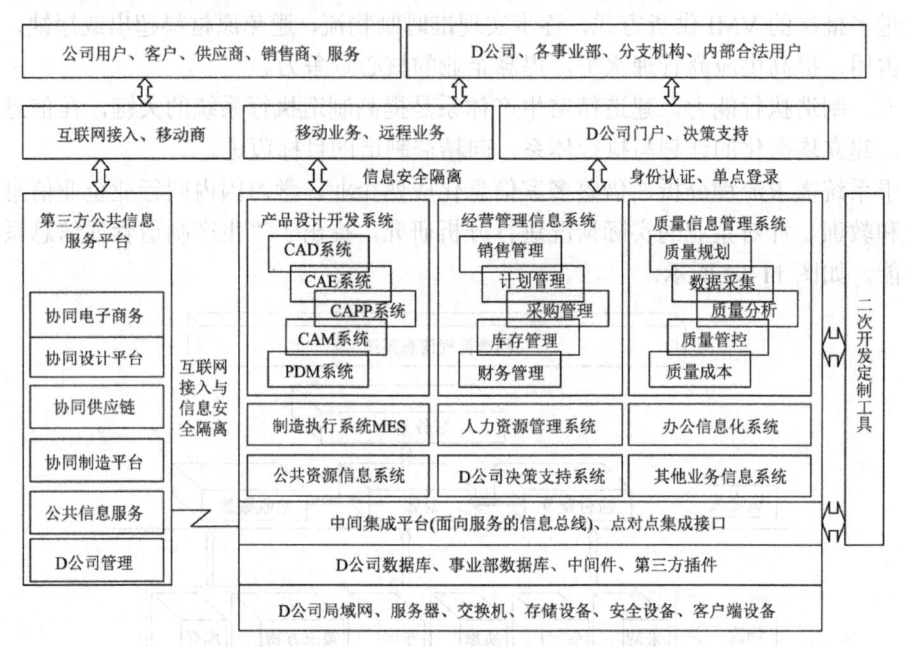

图 11-15 制造管理信息系统总体规划图

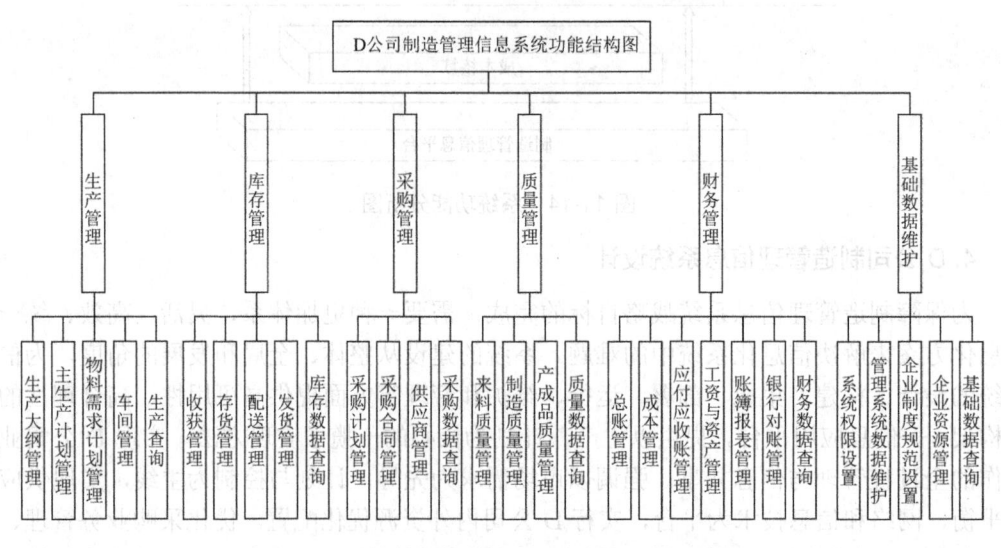

图 11-16 D公司制造管理信息系统功能结构图

5. D 公司制造管理信息系统的详细设计

制造企业的正常生产运作离不开生产计划、产品工艺、工艺过程卡片、零件制作清单和材料领料单等，但是由于行业的特点和产品的复杂结构，为这些文件和单据的生成带来了一定的困难，不仅使得生产效率无法提高，更使得围绕这些文件、单据展开的管理活动也受到很大影响。生产计划管理子系统的主要任务就是要结合业务流程方便、快捷、高效地生成这些文件和单据。它是整个生产计划管理系统最重要的部分。

生产计划管理子系统模块含主生产计划管理、物料清单管理、物料需求计划管理、物料需求计划管理子系统。该模块根据产品需求计划和 BOM 完成主生产计划、物料需求计划和能力需求计划编制，对生产制造过程和制造过程的质量进行严格的闭环控制，实现均衡生产，同时减少在制品库存。生产管理子系统数据流程图如图 11-17 所示。

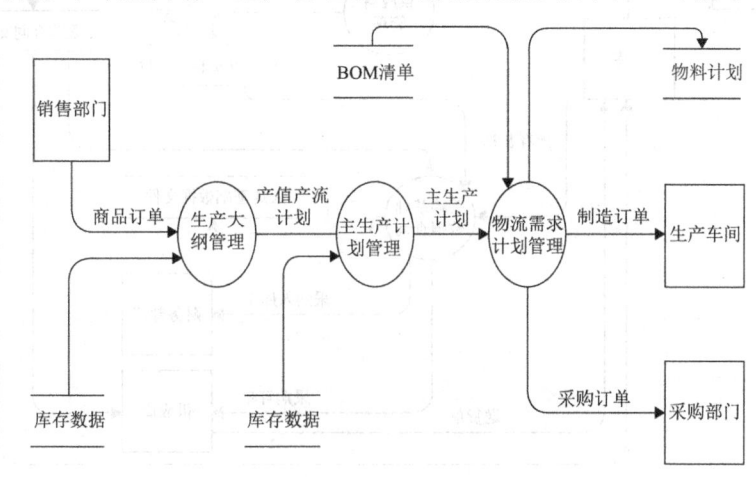

图 11-17 生产管理子系统数据流程图

采购管理承担生产中材料、备件的供应，处理请购单、采购单、询价请求及接收等工作。D 公司统一采购物资由集团供应处负责、其他零部件由各事业部各自采购。采购管理必须实时有效地监控采购计划的执行、采购价格的比较以及供应商交货履约情况，以使 D 公司能够集中精力发展重要的供货关系并驾驭整个采购过程。同时，采购管理子系统必须实现与生产计划、库存、质量、成本管理子系统接口对接。采购管理子系统根据生产、库存等部门下达的需求计划，合并生成物料需求单据，方便用户灵活使用，同时实现系统内部数据共享。采购管理子系统能够根据子系统内部自定义生成凭证规则，自动生成记账凭证，无须财务人员重复录入；同步支持登记采购计划、采购订单。采购收货后直接与库存管理子系统对接，实现数据交换。

D 公司生产制造过程呈现出产品品种多、采购批次多、采购种类繁杂、零部件配套商和原材料供应商繁多的特点，为了实现对采购集成化的管理，有必要建立高效的采购管理子系统体系。该子系统对加快资金流动、保证产品质量、降低成本、与供应链上的D公司建立良好的共赢关系、实现均衡生产都具有重要的意义。因此，建立D公司与供应商的电子化交易体系，支持多种采购模式、结算和支付方式的自动交易；建立供应商评价体系，对供应商进行全面评估；建立采购绩效管理信息体系，实现对采购成本和采购绩效的管理。

采购管理子系统数据流程图如图 11-18 所示。

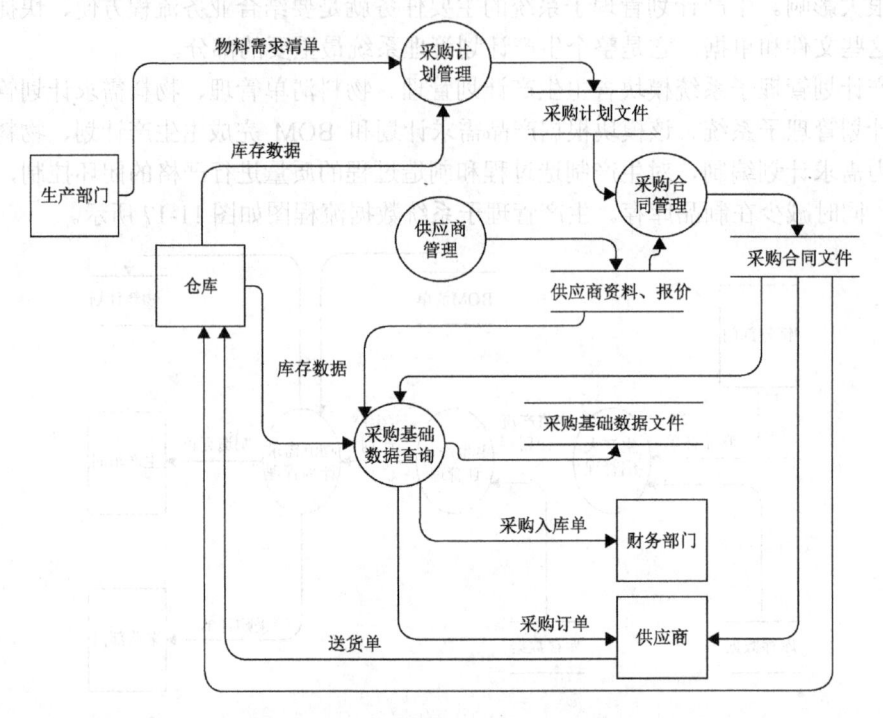

图 11-18 采购管理子系统数据流程图

做好库存管理，可以缩短订货提前期、平滑生产要求、分离运作过程、分摊订货费用、使企业达到经济订货规模、防止脱销、避免价格上涨等。因此，库存管理子模块必须体现在 D 公司生产制造管理信息系统中。建立库存管理子系统应建立收货、存货和发货的标准化操作流程，做好基础数据维护和报表处理，存货策略管理，库存管理必须有效地监控库存计划的实行、库存物资的保管、库存物资的盘点、配送计划的执行、物资在相关部门之间的可靠转移，以使 D 公司能够更准确、可靠地管理整个库存过程，使库存能更好地为生产服务。库存管理子系统必须实现与采购、生产、财务管理子系统接口对接，并能与供应商实现数据即时传递。

质量管理包括与满足顾客需要和使顾客满意有关的项目、与产品规范有关的项目和与工艺规范有关的项目。系统质量管理子系统帮助质检管理人员完成原辅材料检验，在制品、半成品检验，产成品检验，以及不合格物料的处理等一系列操作。为对原材料采购、在制品、产成品质量进行严格的闭环控制，通过实施全面的质量管理体系来实现保证成品质量，同时减少成本和各种浪费，应完善质量信息管理系统，实现质量信息的现场采集，质量的闭环控制，质量问题的全程追踪，加强质量体系管理。

库存管理子系统数据流程图如图 11-19 所示。

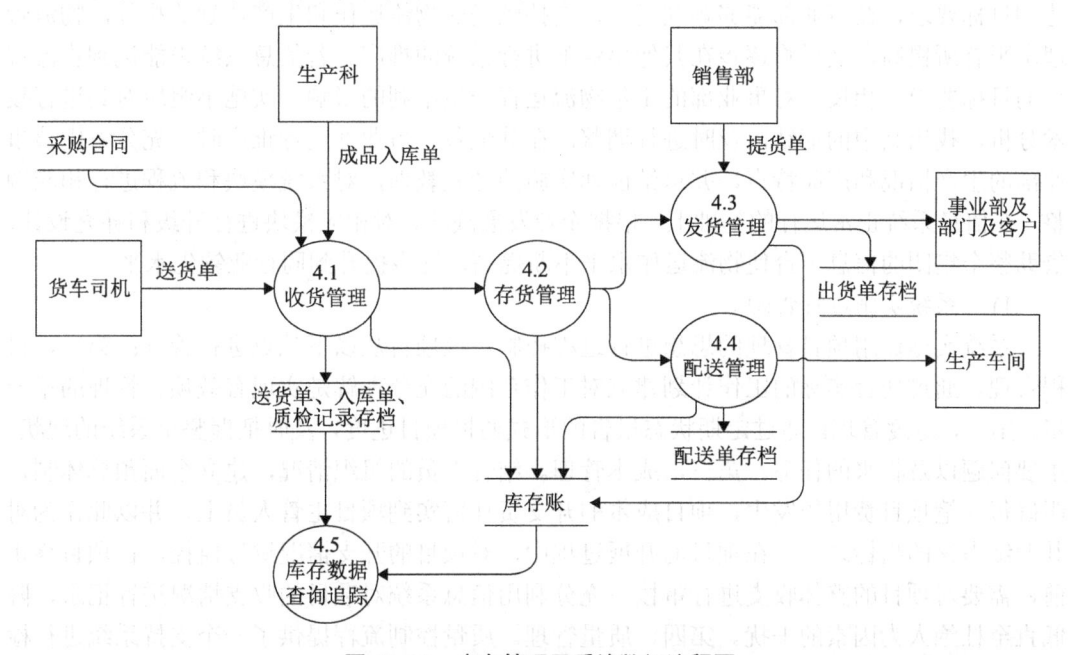

图 11-19　库存管理子系统数据流程图

质量管理子系统根据 D 公司实际的需求而设计，能够支持一个多环节、连续步骤的质量管理活动，通过该子系统 D 公司可以及时了解到质检过程中每个环节的操作过程和数据信息，通过质量信息库完善质量检验过程的管理。

成本管理是整个生产环节实现闭环控制的重要环节，本模块对构成产品成本的各种因素及影响产品成本的各个经营环节及时反馈，为成本分析提供各种依据。对构成成本的直接材料、直接人工、制造费用提供分品种、分部门等核算，可对各种产品材料成本及有关成本项目分阶段自动累加，实现计划成本与实际成本的可比产品成本差异分析。

成本管理子系统实现以下关键要素。结合人员的组织情况，建立全面的预算体制，有利于人力资源成本的控制；明确记录每一笔项目的费用发生，将项目成本的开支责任落实到项目主管人员上，并据此作为对其业绩考核的指标之一。在项目开展过程中，对项目的开支情况进行监控，在项目终止前，需要对项目的整体收支费用进行审核；利用信息系统对项目中的收支情况进行记录，降低直至杜绝人为因素的干扰。

6. 系统实施过程管理及预期效果分析

系统将在选定的事业部试运行 3 个月，并对系统数据准确实时查询、系统信息动态传递、清晰的过程控制、建立标准工作流程、基础管理改善这几个方面进行评价，若系统能达到目标要求，在事业部能够顺利运行，支持顺畅的物流运作和生产计划的执行，物流管理水平有所提高，之后将逐步在其他事业部进行系统的推广。若信息系统未能达到物流规划的目标要求，相反，对事业部的正常物流运行产生不利的影响，实施小组应对其进行技术分析，找出其中的症结，及时进行调整。在其他各个事业部进行推广时，充分考虑该事业部的生产情况和产品特点，并总结前期实施的经验教训，对系统模块和流程进行相应调整。在信息系统正常运行的基础上，根据企业发展战略，对相应模块进行升级和补充设计，借助整个集团的信息平台使物流运作水平不断提高，逐步提升到同行业领先水平。

1) 系统实施过程管理

系统实施运用项目管理的思想进行过程控制，该项目从以下几点进行管理：第一，日程管理。通过切合实际的工作计划建立对工作范围的充分理解是实现有效项目管理的第一步。第二，进度管理。通过定期状态报告的形式通报项目进度，及时把握整个系统的现状、主要问题以及将来的任务。第三，成本管理。结合人员的组织情况，建立全面预算体制，明确每一笔项目费用的发生，项目成本的开支责任落实到项目主管人员上，并以此作为对其业绩考核的指标之一。在项目的开展过程中，对项目的开支情况进行监控，在项目终止前，需要对项目的整体收支进行审核。充分利用信息系统对项目的收支情况进行记录，降低直至杜绝人为因素的干扰。第四，质量管理。质量控制流程提供了一个支持系统进行检查及平衡，以保证质量蕴涵在项目中。对整个交付成果的建设过程嵌入质量概念，并确保质量，降低成本。第五，沟通管理。项目的小组成员间开放的、不间断的沟通对项目的成功实施十分重要。为达到这个目的，召开定期的项目小组会议非常必要。第六，文档管理。文档管理的方法论包括一个端到端的文档流，确保业务流程得到确定、归档以及测试。对关键流程的文档将被用于培训材料和用户手册。

2) 预期效果分析

通过在 D 公司实施生产制造管理信息系统，规范和优化各模块的业务流程，达到制造过程管理和控制，面向订单生产，实现准时配送、准时生产。实现物料生产过程流转控制，投入产出比清晰，提高集团的管理水平，培养制造信息专业技术人员，以完成 D 公司生产管理信息的集成化及信息资源的共享。在信息系统正常运行的基础上，借助整个集团的信息平台使物流运作水平不断提高，逐步提升到同行业领先水平。

第一，计划测算准确、快捷。产销平衡方面，将一套成熟的物料需求自动规划方法用于生产计划制订中，使计划科学合理化，系统根据销售订单或销售预测自动收集各种库存、采购信息，依据技术部门维护的物料结构、生产管理人员维护的制造参数，精确计算生产计划、采购计划，做到按需生产、按需采购、按需花钱。

第二，生产能力充分利用，供需能力有效平衡。产能管理方面通过粗能力和细能力平衡，实现计划的事前模拟、事中控制、及时调整。使得企业可以在不同的环节合理避免企业产生波动，在需求不断变化的背景下，保持生产相对的稳定性。支持企业做出适当的产品外协决策，以保障生产进度和生产环节的协调配合。

第三，生产信息直接准确，生产跟踪灵敏快捷。通过管理系统能及时掌握生产计划的执行控制并实时跟踪。生产管理人员通过管理系统能及时了解各种产品什么时间有货，销售员通过管理系统明确告知客户什么时间可以进货，财务通过管理系统可以预知什么时间安排协调资金。

第四，生产与财务集成紧密。实现财务业务信息紧密集成，将前端的业务单据实时地传递到财务部门，提高会计人员的工作效率和准确程度，实现实时核算和分析，并能够准确、及时地反映业务数据，为高层管理人员做出决策提供有效的数据依据。

第五，成本核算更清晰、更准确。从车间管理系统中自动归集产品的材料费用、人工费用，并合理分摊制造费用、辅助费用，与存货核算、部门费用管理通过系统内部有机地结合在一起，成本核算系统自动从各子系统中收集相关的数据，使核算工作及时准确，反映有价值的分析结果。

第六，各种库存存量清晰、合理。通过系统数据传递和关联建立可以与生产、销售、采购互通信息的一体化仓库，实时掌握库存当前信息、采购在途信息、生产在单信息，保证未来最佳的库存存量，合理分配原料、半成品、成品的资源分布。

第七，资金占用全面压缩。通过对现有物流体系的优化整合，以需求拉动供应，在制和采购资金结构与投入更合理，明显降低采购原料、半成品和产成品等各个环节的资金占用，加快库存周转速度，使企业资金的运用更合理、更有效。

第八，业务流程规范、通畅。信息系统的启用将在多个方面使业务流程变得通畅，将逐步改变过去多联票据的传递，代之以信息流的传递，使业务的处理速度和流程变得更加清晰，在此基础上将有可能改变现有部分手动处理流程，在流程变化中可以看到信息流程与传统流程在实际业务处理时的不同和对于现有管理流程的变化。通过建立高效的信息化管理平台，加强企业内外部信息的沟通，实现快速反应、快速决策和快速行动的流程化管理机制。

第九，部门协同顺畅、及时。通过信息集成，各部门之间可以实现更充分的信息共享和更流畅的部门间业务协同。不同职能部门之间也将改变过去信息手工传递、延迟、停滞、重复录入、不一致、存在空白区的状况，做到原始数据一次录入，相关部门即刻共享，从而为业务的协同进行提供技术基础。实现生产、销售、库存、采购、研发等核心管理部门的协调运作，信息快速传递，使计划更精确、更灵活，生产运转更稳定，生产周期明显缩短，准时交货率提高，停工待料减少，设计产能得到更好的发挥。

应用三 办公自动化管理系统

随着 Internet/Intranet 的出现以及信息技术的迅猛发展,引发了办公领域的一场革命,传统的办公方式受到了巨大的冲击,实现无纸化自动办公、提高企业人员的综合业务水平,已成为企业信息化建设中首当其冲的任务。办公自动化是在办公系统中运用信息科学技术和管理理论,实现办公信息化、数据采集和传递的自动化的一种高效管理方法,从而使办公管理的方式、方法发生巨大的变化。

下面以洛阳市质监局办公自动化管理系统为例介绍办公自动化信息管理系统。

1. 现状分析

洛阳市质监局根据国家"金质工程"的要求从 2005 年开始着手建立洛阳市质监局的办公自动化系统,前期的设计中仅仅实现了 Word、Excel 等文档的应用。在实际工作中,不同业务部门往往存在协同工作和信息共享的无法实现问题,不能形成有效的质检信息资源。

第一,原有的应用系统建设不能满足之前业务的发展需要。应用系统在开发初期没有从整体上进行战略规划和统筹布置,设定的应用范围较小,在各领域取得的应用成果参差不齐,在一些业务子系统的建设上暴露出大量问题,需要重建或者进行升级扩展。例如,洛阳市质监局下属二级机构单位中主要的工作任务大部分都需要到工作现场进行检验,检验人员使用繁复,无业务逻辑,导致状况频出,工作效率低下,且软件更新缓慢、严重滞后。

第二,洛阳市质监局办公自动化系统的安全性也不强。目前的办公自动化管理系统尚未将电子信息的安全性问题纳入实施过程,电子信息既受到外部环境的威胁,也受到内部环境的威胁。网络病毒使一些重要信息流失、造成安全产品的软硬件缺陷和系统漏洞。数据及其服务过程的完整性、机密性、可用性和可控性不能得到有效保障。办公信息量的逐步增大和网络办公平台不成熟,使得办公系统数据安全性问题成为当前制约办公自动化发展的重要问题。

第三,专业人员比较缺乏。人员素质不高,很多老同志还不会熟练使用计算机,尚不具备使用网络自动化办公的基本能力,难以满足计算机对人员素质的要求。此外,系统管理和数据维护需要专业技术人员进行操作,及时录入、发布新信息,还要经常与专门业务人员保持联系,针对操作问题进行咨询和反馈。洛阳市质监局缺乏信息化知识的员工培训,专业技术人才严重缺乏,人员整体素质需要提升,办公系统使用人员的专项技能培训必须提上日程,不断推广新技术的应用,普遍提高办公人员对系统的应用能力。

当前,我国各级政府机构正积极倡导运用现代计算机和网络技术,将管理和服务职能利用计算机网络完成,其主要是建构一个虚拟状态的政府及其部门机构网络,实现政府内部政务活动信息公开化。目前,随着政府机构改革的不断深化,政府机关的服务职能不断增强，手动办公方式与不断增长的办公业务量之间的矛盾越来越突出。因此，开展电子政务，将办公业务的处理、公文流转、管理过程电子化、信息化，让办公人员从长期繁杂的公共事务中解放出来，改革传统办公模式，统一规范办公，提高工作效率，降低运营成本，实现办公自动化迫在眉睫。

2. 系统总体目标

办公自动化管理系统应适应国家"金质工程"的总体要求，适应河南省质监系统垂直管理体制的要求，建立一个满足洛阳市质监系统不同级次、不同管理主体、不同管理需求的信息化体系，不仅能够提高办公效率、降低办公成本，充分利用内部资源，加快工作的实际流程，推动共享交流办公信息的目标的实现，还能促进处理各项业务时的信息化水平的不断提高，并从根本上改善市、县两级部门的工作效率。在充分利用现有信息化资源的基础上，通过质监综合业务系统建设，建立一个涵盖全局质监业务数据的数据库群，实现数据"源头一次采集、统一管理维护、多方共享"的开发利用局面，全面提升质量监督管理能力和行政执法水平，有效实施政府职能转变，为公众提供全面、及时、准确的信息服务。在系统设计的过程中以实际工作需要为出发点，运用网络技术和移动手持终端设备加以延伸、扩展，编制一整套日常办公和检验人员移动办公的专用系统软件。

在设计系统的结构时，应当采用开放式的多层框架结构，借助于 B/S(Browser/Server，浏览器/服务器)的结构来进行开发，利用浏览器能够完成全部操作，为应用的不同环境提供支持，实现操作的跨局域网化，为结构管理与应用提供支持，确保其能够用于多种不同的体系。系统在符合 NET 框架规范的应用平台上进行架构，具有良好的扩展功能和兼容性，可根据业务发展需要开发新的子系统模块。为减少数据库变动给系统带来的影响，应按设计时所做的平台化构想，设计配置与自定义数据库接口的功能。为实现系统结构的优化要求，应借助于成熟、先进的技术，使用多层结构，来确保系统的可靠性与稳定性。借助于组件、插件技术，将相关的子系统之间的功能与模块化集成联系在一起。提高系统管理的统一界面，确保可靠管理与自由配置各功能模块的目标的实现，进而确保系统的易学易用性与统一性，并确保远程控制与协助功能的实现。

3. 系统的功能需求分析

办公自动化管理系统是以用户的需求为第一需要的人性化办公系统，其他单位设计办公自动化管理系统时，往往出现在开发时期没有及时有效地了解用户需求，而在开发过程中客户又经常提出新的需求，这样导致开发者不断修改程序，最后有的设计程序达到无法继续修改的程度，这势必造成软件开发速度缓慢。因此，洛阳市质监局办公自动化管理系统设计时通过参观、学习邻近市、县政府的办公自动化管理系统建设设计的经验，在设计上充分满足未来用户的需求和发展空间。系统在设计上应主要满足内部人员日常办公需求。设计主要由手机移动辅助办公、公共信息管理、系统管理、公文管理、辅助办公管理以及个人办公管理等相关的功能模块组成。系统功能的设置基本上涵盖了办公室业务的核心业务模块，如考勤管理、车辆管理、办公用品管理、公文管理、档案管理、工作日志、公告通知、网上论坛、视频会议等，并且在办公室业务的基础上对系统功能进行了拓展。在系统设计中除了具有一般的办公自动化管理系统的公共事务办公模块、系统功能等外，还增加了手机移动办公管理终端，利用手机 APP 应用程序，可以进行设备查询、设备 GPS 卫星定位、报告查询、电子签名、特种设备证信息查询、二维码扫描等。

第一，系统登录。系统登录是一项基本功能，保证指定的用户才能访问该系统。就这一系统而言，其主界面与登录页面是应用门户，各个类型的用户只有在这里登录才能实现对该系统的访问。在主界面上能够体现出用户信息及其能够执行的操作，这就为用户通过该系统来进行信息处理的工作提供了方便。全部工作人员要想使用该系统，唯一的入口就是这一模块，借助于该入口其能够实现对个人权限中的全部系统资源的访问，此外该模块还具备在办公界面上起草、查询、办理文件的功能。

第二，公文管理。办公系统的主要功能是公文管理。政府机关和事业单位的公文管理是其最主要的一项日常工作内容。管理收文与发文构成了公文管理的两大组成部分。系统应确保公文撰写、收文管理、已发公文管理、草稿箱管理、数据管理以及归档、催办、回执公文等功能的实现。借助于管理公文的系统，能够在网络服务器中的文件管理库里存储不同类型的资料，也可以将这些资料存储在有关科室的工作人员的管理库里。文档管理库中的信息通常有两种主要的来源，一种是经公文流转入库的资料；一种则是直接归档的资料。利用该系统，相关部门不仅能够随时查询、借阅及调阅这些信息，而且还可以跟踪文件的流转情况、保留痕迹，并将领导的意见批示记录下来。

第三，个人办公管理。要想为各个独立使用该系统的用户提供方便，就需要管理个人办公。用户不同，其操作系统各异，所以其对系统设计的要求也就不同，所以在设计办公自动化管理系统时应当允许用户在统一的功能模块的基础上，根据自己的习惯来调整实现功能的具体方式及系统的外观呈现形式。在用户通过特定的用户登录密码完成系统登录的操作后，系统会将和他相关的某些特定的信息反馈给用户，因此用户能够十分方便地对自己的信息与工作计划进行管理。通常情况下，个人办公管理的模块应涵盖个人信息、密码设置、待办事项、个人定制及电子邮件等内容。

第四，辅助办公管理。辅助办公管理也是质监局系统一个十分重要的功能，就质监局所涉及的事项功能而言，其需要的管理机制应当是有效的、统一的。管理所有的办公资源是辅助办公管理最主要的内容，这里所说的办公资源主要是指办公用品、会议及车辆等，如何进行合理的调度及使用构成了辅助办公管理的主要功能。

第五，档案管理。档案管理是单位管理的一个重要环节。在管理档案时，其主要的对象有两个，一是电子档案；一是纸质档案。档案管理要求在管理、操作的整个流程中应遵循现行的行政法规，满足管理档案的国家标准。其主要的职责是文档的分类、查询、登记、著录、编号、归档、组卷及移卷等。在进行登记归档时可使用的方式主要有两种，一种是通过管理文件的流程自动转入；另一种则是手工登记，不管是哪种方式，都必须使用统一的档案格式。

系统应具有自动拆卷、组卷、由卷中抽出等顺序排列的功能；对案卷的页数、日期范围及份数进行自动的计算，并显示出来；对目录自动地进行归档打印；实现对档案流水号的自动排列；动态统计各个部门的入库档案的数量；根据相应的要求与规定整理档案文件，比方说排序、编号、对调以及插入等；对管理档案过程里的各种数据信息进行整理等。构建网上借阅档案的系统，不管是归还、借阅还是续借，都需要在网上完成，如此一来工作人员就能够实现对档案文件的充分利用了。设置收回、催还等监控借阅的功能。档案管理员在整理档案资料的基础上，完成统计信息的生成工作，进而管理借阅信息；工作人员借助于档案借阅系统能够对档案的使用情况进行整理，并完成借阅信息的生成，此外还能够将那些超期借阅的档案信息整理出来，向超期借阅者发送催还通知，或者是将那些超期借阅的档案直接收回。此外，档案鉴定部门应当定期的鉴定档案，及时地销毁那些不再具有保存价值的档案。

第六，公共信息服务。公共信息服务模块主要涉及新闻管理、通知公告、电子论坛、网络会议等。

通知公告主要用于信息发布和通知的发放。能够使具有权限的工作人员在公告板上写一些需要告知大家的事项，共享单位内部的文件、纪要、报表等，所有工作人员能够通过平台看到信息。

电子论坛主要用于工作人员通过电子计算机网络针对某议题自由地提问或者是发表见解，为领导利用网络收集意见的工作提供了方便。在收集内部意见时可以使用电子论坛，比方说民意调查、意见箱等，或者可以作为工作中交流学习的平台。

第七，手机移动辅助办公管理。由于质监局工作的特殊性，本身需要实施开展现场巡查、调查、打印等业务，存在将工作流程向移动终端延伸的实际需求。需要建立"掌上金质"智能手机应用程序(APP)与单位数据库的远程数据交互平台，实施整体系统整合。提高报告的准确性和出具效率，使用手持设备实时获取设备历史报告及维修保养等资料，更精准地监督检验设备。直接在检验现场使用设备查询被检验设备历史报告，历史整改意见。现场记录测试数据，直接生成报告书，记录检验原始数据，用于生成原始记录和报告书信息，可以远程对报告进行电子签名，可以远程查看、建立、修改、校核、审批报告书。以减轻检验员工作负担，提高原始记录数据的准确性和检验报告书的质量，读取二维条码快速检验和读取报告。把电子签名、签章、网上审批融合辅以原有系统的数据资源，将报检资料审核复印，原始记录号、报告书、收银、发票等项目，全部捆绑整合，建立符合我单位自有流程的一站式管理系统。同时加强电子签名的安全，在一重密码之后，采用免接触式IC卡，确认主任审核报告的签名，并在统一打印时由打印机直接打印出签名。电子签名记录采用自设的加密系统并融合AES加密，同时记录当时操作的计算机的信息以备案，这样全部合法授权的电子签名随时可查，既保证了电子签名的安全性，又方便查询统计。

第八，系统管理。系统管理模块的设计主要是为了对用户操作该系统的行为进行限制，用户根据自身权限的分配情况，能够以一般职员或管理员的身份进行登录。就质监局的自动化办公管理系统而言，其用户身份主要有两种，即系统管理员与普通用户。在登录系统时，用户应对自身的角色进行选择，一般用户只具有对系统的办公功能进行使用的权限，而系统管理员除此之外，还拥有对系统进行管理的权限。此模块主要包括权限设置、公文权限设置、流程管理、工作交接、数据的安全机制等。

4. 系统的设计与应用

洛阳市质量技术监督局网络智能办公系统选择的是以 Web 为基础的企业计算，将全球最先进的 Apache 服务器作为主 HTTP 服务器，有着非常可靠、稳定的性能。为防止泄露数据，其使用集中控制的方法来存取数据。为提高系统的安全性能，其使用了更加完善的登录验证及密码验证机制，且全部的页面都需要做权限与身份的验证。借助工作流的业务管理与公文流转，用户能够灵活的定制权限、业务表单以及步骤流程，而且公文流转还能够为 Word 等附件提供支持。

系统模块划分示意图如图 11-20 所示。

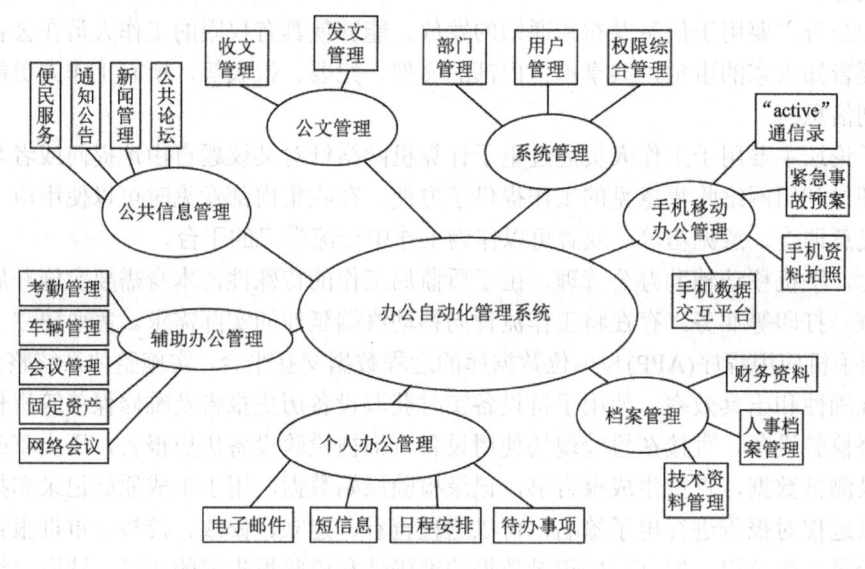

图 11-20　系统模块划分示意图

系统的结构包括以下三方面。

(1) 应用体系结构。该系统在选择应用体系结构时使用的是浏览器/数据库服务器。将 Apache 服务器作为主 HTTP 服务器，有着非常可靠、稳定的性能。

(2) 系统技术架构。该系统在选择系统技术架构时使用的是 Microsoft.NET，现阶段已能实现和 MS SQLServer 数据库管理系统的紧密结合。同时，还能够根据用户的实际需要，使用 Oracle 数据库。

(3) 系统的规范标准。管理档案与管理公文等模块的表年格式、数据元素及业务功能都必须严格地遵循相关的地方与国家标准。

以下结合当代办公自动化管理系统的主要应用进行阐述。

第一，权限用户登录。为了对系统中用户的操作行为进行限制，设计了该模块。按照用户权限分配情况的不同，能够将用户登录分为两种，即一般职员的登录与管理员登录。就质监局的自动化的办公管理系统而言，其用户身份就包括上述两种。在登录的时候，用户应当对用户角色进行选择，通常情况下，一般用户只具有使用办公功能的权限，而系统管理员除此种权限之外，还具有对系统进行管理的权限。

系统登录流程如图 11-21 所示。

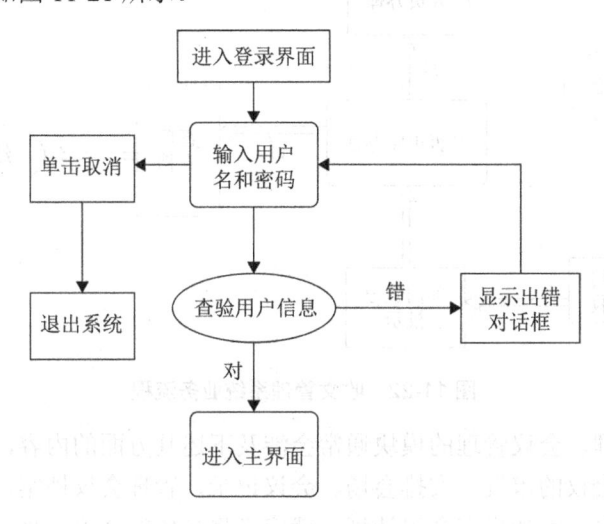

图 11-21 系统登录流程

第二，收文管理。收文管理指的主要是处理上级或相关单位的纸质或电子或公文文件，涉及文件的录入、登记、归档、分发、审阅、拟办、批判、传阅以及跟踪处理文件的过程等环节。需要指出的是在处理纸质文件时，还需要完成相应的扫描操作。系统外部文件可以通过手动输入，也可以通过扫描作为附件进入系统流转。内部电子文件在单位处理完毕以后能够直接分发给市局，市局的工作人员将数据库打开以后就能够直接处理了，其还需要将回执消息及处理的结果反馈给相应的发文单位，在处理过程中相关人员可以填写或者修改内容，可随时进行打印。文件收发与流转的整个过程都需要记录下来，以确保处理文件工作的严肃性，需要记录的内容主要有：各环节中的接收人、发送人、需进行的处理、完成处理的时间及所提出的处理意见等。各处理环节都设置了方便及时的提醒功能，给予用户的当前操作以提示，在流转文件时能够浏览文件的只有那些工作人员，任何无关人员都不能接触文件。文件在处理完毕之后就可以在档案库里进行归档了，应在管理收文的模块里将相应的副本保留下来，禁止修改已完成办理的文件。此外，系统还设置了全文检索功能，用户可以根据日期、文件号、标题等条件来查询文件。

第三，短信息。系统具有连接短信平台的功能，用户能够将自己的手机号输入系统当中，并在个人事务、公文及日常办公等模块中设置手机短信提示的功能，此外还能够自主、随时地修改已设置的那些提示功能。在出现需要用户处理的事项时，提示信息会在15秒内发送给收信人，在看过短信后，收信人只需单击"我知道了"就不会再收到提醒了。若用户不进行确认，那么为引起用户的注意，提示音会逐渐地扩大，并闪烁出现。

收文管理系统业务流程如图11-22所示。

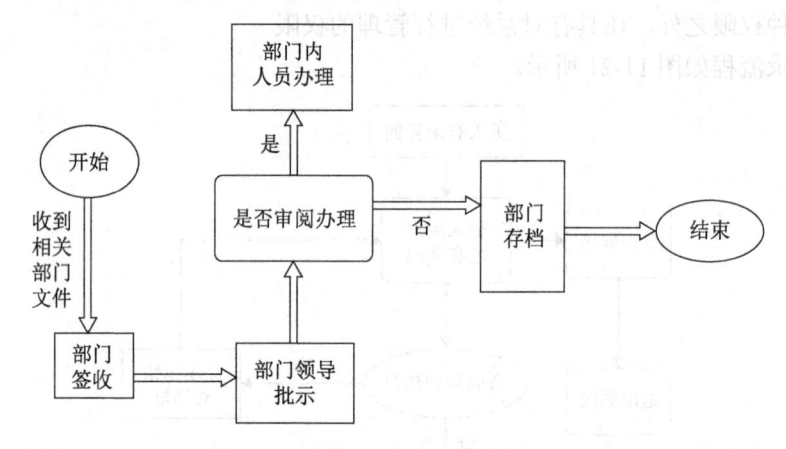

图11-22 收文管理系统业务流程

第四，会议管理。会议管理的模块通常会涉及下述几方面的内容，即：组织会议的通知、会议的计划、会议的审批、安排会场、会议记录、管理会议档案、管理会议室以及会议的统计查询等。办公室如果有会议计划，就应当将具体的会议计划送至办公室审核，在通过审核后交由局领导审核，通过后即可由办公室执行，若未通过则会退回。办公室在执行的过程中，需要将会议通知整理、下发给相关的部门与人员，并按照会议需求提交会议室申请，会议室的管理员根据实际情况做出拒绝或批准的回复。在会议进行的过程中需做好记录工作，在会议结束后在网上发布整理好的会议记录，并提供对会议通知、会议地点、计划、会议内容及方案的查询和统计服务。

5. 启示

电子信息技术的快速发展，手机APP程序已经在其他行业取得了广泛使用，办公自动化管理系统的建设已经落后其他行业，在加快办公自动化管理系统建设的同时也要加紧发展移动办公，移动办公必将成为发展的趋势。网络办公和手机移动办公作为当前办公自动化应用中的两大重点技术支持，两者是相互依存、相互促进的。移动办公有着固定网络办公不能比的优越性。首先手机移动办公具有独特的便捷性和逐步成熟与完善功能，是其他办公方式所无法替代的优势；其次手机移动办公不受时间、地域等条件的制约，随时随地安排和处理日常工作，更快捷、更高效地完成工作；最后手机移动办公能够实现全方位及时沟通，能够极大地延伸系统的信息传递。

应用四　物流管理信息系统

在目前的经济发展形势下，物流产业面临着一系列的发展变化与要求，而信息技术的飞速发展是推动现代物流发展的技术基础，信息化建设是物流与采购现代化的主要内容。《物流业调整和振兴规划》以及"十二五"规划纲要中关于"大力发展现代物流业"的发展规划，为物流的发展创造了一个前所未有的环境，也为物流信息化建设提供了前所未有的发展机遇。

以长沙宏展钢铁物流公司为例，介绍企业物流管理信息系统的应用。

1. 长沙宏展钢铁物流公司的概况及问题分析

长沙宏展钢铁物流公司是一家主营板材、型材、优钢、螺线的钢铁贸易、钢铁配送的综合服务企业。公司一直致力于直接服务于汽车及工程装备制造、电力设施制造、家电制造、基础设施、重点工程项目建设、房地产建设等钢材用户单位。经过近3年的发展，公司年销售额稳步增长，公司配送资源调配丰富，配送物流相对集中，售后服务及时。客户的不同装备水平，不同的生产工艺对钢铁产品提出了不同的要求。公司在提供常规标准服务的同时，可依据客户的标准，定制加工服务。公司在提高自身竞争力的同时，坚持高效率、低成本地向客户提供最佳资源和服务，来提高客户的竞争力，以期获得共同发展。2010年，长沙宏展钢铁物流公司为国家电网配送材料19 700吨，为湘电集团配送材料3 200多吨。2010年，长沙宏展钢铁物流公司被国家电网湖南电力评为"金牌供应商"，湘电集团战略合作伙伴，世通电气战略合作伙伴。

在现代的信息技术时代，企业进行信息化建设已经是大势所趋，如果企业不能充分利用信息技术进行信息化改造，那么将终究会被社会淘汰。在企业信息化的未来，将财务数据、业务数据、货品信息、仓库信息、客户数据、员工信息等，都作为企业的资源化模块，在软件中进行统一的管理，从而使得企业各方面的资源能够在信息化软件的调控下达到最理想的运作效果，让企业的资源利用更加优化，内部的运作更加高效。作为一家钢铁配送企业只有把公司商品流、资金流和信息流统一，明确可控，建立满足客户需求的物流管理信息系统，提高经营管理效率，降低运营成本，才能增强公司核心竞争力。因此，建立起企业自己的物流管理信息系统十分迫切且具有重要的现实意义。

长沙宏展钢铁物流公司物流管理信息方面存在的诸多问题主要是因为以下三点：首先，公司对物流以及物流信息化的认识比较滞后，现代物流管理意识薄弱。长沙宏展钢铁物流公司对于物流的认识在过去很长一段时间里仍然停留在仓储、装卸搬运和运输的传统观念上，没有意识到物流是一个企业的"第三利润源泉"。同时，公司各级领导对物流信息化推动宏展公司发展的重要性认识不足，绝大部分领导理解的信息化就是购买计算机，或者建设企业网站，或者是购买几套软件系统，认为信息化对于公司的发展和盈利没有太大的作用。其次，由于对物流的认识比较滞后，公司物流管理业务流程不够规范。宏展公司的各个物流活动至今仍分散于不同的部门，没有设立专门的职能部门对公司物流活动进行宏观、系统地规划以及统一地运作与管理，更没有能够从整个供应链管理的高度上对公司物流管理的未来发展方向来进行规划，导致宏展公司物流混乱，流动路径不合理，重复搬运现象严重，钢材供货周期长，造成了时间上和空间上的极大浪费，不仅严重影响了公司物流系统的运作效率，同时也占用了公司大量的流动资金，成为公司发展的包袱。最后，由于对物流信息化的认识不足，长沙宏展钢铁物流公司物流管理信息化程度较低。虽然之前宏展公司有进行一定的信息化投资(购买了一批计算机)，但是目前宏展公司并没有真正意义上的物流管理信息系统，物流信息化大多数的应用仅停留在公司日常的事务管理和办公自动化层面，物流管理中的决策问题仍处于人工决策状态。同时，由于对物流规划和物流信息资源的开发、整合的重视程度不够，宏展公司没有对物流信息资源进行整体规划，没有形成统一的信息标准，物流各个环节相互独立，导致库存、运输、外发车辆、在途物资等物流信息不能快速流动，没有有效实现物流信息的共享和集成，物流信息反馈速度慢，而且准确性不高，"信息孤岛"现象严重，信息化投资的作用和效益没有得到有效的发挥。

2. 系统需求分析

随着企业的不断发展，宏展公司迫切需要一套适合自己的物流管理信息系统以解决企业物流现存的诸多问题，充分挖掘"第三利润源泉"，助力企业的未来发展。为此，长沙宏展钢铁物流公司的物流管理信息系统必须针对企业自身存在的问题，根据公司的需要，建立与规范物流操作和管理流程，实现无纸化办公和信息共享管理，有效处理订单、管理库存、调度车辆、执行配送计划和管理顾客等物流管理环节，有效提高工作效率和管理质量，降低成本，满足客户的需求，并能为公司决策提供可靠依据，进一步提高企业核心竞争力。因此，长沙宏展钢铁物流公司物流管理信息系统的总体需求如下。

第一，实现从接单到到货确认的全程自动化。接到客户订单后，经过审核订单和签订合同，系统对订单进行归类、分解，生成运输计划，核算产生的相关费用。车队将货物运到目的地后，进行到货确认。系统支持订单自动传递的整个过程，实现无纸化操作，提高工作效率。

第二，加强对物流活动的管理。进一步优化物流业务流程，规范操作流程，实现信息在各部门的顺畅流通，提高公司规范化水平。通过对出库跟踪、库存查询，有效加强对公司物流活动的控制。通过采用 GPS 技术，可以实时定位、追踪、导航、监控运输车辆，进而高效调度车辆，提高了运输车辆的利用率。

第三，实现货物的仓储管理。完成客户货物的入库、出库等业务，实现对不同地域、不同属性、不同成本货物的集中管理，加快物流作业速度，提高了公司管理效率。

第四，实现货物的快速正确配送。按照客户的订单，产生运输任务、线路选择和车辆调度，将客户的货物在规定的时间内送到正确的地点。

第五，加强客户的管理。在配送过程中允许客户有条件地登录宏展公司系统，跟踪货物配送过程，掌握货物行踪。同时通过系统管理和维护客户的相关信息，提供价格、信息等各种服务，解决客户合作中发生的问题。

第六，实时了解公司财务情况。公司通过系统随时掌握财务账目和营业利润，了解每位客户的应收应付款明细账目，并可提供各项营业收入、成本费用的构成和分析。

第七，满足客户的信息需求。客户可以实时查询订单，从接受订单、出入库、客户签收的执行过程，查询货物在途状态、到货时间等信息，了解整个物流过程的信息。

第八，提供一定的决策支持。系统提供经营报表统计和客户价值分析等功能，公司管理者则可以从中查询和统计出各种有用的数据，提高经营决策的正确性和及时性。

第九，具有系统管理功能。可以根据员工的角色不同，赋予不同的访问系统的权限，具有数据备份、数据恢复等功能。

第十，系统安全可靠运行。采用较为先进的网络技术和架构平台，确保系统能高效运行，具有一定的抵御外来攻击的能力，能适应公司未来业务发展的需要。系统采用人性化设计，用户界面友好，操作简单方便，初学者经过培训就可以使用系统。

3. 系统设计目标与结构

公司物流管理信息系统要实现的总体目标是：按照集成、系统、协调、服务的现代信息系统理念，运用网络与物流信息技术，实现办公无纸化，提高公司的管理水平。同时，以订单信息为核心，全面收集和处理相关数据，有效整合物流的各个环节，提高公司物流效率和服务品质，降低企业运营成本，形成企业新的核心竞争力。具体而言，长沙宏展钢铁物流公司物流管理信息系统要包括以下四个目标。

第一，改变以前手动或半手动的作业方式，通过结合网络传输、人工输入等方式实现原始物流数据信息的采集，并利用信息技术使数据在网络内实现共享。同时，将采集到的数据作为基础数据源进行加工分析，为公司科学决策提供依据。

第二，规范物流作业的信息流程、作业流程和表格样式，监测物流作业中的待运信息、车辆信息、发运计划和物品库存状态等各种数据信息，并能够针对不同的状况采取不同的解决措施。

第三，实现财务管理模式的转变，实现由当前单纯记账式的财务向管理型财务的转变。通过网络与物流信息技术，同步生成业务数据与财务数据，实现实时核算、查询相关明细业务信息，实现信息从多渠道向单一口径的转变。

第四，为客户提供更加专业化和个性化的服务，提高客户的满意度，进而提升企业形象。

根据长沙宏展钢铁物流公司目前物流管理和物流信息化方面存在的问题，结合企业的发展需要，以及公司物流管理信息系统的需求和目标，长沙宏展钢铁物流公司物流管理信息系统的总体结构如图11-23所示。

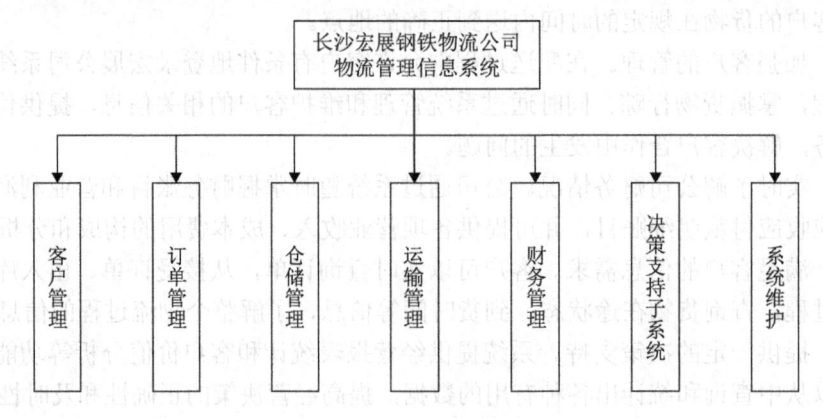

图 11-23　系统总体结构

4. 系统模块功能及信息流程

第一，客户管理模块功能及信息流程。管理员在该模块将所有与宏展公司发生过业务往来的客户的相关资料进行录入和管理，包括客户的基本信息、与客户的业务往来记录、交易费用等信息的录入，并进行及时更新。同时，客户管理模块将根据与客户发生的业务往来次数、交易金额、合同签订执行情况和客户的信用记录，对重要客户和一般客户进行自动区分。根据客户对公司发展的重要程度的不同，宏展公司可以采取有针对性的管理策略。客户也可以有条件地登录公司系统，查看合同执行情况、货物行踪、公司库存销售、货款等信息，以及客户可以通过系统售后服务进行投诉、表扬等售后沟通服务。

客户管理业务流程如图11-24所示。

第二，订单管理模块功能及信息流程。要改变宏展公司订单手动模式，使订单可靠、准确、可流动。订单管理模块的功能是通过对公司客户下达的订单进行审核、确认、录入、管理和跟踪，实时掌握订单的动态和完成情况，通过订单管理将运输管理模块和仓储管理模块有机地结合起来，使物流管理信息系统中的各环节都能充分发挥作用，满足宏展公司物流信息化的需求，从而节约物流的运作时间和作业成本，提升物流的作业效率，提高企业竞争力。

第三，仓储管理模块功能及信息流程。仓储管理的主要任务是对整个库存商品的现状进行跟踪和全面管理，包括入库管理、出库管理、库存控制等方面。仓库管理是长沙宏展钢铁物流公司对货物进行的库房实物管理，为管理者提供实物库存数据，保证合理的商品库存水平，最大限度地利用资金。仓储的主要作业围绕着仓库作业进行，因此信息系统的设计要以货物的入库管理、出库管理和在库管理为主，在库管理指的是对库中作业的管理，即针对货物包装、拆卸、库中调配再加工等物流服务的管理。

仓储管理业务流程如图 11-25 所示。

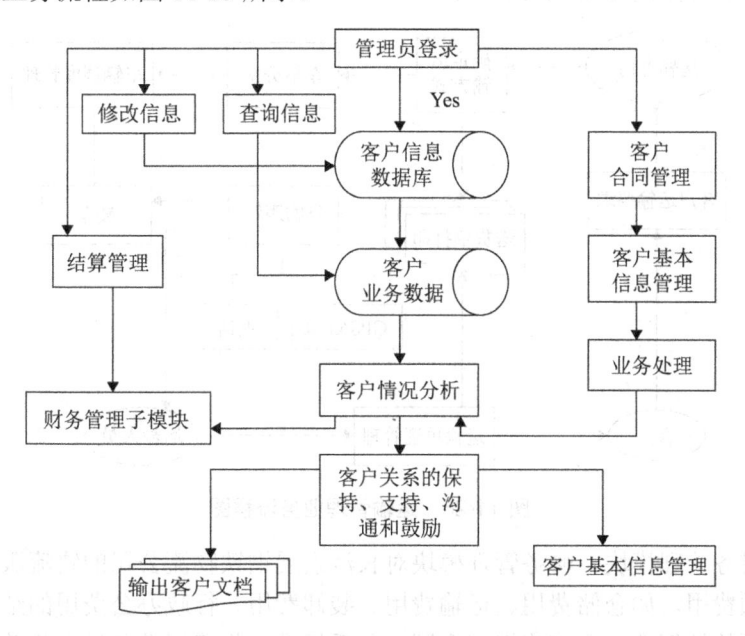

图 11-24　客户管理业务流程图

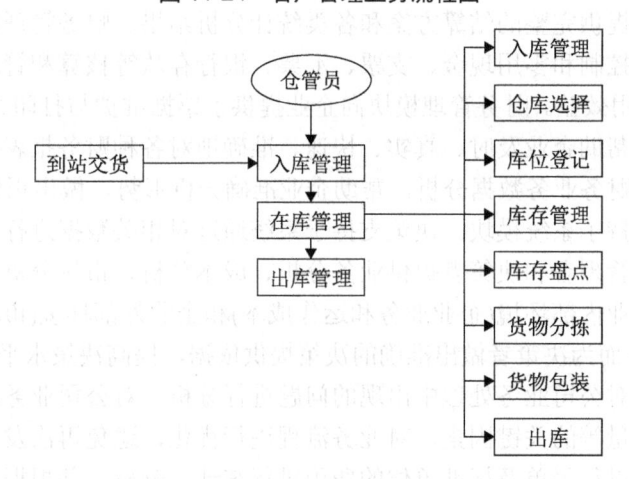

图 11-25　仓储管理业务流程图

第四，运输管理模块功能及信息流程。长沙宏展钢铁物流公司的配送业务主要是满足客户的发货需求，按照客户的要求按时按点将客户的订单材料送到客户的指定地点。因此配送运输是公司的关键业务环节。整个运输管理包括配载调度、车辆管理和运输过程控制管理，希望通过建立新的物流管理信息系统中的运输模块管理来实现现有资源同先进管理手段的整合，发挥企业的最大效益。

运输管理业务流程如图 11-26 所示。

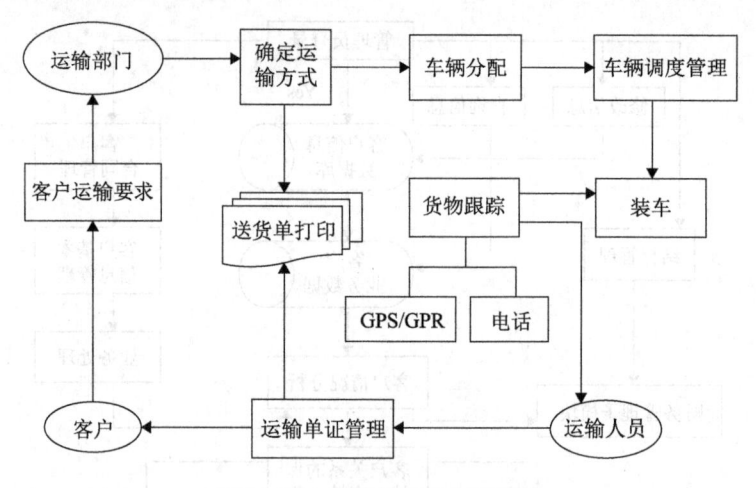

图 11-26 运输管理业务流程图

第五，财务管理模块。财务管理模块对长沙宏展钢铁物流公司的物流服务项目进行结算，包括各项费用，如仓储费用、运输费用、装卸费用、行政办公费用的结算，与客户应收、应付款项的结算等。系统将根据合同、货币标准、收费标准并结合相关活动自动产生结算凭证，为客户提供完整的结算方案和各类统计分析结果。财务管理向宏展公司提供企业现金流入流出的控制和零用现金、支票、汇票、银行存款等核算和管理，加快公司资金周转，提高资金使用效益。财务管理模块向企业提供了票据维护与打印、付款维护与查询、支票查询等服务，帮助企业及时、真实、快速、准确地对各种财务报表、票据进行整合处理，同时通过提供财务业务数据分析，帮助企业准确分析形势，做出正确的决策。

第六，决策支持子系统模块。决策支持子系统通过对相关数据进行分析，向长沙宏展钢铁物流公司企业管理者和决策者提供业务分析、成本分析、市场分析等数据支持，帮助决策者准确了解企业内部环境(企业业务和运作成本)和企业外部环境(市场需求状况、市场资源价格趋势)，从而为决策者做出准确的决策提供依据，提高决策水平和质量。

业务分析通过对公司业务处理中出现的问题进行分析、对公司业务流程进行评价，寻找出影响效率或质量等的关键因素，对业务流程进行优化，避免再次发生类似问题。成本分析主要是对公司以往每单及标准单位的费用进行统计、分析，并根据当前行情计算出各种情况的所需费用，以此作为公司的报价依据。市场分析主要是对物流市场包括仓库租赁市场价格分析、运输市场分析(油价变化趋势及其对运输市场的影响)、公司重要配送区域运输市场状况分析、劳动力市场分析。

5. 实施效果分析

管理信息系统的实施，预期将使长沙宏展钢铁物流公司在服务质量、业务范围、经济规模、服务能力、服务效益、经济效率、降低运营成本、提高企业核心竞争能力等方面发生巨大的变化，系统使用后具体预期经济和社会效益表现在以下几方面。

1) 提高服务质量，增强公司竞争力

管理信息系统使用后，将实现信息的快速沟通，差错率将会降低，服务质量也会得到提高，同时满足客户的需求，提升客户的满意度，进而提高客户的忠诚度，最终提高公司的核心竞争力。主要体现在以下三个方面。

第一，同客户的分工：即责任分工、工作内容分工。①订单模式改变。以前订单模式是客户传真书面的订单书和委托书，再由操作人员进行手动订单录入，工作既重复又容易出错。系统建成后客户可以通过系统的客户端口自己在网上下单，可直接录入货物情况、流向和特殊要求等第一手基本信息，减少了宏展操作人员工作量，提高了准确性，也有利于责任划分。②报价模式改变。系统使用后，报价模式将由市场人员手动核算形成报价表，改为系统自动根据各项利润成本和利润加总形成统一报价表，并实时更新。客户将由被动接受报价表，转为主动通过系统随时查看，而市场人员只需对订单进行确认即可。③信息反馈模式改变。以前的信息反馈是依靠操作人员跟踪货物在途信息后电话或邮件形式通知客户，由于操作熟练程度的差异，时常不能做到信息及时反馈，有时还需要客户询问。系统实施后，在一些关键环节设立了信息反馈机制，当该环节工作完成以后系统会自动发出短信提示客户，客户也可进行登录查询。

第二，人机分工：操作人员负责发出指令，机器按指令做处理。①业务操作人员工作方式由事务处理者变为流程监控和应急事件处理者。系统实施以前大部分的数据录入、核对、发送和处理都由操作人员完成。系统实施后，操作人员只需对环节按需要进行确认和监控，发现问题及时解决，不再是一个数据加工者，而是人作为流程指令发出者，机器作为数据处理者和流程指令执行者。②报表自动生成。在管理信息系统使用后，因为数据库的建立，报表可以满足宏展公司管理多变的需求，能提供自由建立专业报表的功能，让管理都通过非常吸引人的途径表达关键因素和趋势。报表的提供者可以在多种模板中选择，以便进行快速报告生成，从以前烦琐的信息查询、数据收集和报表填制中解脱出来。

第三，内部分工：部门与部门工作内容划分、岗位间权责划分。系统化之前宏展公司是依职能分工而划分的组织机构，各职能部门形成了一个个的利益集团，各部门只对本部门的上级负责，严守各自的边界，只完成自己的工作。当工作涉及多个部门时，常常出现相互扯皮的现象，当发生利益冲突时，各部门往往会只顾自己的利益，将企业的整体利益放在一边。原本应该紧密相连的业务流程被割裂开来，严重地制约了企业的快速响应能力，使得企业丧失了在激烈市场竞争中的优势。

2) 规范管理流程，提升管理水平

近年来，硬件条件已达到一定水平，企业之间在硬件上的差距已越来越小，因此硬件能力不再成为核心竞争优势，而如何加强内部管理以充分发挥硬件和人员等资源的产出率和效能成为各家的竞争重点。在某种意义上，物流行业的竞争就是服务水平的竞争，在客

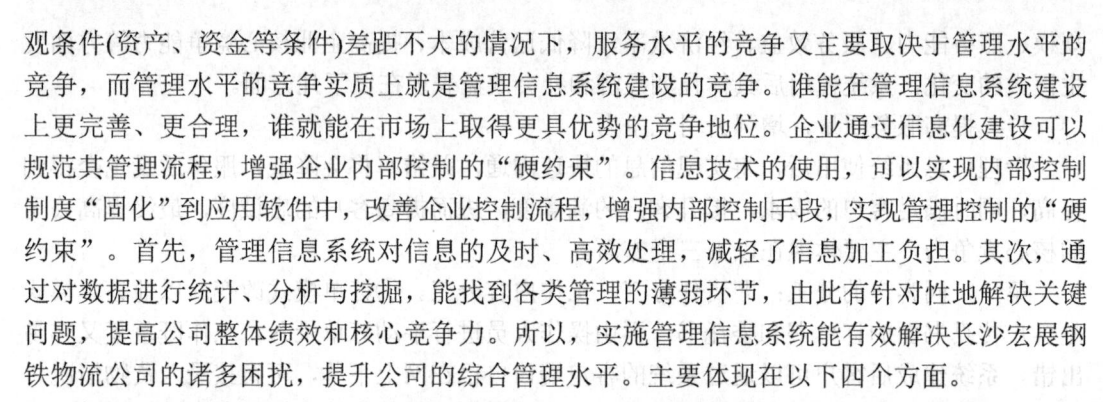

观条件(资产、资金等条件)差距不大的情况下，服务水平的竞争又主要取决于管理水平的竞争，而管理水平的竞争实质上就是管理信息系统建设的竞争。谁能在管理信息系统建设上更完善、更合理，谁就能在市场上取得更具优势的竞争地位。企业通过信息化建设可以规范其管理流程，增强企业内部控制的"硬约束"。信息技术的使用，可以实现内部控制制度"固化"到应用软件中，改善企业控制流程，增强内部控制手段，实现管理控制的"硬约束"。首先，管理信息系统对信息的及时、高效处理，减轻了信息加工负担。其次，通过对数据进行统计、分析与挖掘，能找到各类管理的薄弱环节，由此有针对性地解决关键问题，提高公司整体绩效和核心竞争力。所以，实施管理信息系统能有效解决长沙宏展钢铁物流公司的诸多困扰，提升公司的综合管理水平。主要体现在以下四个方面。

第一，信息资源共享化。该管理信息系统主要是通过对客户、企业、车辆、司机等相关资料的发掘与分析，建立了基于 Internet 的公共物流服务平台，实现了信息资源共享化。信息资源共享化，一方面企业可以通过该平台发布信息，显示缩短物流环节及信息流转环节，最终提高管理效率，降低运营成本；另一方面，客户可以通过平台查询相关物流信息，提高满意度，节约资源。

第二，企业运作标准化。建立了管理信息系统后，长沙宏展钢铁物流公司充分利用物流信息平台和自动流程处理。这样就使企业在基本信息管理层、作业管理层、运营管理层都按照统一的、规范的标准进行运作，这样不仅可以提高效率、管理水平，更重要的是满足企业、客户、合作伙伴之间快速、准确的信息交换的需要，更为企业的后期发展奠定基础。

第三，企业管理集中化。长沙宏展钢铁物流公司可以通过建立的管理信息系统实现对企业的集中化管理。例如，即使企业的业务范围很广，客户遍及全国各地，但是管理信息系统提供统一的报价、统一的计费标准、统一的核算方式，这样就能保证各个分公司与总公司在财务上的集中式管理。财务是企业正常运转的血脉，财务实现了集中式的管理可以节约管理成本，同时规避分公司的风险，可谓一举两得。

第四，客户服务个性化。现代管理以客户为中心，客户是企业的关键。长沙宏展钢铁物流公司就认识到这一点，该公司的物流管理信息系统就包含专门的客户关系管理子系统，主要是通过对客户资料的收集、分类、存档、检索和管理，全面掌握不同客户群体、客户性质、客户需求、客户信用等信息，根据其具体的信息与要求提供最佳服务，还要做到及时处理在与客户合作中遇到的各类问题，培养长期固定的、忠诚的客户群体，为企业供应链的形成和整合提供支持。该子系统包括客户登录管理、客户资料管理、会员管理、客户身份验证、客户查询等。系统可以满足不同用户的不同需求，提供个性化服务，从而更好地提高了客户的满意度，形成长期的共存关系。

3) 降低物流成本，扩大企业效益

物流管理是要实现用最低的物流成本达到顾客满意的服务水平。物流成本是衡量一个物流配送企业管理水平的重要标准，也是衡量一个国家经济运行效率的重要指标。随着物流管理意识的增强,降低物流成本已经成为物流管理的首要任务。物流信息系统建设是节约物流成本的重要途径。正如现代多数企业所认同的,物流是企业"第三利润源泉",其中物流信息要素在挖掘物流领域利润中的作用又是非常明显的。许多国内外现代物流中心都建立了先进的信息系统,通过系统对业务信息进行标准化操作,既节约了大量人力成本,又提高了服务效率,跟随时代的发展与要求。另外公司目前大多采用最原始的电话或传真的方式进行通信,系统投入使用后将主要通过网络进行,既方便迅捷又降低了运营成本。网络化能够使物流中心通过电子订货系统(EOS)和电子数据交换技术(EDI)与上游的合作伙伴及下游客户之间保持实时联系,从而大大增强了物流服务的灵活性。物流管理信息化有效地提升了物流相关信息收集、处理、传递的速度,信息的准确性和管理效率显著提高。现代物流管理信息系统一方面使物流系统中的各种作业或业务处理更加准确和迅速;另一方面通过对收入、费用等数据汇总、统计,进行预测分析,控制和降低物流成本。因此,长沙宏展钢铁物流公司的物流管理信息系统通过作业管理层建立了完善的订单管理、仓储管理、运输管理和配送管理模块,不仅将有利于实现公司业务流程自动化,而且能够帮助长沙宏展钢铁物流公司合理选择运输工具、制订最优运输计划,有效控制运输成本;优化长沙宏展钢铁物流公司的仓库布局,减少库存点,削减不必要的固定费用,控制合理库存量,降低库存成本。物流管理信息系统的使用,进一步规范公司的各种单证和业务流程,订单的制定、订单的执行、各种业务的管理、费用的结算、成本的控制、数据的统计都有一套较为完善的程序。将原本各个流程分别制单进行了整合,形成"一单到底"的业务模式,不仅避免了由于环节交接而造成的不必要的错误,而且大大提高了业务运行效率与管理效率。

4) 打造公司品牌,拓展公司业务

长沙宏展钢铁物流公司物流管理信息系统建成投入使用后,企业的业务流程将更加规范。业务操作人员工作方式将由原先的事务处理者变为流程监控和应急事件处理者,实现报表自动生成,订单的制定和执行,各种业务的管理,费用的结算,成本的控制,数据的统计,都将有一套较为完善的程序。同时,长沙宏展钢铁物流公司的物流管理水平将得到显著的提升,将实现信息资源共享化、企业运作标准化、企业管理集中化。长沙宏展钢铁物流公司的物流成本也将得到有效的控制和降低,企业的利润空间将相对扩大,市场竞争力将得到提升。这些都将有助于长沙宏展钢铁物流公司打造"质优、价廉、高效、专业"的公司品牌,改善企业整体形象,提升宏展公司与湖南中钢物资贸易公司、长沙联创物流公司、南方建材股份有限公司、湖南恩瑞钢铁公司等对手进行市场竞争的软实力。另外,物流管理信息系统尤其是客户关系管理子系统实施后,长沙宏展钢铁物流公司可以通过对客户资料的收集、分类、存档、检索和管理,全面掌握不同客户群体、客户性质、客户需求、客户信用等信息,以提供最佳服务为宗旨,为客户提供方案、价格、市场、信息等各种服务内容,及时处理在与客户合作中遇到的各类问题。同时,由于信息系统的建设和实施,网络化将使企业与武钢、湘钢、新钢、涟钢、萍钢、安钢等战略合作伙伴的联系变得更加紧密，沟通更加畅通，有助于建立稳定的业务关系，并培养长期的、忠诚的、固定的客户群体，为企业供应链的形成和整合提供支持。通过管理信息系统的使用，宏展公司将实现资源整合，促进公司低成本扩张，长沙宏展钢铁物流公司将可以和其他公司进行物流资源的联合与合作，优化现有渠道，使得物流网络不断扩展，初步建立起以长沙为中心，触角逐渐延伸到周边多个省市的物流网络，实现低成本扩张。

本 章 小 结

一个完整的 MIS 应包括：辅助决策系统(DSS)、工业控制系统(CCS)、办公自动化系统(OA)以及数据库、模型库、方法库、知识库和与上级机关及外界交换信息的接口。其中，特别是办公自动化系统(OA)与上级机关及外界交换信息等都离不开 Intranet(企业内部网)的应用。可以这样说，现代企业 MIS 不能没有 Intranet，但 Intranet 的建立又必须依赖于 MIS 的体系结构和软硬件环境。

传统的 MIS 系统的核心是 C/S(Client/Server——客户端/服务器)架构，而基于 Internet 的 MIS 系统的核心是 B/S(Browser/Server——浏览器/服务器)架构。BS 架构比起 CS 架构有着很大的优越性，传统的 MIS 系统依赖于专门的操作环境，这意味着操作者的活动空间受到极大限制；而 B/S 架构则不需要专门的操作环境，在任何地方，只要能上网，就能够操作 MIS 系统，这其中的优劣差别是不言而喻的。

大量的研究与实践表明，管理信息系统在我国应用的成败并不单单取决于技术、资金、互联网系统、应用软件、软件实施等硬环境，还取决于企业的管理基础、文化底蕴等软环境，而且这些软环境往往起着更重要的作用。管理信息系统是一个人机管理系统，管理信息系统只有在信息流通顺畅、管理规范的企业中才能更好地发挥作用。

复习思考题

1. 当今管理信息系统的应用类型较多，请分述各类应用的目标。
2. 举例说明管理信息系统建设过程中的需求分析、建设目标、框架设计、详细设计以及效益分析等内容。

参考答案

第1章

二、单项选择题

1.B　　　　　　　2.A　　　　　　　3.B

三、多项选择题

1.ABCDE　　　　2. ABCDE　　　　3. ABCDE

第2章

二、单项选择题

1.C　　　　　　　2.C　　　　　　　3.A

4.A　　　　　　　5.C　　　　　　　6.A

三、多项选择题

1.ACD　　　　　2. ABCD　　　　3. ABC　　　　4. ABC

第5章

二、单项选择题

1. B　 2.A　 3.C　 4.D

三、多项选择题

1.ABCDE　 2.ABCD

案例分析

为了能开发出适合企业的信息系统，杜克能源公司采用游击战术，组织一个电子团队，深入企业各部门进行系统可行性分析。这种战术成功的要素在于：

(1) 需要高层领导直接指挥。

(2) 团队成员的首要条件是支持系统开发，并且能够帮助企业做动员、协调资源及系统战略规划建议等工作。

(3) 明确目标，即系统的开发是为了帮助提高企业的运营效率。

(4) 团队与部门间的良好合作关系。

第 6 章

一、名词解释

1. 系统分析

系统分析是在充分认识原信息系统的基础上进行问题识别、可行性分析、详细调查和系统化分析；主要工作就是对原系统存在的问题进行识别，调查现行系统存在的问题及薄弱环节，找出不合理的业务流程和数据流程，最终提出新系统的逻辑模型；系统分析是由系统分析人员、用户单位的管理人员和业务人员共同完成的。

2. 组织结构

组织结构是企业的流程运转、部门设置及职能规划等最基本的结构依据，是对于工作任务如何进行分工、分组和协调合作相关各要素之间相互关系的一种管理模式，是整个管理系统的"框架"。常见的组织结构形式包括中央集权制、分权制、直线式以及矩阵式等。

3. 数据字典

数据字典是对数据流程图加以定义和说明的工具，数据流程图中每个图例符号的数据项、数据结构、数据流、数据存储、处理功能和外部实体等逻辑内容与特征都应予以详细说明。数据字典中有关系统的详细信息是以后系统设计、系统实施与维护的重要依据。

二、单项选择题

1.A   2.D   3.D   4.A   5.C

三、应用题

1. 答：

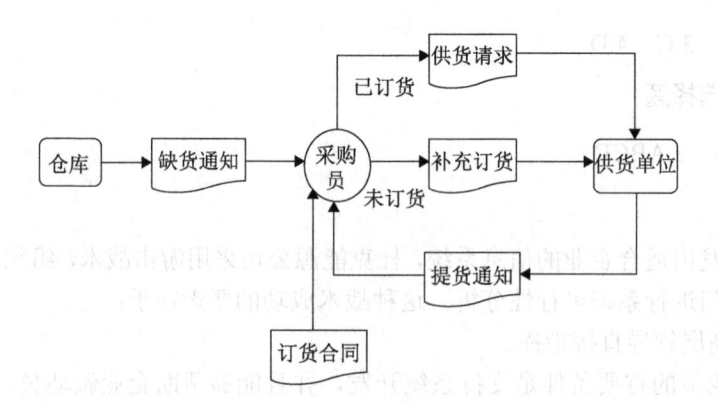

2. 答：

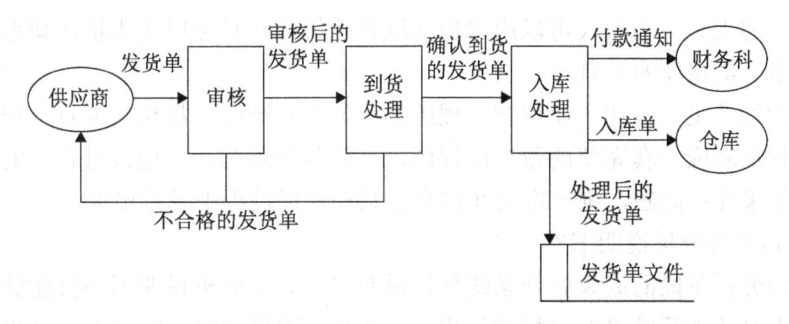

```
供应商 →发货单→ 审核 →审核后的发货单→ 到货处理 →确认到货的发货单→ 入库处理 →付款通知→ 财务科
                                                                    →入库单→ 仓库
                                                                    →处理后的发货单→ 发货单文件
     ←不合格的发货单←
```

四、简答题

1. 系统分析的概念和内容是什么？

答：管理信息系统的系统分析是一项复杂、周密且技术含量较高的工作，也是管理信息系统建设的成功关键因素和特别重要的环节。系统分析工作的好坏，在很大程度上决定了信息系统的成败。管理信息系统分析的任务是：在充分认识原信息系统的基础上，通过问题识别、可行性分析、详细调查、系统化分析，最后完成新系统的逻辑方案设计，或称逻辑模型设计。逻辑方案不同于物理方案，前者解决"做什么"的问题，是系统分析的任务；后者解决"怎样做"的问题，是系统设计的任务。

从系统分析的任务内容可以看出，系统分析主要是为接下来的系统设计做准备工作的。系统分析主要的工作就是对原系统存在的问题进行识别，调查现行系统存在的问题和薄弱环节，以及找出不合理的业务流程和数据流程等，提出新系统的逻辑模型，总之就是找出现行系统的缺陷，使新设计的系统更加完善。如果没有系统分析这一环节，新系统很可能就达不到预期的效果，甚至根本就难以设计。所以系统分析在管理信息系统开发过程中是非常重要的。

2. 什么是业务流程图？

答：业务流程分析目前普遍采用绘制业务流程图的方法来实现。业务流程图(Transaction Flow Diagram，TFD)，就是用一些规定的符号及连线来表示某个具体业务处理过程。业务流程图的绘制基本上按照业务的实际处理步骤和过程绘制。也就是说，就是一"本"用图形方式来反映实际业务处理过程的"流水账"。绘制出这本"流水账"对于开发者理顺和优化业务过程是很有帮助的。业务流程图强调用尽可能少、尽可能简单的方法来描述业务处理过程的方法。由于它的符号简单明了，所以非常易于阅读和理解业务流程。它的不足之处对于一些专业性较强的业务处理细节缺乏足够的表现手段，它比较适用于反映事务处理类型的业务过程。

3. 什么是数据流程图？

答：数据流程图是便于用户理解的系统数据流程的图形表示，它能精确地在逻辑上描述系统的功能、输入、输出和数据存储等，摆脱了其物理内容，是描述管理信息系统逻辑模型的最主要的工具。它不仅可以用来描述现行系统，而且可以用来描述新系统，是结构化系统最基本、最重要的工具。

其具体的做法是：按业务流程图分理出的业务流程顺序，将相应调查过程中所掌握的数据处理过程绘制成一套完整的数据流程图，一边整理绘图，一边核对相应的数据、报表和模型等。如果存在问题，则一定会在这个绘制和整理过程中暴露出来。

4. 什么是系统分析说明书？

答：系统分析阶段的成果就是系统分析说明书。系统分析说明书不仅能够展示系统调查的结果，而且还能反映系统分析的结果——新系统逻辑方案。经过上述过程，我们已经完成了建立目标系统逻辑模型的任务，即已经完成了整个系统分析阶段的工作。作为该阶段的一个工作成果，应提交一份完整的系统分析说明书。系统分析说明书一经确认并被用户认可接受后，就成为具有约束力的指导性文件，成为下一阶段系统设计工作的依据和今后验收目标系统的检验标准。

五、论述题

1. 为什么说管理信息系统的系统分析工作必不可少？

答：系统分析是采用系统的思想和方法，把复杂的对象分解成简单的组成部分，找出这些部分的基本属性和彼此之间的关系。系统分析是信息系统开发工作中重要的、必不可少的环节。特别是针对中、大规模的信息系统开发，系统分析工作的好坏直接影响整个系统的成败。管理信息系统的系统分析工作必不可少主要是基于以下几个方面的考虑。

(1) 由于系统分析员缺乏足够的对象系统的业务知识，在系统调查中往往感到无从下手，不知道该问用户一些什么问题，或者被各种具体数字、大量的资料、庞杂的业务流程搞得眼花缭乱。不熟悉业务情况的系统分析员往往面对各种信息和流程不知如何理出头绪，更谈不上如何分析制约现行系统的"瓶颈"。

(2) 用户往往缺乏计算机方面的足够知识，不了解计算机能做什么和不能做什么。许多用户虽然精通自己的业务，但往往不善于把业务过程明确地表达出来，不知道该给系统分析员说明要做什么。对一些具体的业务，他认为理所当然就该这样或那样做。尤其是对于某些决策问题，根据他的经验，凭直觉就应该这样或那样做。在这种情况下，系统分析员很难从业务人员那里获得充分有用的信息。

(3) 信息系统生存在不断变化的环境中，环境对它不断提出新的要求。只有适应这些要求，信息系统才能生存下去。在系统分析阶段，要完全确定系统模式是困难的有时甚至是办不到的。

2. 企业信息化应如何实施系统分析？

系统分析阶段中的理解和表达过程的实质是要把原来由最终用户进行的各项具体的管

理工作纳入计算机系统之中。为了实现这一工作目标，在系统分析过程中需要对系统进行初步调查和详细调查，通过分析最终提出新系统的逻辑方案。

(1) 系统的初步调查。系统的初步调查是系统分析阶段的第一项活动，系统开发工作一般是根据系统规划阶段确定的拟建立系统总体方案进行的。要调查有关组织的整体信息、有关人员的信息及有关工作的信息。

(2) 现行系统详细调查。现行系统详细调查的目标是在可行性研究的基础上进一步对现行系统进行全面、深入的调查和分析，掌握现行系统的运行状况，发现薄弱环节，找出要解决的问题实质，保证新系统较原系统的有效性。

(3) 提出新系统逻辑方案。新系统的逻辑方案是指经过上述的分析工作，找出现有系统存在的各种问题并改正或优化后给出新系统的系统功能结构、信息结构和拟采用的管理模型，由于它是不考虑硬件环境的实体结构，故称为逻辑方案(逻辑模型)。新系统的逻辑方案主要包括分析整理后的业务流程、分析整理后的数据字典、经过各种检验并优化后的系统功能结构、每一项业务处理过程中新建立或已有的管理模型和管理方法。

上述内容最终构成了系统分析阶段的成果——系统分析报告的核心内容。

3. 系统分析的主要特点是什么？

(1) 系统分析具有抽象性和概括性。系统分析是系统分析人员在充分研究用户当前系统和业务的基础上，根据用户提出的目标和要求，确定对新系统的综合要求，即系统的需求。系统需求就是在对当前系统和用户需求分析的基础上抽象出来的。

(2) 系统描述的形式化。完全用自然语言描述的系统需求不能作为系统开发者和用户之间技术合同的基础。因为软件开发人员和用户从各自不同的工作性质和经验出发，对自然语言描述的术语和内容可能有不同的理解。此外，自然语言也不易准确反映系统结构。因此，对系统需求的定义和描述最好用形式化语言或其他描述工具，以明确地、无二义性地描述系统需求。

(3) "自顶向下"的工作原则。采用"自顶向下"的工作原则，把一个复杂的系统由粗到细、由表及里地进行分析是信息系统开发过程中的工作原则。运用这一原则，用户和系统分析员可以对系统有一个总的概括性印象，而且随着逐步向下扩展，对那些具体的、局部的组成部分也有深刻的理解，进而确定新系统的逻辑模型。

(4) 强调逻辑结构而不是物理实现。系统分析的主要任务是确定新系统能够实现用户提出的哪些要求，能够达到什么目的。对于采用什么计算机、利用什么技术及怎样去实现等问题都不是系统分析阶段所要解决的。

案例分析

1. 信息系统分析的目的：使管理信息系统真正能够满足实际要求，首先要认真研究"所解决的问题是什么？"，这就是开展系统分析工作的主要目的和核心价值。只要当"用管理信息系统做什么"的问题加以深刻思考和妥善解决之后,讨论"信息系统怎么做"的问题才有意义,否则管理信息系统的建设项目只能是无的放矢,不可能取得良好的成效。因此,拟建的信息系统既要源于原系统,又要高于原系统。

因此窜货追踪的主要目标是定位跟踪哪些经销商超范围进行销售。目前窜货追踪的关键点是产品包装罐或瓶上的生产时间信息,通过收集到的不正常产品包装上的时间信息,找到发货信息中货物与经销商的关系,从而来确定该批货是哪个经销商销售的。目前窜货追踪的主要难点在于产品生产时间与经销商之间关系的采集。

信息系统分析的内容：系统分析员要在总体规划的基础上,与用户密切配合,用系统的思想和方法,对企业的业务活动进行全面的调查分析,详细掌握有关的工作流程,收集票据、账单、报表等资料,分析现行系统的局限性和不足之处,找出制约现行系统的"瓶颈",确定新系统的逻辑功能,根据企业的条件,找出几种可行的解决方案,分析比较这些方案的投资和可能的收益。

2. 应采用结构化分析(SA)方法,即一种面向数据流的分析方法,主要通过"分解"和"抽象"两种方式来解决问题。应深入了解企业物流作业的流程与特点,客户生产、装箱、成品入库和成品销售的全过程和作业规则。通过技术手段建立产品与经销商之间的关系,当窜货行为发生时,信息系统自动推算和确定问题经销商。

一般情况下,需要具备以下前提条件。
(1) 用户参与系统开发。
(2) 编写资料应考虑用户的专业水平、阅读、使用的目的。
(3) 使用适当的图表工具,减少与用户交流意见时发生的问题。
(4) 在系统具体设计前,先建立系统的逻辑模型。

本案例中,均衡考虑企业经济效益与客户服务水平,还需要具备以下前提条件。
(1) 采用技术难度不高和投入不能太大的解决方案。
(2) 需要与已经运行的业务系统相关联。
(3) 尽量利用企业现在的信息化基础,并需要考虑以后的扩充。

第7章

一、名词解释

1. 系统设计

系统设计又称为物理设计,是开发管理信息系统的第二个阶段。系统设计通常可分为两个阶段进行,首先是总体设计,其任务是设计系统的框架和概貌,并向用户单位和领导部门作详细报告并认可,在此基础上进行第二阶段的详细设计。这两部分工作是互相联系的,需要交叉进行,系统分析阶段得到的目标系统的逻辑模型转换为目标系统的物理模型。

2. E-R 图

E-R 图也称实体-联系图(Entity Relationship Diagram)，它提供了表示实体类型、属性和联系的方法，用来描述现实世界的概念模型。E-R 图用矩形表示实体型，矩形框内写明实体名；用椭圆表示实体的属性，并用无向边将其与相应的实体型连接起来；用菱形表示实体型之间的联系，在菱形框内写明联系名，并用无向边分别与有关实体型连接起来，同时在无向边旁标上联系的类型(1:1，1:n 或 $m:n$)。

3. 模块化设计

模块化设计就是程序的编写不是开始就逐条输入计算机语句和指令，而是首先用主程序、子程序、子过程等框架把软件的主要结构和流程描述出来，并定义和调试好各个框架之间的输入、输出链接关系。逐步求精的结果是得到一系列以功能块为单位的算法描述。模块化的目的是降低程序复杂度，使程序设计、调试和维护等操作简单化。

4. 界面设计

用户界面是指软件系统与操作者之间的接口，是控制和选择信息输入/输出的主要途径。用户界面设计需要解决如何通过规范化的定义分析用户需求，确定界面原型并能够尽早为用户所接受，减少界面设计中的人为、经验上的因素，降低交付后的风险，提高系统实用化水平。可使用性是用户界面设计最重要的目标，主要从提高操作简单性、术语标准化与一致性、帮助功能和容错能力几个方面进行考虑。

二、单项选择题

1. B 2. B 3. B 4. A 5. D

三、应用题

1. 答：

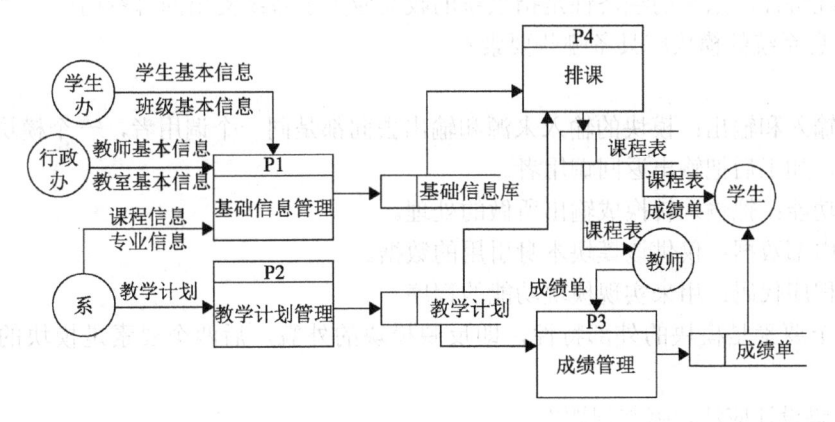

2. 答：

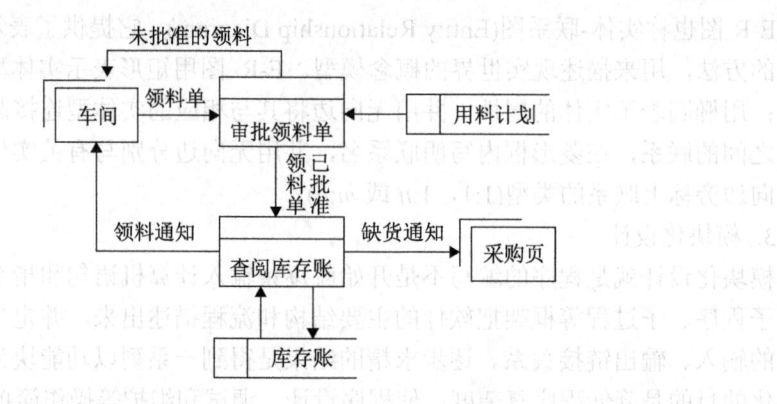

```
                 未批准的领料
        ┌────┐  领料单   ┌────────┐         ┌────────┐
        │车间│─────────→│审批领料│←────────│用料计划│
        │    │          │   单   │         └────────┘
        └────┘          └────────┘
          ↑                 │领
          │                 │料已
          │                 │单批
          │                 │ 准
          │  领料通知       ↓         缺货通知   ┌──────┐
          └─────────────│查阅库存账│───────────→│采购页│
                        └──────────┘            └──────┘
                              ↕
                          ┌──────┐
                          │库存账│
                          └──────┘
```

四、简答题

1. 系统设计的基本原则是什么？

答：

(1) 简单性。在达到预定的目标、具备所需要的功能前提下，系统应尽量简单，这样可减少处理费用，提高系统效益，便于实现和管理。

(2) 灵活性和适应性。一个可变性好的系统，各个部分独立性强，容易进行变动，从而可提高系统的性能，不断满足对系统目标的变化要求。

(3) 一致性和完整性。一致性是指系统中信息编码、采集、信息通信要具备一致性，设计规范应标准；完整性是指系统作为一个统一的整体而存在，系统功能应尽量完整。

(4) 可靠性。可靠性是指系统硬件和软件在运行过程中抵抗异常情况的干扰及保证系统正常工作的能力。

(5) 经济性。系统的经济性是指系统的收益应大于系统支出的总费用。

2. 信息系统的模块应具备哪些要素？

答：

(1) 输入和输出：模块的输入来源和输出去向都是同一个调用者，一个模块从调用者取得输入，加工后把输出返回调用者。

(2) 功能：把输入转换成输出所做的处理。

(3) 内部数据：仅供该模块本身引用的数据。

(4) 程序代码：用来实现模块功能的程序。

前两个要素是模块的外部特性，即反映模块的外貌，后两个要素是模块的内部结构特性。

3. 代码设计应注意哪些问题？

答：代码的设计必须满足用户的需要，在结构上应当与处理的方法相一致。代码应唯一标志它所代表的事物或属性。设计时应预留足够位置，以适应不断变化的需要。代码要系统化、标准化。代码要易于理解。尽量避免误解，不使用易于混淆的字符。尽量采用不容易出错的代码结构。长代码应分段。

4. 试述我国身份证号中代码的意义，它属于哪种代码？

答：

(1) 我国身份证号中代码的意义。

1～6位，代表出生地的行政归属(2位省级代码+2位区级代码+2位县市级码)，属于层次码。

7～14位，代表出生年月日(4位年+2位月+2位日)，属层次码。

15～17位，顺序码(第3位代表性别，偶数为男，奇数为女)。

18位，检验码。

(2) 属于复合码。

五、论述题

1. 说明 E-R 图所具有的一般特性。

答：E-R 图一般具有以下四个特性。

(1) 一个联系集合可以定义在两个或两个以上的实体集合上。例如，学生—老师—课程的联系集合 S-T-C 就是定义在三个实体上。

(2) 一个联系集合也可以定义在一个实体集合上。例如，零件下又分有子零件，每个零件又可由 m 个子零件组成，每个子零件又可组合成 n 个零件。

(3) 对于给定的实体集合，可以定义一个以上的联系集合。例如，工程项目——工人可以定义两个联系集合，其中一个表示工程项目和工人的联系，另一个表示工程项目和工人中的工程项目负责人的联系。前者是 $n:m$ 的联系，后者是 1:1 的联系。

(4) 实体联系图可以表示一个实体类型对另一个实体类型的存在的依赖性。例如，工人这一实体下反映其被抚养者的关系，就是依赖关系，这种联系用箭头表示，说明抚养者这个实体的存在取决于工人中相应的那个实体。

2. 系统平台设计的主要工作是什么？

答：管理信息系统平台设计包括计算机处理方式、网络结构设计、网络操作系统的选择、数据库管理系统的选择以及相关软硬件设备的选择与设计工作等。

(1) 按管理信息系统的目标选择系统平台。单项业务系统和常用各类 PC，以数据库管理系统作为平台；综合业务管理系统，以计算机网络系统作为平台，如 Novell 网络和关系型数据库管理系统；集成管理系统，是由 OA、CAD、CAM、MIS 和 DSS 等综合而成的一个有机整体，综合性更强，规模更大，系统平台也更复杂，涉及异型机、异种网络、异种库之间的信息传递和交换，在信息处理模式上常采用客户/服务器(Client/Server)模式或浏览器/服务器(Brower/Server)模式。

(2) 计算机处理方式的选择和设计。计算机处理方式可以根据系统功能、业务处理特点、性能/价格比等因素，选择批处理、联机实时处理、联机成批处理和分布式处理等方式。在一个管理信息系统中，也可以混合使用各种方式。

(3) 计算机网络系统的设计。计算机网络系统的设计主要包括中、小型机方案与微机网络方案的选取，网络互连结构及通信介质的选择，局域网拓扑结构的设计，网络应用模式及网络操作系统的选型，网络协议的选择，网络管理以及远程用户等工作。

(4) 数据库管理系统的选择。数据库管理系统选择的原则是：支持先进的处理模式，具有分布处理数据，多线索查询，优化查询数据，联机事务处理功能；具有高性能的数据处理能力；具有良好图形界面的开发工具包；具有较高的性能/价格比；具有良好的技术支持与培训。普通的数据库管理系统有 Foxpro、Clipper 和 Paradox 等，大型数据库系统有 Microsoft SQL Server、Oracle Server、Sybase SQL Server 和 Informix Server 等。

(5) 软、硬件选择。根据系统需要和资源约束，进行计算机软、硬件的选择。计算机软、硬件的选择，对于管理信息系统的功能有很大的影响。大型管理信息系统软、硬件的采购可以采用招标等方式进行。

3. 界面设计应关注哪些问题？

答：

(1) 遵循 Windows 界面标准。学习、仿照 Windows 界面规范进行设计，包括合理窗体布局，选用标准控件，色彩搭配、字体设置，以及菜单、工具栏、状态栏、滚动条和右键菜单等，是迈向成功设计的第一步。

(2) 坚持设计一致性。应坚持一致性原则，确保一个系统不同窗体之间控件使用具有一致性。不遵从一致性的界面设计，容易导致使用者无所适从或操作上的混乱，会使其产生对软件可靠性的怀疑。

(3) 重在提高可用性。以标准的术语给用户以明确的、必要的提示信息，不能产生歧义或所指不明确；为程序设计层次不同但相对完善的帮助体系，不要忽视帮助的作用；尽量以当前屏幕展示用户关心的信息；考虑用户环境的差异，增强对不同环境的适应性；增加鼠标悬停提示或状态栏提示；减少不必要、让人厌烦的提示信息，尽量让后台处理完成。

(4) 追求美观与协调。界面布局大小适中，符合审美观点，能让人感觉协调舒适；将重要元素放于显著位置，遵循通常的阅读顺序来布置屏幕元素；同一类型的控件合理分组与布局；进行人性化的色彩设计，坚持采用柔和、淡雅的色调，杜绝使用不合时宜的鲜艳颜色；恰当安排空白空间来凸显界面元素，减轻视觉紧迫感；尽量选用标准 Windows 字体，坚持不同窗体中字体设置一致，字符间适当留下空白，消除空间局促性。

(5) 完善容错与出错处理。为用户着想，增强容错机制，在大量数据输入情况下，不因个别数据输入错误或其他故障而导致整体数据的丢失与重复劳动，及时对输入的合法性检查，降低出错概率；对错误尽早地给出明确提示，指导用户迅速排除；尽量提供选择的方式代替手工输入，减少人工出错；尽量考虑到各种可能的发生，不产生界面设计上的疏漏以致对系统构成危害。

4. 论述结构化设计中评价模块质量的标准。

答：在结构化设计中，评价模块质量的标准是"耦合小，内聚大"。在模块结构设计中尽量降低模块的耦合度，提高模块的内聚度。

1) 模块的耦合方式

两个模块之间的耦合方式可分为以下三种。

(1) 数据耦合。如果两个模块之间的通信信息是若干数据项，则这种耦合方式称为数据耦合。较好的耦合方式应减少接口的复杂性，并尽量防止传输不必要的数据。

(2) 控制耦合。如果两个模块之间传输的信息是控制信息，则该耦合称为控制耦合。传送的控制信息可分成两类，一类是判定参数，调用模块通过该判定参数控制被调用模块的工作方式，若判定参数出错则导致被调用模块按另一种方式工作；另一种是地址参数，调用模块直接转向被调用模块内部的某一些地址，这时若改动一个模块则必将影响另一模块，因为控制耦合方式的耦合程度较高，应尽量避免采用地址参数的方式。

(3) 非法耦合。两个模块之间，不经过调用关系，彼此直接使用或修改对方的数据。这是最糟糕的耦合方式，在结构化设计时决不允许出现这种情况。

2) 模块的内聚方式

(1) 巧合内聚。巧合内聚是指模块各成分之间毫无联系，整个模块如同一盘散沙，不易修改或维护。

(2) 逻辑内聚。逻辑内聚是指模块各成分的逻辑功能是相似的。逻辑内聚的内聚程度稍强于巧合内聚，但仍不利于修改和维护。

(3) 过程内聚。过程内聚是由一段公共的处理过程组合成的模块。采用过程内聚时，模块间的耦合度比较高。

(4) 通信内聚。通信内聚是指模块中各成分引用或产生共同的数据。

(5) 顺序内聚。顺序内聚是指模块中各成分有顺序关系，某一成分的输出是另一成分的输入。顺序内聚模块中有可能包含几个功能，因而会给维护带来不便。

(6) 功能内聚。功能内聚表示模块中各成分的联系是功能性的，即一个模块执行一个功能，且完成该功能所必需的全部成分都包含在模块中。由于这类模块的功能明确、模块间的耦合简单，所以便于维护。在系统设计时应力求按功能划分模块。

案例分析

1. 造成 WP 如今的困境的主要原因如下：

(1) 与 Android 平台相比较来说生产一台 WP 设备需要增加认证授权费用，这将使 WP 手机的售价增加 10%。

(2) WP 平台的生态系统不佳。我们知道不管是 Android 还是 iOS 系统，最终都需要应用程序壮大起来，现在 WP 系统最大的硬伤还是 App 太少，且精品有限，跟 Android 和 iOS 比还是距离很大。这样也损失了很多客户。

(3) 则是 WP 最大的致命弱点：WP 系统不向 Android 系统那么的开放，这阻止了一些厂商的自主创新，这让所有的 WP 设备看上去都非常的类似，甚至有时候很难区分不同的品牌。WP 越狱的难度是所有手机系统之最不说，即使越狱之后，也不代表你就可以对 WP 系统任意做更改。不管是音乐、视频，还是小说、文档，都必须通过各种管理器才能进行同步。还有修改自定义铃声什么的都很麻烦，用户基本没法个性化自己的手机。这个问题貌似在 WP8 系统上有了比较大的改善，可惜 WP7 又根本不支持升级 WP8。

总之，在产品越来越关注客户个性化需求的今天，WP 在总体结构和用户体验上的系统设计缺陷造成了其今天的被动局面。

2. 案例对于系统设计工作的借鉴意义：

系统设计要自始至终维护以下原则。

(1) 简单性：在达到预定的目标、具备所需要的功能前提下，系统应尽量简单，这样可减少处理费用，提高系统效益，便于实现和管理。

(2) 灵活性和适应性：可变性好的系统各个部分独立性强，容易进行变动，从而可提高系统的性能，不断满足对系统目标的变化要求，无疑这将比重新开发成本要低得多。

(3) 可靠性：系统的可靠性指系统硬件和软件在运行过程中抵抗异常情况的干扰及保证系统正常工作的能力。只有可靠的系统，才能保证系统的质量并得到用户的信任，否则就是没有使用价值。

(4) 经济性：系统的经济性是指系统的收益应大于系统支出的总费用。系统应该给用户带来相应的经济效益。系统的投资和经营费用应当得到补偿。

第 8 章

二、单项选择题

1. A   2. C   3. C   4. A
5. B   6. A   7. B

三、多项选择题

1. ABCD   2. ABCDE   3. BCDE   4. ABDE

六、应用题

2. 有一处错

```
nSum=0
m=2      &&数列中第一项的分子
n=1      &&数列中第一项的分母
FOR x=1 TO 20
  nSum=nSum+m/n    &&这里原来的 x 不能参与计算，它只是个计数器，实际的分母应是 n
  y=m
  m=m+n
```

```
      n=y
    ENDDO
WAIT WINDOWS '前20项之和为'+STR(nSum, 10, 2)
```

3. 所需设备：路由器及3根网线。

设置步骤参考如下：

(1) 把网线插到路由器接口。

(2) 打开三台计算机对行进行设置。在其中的一台计算机中打开IE，输入进入路由设置的网址，一般为192.168.1.1(也有的是192.168.0.1)，具体的看路由器说明书。然后进行路由器设置。设置分两步进行，第一步，单击快速向导设置上网的方式(ADSL拨号上网需输入账号和密码；固定IP的，输入自己的IP)；第二步，设置路由器IP分配方案，比如自己的路由器网关是(192.168.1.1)，则方案可设置为(192.168.1.2--192.168.1.4)刚好三台计算机。

(3) 在路由器设置的计算机上设置IP地址为192.168.1.2，其网关地址为192.168.1.1。在另外两台计算机上分别设置IP地址为192.168.1.3和192.168.1.4，其网关地址仍为192.168.1.1。

提示：如果完成上述步骤还不能上网的话，请查看设置DNS服务器地址，即通过打开运行输入CMD，进入MS-DOS，然后输入命令IPCONFIG/ALL。

案例分析

该案例说明任何系统的开发都不能脱离客户的实际需求。在系统开发过程中，始终要保持客户至上为第一原则的理念；同时需要将这一理念落实到行动中，即与客户保持良好的沟通、充分调查客户企业的组织结构、业务处理、数据流动等关键因素，找到客户企业问题所在，并与客户沟通切实优化系统数据流程、改造业务流程。此外，还需为终端客户提供培训，不仅让客户学会操作，更重要的是明白新系统胜过原有系统的优势所在。这样，才能成功达成新系统的实施。

第9章

二、单项选择题

1.C   2.C   3.D   4.A   5.C

三、简答题

1. 答：为保证管理信息系统的正常运行，必须建立一整套管理制度，主要包括以下几个方面。

(1) 系统运行管理的组织机构，包括各类人员的构成、各自的职责、主要任务及其内部组织结构。

(2) 基础数据的管理，包括对数据收集和统计渠道的管理，计量手段和计量方法的管理，原始数据的管理，系统内部各种运行文件、历史文件(包括数据库文件等)的归档管理等。

(3) 运行管理制度，包括系统操作规程、操作环境要求、系统安全保密制度、系统修改规程、系统定期维护制度以及系统运行状况记录和日志归档等。

(4) 文档管理制度，规定文档管理人员的职责，制定文档的保存、借阅、修改的管理细则。

(5) 系统运行结果分析，通过系统运行结果，对系统的一些功能是否对实际经营管理具有指导意义进行分析，得出能反映组织经营生产方面发展趋势的信息，以提高管理部门指导企业的经营生产的能力。

2. 答：典型的敏捷开发方法有 Scrum、Crystal、特征驱动软件开发(Feature Driven Development，FDD)、自适应软件开发(Adaptive Software Development，ASD)及极限编程(eXtreme Programming，XP)。

项目经理可以通过计划会议、每日站立会议、评审会议及回顾会议等方式有效沟通信息，在冲刺中，每一天都会举行项目状况会议。在会议上，每个团队成员需要回答三个问题：今天你完成了哪些工作？明天你打算做什么？完成你的目标是否存在什么障碍？(项目经理需要记下这些障碍)

3. 答：层次分析法在定义两两指标的重要程度时采用 1 到 9 的数值表示指标之间的重要差异，当超过 10 个指标或指标类时，将无法有效区分指标针对的重要性。

AHP 可靠度比较高，误差小。适用于成本效益决策、资源分配次序、冲突分析等。

模糊综合评价方法可以克服传统数学方法中"唯一解"的弊端，根据不同可能性得出多个层次的问题题解，具备可扩展性，符合现代管理中"柔性管理"的思想。

案例分析

一般项目建设时的组织结构有职能型、项目型和矩阵型等几种形式。组织结构可以比喻成一条连续的频谱，其一端为职能型，另一端为项目型，中间是各种矩阵型。在对各类项目组织结构特点分析的基础上，综合各类项目组织结构的特点，列出主要项目组织结构的特点，如下表所示。

选择项目的组织结构难度较大，必须充分分析项目的特点，综合考虑人员、财力、物力以及技术水平和项目环境等因素，组建最适合的项目组织结构。案例中信息网建设项目属于典型的信息化建设项目，项目建设内容包括硬件类的系统集成和软件开发工作，参与的人员多，涉及的项目干系人多，需要气动中心多部门之间相互协作，但项目的具体实施由 IT 部门负责。该项目具有需求固化难、持续时间长和技术复杂持续变化的特点，需要充分利用资源，多部门协调工作，项目的参与人员全身心投入，并在项目的执行过程中充分考虑项目结束后系统的维护工作。

组织结构特点分析

组织类型 项目特点	职能型	矩阵型			项目型
		弱矩阵型	平衡矩阵型	强矩阵型	
项目经理的权限	很小或没有	有限	小~中等	中等~大	大~全权
全职工作人员比率	没有	0~25%	15%~20%	50%~90%	85%~100%
项目经理的职位	部分时间	部分时间	全时	全时	全时
项目经理常用头衔	项目协调员/项目主管	项目协调员/项目主管	项目经理/项目主任	项目经理/计划经理	项目经理/计划经理
项目管理行政人员	部分时间				

最终，经过分析气动中心决定信息化建设项目组织结构为弱矩阵型组织结构。

第10章

二、单项选择题

1.B   2.D   3.D   4.C   5.A

三、多项选择题

1.ABCDE   2. ABCDE   3. ABCE

4. ABCDE   5. ABDE   6. ABCDE

参考文献

[1] 姜方桃. 管理信息系统理论与实务[M]. 北京：清华大学出版社，2009.

[2] 薛华成. 管理信息系统[M]. 6版. 北京：清华大学出版社，2012.

[3] 张福炎，孙志挥. 大学计算机信息技术教程[M]. 5版(修订本). 南京：南京大学出版社，2011.

[4] 陈衍泰，陈国宏，李美娟. 综合评价方法分类及研究进展[J]. 管理科学学报，2004，(2).

[5] 陈文伟. 数据仓库与数据挖掘[M]. 北京：清华大学出版社，2010.

[6] 腾讯网科技频道. http://tech.qq.com/a/20130703/016524.htm.

[7] 新浪新闻. http://news.sohu.com/20071224/n254269612.shtml.

[8] 光明科技网. http://tech.gmw.cn/newspaper/2014-08/22/content_100142100.htm.

[9] 张金隆. 管理信息系统[M]. 2版. 北京：高等教育出版社，2012.

[10] 中国科技网. http://www.wokeji.com/special/2013top10/2013chinatop10/201312/t20131226_613695.shtml.

[11] 人民网. http://it.people.com.cn/n/2014/0116/c1009-24139695.html.

[12] 路晓丽. 管理信息系统[M]. 北京：机械工业出版社，2014.

[13] 朱顺泉. 管理科学研究方法[M]. 北京：清华大学出版社，2009.

[14] 郭东强. 现代管理信息系统[M]. 3版. 北京：清华大学出版社，2013.

[15] 张海藩. 软件工程导论[M]. 5版. 北京：清华大学出版社，2012.

[16] 张志清. 管理信息系统实用教程[M]. 2版. 北京：电子工业出版社，2011.

[17] 郑人杰. 软件工程[M]. 北京：人民邮电出版社，2009.

[18] 李兴国. 管理信息系统案例[M]. 北京：清华大学出版社，2010.

[19] 滕佳东. 管理信息系统[M]. 大连：东北财经大学出版社，2008.

[20] 杨尊琦，林海. 企业资源规划(ERP)原理与应用 [M]. 北京：机械工业出版社，2011.

[21] James A. O'Brien. 管理信息系统[M]. 李红，姚忠，译. 北京：人民邮电出版社，2007.

[22] 杨克磊，高喜珍. 项目可行性研究[M]. 上海：复旦大学出版社，2012.

[23] 李少颖. 管理信息系统[M]. 北京：机械工业出版社，2013.

[24] 王文亚. 制造企业ERP应用可行性的研究[J]. 现代经济信息，2014(7)：214-216.

[25] 朱志强. 管理信息系统——原理、开发及应用[M]. 上海：复旦大学出版社，2007.

[26] 侯赛因·比德格里. 管理信息系统[M]. 北京：机械工业出版社，2011.

[27] 肯尼斯·C. 劳顿. 管理信息系统[M]. 北京：机械工业出版社，2011.

[28] 斯蒂芬·哈格，梅芙·卡明斯. 哈格管理信息系统[M]. 北京：高等教育出版社，2009.

[29] 万映红. 管理信息系统[M]. 西安：西安交通大学出版社，2014.

[30] 郝晓玲. 信息系统开发——方法、案例与实验[M]. 北京：清华大学出版社，2012.

[31] 张建华. 管理信息系统教材[M]. 北京：中国电力出版社，2010.

[32] 于本海. 管理信息系统[M]. 高等教育出版社，2009.

[33] James A. O'Brien. 管理信息系统[M]. 李红，姚忠译. 北京：人民邮电出版社，2007.

[34] 邓洪涛. 管理信息系统[M]. 北京：清华大学出版社，2013.

[35] 麻艳琳，余雪洁. 管理信息系统：模型与操作实务[M]. 北京：中国经济出版社，2013.

[36] 陈燕，李桃迎. 屈莉莉. 管理信息系统开发教程[M]. 北京：科学出版社，2013.

[37] 王北星，韩佳伶. 管理信息系统[M]. 北京：电子工业出版社，2013.

[38] 刘秋生. 管理信息系统研发及其应用[M]. 南京：东南大学出版社，2012.

[39] 王晓静，王廷梅. 管理信息系统项目开发实用教程：Visual FoxPro 版[M]. 北京：清华大学出版社，2012.

[40] http://www.cisco.com/web/CN/aboutcisco/success_story/index.html.

[41] http://dev.yesky.com/387/2012387.shtml.

[42] http://baike.baidu.com/subview/6954399/13647476.htm？fr=aladdin.

[43] http://wenku.baidu.com/view/43d5ee22bcd126fff7050b5f.html.

[44] 张洪烈. 浅谈信息系统项目的风险管理[J]. 计算机光盘软件与应用，2014，(3).

[45] 雷战波，席酉民. 信息系统开发过程四维结构体系(ISFDM)的应用研究[J]. 系统工程，2001，(06).

[46] 徐理. 企业项目管理的组织结构研究 ——基于分工理论的视角[D]. 西安：西安建筑科技大学，2005.

[47] 陈望东. 敏捷型项目管理在软件项目中的运用[D]. 上海：上海交通大学，2012.

[48] 袁荃，余小卉，李松梅. 敏捷项目管理适用性分析[J]. 商业时代，2013，(24).

[49] 叶钢，钟成诚. 信息系统的运行管理与维护[J]. 硅谷，2011，(7).

[50] 张彦. 试论信息系统的运行管理与维护[J]. 经营者管理，2011，(17).

[51] 康金锋. 项目管理在 JZW 信息网建设中的应用研究[D]. 成都：电子科技大学，2013.

[52] 李远远，云俊. 多属性综合评价指标体系理论综述[J]. 武汉理工大学学报·信息与管理工程版，2009，(2).